◎ 高等院校经济与管理核心课经典系列教材 ◎
市场营销专业

消费者行为学

XIAOFEIZHE XINGWEIXUE

（第六版）

主 编◎江 林 李志兰

首都经济贸易大学出版社
Capital University of Economics and Business Press
·北 京·

图书在版编目(CIP)数据

消费者行为学/江林,李志兰主编. --6 版. --北京:首都经济贸易大学出版社,2019.9

(高等院校经济与管理核心课经典系列教材·市场营销专业)

ISBN 978-7-5638-2956-9

Ⅰ.①消… Ⅱ.①江… ②李… Ⅲ.①消费者行为论 Ⅳ.①F713.55

中国版本图书馆 CIP 数据核字(2019)第 161920 号

消费者行为学(第六版)

江林　李志兰　主编

责任编辑　刘元春

封面设计　砚祥志远·激光照排 TEL: 010-65976003

出版发行　首都经济贸易大学出版社

地　　址　北京市朝阳区红庙(邮编 100026)

电　　话　(010)65976483　(010)65071505(传真)

网　　址　http://www.sjmcb.com

E-mail　publish@cueb.edu.cn

经　　销　全国新华书店

照　　排　北京砚祥志远激光照排技术有限公司

印　　刷　北京市泰锐印刷有限公司

开　　本　710 毫米×1000 毫米　1/16

字　　数　497 千字

印　　张　28.25

版　　次　2002 年 1 月第 1 版　**2019 年 9 月第 6 版**

2019 年 9 月总第 16 次印刷

印　　数　66 001~69 000

书　　号　ISBN 978-7-5638-2956-9/F·1622

定　　价　49.00 元

前　言

消费者行为研究在市场营销理论体系中占有重要的基础性地位，是研究市场细分、目标市场选择、市场定位、营销战略与策略组合的基本出发点。在西方国家各大学的工商管理课程设置中，消费者行为学（亦称消费者心理学）占有一席重要位置。许多大企业和公司都设有专门的研究机构，把对消费者行为的调查研究作为制定营销战略目标的重要依据。

21世纪以来，移动互联网和新媒体得到快速发展，这在改变人们消费生活的同时，也深刻地影响着营销实践的开展。尤其是伴随着80后、90后、00后等新消费群体的崛起并日益成为核心消费力量，社会消费层级由功能型消费向享受型消费、发展型消费过渡和迁移，中国消费者的价值诉求、消费理念和行为都发生了巨大变化。消费者呈现出更为多样化、个性化的消费需求，秉持更复杂的价值评判标准和更强烈的消费权益意识，同时也享有更为便捷高效的信息渠道，具备更强的消费能力和更广泛的消费选择机会。在此背景下，紧跟时代变化，实时了解和洞察消费者心理和行为特点及其发展趋向，就成为企业开展营销活动并得以在竞争中胜出的关键。

有鉴于此，理论工作者必须保持高度的敏感性，深入研究不断涌现的新消费心理与行为现象，并将前沿的消费者行为理论应用到最新的营销实践中去。目前，如何将西方消费理论同中国消费及社会情境相结合，探索中国消费者的心理和行为特征，已经成为国内相关学者的一项艰巨而富有使命感的任务。正是基于这样的考虑，作者对本书进行了全面更新和修订。本次修订中,在保持原有教材体系系统性和体例严谨性的同时,对相关内容进行了更新和补充,这有助于读者在有限的时间内尽可能全面、完整地了解学科内容和最新的发展趋势。总体而言,本次修订具有以下几个主要特色。

第一,体现消费行为研究前沿。我们非常关注国内外消费者行为理论与实践的最新发展和研究前沿,力求使读者从较高的视野和较新的领域来把握和应用消费者行为理论,这主要体现在:①将消费者行为同当前"互联网+"和新媒体发展的时代背景紧密结合,分析了消费者网络购物的心理、行为及其影响,指出2017年以来的最新消费趋势;②紧跟消费者与品牌关系研究的最新前沿,将品牌爱恋作为品牌忠诚的重要前置因素加入教材中去,并详细阐述了品牌爱恋的内涵、维度,以及消费者与品牌爱恋关系形成的关键策略;③关注绿色消费的最新研究成果,深入分析了消费者绿色消费态度与行为不一致的问题及其原因;④强调消费体验及其价值诉求的重要性,用最新的企业案例阐释了体验营销的重要性、必要性和具体策略;⑤重视新兴消费群体,尤其关注90后、00后等年轻群体的消费心理和行为特征。

第二,注重中国特色和案例的时效性。本次修订注重结合近两年国内涌现的最新消费现象和热点问题,进一步阐释和理解相关理论概念,力求反映当代中国社会的消费心理与行为现象,探索中国特有的消费问题。在第九章,我们新增了一节内容,即中国核心文化价值观与消费者行为,关注中国消费者的传统文化价值观及其影响。在营销实践案例选择方面,非常重视案例发生的时效性,所有案例几乎都是2015年之后突显的营销新实践,比如,网红产品中街1946、亚朵酒店、腾讯视频(2017)、互联网服装定制、江小白、乐纯酸奶,等等。另外,我们还对原书中的相关数据性信息进行了全面更新,比如关于中国家庭规模与结构的变化、互联网消费数据等。

第三,本次修订沿用了第五版的编写体例,每一章节内都有紧密围绕内容的大量“实例”，来帮助读者理解所包含的知识点；在每章结束后有“本章小结”，帮助读者巩固和强化知识点的学习和应用；每章最后的案例以及讨论问题的编写，是紧紧围绕着相关的消费者行为理论知识进行的，有利于加深读者对消费者行为基本概念和基础理论的理解，增加了教材的可读性和趣味性，还有利于提高读者的批判性思维能力和解决营销实际问题的能力。

本书第六版是在第五版的基础上修订的。本次修订由中国人民大学商学院江林教授和河南财经政法大学工商管理学院李志兰博士共同负责。河南财经政法大学马小娜参与了第十二章的修订工作。由于时间和水平所限，书中不足之处在所难免，故敬请国内同行不吝赐教，以便今后不断完善。同时，本书如能对相关专业的教学与理论研究工作者、学生、企业管理和营销人员有所裨益，我们将备感欣慰。

作者

于明德楼

2019 年 7 月

修订说明

第一章

(1)增加了21世纪以来中国消费者行为研究的发展状况。

(2)实例1－1增加了大数据时代消费者行为的变化及其对商业模式变革的影响。更好地说明了大数据时代消费者行为的特征,及其对企业营销活动的启示和意义。

(3)实例1－2增加了1952—2005年中国消费者行为的变迁,进一步丰富了消费者行为在中国发展的背景资料。

(4)更新章末案例:玩乐高、迷乐高、乐高控,这个案例充分体现了以消费者为中心的思想,并与当前“互联网＋”的背景紧密结合起来,更能体现出时代性。

第二章

(1)原书中32页,1.抵制广告充斥,更改为“1.消除广告充斥的不利影响”。

(2)原书中33页,2.创造对比,这一部分内容微调,增加了强度的对比内容。

(3)原书中40页,(五)学习效果,更改为“(五)学习效果及其影响因素”,特别增加了学习时的情绪对学习效果的影响。

第三章

(1)增加实例3－2“潘多拉珠宝的故事营销”,将原来实例3－2更改为3－3。

(2)更新章末案例:将“白酒定制”案例更新为“服装定制电商新时代”。

第四章

(1)更新实例 4－1,由“2015 年消费者需求新趋势”改为“2017 新消费趋势洞察”,更加重视品质生活、互动体验、个性定制、便捷高效、绿色健康的新消费理念。

(2)更新实例 4－3,分析了“网络购物及其动机”。

第五章

(1)增加实例 5－1“软饮料瓶体广告的情绪营销”。

(2)原实例 5－1 更改为实例 5－2。

第六章

(1)增加了实例 6－3“网购与消费者生活方式”,指出网购对消费者生活方式的影响。

(2)将实例 6－5“伊利打造健康生活方式”,更新为“神马专车×顺丰优选出招‘生活方式营销’,跨界玩出新花样”。

(3)更新篇末案例:将“扬基蜡烛”案例更新为“凡所商城——只为生活方式买单”。

第七章

无更新

第八章

(1)增加实例 8－3“乐事的关键意见领袖策略”。

(2)将实例 8－4 由“可穿戴设备”更新为“老年人消费市场现状”。

(3)在从众心理产生的依据与原因部分,增加了一个说明性的例子:一项关于大学生网购消费从众行为的研究。

(4)更新篇末案例:将“粉红经济”更新为“江小白如何赢得消费者的喜爱”。

第九章

(1)增加第二节内容:中国核心文化价值观与消费者行为。

(2)将实例 9－2 更新为“中国奢侈品消费热潮”。

(3)在第四节家庭与消费者行为中,增加“三、当代中国家庭的变化”。

(4)在第四节家庭与消费者行为中,子女对家庭购买决策的影响部分,增添了关于向孩子营销的一些数据和案例,丰富了这一部分的内容。

(5)更新篇末案例:Costco 如何在电商大潮中逆势而起。

第十章

(1)将实例 10-2 改为实例 10-1 社交媒体被忽视的一面:客户服务,放在第一节第一部分末尾(消费者满意的意义和内涵)。

(2)增加了实例 10-3“粉丝营销:从吸引到忠诚”。

第十一章

(1)更新了实例 11-2,由宜家的案例,改为“‘网购’引发消费体验的缺失”。

(2)更新了实例 11-3,由旅游演艺的案例,改为“超市里的厨房”。

(3)更新了实例 11-4,由星巴克的案例,改为“网红产品中街 1946 的体验之路”。

(4)更新章末案例:亚朵酒店:体验经济下的新住宿时代。

第十二章

(1)更新了绿色消费定义,增加了早期学者对绿色消费的最初定义,添加了近几年学者对绿色消费的定义。

(2)对绿色消费行为的影响因素进行重新界定,根据近几年绿色消费的研究结果,更新了绿色消费行为的影响因素。

(3)更新了我国发展绿色消费存在的问题及原因,指出了绿色消费态度和绿色消费行为不一致的问题。

(4)更新了促进绿色消费的心理策略中政府的宏观管理措施。

(5)更新了企业的绿色营销管理。

(6)更新章末案例:航空公司的自愿碳抵消(VCO)项目。

第十三章

（1）在“培养消费者品牌忠诚的途径”中，增加了一条新的途径，即“让消费者产生品牌爱恋”。

（2）增加了关于2018年全球品牌资产相关方面的数据。

（3）增加了实例13－3“让消费者爱上品牌”。

（4）在“建立消费者品牌忠诚的基本环节”方面，增加了“培育消费者的品牌爱恋”。

（5）更新章末案例：由VIVO的案例改为“腾讯视频如何培养年轻群体的品牌忠诚度”。

第十四章

（1）更新了互联网环境与消费者行为方面的数据和部分内容。

（2）更新章末案例：将原案例更新为“乐纯酸奶的奇迹”。

目 录

第一章

绪论

★ 本章要点和学习要求 ★

消费者行为是商品经济条件下影响市场运行的基本因素,加强消费者行为研究对于现代市场经济的发展和企业营销活动的开展均具有极为重要的意义。本章提供了一个系统性框架来帮助学习者从总体上认识和把握消费者行为学研究的概貌,帮助其深入理解消费者行为学的学科特征、内容体系和发展历程。通过本章的学习,学生应当掌握消费者行为领域的一些基本概念,了解消费者行为学的研究意义,领会消费者行为的影响因素体系,明确消费者行为的研究对象、研究内容和学科性质,理解消费者行为学的历史演进过程以及发展趋向。

第一节　消费者行为学概述

一、消费与消费者

广义的消费包括生产消费和生活消费。①生产消费是指生产过程中工具、原材料、燃料、人力等生产资料和活劳动的消耗。它包含在生产活动之中,是维持生产过程连续进行的基本条件。②生活消费又称个人消费,是指人们为满足自身需要而对各种物质生活资料、劳务和精神产品的消耗。它是人们维持自身生存和发展的必要条件,也是人类社会最大量、最普遍的经济现象和行为活动。

在社会再生产过程中,生产消费与生活消费处于完全不同的地位。如果说前者是这一过程的起点的话,后者则是这一过程的终点,即生活消费或个人消费是一种最终消费,马克思称之为“原来意义上的消费”。通常情况下,“消费”一词狭义地专指个人生活消费。

消费者与消费既紧密联系，又相互区别。如上所述，消费是人们消耗生活资料及精神产品的行为活动，消费者则是从事消费行为活动的主体——人。这里，由于研究角度的不同，对消费者概念的界定也有广义和狭义之分。

(1)广义的消费者是指所有从事物质产品和精神产品的消费活动的人。一定意义上，社会中的每一个人，无论其身份、地位、职业、年龄、性别、国籍如何，为维持自身的生存和发展，都要对衣、食、住、行等物质生活资料或精神产品进行消费，因而都是消费者。换言之，广义的消费者是等同于全人口的、最大的社会群体。

(2)狭义的消费者是指那些对某种商品或服务有现实或潜在需求的人。这个概念是从市场需求的角度界定的。由于对商品需求的表现不同，狭义的消费者又可相应地分为现实消费者和潜在消费者。现实消费者是指对某种商品或服务有现实需要，并实际从事商品购买或使用活动的消费者。潜在消费者是指当前尚未购买、使用或需要某种商品，但在未来可能对其产生需求并付诸购买及使用的消费者。例如，青少年消费者大多对厨房炊具用品缺乏现实需要，但在将来独立组建家庭后就会对其产生实际需求。因此，就现阶段而言，青少年是厨房炊具用品的潜在消费者。通常，消费者需求的潜在状态是由于缺乏某种必备的消费条件所致，诸如需求意识不明确、需求程度不强烈、购买能力不足或缺乏有关商品信息，等等。而一旦所需条件具备，潜在消费者随时有可能转化为现实消费者。

显然，对企业而言，更有实际意义的是狭义的消费者概念。因为没有任何一个企业能够面对等同于全人口的所有消费者，满足其全部消费需要，而只能从中选取对本企业特定产品及服务有现实或潜在需求的消费者，通过不断向市场提供适销对路的商品，以满足其现实需求并促进潜在需求向现实需求转化，从而求得企业自身的生存和发展。

二、消费者心理与消费者行为

(一)消费者心理

无论广义或狭义的消费者，都首先作为人而存在，因而必然具有人类的某些共有特性，如有思想，有感情，有欲望，有喜怒哀乐，有不同的兴趣爱好、性格气质、价值观念和思维方式等。所有这些特性，即构成了人的心理，也被称为心理活动或心理现象。心理活动可以支配人的行为，决定人们做什么，不做什么，以及怎样做。换言之，人的行为尽管形形色色、千变万化，但无一不受到人的心理支配。同样，人作为消费者在消费活动中的各种行为也无一不受到其心理活动的支配。是否购买某种商品，购买何种品牌、款式，何时、何地购买，采取何种购买方式等，其中每一个环节都需要消费者做出相应的心理反应。

具体而言，在消费过程中，消费者首先受到某种信号的刺激，内心产生消费欲望与需求；需求达到一定强度后，会引发指向特定目标的购买动机；在动机的驱使下，消费者搜寻相关的商品信息；接着，根据个人偏好，从商品质量、价格、品牌等方面对商品进行分析比较；然后做出购买决策，采取购买行动；购买后消费者还要根据自己的感受进行评价，以形成购买经验。在上述过程中，需要、动机、偏好等心理要素支配着分析、选择、决策、购买、评价等一系列消费行为活动。由此可见，消费者的各种消费行为都是在一定心理活动的支配下进行的。这种在消费过程中发生的心理活动即为消费心理，又称消费者心理。

消费者心理涉及消费者的需要、动机、感觉、知觉、个性、学习、记忆等与消费行为有关的心理现象，它们共同支配着消费者的行为活动。不过，这些心理活动处于内隐状态，并不具有直接观察的现象形态，只有通过特定的消费者行为才能得以外显。比如，消费者对某种品牌的态度是喜爱还是厌恶，消费偏好是从众还是保持个性，购买动机是追求时尚还是注重传统等心理活动，都必须通过具体的消费行为得以体现。也就是说，消费者心理支配着消费者行为，消费者行为是消费者心理的体现。观察消费者行为，有助于我们了解消费者的心理特点；探索消费者心理活动过程中的一般规律，则有助于我们更好地理解和把握消费者的行为。

（二）消费者行为

消费者行为是消费者以货币、信用或其他方式的支出而获得所需商品和服务时所表现出来的各种反应与活动。消费者行为是一个复杂的概念，它既包括商品购买中的选择、决策和实际购买活动，也包括购买前的搜寻、整理信息，购买后的使用、保养、维修和做出评价等活动。

消费者行为富有多样性，不同的消费者在需求、动机以及产品选择方面各有侧重、互不相同，即使是同一个消费者，在不同的时期和情境中，其行为也会呈现出很大的差异。虽然消费者行为多种多样，但在这些千差万别的行为背后，却存在着一些共性，原因在于任何消费者的行为都受人类的需要和心理因素支配，而需要的共性以及消费心理过程的一般规律与特征决定了消费行为的共性，由此我们可以更好地探索消费行为的规律。

消费者行为处于永续发展的状态中。随着居民消费水平的不断提高和消费内容的日益丰富，消费者的活动领域迅速向非实体性消费领域扩展，如旅游、体育、文化和教育等知识性或娱乐性的消费领域。在这些非实体性的消费领域中，消费者的行为表现得更加丰富多彩、复杂多样。因此，消费者行为既是一个具体的活动整体，又是一个动态的发展过程。研究消费者行为，既要从整体上分析，又要从过程中把握。只有这样，我们对消费者行为的理解才会趋于完整。

现代消费已经形成了一个极其复杂、庞大的行为系列。消费者无论是在消费方式，还是在消费内容、消费意识等方面都有了质的飞跃，与过去的消费行为不可同日而语。一千个消费者，就会有一千种消费行为。但通过形形色色的行为现象，会发现千差万别的消费者行为其实是受到某些共同因素的影响。而这些具体的因素是什么，它们又如何影响着消费者的一举一动，正是我们所关心的内容和研究的重点。

三、研究消费者行为的意义

(一)有助于提高宏观经济决策水平

在社会主义市场经济条件下,市场作为经济运行的中枢系统,是国民经济发展状况的晴雨表。处于买方地位的消费者,对市场的稳定运行,进而对国民经济的协调发展具有举足轻重的作用。消费者行为的变化会直接引起市场供求状况的改变,从而对整个国民经济产生连锁式的影响,不仅影响市场商品流通和货币流通的规模、速度及储备状况,而且对生产规模、生产周期、产品结构、产业结构以及劳动就业、交通运输、对外贸易、财政金融、旅游,乃至社会安定等各个方面产生影响。

例如,1989 年下半年,受多方面因素的影响,长时间持续的消费热潮骤然降温,社会消费行为由购买旺盛转向谨慎克制,广大消费者或持币观望,或储币保值。大面积的消费萎缩引起全国性的市场疲软,对工业生产和商品流通造成很大影响,以致国民经济出现大幅度滑坡,整个社会经济一度面临严峻的局面。由此可见,消费者心理和行为是影响国民经济健康和稳定发展的重要因素。

不仅如此,近年来的改革实践还表明,消费者心理与行为是影响改革进程和国家宏观调控效果的重要因素。重视和顺应消费者心理,改革方案就能为广大消费者所接受和支持,各种调控措施也能达到预期效果;相反,忽视或违背消费者心理趋向,则有可能引起决策失误,导致宏观调控无力,甚至失灵。例如,2001—2009 年期间,国家为解决消费率偏低的问题,虽然采取了诸如推行积极的财政政策、数次降息、提高居民收入、广泛推行信用消费、缩小贫富差距等多项政策措施,但由于居民对未来的不确定预期以及消费信息不足等因素的影响,我国居民消费率并未如政策预期的那样出现提升,反而从 2001 年的 45.37% 下降到了 2009 年的 35.14%。

历史与现实的经验和教训一再告诉我们,为保证国民经济的稳定和协调发展,国家在进行宏观调控时,必须高度重视对消费者行为的研究。尤其是在与消费者利益密切相关的物价、税收、工资、利率等改革与调整方面,应特别注意预先对消费者的心理承受能力、心理预期倾向以及行为反应的方式、强度和持续时间等进行系统调查和准确的分析预测。根据预测结果制定和调整决策方案,选择实施措施和时机,以便提高宏观决策的正确性,增强宏观调控措施的灵敏度和有效性。

(二)有助于企业根据消费者需求调整组织生产经营活动

随着经济的发展和人们收入水平的提高,一方面,我国广大消费者的消费需求日趋复杂多样,不仅要消费各种数量充足、质量优良的商品,而且要求享受周到完善的服务;不仅要满足生理的、物质生活的需要,而且希望得到心理的、精神文化生活等多方面的满足。另一方面,随着市场供求状况的改善和买方市场的形成,企业间竞争的焦点集中到争夺消费者上来。谁的商品和服务能够赢得更多的消费者,谁就在竞争中处于优势地位,就能获得较大的市场份额;反之,失去消费者,则会丧失竞争力,进而危及企业的生存。因此,为了在激烈的竞争中求得生存和发展,企业必须借助各种营销手段争取消费者，千方百计满足其多样化的消费需要，不断巩固和扩大市场占有率。

市场营销的实质是将各种营销手段或诱因作用于消费者，以引起其心理反应，激发购买欲望，促进购买行为的实现。企业要使营销活动取得最佳效果，必须加强对消费者行为的研究，了解和掌握消费者心理与行为活动的特点及其规律，以便为制定营销战略和策略组合提供依据。例如，在开发新产品时，可以根据目标消费者群的心理欲求和消费偏好设计产品的功能、款式、使用方式和期限等，针对消费者对产品需求的心理周期及时改进或淘汰旧产品，推出新产品；在广告宣传方面，可以根据消费者在知觉、注意、记忆、学习等方面的心理活动规律，选择适宜的广告媒体和传播方式，提高商品信息的传递与接收效果。实践证明，只有加强对消费者心理与行为的研究，根据消费者心理活动的特点、规律制定和调整营销策略，企业才能不断满足消费者的消费需要，在瞬息万变的市场环境中应付自如，具备较高的应变能力和竞争能力。

（三）有助于消费者提高自身素质

消费就其基本形式来说，是以消费者个人为主体进行的经济活动。消费活动的效果如何，不仅受社会经济发展水平、市场供求状况及企业营销活动的影响，而且更多地取决于消费者个人的决策水平和行为方式，而消费决策水平及行为方式又与消费者自身的心理素质状况有着直接的内在联系。消费者的个性特点、兴趣爱好、认知方法、价值观念、性格气质、社会态度和消费偏好等，都会不同程度地对消费决策的内容和行为方式产生影响，进而影响消费活动的效果乃至影响消费者的生活质量。

现实生活中，消费者由于商品知识不足、认知水平偏差、消费观念陈旧和信息筛选能力较低等原因，造成决策失误、行动盲目、效果不佳甚至利益受到损害的现象随处可见。为此，从消费者角度而言，加强对消费者行为的研究也是十分必要的。通过传播和普及有关消费者行为的理论知识，可以帮助消费者正确认识自身的心理特点和行为规律，全面了解现代消费者应具备的知识、能力等素质条件，掌握科学进行消费决策的程序和方法，学会从庞杂的信息中筛选有用成分的基本技能，懂得如何以较少的花费获取更多的收益，以及如何改善、美化生活，提高生活质量。

此外，在消费变革的时代大潮中，面对丰富多彩的商品世界、变化多端的流行时尚，以及外来生活方式的冲击，某些畸形的消费行为现象也开始在部分消费者中滋生蔓延，如盲目模仿、攀比消费、超前超高消费以及挥霍消费等，从而反映出部分消费者素质较低，距离文明消费尚有较大差距。为此，有必要加强消费者行为研究，结合实际剖析我国现阶段各种畸形消费行为现象的作用机制及其成因，树立文明消费的基本标准与模式，从而一方面促使消费者自动纠正心理偏差，改善消费行为，实现个人消费的合理化，另一方面利用示范效应、从众效应和群体动力效应等社会心理机制影响各个消费者群，引导社会消费向文明适度的方向发展。

实例 1-1　大数据时代消费者行为的变化及其对商业模式变革的影响

随着大数据时代的到来,消费者将有更多、更广泛的信息来源,消费者的选择将更加充分,对商品的了解将更加透彻,自主权将进一步增大,对传统的消费行为将形成冲击,新的基于大数据时代的理性消费者行为正逐步形成。

1. 消费者行为更加理性。在工业化时代,消费者通过传统的大众广告媒体,如电视广告以及报纸、杂志等纸媒广告来获取商品信息,而在大数据时代,当消费者对某种商品有需求时,他们首先会选择通过互联网来收集该商品的相关数据,了解该商品的信息,这与传统意义上的商品选择模式在本质上已经有了较大不同。消费者可以非常便捷地在相关网站上搜索到自己所需要的相关商品的数据信息,从而提高购物效率,降低购物选择成本。在大数据时代,数据无处不在,消费者更容易获得该类商品的市场行情,接触更多有关该商品的数据信息,从而可以通过比较购买到理想的满足需求的商品。因此,可以预见,大数据时代消费者主动的、理性的消费行为在增加,盲目购物几乎不会再出现。

2. 消费者行为更容易受购买评价的影响。在工业化时代,消费者往往通过电话、杂志反映对商品的评价,而大数据时代消费者会直接在微博或其他社交媒体上发表自己的看法,这种评价信息往往会被商业企业或数据服务公司收集,成为对这种商品评价的来源数据之一,进而被广泛传播。因此,大数据时代的评价模式影响更加广泛,对潜在消费者有着更加直接的影响。这是因为,潜在消费者通过这些评价数据就能判定这些商品的品质,从而给这些商品打直接印象分,并最终反映到购买或不购买的行为上。并且,评价数据可以被转载或广泛用于各种途径,使得这种评价数据传播得越来越广,被影响到的消费者越来越多,对企业产品销售的影响越来越大,有时甚至能够覆盖一个商品的生产过程。

3. 消费者的品牌依赖度逐渐下降。在工业化时代,品牌在大多数情况下代表着质量,人们往往会崇尚品牌。而在大数据时代,品牌的重要性将逐步降低。由于大数据时代消费者可以通过各种途径获取现成的有关商品的用户评价或数据统计,从而更容易发现商品的真实品质,不再把品牌作为衡量商品质量的唯一依据。此外,大数据时代,供应链外包更加广阔,很多企业都把供应链外包到具有一定基础设施的发展中国家,因此尽管一些产品品牌存在差异,但往往都在同一个国家或同样的工厂里生产和组装,质量相差不大。由于大数据时代数据的广泛性,这样的结果将很快被消费者获悉,尽管不排除人们对某品牌有偏好,但大数据时代消费者对品牌的依赖性将大大降低。

4. 消费者行为更加个性化。传统工业化时代,产品的大规模生产,再加上消息传递的不及时性,导致消费者的消费比较大众化,很少有个性化消费。而在大数据时代,由于数据传播的广泛和迅捷、通信的畅通和快捷、文化娱乐的繁荣以及思想观念的跳跃,消费者往往更富有想象力,喜欢创新,会对个性化消费提出更高的要求。消费者选择商品已经不再仅仅考虑商品的使用价值,而更多考虑其体现的个性化特征，这已经成为大数据时代许多消费者购买商品的首要标准。长期以来，我国企业大多只注重产品的质量、性能以及企业的发展规模，这在传统工业时代是成功的保障，而在大数据时代却有所不同，个性化消费将对这种模式形成强烈的冲击。

大数据时代，理性消费、品牌忠诚度的降低以及个性化消费的发展将颠覆原有的传统商业模式，成为未来商业发展的终极方向和新驱动力。未来的商业企业只有通过研究分析这些数据，精准洞悉每一位消费者的兴趣与偏好，运作适合市场的商业模式，才能在激烈的竞争中获得先机。

第一，精准营销将在商业中广泛应用。大数据时代，企业手中掌握着越来越多的产品数据、用户数据、行为数据等，如何在合理规范范围内使用这些数据并创造价值，成为企业亟待解决的难题。而对这些数据的运用，准确把握消费者心理和行为，生产和销售消费者偏好的商品，提升服务效率，实施精准营销，将是大数据时代企业创造价值的最佳切入点。企业可以通过大数据的收集和整理，分析消费者商品消费习惯，判断其类型和消费偏好，对消费者进行精准定位，从而制定出有针对性的产品组合、营销计划和商业决策，并在数据分析中不断发现商机。在这方面，一些企业已经走在时代前列，如亚马逊的推荐法，亚马逊能够根据消费记录，推测每个记录的消费偏好和潜在需求；乐购能从消费者的购买记录中掌握每一个消费者的类型，从而进行精准营销和品种推广。有学者研究表明，充分利用大数据可使零售商利润增长60%，使制造商成本降低50%。

第二，网络营销将成为主要的营销工具。大数据时代，以大众媒介作为主要载体的广告模式效益日渐下降。由于数据信息传播的广泛性和快捷性，大数据时代营销环境呈现出数字化趋势，曾经最为重要的大众传播媒体，如电视、报纸等今后的作用将明显降低，而建立在数据库基础上的网络营销将成为更为有力的市场营销工具。数字化革命将促使缺乏鲜明个性的大众市场进一步细化，成为存在各种明显差异且高度相关的目标市场。商业企业通过数字化革命所创造的产品和价值同消费者交换，能最大限度地满足消费者的欲望和需要，进而取得更高的收益。

第三，商业定位将从以品牌为中心向以消费者为中心转变。大数据时代，消费者对品牌的忠诚度下降，使得大数据时代商业模式必须从以品牌为中心向以消费者为中心转变。这是因为，大数据的核心是数据的收集和处理，这些数据来源于消费者浏览、查阅及其在各种场合所遗留的痕迹，这是大数据时代商业发展的基础，也是商业模式转变的依据。然而，大数据时代并不是要完全抛弃品牌，相反却给商业模式带来了与以往相比更好的品牌推广机会，如与消费者一对一的沟通。工业化时代，要与消费者一对一沟通，必须有消费者的电子邮箱或家庭住址、电话等，但这种沟通往往并不方便，很多时候消费者会出于风险考虑，不愿意提供个人信息，沟通成本比较高。但大数据时代，企业与消费者进行一对一沟通就简单得多。比如，运用实时竞价方式就可以让品牌大规模、低成本地与消费者实现一对一沟通。对大数据时代商业模式的运用，并结合传统洞察消费者的方法将成为商业企业未来成功的重要保障。

第四，从销售商品向销售一揽子服务转变。大数据时代，公众的知识水平越来越高，消费者会从大量的数据中了解商品的功能、商品的价值等，仅仅在商场或互联网简单介绍商品品牌、外观及操作方法等已经远远不能满足消费者需求了。依据大量数据，对于产品有些消费者甚至比营业员了解得还要多，因此商业企业除了要非常精准地把商品结构、各种性能指标等解剖出来外，还必须向消费者提供一揽子解决方案，即大数据时代商业企业售卖的不仅仅是简单的商品，而是方案的系统集成和服务。这对传统商业模式而言是一个冲击，要求传统商业模式必须做出相应变革，并促使商业回归到真正的现代服务业，这将是未来商业改造的一个重要方向。

第五，传统商业模式将重组与合作。大数据能够更加有效地对产品开发、供应链及线上引流进行引导，进而提升整体商业运作效率。通过大数据的量化呈现，一些商业企业可以发现消费者对品牌选择的关联度，关联度占比较高的品牌可以主动联合起来，为消费者提供优惠营销或服务互动，从而真正满足消费者需求。大数据时代，由于很多数据的共享性，使得企业的合作将变得更加普遍，合作、共享的商业模式将大量出现，这成为商业的一大特色，但也会导致大数据时代传统商业企业面临洗牌的窘境。

资料来源：李富．大数据时代消费者行为变迁及对商业模式变革的影响[J]．中国流通经济，2014，2(10)：87－91.

第二节　影响消费者行为的因素体系

一、消费者行为的一般模式

20 世纪以来，许多心理学家、社会心理学家和生物学家对探索人类行为奥秘产生了浓厚的兴趣，纷纷致力于人类行为研究，试图揭示隐藏在复杂行为现象背后的一般规律。在诸多的研究成果中，尤以美国社会心理学家库尔特·卢因(Kurt Lewin)的研究成果最为引人注目。在大量分析实验的基础上，卢因提出了他的著名的行为模型(Lewin metal of behavior)。下面简要介绍他的核心思想。

卢因的行为模型如以下公式所示：

$$B=f(P,E)$$

式中：B(behavior)为个人的行为；P(personal)为个人的内在条件和内在特征，即 $P_1,P_2,\cdots,P_n$，这里的 $P_1,P_2,\cdots,P_n$ 为构成内在条件的各种生理和心理因素，如生理需要、生理特征、能力、气质、性格和态度等；E(environment)为个人所处的外部环境，即 $E_1, E_2, \cdots, E_n$，它们是构成环境的各种因素，如自然环境、社会环境等。

卢因的行为模型表明，人类的行为是个人与环境相互作用的产物。同时，该模型还进一步表明，人类的行为方式、指向和强度主要受两大类因素的影响和制约，即个人的内在因素和外部的环境因素。其中，个人的内在因素包括生理和心理两类基本因素，而外部的环境因素包括自然环境和社会环境两类因素。

卢因的行为模型在一定程度上揭示了人类行为的一般规律，并对影响行为的多种因素进行了最基本的归纳和划分，其结论具有高度概括性和广泛适用性。消费者行为是人类行为的重要组成部分，因此，卢因关于人类行为模型及其基本影响因素的研究，同样适用于对消费者行为模式及其影响因素的分析。

二、消费者行为的影响因素

与卢因行为模型相一致，我们将影响消费者行为的因素分为两大类，即个人内在因素和外部环境因素。个人内在因素包括消费者的生理因素与心理因素，外部环境因素可进一步区分为自然环境因素和社会环境因素。这两大类因素相互联系、相互作用，共同构成影响消费者行为的复杂因素体系。

（一）影响消费者行为的个人内在因素

消费者的生理及心理活动与特征是决定其行为的内在因素。探讨这一因素系统，可以揭示出消费者生理及心理活动的共性，以及外部行为的共同生理与心理基础。

1. 生理因素。生理因素是指消费者的生理需要、生理特征、身体健康状况以及生理机能的健全程度等。生理学与解剖学的研究表明，人类的生理构造与机能是行为产生的物质基础。任何行为活动都是以生理器官为载体，并且在一定的生理机制作用下形成的。消费行为亦是如此。

(1)生理需要。生理需要是指人们在衣、食、住、行、休息、健康、性等方面的要求，是人类为维持自身生存和繁衍后代所必须满足的基本需要。生理性需要是人类最原始、最基本的需要，是人类一切行为活动的最初原动力，也是消费者行为的首要目标。消费者只有首先从事对衣、食、住、行等基本生存资料的消费，使生理需要得到满足，然后才有可能进行娱乐休闲、文化教育、智力开发等享受和发展资料的消费。生理需要往往带有明显的周期性，它是循环往复、重复发生的。因此，消费者为满足生理需要而进行的消费活动也是没有止境的。

(2)生理特征。生理特征具体包括人体身高、体形、相貌、年龄和性别等方面的外在特点，以及耐久力、爆发力、抵抗力、灵敏性和适应性等方面的内在特性。这些生理特征是先天遗传的结果，同时也受到后天环境的影响。

消费者的外在生理特点的差异可以引起不同的消费需求，从而导致不同的消费者行为活动。比如，黄皮肤的东方人喜欢具有皮肤增白效果的化妆品，而西方白种人更倾向于使用可以使皮肤显得健康黝黑的化妆品；西欧人喜欢使用斜口瓷杯，这是由于西欧人大多是高鼻梁，每当用平口瓷杯喝水时，杯子里的水还未喝完，鼻子就开始与杯口“碰撞”，斜口瓷杯则恰好能避免这一尴尬。消费者的生理内在特性也对消费者行为具有重要影响。比如，身体抵抗力弱的消费者可能会购买一些保健品，因为适当补充保健元素有助于提高人体的抵抗力。

(3)身体健康状况。人们消费的内容和方式直接取决于其健康状况。健康状况表明消费者的身体素质水平，通常分为良好、一般、较差等几种情况。体质衰弱或患有严重疾病的消费者，不仅消费内容有诸多限制，而且在购买活动范围和方式上也会受到各种阻碍。例如，糖尿病患者忌食高糖类的食品；晚期食道癌、胃癌的患者几乎难以下咽任何食物；健康状态极差、长期卧病在床的消费者不会去进行旅游、健身和逛街购物等消费活动。

(4)生理机能的健全程度。消费者生理机能的健全程度会直接影响消费活动。生理性残疾的消费者，在购买对象选择上，既需要商品本身适合残疾人使用，又需要一些具有特殊辅助功能的商品来克服残疾带来的麻烦与不便。例如，腿部残疾的消费者需要轮椅、拐杖、假肢等帮助行走的工具；听力残疾的消费者需要能够帮助他们增强听觉的商品，如助听器；言语残疾的消费者需要方便他们与他人沟通交流的商品，如基于电脑的手语与口语之间转化的智能翻译系统。另外，生理机能状态不稳定的消费者，如精神病患者，其行为会受不同程度的限制，因而有时不能实现正常购买与消费。

2. 心理因素。心理因素在影响消费者行为活动的诸多因素中处于支配性的主导地位。影响消费者行为的心理因素主要包括心理过程和个性心理两个方面。

(1)心理过程。心理过程是指消费者心理活动的动态过程，它包括认识、情感、意志这三个相互联系的具体过程。①认识过程是人脑对客观事物的属性及其规律的反映，具体表现为感觉、知觉、注意、记忆、想象以及思维等多种心理现象。现实生活中，消费者的消费活动首先是从对商品或服务等消费对象的认识过程开始的。②情感过程是指人在认识客观事物时所持的情绪和情感体验。消费者在认识消费对象时并不是淡漠无情的，而是有着鲜明的感情色彩的，如喜欢、欣赏、愉悦、厌恶、烦恼等，这些感情色彩体现着消费者的情绪或情感。③意志过程是指人们自觉确立行为的动机与目的，努力克服困难以实现目标的心理过程。在消费行为中，意志过程表现为消费者根据对消费对象的认识，自觉确定购买目标，并据此调节行为、克服困难、努力实现目标的过程。

认识、情感、意志是统一心理过程的三个方面，它们之间相互联系、相互作用，共同支配着消费者的消费行为。人类的心理过程具有普遍性，是所有消费者在消费行为活动中必然经历的共同过程。

(2)个性心理。由于先天遗传因素及后天所处社会环境的不同，人与人之间在心理活动过程的特点和风格上存在着明显差异。每个人所独有的心理特点和风格就构成了他们的个性心理。对于消费者而言，他们的个性心理主要表现在个性倾向性与个性心理特征两个方面。①个性倾向性包括兴趣、爱好、需要、动机、信念和价值观等;②个性心理特征则是指人的能力、气质与性格等。正是由于个性心理的千差万别,面对同一消费对象或环境刺激,不同的消费者才会产生不同的心理反应和行为表现。

(二)影响消费者行为的外部环境因素

消费者行为是消费者个人与环境交互作用的结果,因此,消费者行为除受自身生理与心理因素的支配外,还要受到客观事物或外部环境的影响和制约。影响消费者行为的外部环境因素极其复杂多样,几乎涉及人类生活的各个层面和领域。按其性质划分,可以将诸多外部环境因素分为自然环境因素和社会环境因素两大类。

1. 自然环境因素。自然环境因素包括地理区域、气候条件、资源状况和理化环境等因素。自然环境直接构成了消费者的生存空间,在很大程度上促进或抑制某些消费活动的开展与进行,因而对消费者的行为有着明显的影响。

(1)地理区域。受所处地域的地理经度、纬度以及地形、地貌的影响,南方与北方、城市与农村、内陆与沿海、高原山地与平原水乡的消费者,在消费需求和生活习惯上存在多种差异。例如,中国人在饮食习惯方面,南方人偏爱甜味,北方人则偏爱咸味;北方人喜欢辛辣而刺激的白酒,而南方人偏好甜而醇厚的黄酒。

(2)气候条件。不论是地域性的气候条件,还是全球化的气候环境,都很大程度地制约着消费者的消费行为。不同气候地区的消费者,会呈现出不同的消费活动。例如,同样是冬季,炎热多雨的热带地区消费者需要毛衣、夹克等一般的御寒服装,喜欢清爽解热型饮料;寒冷干燥的寒带地区消费者则需要厚重的大衣、皮衣等服装,偏爱酒精度高、能御寒的白酒。

(3)资源状况。自然资源是人类社会赖以生存的物质基础,也是社会生产资料的主要来源。自然资源的开发、利用程度和储量,同消费者的消费活动关系极为密切。

石油、太阳能乃至核能的广泛应用,为消费者提供了诸多的新型消费品,带来消费方式的变化和更新。例如,当初人们用柴火灶做饭,后来用铁炉烧煤,再往后用煤气灶、电炊具、天然气灶,每一次"灶的消费"的飞跃,都同相应能源的开发与利用进度并行。

自然资源的储量对消费者的影响更加直接。一些重要的资源出现紧缺,将抑制消费者的消费需求,或者引发其他消费需求。以水资源为例,我国人均拥有水量只占世界平均水平的28%,而由于气候变化和人为活动的影响,很多地方水资源衰减率达到10%、20%以上。政府利用价格杠杆调节用水市场需求,最直接的效应是使消费者懂得了"慎用水、节约水"。并且,随着水价上调,像节水器、节水马桶和节水洗衣机等节水产品也深受消费者欢迎。

(4)理化环境。理化环境主要是指由人为因素造成的消费者生存空间的优劣状况,如空气、水的洁净程度,噪声的强弱程度等。理化环境的优劣直接关系到消费者的身心健康,因而对消费者的行为有着重要影响。例如,随着空气污染的不断加剧,职业性"氧吧"场所渐渐兴起于国内各大城市。而在职业性氧吧问世不久,适于家庭使用的各类氧吧仪器也开始热闹地上市了。另外,还有一些有针对性的特殊氧吧的出现,如汽车氧吧、电脑氧吧,等等。

2. 社会环境因素。与上述自然环境因素相比,社会环境因素对消费者的影响更为直接,内容也更加广泛。社会环境因素包括人口环境、社会群体环境、经济环境、政治法律环境、科技环境和文化环境因素。

(1)人口环境因素。构成人口环境的因素有人口总数,人口密度与分布,人口年龄、性别、学历、职业等人口统计特征。一个国家的总人口数与该国人均国民收入水平密切相关,因而对消费者的购买力水平有直接影响。人口密度与分布状况关系到消费者的消费活动空间是否适宜。一些大城市人口密度过大,出现住房拥挤、交通紧张、环境污染等一系列"大城市病",已经严重妨碍了消费者的日常生活和消费活动。年龄、性别、职业等人口统计变量直接影响消费者的需求结构和购买方式。例如,人口老龄化趋势使得保健型消费品的购买量迅速上升,形成了独特的"银发市场"。

(2)社会群体环境因素。社会群体环境包括消费者所处的家庭、社会阶层、社会组织和参照群体等。①家庭是影响消费者行为的一个最重要的环境因素,家庭规模、结构及生命周期不同,消费者的购买内容、购买意向也会有明显不同。②社会阶层是由具有相同或类似社会地位的社会成员组成的相对恒定的群体。同一阶层的消费者在价值观念、态度和行为方式等方面具有同质性,不同阶层的消费者则在这些方面存在较大差异。③社会组织如机关、学校、军队、企业、医院、协会等,是消费者参与社会实践活动的主要场所,其工作性质、组织结构及活动内容同样会给人们的消费生活带来某些限制和影响。④参照群体分为个人期望归属的向往群体和个人拒绝接受的疏远群体。向往群体通常会对消费者产生示范或诱导作用,消费者往往会有意识或不自觉地模仿、追随其消费方式。

(3)经济环境因素。经济环境包括宏观经济环境与微观经济环境。从国家经济政策、政府宏观调控、国民经济发展状况、市场供求总量及其构成等各种宏观经济因素,到企业的产品设计、加工制作、广告宣传、销售服务,以及商品质量、款式、价格、商标和包装装潢等微观经济因素都会对消费者的行为产生直接影响。其中,宏观方面,对消费者行为影响最直接的是国家的消费体制以及相关的消费政策;微观方面,消费者的行为往往直接取决于企业的营销行为。

(4)政治法律环境因素。政治法律环境涉及一个国家的政体、社会制度、政府更迭、社会稳定性以及相关法律的制定颁布等因素。这些因素都会直接或间接地对消费者的心理和行为产生影响。政治环境不稳定,如政党纷争剧烈、政府政策朝令夕改、社会动荡不安等,人民群众就会产生各种疑虑和担心,对未来失去信心,体现在消费活动上,则是消费信心下降,对未来预期持悲观态度,抑制消费和谨慎消费成为主导性消费行为。

消费者只能在法律规定的范围内行使消费权利,进行消费活动。所有国家的法律都明令限制或禁止某些特殊消费品的买卖，如可卡因、海洛因、大麻等毒品的买卖被法律严格禁止；又如，很多国家的法律规定禁止向未成年人出售香烟，这对未成年人的香烟消费需求是强有力的限制。

(5)科技环境因素。科学技术的迅猛发展，对消费者的消费内容、消费数量及消费方式产生的影响是不言而喻的。一方面，科技发展使人们的消费方式日益多样化，人们的消费活动不再受时间和空间的限制；另一方面，科技发展使人们的消费内容得到极大丰富。任何一类产品都可找到不同档次、不同性能、不同价格、不同品牌的商品。然而，科学技术的快速发展也为消费者的购买决策增加了难度。面对层出不穷的新产品，消费者会因知识滞后、能力不足而无所适从、难以选择，进而增加了决策失误的可能性。

(6)文化环境因素。文化环境对消费者行为的影响是潜移默化且根深蒂固的。正因为如此，文化环境对消费者的影响作用已经越来越为人们所重视。大量实例表明，不同国家、地区、民族的消费者，由于文化背景、宗教信仰、道德观念、风俗习惯以及社会价值标准不同，在消费观念及消费行为方式上会表现出明显差异。

第三节　消费者行为学的研究对象、内容与学科性质

一、消费者行为学的研究对象、内容

消费者行为学就是研究消费者在消费活动中的心理与行为特点及其规律，以便适应、引导、改善和优化消费行为的一门现代经营管理科学。消费者行为学以消费者在消费活动中的心理和行为现象作为研究对象。实际生活中，这些心理和行为现象表现形式多样，涉及消费者个人心理特性、行为方式、消费群体、市场营销及社会文化环境等诸多方面和领域。为此，消费者行为学的研究对象在具体内容上又可分为以下五个方面。

(一)消费者的心理活动基础

心理活动基础是消费者赖以从事消费活动的基本心理机制，具体包括消费者心理活动的一般过程、消费者的个性心理特征、消费需要和消费动机等。消费者行为学运用心理学的有关原理和要素分析法对这些方面的问题进行系统研究，通过对心理过程中的认识过程、情感过程、意志过程等基本活动过程，以及知觉、注意、记忆等心理要素的分析，揭示消费者心理现象的一般规律，把握其心理和行为活动中的共性。同时，消费者行为学通过研究消费者的能力、气质、性格、自我概念等个性心理特征，了解消费心理现象的个别性或特殊性，进而解释不同消费者之间在行为表现上存在的种种差异。此外，通过对需要和动机——影响消费者行为的诸多

心理因素中最重要、最直接的因素的深入研究，系统分析现代消费者的需求内容、动机类型及其发展变化趋势，从而为购买行为的研究奠定基础。

（二）消费者的购买行为

购买行为是消费者心理活动的集中外现，是消费活动中最有意义的部分。对消费者行为学的研究，将影响消费者心理的因素与其行为表现紧密联系起来，深入探讨消费者的购买行为过程和购买决策的形成，并通过对购买过程中产生消费需求、驱动购买动机、搜集有关信息、进行比较选择、制定购买决策、实际从事购买和评价所购商品等若干阶段及其相互联系的逐一考察，抽象出消费者购买行为的基本模式。在购买过程中，决策居于关键性环节。决策的正确与否、质量高低，将直接影响消费者购买行为的效率和效果。消费者对商品、厂商、广告宣传等所持的态度，以及偏好、预期等心理倾向，对决策方案的制订、抉择以及购买行为的最终实现有着重要影响。

（三）消费者的行为与群体心理

消费在直接形态上表现为消费者个人的行为活动，但从社会总体角度看，消费者行为又带有明显的群体性。现实生活中，某些消费者由于年龄、性别、职业、收入水平、社会地位、宗教信仰相同或接近，因而在消费需求、消费观念、消费习惯以及消费能力等方面表现出很大的相似性或一致性。具有上述相同消费特征的若干消费者构成一定的消费者群。研究不同消费者群体在消费心理和消费行为方式上的特点与差异，有助于从宏观角度把握社会总体消费的运动规律，同时为商品生产者和经营者准确地细分消费者市场，制定最佳营销策略，无疑具有重要的指导意义。因此，消费者的群体心理与行为特点，如群体规范、群体压力、群体内部沟通、模仿、暗示和从众等，就成为消费者行为学的研究对象之一。

（四）消费者的行为与社会环境

现实中，消费者及其所从事的消费活动都是置于一定的社会环境之中、在某种特定的环境条件下进行的。因而一方面，无论消费者个人抑或消费者群体，其心理活动的倾向及其行为表现，在很大程度上要受到社会环境因素的影响和制约；另一方面，消费者在适应环境的同时，也会以不同方式影响和作用于环境。具体分析各种社会环境因素，诸如社会文化、亚文化、社会阶层、家庭、消费习俗与消费流行，对于了解消费者心理与行为活动的成因，以及掌握其运动规律具有重要意义。

（五）消费者的行为与市场营销

现代市场经济条件下，消费者大量接触的受影响最为深刻、最直接的环境事物就是企业的市场营销活动。市场营销是商品生产者和经营者围绕市场销售所从事的产品设计、包装装潢、命名、定价、广告宣传、渠道分销和购物环境布置等一系列活动，其目的在于通过满足消费者的需要，激发购买动机，促成购买行为，实现商品的最终销售。而市场营销活动的效果好坏和成功与否，主要取决于对消费者心理及行为的适应程度大小。总之，市场营销既是适应消费者心理的过程，同时又是对消费心理加以诱导、促成其行为实现的过程。探讨这一过程中消费者如何对各种营销活动做出反应，以及怎样针对消费者的心理特点改进营销方式、提高营销效果，是消费者行为学研究的主要对象和内容之一，也是其研究目的和任务所在。

二、消费者行为学的学科性质

作为现代经济管理科学体系的一个重要组成部分，消费者行为学在学科性质上具有综合性、经济性、发展性和应用性等特点。

（一）综合性

消费者行为学是一门在多学科交叉融汇基础上形成的综合性、边缘性学科。现实生活中，消费者的心理和行为现象复杂纷繁、变化多端，其影响因素更是多种多样。如果仅从单一角度、运用单一学科的知识进行研究，很难完整、准确地把握其中的全部特点和规律。因此，长期以来，有关学者和专家不断尝试从多维角度、运用多门学科的理论和方法对消费者心理与行为进行综合性研究，并由此积累了大量实证性材料。这一领域的研究实际上涉及心理学、社会心理学、社会学、人类文化学、经济学、市场学、广告学、企业经营学和商品学等学科的许多研究成果，并直接借鉴采用这些学科的部分研究方法。消费者行为学的跨学科研究论点如表 1－1 所示。

表 1－1　消费者行为的跨学科研究论点

学　科	学科焦点	研究问题在杂志使用中的应用案例
实验心理学	产品在感知、学习和记忆过程中的作用	杂志特定的外观（如图案或版面）如何被读者识别和理解，杂志的哪一部分有可能被读到
临床心理学	产品在心理调节中的作用	杂志如何影响读者的整体形象（比如，苗条的模特会让一般体重的妇女感觉自己超重吗）
微观经济学/人类生态学	产品在个人或家庭资源分配中的作用	影响家庭杂志支出的因素
社会心理学	产品对个人（作为社会群体成员）行为的影响作用	杂志广告如何影响消费者对其所描述产品的态度，同等或同辈人的压力如何影响个人的阅读决策
社会学	产品在社会制度和群体关系中的作用	杂志偏好在社会群体（如女学生联谊会）中传播的模式
宏观经济学	产品在消费者与市场关系中的作用	在高失业时期，时尚杂志及其所广告商品的价格所产生的影响
符号学/文艺评论	产品在语言和视觉传播意义中的作用	人们解释杂志模特和广告所传递的潜在信息的方法
人口学	产品在人口可测量特性中的作用	杂志读者的年龄、收入和婚姻状况所产生的影响

续表

学　科	学科焦点	研究问题在杂志使用中的应用案例
历史学	产品在社会变迁中的作用	在杂志中,我们的文化对"女人味"的描述随时间变化的方式
文化人类学	产品在社会信仰和实践中的作用	杂志中的时尚和模特如何影响读者对男性和女性行为的定义(如职业女性的角色、性别禁忌)

资料来源:迈克尔·R. 所罗门. 消费者行为学[M]. 8版. 卢泰宏,杨晓燕,译. 北京:中国人民大学出版社,2009.

(二)经济性

消费者行为学主要从社会经济运行角度出发,把人作为市场活动的主要参与者和消费活动的主体加以研究,目的在于从消费者心理及行为的层面上揭示社会再生产过程中消费运动的内在规律,引导和促进生产、流通与消费的协调发展。因此,消费者行为学就其学科性质来说属于经济科学的范畴。

现代经济科学是一个极其广泛的研究领域。随着生产力的迅速发展和人类知识水平的提高,该领域的学科不断趋于细分,出现了宏观经济学、微观经济学、管理学、经营学和市场学等一系列分支学科。其中对消费活动的专门研究分两个领域:一是侧重于从宏观角度探讨消费在社会再生产过程中的地位、作用,消费者的总量与构成,消费方式及其发展趋势等;二是专门以消费者自身为研究对象,剖析消费者心理与行为的消费者行为学。从这一意义上说,消费者行为学弥补了经济科学对消费研究的不足,并因此在现代经济科学的庞大学科系列中占有重要位置,成为其中不可或缺的组成部分。

(三)发展性

消费者行为学作为一门独立的学科虽然有了长足的发展,但在体系设置、理论构造和内容方法等方面尚待完善。随着各相关学科的发展,该学科赖以存在和借鉴的某些理论、观点被加以补充和修正,甚至被否定和替代,某些新的理论、观点被不断充实到原有的研究体系中,从而使得该学科的研究对象、范围和内容亦处于不断更新、扩大和发展之中。不仅如此,随着社会环境和自身条件的变化,消费者的心理倾向和行为表现也会相应改变。旧的消费观念、消费方式将不断被新的观念、方式取代,消费需求的内容将不断更新并趋于多样化。因而,人们对消费者心理、行为的探索和研究也是无止境的,将随着时代的发展而不断发展。凡此种种,都决定了消费者行为学本质上是一门发展中的学科。

(四)应用性

消费者行为学是一门注重和强调紧密联系营销实践,对实践给予理论和方法上有效指导的应用性科学。消费者行为学的研究目的在于帮助商品生产者和经营者掌握消费者的心理与行为的一般规律,并运用这一规律预测消费变化趋势,及时采取最佳营销手段,激发消费者的购买欲望,促成有效购买,在满足消费者需要的基础上提高企业的经济效益。因此,消费者行为学的有关理论与方法必须具有实用性,即能够对商品生产者和经营者给予实际的指导和帮助,帮助企业营销人员掌握满足消费需要、引导消费行为的技能与技巧,从而提高市场营销活动的效果。

第四节 消费者行为学的演进与发展

消费者行为学作为一门独立的学科体系,经历了漫长的理论、实践的积累和演变过程。它的产生和发展是商品经济和生产力发展的内在要求,也是相关学科日益完善和深化的必然结果。可以说,社会经济的发展进程和相关学科的不断完善,为消费者行为的研究打下了坚实基础。

一、消费者行为学产生的社会历史条件

人们对消费者行为的重视和研究是随着商品经济的发展而逐渐加深的。在小商品生产条件下,由于手工工具和以家庭为单位的小规模劳动的限制,生产力发展缓慢,可供交换的剩余产品数量十分有限,市场范围极其狭小,小生产者和商人无须考虑如何扩大商品销路,促进成交,因而客观上没有专门研究消费者心理与行为的需要。

18 世纪中叶,以工业革命为标志的资本主义生产方式的确立,为商品经济的发展提供了契机。但是由于大机器生产体系尚未形成,生产的社会化程度较低,社会商品供应总量远低于需求总量,产品一旦生产出来便不愁销路。因此,工商企业在生产经营中都无须为了担心销路而考虑消费者的选择意愿,有关消费者心理和消费者行为问题在这一时期依然没有引起人们的重视。

直至 19 世纪末 20 世纪初,资本主义经济进入繁荣发展阶段。随着大机器生产体系的确立和生产社会化程度的提高,企业的劳动生产力水平和生产能力迅速提高,产成品数量大幅度增加。与此同时,资本主义经济固有的生产能力相对过剩与有支付能力的需求相对不足之间的矛盾日益突出。市场需求的有限性使得产品能否销出成为决定企业营利与否的关键。为此,一些企业开始把注意力转向寻求开拓市场的途径。其中,如何引起消费者对商品的兴趣和购买欲望、促成购买行为等问题,日益引起工商企业的关注。至此,对消费者心理和行为进行专门研究的必要性才变得十分明显。

这一时期,心理学的迅速发展也为消费者行为学的产生提供了可能性。自 19 世纪末德国心理学家冯特(Wunlt)在莱比锡创立了第一个心理学实验室之后,心理学领域出现了诸多流派,如结构学派、功能学派、行为学派及格式塔学派等。各种学术观点的激烈争论促进了认知理论、学习理论、态度改变理论、个性理论、心理学

分析方法等各种理论和方法的创立。正是这些理论和方法为消费者行为学的产生奠定了坚实的科学基础。伴随理论研究的深入,心理学在应用方面也有了长足发展。越来越多的心理学家不满足于在实验室从事纯学术的研究,纷纷把目光投向工业、军事、教育、医学等社会领域,尝试运用心理学的理论和方法解释、指导人们的社会实践。有关消费者行为的研究也在这一潮流的推动下应运而生。

由上述历史演进过程可见,消费者行为学的产生一方面是商品经济和生产力发展的客观要求,另一方面是心理学等相关学科日益扩展深化的产物。

二、消费者行为学的演进过程

(一)萌芽时期(1920 年以前)

20 世纪 20 年代以前,在物资紧缺、商品供不应求的卖方市场形势下,多数企业奉行以生产为中心的“生产观念”,认为消费者欢迎那些可以买得到和买得起的产品,企业只需集中精力发展生产,增加产量,降低成本,就不愁产品卖不出去,因而不甚重视产品推销。受生产观念的束缚,在这一时期关于消费者心理与行为的研究进展缓慢,研究成果也微乎其微。

最早从事消费者行为相关研究的,首推美国社会学家凡勃伦(Thorstein B. Veblen)。他在 1899 年出版的《有闲阶级论》(*Theory of the Leisure Class*)一书中提出了炫耀性消费及其社会含义,认为人们对服装、首饰、住宅等物品的过度消费,源于向别人炫耀自己的社会心理。而出于炫耀目的消费的商品,一般价格变动很大,而且容易被别人所观察到。炫耀性消费的提出在某种程度上否定了传统经济学所认为的消费者是理性的说法,提出了从非经济层面研究消费者行为的必要性。

与此同时,随着实验心理学的发展,心理学家对于将心理学的原理和方法运用于广告、促销等领域也表现出浓厚的兴趣。1901 年,美国心理学家斯科特(Scott)首次提出将心理学应用到广告活动中。1908 年,斯科特将有关理论进一步系统化,出版了《广告心理学》一书。后人认为,广告心理学的诞生标志着消费心理学前身的出现。

总的来说,这一时期消费者行为学的发展尚处于萌芽阶段。无论是经济学家还是心理学家,其关注的焦点都不是现实中的消费者。经济学家基于“理性人”的假设,采用纯演绎推理的方法分析消费者,而心理学家则依赖于严苛受控条件下的实验,他们所得出的研究结论都与现实中的消费者行为有很大的距离;就研究范围而言,主要局限于有关广告心理的零散实验与调查,并且其研究也主要局限于理论层面,没有具体运用到市场营销实践中。总体而言,消费者行为学自身尚没有明确的理论原则和体系。

(二)初步发展阶段(1920 年至第二次世界大战期间)

20 世纪 20 年代初至第二次世界大战期间,西方主要资本主义国家处于由“卖方市场”向“买方市场”过渡的阶段。由于产品积压,销售不畅,多数企业突破重生产、轻销售的传统思想,转而遵从“推销观念”,即认识到如果企业采取适当的推销措施，消费者有可能购买更多的产品。受这一观念驱使，越来越多的企业求助于广告宣传和其他推销手段，努力探索引起消费者兴趣的办法，争取潜在顾客。

适应企业界的这一要求，有关学者开始了对消费者心理的系统研究，并首先在广告心理和销售心理方面取得进展。一些心理学家运用心理学原理系统研究广告的运用对消费者的影响。例如，采用何种版面设计、色彩、插图和文字可以更好地引起消费者注意？广告应该刊登在杂志的前半部还是后半部？同时，他们还就各种不同形式的广告对消费者的说服、记忆效果等进行了实验比较。此外，一些学者围绕推销人员的心理素质、如何针对消费者心理特点进行推销等问题进行了探讨。

1929 年爆发的世界性经济危机，使得需求问题成为西方企业面临的头号问题。为促进销售、摆脱产销脱节的困境，企业纷纷加强了广告、促销等方面的宣传。这进一步推动了理论界对广告心理、顾客心理和销售心理等方面的研究，并利用多种方法对消费者需要进行市场调查。

在第二次世界大战期间，商品供应不足，导致了对消费者行为研究兴趣的暂时降低，但此时期也有一些卓有成效的研究。例如，库尔特·勒温(Kurt Lewin)提出“守门人”的概念，找到了改变消费者态度的有效途径。勒温的研究源于如何改变美国人不吃动物内脏的习惯这一事件。第二次世界大战期间，为了节约粮食，美国政府鼓励民众多吃动物内脏，但美国人在传统上是不吃动物内脏的。勒温经过研究发现，对不受欢迎的食物，家庭主妇扮演着犹如守门人的角色。除非家庭主妇决定将动物内脏推销给她的家人，否则，她的先生和孩子是不可能吃到的。于是，他认为要说服美国人吃动物的内脏，最重要的是说服家庭主妇改变态度。

这一时期消费者行为学的研究有了初步的发展，研究重点是销售心理学，但是理论上仍局限于推销观念的范围，实践应用范围扩大到企业界，但主要局限于流通领域。由此，一个从多侧面、多角度研究消费心理的趋势逐步形成。

(三)全面发展阶段(20 世纪 50—60 年代)

20 世纪 50 年代以来，以美国为首的资本主义国家相继进入发达阶段。随着战争结束后的经济迅速增长，以商品供过于求、卖主之间竞争激烈、买方处于优势地位为特征的“买方市场”逐步形成。为在买方市场下扩大销售，增加赢利，企业纷纷转向奉行“市场观念”，即以消费者及其需要为中心，集中企业的一切资源力量，千方百计满足顾客需要。在经营方式上，也由以产定销改为以销定产。

上述形势推动了消费者心理与行为研究的全面展开。首先取得进展的是关于消费动机的研究。一些心理学家尝试把心理分析理论和心理诊疗技术应用于该研究中，试图找出隐藏在各种购买行为背后的深层动机。在这方面以 1950 年由梅森·海尔(Mason Haire)主持的速溶咖啡的研究最具有代表性。速溶咖啡投放市场的最初一段时间一直销售不畅，梅森·海尔的研究就是找到消费者不购买的原因。当直接询问消费者为何不买时，大多数消费者的回答是不喜欢速溶咖啡的味道。然而，当让他们品尝不带产品标签的咖啡时，他们并不能很好地区分所品尝的到底是速溶咖啡还是一般咖啡。梅森·海尔决定采用基于投射原理的简洁询问法来揭示真实的原因。做法就是设计两张购物单（见表1-2），然后将两张购物单分别发给两组顾客进行测试，要求顾客阅读购物清单并对可能使用这张购物清单的家庭主妇的形象进行评价。结果发现，收到标有速溶咖啡购物单的被测试者，大多把想象中的那位家庭主妇描述为懒惰、缺乏计划、不会持家、不称职的人，消费者不买速溶咖啡的真实原因由此被揭示出来。

表1-2　梅森·海尔设计的两张购物清单

购物清单1	购物清单2
郎福特发酵粉1听	郎福特发酵粉1听
油煎饼面包2只	油煎饼面包2只
胡萝卜1捆	胡萝卜1捆
雀巢速溶咖啡1磅	麦氏咖啡豆1磅
汉堡牛排1磅半	汉堡牛排1磅半
德尔蒙特桃子罐头1听	德尔蒙特桃子罐头1听
土豆5磅	土豆5磅

在20世纪50年代，一些工程师、制造商在新产品研制过程中发现，产品的外观、造型、性能等对消费者心理有重要影响。为此，他们运用心理学中有关知觉的理论和方法，开展了“新产品初步设计研究”和“产品定位研究”等，从而为消费者心理与行为研究开辟了一个新的领域。另外，在消费需求调查方面，社会学、社会心理学等有关理论和概念被相继引入，由此推动了一系列新的研究发展。例如，社会群体、社会阶层、家庭结构等对消费者行为的影响；意见领袖在新产品推广中的作用；信息传递中的群体影响等。

进入20世纪60年代，消费者行为研究进入蓬勃发展阶段，研究文献的数量和质量都明显提高，研究的范围得到大大扩展，研究方法也日益多样化，消费者行为学作为一门独立学科的地位开始得到承认。

1960年，美国心理学会成立了消费者心理学科分会，这是消费者行为学开始确立其学科地位的前奏。到了20世纪60年代中期，消费者行为学作为一门独立的课程出现在美国的一些大学。1968年，俄亥俄州立大学的恩格尔（James Engel）、科拉特（David Kollat）和布莱克威尔（Roger Blackwell）合作出版的《消费者行为学》成为该领域的第一部专著。1969年，消费者研究协会（*Association for Consumer Research*）正式成立。消费者行为学作为一门新兴学科引起了广大学者的关注，各种研究相继展开。其中，美国密歇根大学研究小组提出的期望与消费者态度理论、哥伦比亚大学提出的人格影响理论、哈佛大学对于知觉风险的研究、中间范围理论、低度参与过程与高度参与过程的理论和群体问题的研究等，都极大地丰富了消费者行为学的内容。

（四）完善发展与广泛应用阶段（20 世纪 70 年代至今）

20 世纪 70 年代以来，有关消费者行为的先期研究成果经过归纳、综合，逐步趋于系统化，一个独立的消费者行为学学科体系开始形成。有关的研究机构和学术刊物不断增多，研究方法也越来越科学，许多新兴学科如网络技术、经济数学、行为科学、生理学、神经学、人类生态学等应用到消费者行为研究中，研究内容和领域也有了重大突破。除大学和学术团体外，美国等国的一些大公司也纷纷附设专门研究机构，从事消费者行为研究。

进入 21 世纪之后，众多学者和几乎所有企业对消费者心理与行为的关注达到了前所未有的高度。市场导向、消费者中心、顾客第一的理念反映了人们对消费者心理与行为研究和应用的重视程度。这一时期，消费者行为研究的范围从原来的消费者本身拓展到对消费的伦理道德、生态环境、社会文化和相关法律法规等更大范围的研究，涉及的学科也由原来的心理学、经济学、社会学延伸到伦理学、文化人类学、法学及环境学等相关领域。多学科参与研究，一方面带来了研究方法的多样化和学科成果的交融，对促进消费者心理与行为研究起到了积极作用；另一方面，消费者心理与行为在借鉴其他学科研究方法的基础上，也有了适合自己的改进和创新，研究成果在各个领域得到了广泛应用。

三、消费者行为学在我国的发展与应用

消费者行为学是 20 世纪 80 年代中期从西方引入我国的。在此之前，我国在该领域的研究基本处于空白状态，不仅绝少有人从心理角度研究消费和消费者，甚至连消费心理、消费行为一词也鲜为人知。这种情况的形成有其深刻的历史原因。一方面，过去长时期内，由于受极“左”观念的严重束缚，把个人消费与资产阶级生活方式等同起来，在理论研究上将其视为禁区；另一方面，在高度集中的计划管理体制下，企业无须也无从直接面对市场和消费者，导致丧失了研究消费者的基本动力。此外，商品长期短缺、市场严重萎缩，也使得我国消费者处于消费水平低下、消费结构畸形、消费观念陈旧、消费方式单一的不正常状态，消费心理发育的成熟度明显不足。这些问题严重阻碍了我国关于消费者行为研究的理论发展和实际应用。

改革开放以来，随着社会主义市场经济体制的逐步确立，我国消费品市场迅速发展，以消费者为主体的“买方市场”格局逐步形成。与此同时，广大消费者在消费水平、结构、观念和方式上都发生了巨大变化，逐渐由贫困型向温饱型转化，由单一化、被动式消费向小康型、多样化和主动式消费转化，消费者自身的主体意识和成熟程度也远远高于以往任何时期，消费者在社会经济生活中扮演着日益重要的角色。正是在这一背景下，我国理论界及工商企业一改以往的漠视态度，对消费问题予以前所未有的关注，关注的重点也由宏观消费现象向微观消费者的行为扩展。

20 世纪 80 年代中期以来，我国一些学者开始从国外引进有关消费者心理与行

为的研究成果。20 世纪 90 年代之后，随着研究工作的深入，这一新兴研究领域在我国已由介绍、传播，进入普及和应用阶段。各种调研机构纷纷开展消费者态度、居民消费行为、消费者满意度、消费者信心及消费趋势预测等调查研究，政府有关部门亦将消费者的态度、信心、预期、行为趋向等作为制定宏观经济决策的重要依据，工商企业则将消费者行为研究的有关理论直接应用到市场营销活动中，用以指导和改进产品设计、广告宣传和销售服务等。

21 世纪以来，随着消费者主权地位的进一步提升，消费者行为学的研究和应用在我国都得到了快速发展。更多具有不同专业和学术背景的学者，特别是具有心理学和社会心理学背景的研究者的加入，使得消费者行为学的研究成果更加丰富。中国高等院校市场学研究会等在业内具有较高影响力的机构，在其组织的学术交流年会中都会将消费者行为划分为一个重要的研讨专题。近年来，随着中国经济进入"新常态"，居民消费率偏低且增速放缓问题得到关注，学者们开始从各个角度对中国消费者的心理和行为进行剖析，这进一步促进了消费者行为学在我国的应用和发展。当前，政府部门、各类工商企业及非营利组织，对消费者心理和行为的重视程度达到了一个前所未有的高度。

实例 1－2　1952—2005 年中国消费者行为的变迁

1952 年至 1977 年间，属于计划经济体制，当时，消费品价格没有弹性，存在着严重的流动性约束，消费者没有完全的选择自由，理性化程度较低，具有即期消费时间偏好、没有风险预期。可以说，除政府配给之外，收入便成为影响消费者行为变迁的主要因素。1952 年中国消费者人均消费水平为 80 元，消费水平相当低。到了 1977 年，中国消费者人均消费水平达到了 175 元。1952—1977 年的 26 年中，中国消费者人均消费水平年均 3.65 元

1978 年至 1991 年间，中国确立的市场带动生产的战略，以及开放市场与确立市场经济的微观主体地位等一系列的制度变革，使得市场价格部分具有弹性，流动性约束减少，未来不确定性因素显现。消费者具有了部分选择权，理性化程度增强，消费时间偏好追求跨期效用最大化，风险预期也形成了。在 1978—1991 年的 14 年间，中国消费者人均消费水平年均 53.42 元。

1992 年至 2005 年间，中国消费者行为呈现多样化趋势。这一时期是中国市场经济形成和完善的阶段。在系列市场经济的改革和探索波及中国各个领域并迅速推行的制度背景下，消费者行为变迁的影响因素变得更加复杂。此时，市场价格充满弹性，不确定因素增多。消费者行为完全自由，能够理性决策，根据预算约束和其他约束有效地配置收入在消费与储蓄之间的比例；消费者能够根据各种收入、消费信贷及其他资产存量追求跨时效用最大化；消费者风险意识和风险行为进一步增强和内生化。1992—2005 年，中国消费者人均消费水平已经达到 310.50 元。

资料来源：唐兵. 建国以来中国消费者行为变迁规律研究[J]. 探索，2010,3(2):85－89.

四、消费者行为学的发展趋向

(一)研究角度趋向多元化

长期以来,人们只从商品生产者和经营者的单一角度研究消费者行为,关注点集中在帮助工商企业通过满足消费需要来扩大销售,增加赢利。目前,这种单一局面已被打破,许多学者开始把消费者行为同更广泛的社会问题联系在一起,从宏观经济、自然资源和环境保护、消费者利益、生活方式等多种角度进行研究。例如,研究作为买方的消费者行为对市场变动的影响,各种宏观调控措施对消费者的心理影响,政府部门在制订经济规划时如何以消费者心理作为重要参考依据等。又如,顺应20世纪70年代以来消费者权益保护运动的广泛兴起,许多学者注重从消费者利益角度研究消费者心理,帮助消费者提高消费能力,学会保护自身权益不受损害。这些方面的探讨为消费者行为的研究提供了更广阔的领域和更新颖的研究角度。

(二)研究参数趋向多样化

在最初的研究中,人们主要利用社会学、经济学的有关概念作为参数变量,根据年龄、性别、职业、家庭及收入等人口统计特征来分析和解释各种消费行为的差异。后来,随着研究的深入,同心理因素和社会心理因素有关的变量被大量引入,如需要、动机、个性、参照群体、社会态度和人际沟通等。如今,由于社会环境急剧变化和消费者自身素质的提高,消费行为比以往任何时期都更为复杂,已有的变量已很难对此做出全面的解释。为准确把握日益复杂的消费行为,研究者开始引入文化、历史、地域、民族、道德传统、价值观念和信息化程度等一系列新的变量。新变量的加入为消费者心理与行为研究精细化提供了可能性,同时也使参数变量在数量和内容上更加丰富多样。而这一现象正是消费者行为学的多学科、综合性趋势进一步增强的反映。

(三)研究方法趋向定量化

新变量的加入使各参数变量之间的相互关系更加复杂,单纯对某一消费现象进行事实性记述和定性分析显然是不够的。为此,当代学者越来越倾向于采用定量分析方法,运用统计分析技术、信息处理技术以及运筹学、动态分析等现代科学方法和技术手段,揭示各变量之间的内在联系,如因果关系、相关关系等。定量分析的结果,使建立更加精确的消费行为模式成为可能。而各种精确模型的建立,又进一步推动了对消费现象质的分析,从而把消费者行为学的研究提高到另一个新水平。

本章小结

消费是指人们消耗生活资料及精神产品的行为活动。消费者是指那些对某种商品或服务有现实或潜在需求的人。消费者心理是人们在消费过程中发生的心理活动。消费者行为包括商品购买中的选择、决策和实际购买活动,也包括购买前的搜寻、整理信息,购买后的使用、维护和做出评价等活动。加强消费者行为研究对于国家、企业和个体消费者都具有重要的意义。

卢因的行为模型表明,人类行为会受到个人内在因素和外部环境因素的影响和制约。其中,个人内在因素包括消费者的生理因素与心理因素,外部环境因素包括自然环境因素和社会环境因素。

消费者行为学的研究对象是消费者在消费活动中的心理和行为现象,具体包括消费者的心理活动基础、消费者的购买行为、消费者的行为与群体心理、消费者的社会环境与行为、消费者的行为与市场营销。消费者行为学在学科性质上具有综合性、经济性、发展性和应用性等特点。

消费者行为学的发展可概括为四个阶段,即 1920 年以前的萌芽阶段,1920 年至第二次世界大战期间的初步发展阶段,20 世纪 50—60 年代的全面发展阶段和 20 世纪 70 年代至今的完善发展与广泛应用阶段。中国在 20 世纪 80 年代中期从西方引入消费者行为学,目前这一领域在中国已由介绍、传播,进入普及和应用阶段。消费者行为学的发展趋向主要有三个,即研究角度趋向多元化,研究参数趋向多样化和研究方法趋向定量化。

案例选编

案例　　　　玩乐高、迷乐高、乐高控

德鲁克说过,企业的两大职能就是营销和创新。但是当“创新”成为企业的宗旨时,却很容易忘记营销的本质:创造客户。乐高的起死回生,恰恰在于企业重新回到原点,按客户原则思考问题:谁是乐高的客户?乐高能为客户做什么贡献?

乐高的第三代掌门克伊尔德在遇到 1998 年业绩下滑而造成历史上的第一次亏损时,请来了布拉格曼当 COO,负责乐高的日常运营。布拉格曼并没有对克伊尔德的产品线扩张政策进行收缩,而是借用“创新七法则”,带领着企业进行积极创新,并进一步推进产品线扩张。这样的做法虽然是布拉格曼站在公司立场上深入思考的结果,但是,由于“四面出击”,投入上有时“不惜血本”,乐高一度被推到了破产的边缘,在 2003 年陷入巨亏,几乎难以自拔。

“创新七原则”的第三条是“以客户为中心”。以客户为中心是正确的理念,但是在确定谁是乐高的客户时,却有了不同的意见。当时,由于受到电子游戏的冲击,乐高领导层感到十分紧张,最后判断失误。他们认为:电子游戏必将取代积木玩具。由此,乐高开始争取那些不喜欢玩积木而更喜欢游戏机的儿童,开发了更激烈、更黑暗的主题玩具,结果不但没有争取到新客户,反而丢失了喜欢积木玩具的儿童和家长。

2004 年以后,乐高重新修正了过去对客户的定义,将乐高的客户界定为 5 ~ 9 岁喜爱积木的男孩子。在正确方向的指引下,以及在坚持基本原则后,乐高公司重启“创新七原则”,终于获得了成功。

一、如何缔结客户关系价值链?

构建客户的关系链,需要厂家进入消费者的消费链或叫需求链,但是,进入的角度是有所不同的。可以是以“产品”的角度,观察厂家生产的产品在消费链中功能和性能上的表现,研究消费者的使用行为,以及引导消费者在消费链的每一个环节应该如何使用更有效;也可以从“人”的角度,与客户在消费链的各个环节上进行互动,激发客户对产品的供应链提意见或建议,由此深化企业与客户之间的信任关系。持续的互动和关系深化以后,可以从中筛选资深客户、玩这个产品的行家里手,参与到商家产品的研发链中。由于乐高的积木玩具是带回家玩的,所以乐高没有在门店与客户建立、深化关系,而是在销售以后,客户把玩具买回家之后,再持续地深化关系。其深化关系的手段是——告诉你怎么玩。

对于玩乐高的人群,按关系的深化可以分为:玩乐高、迷乐高、乐高控。虽然乐高的官方并没有按照玩乐高、迷乐高、乐高控三个层面表达过,但从乐高官方的活动安排,可以看出乐高的不同关注侧重点。其实,自乐高开创以来,其关注的重点始终在“玩乐高”的怎么玩,也就是说,是从产品的角度进入儿童对乐高的消费链;在 2004 年以后,开始关注“迷乐高”的那帮人,与他们深化关系;并开始关注迷乐高的成年人——“乐高控”,让他们参与到乐高产品的设计中。这是乐高转型变革的重要内容——回归原点的同时,进行升级。

二、乐高粉丝第一个层次:“玩乐高”

乐高的第一代掌门奥勒定义了乐高的使命——“让孩子享受建造的快乐和创造的骄傲”。通过积木玩具,让孩子体验到:通过动手、动脑而实现自己理想的乐趣。乐高的商标(好好玩)准确地表达了这种理念。

被称为“乐高教授”的沃顿商学院戴维 · 罗伯逊教授写道:“乐高公司在用一种理想的、富有想象力的企业精神打造积木,让它的产品永远引人注目,很少会闲置在孩子们的柜子里。”乐高积木所不断追求的就是“好玩”,让孩子们玩起来。

乐高用塑料代替木材,把玩具材料升级换代是为了好玩,因为这样玩具模块的形状更多样、色彩更鲜艳更丰富;开发“自锁式 4 ×2 栓柱”是为了好玩,能把各个模块之间连接得更紧密,能搭砌出更高大、更多样的模型和场景;为玩具套装形成主题是为了好玩,能让冰冷的积木模块产生联想和意义。

乐高关注的不再是产品供应链过程中的产品——这个阶段的产品是被质量、

成本、交货期等指标来约束的,现在乐高关注的是客户关系链中的产品——这个阶段的产品是被方便、舒适、有效等指标来约束的。

乐高"认证专家"罗宾·萨瑟(Robin Sather)表示:我们现实的日常世界是由实体构成的,我们最终还是喜欢触摸实体的那种感觉。乐高积木在这方面给人的体验是无可比拟的。正如2004年,克努德斯托普要带领乐高走出困境的时候,其团队对乐高的一个基本命题进行了反思:"乐高为什么会存在? 如果乐高没有了,人们会怀念它的什么?"经过调研、分析,得出结论是:"如果乐高消失了,人们怀念它的将不是品牌,不是零售商店和主题公园,而是积木本身。"

乐高要把积木玩出更高层次,将教育寓于其中。就像英国人詹姆斯·梅在BBC(英国广播公司)的一个系列节目上说的,积木中蕴含着"几何、数学和真理"。乐高在1950年就为幼儿园的课堂开发了大型乐高积木,在20世纪90年代末期思考从提供教育产品到提供教育服务转型。在2001年,乐高还在韩国建立了140个教育中心。后期发展起来的乐高教育,因材施教,根据不同年龄(3~16岁)特点设计学习方案,进而培养孩子们解决问题的能力、应变能力、表达能力、社交能力,激发孩子们的创造力和想象力。

乐高的努力得到了消费者的认同。乔纳森·盖伊认为,是乐高积木帮助他发明了Flash动画。迈克尔是西蒙弗雷泽大学教授电子工程技术的老师,据说是因为小时候玩乐高,受到了乐高的启发,走上了工程技术的道路。现在,他鼓励自己三岁的孩子玩乐高,认为孩子在玩乐高玩具的时候,不仅得到娱乐,还学习到了齿轮扭矩和结构稳定性等方面的知识。

同样是在2001年,第一版"乐高认真玩"项目推出。这是乐高第三代掌门克伊尔德和瑞士洛桑国际学院的两位教授一起,从1996年就开始构思的项目,是基于乐高积木开发的,针对企业管理人员的一套"团队思考、沟通和问题解决技术"。虽然这个项目由新成立的执行发现公司运营,并没有放在乐高平台上,但这是克伊尔德全额出资的项目。由此看得出,乐高的世代老板是如何坚持把乐高"玩"起来的。

三、乐高粉丝第二个层次:"迷乐高"

由于乐高玩具的吸引力,在世界各地都产生了很多乐高迷,他们是乐高真正的粉丝。他们开始自发地组织活动,相互交流玩乐高的经验和体会。如荷兰的"乐高世界"每年吸引75 000名儿童和他们的家人参加;慕尼黑的"乐高涂鸦大会"则是以积木为主题的街头艺术家的聚会。

互联网来了,乐高迷们聚会就更方便、更多样。20世纪90年代中期,乐高粉丝网站不断涌现。1999年有11个乐高用户群,到2006年为60多个。Lugnet. com(乐高用户群网络)是乐高粉丝的一个大型论坛,粉丝们在这里分享他们的乐高作品;Brickshelf上有200万幅与乐高相关的图片,粉丝在这里可以看到乐高套装拼砌指南(粉丝免费上传); Bricklink. com上粉丝在线出售了250多万块乐高积木;Brickipedia,像一个乐高百科,包含2.2万页评论和讨论;在Youtube上,还有粉丝上传的大约75万个拼砌乐高积木的视频。

但这些都是乐高迷们的自娱自乐,乐高官方并没有参与其中。乐高当时只关注客户关系链中的产品,没有关注客户关系链中的人(乐高的粉丝们)。乐高的前任全球社会关系专家杰克·麦基说得非常直接:“我们不可以参加粉丝社团,乐高真的不重视外面的世界。”直到2004年以后,乐高开始关注到这种现象级事件。克努德斯托普首先为乐高成立了专有的社区管理中心——CED(社区、教育和管理部门),以便加强与乐高客户群体之间的联系。虽然当时,克努德斯托普还只是把这个部门当作一个新兴渠道的考量,旨在通过乐高工厂这样的平台直接向消费者销售产品,以及探索新的商业模式。

到了2005年8月,乐高才真正把乐高粉丝重视起来。这是在克伊尔德和克努德斯托普参加了乐高粉丝的“积木盛宴”聚会之后发生的。这次,克伊尔德和克努德斯托普同500名乐高成年粉丝做了3小时的问答互动。他俩最后的结论是:要想找回乐高真正的核心,必须与核心粉丝建立起联系。这个活动促使乐高发生了根本的变化。乐高开始和粉丝互动了。2005年乐高就推出了很多与粉丝群体互动的项目。

项目之一:乐高微城市模型。乐高的一位营销主管——瑟伦·伦德,招募了10名成年粉丝参与“乐高微城市”的项目模型。模型的模块,包括机场、乐园、成群的办公大楼。请他们从粉丝的视角,创造一个能将孩子吸引过来的模型。

项目之二:“大使项目”。来自全球30多个用户群的几十名代表组成项目工作组,负责向全世界的乐高粉丝群体传送信息,将乐高群的问题和要求直接转回给乐高的管理人员。

项目之三:“儿童圈子”。邀请孩子们测试玩具。乐高在全世界招募了2 000名儿童。在家长的许可下,孩子们登陆乐高官方指定的网站,对设计师设计的玩具图片和即将上市的套装发表自己的看法,写出自己心仪的玩具清单。

项目之四:FIRST乐高联盟机器人大赛。2010年4月下旬,FIRST(鼓励与认可科技组织)乐高联盟机器人大赛进入为期3天的总决赛,从世界各地超过16 000支队伍中选拔出81支队伍,共800名9~16岁的头脑风暴奇才参加。高水平的乐高迷们在这里脱颖而出,成为其他孩子们的偶像。参赛队伍的目标是:设计一个由乐高元件、电机、传感器和一块职能积木组成的头脑风暴机器人,让它穿过一个障碍路线并执行一系列的复杂任务,看哪个队伍的机器人用时最短。旨在将孩子的想象力和乐高的数字技术结合。尤为值得一提的是,这是乐高粉丝们自己组织的大赛。

四、乐高粉丝第三个层次:“乐高控”

乐高控都是成年乐高粉丝,是玩乐高的行家里手,能将生活中的某一个概念引入玩乐高的过程中,形成自己独特的积木体系。他们已经具备乐高概念设计师的能力,而且有更强的意愿参与到乐高产品的设计中,或者直接把他们“玩的产品”推向市场。

2004年开始,乐高发现了一个很重要的现象:为什么会有成年的乐高粉丝?

自积木出现以来,许多乐高的儿童粉丝快到10岁的时候就不再玩了。但从20世纪90年代末以来,相当多的男性成年人,再次把兴趣放回到了乐高积木玩具上,不惜花费时间玩玩具,并且乐此不疲。深入观察后发现,原来是网络的力量!是网络把各种兴趣的人连接了一起,组成一个具有共同消费理念的社区。全世界的乐高迷们就是这样走到一起的,因为积木成了某种承载——童年共同的记忆!没错,就在这种自动自发中,大家不约而同地把当年玩乐高积木的乐趣又捡了回来!

成年的乐高迷玩起来,会有意想不到的创意出来。乐高由此开始关注成年粉丝,并从他们那里直接获得授权,生产他们的产品。如从乐高粉丝丹尼尔·西斯金德手里购买了"打铁铺"的授权。西斯金德本是一名美国的设计师,曾在网站上提供乐高积木套装。后来自己设计乐高主题套装,如火车和城堡。"打铁铺"是他以中世纪的铁匠铺为主题设计的乐高积木套装,共由622块积木组成,零售价39.99美元。这是乐高发布的第一款粉丝作品。

2008年,日本的CUUSOO公司与乐高合作推出LEGO CUUSOO(现为LEGO IDEAS),旨在为乐高粉丝圆梦。这些粉丝根本不用产品手册,他们直接用身边的乐高积木自由表达自己头脑中的想象。其本质,和乐高的概念设计师一样,都是在设计概念产品。然后粉丝把按自己想象做出来的乐高玩具成果,放到LEGO CUUSOO网址上与大家分享。浏览成果的粉丝对自己喜欢的成果投票,当达到一定票数,乐高就会考虑将其量产。设计乐高的粉丝也就有了官方认可的自己签售的乐高作品。想象一下,这是多么激动人心的一件事!

乐高,一个忠于顾客、有着创新基因的公司,有理由让人们抱以厚望。在传统上,乐高一直关注的是"产品",即使关注玩产品的人,也是从产品的角度,看如何引导孩子们玩玩具,在"客户的关系链"上与客户构建的关系也是基于产品的。但是,2004年以后,乐高开始真正地关注"人",从人的视角看待"客户关系链",也因此才能与粉丝互动,将粉丝的反馈不仅传递到了乐高的产品供应链,而且传递到了乐高的产品研发链——这也正是德鲁克所说的生产消费者的概念。

资料来源:张林先.粉丝倒逼!乐高乐见"乐高控"[J].销售与市场:营销版,2018,8(7):34-40.

案例讨论:

1. 乐高的目标消费人群是谁?这些人具有什么特征?

2. 乐高是如何缔结客户关系价值链的?

3. 乐高是如何把握和利用玩乐高、迷乐高和乐高控等不同层次消费者的心理和行为的?

4. 玩乐高、迷乐高和乐高控这三类不同层次的消费者,在消费体验过程中会受到哪些因素的影响?在这些因素中最为重要的因素是什么?

思考题

1. 什么是消费和消费者?
2. 结合生活中的实例,谈谈你对消费者心理和消费者行为的认识。
3. 学习消费者行为学有什么现实意义?
4. 影响消费者行为的个人内在因素和外部环境因素有哪些?
5. 消费者行为学的研究内容主要包括哪些方面?
6. 如何理解消费者行为学的学科性质?
7. 消费者行为学研究的发展趋势是什么?

第二章

消费者的心理活动过程

★ 本章要点和学习要求 ★

现实生活中，消费者的行为表现千差万别，各不相同，但无不以某些共同的心理活动为基础。消费者的心理活动过程是决定其行为的共性心理因素。探讨这一过程，可以揭示出消费者心理活动的规律性，以及外部行为的共同心理基础。本章重点介绍消费者心理活动过程的三大组成部分，即认识过程、情感过程和意志过程，并对认识过程的心理构成要素如感觉、知觉、注意、记忆、学习、联想等进行深入分析。通过学习本章内容，学生应了解消费者在做出购买行为时的心理过程，掌握感觉、知觉、记忆、学习和联想等概念，并在此基础上把握消费者心理活动过程的共性规律。

第一节 消费者的感觉和知觉

一、消费者心理活动的认识过程

消费者通过大脑对外部信息加以接收、整理、加工、储存，从而形成对商品或服务的认知，这一过程即心理活动的认识过程。认识过程是消费者心理过程的起点和第一阶段，也是消费者行为的主要心理基础。各种消费心理与行为现象，诸如消费动机的产生、消费态度的形成、购买过程中的比较选择等，都是以对商品及服务的认识过程为先导的。可以说，离开认识过程就不会产生消费行为。

认识过程不是单一的、瞬时的心理活动。消费者对商品或服务的认识，通常经过由现象到本质、由简单到复杂的一系列环节和程序。例如，消费者接收到某种商品的信息后，首先会对其色彩、形状、光亮和声音等表层信息做出直觉反应，产生外部印象;然后,集中注意力,进一步观察了解该商品的内在质量和性能;最后,还要通过运用已有的知识和经验,对已获得的商品信息进行分析、综合,去粗取精、去伪存真,在此基础上得出对该商品全面、正确的认识和结论。由此可见,消费者的认识过程是通过一系列心理机能的活动共同完成的。构成认识过程的心理机能包括感觉、知觉、错觉、注意、记忆、学习和联想等。

二、感觉

(一)感觉概述

感觉是人脑对直接作用于感觉器官的客观事物个别属性的反映,是客观世界在人脑中的主观映像。通过感觉,人们不仅可以反映外部客观事物的各种属性,还可以反映自己身心的状况和变化。人们对客观世界一切事物的认识都是从感觉开始的。具体到消费中,人们的各种消费需要,都是由于感觉到自己生理或心理的不满足引起的。而人们对某种商品或服务的认识,也是以对该商品或服务的感觉为基础的。至于对已经消费过的商品或服务,人们的认识和态度更要受消费过程中感觉的影响。

消费者的感觉,是指消费者借助感觉器官,对各种商品、服务、信息以及自身需要的反映。消费者对商品各种属性的感觉,是通过不同的感觉器官完成的。例如,消费者对食品的感觉,至少包括眼睛对食品颜色、形状、质地的感觉,鼻子对食品气味的感觉,舌头对食品味道的感觉,牙齿对食品松软硬度的感觉等。

感觉是最简单、最低级的一种心理现象,是人脑对客观事物外部特征和外部联系的直觉反映。消费者通过感觉获得的只是对商品属性的表面、个别、孤立的认识,因此,若仅仅依靠感觉对商品做出评价和判断,显然是不可靠的。但是,感觉又是认识过程乃至全部心理活动的基础和起点。通过感觉,消费者才能取得进一步认识商品的必要材料,形成知觉、记忆、思维和想象等较复杂的心理活动,从而获得对商品属性全面和正确的认识。也正是以感觉为基础,消费者才能在认识商品的过程中产生各种情感变化,确认购买目标,做出购买决策。反之,离开对消费对象的感觉,一切高级的心理活动都无从实现,消费者将失去与客观环境的联系,消费行为也无从谈起。因此,一定意义上,感觉是消费者一切知识和经验的基础。

(二)感觉阈限

感觉阈限是指人感觉到某个刺激存在或发生变化所需的强度或感受强度变化所需的临界值,它是测量人的感觉系统感受性大小的指标,用刚能引起感觉或差别感觉的刺激量的大小来表示。消费者对某一刺激物的感觉阈限值越大,表明消费者对该刺激物的感受性越小,即对该刺激物越不敏感;反之,消费者的感受性就越大,对该刺激物的感觉越敏感。感觉阈限分为绝对阈限和差别阈限两种。

1. 绝对阈限。绝对阈限分为下绝对阈限和上绝对阈限。下、上绝对阈限是指能被感觉器官觉察的最小和最大的刺激量,两者之间的距离是感觉性的范围。绝对阈限的存在使企业进行产品开发、市场调研和商品推介时必须注意消费者的感觉性。比如，人们对电视广告反应的下绝对阈限是3秒，故在广告投放时要考虑时间长度。一幅广告牌也许是有史以来最富娱乐性的版面，但如果印刷字体太小以至于高速公路上路过的驾驶员根本无法看到的话，这幅天才的广告也就浪费了。绝对阈限会随着消费者知识的增加和购物经验的增加逐渐发生改变。

2. 差别阈限。差别阈限是指刚刚能引起差别感觉的刺激之间的最小强度差，又称为最小可觉差。一般情况下，差别阈限与原刺激量的比值是一个固定数。用公式表示就是$\Delta I/I=K$。其中，ΔI为差别阈限；I为原刺激量；K为常数。这就是韦伯定律。这个定律适用于中等强度的刺激。在中等强度刺激下，当原刺激量较大时，变化量足够大才能被人们感觉到。比如，冰箱等大件家电提价或降价10～20元不容易被顾客察觉，而一些价格低廉的日常用品，如油、盐、酱、醋之类的价格浮动1～2元，人们马上就会察觉到。又如，在嘈杂的街道上音量不高的低声细谈，若挪到安静的图书馆中，则变得引人侧目甚至厌烦；在彩色电视机中有意设计的一幅黑白广告会引人注意，是因为它的颜色浓度变小，不同于以前的节目，而同样的黑白广告在黑白电视机上观看则并不突出，从而可能被完全忽略。

一项变化何时或能否被消费者注意到与许多营销情形有关。有时，厂商期望变化被注意到，如商品何时会提供折扣，而在另外一些场合，已经变化的事实则被尽量轻描淡写，如价格提高或产品换成小包装。

实例2－1　最小可觉差战略

最小可觉差(just noticeable difference，JND)是可被觉察到的最小数量变化值。以声音为例，分贝水平从60分贝变化到62分贝是觉察不到的，而分贝水平从60分贝变化到63分贝则可被觉察，因而我们知道对于60分贝的初始刺激，3分贝的变化是最小可觉差。

在100多年前，有位叫恩斯特·韦伯(Ernst Weber)的心理学家发现，达到被辨认水平所需的变化量并不是一个绝对值，而是与初始的刺激强度有关。例如，一件原价为50美元的衬衫降价5美元，可能不会被消费者感知为一种有意义的价格变化，但是一件原价为25美元的衬衫降价5美元则会获得这种效果。因此，最小可觉差有时会用比例来描述。

服装零售商已经发现，对一件衣服的降价幅度低于20%通常并不会被消费者感知为一种有意义的价格变化，但是降价20%通常会被顾客感知为一种有意义的价格变化。因此，若想要通过一种变化来影响消费者的行为，那么这种变化不仅必须被注意到，还必须被感知为有意义的。严格来说，最小可觉差的概念意味着为影响消费者的行为，不必超过最小可觉差的范围也能被消费者感知是有意义的。换句话说，如果最小可觉差是5%，那么你只需要改变刺激5%，就可以影响消费者的行为；改变刺激超过这个数量就不值得。

资料来源：朱迪·格雷厄姆. 消费者行为学案例与练习[M]. 江林，译. 北京：中国人民大学出版社，2011.

（三）感觉的适应和相互作用

感觉适应是感受器官受持续刺激时，刺激强度保持不变，但引起的神经冲动却越来越少（弱）的现象。与疲劳不同，适应比疲劳的发生快得多，而且停止刺激后几乎马上就恢复过来。由此可见，感觉只在它刚发生时才是强烈的，以后就越来越弱。适应作用不仅与刺激时间有关，还以刺激强度为转移。刺激越强烈，适应作用发生越快。例如，人穿衣服，刚开始身体会感觉到衣服的重量、摩擦，但很快就感觉（注意）不到了。又如，人从暗处走到光亮处，刚开始会因为光线的强烈刺激睁不开眼，但很快就形成明适应；反之亦然，从明亮处到暗处，人也会很快形成暗适应。

消费者的适应是多种多样的，可以广泛地理解。例如，人的味觉会发生适应，吃糖以后再吃平时觉得很甜的水果也会觉得不甜。又如，消费者会明显感觉出某种新型洗发液使用后的舒适度，但随着使用时间的延长，消费者就不再感到分外舒适了。此时，企业要继续保持消费者的青睐，就要在产品设计、性能、加工、包装、价格、销售渠道和服务等方面不断加以改进。

三、知觉

（一）知觉概述

知觉是人脑对直接作用于感觉器官的客观事物的各种属性的整体反映。知觉是在感觉的基础上形成的，但知觉并不是感觉的简单总和。知觉要把由感觉器官得来的信息进行选择、组织、解释，获得一个完整的、有意义的、连贯的认识。例如，盲人摸象时，由于其生理的限制，他片面的感觉导致了错误的结论。而一个正常的人，虽然呈现在他面前的大象同样也有墙一样的身体、柱子样的腿、标枪样的牙、扇子样的耳，但在他脑海中反映的却是完整的一头象，而不是墙、柱子、标枪或扇子的简单组合。此时，大象在人脑中的影像，即是知觉作用的结果。知觉是人在对事物各种属性的个别认识的基础上，结合自己的需要、经验、知识等主观因素得到的完整的、有意义的、连贯的整体认识。

消费者对于某种商品或服务的认识，同样不是简单地由各个感觉器官分别得来的，而是依赖于知觉的作用。消费者知觉的产生不是各感觉器官活动结果的简单相加，而是视觉、听觉、嗅觉、味觉、触摸觉和运动觉等协同作用的结果。现实生活中，消费者通常以知觉的形式反映商品，头脑中形成的总是商品各种属性综合起来的有机整体影像。例如，服装制品在消费者的印象中总是一套服装，而不是孤立的颜色、款式、做工、质料和手感等个别属性。而且，除了服装的颜色、手感、款式、包装以外，其价格、品牌、售货商场、售货员的服务，以及消费者自身的需求、偏好、趣味等，都会对消费者整体的心理印象（自觉）发生影响。

（二）知觉过程

像计算机一样，人们在输入并储存刺激时也会经过信息处理的几个阶段。然而，与计算机不同的是，人们并非被动地处理所获得的全部信息。首先，人们只会注意到周围环境中的一小部分刺激，而其中只有更少的一部分刺激会得到处理。

而且,即使那些真正进入到意识中的刺激也未必能够得到客观的处理。对刺激的选择和解释会因个人独特的偏好、需要及经验的影响而呈现差异。图 2－1 演示了刺激的选择及解释的几个阶段,描述出了知觉过程的概况。

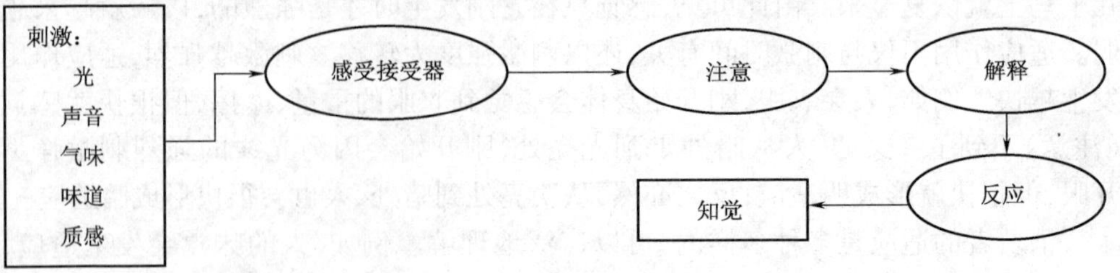

图 2－1　刺激的选择、解释与知觉过程

(三)知觉特征

1. 选择性。由于大脑处理信息的能力有限,消费者总是有选择地对信息做出反应。知觉选择(perceptual selectivity)过程是指人们对于施加给自己的信息,只是有选择地对其中一部分做出知觉反应。这里,消费者实际遵从一种心理经济模式,有意或无意识地挑选并选择刺激,以防被泛滥的信息淹没。

实例 2－2　广告充斥生活使人厌烦

消费者对广告充斥生活越来越厌烦,广告专业人士也感到传统媒体及非传统场合,如电影院及医务室的电视监视器中的广告激增,正在威胁着他们工作的质量。他们担心消费者被如此多的竞争刺激所淹没,以至于他们的信息播出时,消费者并非处在易于接受刺激的状态中。罗珀组织(Roper organization)和一家商业报纸《广告时代》(*advertising age*)对广告专业人士及消费者所做的一项调查表明,31%的消费者对于在电影放映之前插播广告的行为非常厌烦,而对此有类似反应的广告专业人士的人数竟高达 65%。同样,认为在高校教室中使用电视监视器或将信息插在租借的视盘上会招致恼怒的广告专业人数,也是普通消费者人数的两倍。

2. 整体性。在知觉过程中,人们不是孤立地反映刺激物的个别特性和属性,而是反映事物的整体和关系,这就是知觉的整体性。如图 2－2 所示,人们观看此图时,并不把它们视为虚线的组合和三个圆圈,而是把它们整体地看作一个圆形和一个三角形。

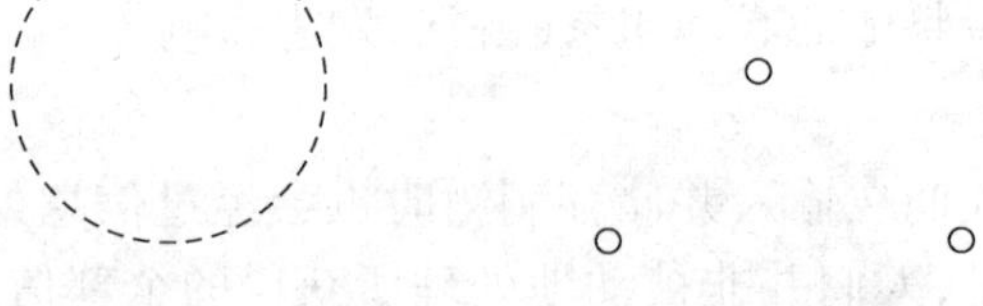

图 2－2　对圆形和三角形的整体知觉

3. 理解性。人们知觉一件商品需要综合各个方面的属性，但并不意味着每一个方面的属性都缺一不可。对于不能直接表现和反映出来的商品属性，消费者通过自己的理解能够弥补这些信息的不足。比如，人们一般习惯于把包装好的商品理解为质量也很好的商品；把广告宣传频率很高的企业，理解为资金雄厚的大企业，等等。在消费者的这类理解中，有一些理解是正确的，有一些理解是片面甚至是错误的。理解的正确与否，取决于消费者的判断能力，以及过去的消费经验。购买过包装上乘但内在质量很差的商品后，消费者的经验中对于精美的商品包装就有了戒备心理。知觉的理解性有时会导致对商品属性的片面理解，企业在进行产品宣传时，要引导消费者正确地理解商品，避免出现片面或错误的理解。

4. 恒常性。当知觉条件发生一定范围的变化时，被感知的对象仍然保持其特性相对不变的知觉倾向，这种现象被称为知觉的恒常性。如在 10 米远处站着的人改为 20 米远时，在人的视网膜上的投影就会缩小，但人的大小绝不会因此而被感觉到发生了变化，这是大小的恒常性。五星红旗不论在白天或黑夜，人们都会感知到五角星的黄色和旗帜的红色，这是颜色的恒常性。就连声音大小也有恒常性，远处火车的声音比近处洗衣机发出的声音要小，而实际上人们仍会认为火车的隆隆声是巨大的。

知觉的恒常性对生活实践有重要意义。它保证人们能够在客观刺激物的信息和条件发生变化的情况下，依据事物的实际意义做出正确的判断，从而适应变化了的环境。

5. 防御性。防御性是指人避免对某些刺激引起注意，对某些信息做出知觉反应的程度降低。这是人的一种自我防御反应，其目的在于降低内心的不满意、不平衡。在消费活动中，身体胖的人对油腻食物、紧身服装经常避免注意。“吃不到葡萄，就说葡萄酸”，也是知觉防御性的体现。如果一个收入水平低的人对超出自己能力的消费水平梦寐以求，并对现实的消费状况不满，则往往会以知觉防御来排解其挫折感。

四、错觉

知觉的上述特性为消费者正确、全面地感知商品提供了保障，但是在现实中，消费者并不总是能够准确无误地认知商品。由于某些因素的作用，人们的知觉经常会偏离事物的本来面目、发生扭曲。错觉是在特定条件下产生的对客观事物的歪曲知觉。错觉又称为错误知觉，是指不符合客观实际的知觉，包括几何图形错觉（高估错觉、对比错觉、线条干扰错觉）、时间错觉、运动错觉、空间错觉以及光渗错觉、整体影响部分的错觉、声音方位错觉、形状错觉和触觉错觉，等等。错觉现象并非绝对无益。在商品经营中巧妙利用消费者的错觉，有时可以取得意想不到的效果。例如，两瓶同样容量的酒，扁平包装会比圆柱形包装显得多些。又如，狭长形店堂若在单侧柜台的对面墙壁上装饰镜面，可以通过光线折射使消费者产生店堂宽敞、商品陈列丰满的视觉效果。

第二节 消费者的注意与记忆

一、注意

(一)注意的概述

注意(attention)是消费者在其接触范围内对刺激对象的关注程度。由于消费者每天面对极其大量的信息刺激,其注意力不断被周围充斥的各种刺激所分散、转移。因此,消费者的注意正在变为最稀缺的资源。生产和销售厂商不得不千方百计增强创意性,以吸引消费者对其产品的注意。在一定意义上,在激烈竞争的信息社会,谁能赢得消费者的注意,谁就能获得成功。

(二)注意的功能

注意使心理活动处于积极状态并获得必要的驱动力。注意在消费者认知商品的过程中具有一系列重要功能。

1. 选择功能。注意使心理活动有选择地指向有意义的、符合自己需要的、与当前活动相一致的各种刺激物,而避开或者抑制、排除那些无关的、干扰当前活动的各种刺激。当心理活动指向一定事物时,注意就把有关的信息检索出来,并把它与各种无关的信息加以区分,使心理活动按照人的需要和愿望进行集中和转移。

2. 保持功能。注意的保持功能有两种作用:一是当外界大量的信息进入感觉之后,通过注意把每个信息单元转换成一种更为持久的形式而使之得到更好的保持;二是使心理活动一直坚持到完成行为动作或达到目的为止。

3. 加强功能。即排除干扰,不断促进和提高消费者心理活动的强度和效率。在注意的情况下,消费者可以自动排除无关因素的干扰,克服心理倦怠,对错误和偏差及时进行调节和矫正,从而使心理活动更加准确和高效率地进行。例如,在注意感知时,消费者对商品的感受性会大大增加,产生错觉的可能性则有所降低。

(三)注意的类型

消费者在认知商品的过程中,往往表现出不同的注意倾向。有时漫无目的,有时目标专一;有时主动注意,有时被动注意。根据消费者有无目的以及是否需要意志努力,可以将注意分为无意注意、有意注意、有意后注意三种形式。

1. 无意注意。无意注意又称随意注意,是没有预定目的、不加任何意志努力而产生的注意。消费者在无目的地浏览、观光时,经常会在无意之中不由自主地对某些消费刺激产生注意。刺激物的强度、对比度、活动性和新异性等,是引起无意注意的主要原因。例如,包装色彩鲜艳的商品、散发诱人香味的食物、形体巨大的广告、与背景反差明显的商品陈列、不停旋转的电动器具、闪烁变幻的霓虹灯、造型或功能奇特的新产品,等等,都会因其本身的独有特征形成较强的刺激信号,引起消费者的无意注意。此外,消费者的潜在欲望、精神状态等,也是形成无意注意的重要诱发条件。

2. 有意注意。有意注意是有预定目的、需要经过意志努力而产生的注意。在有意注意的情况下,消费者需要在意志的控制之下,主动把注意力集中起来,直接指向特定的消费对象。因此,有意注意通常发生在需求欲望强烈、购买目标明确的场合。例如,急需购买某名牌彩电的消费者,会刻意寻找、搜集有关信息,并在诸多的同类商品中,把注意力直接集中于期望的品牌。这期间需要消费者付出意志努力,采取积极主动的态度,克服各种困难和障碍。与无意注意相比,有意注意是一种更高级的注意形态。通过有意注意,消费者可以迅速地感知所需商品,准确地做出分析判断,从而缩短对商品的认知过程,提高购买效率。

3. 有意后注意。有意后注意又称随意后注意,是指有预定目的,但不经意志努力就能维持的注意。它是在有意注意基础上产生的。消费者对消费对象有意注意一段时间后,逐渐对该对象发生兴趣,即使不进行意志努力,仍能保持注意,此时便进入有意后注意状态。在观看趣味性、娱乐性广告或时装表演时,人们经常就会出现有意后注意现象。这种注意形式可使消费者不至于因为过分疲劳而发生注意力转移,并使注意保持相对稳定和持久,但通常只发生在消费者感兴趣的对象和活动中。

以上三种注意形式中,无意注意是新商品进入市场、接近消费者的先导。许多新产品都是首先引起消费者的无意注意,然后才成为消费者有意注意的商品。因此,在推销商品时,必须重视开发消费者的无意注意这一心理资源,不断拓展通向市场的消费心理通道。此外,有意注意是促成消费者实际购买的重要条件;有意后注意则是形成消费者品牌忠诚和惠顾性购买行为的心理基础,因而都是需要企业予以积极促成和大力发展的。

(四)注意理论在市场营销中的应用

1. 消除广告充斥的不利影响。许多厂商采取特别的措施来抵制由于广告充斥而引起的消费者信息超负荷现象,企图为其产品赢回注意力,其中一个非常昂贵的策略就是购买宣传媒体的大块广告面积来控制消费者的注意力。例如,设计师拉尔夫·洛朗(Ralph Lauren)仅在一期《名利场》(*vanity fair*)中就占据了连续整幅的15个页面。有的公司则采用“书夹广告”,即将一种产品的广告分为两部分,中间插入其他产品的广告。广告的前一部分制造悬念而后一部分解开悬念,这种技巧可以激励观众加强注意力从而找到广告的其余部分。如伊克赛锭(Excedrin)的广告前一部分描述一个女人服用了两片药治疗头痛病,几个广告之后,她重新出现,并雀跃地宣布她的头痛病治愈了。

另外还有一个方法是在非传统的地方做广告,这些地方对吸引注意力的竞争力很小。这些地方包括商店货车的尾部、地下通道、体育馆甚至电影中。坎贝尔汤料公司的一个经营评估公司对在教堂布告牌之类的地方做广告一事进行决策时指出:“当今世界,我们必须调动消费者的注意力……单凭电视广告做不到这一点。现在我们必须在消费者购物、娱乐、工作的途中用广告击中他们。”

2. 创造对比。当诸多刺激竞相吸引注意时,某个刺激之所以能被人们注意,一定程度上是因为它不同于周围其他的刺激。因此,不落俗套的刺激常常能博得众人的瞩目。

实例2-3　音像公司的新尝试

即使是音乐界也在尝试采取新花样来激发潜在的消费者。MCA音像公司(MCA records)出资让一家主要的连锁电影院在上映影片之前播出汤姆·佩蒂(Tom Petty)的名为"破碎之心"(*The Heartbreakers*)的音乐电视。默丘利音像公司(mercury records)则在18个城市发起了一场公共汽车座位的广告战,以此推出约翰·梅林坎普(John Mellencamp)的一张新的慢转唱片。正如MCA营销部的高级副经理指出:"看电影的人和购买音乐带的人之间确有很强且必然的联系,有一件事你必须明白,只要消费者坐在电影院里,那么你的计谋就得逞了,他们都在注视着电影屏幕呢。"

大小、颜色和强度的差别是取得对比的有效方式。彩色广告中的黑白物体很能引人注意,例如白纸黑字的效果。刺激本身相对于竞争品的大小也很重要,实践已经证明,杂志广告的读者数随广告面积的增大而增加。另外,刺激强度越大,如更大的声音、更强的优惠力度,更容易引起注意。

二、记忆

(一)记忆概述

记忆是过去经验在人脑中的反映,或者说是人脑对过去经验中发生过的事物的反映。汉语中"记忆"一词,先有记再有忆,说明记忆是对过去经历过的事物的反映。人们在日常生活或社会实践中感知过的事物、思考过的问题、体验过的情绪以及演练过的动作,都可以成为记忆的内容。人脑具有对过去经验反映的机能,是因为主体接受了客体的刺激之后,会在大脑皮层上留下兴奋过程的痕迹。这些痕迹在日后遇到一定的条件就会被重新"激活",在人脑中重现已经消失的刺激物的影像。可以说,记忆是人脑的一种机能,它的生理学基础是大脑神经中枢对某种印记的建立和巩固。

(二)记忆过程

消费者对过去经验的反映,是要经历一定过程的。心理学研究表明,这一过程包括识记、保持、回忆、再识等基本环节。

1. 识记。识记是一种通过有意识地反复感知,使客观事物的印迹在头脑中保留下来并成为影像的心理过程。整个记忆过程是从识记开始的,它是记忆过程的第一步。根据消费者在识记时是否有明确的目的性和随意性,识记可分为无意识记和有意识记。

无意识记是事先没有明确目的的,也无须经过特殊意志努力的识记。有意识记是有预定目的，并须经过意志努力的识记。根据所识记的材料有无意义和识记者是否理解其意义，识记又可分为机械识记和意义识记。

机械识记是在对事物没有理解的情况下，依据事物的外部联系机械重复所进行的识记。意义识记是在对事物理解的基础上，依据事物的内在联系所进行的识记。意义识记是消费者通过积极的思维活动，揭示消费对象的本质特征，找到新的消费对象和已有知识的内在联系，并将其纳入已有的知识系统中来识记。

2. 保持。保持是过去经历过的事物影像在头脑中得到巩固的过程。但巩固的过程并不是对过去经验的机械重复，而是对识记的材料进一步加工、储存的过程。即使储存起来的信息材料不是一成不变的，随着时间的推移和后来经验的影响，保持的识记在数量和质量上也会发生某些变化。一般来说，随着时间的推移，识记的保持量呈减少的趋势，也就是说，人对其经历过的事物总是要忘掉一些的。此外，储存材料内容的概要性和完整性等，也会发生不同程度的改变。

识记保持的数量或质量变化有的具有积极意义。例如，消费者在识记商品的过程中，逐渐了解并概括出商品的基本特性，对无关紧要的细节忽略不计，从而把有关必要信息作为经验在头脑中储存起来。但有的变化也会产生消极作用，例如，将主要的内容遗漏，或者歪曲了消费对象的本来特征，后者主要表现为遗忘。

3. 回忆。回忆又称重现，是对不在眼前的、过去经历过的事物表象在头脑中重新加以显现的过程。例如，消费者购买商品时，往往把商品的各种特点同在其他商店见到的或自己使用过的同类商品在头脑中进行比较，以便做出选择，这就需要回想，这个回想过程就是回忆。根据回忆是否有预定目的和任务，可以分为无意回忆和有意回忆。无意回忆是事先没有预定目的，也无须意志努力的回忆。有意回忆则是有目的的、需要意志努力的回忆。例如，消费者在做出购买决策时，为谨慎起见，需要努力回忆以往见过的同类商品或了解到的有关信息。

消费者对消费信息的回忆有直接性和间接性之别。①直接性就是由当前的对象唤起以往的经验。例如，一见到瑞士劳力士表的广告，就想起过去了解的瑞士钟表技术及各种溢美之词。这种直接的回忆或重现通常比较容易实现。②所谓间接性，即要通过一系列的中介性联想才能唤起对过去经验的回忆。例如，购买海尔洗衣机，消费者一时想不起海尔的标识，通过海尔兄弟的广告卡通形象则可能很快就回想起来。这种回忆有时需要较大的努力，经过一番思索才能完成。这种情况称为追忆。运用追忆的心理技巧，如提供中介性联想，利用再识来追忆，或暂时中断追忆等，有助于帮助消费者迅速回忆起过去的经验。

4. 再识。当过去经历过的事物重新出现时，能够加以识别和辨认，就是再识。例如，消费者能够很快认出购买过的商品、光顾过的商店或观看过的广告等。一般来说，再识比重现简单、容易，能重现的事物通常都能再识。

以上记忆心理过程中的四个环节既紧密联系，又相互制约。其中，没有识记就谈不上对经验的保持，没有识记和保持就不可能对经历过的事物回忆和再识。它们之间的内在关系表现为：识记和保持是回忆和再识的基础；回忆和再识既是识记和保持的结果,也是巩固和强化识记、保持的催化剂。

（三）记忆类型

消费者的记忆有多种不同的类型。

1. 按记忆内容或影像性质分类。根据记忆内容或影像的性质,可以分为形象记忆、逻辑记忆、情绪记忆和运动记忆。

(1)形象记忆,是指以感知过的消费对象的形象为内容的记忆。例如,消费者去北京百货大楼买过东西,日后能够想起百货大楼的形象,就是感知形象记忆。形象记忆是消费者大量采用的一种主要记忆形式,其中又以视觉形象记忆和听觉形象记忆为主要形式。

(2)逻辑记忆,是指以概念、判断和推理等为内容的记忆。例如,关于商品质量、功能、质量标准和使用效果测定等的记忆。这种记忆是通过语言的作用和思维过程实现的,它是人类所特有的,具有高度理解性、逻辑性的记忆,是记忆的较高级形式。逻辑记忆对消费者的逻辑思维能力要求较高,在传递商品信息时要酌情慎用。

(3)情绪记忆,是指以体验过的某种情绪为内容的记忆。例如,对以前曾参加过的新产品发布会上热烈的气氛、个人心情的记忆均属于情绪记忆。这种形式在消费者的记忆过程中经常使用,它可以激发消费者重新产生对过去曾经体验过的情感,成为出现某种心境的原因。这种记忆的影像有时比其他记忆的影像更为持久,甚至终身不忘。因此,在宣传商品时,恰当地调动消费者的情感体验,可以使之形成深刻的情绪记忆。

(4)运动记忆,是指以做过的运动或动作为内容的记忆。例如,一个人多年前学会的游泳、骑车等动作,间隔了一段时间仍然不会忘记就是运动记忆。运动记忆对于消费者形成各种熟练选择和购买技巧是非常重要的。

2. 按记忆保持时间的长短或记忆阶段分类。根据记忆保持时间的长短或记忆阶段,可以分为感觉记忆、短期记忆和长期记忆。在处理与品牌有关的信息时,这三种记忆系统都会被用到。三种记忆系统的相互关系如图2－3所示。

图2－3　三种记忆系统的相互关系

(1)感觉记忆(sensory memory),是指通过感觉得到的信息储存。这种储存很短暂,至多持续几秒钟。例如,一个人走过一家食品店,会迅速看看里面卖的是什么食品。尽管这种感觉只持续几秒钟,但这段时间已足够消费者做出决定是否停住脚步进一步观察和搜集信息。如果信息保留下来并经初步处理,它就会通过留意的关口转化为短期记忆。

(2)短期记忆(short-time memory),是指在有限的短暂时间里储存信息。与电脑相似,短期记忆系统被认为是工作记忆,它持有人们正在处理的信息。日常输入的口头信息可能以听觉或语义的方式储存为短期记忆。

(3)长期记忆(long-time memory),是使信息能被长期保留的系统。为了使信息能从短期记忆进入长期记忆,通常需要进行详细的审查。这一审查过程包括思考刺激的含义,并使它与记忆中已有的其他信息相关联。厂商有时会通过设计出消费者能重复的、简短而有吸引力的广告用语或小插曲来促进这一过程,使信息进入消费者的长期记忆。

(四)遗忘

早期的记忆专家认为记忆消失是由简单的时间因素造成的。在记忆消失过程中,由学习产生的存储于大脑中的有关知识构成只是简单地消失了。另外,干扰(interference)也会造成遗忘。随着新信息的习得,新信息逐渐取代了旧的信息。这些干扰效应有助于解释记忆品牌信息中出现的问题。消费者一般会整理关于品牌特征的信息,但新的有关该品牌或相似品牌特征的信息的加入,可能会抑制消费者回忆旧品牌的能力。如果品牌名称是由频繁使用的词语构成的,也会抑制回忆,因为这些词的提示会使品牌信息不易保存。

最后,一种被称为部分提示效应的现象使厂商能战略性地利用干扰过程。如果在一个类别中只有一部分产品展示给消费者,忽略的那部分产品就不易被记住。例如,在对比广告中,只提及那些厂商不用担心的竞争产品,会抑制对那些未提到的具有竞争力的品牌的记忆。

第三节　消费者的学习与联想

一、学习

(一)学习概述

学习是大脑的重要功能。从心理学角度看,学习是某种体验(直接经验或间接经验)所产生的一种相对持久的行为变化,是通过神经系统不断接受环境变化信息,获得新行为模式的过程。在环境条件基本不变的情况下,这种行为模式被固定下来就是记忆。我们可以简单地把学习理解为经验的习得,记忆是经验的保持。

由于学习和记忆,人们才能在与环境相互作用的过程中习得新的经验,并不断地积累和充实经验,使自己的行为与外界多变的环境相适应。学习和记忆是人及高等动物对外界环境的最主要的一种适应方式。学习引起的行为变化包括习得经验和知识,从而形成某种态度,产生某种兴趣等。记忆是学习反复体验(训练)的结果,通过学习引起的行为变化被保留下来就是记忆。

(二)学习理论

1. 经典性条件反射理论。经典性条件反射理论是由俄国生理学家伊万·巴甫洛夫(Ivan Pavlov)提出来的。该理论认为,借助于某种刺激与某一反应之间的已有联系,经练习可以建立起另一种中性刺激与同样反应之间的联系。

一般来说,在低介入情境中,经典性条件反射比较常见,因为此时消费者对产品或产品广告可能并没有十分注意,也不大关心产品或广告所传达的具体信息。然而,在一系列对刺激物的被动接触之后,各种各样的联想或联系可能会由此建立起来。应特别指出的是,在低介入情境中,消费者所学到的并不是关于刺激物的信息,而是关于刺激物的情感反应。正是这种情感反应,将促进消费者对产品的学习和试用。

2. 操作性条件反射理论。操作性条件反射理论是由美国著名心理学家斯金纳(Skinner)提出来的。该理论认为,学习是一种反应概率上的变化,而强化是增强反应概率的手段。操作性条件反射理论的基本思想实际上很简单,归结到一点就是强化会加强刺激与反应之间的联结。联结学习或刺激与反应之间的学习,在很大程度上取决于对强化物的安排。

金伯尔(Kimble)发现,如果给予连续强化,即在每次正确反应后就给以强化物,个体对正确反应的学习速度很快。但当强化物不再呈现或中止强化时,正确反应的消退速度也很快。相反,如果强化是间断性的或部分的,即不是对所有正确反应而只是对部分正确反应予以强化时,虽然最初对正确反应的学习速度较慢,但在强化物消失后,行为消退的速度也比较慢。

一般来说,操作性条件反射作用更适合高介入度的购买情境。因为在高介入情境中,消费者对购买回报将会有意识地予以评价。以购买西服为例,消费者将西服购买回家后很可能会从象征性和功能性两个方面对购买行为做出评价,在此情形下,强化无疑会在消费者心理上产生重要影响。例如,如果有别人对消费者所买的西服予以赞许,或者在某些场合目睹他人穿同样品牌西服时的风采,均会对消费者起到正面的强化作用。在低介入的购买情境中,除非产品功效远远低于预期,否则消费者不会对购买做太多的评价。故此,低介入情境中的满意购买虽然对行为也具有强化作用,但相对而言不如高介入情境中的作用那么大。

3. 认知学习理论。德国心理学家柯勒通过观察黑猩猩在目的受阻情境中的行为反应时,发现黑猩猩在学习解决问题时,并不需要经过尝试与错误的过程,而是通过观察发现情境中各种条件之间的关系,然后才采取行动。柯勒称黑猩猩此种类型的学习为顿悟(insight)。在柯勒看来,顿悟是主体对目标和达到目标的手段之间关系的理解,顿悟学习不必靠练习和经验,只要个体理解了整个情境中各成分之间的相互关系,顿悟就会自然发生。

继柯勒的顿悟学习实验之后,美国心理学家托尔曼与霍齐克(Honzik)于1930年所做的关于潜伏学习的实验,对行为主义的强化学习原理做出了进一步反驳。该项实验发现,在既无正面强化也无负面强化的条件下,学习仍可以潜伏的方式发生。关于这一点,现实生活中的很多现象都可以提供支持。例如,在接触各种广告的过程中,消费者可能并未有意识地对广告内容予以学习,在其行为上也未表现出受某则广告影响的迹象,但并不能由此推断消费者没有获得关于该广告的某些知识与信息。也许,当某一天消费者要达成某种目标时,会突然从记忆中提取出源自该广告的信息,此时,潜伏的学习会通过外显行为表现出来。

4. 社会学习理论。社会学习理论又称为观察学习理论,主要由美国心理学家班图纳(Bandura)倡导。班图纳的学习理论一个最显著的特点是强调学习过程中社会条件的作用。下面对他的这一理论做简要介绍。

班图纳认为,人的许多行为都是通过观察学习而获得的。所谓观察学习,或称替代学习,是"经由对他人的行为及其强化性结果的观察,一个人获得某些新的反应,或使现有的行为反应得到矫正,同时在此过程中观察者并没有外显性的操作示范反应"。

观察学习具有三个特点:首先,观察学习并不必然具有外显的行为反应;其次,观察学习并不依赖直接强化,在没有强化作用的情况下,观察学习同样可以发生;最后,观察学习不同于模仿,模仿是指学习者对榜样行为的简单复制,而观察学习则是从他人的行为及其后果中获得信息,它可能包含模仿,也可能不包含模仿。例如,两辆汽车在公路上行驶,前一辆汽车不小心撞上了路桩,后一辆汽车急忙转弯,以避免与前面的一辆汽车碰撞。在这个例子中,后一辆汽车司机的行为是观察学习的结果,但并不涉及任何模仿的因素。

(三)学习进程

人们的所有经验、知识都是通过学习得来的。个体学习的具体途径、方式和方法多种多样,每人、每时、每地的情况也各异。但学习也有一些普遍的规律,这些规律在消费者消费活动的各个方面都有着不同程度的表现。学习者的学习效果是以学习后正确反应的次数(比率)或在单位时间内完成操作的次数来衡量的。如果以学习的次数为横坐标,学习效果为纵坐标,则学习曲线有以下两种典型情况。

(1)先快后慢,即学习初期效果大、进步快;随着练习次数的增加,进步逐渐缓慢,如图2-4所示。这种状况形成的原因多种多样,如动机、兴趣由强到弱,内容由易到难;学习者能力的限制;学习开始可以利用一些已有的经验,到一定阶段经验的影响减弱,等等。

(2)先慢后快再慢,即刚开始学习时进步较慢,经过一定学习后,进步加快。这可能是由于开始学习新东西时经验不丰富,甚至是由于以前的经验对现在的学习起了阻碍作用,需要一段时间来适应新的情境,在积累了一定的经验后,学习的速度就会迅速提高。不过,这样较快的进步到一定程度又会出现前一种曲线的情况,其轨迹如图 2－5 所示。

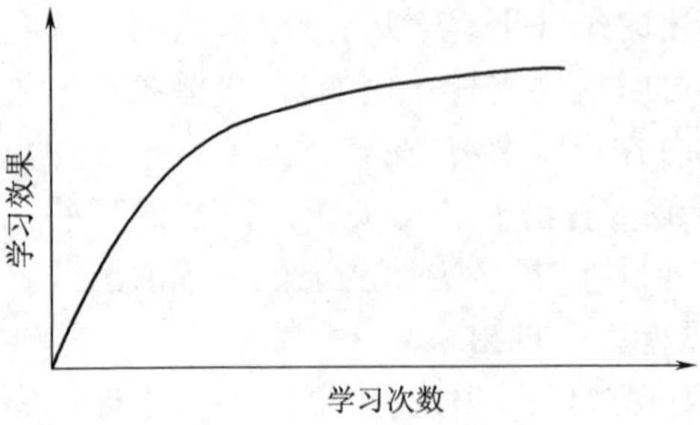

图 2－4　先快后慢的学习曲线

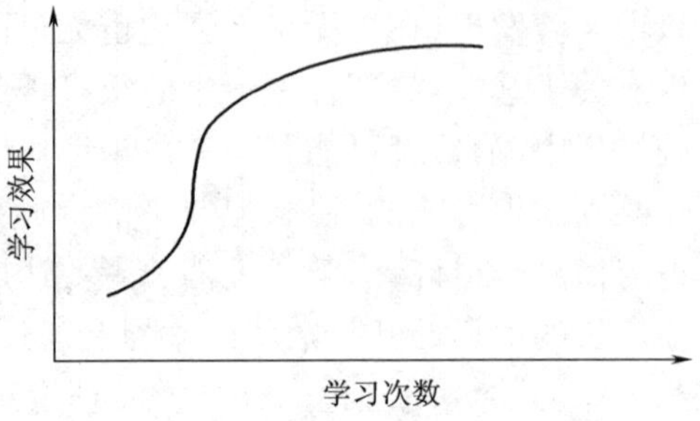

图 2－5 先慢后快再慢的学习曲线

无论是先慢后快还是先快后慢,学习效果到后来都表现为相对停滞,我们称之为学习的高原现象。在学习曲线上表现为学习效果上升到某一程度后停滞不前,呈水平直线。这一段水平线称为高原,高原的起始点称为学习极限。这一阶段的学习易引起人的厌倦。过度的重复还可能引起副作用。

（四）学习方法

常见的学习方法有模仿法、试误法、发现法和对比法。

1. 模仿法。模仿法即按照一定的模式进行学习的方法。模仿在行为的学习过程中起着重要作用。人们儿时的各种动作、生活习惯、语言等都是在模仿中学习的。模仿大致有以下两种情况。

(1)模仿可以是有意的、主动的,也可以是无意的、被动的。

(2)模仿可以是重复的,也可以是主动的、有变化的。完全照原样模仿称为重复模仿;有所变化创新的模仿称为主动的、有变化的模仿。模仿行为在消费者的购买活动中大量存在,例如,在穿着方面,时装展示、表演在现代社会中具有越来越大的影响,名人、明星的衣着打扮常常成为大众效仿的对象,因此,一些厂商、经销商会不惜巨额投入请名人、明星做广告。

实例 2－4　模仿的影响

模仿过程是一种强有力的学习方式,人们总想模仿他人行为的心理,会产生负面影响,尤其值得关注的是电视和电影有时可以教会孩子有暴力倾向。小孩通过他们看到的模型人物懂得了新的进攻方法。在以后的时间里,当孩子生气时,这些行为就会派上实际的用场。一个经典性实验证明了模型对孩子行为的作用。与其他没看到这些行为的孩子相比,看见过大人踢门或者刺破大的充气玩具行为的孩子更容易重复这些行为。

2. 试误法。消费者在积累经验的过程中,总要经历一些错误的尝试,以后随着不断地反复,错误逐渐减少,成功逐渐增多。试误不一定需要亲身经历,从间接经验(他人的经验)中同样可以认识错误。消费中的错误是消费的失败、消费的不满足。导致消费失败的原因是多种多样的。企业的任务是尽量避免自己的产品和服务成为消费者消费失败的原因;相反,企业要尽量使消费者消费的满足同自己的产品和服务相关。

3. 发现法。所谓发现法,即消费者建立在对消费过程中各方面的认识和发现基础上的、主动应用自己头脑获得知识的一切方法。如某消费者在商店里对某种商品发生兴趣后,主动积极地收集有关的信息,或者当场询问售货员,或者经过一段时间的留意观察,通过比较、判断最后做出决定。一般购买价值较大的商品时用这种方法进行学习,而对小商品、日常用品则大多数用试误法完成学习。

4. 对比法。对比是人们认识事物很常用的一种方法。消费者在消费中的对比可以是消费的对象、方式、时间、地点,甚至是消费观念等方面的对比。在每个消费者每一次具体的对比选择过程中,决定比较结果的因素孤立地看可能是随机的,但是通过适当的消费需求调查分析,还是可以找到一定的统计规律的。

消费对象的对比在消费者的消费行为活动中具有重要意义。对比的结果直接决定着消费者的消费选择和购买决策。因此,在竞争激烈的市场上,如何使自己的产品和服务在消费者的对比中脱颖而出,成为其首选,是企业经营的一个重点。

(五)学习效果及其影响因素

由于消费者通过学习之后可以改变自身的某些行为方式,而这些行为方式的改变对于企业经营及商品销售具有直接意义,所以研究学习之后的效果是相当重要的。一般来说,学习之后对于原来的改变有四种效果。

1. 加强型学习。通过一段时间的学习之后,强化了原来的行为,增加了行为的频率等,都是属于加强型学习的效果。

2. 稳定型学习。由于学习消费某种商品或某一类型的商品之后,逐渐形成了一定的消费需要或消费习惯,这种行为方式逐渐被稳定下来。比如,一个人抽烟,抽烟这种行为便成为他的一种习惯。形成消费习惯后,该消费者购买香烟这种商品的直接动机就不再是因为兴趣、炫耀或新奇等,而是出于习惯性的需要。

3. 无效型学习。不管怎样学习(无论是消费过这种商品,还是接受了大量有关这种商品的信息),都没有改变一个人原来对待这种商品的行为方式,学习之后没有获得相应的效果。出现这种情况的原因可能是消费者长期没有这方面的需要。

4. 削弱型学习。由于接受了商品的信息,了解到企业的某些特点而削弱了原来的行为方式,或将原来的行为方式转变为另一种行为方式,如原来购买该商品的行为减少,或干脆中止,或不购买这种商品而购买另一种商品,等等。

影响学习效果的因素有很多，比如学习材料的趣味性、意义和价值，个体消费者的学习努力程度和学习时的情绪等。值得注意的是情绪对消费者学习效果的影响，有研究指出，人们在心情愉快时学习获得的材料，保持的时间会更长，而焦虑、沮丧、紧张时所学习的内容更容易被遗忘。戈德伯格（Goldberg）和戈恩（Gorn）所做的一项实验中，将实验对象分为两组，一组被试观看喜剧类电视，另一组被试观看悲剧类电视，而两种类型的电视中均插播同一内容的广告。实验结果发现，相对于观看悲剧的被试，观看喜剧的被试能够更多地回忆起广告中的内容。这在某种程度上说明，积极的情绪状态会使消费者从记忆中提取出更为广泛和更加完整的各类知识和信息，从而有助于提升学习效果。

二、联想

（一）联想的概述

联想是由一种事物联想到另一种事物的心理活动过程，在消费者心理中是比较重要的一种心理活动。联想可以由当时的情境引起，如当时注意、感知到的事物，也可以由内心的回忆等方式引起。在消费者心理的研究中，主要着重于注意、感知等因素所激发的联想，因为开展营销活动时，可以控制消费者所处的购物环境，还可使用各种各样的方法，激发出消费者形成有益于营销活动的联想。

（二）联想的一般规律

联想是心理学家研究较早的一种心理现象，迄今为止已经总结出的人们的一般性联想规律主要有四种，即接近联想、类似联想、对比联想和因果联想，除此之外还有一种形式的联想即特殊联想。以下介绍这些联想的规律在消费者心理学中的应用。

1. 接近联想。由于两种事物在位置上或空间距离上，或在时间上比较接近，所以认识到第一种事物的时候，很容易联想到另一种事物。比如，中午 12 点左右人们一般会想到要吃午饭；到了北京，人们一般会想到长城、故宫；到了西安，人们一般会想到兵马俑、华清池等。这就是接近联想。

2. 类似联想。两种事物在大小、形状、功能、地理背景和时间背景等方面有类似之处，认识到一种事物的同时会联想到另一种事物。如一对父母看到周围的邻居或亲友带着自己的孩子外出旅游之后，也会想到要带自己的孩子出去走一走等。

3. 对比联想。两种事物在性质、大小、外观等一些方面存在着相反的特点，人们在认识到一种事物的同时也会从反面联想到另一种事物。例如，节假日到公园里游玩的人太多了，人们就会不由自主地想起平时人少的情景。

4. 因果联想。两种事物之间存在着一定的因果关系，由一种原因会联想到另一种结果，或由事物的结果联想到它的原因等。如在一次对产品售后服务的电视跟踪调查中，电视台选择了海尔作为代表，不禁让人联想到这其中的原因。这就是因果联想。

5. 特殊联想。这是指由一种事物联想到另一种事物,不一定是按以上的规律进行的,事物之间不存在必然的联系,而是由消费者经历过的某些特殊事件形成的,消费者见到一种事物时就会自然地联想到另一种事物。例如,一位顾客在购买商品时受到了良好的服务接待,以后他每一次感到对服务十分满意的时候都会想到那位热情的服务员。

(三)联想的主要表现形式

1. 色彩联想。由商品、广告、购物环境或其他各种条件为消费者提供的色彩感知,联想到其他事物的心理活动过程称为色彩联想。色彩联想在人们日常消费行为中表现得十分普遍,尤其是在购买服装、化妆品、手工艺品、装饰品,以及其他一些需要展现产品外观的商品时,必然要从商品的色彩上产生相应的联想。色彩联想有多种形式,如从色彩联想到空间、从色彩联想到事物的温度、从色彩联想到事物的重量,等等。

此外,服饰方面的色彩还可以使人联想到这个人的性格特点。例如,穿红色衣服的人给别人的联想是这个人比较活泼、可爱,也可能爱表现等;而经常穿白色衣服或素色衣服的人,给人的印象是比较爱清洁,为人比较稳重,或不大与人合群等。

2. 音乐联想。音乐联想虽然比较重要,但是在实际工作中却较少遇到。音乐使人们产生联想的形式较多,如单纯的音乐使人产生联想,音乐的题材和内容使人产生联想,音乐的音量和音质等使人产生联想。前一种情况主要在实验条件下研究,后两种情况与实际工作的关系较为密切。

实例 2-5 加里与 Drakker Noir 香水

对于许多消费者而言,须后水、古龙香水、花露水等形式的个人香水是很有必要的。有些人简直无法想象若不洒上他们喜欢的香水该如何出门。

几个月以来,加里一直期望与詹妮约会一次,今晚,他将如愿以偿,为了这一重大时刻,加里决定购买一瓶新的古龙香水!加里将他的同伴丹尼斯也拖到商店,两个人在芬芳四溢的香水柜台前细细辨别鉴定每一种香水。香水及花露水应有尽有,从有着如 Cacharel Pour Homme 般千奇百怪法国名字的女用香水的派生品,到朴实无华但却具男性魅力的品牌如 Brut,可谓品种齐全。有这么多的香水可供选择,但哪种才能传达准确的信息呢?

闻过几种样品之后,加里意识到事情并不像他想象的那么容易。有的香水有一股浓浓的甜腻的香味,让他不禁想起他的老姑妈,有的香水则清新如橘。正当他准备放弃之时,丹尼斯让他注意一种名叫 Drakker Noir 的香水,这种香水装在一个纯黑色的小瓶子里,看上去颇具神秘。这正是加里要为詹妮塑造的形象——珍奇且具有一丝神秘气息,加里拿起一瓶,兴冲冲地踏上了回家的路。

第四节 消费者的情感和意志

一、情感

（一）情感与情绪

情感与情绪是人们对客观事物是否符合自己的需要时所产生的一种主观体验。消费者在从事消费活动时，不仅通过感觉、知觉、注意和记忆等认识了消费对象，而且对它们表现出了一定的态度。根据其是否符合消费者的需要，消费者可能对其采取肯定的态度，也可能采取否定的态度。当采取肯定的态度时，消费者会产生喜悦、满意、愉快等内心体验；当采取否定态度时，消费者则会产生不满、忧愁、憎恨等内心体验。这些内心体验就是情感或情绪。

从严格意义上讲，情感与情绪是既有联系、又有区别的两种心理体验。情感是指同人的社会性需要和意识紧密联系的内心体验，包括道德感和价值感两个方面，具体表现为爱情、幸福、仇恨、厌恶和美感等。它是人们在长期的社会实践中，受到客观事物的反复刺激而形成的内心体验。与情绪相比，情感具有较强的稳定性和深刻性，在消费活动中，情感对消费者心理和行为的影响相对长久和深远。情绪一般是指同生理的需要和较低级的心理过程（感觉、知觉）相联系的内心体验。情绪一般由当时特定的条件所引起，并随着条件的变化而变化。所以，情绪表现的形式是比较短暂和不稳定的，具有较大的情景性和冲动性。某种情景一旦消失，与之有关的情绪就会立即消失或减弱。情感与情绪之间又有密切的内在联系。情绪的变化一般受到已经形成的情感制约，而离开具体的情绪过程，情感及其特点则无从表现和存在。因此，从某种意义上可以说，情绪是情感的外在表现，情感是情绪的本质内容。正由于此，二者经常做同义词使用。

（二）情感的分类

人的情感复杂多样，可以从不同的角度进行分类。由于情感的核心内容是价值，人的情感主要应该根据它所反映的价值关系的不同特点进行分类。

1. 根据价值的正负变化方向的不同，情感可分为正向情感与负向情感。正向情感是人对正向价值的增加或负向价值的减少所产生的情感，如愉快、信任、感激、庆幸等；负向情感是人对正向价值的减少或负向价值的增加所产生的情感，如痛苦、鄙视、仇恨、嫉妒等。

2. 根据价值的强度和持续时间的不同，情感可分为心境、热情与激情。心境是指强度较低但持续时间较长的情感，它是一种微弱、平静而持久的情感，如绵绵柔情、闷闷不乐、耿耿于怀等；热情是指强度较高但持续时间较短的情感，它是一种强有力的、稳定而深厚的情感，如兴高采烈、欢欣鼓舞、孜孜不倦等；激情是指强度很高但持续时间很短的情感，它是一种猛烈的、迅速爆发的、短暂的情感，如狂喜、愤怒、恐惧、绝望等。

3. 根据价值的主导变量的不同，情感可分为欲望、情绪与感情。当主导变量是人的品质特性时，人对事物所产生的情感就是欲望；当主导变量是环境的品质特性时，人对事物所产生的情感就是情绪；当主导变量是事物的品质特性时，人对事物所产生的情感就是感情。

例如，脏、乱、差的工作环境使人产生不愉快的情绪；那些清正廉洁、全心全意为人民工作的领导干部会引发人的尊敬与爱戴的感情，那些贪污腐化、以权谋私的领导干部会引发人的仇视与嘲笑的感情；当机体缺乏食物时，人就会产生饥饿的心理体验，并形成对于食物的欲望；当儿童成长发育到一定阶段时就会自发地产生对于"独立"的欲望。

4. 根据价值主体的类型不同，情感可分为个人情感、集体情感和社会情感。个人情感是指个人对事物所产生的情感；集体情感是指集体成员对事物所产生的合成情感，阶级情感是一种典型的集体情感；社会情感是指社会成员对事物所产生的合成情感，民族情感是一种典型的社会情感。

5. 根据事物的基本价值类型的不同，情感可分为真感、善感和美感。真感是人对思维性事物（如知识、思维方式等）所产生的情感；善感是人对行为性事物（如行为、行为规范等）所产生的情感；美感是人对生理性事物（如生活资料、生产资料等）所产生的情感。

6. 根据价值目标指向的不同，情感可分为对物情感、对人情感、对己情感和对特殊事物情感。对物情感包括喜欢、厌烦等；对人情感包括仇恨、嫉妒、爱戴等；对己情感包括自卑感、自豪感等。

7. 根据价值作用时期的不同，情感可分为追溯情感、现实情感和期望情感。追溯情感是指人对过去事物的情感，包括遗憾、庆幸、怀念等；现实情感是指人对现实事物的情感；期望情感是指人对未来事物的情感，包括自信、信任、绝望、期待等。

8. 根据价值动态变化的特点，情感可分为确定性情感、概率性情感。确定性情感是指人对价值确定性事物的情感；概率性情感是指人对价值不确定性事物的情感，包括迷茫感、神秘感等。

9. 根据价值层次的不同，情感可分为温饱类、安全与健康类、人尊与自尊类和自我实现类情感。温饱类情感包括酸、甜、苦、辣、热、冷、饿、渴、疼、痒、闷等；安全与健康类情感包括舒适感、安逸感、快活感、恐惧感、担心感、不安感等；人尊与自尊类情感包括自信感、自爱感、自豪感、尊佩感、友善感、思念感、自责感、孤独感、受骗感和受辱感等；自我实现类情感包括抱负感、使命感、成就感、超越感、失落感、受挫感、沉沦感等。

（三）情绪的过程

消费者在购买活动中的情绪过程大体可分为四个阶段。

1. 悬念阶段。在这一阶段，消费者产生了购买需求，但并未付诸购买行动。此时，消费者处于一种不安的情绪状态中。如果需求非常强烈，不安的情绪会上升为一种急切感。

2. 定向阶段。在这一阶段，消费者已面对所需要的商品，并形成初步的印象。此时，情绪获得定向，即趋向于喜欢或不喜欢，趋向于满意或不满意。

3. 强化阶段。如果在定向阶段消费者的情绪趋向于喜欢或满意，那么进入此阶段这种情绪就会更加明显强化，强烈的购买欲望会迅速形成，并很有可能促成购买决策的制定。

4. 冲突阶段。在这一阶段，消费者对商品进行全面的评价。由于大多数商品很难同时满足消费者的多方面需求，因此，消费者往往要体验不同情绪之间的矛盾和冲突。如果积极的情绪占主导地位，就可以做出购买决定，并付诸实现。

（四）影响情绪的主要因素

在购物场所，影响顾客情绪的主要因素有购物场所的物理条件、商品的特点、顾客的心理准备，以及售货员的表情和态度等。

1. 购物场所的物理条件。气温、照明、光线的色彩、购物场所空间的大小，以及购物场所的人员拥挤状况等，这些物理性的因素对于情绪的影响最大。

2. 商品的特点。式样别致的新商品，价格具有优势且符合顾客消费需要的商品（价格适中、价格低廉，或价格极为昂贵等，对于不同的顾客来说都有各自的优势），或商品出现新的包装，商品摆放在比较引人注意的位置，商品的 POP 广告比较突出且醒目等，这些因素都容易引发顾客兴奋的积极情绪。

3. 顾客的心理准备。顾客的心理准备状态对于情绪有直接的激发作用，被激发而兴奋起来的情绪又反过来影响原来的心理准备，两者合一推动购买行为的发展。顾客的需要水平越高，购买的动机就越强烈，一般情绪的兴奋程度越高，购买动机转变为购买行为的可能性也越大。

个别消费者的心理准备还会出现其他复杂情况，如原来的需要水平很高，而商品的特点与顾客原来所期望的水平相差太远，顾客的情绪就会产生较大反差，由兴奋变为失望。售货员在遇到这类顾客时，应该善于理解他们的心情，努力做好调整工作。

4. 售货员的表情和态度。售货员微笑的表情对于顾客的影响最为重要。在商业服务中，有一条极为平常也极为重要的服务原则，就是要求售货员（包括在其他消费场所提供服务的人员）在接待顾客时要礼貌，以饱满的情绪和微笑的表情面对各种各样的顾客。

二、意志

（一）意志概述

意志是指个体自觉地确定目的，根据目的调节支配行动，努力克服困难，实现预定目标的心理过程。在消费活动中，消费者除对商品进行认识和情绪体验外，还要经历意志过程。只有经过有目的、自觉地支配和调节行动，努力排除各种干扰因素的影响，才能使预定的购买目标得以实现。如果说，消费者对商品的认识活动是由外部刺激向内部意识的转化，那么，意志活动则是内在意识向外部行动的转化。只有实现这一转化，消费者的心理活动才能现实地支配其购买行为。

（二）意志特征

消费者购买商品的意志过程有三个基本特征。

1. 有明确的购买目的。消费者在购买过程中的意志活动是以明确的购买目的为基础的。因此，在有目的的购买行为中，消费者的意志活动体现得最为明显。

2. 同排除干扰和克服困难相联系。在现实生活中，消费者为达到既定目标而需排除的干扰和克服的困难是多方面的。这就需要消费者在购买活动中，既要排除思想方面的矛盾、冲突和干扰，又要克服外部社会条件方面的困难。所以，在购买目的确定后，为达到既定目标，消费者还需要做出一定的意志努力。

3. 调节购买行为全过程。意志对行动的调节，包括发动行为和制止行为两个方面。前者表现为激发积极的情绪，推动消费者为达到既定目标而采取一系列行动；后者则抑制消极的情绪，制止与达到既定目的相矛盾的行动。这两方面的统一作用，使消费者得以控制购买行为发生、发展和结束的全过程。

（三）意志过程

在购买活动中，消费者的意志表现为一个复杂的作用过程，其中包括做出购买决定阶段、执行购买决定阶段、体验执行效果阶段。

1. 做出购买决定阶段。这是消费者购买活动的初始阶段。这一阶段包括购买目标的确定、购买动机的取舍、购买方式的选择和购买计划的制订，实际上是购买前的准备阶段。消费者从自身需求出发，根据自己的支付能力和商品的供应情况，分清主次、轻重、缓急，做出各项决定，即是否购买和购买顺序等。

2. 执行购买决定阶段。在这一阶段，购买决定转化为实际的购买行动，消费者通过一定的方式和渠道购买到自己所需的商品。当然，这一转化过程在现实生活中不会是很顺利的，往往会遇到一些障碍需要排除。所以，执行购买决定阶段是消费者意志活动的中心环节。

3. 体验执行效果阶段。完成购买行为后，消费者的意志过程并未结束。通过对商品的使用，消费者还要体验执行购买决定的效果，如商品的性能是否良好，使用是否方便、外观与使用环境是否协调、实际效果与预期是否接近，等等。在这些方面体验的基础上，消费者将评价购买这一商品的行动是否明智。这种对购买决策的检验和反省，对今后的购买行为有重要意义，它将决定消费者今后是重复还是拒绝、是扩大还是缩小对该商品的购买。

本章小结

消费者心理活动过程的三大组成部分,即认识过程、情感过程和意志过程。认识过程即是消费者心理过程的起点和第一阶段。构成认识过程的心理机能包括感觉、知觉、错觉、注意、记忆、学习和联想等。

感觉是人脑对直接作用于感觉器官的客观事物个别属性的反映。感觉阈限是人们感觉到某个刺激存在或发生变化所需的强度或感受强度变化所需的临界值,分为绝对阈限和差别阈限两种。绝对阈限是指能被感觉器官觉察的最小或最大刺激量;差别阈限是指刚刚能引起差别感觉的刺激之间的最小强度差。

知觉是人脑对直接作用于感觉器官的客观事物的各种属性的整体反映。知觉具有选择性、整体性、理解性、恒常性和防御性等特征。错觉是在特定条件下产生的对客观事物的歪曲知觉。

注意是消费者在其接触事物的范围内对刺激对象的关注程度。注意具有选择、保持和加强三种功能。根据消费者有无目的以及是否需要意志努力,注意可分为无意注意、有意注意和有意后注意三种形式。

记忆是过去的经验在人脑中的反映。记忆过程包括识记、保持、回忆、再识等基本环节。消费者的记忆有多种不同类型,根据记忆内容可以分为形象记忆、逻辑记忆、情绪记忆和运动记忆;根据记忆保持时间的长短可分为感觉记忆、短期记忆和长期记忆。

学习是某种体验所产生的一种相对持久的行为变化。学习理论主要包括经典性条件反射理论、操作性条件反射理论、认知学习理论和社会学习理论。学习曲线具有先快后慢和先慢后快再慢两种典型情况。常见的学习方法有模仿法、试误法、发现法和对比法等。

联想是由一种事物想到另一种事物的心理活动过程。一般性联想规律主要包括接近联想、类似联想、对比联想、因果联想和特殊联想等。联想的表现形式主要有色彩联想和音乐联想。

情感过程的心理机能主要包括情感和情绪。情感是同人的社会性需要和意识紧密联系的内心体验,具有较强的稳定性和深刻性。情绪是同生理的需要和较低级的心理过程相联系的内心体验,比较短暂和不稳定。情绪是情感的外在表现,情感是情绪的本质内容。人的情感复杂多样,可以从不同的角度进行分类。消费者情绪过程分为悬念、定向、强化和冲突四个阶段。消费者情绪的主要影响因素包括购物场所的物理条件、商品的特点、顾客的心理准备以及售货员的表情和态度等。

意志是指个体自觉地确定目的,根据目的调节支配行动,努力克服困难,实现预定目标的心理过程。消费者购买商品的意志过程有三个基本特征,即有明确的购买目的、同排除干扰和克服困难相联系、调节购买行为全过程。在购买活动中，消费者的意志表现为一个复杂的作用过程，包括做出购买决定阶段、执行购买决定阶段、体验执行效果阶段。

案例选编

案例　　星巴克：故事始于闻香

品牌故事是品牌创建和推广过程中的重要环节，而在传播品牌故事时，通过影响消费者的心理过程打造一种“仪式感”也是非常关键的：它能帮助企业把消费者带入某种情境中；更重要的是，它制造了一个“场”。

星巴克的故事，便是从闻香开始的。

“举起杯子，凑近鼻子，深吸一口气，这是品尝咖啡的第一步，叫作‘闻香’”，一个系着星巴克绿色围裙的阳光大男孩站在顾客中间，举着咖啡杯做示范，即刻一股淡淡的烟熏味泛起，充溢鼻腔。

“我们的舌头只能分辨五味，但是鼻子却能分辨数千种味道，所以闻香是了解咖啡特性的重要步骤。想象一下，它和哪种味道相似?”

“接下来，我们来啜饮。注意，不是喝，而是重重地把咖啡吸进嘴里。”大男孩夸张地表演了一次“啜”，顾客笑成一片。他认真起来：“这是品咖啡的标准动作，能让咖啡均匀地散布在舌面。”狠狠地“啜”了一口，咖啡直冲后舌，顷刻间浓郁的香气占满口腔。

“第三步是感觉。舌尖、舌的两侧是否感受到了？舌尖掌管甜味，舌侧掌管酸味、咸味；舌后根掌管苦味。”经他一点拨，品尝者隐然觉得，嘴里烟熏味中更带着烧烤的甜香，还有些微酸，一会儿之后，香味由浓而淡，与味蕾融为一体。这时，一份巧克力蛋糕端到众人面前，“这款意大利深度烘焙咖啡配合着巧克力蛋糕一起品尝味道是最佳的，可以收拢咖啡的余香，当然最后一步是分享感受。”轻咬一口蛋糕，果然相得益彰。

在奇妙的感受中，人们发现品评咖啡还有那么多学问，顾客与星巴克之间，意义便不止于咖啡了。

产品就是故事，不必挖空心思去构想故事，因为产品本身就是故事最好的脚本。

为什么两瓶外观相似的葡萄酒可以在价格上拉开那么大的距离呢？关键在于

品牌故事元素的不同。在饮料行业,产品的同质化是一件普遍的事。葡萄酒行业已经形成一套标准的规程,产地、酿造过程、历史、风味,甚至与怎样的食物搭配都决定着品牌的内涵乃至价格,哪怕是相邻的葡萄酒庄园,这些故事的元素不同,价格也不同。

星巴克咖啡的故事也是从这里开始的。霍华德·舒尔茨决定,将葡萄酒的品鉴方式运用到咖啡中,并且把这个战略称为"地理即风味"。

"肯亚咖啡与斯丹摩咖啡都具有东非咖啡明显的酸度与水果般的风味,这在一般的咖啡中是没有的,但如果将肯亚咖啡与苏门答腊咖啡做比较,两者的差异就会很明显,而产地在太平洋区域的咖啡具有泥土的芳香和草本香。"

"喜欢苏门答腊咖啡的人,也可能会喜爱苏拉维西与优肯综合,这些咖啡都拥有浑厚的浓度与深沉的香气 。"

"熟悉危地马拉咖啡豆的人,会联想到原始生态环境之中火山土壤培植的咖啡豆,那里不仅土壤品质高,而且咖啡豆的成熟期也较长,豆子中等而密实,具有香、醇、甘甜及清新愉悦的独特酸味。"

……

这些都构成了星巴克咖啡故事的脚本。

另外,品牌故事只有接上地气,才是好故事。这里说的"接地气"是指与当地消费者、文化的接近。实际上,所谓的能打动人的品牌故事,就是他/她对品牌的认同。文化和情感上接近了,就有了走进心灵的基础。故事通常从分享一些来源于生活的见闻和想法开始。当然,故事里要包含事实,再用情感贯穿始终,使之更具感染力和说服力。

皇历相传由黄帝创制,在中国农历基础上产生,主要内容为每天的吉凶宜忌、生肖运程。作为国际品牌,星巴克的一个宗旨是与当地建立联系,打破文化隔阂。而这背后,主要是让消费者建立起对售卖食品的亲切感和认同感。

春节、端午节、中秋节都是中国人特有的节日,也是与中国消费者建立深层联系的良好时机。除了月饼、星冰粽等应景的中国式食品,星巴克考虑的是如何在文化上沟通。借鉴中国老皇历的思路,2013 年,星巴克推出一套 30 张"星历",将中国传统预测婚嫁、出行、迁居,以及其他事宜的吉利日期的方式用在"星历"中,于是有了"宜爱我、宜爬梯、宜小清新、宜抢票、宜批假、宜熊抱、宜引蛇出洞、宜开门红……"每一则"宜"都有一段生动的解释。"批假"的注解是:归家心切,老大懂的;乐而忘返,老大懂的;要是老大也请假,老大的老大也懂的。

资料来源:要学竞争力,先练故事力[EB/OL]. http://bmr. cb. com. cn/shangyeanli/2014_1216/1101929_2. html,2014 - 12 - 16.

案例讨论:

1. 星巴克是如何通过影响顾客的心理过程而塑造和传播其品牌故事的?

2. 评价星巴克的品牌故事策略,并总结其成功经验。

3. 星巴克要持续地获得顾客的好感、认同和支持,还可以怎么做?请根据本章学习内容给出建议。

思考题

1. 试举出自己在实际生活中的例子,说明知觉的特性。

2. 对照消费者的实际情况,说明认识的几个阶段。

3. 许多研究表明,人们的感觉捕捉能力会随着年龄的增长而衰退。试讨论厂商如何应用绝对阈限来吸引老年人的注意力。

4. 描述短期记忆和长期记忆的功能。二者之间明显的关系是什么?

5. 浏览一本杂志,找出一幅吸引你的广告,并说出原因。

6. 收集一些具有很高怀旧价值的经典性产品的图片。把这些图片给消费者看,并让他们自由联想。分析被唤起记忆类型,思考这些联想怎样才能应用于产品促销战略中。

第三章

消费者的个性心理特征

★ 本章要点和学习要求 ★

个性是个体带有倾向性的、比较稳定的、本质的心理特征的总和。消费者的个性心理可分为个性倾向性和个性心理特征两部分。个性倾向性包括需要、动机、兴趣、信念以及世界观等构成要素；个性心理特征则是能力、气质、性格等心理机能的独特结合。通过本章的学习，学生应当了解个性的内涵及主要概念之间的联系，掌握能力、气质和性格的不同类型及其在消费者身上的体现，从而真正理解消费者的个性对消费者行为的影响作用。

第一节　消费者的个性心理结构

一、消费者个性概述

（一）消费者个性心理的含义

个性（personality），心理学中称为人格，是指个体带有倾向性的、比较稳定的、本质的心理特征的总和。该词来源于拉丁语“Persona”，最初是指演员所戴的面具，其后是指演员和他所扮演的角色。个性是一个综合性的概念，包括人的兴趣、爱好、能力、气质和性格等许多心理特性。

个性首先是建立在人的生理基础之上的，因而个性心理具有生物属性。这是人生来就有的解剖生理特点，主要表现在基本神经反应的品质、天资和气质等方面，包括人体感觉器官、运动器官和神经系统等的特点和类型。人的生理素质通过遗传获得，是个性心理产生的物质基础。

个体后天在社会实践活动中逐渐形成的心理因素，则是个体的社会因素属性，主要表现在人生观、兴趣、爱好、能力和性格等方面。在这里，个人所处社会环境、生活经历、家庭影响等方面的因素，对个性心理的形成、发展和转变具有决定性的作用。正是由于个性的生物属性和社会属性的不同，消费者的个性心理才产生差异。

（二）消费者个性的特点

个性作为消费者通过体验而形成的相对稳定的心理定式，具有稳定性、整体性、独特性和可塑性等特点。

1. 稳定性。稳定性是指消费者经常表现出来的，表明其个人精神面貌的心理倾向和心理特点。偶尔或暂时出现的心理现象并不能成为主体的个性特征。

2. 整体性。整体性是指消费者的各种个性倾向、个性心理特征以及心理过程都是有机地联系在一起的。它们之间紧密结合、相互依赖，形成个性的整体结构。

3. 独特性。独特性是指不同消费者主体所体现的个性心理的独特性，如独特的行为倾向和独特的精神风貌等。这是指构成个性内在特点各因素的特殊组合所造就的不同个性结构的消费者，在消费行为表现上具有极大的差异性。

4. 可塑性。可塑性是指个性心理特征随着主体的经历而发生不同程度的变化，从而在每一阶段都呈现出不同的特征。个体的稳定性并不意味着一成不变，随着环境的变化、年龄的增长和消费实践活动的变化，个性也是可以改变的。正是由于个性的可塑性特点，才使消费者的个性具有发展的可能性和动力。

（三）消费者个性的内部结构

从内部结构看，消费者的个性心理主要可以分为个性倾向性和个性心理特征两部分。

个性倾向性是指消费者主体在社会实践活动中，对现实事物的看法、态度和感情倾向，其中包括需要、动机、兴趣、信念，以及世界观等一系列心理特征。个性倾向性体现了人对社会环境的态度和行为的积极特征，对于人的个性的完善与改变有重要影响。就消费者心理与行为而言，个性倾向性的影响主要表现在心理活动的选择性、对消费对象的不同态度体验以及消费行为模式上。

个性心理特征是能力、气质、性格等心理机能的独特结合。能力是个体完成某种活动的潜在可能性特征的体现；气质则显示出个体心理活动的动力特征；性格反映的是个体对现实环境和完成活动的态度特征。能力、气质和性格的独特结合，构成了个性心理特征的主要方面。

本章后面将论述的对消费者个性心理与其行为关系的研究，就是从个性心理特征的能力、气质和性格三方面入手的。

二、个性理论

有关个性的理论研究非常广泛。在消费者心理与行为领域，弗洛伊德个性理论、新弗洛伊德个性理论和特质理论在研究消费者个性和行为中起到了重要作用。

(一)弗洛伊德个性理论

弗洛伊德(Freudian)是奥地利精神病学家兼心理学家,他创建的个性心理分析理论是现代心理学的里程碑。弗洛伊德认为,人类的个性是体内生理驱动力与社会准则之间冲突的产物,是由本我、自我和超我所构成的。

本我是最原始、最基本的部分,构成本我的成分是人类的基本需求,如饥、渴、性等。本我中的需求产生时,个体要求立即满足。它按"快乐原则"行事,处于潜意识状态。例如,婴儿每感饥饿时即要求立刻喂奶,绝不考虑母亲有无困难。

自我是个体出生后,在现实环境中由本我分化发展而产生的。由本我而来的各种需求如不能在现实中立即获得满足,就必须迁就现实的限制,并学习如何在现实中获得需求的满足。自我处于本我与现实之间,以现实检验为活动原则,是个体的有意识控制部分。

超我是个体在生活中接受社会文化道德规范的教养而逐渐形成的。超我有两个重要部分:一是自我理想,是要求自身行为符合自己理想的标准;二是良心,是规定自身行为免于犯错的限制。它的作用是指导自我调节和控制本能的冲动,以社会可接受的方式满足需要。

在弗洛伊德提出的个性发展阶段理论中,他强调个性的形成伴随着个人经历的一系列阶段,这些阶段包括口腔期、肛门期、性器期、潜伏期和性生理发育早期。每一阶段将由本我、自我和超我三个层次的冲突导致某种危机,而一个成人的个性决定于他如何处理每个阶段的危机。比如一项研究表明,成年人对金钱的态度和行为来源于肛欲阶段的发展;如果肛欲阶段的危机没有很好地解决,成年后的个性中就会表现出不愿意分享、吝啬、固执等性格特征。

(二)新弗洛伊德个性理论

弗洛伊德的门生与同事认为,弗洛伊德的个性理论过分强调了个性的本能和生物方面,同时也过分夸大了潜意识的作用。他们认为,社会环境包括文化、家庭、同伴等在个性塑造上起到了重要的作用。弗洛伊德最早的学生卡尔·荣格(Carl Jung)和阿尔弗莱德·阿德勒(Alfred Adler)将精神分析的方法用到了不同的研究方向上。

1. 荣格的理论。荣格进一步扩展弗洛伊德的理论,他把无意识又分成了两个部分:个人无意识与集体无意识,从而大大扩展了无意识的内涵。他指出,无意识不仅限于个体独特的生活经验,而且充满了基本的、普遍的真理观。这些内容为所有的人所共有,因此称为集体无意识,其意义在于使所有的人以同样的方式对刺激做出反应。

他还提出了原型的概念,认为一个人的文化修养形成了一种对过去的共同记忆的积累。他称这些共同拥有的记忆为"原型",每一种原型都伴随一种以特定方式思考、体验此种经验或客体的本能倾向。这一概念有时候在广告中加以利用,这些广告利用特定文化公认的某种具有积极意义的意象。

2. 阿德勒的理论。阿德勒认为,人自一出生就处于弱小、卑微、依赖和无助的境地,体验着自卑。随着在家庭、学校、社会中的成长,人始终在克服这种自卑,追求优越。这一过程构成了人的整个生活方式,而个性就是围绕这一潜在的自卑而努力生活着。人们对待自卑的方式有很大的差别,由此形成不同的生活风格和个性。

3. 霍尼的理论。新弗洛伊德派的沙利文(Sullivan)认为,人们总是要不断地与别人建立重要且有偿的关系,他非常关注人们减少紧张、焦虑的努力。同沙利文一样,霍尼(Horney)也关注焦虑。她致力于研究家长与子女的关系,以及个人战胜焦虑的意愿。霍尼根据人们对其他人反应方式的倾向将个性分为三种:①顺从型,指顺从他人以期得到他人的喜欢、他人的赞赏或自己想要的东西;②好战型,指喜欢与别人对着干的人,这些人喜欢表现,赢得他人敬佩;③独立型,指远离人群的人,他们希望得到独立,相信自己、自给自足,是个人主义者或责任规避者。

在20世纪60年代,一些学者开始了基于霍尼理论的个性测试(CAD),试图了解顺从、好战、独立三种类型的人在消费行为上的特点。这些CAD研究揭示了一系列关于不同个性类型消费者与产品、品牌使用模式的关系。例如,独立型的人对品牌漠不关心、没有偏好、喜欢喝茶、喝啤酒较少(或许为了显示不妥协性)。后来的研究发现,独立型的消费者很少成为品牌忠诚者且更喜欢尝试不同的品牌;好战型的消费者有挑选品牌的倾向,喜欢老牌香料除臭剂胜过其他品牌(可能因为其男性诉求);顺从型的消费者喜欢挑选强调加强关系的品牌,喝啤酒的比率也比较高。

这些发现对营销人员有很大启示。比如,营销人员受到霍尼理论的指导,采取将产品定位于将使用者标志为某个特殊群体,或赢得某个群体认可的定位策略。研究人员认为霍尼的个性分类对于探查消费者的行为是有效的。

(三)特质理论

特质是指任何区别于他人的、相对持久的属性。特质理论的核心思想认为在研究个性结构时应以个别的个性特质为基础。特质理论同弗洛伊德和新弗洛伊德个性理论所采用的定性分析方法不同,主要偏重于定量的测量。特质理论者致力于构建个性测试或问卷调查来找出个人差异的特征。有的测试包含一个量表,用于测试人的一种特质比如自信,也称单特质测试;有的测试包含很多量表,用来测试多个特质,也称多重个性测试。比较著名的多重个性测试量表有卡特尔16种个性因素问卷、爱德华偏好量表和加利福尼亚个性量表等。

美国心理学家卡特尔通过因素分析,从诸多行为的表面特性中抽象出16种特质:乐观、稳定、敏感、忧虑、独立、怀疑、紧张、乐群、聪慧、好强、有恒、敢为、幻想、世故、控制、实验。实践证明,常见个性特质中的创新性、自我监控、人际信任、内外向、内外控、无力感和自尊等个性特质同消费行为密切相关。个性特质理论在区分创新性消费者和非创新性消费者上显示出巨大的优势。

近期研究发展的大五模型是到目前为止得到大家普遍认可的个性结构。大五模型将各种个性特征划归为神经质(neuroticism)、外向性(extraversion)、开放性(openness)、宜人性(agreeableness)、谨慎性(conscientiousness)五大个性维度和30个维度特征(见表3-1)。

表3-1 个性大五模型

个性的维度	维度特征
神经质	焦虑,愤怒,沮丧,自我,冲动,易受伤
外向性	热情,社交,专断,活跃,寻求刺激,积极
开放性	幻想,艺术,敏感,实践,思考,有价值
宜人性	值得信任,直率,利他,顺从,谦虚,脆弱
谨慎性	能干,讲次序,忠实尽职,追求成就,自律,深思熟虑

资料来源:张俊妮,江明华,庞隽. 品牌个性与消费者个性相关关系实证研究[J]. 经济科学,2005,27(6):104.

由于模型中五个概括性的个性要素几乎涵盖了绝大多数的个性特征,具有代表性和典型性,因此大五模型被认为构成了一个合理的个性框架,能够比较准确地测试出人类的个性特征。经过实证研究发现,大五模型比其他人格特性、特征对消费者的行为更具有解释力。

实例3-1 个性消费时代

作为有个性、很自主、很张扬的一代人,90后个性的消费观念开始成为主流,越来越多的人开始崇尚个性消费,消费开始步入个性化时代,这不仅仅是经济现象,更是一种文化现象。

"我不要和别人撞衫,我不要和别人一样"已经成为个性消费的时尚宣言,大众文化圈破碎为一个又一个小碎片,消费也分化成不同的圈子。有调查显示,70后消费者注重品质和价位,80后消费者是网络购物的主要人群,而90后消费者更注重个性化,有专家称他们是新时代的"钻石"消费阶层。

1. **个性消费追求独特风格**。1990年出生的勐轩兴奋地摆弄着他新买的手机,"能玩游戏,还能看电影、听歌、看小说,酷吧?"在勐轩身上总能找到最新的流行元素:手里是最新款智能手机,口袋里塞着ipod,还有IBM笔记本电脑可以无线上网。他经常在网上买书、光碟和数码产品,闲时喜欢呼朋唤友去KTV唱歌,假期会在网上寻找"驴(旅)友"共同出游。勐轩是典型的个性消费者,什么都要和别人不一样。有一次,勐轩和同学去逛街,他本身并不喜欢香水,但却看中了一款造型新颖的香水瓶。为了得到这个款式独特的香水瓶,他花了600元将这瓶香水买下。

曾经有报道说,两个使用相同品牌香水的女孩子相遇,其中一位竟会莫名其妙地感到愤怒。虽然说法有些夸张,但有人解释说,这就是个性消费的迹象。有关专家预测：未来十年，我们将进入一个个性消费的时代。人们当初追求阿迪达斯、耐克或许是为了显示个性，但当他们被淹没在同一品牌之中时，便发觉自己的个性已成了共性。于是就有人另辟蹊径。

从前，到裁缝店量体裁衣是为了省钱，如今人们却会为了追求那份独特感而到专卖店定制价格不菲的服装。

2. **定制消费潮重新袭来**。在电视台工作的丁潇很少去商场买衣服，因为她无法容忍“撞衫”和个性被复制的尴尬。同许多女性一样，购物是丁潇必不可少的一项消遣活动。不同的是，她热衷逛的是网店而不是步行街实体店。即使逛网店，她关注的也不是现成的服饰，而是各种特色定制小店的定制服饰。

“棉麻布适合做休闲风的长裙，雪纺可以用来做比较淑女的衬衫。”对各种布料的质地、质量，丁潇都有较高的鉴赏水平。自2009年初步尝试定制衣服以来，丁潇便成为一名“定制达人”。

在丁潇的带动下，周围也有不少亲朋好友开始从服饰成品店转向裁缝店。“以前大家都觉得在裁缝店里做的衣服都是礼服、戏服或者长辈穿的衣服，其实不然。只要你选好了布料，想好了款式，在信得过的裁缝店里，完全可以做出一件真正属于你自己的、个性十足的衣服。”

一家个人服饰定制店的老板表示，近年来，越来越多的年轻人开始回归量身定制服饰的消费模式，也有不少年轻人加入“小裁缝”队伍中来，“关键是样式不能太老套，还要因人而异，更要彰显其个性”。

3. **消费范围越来越广泛**。现在的个性消费早已不仅仅体现在服装上。手表、自行车、写真、挂历、贺卡、珠宝……无一不体现着个性。

在深圳、上海等沿海城市，人们在定制的手表上展示结婚照、出生日期等已成为时尚；大批上海年轻人青睐自行车，厂家为了满足他们凸显个性的需求，在各门店开设量身组装自行车业务。买主只要把身高、体重、年龄、职业、用车频率等资料告诉店员，输入电脑后，应该选择哪款适合你的自行车便跃然屏幕。同时，你还能自定花型、用料，甚至变速器、挡泥板等系列装置，让你的独特个性得到极大彰显。还有自己在录音棚录制歌曲、到手工作坊自制陶艺……虽说这些出自自我体验的“艺术品”难登大雅之堂，但主人们却对这些“成果”情有独钟，将其作为永久纪念，实现追求个性消费的愿望。

而最体现价值的个性化消费当属珠宝首饰。珠宝是价格昂贵又极具个性化的商品，似乎没有比定制服务更好的选择了。因为消费者购买珠宝时，不仅表达了自我审美需求，更希望通过佩戴珠宝、搭配服饰来显示自己的身份和品位。这种定制范围更是延伸到钻戒上，消费者自己选择钻石的大小和净度，挑选适合自己的独特款式，甚至在戒圈内刻上自己的姓名和生日等。

随着人们生活和消费水平的不断提高，个性化的新一代和追求生活品质的消费者已经成为定制化生活的主要消费群体。因此，对于更多消费者来说，“个性”成为一种简单而时尚的生活方式。个性本身也是特定消费族群生活方式的表达。

现在很多品牌都在通过个性来传递品牌和生活方式融合的理念,Google 新闻网站允许用户定制新闻,选择自己喜欢的比如体育、技术或名人新闻,并可通过混合现有的标准设计自己的个性页面。

在大众消费能力逐渐提高、选择产品变得更精明的时候,个性化需求将会强劲攀升,特别是在极具潜力的中国市场。

资料来源:李欣璐. 个性消费时代 ,做不一样的自己[EB/OL]. http://market.scol.com.cn/new/html/xfzlb/20130104/xfzlb640079.html,2013-01-04.

三、个性与消费者行为

(一)运用个性预测消费者的购买行为

20 世纪 50 年代至今,学者们对个性进行了丰富的研究。个性的研究大量用于预测消费者对品牌的选择、购买决策和新产品的使用等。但是,学者们的研究结果却不尽一致,有些学者认为个性与消费者行为有重要的相关关系,有些认为关系微弱,甚至没有关系。原因可能是学者们使用的测量量表、研究方法不同导致的结论不同。随着个性在消费行为领域量表的发展以及研究方法的改进,学者们大量研究了个性对新营销实践的影响作用,比如,个性对在线购买行为、网上银行使用、服务满意度及跨文化消费等的影响。

(二)个性与新产品购买

消费者对新产品的使用有先后之分。有些人是新产品的率先使用者或称创新采用者(innovator),而另外一些人则是落后采用者(lagger)。决定消费者是创新采用者还是落后采用者的个性特质,在于消费者的教条主义倾向程度以及社会性格。

教条主义(dogmatism)倾向反映个体对不熟悉的事物或与其现有信念相抵触的信息在多大程度上持僵化立场。非常僵化的人对陌生事物非常不安并怀有戒心;相反,较少教条倾向的人对不熟悉或相对立的信念持开放的立场。与此相对应,较少教条倾向的人有可能选择创新性产品,而教条倾向严重的人则更可能选择既有产品或已经成名的产品。

在消费者心理学领域,社会性格(social character)是用来描述个体从内倾(inner-directedness)到外倾(outer-directedness)的个性特质。有证据显示,内倾型消费者倾向于运用自己内心的价值观或标准评价新产品,他们更有可能成为创新采用者;相反,外倾型消费者倾向于依赖他人的指引做出判断,因此成为创新采用者的可能性较小。

(三)个性与购买决策

有关研究证实,个性对解释不同购买决策阶段的消费者行为颇有帮助。目前关于这方面的研究主要集中于个性同信息处理方式以及决策风险感知的关系上。

认知需要(need for cognition)是指个体进行思考的努力程度,或更通俗地说是指个体喜爱思考活动的程度。广告如何影响消费者对产品的态度与认知需要有密切关系。研究发现,高认知需要者更多地被广告的内容与陈述质量影响,而低认知需要者更多地受到广告边缘刺激的影响,如陈述者的吸引力。

风险承担(risk taking),即是否愿意承担风险,它将直接影响消费者对新产品推广和目录销售等营销活动的反应。在个性研究中,风险不仅表示决策后果的不确定性,也意味着对将要发生的损失的个人预期。一些消费者被描绘成"t 型顾客"(thrill - seeker)。这类顾客较一般人具有更高的寻求刺激的需要,很容易变得大有厌倦,他们具有追求冒险的内在倾向,更可能将成功和应对挑战视为生活的目标;与此相反,风险规避者更可能将幸福和快乐视为生活的首要目标,因此力求减少购买决策的不确定性,避免承担损失。

(四)个性与品牌选择

个性对于品牌的选择同样具有影响。品牌个性是品牌形象的一部分,是指产品或品牌特性的传播,以及在此基础上消费者对这些特性的感知。品牌个性是消费者对品牌特殊性的评价与感受,无疑具有一定的主观性,其一旦形成,就会与其他刺激因素共同作用于信息处理过程,使消费者得出这一品牌适合或不适合自己的印象。品牌个性不仅使其与其他品牌相区别,而且具有激发情绪和情感、为消费者提供无形利益的功效。

品牌个性理论自 20 世纪 60 年代提出以来,有关的研究在理论与实践中都取得了较大的进展。詹妮弗·阿克(Jennifer Aaker)把品牌个性定义为有关品牌的人格特质的组合,它提供了象征性意义与自我表达的功能。品牌个性的象征性意义在于消费者会把品牌的个性看作符合消费者自己的个性特质,通过品牌的象征性意义来塑造自己的形象或表现自己的个性。品牌的个性是在与消费者直接或间接的接触基础上形成的,它通过品牌使用者、品牌生产者、品牌推荐者的形象,以及品牌的商标、包装等来表现。

研究表明,消费者会倾向于购买和他们个性相一致的产品,或者是那些使他们感到能让自己的某些个性弱点得到弥补的产品。百事可乐品牌在创建活动中所展示出来的个性——年轻活力、特立独行和自我张扬迷倒了新一代,他们饮用百事可乐不仅仅是喝饮料,而是认可、接受百事可乐的品牌个性,把百事可乐看作他们的朋友和精神寄托,甚至就是他们自己的化身。他们通过百事可乐来展示他们与上一辈(喝可口可乐)不一样的个性。在诸多广告的反复宣传中,许多产品在消费者心目中留下了独特的个性形象,比如,万宝路被认为是男性化的象征,苹果电脑被认为是年轻化的象征,IBM 则被认为是年老化的象征。

实例 3－2　潘多拉珠宝的故事营销

潘多拉珠宝(PANDORA)于 1982 年在丹麦哥本哈根创立,是全球三大珠宝品牌之一。其产品于全球六大洲逾 100 个国家与地区发售,设有超过 7 900 个销售点,包括约 2 100 间门店。在当代珠宝行业举步维艰时,它却一路高歌猛进。截止到2016年,PANDORA已经拥有了超过150万的线上粉丝,品牌受众覆盖2.31亿人;据潘多拉发布的2017财年业绩显示,其销售额同比增长12%至227.8亿丹麦克朗,约合37.9亿美元,中国市场销售额同比更激增87%。

1. 潘多拉魔力。潘多拉珠宝的设计师福兰德森和恩诺拉森,想要帮助女性实现一种于人群之中仍能凸现个性、卓然出众的出色效果,让她们通过设计自己的珠宝,表达自己的个性。潘多拉于2000年推出的潘多拉吊坠手链大受欢迎,由此实现了重大突破。由此,潘多拉珠宝的发展掉转了方向,转向一个与众不同的专利概念:可自行选取吊坠和手链,任意组合个性化手链。在潘多拉的设计理念中,为顾客提供个性化珠宝是一个非常重要的组成部分。恩诺拉森解释道:"我们想让女性自由表现自我。您完全可以按照自己的想法创造任何潘多拉珠宝的外观组合。"福兰德森接着说:"潘多拉的顾客收集众多不同款式的潘多拉来搭配她们原有的珠宝,它可以搭配您绝无仅有的家传古董珠宝,也可以和风格时尚的现代珠宝搭配。"潘多拉的宗旨是始终如一。通过精工制作、选材珍贵的优质现代首饰,启发全球各地的女性表达自我,每位女士都有自己的故事,这些独特的点滴塑造了她们的今天。

2. 我的珠子,你的故事。潘多拉珠宝鼓励顾客通过一颗颗不同质地、形态的珠子,"穿出"每个人不同时期、不同心情的故事。其用户可在网络上分享着自己手链的故事,用来纪念一段感情抑或是一段经历,彰显自我的个性与品位。

潘多拉的口号是Unforgettable Moments,启发世界各地的女性,将回忆化作珠子穿在手腕间,展现她们的个性和故事,与顾客共同创造难忘的记忆为核心的故事营销是潘多拉魔力的重要来源。网友"Lucia"用精巧装饰系列的"梦幻紫色闪烁水滴",旅游系列的"巴黎恋人",爱系列的"平常心""密镶我心依旧",花卉系列的"小雏菊"和琉璃系列的"粉色切割面琉璃"表达了自我的诉求。

这是我的链子,重在表达自我,兼顾美感。铁塔代表着天空,代表我向往自由;花草代表我的家园,我爱花草爱生活;天使代表童真,即使年岁见长,依然不能忘记最初的模样和梦想。粉紫色是我最爱的颜色,是我眼中最美的色彩,我觉得潘多拉手链无所谓多漂亮,重在独一无二,就算有两串相同的手链,但你的这串装满你的故事和情感,仍然是仅此一条的。如果能有一个东西能够装载你内心的故事而又让你随时带在身边,潘多拉手链的确是很好的选择。

3. 潘多拉故事营销手段。首先,潘多拉从产品设计上,为顾客串起个性化的故事提供了保障。潘多拉手链拥有独特的专利功能,备有14k金、925银、皮革、PANDORA玫瑰、琉璃、珐琅等多种材质,样式包括串饰、吊饰、安全链和固定夹等类别。

潘多拉珠宝的概念是赋予串饰不同的个人价值观、意义和特殊品质,如智慧、勇气、爱情、信任等,通过提供多种主题和寓意,让消费者根据不同的需求和心理来设计属于自己的故事,其珠子主题分类如下。

(1)针对少女心型顾客推出的迪士尼人物系列珠子。"爱丽公主",象征为了心爱的事物坚定而勇敢地踏上未知的冒险之旅;"灰姑娘"象征保持善良勇敢的心,去迎接奇妙际遇的降临;“艾莎公主”象征把她留在身边,珍藏冬日美好的回忆;“贝拉公主”象征自信勇敢,在成人的世界里发现奇遇;“小叮当”象征带来满满的欢乐与欢笑;等等。

(2)针对想记录生命里有纪念意义节日的顾客推出的特殊时刻系列珠子。用镌刻着“我爱妈妈”的镂空心形串饰特向妈妈表达爱意,一份精彩的毕业礼物,甜蜜的一“吻”创造情人节独家的记忆,中秋团圆之夜躲在“家”的树下,用完美珠宝向闺蜜再表一次白,长大后也能在六一儿童节天马行空地卖萌,万圣节的丰富装扮,等等。

(3)针对通过首饰诠释自我的顾客推出的突显个性系列珠子。各种星座及其代表的性格,十二个月的代表色的生日水滴系列,PANDORA 几何系列彰显你的美,雅致而俏皮的色调为造型增添吸引力,端庄大气的对称美为造型加分,复古优雅的玫瑰色调奏响爱的赞歌,迷人红唇的俏皮又不失妩媚风情,与众不同的随性与潇洒让更加自由、快乐、浪漫又带格调的造型注入摩登情怀,等等。

(4)针对用珠宝表达特殊寓意的顾客推出的珠子。用“爱之锁”锁住山盟海誓,串起你的“经典”记忆,挥动手腕展示心中无限的小确幸,无谓的探险精神向师姐宣扬你的主张,用闪亮皇冠为你注入力量,珍藏你的美好记忆,填上满满的真心寻找心意,等等。

其次,潘多拉通过树立偶像的形象和展示用户自己的手链,分享他们的配饰来鼓励顾客进行自己的设计,讲述自己的故事。在潘多拉珠宝官方微信上,新品上新后或每隔一段时间就会用九宫格分享用户在后台投稿的自己手链照片,并对这些照片进行整体描述;在微信公众号中鼓励用户在评论区留言说出自己的故事。

借势明星故事也是潘多拉常用的手段,Haliey Baldwin 展示 PANDORA SHINE 新品,陈柏霖的情人节礼物,Eve 老师分享甜蜜下午茶,yuyuzhangzou 探索精彩旅程,Miss 沐夏世界角落的回忆,三位舞蹈女孩用珠宝诠释舞姿魅力,阿 Sa 展示 2017 秋冬新品,多位母亲不同的气质配合不同的珠宝。其中陈柏霖不仅代言了多种新品,还亲自参与了珠子串饰的设计,给用户示范了他的手链。在他代言的众多系列中,最主要是情人节系列的珠宝,他扮演了大众情人的角色,通过录制视频准备情人节礼物,以及拍摄各种表情的照片表示出不同风格的爱的告白,同时挑选了情人节系列不同的珠子组成了手链和饰品套装。

资料来源:张文敏,华昕.潘多拉珠宝的价值共创型故事营销[J].销售与市场:管理版,2018,633(5):78-81.

第二节　消费者的能力与行为差异

一、能力的心理学含义和类型

（一）能力的心理学含义

心理学研究指出，人的知觉、思维等心理机能是在从事各种实际活动的过程中实现的。人们必须具备完成各种活动的能力，才能顺利地达到预期的目的。所谓能力，是指人能够顺利完成某种活动所必须具备的，并直接影响活动效率的个性心理特征。它是影响人的活动效果的基本条件，能力的高低直接影响个体从事活动的快慢、难易和巩固程度。

（二）能力的分类

1. 根据能力作用方式的不同分类。根据作用方式的不同，能力可以分为一般能力和特殊能力。

（1）一般能力是指个体顺利完成各种活动所具备的基本能力，由认识能力和活动能力组成。认识能力是指人认识客观事物、运用知识解决实际问题的能力，包括注意力、观察力、想象力、思维力和记忆力，也有人把这五种能力统称为智力。活动能力是指人们完成各种活动的能力，它也是由一些基本的能力，如组织能力、计划能力、适应能力，以及实际操作能力等构成的。具备一般能力，是从事各种活动的前提条件。

（2）特殊能力是顺利完成某些特殊活动所必须具备的能力，如创造力、鉴赏力、组织领导能力等。这些能力是从事音乐、绘画、领导等特殊或专业活动所必不可少的。

一般能力和特殊能力相互联系，构成辩证统一的整体。在消费者的购买活动中，两种能力往往共同发挥作用。

2. 根据在能力结构中所处的地位不同分类。根据在能力结构中所处的地位不同，能力可以分为优势能力和非优势能力。

所谓优势能力，是指在能力结构中处于主导地位，表现最为突出的能力；非优势能力则是处于从属地位，表现较为微弱的能力。优势与非优势能力在每个人身上都存在，任何人都不可能是全才，但只要具备某一方面的优势能力，同样可以取得成功。

3. 根据能力的创造性程度分类。根据创造性程度划分，能力可以分为再造性能力和创造性能力。

具有再造性能力的人，能迅速掌握所学的知识，并善于按照所提供的模式进行活动；具有创造性能力的人，善于创新，能超出现成式样进行发挥和创造。

（三）能力的差异

人与人之间在能力上存在着个别差异，正是由于这些差异，人们的行为活动具有不同的效率和结果。能力的差异主要体现在三个方面。

1. 能力水平差异。这主要表现在同种能力的水平高低上。能力水平的高低又集中体现在人的智力水平的差异上。研究表明，全人类的智力状况基本成正态分布，其中特有智能和智障者的大约各占2.5%，而95%的人智能在正常范围内。按智商分数来说，大部分人介于70～130分之间，消费者作为与全人口等同的最大人群，同样存在以上情况。

2. 能力类型差异。这主要是指人与人之间具有不同的优势能力。在消费实践中，正是由于消费者在优势能力类型上存在着千差万别，才使消费活动的效率与效果明显不同。

3. 能力表现时间差异。这是指人的能力在表现时间的早晚上有很大区别。有的人天生早慧；有的人则大器晚成。消费者能力表现的早晚主要同后天消费时间的多少及专门的训练程度有关。

二、消费者的能力构成

在现代市场经济条件下，随着各种资源要素、物质产品、精神产品、服务的商品化，以及人们生活水平的不断提高，消费者从事消费活动的内容和领域迅速扩展，在深度和广度上超过了以往任何时代。消费者只有综合运用和不断提高相应的能力与技能，才能在复杂多变的市场环境中保持高度的自主性与行为的自由度，并以较少的支出获得较大的消费效用，通过有限的消费活动最大限度地满足多方面的消费要求。

根据消费者各种能力的层次和作用性质的不同，可以将能力构成分为三个方面。

（一）从事各种消费活动所需要的一般能力

在实际生活中，消费者购买活动的一般能力是必须具备的基本能力，如对商品的感知、记忆、辨别能力；对信息的综合分析、比较评价能力；购买过程中的选择、决策能力，以及记忆力和想象力等。基本能力的高低强弱会直接导致消费行为方式和效果的差异。

1. 感知能力。感知能力是指消费者对商品的外部特征和外部联系做出直接反应的能力。感知能力是消费行为的先导，通过它，消费者可以了解商品的外观造型、色彩、气味、轻重以及所呈现的整体风格，从而形成对商品的初步印象，为进一步做出分析判断提供依据。

消费者的感知能力差异主要体现在速度、准确度和敏锐度上。感知能力的强弱会影响消费者对消费刺激的反应程度。能力强的消费者对商品的微小变化或同类商品之间的细微差别能够清晰辨认；能力弱的消费者则可能忽略或难以区分商品细微的变化和差别。

2. 分析评价能力。分析评价能力是指消费者对接收到的各种商品信息进行整理加工、分析综合、比较评价，继而对商品的优劣做出准确判断的能力。分析评价能力的强弱主要取决于消费者的思维能力和思维方式，同时与消费者个人的知识经验有关。许多实验证明，消费者对商品的知觉是模糊的、不确定的。20世纪70年代的一项实验表明，大多数消费者在蒙眼的味觉实验中不能辨别可口可乐与百事可乐的区别，许多声称爱喝可口可乐的人在实验中却选择了百事可乐。所以，消费者对商品的评价在很大程度上建立在有关厂商提供的商品信息基础之上。

3. 选择决策能力。选择决策能力是消费者在充分选择比较商品的基础上，及时果断地做出购买决定的能力。当消费者运用感知能力、分析评价能力对商品进行综合分析后就进入了购买决策阶段。消费者决策能力的高低直接受其自信心、抱负水平等因素的影响。在本书后面的章节中将专门论述消费者的购买行为决策。

（二）从事特殊消费活动所需要的特殊能力

特殊能力首先是指消费者购买和使用某些专业性商品所应具有的能力，通常表现为以专业知识为基础的消费技能。例如，对高档照相器材、专用体育器材、古玩字画、钢琴、电脑、轿车，以及音响等高档消费品的购买和使用，就需要相应的专业知识以及分辨力、鉴赏力、监测力等特殊的消费技能。倘若不具备特殊能力而购买某些专业性商品，则很难取得满意的消费效果，甚至无法发挥应有的使用效能。

在满足物质需要的基础上，通过商品消费美化生活环境，是现代消费者的共同追求，有些具有较高品位和文化修养的消费者，在商品美学价值评价与选择方面显示出较高的审美情趣与能力。这种能力往往使他们在服饰搭配、居室装饰布置、美容美发和礼品选择等方面获得较大的成功。

（三）消费者对自身权益的保护能力

在市场经济条件下，消费者作为居于支配地位的买方主体，享有多方面的天然权力和利益。这些权力和利益经法律认定，成为消费者的合法权益。然而，这一权益的实现不是一个自然的过程，尤其是在我国不尽成熟、完备的市场环境中，由于法制不健全、市场秩序不规范、企业自律性较低，侵犯消费者权益的事例屡有发生。这在客观上要求消费者自身不断提高自我保护的能力。2014年3月15日，由全国人大修订的我国新版《消费者权益保护法》正式实施。新“消法”规定，消费者享有九项基本权利。

1. 安全权。消费者在购买、使用商品和接受服务时享有人身、财产安全不受损害的权利；消费者有权要求经营者提供的商品和服务符合保障人身、财产安全的要求。

2. 知情权。消费者享有知悉其购买、使用的商品或者接受的服务的真实情况的权利。消费者有权根据商品或者服务的不同情况，要求经营者提供商品的价格、产地、生产者、用途、性能、规格、等级、主要成分、生产日期、有效期限、检验合格证明、使用方法说明书、售后服务或者服务的内容、规格、费用等有关情况。

3. 自主选择权。消费者享有自主选择商品或者服务的权利。消费者有权自主选择提供商品或者服务的经营者，自主选择商品品种或者服务方式，自主决定购买或者不购买任何一种商品、接受或者不接受任何一项服务；消费者在自主选择商品或者服务时，有权进行比较、鉴别和挑选。

4. 公平交易权。消费者享有公平交易的权利。消费者在购买商品或者接受服务时，有权获得质量保障、价格合理、计量正确等公平交易条件，有权拒绝经营者的强制交易行为。

5. 求偿权。消费者因购买、使用商品或者接受服务受到人身、财产损害的，享有依法获得赔偿的权利。

6. 结社权。消费者享有依法成立维护自身合法权益的社会组织的权利。

7. 获得有关知识权。消费者享有获得有关消费和消费者权益保护方面的知识的权利。消费者应当努力掌握所需商品或者服务的知识和使用技能，正确使用商品，提高自我保护意识。

8. 人格尊严和民族风俗习惯受尊重权。消费者在购买、使用商品和接受服务时，享有人格尊严、民族风俗习惯得到尊重的权利，享有个人信息依法得到保护的权利。

9. 监督权。消费者享有对商品和服务，以及保护消费者权益工作进行监督的权利。消费者有权检举、控告侵害消费者权益的行为和国家机关及其工作人员在保护消费者权益工作中的违法失职行为，有权对保护消费者权益工作提出批评、建议。

以上是消费者依法进行自我保护的基础，所有消费者都应通晓其内容，明确自身的合法权益所在。

三、能力与消费行为表现

消费者自身的能力差异必然使他们在购买和使用商品的过程中表现出不同的行为特点，具体可分为以下三种典型类型。

（一）成熟型

成熟型的消费者通常由较全面的能力构成。他们非常了解所需要的商品，其内行程度甚至超过了售货人员。由于具有丰富的商品知识和购买经验，这类消费者在选择中往往显得自信和坚定，自主性较高，能够按照自己的意志独立地做出决策，而无须他人的帮助。这类消费者较少受到外界及他人意见的影响。

（二）一般型

一般型消费者的能力和水平都处于中等状况。他们通常具备一些商品方面的知识，并掌握了有限的商品信息，但是缺乏相应的消费经验。这一类型的消费者在购买之前，一般缺乏对商品的具体要求，因而很难对商品的内在质量、性能、使用条件等做出准确的比较。因此,他们在购买过程中往往更乐于听取售货人员的介绍和厂商的现场宣传。

(三)缺乏型

缺乏型消费者的能力构成和知识水平都处于缺乏和低下状态。他们不了解有关商品的知识和消费信息,同时也不具备任何购买经验。同前两种类型的消费者相比较,能力缺乏型的消费者在购买前往往没有明确的购买目标或只有一些朦胧的意识和想法。这种类型的消费者做决策时经常显现出犹豫不决、不得要领,易受到环境影响和他人意见的左右,使自己的购买行为常常带有很大的随意性和盲目性。

总的来说,消费者的能力及行为类型都是相对的。在某一方面、某一类型的商品消费中表现为成熟性的消费者,在另一类商品的消费中则可能表现为一般型。而且,消费者的能力水平不是固定不变的。随着生活经验的积累和个人有意识的自我培养,消费者的能力将会不断增强。

第三节　消费者的气质类型与购买行为

一、气质的含义和特性

气质是人类所特有的个性心理特征之一。“气质”一词源于拉丁语“temperamentum”,是指个体心理活动典型的、稳定的动力特征,主要表现在心理活动的强度、速度、稳定性、灵活性以及指向性上。①心理活动的强度是指情绪的强弱、意志努力的程度等;②心理活动的速度和稳定性是指知觉的速度、思维的灵活程度、注意力集中时间的长短等;③心理活动的指向性是指个体对自身与环境的心理倾向,如有的人倾向于外部事物,善于从外界获得新印象,有的人倾向于内部,经常体验自己的情绪,分析自己的思想和印象等。

这些特征构成个体心理活动动力方面的特点。气质特征使一个人的整体心理活动表现带有独特的个人色彩。

气质作为个体稳定的心理动力特征,具有稳定性、持久性的特点。俗话说的“江山易改,本性难移”,指的就是气质的稳定性。但是,随着生活环境的变化、职业的熏陶、所属群体的影响以及年龄的增长,人的气质也会有所改变,消费者的气质也是如此。当然,这一变化是相当缓慢的、渐进的过程。

气质作为个体典型的心理动力特征,是在人生理素质的基础上,通过生活实践,在后天条件影响下形成的,并受到人的世界观和性格等的控制,对行为实践活动的进行及其效率有着一定的影响。在消费活动中,不同气质的消费者由于采取不同的行为模式,往往会产生不同的活动效果和消费效率。因此,了解人的气质对于研究消费者在消费行为中的心理过程具有重要的意义。

二、气质的不同学说类型

(一)主要的气质学说

气质是一个古老的概念,古今中外的心理学家对气质这一心理特征进行了多方面研究,由此形成各种不同的学说和流派。其中主要有以下几种。

1. 阴阳五行说。我国古代的思想家孔子从类似气质的角度把人分为“中行”“狂”“狷”三类。他认为,“狂者进取,狷者有所不为”。意思是说,“狂者”一类的人,对客观事物的态度是积极的、进取的,他们“志大言大”,言行比较强烈,并且表现于外;属于“狷者”一类的人比较拘谨,因而就“有所谨畏不为”;“中行者”一类的人则介乎两者之间,是所谓“依中庸而行”的人。

我国春秋战国时期的古代医学中,曾根据阴阳五行学说,把人的某些心理上的个别差异与生理解剖特点联系起来。按阴阳的强弱,分为太阴、少阴、太阳、少阳、阴阳五种类型,每种类型各具有不同的体质形态和气质特点,又根据五行法则把人分为“金形”“木形”“水形”“火形”“土形”,每种“形”也各有不同的肤色、体形和气质特点。这两种分法是互相联系的。作为分类基础的阴阳同近代生理学研究的兴奋和抑制有某些类似之处。

2. 体液说。早在公元前5世纪,古希腊著名医生希波克拉特(Hippocrates)就提出了四种体液的气质学说。他认为人体内有四种体液:血液、黏液、黄胆汁和黑胆汁,人体的状态就由体液的类型和数量决定。四种体液协调,人就健康,四种体液失调,人就会生病。机体的状态决定于四种体液混合的比例。这种体液的混合比例在希腊语中叫作“克拉西斯”。希波克拉特曾根据哪一种体液在人体内占优势把气质分为四种基本类型:多血质、胆汁质、黏液质和抑郁质。

(1)多血质的人体液混合比例中血液占优势。这种人在付出艰苦努力时热情锐减,但擅长于多变的工作环境及人际交往,能够很快把握新事物。

(2)胆汁质的人体内黄胆汁占优势。这种人直率、热情、冲动、精力旺盛、暴躁、好挑衅、心境变化快,属外倾型。

(3)黏液质的人体内黏液占优势。这种人缄默沉静、反应迟钝、稳重、坚强、自制、忍耐,属内倾型。

(4)抑郁质的人体内黑胆汁占优势。这种人呆板、羞涩、孤僻、敏感、情绪体验丰富、有坚定性。

3. 血型说。日本学者古川竹二等人认为:气质与人的血型有一定关系。他们将气质分为四种类型,分别由四种血型,即O型、A型、B型和AB型决定。O型血的人,意志坚强、志向稳定、独立性强、有支配欲、积极进取;A型血的人气质温和、老实顺从、孤独害羞、情绪波动、依赖他人;B型血的人感觉灵敏、大胆好动、多言善语、爱管闲事;至于AB型的人,则兼有A型和B型的特点。这种理论在日本较为流行,但由于这种理论缺乏有力的科学依据,没有广泛被人们接受。

4. 倾向说。这种学说由瑞士著名心理学家荣格提出。它以个人倾向性作为标准,将人的气质分为外倾型和内倾型两种。容格认为,外倾型的人易以环境为出发点,凡事但求适应环境,心理活动倾向于外部,活泼、开朗、容易流露自己的感情,待人接物决断快,但比较轻率,独立性强,缺乏自我分析和自我批评,不拘泥于一般的小事,喜欢同他人交际。内倾型的人以自我作为行为的出发点,凡事但求尽在自我,心理活动倾向于内部,感情比较深沉,待人接物比较小心谨慎,经常反复思考,常因为过分担心而缺乏判断能力,但对事总是锲而不舍,能够自我分析和批评,不喜欢交际。荣格的理论在西方心理学界有较大的影响,简明而实用。

5. 高级神经活动类型说。俄国心理学家巴甫洛夫利用条件反射法所揭示的高级神经活动的规律性和神经作用过程的基本特征,对气质进行了科学的阐述。他发现,在心理的生理机制中占有重要地位的大脑两半球皮层和皮层下部分的高级神经活动可以分为两个过程:兴奋和抑制。这两个过程具有三大基本特性:强度、平衡性、灵活性。强度是指大脑皮层细胞经受强烈刺激或持久工作的能力;平衡性是指兴奋过程的强度和抑制过程的强度之间是否相当;灵活性则是指对刺激的反应速度和兴奋过程同抑制过程相互替代、转换的速度。巴甫洛夫根据上述三种特性的相互结合提出高级神经活动类型的概念,指出气质就是高级神经活动类型的特点在动物和人的行为中的表现,并据此划分出高级神经活动的四种类型。

(1)活泼型,即强度大、平衡、灵活型。

(2)安静型,即强度大、平衡、不灵活型。

(3)兴奋型,即强度大、不平衡型。

(4)抑制型,即强度小、不平衡、非灵活型。

巴甫洛夫的结论是在生理解剖实验的基础上得出的,后来经过他人的实验研究得到验证,因而具有较强的科学依据。它所描述的四种气质类型与传统的体液说有较高的对应关系,因此,人们通常把二者结合起来,以体液说作为气质类型的基本形式,而以巴氏的高级神经活动类型说作为气质类型的生理学基础。

(二)基本的气质类型

在借鉴前人研究成果的基础上,可以把人的气质分为四种基本类型。

1. 胆汁质。这种气质的人高级神经活动类型属于兴奋型,表现为直率、热情、精力旺盛、情绪易于冲动、心境变换剧烈等。他们的抑制能力通常较差,反应速度快而不灵活。

2. 多血质。这种气质的人高级神经活动类型属于活泼型,表现为心理活动迅速、喜欢与人交往、注意力容易转移、兴趣容易变换等。他们情绪兴奋度高,外部表露明显,反应速度快而灵活,情感丰富但不够深刻稳定。

3. 黏液质。这种气质的人高级神经活动类型属于安静型,表现为安静、稳重、反应缓慢、沉默寡言、情绪不易外露、注意稳定但又难于转移、善于忍耐等。他们的情绪兴奋度低、外部表现少、反应速度慢、做事踏实、慎重细致但不够灵活。

4. 抑郁质。这种气质的人高级神经活动类型属于抑制型,表现为孤僻、行动迟缓、体验深刻、善于觉察别人不易觉察到的细小事物等。他们的情绪兴奋度高,反应速度慢而不灵活,对事物反应性较强,情感体验深刻,但很少外露。

这四种气质类型的名称曾被许多学者所采纳,并一直沿用到现在。人们在日常生活中能观察到这四种气质类型的典型代表。但现实中完全属于某一典型气质类型的人较少,多数人是介于各类型之间的中间类型,即混合型,如胆汁—多血质、多血—黏液质等。

三、气质与消费者的购买行为

消费者不同的气质类型,会直接影响和反映到他们的消费行为中,使之显现出不同的,甚至截然相反的行为方式、风格和特点。根据不同气质类型的表现形式,可以将消费者分为如下对应的四类。

(一)主动型和被动型

不同气质类型的消费者,在购买现场的消费行为会有明显的差异。多血质和胆汁质的消费者一般善于与售货人员进行接触,积极提出问题并寻求咨询,喜欢同售货人员或其他顾客交换意见,表现得十分活跃,是销售场所最适宜的一种人。而黏液质和抑郁质的消费者则比较消极而被动,他们对商品不会轻易评论,通常要有销售人员主动进行询问,因而不太容易沟通。

(二)理智型和冲动型

理智型和冲动型比较典型的是黏液质和胆汁质两种消费者。前者属于理智型,冷静慎重,能够对各种商品的内在质量加以细致的选择比较,通过理智分析做出决定。他们善于控制自己的感情,不易受到广告宣传、商品外观包装和他人意见的影响。胆汁质的消费者则容易感情冲动,经常凭借个人兴趣和偏好,以及对商品外观的感觉选择商品,而不过多地考虑商品的性能与实用性。他们对各种新的营销方式和新奇的商品都比较有兴趣,容易受广告宣传和购买环境的影响。

(三)果断型和犹豫型

果断型和犹豫型主要针对消费者在制定决策时的速度和购买速度而言。多血质和胆汁质的消费者心直口快,言谈举止比较匆忙,一旦见到自己喜欢的商品,往往会果断地做出购买决定,并迅速实施购买,而不愿花费太多时间比较选择。抑郁质和黏液质的消费者,在挑选商品时则优柔寡断、十分谨慎、动作比较缓慢、挑选的时间也较长,在决定购买后易发生反复。

(四)敏感型和粗放型

敏感型和粗放型主要针对消费者在购买商品后的体验而言。黏液质和抑郁质的消费者在消费体验方面比较深刻,他们对购买和使用的商品的心理感受十分敏感,并直接影响到心境及情绪,在遇到不满意的商品或受到不良服务时,经常会做出强烈的反应。相比较而言,胆汁质和多血质的消费者在消费体验方面不十分敏感,也不过分强调自己的心理感受,对于购买和使用商品的满意程度不十分苛求,表现出一定程度的容忍和粗疏。

第四节 消费者的性格特征与行为表现

一、性格的含义与特征

(一)性格的含义

根据心理学的定义,性格有广义和狭义之分。广义的性格是指人与其他人不同的心理特征。古希腊哲学家提奥夫拉斯塔(Theophrastus)在一篇论文中描述了30多种性格,每一种性格都是根据一个占主导地位的、很明显的特征标志加以描述的,如“伪装”“谄媚”“枯燥无味的讲述者”等。科学心理学中的“性格”主要取其狭义的特定含义。从狭义角度而言,性格是人对现实的稳定度,以及与之相适应的习惯化了的行为方式。性格是个性最鲜明的表现,是个性心理特征中的核心特征。

现实生活中,人与人的性格存在着明显差异。这是因为,人的性格是在一定的生理基础上,在社会实践活动中逐渐形成和发展起来的。由于先天生理素质如高级神经活动类型、神经系统的暂时神经联系、血清素和去甲肾上腺素的比例等各不相同,后天所处的社会环境及教育条件也千差万别,导致人的性格也各不相同。这种差异性是绝对的,也是性格最本质的属性之一。在决定性格形成的两个主要的过程中,后天的社会化过程起着主要的决定性作用,而社会环境是不断变化的。因此,性格虽然也是一种比较稳定的心理特征,但与气质相比更易于改变,即具有较强的可塑性。

(二)性格的特征

性格是十分复杂的心理构成物,包含多方面的特征。一个人的性格由各种特征有机结合,同时通过不同方面的性格特征表现出来,从而形成独具特色的性格统一体。性格的基本特征包括以下四个方面。

1. 性格的态度特征。性格的态度特征表现为个人对现实的态度倾向性特点,例如,对社会、集体、他人的态度,对劳动、工作、学习的态度,对自己的态度等。

2. 性格的理智特征。性格的理智特征表现为个体在心理活动过程方面的差异特点。例如,在感知方面,是主动观察型还是被动感知型;在思维方式方面,是具体罗列型还是抽象概括型、是描绘型还是解说型;在想象力方面,是丰富型还是贫乏型等。

3. 性格的情绪特征。性格的情绪特征表现为个人受情绪影响或控制情绪程度状态的特点。例如,个人受情绪感染和支配的程度,情绪受意志控制的程度,情绪反应的强弱、快慢,情绪起伏波动的程度,主导心境的性质。

4. 性格的意志特征。性格的意志特征表现为个人自觉控制自己的行为及行为努力程度方面的特征。例如,是否具有明确的行为目标,能否自觉调适和控制自身行为，在意志行动中表现出的是独立性还是依赖性，是主动性还是被动性，是否坚定、顽强、忍耐、持久等。

由于性格的不同方面的特征差异，导致不同性格的消费者在消费态度和行为表现上千差万别，各个相异。例如，在消费观念上，有的消费者俭朴节约，有的消费者追求奢华；在消费倾向上，有的消费者求新，有的消费者守旧；在认知商品上，有的消费者全面准确，有的消费者片面错误；在消费情绪上，有的消费者乐观冲动，有的消费者却悲观克制；在购买决策上，有的消费者独立，有的消费者依赖；在购买行动上，有的消费者坚定明确、积极主动，有的消费者动摇盲目、消极被动。这些差异都是千差万别的性格特征在消费者对待商品的态度和购买行为上的反映。

二、性格的不同类型

鉴于性格在个性结构中的重要地位，长期以来，许多心理学家高度重视对性格理论的研究，并尝试从不同角度对人的性格类型进行划分。这些理论和分类方法对研究消费者的性格类型划分具有重要的指导意义和借鉴作用。相关研究中比较主要的有以下五种学说。

（一）机能类型说

机能类型说主张根据理智、情绪、意志三种心理机能在性格结构中所占的优势地位确定性格类型。具体可分为理智型、情绪型和意志型三种。

1. 理智占优势的性格，称为理智型。这种性格的人善于冷静地进行理智的思考、推理，用理智衡量事物，行为举止多受理智的支配和影响。

2. 情绪占优势的性格，称为情绪型。这种性格的人情绪体验深刻，不善于进行理性思考，言行易受情绪支配，处理问题喜欢感情用事。

3. 意志占优势的性格，称为意志型。这种性格的人在各种活动中都具有明确的目标，行为积极主动，意志比较坚定，较少受其他因素干扰。

（二）向性说

向性说是由艾森克（Eysenck）提出的。根据这一说法，性格类型可以按照个体心理活动的倾向划分，据此可以把性格分为内向、外向两类。

1. 内向型。内向型的人沉默寡言、心理内倾、情感深沉、待人接物小心谨慎、性情孤僻、不善交际。

2. 外向型。外向型的人心理外倾、对外部事物比较关心、活泼开朗、情感容易流露、待人接物比较随和、不拘小节、但比较轻率。

（三）独立—顺从说

独立—顺从说按照个体的独立性，把性格分为独立型和顺从型两类。

1. 独立型。独立型表现为善于独立发现和解决问题，有主见、不易受外界影响、较少依赖他人。

2. 顺从型。顺从型表现出独立性差、易受暗示、行动易受他人左右、抉择问题时犹豫不决。

（四）价值倾向说

根据人的价值观念倾向，美国心理学家奥尔波特（Allport）对性格做出了六种分类。

1. 理论型。这种性格的人求知欲旺盛，乐于钻研，善于观察、分析、推理，自制力强，对于情绪有较强的控制力。

2. 经济型。这种性格的人倾向于务实，从实际出发，注重物质利益和经济效益。

3. 艺术型。这种性格的人重视事物的审美价值，善于审视和享受各种美好的事物，以美学或艺术价值作为衡量标准。

4. 社会型。这种性格的人具有较强的社会责任感，以爱护关心他人作为自己的职责，为人善良随和、宽容大度、乐于交际。

5. 政治型。这种性格的人对于权力有较大的兴趣，十分自信、自我肯定，也有的人表现为自负专横。

6. 宗教型。这种性格的人是指那些重视命运和超自然力量的人，一般有稳定甚至坚定的信仰、逃避现实，自愿克服比较低级的欲望，乐于沉思和自我否定。

（五）性格九分法

性格九分法是一种新的分类方法，近年来逐渐在国际上引起重视并流行开来。这种分类法把性格分为九种基本类型。

1. 完美主义型。这种性格的人谨慎、理智、苛求、刻板。

2. 施予者型。这种性格的人有同情心、感情外露，但可能具有侵略性，爱发号施令。

3. 演员型。这种性格的人竞争性强、能力强，有进取心、性情急躁，为自己的形象所困扰。

4. 浪漫型。这种性格的人有创造性，气质忧郁，热衷于不现实的事情。

5. 观察者型。这种性格的人情绪冷淡，超然于众人之外，聪明，不动声色、行动秘密。

6. 质疑者型。这种性格的人怀疑成性，忠诚、胆怯，总是注意危险的信号。

7. 享乐主义者型。这种性格的人热衷享受，乐天、孩子气，不愿承担义务。

8. 老板型。这种性格的人独裁、好斗、有保护欲，爱负责任，喜欢战胜别人。

9. 调停者型。这种性格的人有耐心、沉稳，会安慰人，但可能因耽于享受而对现实不闻不问。

从上述学说的介绍中可以看出，由于有关学者在划分性格类型时的研究角度和所持的依据有所不同，因而得出的结论也各不相同。由此我们可以得到重要的启示：如果单纯以少数因素对性格加以分类，是难以涵盖其全部类型的。性格作为主要在社会实践中形成并随环境变化而改变的，不甚稳定的个性心理特征，具有极其复杂多样的特质构成与表征。这一状况同样适用于对消费者性格类型的研究。而且，由于消费活动与其他社会活动相比更为复杂、丰富、变化多端，因此，对消费者的性格类型更难以做出统一界定，而只能在同消费实践的密切结合中加以研究和划分。

实例3－3 消费者性格色彩与衣柜购买行为

所谓性格色彩分析，是以心理学为基础，将红、蓝、黄、绿四种颜色当作四种类型的人，不同的颜色对应不同个性的人，他们在选购衣柜时会有不同的表现。

1. **红色——快乐的带动者**。红色性格的人，做事情的动机很大程度上是为了快乐，快乐是最大的驱动力。他们积极、乐观，擅于发挥自己所长，极力展示自身的魅力，像火红的太阳般散发着热情的光芒，他们喜欢随性而为，同时又善于交际。

红色性格的消费者是冲动的消费者。具有这种性格色彩的消费者进店，一般倾向于主动沟通。他们很容易和导购员打开话匣子，比如会问到店里有没有搞什么活动，等等。他们容易受一些促销信息的影响，随之产生购买的冲动。

对红色性格的客户，营销员不妨多介绍一些新推出的产品，并且将各种优惠政策尽可能地告诉他们，当然，最后不要忘记了额外送点小礼物给他们。

对待红色性格的客户，关键词：新鲜感、促销信息、礼上礼优惠。

2. **蓝色——最佳的执行者**。蓝色性格的人，喜欢大海般的深邃。这类人更在意于建立和维系一种持久深入的关系。他们做事情喜欢坚持原则，对待朋友忠诚，并乐意在思想层面深入了解、关心和交流。

蓝色性格的消费者是最理性的消费者。他们会先在网络上查找整体衣柜十大品牌，到官方网站了解新产品，去搜房家居、搜狐家居、新浪乐居、百科衣柜网等一些专业网站了解衣柜家居建材方面的专业知识，再选择离居住地较近的几个卖场去逛一逛。

拥有蓝色性格的消费者，不仅会向朋友征询意见，也会向专业人士多方咨询、寻求帮助。他们主动了解不同品牌的产品质量、款式、五金配件以及售后服务等。经过多方沟通和了解，他们几乎就成为衣柜方面的专家了，最终才会选定一个品牌购买。

他们来到店内，喜欢问一些专业性的问题来考一考营销员，判断其是否专业。面对蓝色性格的客户，营销员应以最认真的态度，用专业的知识和他们交流。

蓝色性格的客户，永远都不会把不满意写在脸上，但却会在心里做全面、详细的评价。一旦他们认可了产品，往往还会介绍给他们身边的亲戚朋友。

针对蓝色客户的特点，关键词：耐心、专业、用心。

3. **黄色——有影响力的指挥者**。他们深层次的驱动力来自对目标的实现和完成。他们一般都有前瞻性的眼光和领导能力，通常都有很强的责任感、决策力和自信心。

黄色性格的人主观性和目标性都很强。他们喜欢制订计划，并按计划实现目标。当一位黄色性格的顾客走进门店时，你也许感觉得到他强大的气场。一旦判断出顾客属于黄色性格，开始不必过于主动地接待，而应该任其自主地了解产品和服务的相关情况。待到一定的时机，营销员可以巧妙地与他沟通，特别注意要以温和的态度否决他先前的错误认识，再告诉他正确的情况。

需要注意的是，对于黄色性格的消费者，虽然不需要营销员过于主动，但是需要时刻用心关注、察言观色。曾经有一个黄色性格的客户，他说话很直，声音也很大，在安装衣柜的时候，由于安装师傅没能很好地解决问题，表示要等一两天才能完全解决问题，可是让他等了好几天都没能有结果，这位顾客一下子就投诉到公司总部。

对待黄色性格的客户，关键词：辅助服务、以客为主。

4. **绿色——和平的促进者**。绿色性格的人，其本质是对和谐与稳定的追求，不爱出风头，尽力避免锋芒。他们宽容、透明度高，通常非常友善，适应性强，是很好的倾听者。

绿色性格的消费者是最需要引导的消费者。四种不同色彩个性的客户中，绿色性格最需要营销员的主动"出击"。绿色性格的客户一般不会有很高的忠诚度，他们往往缺乏主观性、优柔寡断。这就需要营销员积极主动地通过沟通了解他们各方面的情况，比如顾客家庭的装修风格、生活习惯及偏好等，根据他们的实际需求，将适合的板材颜色、相应的款式及时地建议给他们。

对待绿色性格的客户，关键词：主动出击、热情洋溢。

当然，一个人的性格并不会是单色系，但一般都会有主导色彩、辅助色彩，或者是几种色彩的复合型。专卖店导购员只要以自己丰富的专业知识为基础，灵活运用性格色彩的分析方法，用心服务顾客，就很容易掳获顾客的心，并加快对产品的销售。

资料来源：http://www.61mami.com/dealerguide/detail-12714.html.

三、性格与消费者的购买行为

我们知道，性格是个性最鲜明的表现，是个性心理特征中的核心特征。因此，消费者的性格也就是在购买行为中起核心作用的个性心理特征。而消费者之间不同的性格特点，同样会体现在各自的消费活动中，从而形成千差万别的消费行为。性格在消费行为中的具体表现可从不同角度做多种划分。

（一）以消费态度分类

从消费态度的角度，可以将消费者分为节俭型、保守型和随意型。

1. 节俭型。节俭型的消费者在消费观念和态度上崇尚节俭、讲究实用。在选购商品过程中较为注重商品的质量、性能、实用性，以物美价廉作为选择标准，而不在意商品的外观造型、色彩、包装装潢、品牌及消费时尚，不喜欢过分奢华、高档昂贵、无实用价值的商品。

2. 保守型。保守型的消费者在消费态度上较为严谨，生活方式刻板，性格内向，怀旧心理较重，习惯于传统的消费方式，对新产品、新观念持怀疑、抵制态度，选购商品时喜欢购买传统的和有过多次使用经验的商品，而不愿冒险尝试新产品。

3. 随意型。随意型的消费者在消费态度上比较随意，没有长久稳定的看法，生活方式自由而无固定的模式。在选购商品方面表现出很大的随意性,他们选择商品的标准往往多样而不稳定,经常会根据自身的需要和商品种类不同,采取不同的选择标准和要求,同时受外界环境及广告宣传的影响也较大。

(二)以购买行为方式分类

从购买行为方式的角度,可以将消费者分为习惯型、慎重型、挑剔型和被动型。

1. 习惯型。习惯型的消费者在购买商品时习惯参照以往的购买和使用经验。当他们对某种品牌的商品熟悉并产生偏爱后,就会经常重复购买,从而形成惠顾性购买行为。这类消费者受社会时尚、潮流影响较小,不轻易改变自己的观念和行为。

2. 慎重型。慎重型的消费者在性格上一般表现出沉稳、持重,做事冷静、客观,情绪不外露。他们选购商品时,通常会根据自己的实际需要并参照以往购买经验进行仔细慎重的比较权衡,然后做出购买决定。他们在购买过程中受外界影响小、不易冲动,具有较强的自我抑制力。

3. 挑剔型。挑剔型的消费者在性格上一般表现出意志坚定、独立性强、不依赖他人。在选购商品时,他们强调主观意愿、自信果断,很少征询或听从他人意见,对商场销售人员的解释说明常常持怀疑和戒备心理,观察商品细致深入,某些时候甚至过于挑剔。

4. 被动型。被动型的消费者在性格上一般表现得比较消极、被动、内向。由于缺乏商品知识和购买经验,他们在选购商品过程中往往犹豫不决,缺乏自信和主见。他们对商品的品牌、款式等没有固定的偏好,正因为如此,也希望得到别人的意见和建议。这类消费者的购买行为常处于消极被动状态,这是由其性格决定的。

应该指出的是,上述几种按消费态度和购买行为方式所做的分类,只是为了便于了解性格与人们的消费行为之间的内在联系,以及不同消费性格的具体表现。在现实的购买活动中,受到周围环境的影响,消费者的性格经常不会或难以按照原有面貌表现出来。这就要求我们在观察和判断消费者的性格特征时,应特别注意其稳定性,切忌以他们一时的购买行为表现判断其性格类型。

本章小结

个性是个体带有倾向性的、比较稳定的、本质的心理特征的总和。个性具有稳定性、整体性、独特性和可塑性等特点。消费者的个性心理主要可以分为个性倾向性和个性心理特征两部分。

个性的理论主要由弗洛伊德个性理论、新弗洛伊德个性理论和特质理论组成。人们普遍认可的个性结构是大五模型,它将各种个性特征划归为神经质、外向性、开放性、宜人性和谨慎性五大维度。个性对消费者购买行为的预测,以及对新产品购买、购买决策、品牌选择的解释都很有帮助。品牌个性是指产品或品牌特性的传播,以及在此基础上消费者对这些特性的感知,它提供了象征性意义与自我表达的功能。

能力是人能够顺利完成某种活动所必须具备的,并直接影响活动效率的个性心理特征。根据作用方式能力可分为一般能力和特殊能力;根据在能力结构中的地位其可分为优势能力和非优势能力;根据创造性程度可分为再造性能力和创造性能力。人们在能力上的差异主要体现在能力水平、类型和表现时间上。消费者能力构成分为三个方面,即从事各种消费活动所需要的一般能力、从事特殊消费活动所需要的特殊能力以及消费者对自身权益的保护能力。

气质是指个体心理活动的典型的、稳定的动力特征,具有稳定性、持久性的特点。有关气质的学说有阴阳五行说、体液说、血型说、倾向说和高级神经活动类型说。人的气质类型可分为胆汁质、多血质、黏液质、抑郁质四种。不同气质类型的消费者,在消费行为中表现为不同的形式,如主动型和被动型、理智型和冲动型、果断型和犹豫型、敏感型和粗放型。

性格是人对现实的稳定度以及与之相适应的习惯化了的行为方式。性格的基本特征包括态度特征、理智特征、情绪特征和意志特征。有关性格的学说有机能类型说、向性说、独立—顺从说、价值倾向说和性格九分法等。性格从消费态度的角度可分为节俭型、保守型和随意型;从购买行为方式的角度又可分为习惯型、慎重型、挑剔型和被动型。

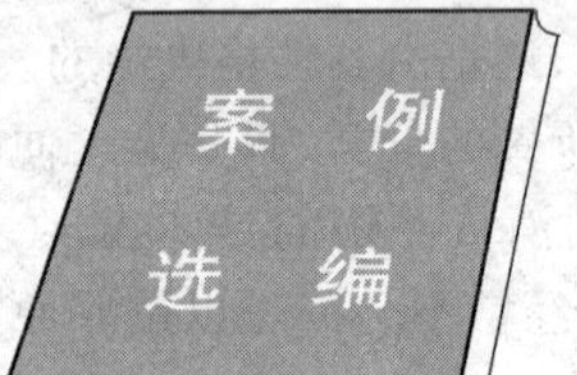

案例　服装定制电商新时代

随着中国消费市场不断升级,消费者针对服装品类产品日益增长的个性化偏好和多元化需求持续凸显。尤其是信息技术的日新月异,让服装业更能满足消费者个性化偏好和多元化的需求,服装业为此也迎来 C2B(consumer to business,即“消费者对企业”)、C2M(customer to manufactory,即“消费者对工厂”)定制新时代。

1.服装电商遭遇成长“魔咒”。随着制造成本的越来越高,近几年来,中国制造企业利润逐年降低,库存压力剧增,国内服装行业亦集体陷入困顿,为了转型自救,近一两年传统服装业纷纷加大涉足电商力度,全力做大“互联网 +”。然而毋庸讳言置疑,在中国经济迈入中低增长的新常态之下,时下服装电商竞争也日益激烈,电商亦不是所有传统行业的救命稻草,电商市场洗牌日益加剧,分化越加明显,经营利润持续下跌，出现卖得越多亏得越多的窘境。尤其是对服装行业来说，B2C模式的电商形态依然难以解决库存压力增大、经营利润微薄的当前现实。从PPG、维棉网、初刻、NOP到凡客等等，这些名字曾经星光耀眼，而今却逐渐衰微陨落。品牌服装电商行业正在遭遇成长的"魔咒"。

于是，近两年C2B、C2M概念开始走入人们的视线，力图从另一方面振兴服装电商行业。C2M与C2B有什么共同点与不同点？共同点就是个性化定制，不同点就是C2M的个性化选择更多，从生产端到消费端的环节更少。在C2B时代，消费者大多通过网络平台发起的定购活动参与定制，而最后定制出来的选项也是一个特定群体的喜好。所以，C2B的成果往往是家电、电子产品等适合微调的批量化生产产品。而C2M更加强调个性化，消费者和生产厂家直接对接，不必通过电商平台（如京东、天猫），又减少了一个中间渠道，定制的内容也向服饰等各种生活用品转变。

2. **高新技术让定制模式迎来春天**。2014年下半年起，开始涌现了一大批做定制的初创型服装企业，它们以定制为概念，采用互联网化的经营管理手段，其发展速度加快，定制时代悄然来临。

红领集团在服装定制之路上走得算是比较成功的。但其打造C2M并不是一蹴而就的，红领为此花费了10年，将原本传统的流水线改造成为一座数字化、信息化的大规模定制工厂。

首先，顾客需要登录红领的官网系统，输入自己的体形数据以及喜好数据，这是一个大数据采集的过程。然后，它会生成一个3D模型，顾客可以选择自己喜欢的款式、工艺、风格等个性化设计的要求，也可对面料花型、色系、肩型、驳头型、胸口袋等100多项款式做出选择，并预定自己喜欢的里料、刺绣和面料等设计细节。接着，当顾客所有信息汇集到车间调控室后，由电脑发出指令开始进入生产过程。顾客每一件衣服上面都有独一无二的智能标签，工人只需要刷一下电子标签，电脑就会自动弹出个性化订单信息，机器和工人的流水线就根据不同的需求进行个性化生产。

2016年年初，报喜鸟和威克多在天猫旗舰店的线上定制服务也正式推出，主要通过天猫在线下单，引流到附近门店量体或裁缝上门量体进行运营。而今，推出服装定制服务的上市公司也增多了。2015年11月，深市中小板上市公司乔治白首创"微信定制衬衫"系统，私人定制业务规模大幅提升。同样在2015年11月，七匹狼携手苏宁易购发布狼图腾极致衬衫，欲进一步推进定制服装市场。

然而令业界更为关注的还是京东上线的服装定制频道"京·制"。为何京东敢于大张旗鼓地推出定制频道"京·制"？其底气何在？

一是信息科学的突飞猛进成了京东服装电商定制的支撑点。京东定制主要利用大数据技术的支持，为用户建立ID档案，针对消费者的消费行为轨迹、身材特点、兴趣喜好进行数据分析，借助"尺码助手""虚拟试衣间"等产品，通过数据进行自动匹配推荐，通过3D建模技术为消费者还原、展示符合其体形特征的虚拟试衣模特,辅助消费者做出决策。借助平台优势,京东还可以为消费者提供基于 O2O 和可定位的上门量体服务,提升用户的消费体验。

二是服装电商贡献值大,个性化呼声高。京东商城半年报显示,其大品类里面增长最快的业务就是服装鞋帽,在整个商城总交易额推动中其贡献也是最大的。目前,京东拥有 1.9 亿活跃用户,其中以中高收入用户为主力消费群体。京东从数据中发现中产阶级的消费具有以下明显特征:注重自身性格展示以及个人品牌,喜欢小众和有品质保证的品牌,喜欢设计师品牌和个人定制品牌。电商竞争的激烈化,在互联网催生新经济的今天,单纯地打价格战已经没有什么优势可言,个性化、差异化的道路才是王道。随着中国中产阶级的崛起,人们的消费习惯和观念发生了显著改变,以个性化为特征的独立设计师品牌和私人定制也正在受到更多青睐。

就服装定制而言,有初级、中级和高级阶段,就当前技术水平、个人看法,红领服装定制应处于常见的初中级阶段,京东属于中级阶段,而阿里 VR 购物产品 Buy + 则当处于中高级阶段,令人对未来服装定制更有信心。

2016 年 4 月 1 日,阿里旗下的淘宝宣布将推出一种前所未有的全新购物方式 Buy +。使用 Buy +,即使身在国内某个城市的家中,消费者戴上 VR 眼镜,进入 VR 版淘宝,就可以选择去逛纽约第五大道,也可以选择英国复古集市,让你身临其境地购物,"去全世界买买买"。简单来说,消费者可以直接同虚拟世界中的人和物进行交互,甚至将现实生活中的场景虚拟化,成为一个可以互动的商品。比如在选择一款衣服的时候,消费者再也不用因为不太确定衣服的尺寸、颜色、布质而纠结。戴上 VR 眼镜,消费者可以像真的将衣服穿在身上,尺寸、颜色是否合适,布质是否满意,一目了然。Buy + 计划前所未有地优化了网购体验,打开了 VR + 网购的全新商业模式,有望推动 VR + 网购全民化、定制化的日益普及,颠覆了现有的商业格局,预计将成为电商未来发展的主流重要方向,确实值得强烈期待,但其新商业模式充分落地仍待时间和市场进一步的检验。

下一步,定制化将从满足小众人群需求向满足普遍人群需求趋势转变,同时,中国定制还将向流程高效、可视化和规范化趋势发展,还有,设计的价值将被认同,消费者更注重款式的独特性和唯一性,愿意为优秀的设计付费。

3. **定制电商的挑战**。互联网时代的发展带来了更多的个性化需求,云计算、大数据也让精准营销成为可能,但遗憾的是,在日用品行业,生产企业的 C2M 能力还很薄弱。一方面,有的生产线完全按照量产需求设计,舍不得丢弃;另一方面,也是更重要的一点,在于生产企业缺乏 C2M 的意识,还是抱着规模越大、成本越低的观念,传统企业既不知道什么是 C2M,也不知道怎样掌握消费者的个性化需求,后果就是,即便有了像"必要"这样主打 C2M 的网站,但是能找到的供应商数量也很有限。

C2B 乃至 C2M 能把用户需求集中起来,把库存降到最低,这解决了当下诸多零售企业、制造企业的痛点,也能让消费者买到性价比高的产品。但是这一模式也存在天生缺陷,面临需求分散、个性化服务要求高、销售份额较小、投入大产出少等问题，如何能把有相类似的需求在短时间内聚集起来，并迅速反映到生产环节，成为电商定制服务发展的关键。与电产渠道合作的定制品牌也要具备强有力的供应链和制作工艺来支持，确保定制产品的水准、工艺、效率达到中高端消费人群的认可，这就对服装定制电商 O2O 提出了很大挑战。而在售后服务方面，由于定制产品的特殊性，退货服务也会增加整个交易的成本。

服装定制电商的难点一个是量体，一个是打版成本。上门量体定制价格昂贵，电商平台更多扮演的是为线下定制店导流的角色。对于打版，在批量化生产模式中，一次打版可规模化生产，但线上个性化定制可能需要单独为消费者需求分别打版，成本很高。从总体上看，消费者对定制服装的需求和习惯还没成型，而电商平台上可供挑选的定制品类仍比较少。但是随着移动互联网时代的到来，高端定制必将从传统线下更多走向线上。谁能率先真正做到行业的细分整合，为客户方便快捷地量身打造自己的个性化产品与服务，输出自己的核心技术与竞争力，给客户带来完美的定制服务和体验，谁就能在未来的定制化市场竞争中脱颖而出。

资料来源：吴勇毅. 个性定制：服装电商的救命稻草？[J]. 销售与市场：管理版，2017，8(2)：73－75.

案例讨论：

1. 红领集团是如何满足顾客的个性化消费需求的？

2. 试分析服装定制面临的挑战，说说如何才能克服定制电商的难题？

3. C2B 和 C2M 的异同点是什么？

4. 你认为服装定制电商要取得良好的业绩，应该如何做？请给出建议。

思考题

1. 什么是个性？个性有哪些特征？

2. 与个性相关的理论有哪些？试对这些理论进行比较。

3. 试阐述消费者的能力差异及其对消费者行为的影响。

4. 性格与气质的区别表现在哪些方面？

5. 什么是性格？按性格的购买行为方式来看，你认为自己属于哪种类型的消费者？

6. 比较气质和性格的差异，并分析二者对消费者购买行为的影响。

第四章

消费者的需要和动机

★ 本章要点和学习要求 ★

需要是消费者行为的最初原动力，动机则是消费者行为的直接驱动力。消费者为什么购买某种产品和服务，为什么对企业的营销刺激有着这样而非那样的反应，在很大程度上是同消费需要和动机紧密联系在一起的。本章以心理学原理为基础，阐述需要、动机的基本内涵和表现形式，并结合消费者的特点深入研究消费者的需要和动机的具体内容。通过本章的学习，学生应当对消费者的消费需要、购买动机及其与购买行为的关系有更深入的了解，并能运用有关理论指导企业的营销实践活动。

第一节　消费需要的含义、特征和发展趋势

一、需要的含义和产生

（一）需要的含义

心理学意义上的需要，是指个体由于缺乏某种生理或心理因素而产生内心紧张，从而形成与周围环境之间的某种不平衡状态。需要描述的是一种心理活动，其实质是个体为延续和发展生命，以一定方式适应环境而对客观事物的需求反映。这种反映通常以欲望、渴求、意愿的形式表现出来。例如，为维持生存，人们会产生对衣、食、住、行等物质生活资料的需要；出于对情感的渴求，人们会产生进行社会交往以排除孤单寂寞的需要。古人云，"人生而有欲"，这个"欲"，就是欲望、意愿或需要。它是人的本能，是人产生行为的最初原动力。正因为如此，需要的研究构成了对消费者行为研究的基础。

（二）需要的产生

通常认为，需要是有机体由于缺乏某些生理或心理因素而产生的、与周围环境的某种不平衡状态。这一认识可以用心理学中的"均衡论"来解释。均衡论认为，在正常条件下，人是处于平衡或均衡状态中的，这种平衡体现为生理平衡和心理平衡。一旦生理或心理的某个或某些方面出现"缺乏"，便会导致原有均衡状态的破坏，变得不均衡。这时，人的生理或心理便会出现一种不舒适的紧张状态，只有减少或消除这种不舒适的紧张，才能恢复正常的均衡。下面我们将以均衡论为依据，从个体生理和心理平衡两方面详细阐释需要产生的过程。

1. 生理平衡。人的身体需要某些基本物质才能维持生存，如食物、水、空气和一定的热量等。这些基本物质的摄入量由体内复杂的生理系统来调节，生理系统按照"体内平衡原则"维持着人的生理平衡状态。当人进食时，体内就像有"传感器"，检测着所需食物和水的数量、时间和界度。当人体达到某种"临界度"时，人就受到激发并以某种方式付诸行动。例如，随着进食数量的不断增多，生理系统饥饿的状态不断缓解，人就逐渐改变进食行为，达到临界度便停止吃喝。如果人急需饮食，又缺乏食物和水时，体内就会产生某种不平衡状态，这种状态促使人"寻找"食物和水。随着人类社会的演进，尽管这种"寻找"行为也在不断进化，但是人类对食物和水的消耗界度仍由体内平衡系统调节。一般来说，除了遗传本能外，人的下丘脑充当了"自动调节器"的角色。

2. 心理平衡。人是一个综合的整体，生理和心理的状态有着密不可分的联系。但为了便于研究，人们经常把生理和心理当作分开的事物来对待。人的生理失调主要缘于有机体内部的刺激，而心理失调主要取决于有机体外部的刺激，这种刺激既有物质方面的，也有精神方面的。人类除了生物的需要以外，还有心理方面的需要，如审美、社交、求知等。如果到了心理界定的时间，尚不能得到所希望的东西，人们就会有某种"若有所失"感，甚至会产生不安或急躁的情绪，引起心理的失调，而这种状态会促使人们努力采取实现其需要的行为。随着这种失调因素被逐渐缓解，心理就恢复到原有平衡状态。心理的失调与平衡同外界刺激量的大小有关，但人有着与动物不同的自控功能，这种自控就是抑制。抑制具有一定的限度，只能维持暂时的平衡，当刺激超出极限时，心理就会出现不平衡状态。

依照这种理论，需要可以被看作是为了减少或消除因缺乏某种正常需要，而引起对不舒适的、紧张状态的反映。从生理与心理不平衡状态的结果来看，需要总是作为某种行为的原动力出现。需要的产生过程如图 4－1 所示。

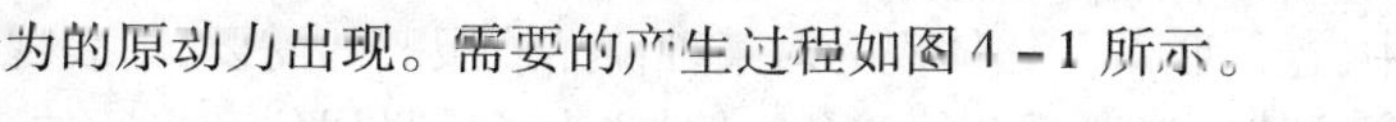

图 4－1　需要的产生过程

二、消费需要的特征

（一）消费需要的含义

任何需要都是有对象的。消费需要包含在人类的一般需要之中，消费者的需要总是针对能满足自身生理或心理缺乏状态的物质商品而言的。在商品社会中，消费需要具体体现为对商品和劳务的需要。经济学中的消费需要指的是在一定时间内有支付能力的市场需求。就消费者个体来说，消费需要反映了消费者某种生理或心理体验的缺乏状态，并直接表现为消费者对获取以商品或服务形式存在的消费对象的需求和欲望。

（二）消费需要的基本特征

消费需要不是固定不变的。现实中，消费者的需要丰富多彩、纷繁复杂，并随着社会经济和时代的发展而不断丰富、发展和变化。尽管如此，消费者的需要仍有某些共同的特性和规律性。具体表现在以下方面。

1. 消费需要的多样性和差异性。不同的消费者由于心理特征的差异，其消费需要也是多种多样、千差万别的。多样性和差异性是消费需要最基本的特性，其中多样性主要表现在以下三个方面。

其一是对同一类商品的多种需要。人们往往要求某一商品除了具备某种基本功能外，还要兼有其他的附属功能。例如，羽绒服首先是为了保暖，但人们对它的款式、颜色、面料的要求也越来越高。

其二是对不同商品的多种需要。随着生活水平的提高和价值观念的变化，消费者需要的对象种类越来越多、层次越来越高，如电脑、手机等高科技产品已成为许多消费者的必备用品。

其三，消费者需要的多样性，还表现在显现的需要和潜在的需要同时存在于同一消费者身上。由于潜在需要的不确定性和一定意义上的无限性，消费者需要的多样性范围进一步扩大。

消费者自身的主观状况和所处消费环境的差异决定了消费需要的差异性。不同消费者在年龄、性别、民族传统、宗教信仰、生活方式、收入水平、个性特征，以及所处地域的自然和社会环境等方面的条件千差万别，由此形成多种多样、各不相同的消费需要。每个消费者都会按照自身的需要选择、购买和评价商品。

2. 消费需要的目的性和可诱导性。消费者的需要是有所指向的，即指向能够满足需要的具体目标。因此，消费者的需要总是和满足需要的目标紧密相连的。在商品社会中，这一联系具体体现为对某种商品或服务的需要，即表现为想要得到某种商品或开始某一消费活动的意念。例如，为了满足居住和出行的需要，希望购买住房和汽车等。住房和汽车这种具体消费对象，随着消费者需要强度的增加而转化为具体的购买目标，从而使消费者的需要带有明确的目的性。

但是，对于消费者来说，需要的目的性在很多情况下处于无意识或潜意识状态，这就要对处于潜意识状态的需要加以诱导和激发。用来诱导和激发消费需要的外部刺激成为刺激诱因。企业可以通过适当的营销活动来激发和诱导消费者某项需要的形成。也正是从这个意义上,我们说消费者行为是能够被影响的。刺激诱因按性质可以分为两类:凡是消费者趋向或接受某种刺激而获得满足的,称为正诱因;凡是消费者逃避某种刺激而获得满足的,称为负诱因。比如,某则产品广告连续播两次可能会给观众留下深刻的印象,但若连续播上五六遍,可能就使观众因反感而选择有意识的逃避。由于刺激诱因的这一特性,使消费需要激活的过程更加复杂化。

3. 消费需要的层次性和发展性。消费者的消费需要是有层次的。按照不同的划分方法,可以把消费需要划分为若干个高低不同的层次。例如,生存、安全属于较低层次的需要;受人尊重、实现自我属于较高层次的需要。人类的需要是不断发展、没有止境的,当一种需要满足以后,另一种新的需要又会产生。

需要的这种发展性体现出消费需要是社会的产物,需要经历了从低级向高级、由简单到复杂的发展过程。但是,在一定的时期内,生产力水平的提高、社会产品的增加以及人们收入水平的增长总是有限的,消费需要的内容和层次受这些因素的制约只能逐步增长。在某些情境下,例如,周期性的经济危机或经济政策失误时,整个社会的消费需要可能出现停滞不前甚至萎缩。因此,消费需要水平虽然会随着经济和科技的发展而不断提高,但基本呈一个波浪式前进和螺旋式上升的运动过程,它的增长幅度是有限的。

4. 消费需要的伸缩性和周期性。伸缩性又称需求弹性,是指消费者对某种商品的需要会因某些因素如支付能力、价格、储蓄利率等的影响而发生一定程度的变化。当客观条件限制需要的满足时,需要可以被抑制、转化、降级,可以停留在某种水平上,也可以在较低数量上同时满足几种需要,还可以放弃其他需要而获得某一种需要的满足。

另外,消费需要的变化还具有周期性的特点。一些消费需要在从购买行为中获得满足后,一定时期内不再产生,但随着时间的推移还会重新出现,并显示出明显的周期性。重新出现的需要不是对原有需要的简单重复,而是在内容、形式上有所变化和更新。例如,许多季节性商品、节日礼品的需要就有明显的特定周期。人们对许多消费品的需要,都具有周期性重复出现的特点,只不过循环的周期长短不同而已。

三、现代消费需要的发展趋势

(一)现代消费环境的变迁

当今时代,人类社会进入一个以新技术革命为标志的崭新的历史发展时期。与之相适应,现代消费者面临的消费环境也发生了一系列极其深刻的变化。具体表现在以下几个方面。

1. 科学技术的日新月异和社会生产力的迅猛发展,加速了产品的更新换代速度,由此推动了消费内容和方式的不断更新。

2. 发展中国家市场化进程的加速和发达国家区域联盟的建立,促进了世界经济全球化和国际大市场的形成，由此使消费者选择商品的范围得到极大扩展。

3. 电子信息技术的迅速发展和广泛应用，对传统的商品交换方式带来强烈冲击，从而推动了消费者购物方式和消费方式的变革。

4. 现代交通和通信技术的日益发达，迅速缩小了地域间的空间距离，促进了国际交往的增加，使各种新的消费意识、消费潮流不断涌现，并以前所未有的速度在世界范围内广泛扩散和传播。

（二）现代消费需要的新趋向

随着时代的变迁和社会的发展，消费者需要的内容、形式、层次也在不断改变和进步，并呈现出一系列新的消费需要趋向。

1. 感性消费需要。感性消费需要，是指消费者购买商品并非出于生存、安全等基本需要，而是希望买到一种能与其心理需求产生共鸣的感性商品。这种感性消费是基于消费者个人的情绪情感体验而产生的，它以个人的喜好作为购买决策标准，将心理满足、个性实现、精神愉悦作为主要消费目标，注重购物时的情感体验和人际沟通，对商品或服务的情感性、夸耀性及符号性价值的要求，超过了对商品或服务物质性的价值及使用价值的要求。因此，在感性消费阶段，消费者选择不再以产品的价格、质量为主，而是将对产品的直观感觉、情感、偏好和象征意义作为评价原则，格外看重产品与自己关系的密切程度。对产品的选择与评价，消费者采用的多是心理上的感性标准，即"只要我喜欢就是最好的"，以"喜欢就买"作为行为导向。感性消费需要的出现实质上是高技术社会中人类高情感需要的体现。

2. 休闲消费需要。随着工作效率的提高和劳动工时的普遍缩短，人们占有的闲暇时间日益增多。由于平时人们生活在快节奏和高压力的工作环境中，因此，现代消费者对闲暇生活的重视程度不断提高，闲暇生活在社会生活方式中占有越来越重要的地位。近年来，文学艺术、影视娱乐、书报杂志、业余教育、健身旅游等高文化消费受到消费者的青睐。现代消费者对闲暇生活的需要大大增强，已经把创造更多的闲暇时间和提高闲暇生活质量作为消费行为的重要导向。

3. 绿色消费需要。20 世纪以来，人类社会面临着自然资源日益匮乏和环境过度破坏的严重困扰。在环境问题的压力下，现代消费者的环保意识日益增强，越来越多的消费者开始认识到，地球的资源是有限的，过度消费留下的不仅是成堆的垃圾和对环境的破坏，还将导致人类生存状况的不断恶化。因此，许多消费者提出"做一个绿色消费者"的口号，在消费观念上崇尚自然、追求健康。比如，购买食品选择有绿色食品标志的蔬菜、肉食；购买家电选择无氟冰箱、超静音空调、低辐射电视机；室内装修采用对身体无害的绿色涂料、绿色地板，等等。总之，人们在追求生活舒适的同时更加注重环保，要求尽可能地节约资源和维护生态环境，对所消费的商品尽可能做到节约使用、循环利用。

4. 个性化消费需要。现代科学技术的迅猛发展和社会文化的日益多元化，为人类提供了前所未有的、广阔的选择空间，各种新的生活方式和消费群体层出不穷。如"新新人类"即是当代最具个性的新型消费群体。被称为"新新人类"的年轻人想方设法丰富和展现自己的个性，尽情展示自身的存在价值。在消费活动中，遵循自己独有的生活方式，标新立异、张扬个性、追求与众不同，成为他们选择消费品的首要标准。为此，他们的消费方式在注重现代化的基础上又极具个性化。例如，建立自己的个人网页、去咖啡馆小憩会友、选择自助式旅游等，都是现代年轻人喜爱的消费方式。

实例 4－1　2017 年新消费趋势洞察

随着经济发展水平和居民消费能力的不断提升，以及互联网和数字化技术在各行业的广泛应用，我们进入个性化升级的新消费时代，在此背景下，TalkingData 推出《2017 新消费趋势洞察报告》。本报告从消费群体、消费结构、消费需求、消费渠道和消费理念等方面的变化来分析，旨在对新消费趋势进行较为细致的解读。

1. **个性化升级的新消费时代**。从改革开放建立市场经济以来，我国经济社会经历了三次消费升级，每次消费升级都是在上次基础上的革新，并且在完成升级的同时改变了消费者的消费特征。1978 年至 20 世纪 80 年代末，是必需品消费升级阶段，消费者追求更高档的餐饮，也对时髦的服装开始产生购买行为；20 世纪 80 年代末至 21 世纪初，是小康消费升级阶段，冰箱、洗衣机、彩电等家电成为消费新潮，家电成为家庭生活的必需品；21 世纪初至现在，是品质消费升级阶段，旅游、教育、医疗健康等消费开始大幅增长，购买高品质商品、海淘等现象越来越普遍。在未来一段时期内，将进入个性化升级的新消费时代，消费者越来越多地参与上游的原创设计和需求定制，小众消费越来越被重视。

2. **新消费带来消费结构、消费理念的改变**。新消费是持续消费升级背景下的"相对新"，指的是以消费者为核心，以满足消费者需求为目的，重构人、货、场的关系，通过消费者需求逆向推动商品生产和服务提供，同时，消费场所多样化、消费方式全渠道化，不再局限于某些特定场所；在新消费背景下，消费者的消费结构、消费需求、消费渠道和消费理念都发生了深刻变化。

在消费结构上，由生存型消费和物质消费，转变为发展型消费和服务型消费；在消费需求上，由基本生理需求转变为个性化、品质化的情感诉求；在消费渠道上，经历了由线下消费到线上消费，再由线上消费到线上＋线下全渠道消费；在消费理念上，从节俭、炫耀性或盲从消费，转变为个性化、绿色健康、便捷高效和重视体验的消费理念。

(1)消费结构升级。对比 2012 年，2016 年以衣、食、住为代表的生活刚需性消费占比均略有下降；而以教育文化娱乐、交通通信、医疗保健和生活用品及服务为代表的品质消费占比均有所提升，这表明居民的消费结构升级，对服务类消费有较高需求，品质消费需求不断提升。

(2)消费需求升级。按照目的不同，消费者进行的消费活动可以划分为生存型、发展型和享受型三个层级。生存型是较低层级的消费需求，是为了满足消费者生存的基本消费需求，例如食物、衣服和住房等；发展型消费是为了提高身体素质和技能而进行的发展型消费，例如接受教育、培训等；享受型是较高层级的消费需求，是为了满足更高层次的精神需求而进行的消费，例如旅游、奢侈品和艺术消费等。随着我国经济水平和居民收入水平逐渐提升，生存型消费得到满足，消费者追求更高层级的消费，发展型和享受型消费需求在消费者生活中占据越加重要的位置。

(3)新生代消费群体崛起。新生代(90后)成为重要的消费群体，其从小生活在独立、优越和开放的家庭环境中，崇尚多元化方式消费，追求独立个性化的消费；70后，80后消费群体不再是仅以生命阶段即可概括的一类人，其中不乏亲子人群、丁克人群、单身人群等多种消费群体，由于购买力较强，其消费目的更倾向于享受生活；中老年消费群尤其是60后，乐于培养更多爱好(广场舞、旅游等)，生活趋向于多元化。

(4)新消费时代催生出更多个性化的消费群体。如今，以年龄、地域等单一维度已经不能对消费者进行很好划分，消费群体往往受到生命阶段、兴趣爱好、生活方式、消费水平等多方面因素的影响，在这些影响因素的综合作用下，催生出更多个性化的消费群体，例如90后潮男人群、亲子消费人群、老年旅游人群等。

从消费定位偏好来看，90后潮男相对偏好时尚品牌；从消费品类偏好来看，90后潮男偏爱化妆品、数码、珠宝手表、箱包以及服饰鞋帽等品类，爱打扮自己、爱数码科技。

亲子消费人群相对偏好高端、大众品牌；从消费品类来看，亲子消费人群较为偏爱休闲娱乐、家具厨具和零售卖场类，其中，休闲娱乐主要以儿童娱乐为主，亲子消费人群愿意在亲子娱乐活动上花费更多时间精力，且热爱购买日常家具用品，较为顾家。

老年旅游人群已经完成了人生的财富积累，购买力较强，较为偏爱奢侈品牌和高端品牌；从消费品类来看，老年旅游人群关注健康养生，运动健康类商品是其最为偏爱的消费品类。

(5)线上和线下渠道互为补充。线上流量受传统节日影响较小，在五一、端午等节日流量无明显变化，受电商节日影响较大，618期间流量有较为明显的提升；线下客流量变化规律较明显，周末略高于工作日，五一、端午等节日，受出游影响，线下客流量无明显提升，而618电商节，线下客流量处于正常水平，没有被电商抢夺流量。从流量来看，线上和线下渠道并非处于相互抢夺的关系。

3.新消费的五大消费理念。

(1)品质生活：消费者的消费需求从标准化模仿型消费向多样化理性消费转变，无论是刚需，还是非刚需，消费者越来越重视对品质生活的追求。

(2)互动体验：随着技术和产品的迭代与演进，消费场景中的互动体验也日新月异，实体、虚拟、虚实结合等互动方式，使消费者的互动体验过程更为丰富、立体。

(3)个性定制：由于受到审美喜好、教育文化、生活习惯等影响，以及消费者越来越注重自我、内涵的体现，个性、定制成为消费市场中不可忽视的现象。

(4)便捷高效:手机支付、移动应用、外卖等快速发展,在不同程度提升了社会方方面面的效率,为消费创造了更加便捷的服务环境。

(5)绿色健康:从低碳出行,到有机食品,再到运动健身,无不折射出人们的绿色环保、健康养生的生活志趣,绿色健康正在成为一种生活方式。

品质生活、互动体验、个性定制、便捷高效、绿色健康,是新消费的五大理念,它们相互依存,影响着消费者的消费行为和消费决策,也影响着供给侧的未来发展。

4. 新消费理念在生活各领域的表现。

(1)衣:快时尚品牌快速发展,消费者乐于追赶潮流,亦注重性价比。从销售规模来看,快时尚品牌在服装市场中销售规模占比持续提升,从增长情况来看,快时尚品牌销售额增速高于服装市场整体增速,快时尚品牌快速发展,对服装市场的增长起到良好的推动作用;快时尚品牌既跟随市场潮流,又具有亲民的价格,消费者对于快时尚的偏爱,展现了现代消费者既乐于追赶潮流又关注性价比的消费心理。

(2)食:外卖和移动支付成为餐饮业新的增长极。餐饮业与互联网在加速融合:餐饮应用在整个移动互联网的覆盖率达到21.6%,外卖App的使用率超过30%,同时外卖占整个移动餐饮应用的比重达到35.8%,同比增长25.2%;移动支付日益普及,餐饮业中移动支付的比重由2015年的9.9%上升到2016年的35.6%。

(3)住:租房不再是价格为王,品质生活成租房人群的新诉求。随着80后,90后走入租房市场的主舞台,租房市场不再是价格为王,80后,90后新生代租户更加关注个人效率、服务、质量等因素,追求轻松惬意的生活环境,由此,自如、蛋壳公寓等高品质服务型公寓应运而生。以自如为例,截至2017年6月,自如用户同比增长86%,用户对高品质公寓接受度提高,品质生活成租房人群新诉求。

(4)行:用户出行观念改变,追求便捷、舒适、高效,共享出行填补需求。中国铁路客户服务中心数据显示,春运节前手机购票的比例从4年前的0%上升到66%,便捷的移动购票方式日益受到人们的喜爱;SUV、MPV和豪华汽车比例逐年提高,高效舒适的体验获得用户关注;共享单车/汽车快速成长,丰富了接驳方式多样性,丰富了出行网络。

(5)娱:消费者精神需求多元化,艺术表演消费市场快速发展。消费者在精神方面需求更加多元化,对文化、艺术等方面的娱乐需求增强,演出市场潜力逐渐得到释放,2016年,演出市场增速超过电影市场;通过不同演出形式的收入以及演出场次对比,发现除戏曲等个别演出外,话剧、音乐会、演唱会等多数演出均呈现较好的增长态势,艺术表演消费市场快速发展。

资料来源:最新数据报告:2017新消费趋势洞察[EB/OL]. https://www.sohu.com/a/194971425_617676, 2017-09-27.

第二节　消费需要的基本类型和基本形态

一、消费需要的基本类型

由于主客观条件的不同，消费者的需要也复杂多样。长期以来，各国心理学者从各个侧面对消费需要进行深入探讨，按照不同标准对需要做出多种分类，而且，随着探讨的深入，对需要的分类也越来越细。现将几种关于需要分类的最有代表性的观点列表说明（见表 4－1）。

表 4－1　不同学者对需要的分类一览表

划分方法	代表者	分类标准	需要类型
两分法	传统的观点	按照需要的起源	生理需要，社会需要
		按照需要的对象	物质需要，精神需要
三分法	恩格斯	按照需要的形式	生存需要，享受需要，发展需要
五分法	马斯洛	按照需要的层次	生理需要，安全需要，爱和归属的需要，尊重的需要，自我实现的需要
二十分法	亨利·默里	按照需要的表现方式	贬抑需要，成就需要，交往需要，攻击需要，自主需要，对抗需要，防御需要，恭敬需要，支配需要，表现需要，躲避伤害需要，躲避羞辱需要，培育需要，秩序需要，游戏需要，抵制需要，感觉需要，性需要，求援需要，了解需要

通过表 4－1 可以看出，对需要的不同分类方式依据的标准不同。下面我们对其中的三种分类法进行简略介绍。

（一）按照需要的对象分类

按照需要的对象，可以将消费需要分为物质需要和精神需要（传统的两分法）。物质需要是指消费者对以物质形态存在的、具体有形的商品的需要。这种需要反映了消费者在生物属性上的欲求，其中又可以进一步区分为低级需要和高级需要。低级的物质需要是指为维持生命所必需的基本对象，而高级的物质需要是指人们对高级生活用品如高档服装、汽车、奢侈品等的需要。精神需要是指消费者对于意识观念的对象或精神产品的需要，具体表现为对认知、审美、追求真理、满足兴趣爱好，以及友情、亲情等需要，这种需要反映了消费者在社会属性上的欲求。

（二）按照需要的形式分类

按照需要的形式，可以将消费需要分为生存需要、享受需要和发展需要（恩格斯三分法）。①生存需要包括对基本物质生活资料、休息、健康、安全的需要。满足这类需要的目的，是使消费者的生命存在得以维持和延续。②享受需要表现为要求吃好、穿美、住的舒适、用的奢华，有丰富的娱乐生活。这类需要的满足，可以使消费者在生理和心理上获得最大限度的享受。③发展需要体现为要求学习文化知识、增进智力和体力、提高个人修养、掌握专门技能，在某一领域取得突出成就等。这类需要的满足，可以使消费者的潜能得到充分释放，人格得到高度发展。

（三）按照需要的层次分类

按照需要的层次，可以将消费需要分为生理需要、安全需要、爱和归属的需要、尊重的需要和自我实现的需要（马斯洛的需要五层次理论）。亚伯拉罕·马斯洛（Abraham Maslow）提出的需要层次理论，是受到广泛认可的人类需要理论。马斯洛在其著名的《动机与人格》（纽约：哈泊罗出版社，1954 年出版）一书中提出：人至少有五种基本需要，这就是生理需要、安全需要、爱和归属的需要、尊重的需要和自我实现的需要。这五种需要是相互联系的，它们之间是依照低级到高级的层次组织起来的，每一种需要也可以相对组成自身的层次。其中，只有当较低层次的需要得到满足后，才会出现较高层次的需要。即人类最基本的需要是生理需要，生理需要得到满足之后，随之而生的是安全需要，逐层上升，最后达到自我实现需要的顶峰，进而不断推动人们追求新的目标、获得新的满足，这是符合人类需要的发展规律的。马斯洛的需求五层次如图 4－2 所示。

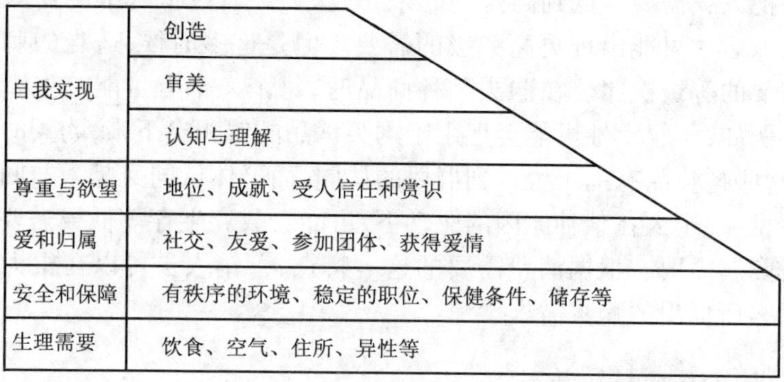

图 4－2　马斯洛的需求五层次

1. 生理需要。这是个体为维持生存和发展对基本生活资料的需要，也是各类需要中必须首先满足的最基本的需要。唯有生理需要获得满足后，人们才有可能产生新的其他方面的需要。

2. 安全需要。这是人们希望保护自己的肌体和精神不受危害的欲望，包括要求社会环境安全、职业稳定、生活有保障、有良好的医疗保健条件等。另外，保护私有的物品、财产或领地不受损失或破坏也属于安全需要。信任的基本要素（预知、信赖和信心）都根植于安全需要。

3. 爱和归属的需要。这一需要表现为人们作为社会成员，希望获得友情、亲情和爱情，与他人保持密切的交往，同时归属于某一社会群体，得到群体的关心和帮助。爱和归属需要的第一要义,就是希望他人认识到自我的存在。只要有人注意我们,我们就感到自己受到关注和关心。从广义上讲,爱的反面并不是恨。爱和恨是两种情感,这两种情感都能指向某个具体的人,并被某人感受到。被忽视就意味着不存在。因此,不受重视才是爱和恨的对立面。

4. 尊重的需要。这种需要包括自我尊重和受人尊重两方面的要求,具体表现为渴望实力、成就、独立与自由,渴望名誉或声望,受到别人的赏识和高度评价。纳撒尼尔·布兰(Nathaniel Branden)在他的《自尊心理学》中指出:"对于一个人来说,没有什么价值判断比他对自己所做的估计更重要,也没有哪个因素比人的自我估计在心理发展和动机形成的过程中更重要。"

5. 自我实现的需要。这是指人们希望发挥自己的特长和潜能,实现对理想、信念、抱负的追求,取得事业的成功,使自我价值得到充分实现。自我实现又分为三个层次:认知需要、审美需要和创造需要。

认知需要是指发现有关我们自己和周围环境的各种事物,并能够理解和掌握它们的内涵;审美需要是指人们对令人愉快的事物外表的向往,希望能在别人心目中留下美好的印象;创造需要可理解为自我实现的狭义内涵,它能促使人们的潜能得以最大限度的发挥和实现,越来越成为所期望的人物,能完成与自己的能力相称的一切事情。这种需要是最高层次的需要。

马斯洛把人类需要从低到高排列起来,并认为只有较低一级的需要得到一定程度的满足以后才可能出现更高一级的需要。但是许多时候,适当的刺激可能极大地改变需要的等级次序。在购买某种商品时,每个人都有可能首先满足自身的首要需要。例如,年轻女性可能会把用于购买食品的钱积攒下来,购买时下最流行的化妆品,这些化妆品有助于她得到群体的认同,而群体认同又是爱与归属需要的一部分。可见,一个人在某种原因的驱动下,可能会放弃生存等低级需要的满足而追求自尊或归属需要。根据消费需要的这一特点,营销人员可以在很大程度上控制和引导顾客所提出的购买需求。

实例 4-2　运用马斯洛需要层次论指导营销活动

让我们通过一张桌子说明运用巧妙的语言,怎样使一种普通的产品满足所有基本的人类需要。下面是一位营销人员对不同顾客的话语。

1. 生理需要——"当你摸一下用手工磨平的桌面时,你就会感到差别所在了。想象一下你品尝这桌子上的美味佳肴时会有多么快乐。"

2. 安全需要——"由于我们的桌子使用这种木料,采用这种锯木方式,并且是在工匠的严格监督下组装和加固的,因此我们能保证它经久耐用。"

3. 爱和归属需要——"你可以想象一下每次你和爱人一起在这张精美的木桌边用餐和交谈时,你们夫妇所产生的一种幸福感。木制品可以使房间暖和,你不这样认为吗?"

4. 自尊需要——"这张饭桌的质量达到了这样一种程度,即每当你和客人看到这张桌子时,你本人会产生一种自豪感。"

5. 自我实现需要——"当你拥有这样一张饭桌时,你就绝不会想要另外一张饭桌。这张桌子的制作工艺的成就可以使你在多年后仍对它感到满意。"

6. 认识和理解需要——"桌子用的木板一块块都是精选出来的,然后按受控程序仔细烤干。"

7. 审美需要——"想象一下这张纹理素雅的饭桌会怎样美化你的房间,流线型的设计会更好地烘托出主人的高雅艺术品位。"

二、消费需要的基本形态

现实中,消费者的需要不仅千差万别,而且存在着不同层次和不同内容的表现形态。正确了解和划分消费需要的存在形态,有助于从市场角度准确把握消费者的需求特点。

(一)按消费需要的市场实现程度分类

根据消费需要的市场实现程度,消费需要可以分为已实现的消费需要、现实的消费需要和潜在的消费需要。

1. 已实现的消费需要,是指消费者已经在需要的驱动下完成了对某种商品的购买,达到了最初的目标,满足了需要。已实现的消费需要是一个很容易被人忽视的环节,但它仍是营销活动的一个重要内容,因为现实中许多商品在消费中具有连带关系,比如住房和装修,一种消费的完成往往预示着另一种消费的开始。

2. 现实的消费需要,又称待实现的消费需要,是指消费者已经具备对某种商品的实际需要,且具有足够的货币支付能力,而市场上也具备充足的商品,消费者的需要随时可以转化为现实的购买行动。这种需要是市场营销的直接对象。完成消费者购买活动的种种条件,如交通、运输和购买者的闲余时间等因素,将直接影响现实的消费需要能否获得满足。

3. 潜在的消费需要,又称待开发引导的消费需要。这种需要是指目前尚未显现或明确提出,但在未来可能形成的需要,它通常是由于某种消费条件不具备所致。例如,市场上缺乏能满足需要的商品,消费者的经济能力不足,缺乏充分的商品信息,消费意识不明确,需求强度低弱等。这些条件一旦具备,潜在需要可以立即转化为现实需要。

(二)按消费需要的强烈程度分类

根据消费需要的强烈程度,消费需要可以分为充分需要、过度需要、低迷需要和无需要。

1. 充分需要,又称饱和需要。这是指消费者对某种商品的需求总量及时间同市场商品供应量及时间基本一致,供求之间大体趋向平衡。这是一种市场供求的理想状态。但是,由于消费需要受多种因素的影响,任何因素的变化,如新产品问世、消费时尚改变等,都会引起需要的相应变动。因此,供求平衡的状态只能是暂时的、相对的,任何充分需要都不可能永远存在下去。

2. 过度需要,又称超饱和需要。这是指消费者的需要超过了市场商品供应量,呈现供不应求的状况。这类需要通常由外部刺激和社会心理因素引起。例如,多数人的抢购行为、对未来经济形势不乐观的心理预期等。

3. 低迷需要。这是指消费者对某种产品的需要远远不及市场上商品的供应量,呈现供过于求的状况。这类需要表现为消费者对某种商品或服务不感兴趣,其原因或是由于某种产品不符合消费者的要求,或是因为产品对消费者的外部刺激还不够大,没有使消费者获得足够的商品信息。

4. 无需要,又称零需要,是低迷需要的一种极端形式。这是指消费者对某类商品缺乏兴趣或漠不关心,丝毫没有产生任何需求。它通常来自商品不具备消费者所需要的效用,或消费者由于信息的缺乏对商品效用毫无认识,未能与自身利益结合起来。

(三)按消费需要的变动规律分类

根据消费需要的变动规律,消费需要可以分为周期需要、不规则需要、渐进需要和退却需要。

1. 周期需要。这是指一些消费需要在获得满足后,随着时间的推移还会重新出现,显示出明显的周期性。消费需要的周期性主要由消费者的生理运行机制及某些心理特性引起,并受到自然环境变化周期、商品生命周期和社会时尚变化周期的影响。

2. 不规则需要,又称不均衡需要。这是指消费者对某类商品的需要在数量和时间上呈现不均衡波动状态。一般来说,这种波动随着社会的发展而变化,是消费需要的发展性的一种表现。例如,许多季节性商品、节日礼品以及旅游、交通运输的消费需求就具有明显的不规则性。

3. 渐进需要,又称累进需要。这是指由于某种商品引起了消费者的注意和兴趣,而使消费者对该种商品的需要逐渐增加。渐进需要的产生一般源于消费者对某类商品的信息掌握的逐渐全面,并意识到这种商品能使其得到很大效用,从而使消费需要越来越强烈。

4. 退却需要。这是指消费者对某种商品的需要逐步减少,并趋向于进一步衰退之中。需要衰退通常是由时尚变化、消费者兴趣转移、新产品上市或消费者心理预期不良等因素引起的。

(四)按消费需要的指向内容分类

根据消费需要的指向内容,消费需要可以分为正常需要和无益需要。

1. 正常需要。消费者对大部分商品都是属于正常需要,是指通过相应的购买行为不仅能使消费者得到某方面的满足,并且无论是对社会还是对自己和他人的利益都不会造成任何危害。

2. 无益需要。这是指消费者对某些危害社会利益或有损于自身利益的商品或服务的需要。例如,对香烟、烈酒、毒品、赌具、色情服务的需要,对消费者个人和社会都是有害无益的。

第三节　消费者动机及其理论体系

一、消费者的动机

（一）动机的含义

动机（motivation）一词，源自拉丁文“Movere”，即推动的意思。心理学将动机定义为引发和维持个体行为并导向一定目标的心理动力。人们从事任何活动都是由一定动机引发的。引起动机的有内外两类条件，内在条件是需要，外在条件是刺激诱因。

首先，动机的产生源于需要。当行为个体产生一些迫切需要实现的意愿、希望、要求时，这些内在的意愿和要求就具有一种积极和能动的性质，从而激发和驱动个体完成特定行为。但是应该明确，仅仅有需要并不一定就引发动机，需要只有处于激活状态，也即达到了足够的强度时，才会驱使个体采取行动。甚至在有些情况下，需要只引起人体生理条件机制发挥作用，而不一定引起某种行为动机，比如“望梅止渴”的例子，曹操利用一个虚拟的“梅林”就能让士兵个个口中生津。当然，人体自身均衡机制的条件幅度也是有限的，当不均衡的状态大大超过了正常的均衡调节幅度时，就会产生要求恢复均衡的内驱力，动机也就由此而生。

其次，动机的产生还需要一定的刺激诱因。因为需要必须有足够的强度和恰当的外部诱因刺激，才能激化为动机，因而仅有需要是不足以形成动机的。换言之，需要是构成动机的必要但非充分条件。我们可以做一个形象的比喻：需要就像一条不断流淌的河流，动机是由河流产生的电能。但是，平缓流淌的河流是不能发电的，电能的产生必须具备足够的落差条件，并且人们必须在河流有足够落差的地方修筑水坝。也就是说，只有具备一条流淌的河流、在河流的某处形成了足够的落差，并且人们在该处修筑了水坝这两个条件时，电能（相当于动机）才可能产生。此外，即使缺乏内在的需要，仅凭外在的刺激有时也能引发动机和产生行为。比如，某人并无饥饿感，但当他面对美味佳肴时，仍会产生购买食物的欲望和动机。动机的诱发过程如图 4－3 所示。

最后，动机和需要虽然都是促使人们产生行为的动因，但是其具体机理是不一样的。需要只为行为指明大致的或总的方向，而不规定具体的目标对象。满足同一需要的方式或途径有很多，消费者为什么选择这一方式而不选择另外的方式，可以由动机这一概念而得到更充分的解释，即需要是消费者行为的最初原动力，动机则是消费者行为的直接驱动力。在动机强有力的作用下，消费者将满足的需要具体指向某种商品或劳务，并且达到目标，最终实现需要的满足。其全过程如图4－4所示。

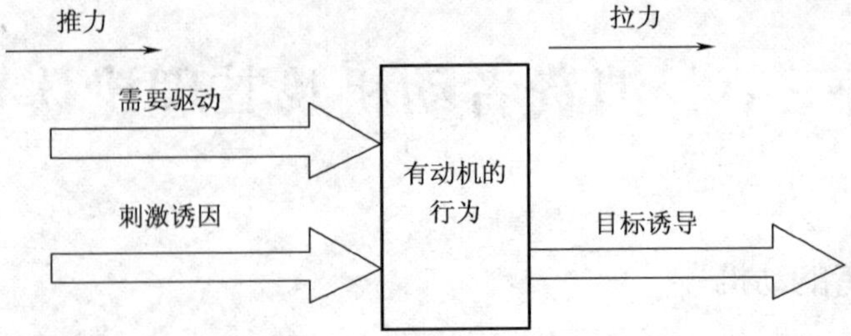

图4－3　动机的诱发过程

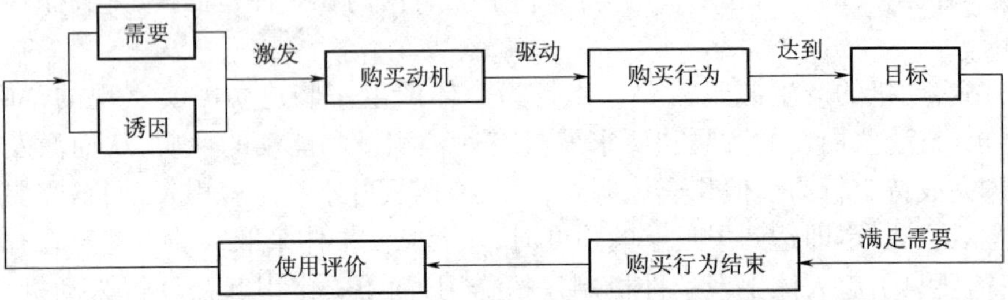

图4－4　消费者的需要、动机和购买行为全过程

（二）消费动机的特征

消费动机与需要相比更为具体直接，有着明确的目的性，但同时也具有更加复杂的特征。具体表现在以下几个方面。

1. 主动性。消费者对于引发动机的刺激物的接受往往是自觉的和主动的。动机的形成可能源于消费者本人的内在因素，如需要、消费兴趣或消费习惯等；也可能源于外部因素的激发，如广告宣传、购物场所的提示等。而当消费者对于需要有了清楚明确的认知和强烈的欲望后，就会非常主动地接受外部刺激，自觉地搜集与商品有关的信息，有选择性地加以利用。

2. 组合性。消费者在购买某一种或某一件商品时，可能是出于一种动机，也可能出于多种不同的动机，这种现象称为动机的组合性。换句话说，动机与消费行为之间并不完全是一一对应的关系。同样的动机可能导致不同的行为，而同样的行为也可以由不同的动机所引起。一个人复杂多样的动机构成往往以其特定的相互联系构成动机体系。消费动机与行为二者之间的关系如图4－5所示。

3. 内隐性。消费者的真实动机只能通过对某些外显行为指标的研究做出推断，动机本身是无法直接观察到的，它具有内隐性。后面将要介绍的弗洛伊德动机理论，将会深入解释这种将真实动机加以隐藏的消费心理。另外，动机的内隐性还可能由于消费者对自己的真实动机缺乏明确的意识所致，即动机处于潜意识状态，消费者自己也没有很清晰地意识到左右自身行为的真正动机。由于动机无法直接

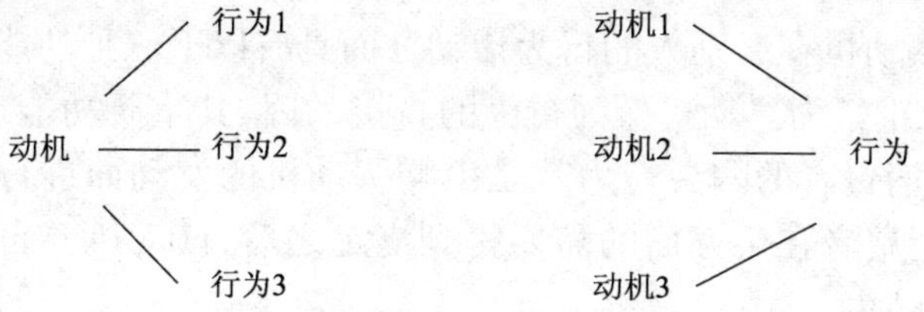

图 4 - 5 动机与行为的关系

观察，只能靠对行为的推断予以确定，因此它并不具有对行为的预示作用；并且人们对动机的推断往往具有主观色彩，所以相关的动机研究遭到一些学者的质疑。不过，虽然如此，动机研究的价值并不能被抹杀，至少它对解释消费者购买行为的差异是极为有用的。

4. 主导性。动机是很复杂的，每个消费者都同时具有多种动机。这些复杂多样的动机之间以一定的方式相互联系，构成完整的动机体系。在动机体系中，不同的动机所处的地位和所起的作用是不相同的。有些动机比较强烈而稳定，在动机体系中处于支配性地位，称为主导动机；有的动机表现得微弱不稳定，在动机体系中处于依从性地位，称为劣势动机。主导动机具有较大的驱动力，对行为起支配作用。在其他因素相同的情况下，当多种动机之间发生矛盾时，个人行为往往受到主导动机的支配。

5. 可转变性。可转变性是指消费者在做出购买决策的过程中，由于新的消费刺激出现而发生动机转移，原来处于从属地位的劣势动机可能从潜在状态转入显现状态，上升为主导性动机。现实中，许多消费者改变预定计划，临时决定购买某种商品的行为现象就是动机发生改变的结果。另外，有时消费者之所以改变动机，是由于原有动机在实现过程中受到阻碍。例如，由于售货员态度恶劣，使消费者的自尊心受到伤害，其购买商品的主导性动机被压制，从而诱发了维护个人自尊的动机，结果导致购买行为的终止。

6. 冲突性。当消费者同时具有两种以上的动机且它们共同发生作用时，动机之间就会发生矛盾和冲突。这种矛盾和冲突可能是源于动机之间的指向相悖或相互抵触，也可能源于各种消费条件的限制（如图 4 - 6 所示）。

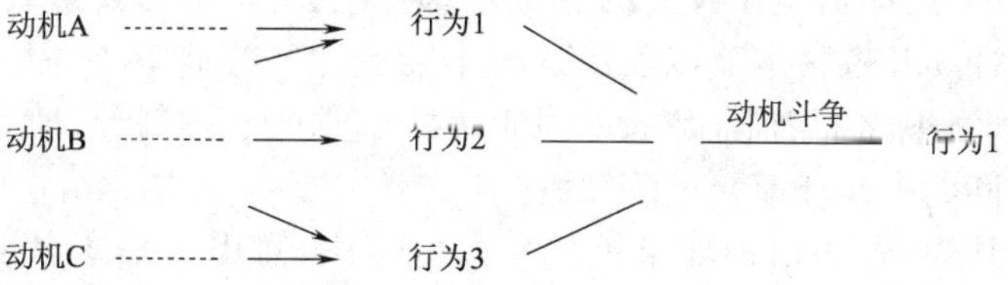

图 4 - 6 动机冲突和斗争

(三)消费者动机的功能

心理学认为,动机在激励人的行为活动方面具有以下三种功能。

1. 发动和终止行为。动机作为行为的直接动因,其重要功能之一就是能够引发和终止行为。消费者的购买行为就是由购买动机的发动而进行的,当动机指向的目标达成,即消费者在某方面的需要得到满足之后,该动机会自动消失,相应的行为活动也告以结束。

2. 指引和选择行为方向。动机不仅能引发行为,还能将行为导向特定的方向。首先,这一功能在消费者行为中表现为在多种消费需求中确认基本的需求,如安全、社交和成就等。并且,当消费者的多种需求产生冲突时,动机可以促使消费者的购买行为朝需求最强烈、最迫切的方向进行,从而求得消费行为效用的最大化。其次,这一功能表现为促使基本需求具体化,形成对某种特定商品或服务的具体购买意愿。在指向特定商品或服务的同时,动机还势必影响消费者对选择标准或评价要素的确定。

3. 维持和强化行为。动机的作用表现为一个过程。在人们追求、实现目标的过程中,动机将贯穿于行为的始终,不断激励人们努力采取行动,直至目标的最终实现。另外,动机对行为还具有重要的强化功能,即由某种动机强化的行为结果对该行为的再生具有加强或减弱的作用。

二、有关动机的理论

长期以来,有关人类动机的形成模式及理论体系一直是世界各国心理学家关注的重点。正是基于动机的复杂性,众多心理学家都在为解释动机的形成而进行不懈的研究。其中有代表性的研究成果为:以弗洛伊德(Freud)和迪希特(Dichter)为代表的"精神分析论";以伍德沃斯(Woodworth)为代表的"驱力论";以勒温(Lewin)和弗鲁姆(Fromm)为代表的"认知论"等。通观各学派的动机理论,其各自依据的观点角度有很大不同。这里仅将三种较著名的动机理论——精神分析理论、驱力理论和双因素理论做一简要介绍。

(一)精神分析理论

由弗洛伊德倡导的精神分析理论是消费者动机研究方法中颇有争议的一种。弗洛伊德认为,人的精神由三部分构成:意识、潜意识和前意识。意识是与直接感知有关的心理部分,即出现在我们的意识中、为我们所感知的要素或成分;潜意识是个人的原始冲动和各种本能以及由这种本能所产生的欲望,它们为传统习俗所不容,被压抑到意识阈限之下,是人的意识无法知觉的心理部分;前意识是介于意识与潜意识之间的中介环节与过渡领域。

弗洛伊德认为,人的精神如果被比作一座冰山,意识只是露出水面之冰山一角,前意识是介于水面的部分,随着海水的起落时隐时现,潜意识则是深藏在水面之下的冰山主体,在人的精神生活中处于基础性地位。因此,理解人类行为背后潜藏的动机,只分析意识和前意识层次是不够的,应当深入到潜意识的层次。

弗洛伊德强调人的动机和行为主要受潜意识本能和欲望的驱使。他认为,人在成长和接受社会规范的过程中有很多欲望受到约束,这些欲望既无法消除也无法完善控制,它们会出现在梦境中、冲动性的行为中、脱口而出的俏皮话中,或出现在神经质的行为中。因此,对于消费者来说,许多购买和消费动机常常是被深层次动机所驱动的,个人不可能真正了解自己的动机,人们只有通过探索潜意识才能确定这种动机。

(二)驱力理论

"驱力"一词最初由伍德沃斯于1918年引入心理学。驱力是由个体生理或心理的匮乏状态所引起的,并使个体有所行动的促动力量。驱力理论假定,人和动物的行为均受内部能量源的驱动,是经由学习而不是由遗传所引起的。

驱力理论建立在体内平衡基础上,当个体因物质和能量失衡产生内在需要时,驱力会促使他采取行动满足需要、消除紧张。一旦某种行为能有效地消除紧张,该种行为便为个体所习得,从而使个体在下一次面临同样紧张状态时,会产生类似的行为反应。从营销角度来说,驱力理论集中于那种会产生令人不愉快的状态的生理需要,比如口渴时那种口干舌燥的不舒适感。为减少或消除这种不愉快的状态和被激发起来的紧张感,消费者会努力寻找解决途径,从而刺激了一种目标导向的行为。

美国学者霍尔(Hull)提出的 $E = D \cdot H$ 公式能够很好地反映驱力理论的基本观点。公式中,E 表示从事某种活动或某种行为的努力或执着程度;D 表示驱力;H 表示习惯。该公式表明,消费者追求某种产品的努力程度将取决于消费者由于匮乏状态而产生的内驱力,以及由观察、学习或亲身经历所获得关于这一产品的消费经验。习惯是一种习得经验,建立在经验基础上的习惯对行为有支配作用。如果过去的行为获得好的结果,则人们有反复进行这种行为的趋向;如果过去的行为导致不好的结果,则人们有回避这种行为的趋向。

驱力理论不是完美无缺的,它也具有局限性,它不能很好地解释清楚为什么一些人的行为会与预期的行为目标发生冲突。比如,人们常常会产生延缓满足的行为,从而使特定的驱力状态在一段时间内增强而非减轻。如果你知道自己中午将会参加一个丰盛的聚餐活动,那么你可能早上会选择不吃饭,即使你当时很饿。

(三)双因素理论

赫茨伯格(Frederick Herzberg)于1959年提出了"双因素理论",这是一种工作动力理论,又称为激励 保健理论。赫茨伯格将影响工作积极性的因素分为两类:一是激励因素,如成就、认可、工作自身、责任感和发展等,它们一般都与工作内容有关,即都存在于工作内部,这些因素将会引起人们对工作的满意感;二是保健因素,如规章制度、工资水平、福利待遇、监督、人际关系和工作条件等,它们一般与工作环境有关。这些因素如果得不到保证,就会引起人们的不满,从而降低工作效率。赫茨伯格认为,工作满意和不满意不是同一个维度的两个极端,而是两类不同的因素。激励因素的满足虽然能对工作感到满意,但缺乏激励因素也不会产生不满意;缺乏保健因素虽然会导致工作不满意,但保健因素的满足却不会增加员工对工作的满意。

双因素理论同样可应用于消费者动机的分析。商品的基本功能为消费者提供的基本利益与价值,实际上可以被看作保健价值,如果此类利益不具备,就会使消费者产生强烈的不满情绪。然而,商品具备了某些基本的利益或者价值,也不一定能保证消费者对其产生满意感和重复购买行为。要使消费者对产品、品牌忠诚,企业还需要在基本利益以外提供附加价值,即激励价值。比如,一个饭店的丰富的菜单和美味的食物虽然能让顾客不排斥它,但要使得顾客对它产生满意感并重复光临,则必须为顾客提供良好的服务和就餐环境。

值得注意的是,商品的哪些特征和利益具有保健因素的成分,哪些具有激励因素的成分,并不是固定不变的,而是随着时间的推移不断变化的。另外,对于不同的消费者而言,商品的保健因素和激励因素的内容也存在一定的差别。

第四节　消费者动机的类型和研究方法

一、消费者动机的基本类型

消费者的购买动机多种多样,通常可以做如下划分。

(一)追求实用的购买动机

追求实用的购买动机是以追求商品的使用价值为主要目的的购买动机。追求实用动机的消费者在购买商品时,特别注重商品的功用和质量,讲求经济实惠、经久耐用,而不会过多强调商品的品牌、款式、包装和象征意义。比如,购买棉衣时,消费者所选择的是质地厚实、具有良好的御寒保暖功能的衣服,而对衣服的色彩、款式是否流行等给予的关注相对较少。这种动机并不一定与消费者的收入水平有必然联系,而主要取决于个人的价值观念和消费态度。

(二)追求安全和健康的购买动机

追求安全和健康的消费者通常把商品的安全性能和是否有益健康作为购买与否的首要标准。就安全性能而言,消费者不仅要求商品在使用过程中各种性能安全可靠,如装修材料不含有毒物质等,而且还会有意选购各种安全健康性用品和服务,如人寿保险、医药品、保健品和健身用品等。

(三)追求便利的购买动机

追求便利的消费者重视时间和效率,特别关心是否能够快速、方便地买到商品,讨厌过长的等待时间和烦琐的购物过程。他们要求购买的商品携带方便,便于使用和维修,特别青睐那些可以为生活带来便利的各种商品和服务,如洗衣机、冰箱、洗碗机、方便食品、家庭服务、家庭装修和家庭运输等。通常,那些时间机会成本较大、时间观念较强的人,更倾向于持有追求便利的购买动机。

（四）追求廉价的购买动机

追求廉价的购买动机是以注重商品价格低廉,希望以较少支出获得较多利益为特征的购买动机。出于这种动机的消费者,选购商品时会对商品的价格进行仔细比较,在品牌不同但质量、外观相似的同类商品中,会尽量选择价格较低的品种。求廉的心理固然与收入水平较低有关,但对于大多数普通消费者来说,以较低的价格获取较高的收益是一种带有普遍性的持久动机。

（五）追求新奇的购买动机

追求新奇的购买动机是以追求商品的新颖、奇特和时髦为主要目的的购买动机。具有这种动机的消费者往往富于想象、渴望变化、喜欢创新,有强烈的好奇心。他们常凭一时兴趣冲动性购买,是时装、新式家具及各种时尚商品的主要消费者和消费带头人。韩国三星电子公司的研发和设计采用“WOW”计划,即让初看到三星产品的人都会惊讶地叫一声“WOW”。比如,一个看到三星手机的消费者可能会惊呼:“WOW,外观这么时尚！机身这么薄！功能这么全!”其目的就是为了激发和迎合消费者追求新奇的动机。

（六）追求美感的购买动机

消费者对商品美学价值和艺术欣赏价值的要求较高时,会产生此类动机。他们特别重视商品的外观造型、色彩和艺术品位,希望通过购买格调高雅和具有审美价值的商品获得美的体验和享受。求美动机在受教育程度较高的群体以及从事文化、教育等工作的人群中较为常见。

（七）追求成就的购买动机

具有强烈成就动机的人,在其实现目标的过程中,更乐于承担风险,对周围事物的评价趋向于使用个人认定的标准。特别是在个人标准与社会标准相抵触时,他们通常不会屈从于社会压力。比如,在购买照相机时,有强烈成就动机的消费者选择理想的相机是为了“让我拍摄最好的照片”或“拍摄令我感到自豪的照片”,“允许我自己确定光圈、速度、距离等而不必依赖曝光指示装置”。而对那些成就动机不那么强烈的消费者来说,也许更希望购买一台不要求很高的技术又较能保证照片质量的“傻瓜相机”。

（八）追求名望的购买动机

持有这种动机的消费者,在购物时追求名牌和高档商品,主要目的不仅在于名牌商品质量精良、声誉卓著,而且因为借助这类商品的名望可以显示和提高自己的身份、地位和提升自我形象。这种购买动机在品牌差异较大的商品中,如家用电器、服装和化妆品等,占有普遍性的主导地位。

（九）好胜攀比的购买动机

好胜攀比的购买动机是指消费者购买某种商品往往不是出于实际需要,而是为了争强好胜，赶上他人、超过他人，借以求得心理上的平衡和满足。这种购买动机具有偶然性和浓厚的情绪化色彩，购买行为带有一定的冲动性和盲目性。在生活水平迅速上升、贫富差距急剧拉大的社会转型时期，攀比性动机表现得较为普遍和强烈。

（十）满足嗜好的购买动机

满足嗜好的购买动机是以满足个人特殊偏好为目的的购买动机。许多消费者由于生活习惯和业余爱好，特别偏爱某一类商品，如集邮、摄影、花鸟鱼虫、古玩字画和音响器材等。这些嗜好往往与消费者的职业特点、知识领域和生活情趣有关，因而其购买指向也比较稳定和集中，具有经常性和持续性的特点。

（十一）惠顾性的购买动机

惠顾性的购买动机是消费者对特定商品或特定商店产生特殊的信任和偏好而形成的习惯性、重复光顾的购买动机。持有惠顾性购买动机的消费者是企业最为忠实的支持者，他们不仅自己经常光顾，还会向其他消费者进行积极的口碑传播。

除上述方面外，还有其他一些动机类型也比较常见，比如纪念性的购买动机、补偿性的购买动机和馈赠性的购买动机等。

实例 4－3　网络购物及其动机

所谓“网购”，即网上购物的简称，是消费者通过互联网（主要是商家网站）检索商品信息，并通过电子订购单发出购物请求，选择在线支付或货到付款，厂商通过邮购的方式发货，或是通过快递公司送货上门，以完成买卖的过程。“网购”是互联网技术发展日益成熟条件下的一种新的消费方式，也是科学技术推动生活方式变革的重要体现，而各类电脑、智能手机的大面积普及以及互联网接入门槛的降低，为“网购”的兴起创造了便利条件。

在“网购文化”中，“去商店买东西”变为“到网上找东西”，“买东西去市场”变为“买东西找电商”；有时，买东西不是因为需要，而是出于无聊，不是为了消费，而是为了消遣；消费者往往心怀触摸真实商品的渴望，却懒于到实体店去体验和感受，而宁愿在网络空间中游走闲逛；摊在沙发里等待快递员送货上门，轻松地体验“顾客”成了“上帝”的快感；明知商品送达的大概时间，却要时不时地“刷屏”以追踪快递轨迹，似乎在“享受”等待的焦虑……

“网购”对个体消费者为什么具有如此大的影响力？在“网购”大行其道之趋势的背后，暗藏着怎样的“隐秘”呢？

1. 数字化的丰盛商品景观的诱惑。在如今的“网购”时代，消费者不仅可以去超市和商场亲眼看见“丰盛”的商品景观，还可以在电商网站上快速浏览门类繁多的商品，其种类和数量比实体店有过之而无不及。如中国的京东、当当、淘宝上的商品，因其信息的完整性（如商品介绍、规格参数、包装清单、商品评价、售后保障、折扣信息、到货时间等），尤其是商品的销量和消费者的评价，使商品产生了一定的诱惑性。这种诱惑性或许来自一种张力：关于商品的信息越丰富、越完美，而人又无法直接触摸到商品本身，商品便显得越神秘，也越能激起人亲自去看以探究竟的渴望——就像一个相亲的小伙，持有一个少女的靓照（照片比本人有更多修饰，就像电商网站的商品图片一样）和关于她个人的全方位介绍（身高、体重、性格、爱好、学历、职业等），但却见不到本人，只能怀着好奇和渴望的心情想象其真容。

相比之下，实体店的商品本身非常真实（完全被封闭起来不能目睹触摸的商品除外），而关于商品的说明往往也简洁具体，商品拿在手里有种一目了然、不过如此之感，换句话说，实体店的商品缺少一种"神秘性"——仍以相亲作比，就像小伙未见照片而见到了少女，会形成较为直接的第一印象，如此近距离的接触，便弱化了想象的丰富性，她本身的张力便也相对减弱了。在这个意义上，电商网站的商品要比实体店的商品更能激发消费者对商品的想象和购买欲望。

2. **数字化商品相对低廉价格的诱惑**。电商网站商品的诱惑力还体现在，总体上它们往往会比实体店的商品便宜，其价格与实体店商品的价格的差额越是被明确感知，那消费者便越倾向于购买电商网站的商品。更重要的是，网上商品的价格可见，而质量不可见（无法触摸到实际物品），这使得人们更多地把注意力分配到价格上而非质量上。商家会定期进行促销打折活动，而且将信息在网站显眼的位置呈现出来，其有限时间内部分商品的价格便形成对消费者的吸引力。而且，电商巨头都有自己的"应用"（App），其促销活动可以通过手机等移动设备随时随地"引诱"消费者。

有时，消费者购买商品往往不是因为"需要"，而是因为"便宜"，其中隐含的消费心理是：虽然没买商品之前，商品并不属于我，但如果在很便宜时不买，内心便可能产生若有所失的相对剥夺感，就好比一个人中了五百万彩票大奖，但因为错过了兑奖时间而与巨款失之交臂，会"真实地"感受到巨款丢失之痛，尽管实际上他分文未损。或者，这么短时间内的便宜价格，如果不买，就相当于"拱手送人"了，与其被他人抢占，不如率先拥有。消费行为就这样被"制造"出来。当然，实体店也会有类似的"激发需要""制造消费"的策略，但电商网站信息传播的迅捷和便利（对时间和空间的依赖程度低），使这种"制造"相对更容易发生。

3. **他人消费经验与品评的诱惑**。消费者的消费行为往往建立在他人消费经验的基础上。有了消费需求的萌芽，未必会产生购买的行为，还依赖于其他条件（如上文所说的有限时间内促销价格带来的"吸引"）。商品的销量、已完成购物的消费者的评价，也会进一步促进"需要"向"行动"的转化，这也是商家非常重视消费者的评价并对其给了奖励的重要原因（如京东商城奖励"京豆"，"京豆"积累一定数量可以抵现金）。

总之，对消费者而言，相对于传统的实体商店购物，"网购"的突出特点是，商品信息丰富、时空约束较少、操作环节简单、购物过程高效、节约体力和精力的支出，等等。目前，"网购"已不只是网民的尝鲜猎奇之举，而是很多人日常生活的重要组成部分，甚至是不可或缺的组成部分。进一步说，"网购"不单是一种新的购物方式和生活方式，在一定程度上其兴起也伴随着心理和思维方式的转变。

资料来源：王建民．“网购”与消费社会的支配逻辑[J]．新视野，2016，3(6)：50－56.

二、消费动机的研究方法

对于消费动机的把握，既可以直接通过对当前流行的消费需要趋向的直观考察获得一些有价值的信息，也可以采用一些访谈技术和一些心理学方法对其进行科学的探测。

（一）对消费动机的直观把握

企业为使生产的产品能及时不断地激发消费者的潜在购买动机，必须紧紧跟随当前最流行的消费需要新趋向。为了更好地发现潜在的消费动机，企业既可以采用纵向的直观分析考察本国消费需要的发展趋势，也可以采用横向的直观分析研究发达国家和地区的消费趋势。

1. 纵向分析本国消费需要的发展趋势。这主要是通过前后对比，纵向考察消费水平的变化规律，从而把握消费需要的发展变化动态。例如，随着工作效率的提高和生活节奏的加快，现代消费者越来越意识到时间的宝贵，逐渐形成了注重快捷的购买动机。而电视购物、网上购物、礼品直送和快餐配送等快捷便利的现代购物方式的相继产生，恰恰迎合了消费者的这一潜在动机，因而受到越来越多消费者的青睐和欢迎。

2. 横向分析发达国家和地区的消费趋势。这是从横向维度考察国际消费趋势对本国消费者的潜在影响。我国目前尚属于发展中国家，消费者许多超前的消费动机的产生都来源于发达国家的影响。由于国家之间存在着地域和时间的差异性，可根据“传播影响时间差”理论推断本国和本地区消费者的潜在购买动机。

（二）发现消费动机的访谈技术

有时候可以采用直接询问法、深度访谈、焦点小组访谈等访谈技术了解消费者的动机。

1. 直接询问法是指研究人员直接询问消费者选择、购买、使用商品的原因。这种方法可以用来探测消费者的显性动机，即消费者意识到并承认的动机。但对于隐性动机，即消费者没有意识到或不愿承认的动机，则无法通过这一方法直接获得。通常而言，同一个社会占统治地位的价值观相一致的动机，较与其相冲突的动机更易为消费者所意识和承认。

2. 深度访谈是通过一个经过训练的采访者，针对某一个论点，以一对一的方式提出一系列探究性的问题，用以得知某个消费者对某事的看法，或为什么做出特定的行为。采用这种方法时，采访人员除了提出一些引导性的问题外，应尽量减少自己的参与，以便于消费者更好地解释自己的想法或行为。

3. 焦点小组访谈一般由 8～12 个人组成，在一名主持人的引导下，对某一主题或观念进行自然地、无约束地深入讨论，意义在于发现和归纳一些在常规的提问调研中所不能获得的意见和感受。

深度访谈和焦点小组访谈都是获得消费者深层感受的有效方法。这两种方法都非常注重营造一个让消费者感觉轻松和开放的气氛，尽量不约束消费者，从而使其能够畅所欲言。

(三) 探测消费动机的投射技术

虽然企业营销人员可能习惯于以直接询问的方式或者借助一些访谈技术了解消费者的购买选择和购买动机，但这些方法在探测隐藏在消费者内心深处的真实动机时不一定有效。有时候，虽然消费者知道自己的购买动机，但碍于社会规范的原因，消费者并不愿意向调查人员讲出来，特别是与个人隐私有关的商品，如卫生用品、减肥霜、性产品以及药用产品，购买者都有需求，却羞于表述。还有的时候，消费者自己也常常不知道自己的真实动机，想说也说不清楚，那么这时候采用这些方法就会失效。

面对这种情况，投射技术可以很好地解决这一问题。投射技术又称投影法，是心理学家经常采用的方法。这种方法首先向消费者展示某种模糊的、非结构性的物体、情形、词句或人，然后请消费者做出解释。这种方法可以突破人们的心理防线，揭示出消费者内心深处真实的情感与意见。投射技术的一些常用方法如表 4－2 所示。

表 4－2 投射技术方法描述

投射技术	方法描述	应用分析
联想测验法	让消费者看一个品牌名字，要求他在第一时间将所联想到的词语记录下来。然后分析消费者的反应，判断消费者与这个品牌的关联，以及消费者对其的真实想法和情感	用来测试消费者在受到一种刺激时第一个心理反应的技术和方法，该刺激可能是一个字、一幅画、一个广告，等等
句子完形法	让消费者完成一个诸如"买诺基亚手机的人__________"的语句	与联想测验法目的相同，但是在操作上比联想测验法更为容易
故事完成法	让消费者完成一个未叙述完的故事	通过消费者对故事场景的完善来分析消费者的真实想法，其目的与句子完形法、联想测验法相同

续表

投射技术	方法描述	应用分析
第三人称法	让消费者从第三人称的角度，如邻居、朋友等的角度说出为什么他们会购买或使用某种产品	这种方法认为消费者在谈论他人、从他人角度看问题或处理某些事情时会间接表达自己的想法。购物单方法（描述一个会购买这些东西的人具有哪些特点）、“丢失的钱包”方法（描述丢失这个钱包的人可能会有什么特点）都属于第三人称技术
卡通图片技巧法	让消费者看一幅卡通画，然后要求填上人物对白、描绘某一卡通人物的想法或者编一个故事	借助于卡通图画，使消费者描述其感受或对某一事物的感知

总之，正确使用投射技术方法的关键，是要克服消费者的心理障碍，让其能真实、自由地表达出自己的想法，或是采用旁敲侧击的刺探技术把消费者难以表达的想法投射出来。

本章小结

需要是个体由于缺乏某种生理或心理因素而产生内心紧张，从而形成与周围环境之间的某种不平衡状态。消费需要是消费者行为的最初原动力，且具有一些共同的特性和规律性，比如多样性和差异性、目的性和可诱导性、层次性和发展性、伸缩性和周期性等。感性消费需要、休闲消费需要、绿色消费需要和个性化消费需要成为现代消费需要的新趋向。

消费需要的基本类型，按照需要对象可分为物质需要和精神需要；按照需要形式可分为生存需要、享受需要和发展需要；按照需要层次可分为生理需要、安全需要、爱和归属的需要、尊重的需要和自我实现的需要。

消费需要的基本形态，根据市场实现程度可分为已实现的消费需要、现实的消费需要和潜在的消费需要；根据消费需要的强烈程度可分为充分需要、过度需要、低迷需要和无需要；根据消费需要的变动规律可分为周期需要、不规则需要、渐进需要、退却需要；根据消费需要的指向内容可分为正常需要和无益需要。

动机是引发和维持个体行为并导向一定目标的心理动力。动机的产生源于需要，但其产生还需要一定的刺激诱因。动机是消费者行为的直接驱动力。消费动机的基本特征包括主动性、组合性、内隐性、主导性、可转变性和冲突性；基本功能包括发动和终止行为、指引和选择行为方向、维持和强化行为。

有关动机的典型理论包括精神分析理论、驱力理论和双因素理论。消费者购买动机的基本类型包括追求实用、追求安全和健康、追求便利、追求廉价、追求新奇、追求美感、追求成就、追求名望、好胜攀比、满足嗜好和惠顾性等。

探测消费动机的方法主要有三种：其一是通过纵向分析本国消费需要的发展趋势或横向分析发达国家和地区的消费趋势形成对消费动机的直观把握；其二是采用直接询问法、深度访谈和焦点小组访谈等访谈技术；其三是采用投射技术。

案例　　男前豆腐店——一年吃出 50 亿

2005 年，日本京都的伊藤信吾接手父亲豆腐老店，他不满足于“三块豆腐 100 日元”的卖法，打破几十年做“标准豆腐”的传统，将豆腐造型进行了改良，并取了一个非常不像豆腐的名字：男前豆腐，意即“男子气概豆腐”（又译“美男子豆腐”）。

伊藤信吾从改变豆腐传统的四方形状着手。由于豆腐绵软，放多了固化剂反而影响了品质，变成了老豆腐，因此他对豆腐的造型进行了改良，做成了水滴型等异型，将豆腐放入瘦长型或琵琶型的塑料容器里。

软软的豆腐变成了男子汉的象征，对消费者的认知和感官带来了很大的冲击。这种做法使男前豆腐一下子从诸多的日本豆腐品牌中脱颖而出，站在了时尚前卫潮流的前沿。许多日本人到店买不到男前豆腐时，也会预定购买，因为他们要的就是这种潇洒的感觉。

这家豆腐店除了店名与网站非常有趣之外，就连所有豆腐商品的命名和包装都走独特创意风，比如，与店名相同的“男前豆腐”，做成像桨一样的“吹风的豆腐”，做成饭匙样春夏限定的“吵架至上凉拌豆腐小子”，秋冬限定的“吵架至上汤豆腐小子”（喧哗上等汤豆腐野郎），男 – TOMOTSU 和绿大豆制豆腐等。

这些豆腐的制作完全是由手工完成的。其他一般豆腐店会卖的周边豆制品也都有，像是豆乳的摇滚乐、厚炸豆腐队长、豆腐丸队长，等等，可以说是应有尽有，甚至连用来沾豆腐吃的柚子醋和纳豆等都卖。

如果以为男前豆腐只是摆酷那就错了，男前豆腐选择的原料是用高于一般大豆价格 4 倍的北海道大豆以及冲绳岛的苦汁制作的，吃过的人都表示从未吃过这么浓厚味道的豆腐。而且包装的豆腐盒还特别在底层设计了隔水板，可以让豆腐和所渗出的水分开。

更让人不可思议的是，男前豆腐不仅仅把豆腐做得别具一格，新意十足，而且更是颠覆了传统，只要登录男前豆腐的官方网站，就会被这样新潮的网站深深吸引,几乎把男人味做到了一个新的境界。

网站将“男前豆腐店”的商标图案制成待机图案和 Flash 游戏,还进行故事连载并发售该店的周边商品,提供各类人物壁纸、推出原创 CD,甚至将网站所出的独特歌曲制成可以下载的手机铃声。网站上还有扭蛋玩具、流行歌曲、T-shirt。就连日本玩具大厂的 BANDAI 也找上门来,将其豆腐产品制成玩具,豆腐店热潮逐渐蔓延到玩具上。

据统计,男前豆腐店 2010 年的销售额已高达 50 亿日元,最多的一天可以卖出 8 万盒豆腐!

一家豆腐店可以这样发展得“异军突起”,其成功的因素在哪里?

1. **打破旧标准,创造新标准**。最高的竞争是标准之争,谁掌握了标准的话语权,或者制定标准的企业,将会重新划分产业版图,成为行业的标杆企业。伊藤信吾这个年轻人不接受老派父亲做豆腐的标准,在即有标准上进行大胆的革新,把过去豆腐易散易碎、方方正正的刻板造型,转换成异型的包装,塑造了制作豆腐的新标准,打破消费者以往对豆腐的认知,激发其好奇的心理,重新改变了豆腐这个传统食品的价值。这是值得许多中国传统制造业企业借鉴的,我们的月饼、糕点、酱菜都可以做到开辟新标准的格局。

2. **营销的根本就是卖不同**。男前豆腐,这样一个看似怪诞的品牌名,为何能成为日本男女老少热衷的食品,关键在于伊藤信吾看到了整个社会越来越倾向女性化,连男人的精子数量也因为城市化、环境污染、生活习性的改变而大幅度地下降。在这样的社会中,人们渴望阳刚帅气的力量。在柔软的豆腐之上传播硬朗的形象,产生了认知上的强烈对比,这个巨大的差异,彻底打破了消费者的认知阈值,加上完全是手工制作,用充满力量的双手制作出柔软细化的豆腐,本身就具有传奇性和特色性,成为人们热议的焦点。男前豆腐卖的不仅仅是豆腐,而且是男子汉的魅力和时尚。因此,通过开发各种玩具、流行歌曲、手机铃声,男前豆腐甚至成为代表流行生活的流行发布者和传播者,它实际上已经不是一家豆制品公司,而是一家彻彻底底的文化传播公司,化腐朽为神奇,化传统为时尚,做到不同,做到差异,做到了品牌营销的精髓。

3. **塑造价值,开辟“蓝海”**。。从一块豆腐延伸到时尚网站、玩具、流行音乐、手机铃声、视频电影,从产品单一的功能营养物质价值,上升为表达自我、追求时尚潮流的体验精神价值,实现了从低附加值、低关注度到高附加值、高关注度的跃升,开辟了“时尚豆腐”的流行潮流,大大丰富了豆腐健康自然食品的原有内涵与意义,即便高价,消费者都人见人爱。男前豆腐把自己做得不像是“豆腐”,更像是一个大众明星,一个充满帅气的帅哥,将物化的产品变得性格化、情感化、生活化,创造了一个特别的蓝海市场。这告诉我们,比产品更重要的是产品背后代表的价值和意义,这就是消费者喜欢和接受的卖点。厂家总结的卖点再好,如果缺少了“人格化的”的价值,也往往不被消费者接受。

4. **没有夕阳产业,只有夕阳的观念**。现在,诸多的老字号、老企业发展受阻,根本原因出在哪里？日本男前豆腐将一个极其传统的产品，做到如此风生水起，值得所有传统行业的经营者深思。

给豆腐起个销魂的名字、做成不同的性感形状、换个关照细节的容器，等等，你可以说这是小伎俩，但是别小看这些小改变，正是这些你没想到的创意打破了消费者对豆腐的固有认知，使其产生好奇心理，勾起消费欲望，从而改变了豆腐这个传统食品的价值。从人们蜂拥吃豆腐的行为里，你悟出该怎样让你的产品抓住消费者的心了吗？

资料来源：华企商学院．让人吃豆腐，一年吃出 50 亿[EB/OL]. http://www.hq88.com/cms/article/shichangyingxiao/201501131456080.shtml,2015-01-13.

案例讨论：

1. 男前豆腐是如何发现和满足消费者需要的？
2. 消费者争相购买男前豆腐的动机是什么？
3. 男前豆腐的成功经验有哪些？试评价男前豆腐的营销策略。
4. 请从网上找到男前豆腐的网站，并结合本案例谈谈你的收获和感想。

思考题

1. 什么是消费者的需要？其基本特征有哪些？
2. 如何评价马斯洛的“需要层次说”？
3. 什么是动机？需要和动机的关系是怎样的？
4. 有关消费者动机研究的主要理论有哪些？说说它们的主要内容。
5. 消费者动机有哪些类型？各举一例加以说明。
6. 消费者动机的研究方法有哪些？

第五章

消费者的态度与逆反心理

★ 本章要点和学习要求 ★

在影响消费者行为的诸因素中,态度具有极为重要的作用。消费者在购买活动中,之所以有这样或那样的不同决策,采取迥然相异的行为方式,无不与对商品或服务所持的态度密切相关。此外,除一般心理特性外,消费者还会因某些外部刺激方式及程度的不同,产生诸如逆反心理等特殊的心理反应。了解消费者的态度及特殊心理反应,对于全面研究消费者心理与行为特点具有重要意义。通过本章的学习,学生应当掌握消费者态度的含义、特征及影响态度形成的因素;了解态度改变的途径及相关的理论模型;了解消费者逆反心理与行为的特点和应对策略。

第一节　消费者态度的基本构成和特征

一、消费者态度的基本构成

(一)消费者态度的概念

态度是指人们对客观事物或观念等社会现象所持的一种心理反应倾向。基于这种心理倾向,人们可以对客观事物做出良好的反应,如赞成、支持、欣赏等;也可以做出不良的反应,如反对、拒绝、厌恶等。态度总是针对客观环境中某一具体对象产生的,表现为对某种事物的态度。消费者通常以某类可供消费的商品或服务为具体的接触对象,因此,消费者的态度即为消费者在购买过程中对商品和服务等表现出来的心理反应倾向。

态度作为一种心理反应倾向,通常以语言形式的意见,或非语言形式的动作、行为作为自身的表现形态。因此,通过对意见、行为的了解、观察,可以推断人们对某一事物的态度。同样,通过消费者对某类商品和服务的意见、评价,以及积极、消极乃至拒绝的行为方式,也可以了解其对该类商品、服务的态度。例如,当观察到消费者对某品牌冰箱踊跃购买时,就可以推断出消费者对该品牌持肯定、赞赏的态度。

(二)消费者态度的构成要素

消费者的态度是由感受、认同和行为倾向三种要素构成的复合系统。各个要素在态度系统中处于不同的层次地位,担负不同的职能。消费者态度的构成如图5-1所示。

1. 感受。感受是消费者态度构成的基石,它表现为消费者对态度标的物的质量、商标、服务与信誉等的印象、理解、观点、意见等感受。消费者只有在对事物有所认知的基础上,才有可能形成对某类商品的具体态度。而认知是否正确、是否存在偏见和误解,将决定消费者态度的倾向性和方向性。因此,保持公正、准确的认知是端正消费者态度的前提。

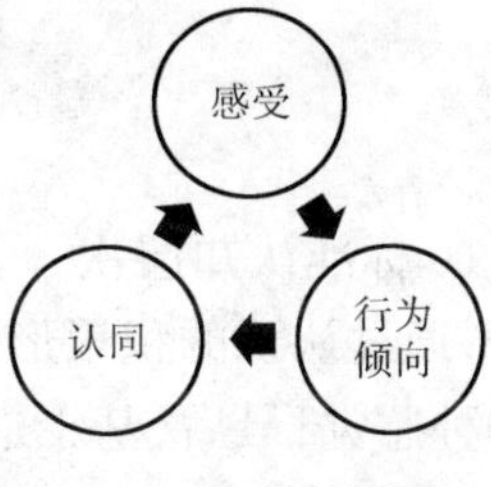

图5-1 消费者态度的构成

2. 认同。认同是消费者态度构成的动力。它表现为消费者对有关商品质量、商标、信誉等的喜欢或厌恶、欣赏或反感的各种情绪反应。认同是消费者对商品或服务态度的非理性倾向,它往往更多地受到消费者生理本能和气质、性格等心理素质的影响。认同对于消费者态度的形成具有特殊作用。在态度的基本倾向或方向已定的条件下,认同的强度决定消费者态度的持久性和强度。

3. 行为倾向。行为倾向是消费者态度构成的行为准备状态。它表现为消费者对商品、服务采取的反应倾向,其中包括表达态度的语言和非语言的行动表现,例如,消费者向他人宣传某商品的优越性、实际从事购买等。行为倾向是消费者态度的外在表现形式,同时也是态度的最终体现。只有通过行为倾向,态度才能成为具有完整功能的有机系统。此外,行为倾向还是态度系统与外部系统进行交流和沟通的媒介。通过语言和非语言行为倾向,消费者可以向外界表明自己的态度,其他社会成员、群体、生产厂家及商品经营者也可以从行为倾向中了解消费者的真实态度。

(三)消费者态度的构成层次

一般情况下,感受、认同和行为倾向的作用是相互协调一致的。消费者态度表现为三者的统一。但是,在特殊的情景中,上述三种要素亦可能发生背离,呈反向作用,以至于消费者的态度呈矛盾状态。例如,消费者预先了解到某种商品在使用寿命或功能上存在不足,但由于对商品外观具有强烈的好感和偏爱,因而促成其"明知故买"。也就是说,消费者对商品外观的认同程度超过了对商品质量和功能的感受。由此可见,在态度的诸多构成要素中,任何不同的组合都会导致消费者态度的不同。对此,研究者提出了态度影响层次(hierarchy and effects)的概念,用于解释这三种要素形成不同态度的特定步骤,如图5-2所示。

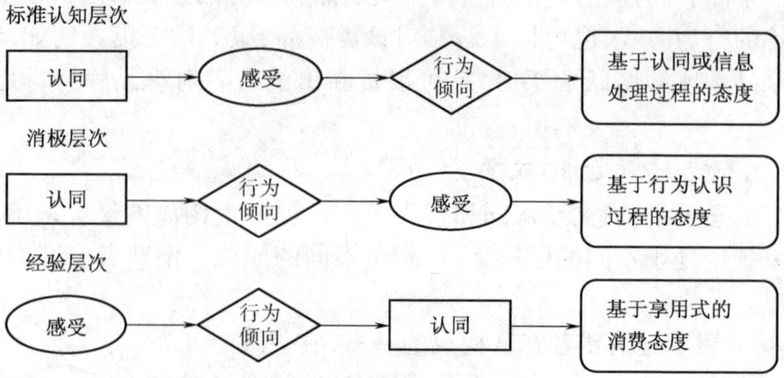

图 5－2　态度三要素的影响层次

1. 标准认知层次。消费者通常以解决问题的方式完成对产品选择的决策。首先,通过认识的积累形成对产品的认知;然后,对这种认知加以评价并对产品形成一种感觉;最后,基于这种感觉或情感偏好,消费者采取相应的行动。

2. 消极层次。这是消费者在对商品信息所知甚少的情况下进行选择时所具有的心理。在整个选择过程中,消费者最初并不对任何品牌抱有强烈的偏好,而是在信息有限的情况下采取行动并事后得出评价。

3. 经验层次。经验层次强调情感反应的重要性,并视之为态度的核心方面。消费者根据其情感反应行事,尽管人们仍然承认认同和行为因素起一定的作用,但许多人仍认为态度的核心是消费者对商品的全面评价。

二、消费者态度的特征

态度作为消费者的一种复杂的、复合型的心理活动,具有社会性、价值性、相对稳定性和差异性的特征。

(一)社会性

消费者对某类商品或服务的态度并非与生俱来,而是在长期的社会实践中不断学习、不断总结,由直接或间接经验逐步积累而成的。离开社会实践,离开与其他社会成员、群体、组织的互动,以及将社会信息内化的过程,则无从形成一定的态度。因此,消费者的态度必然带有明显的社会性和时代特征。

(二)价值性

在消费活动中,消费者之所以对某类商品和服务持有这样或那样的态度,无不取决于该商品或服务对自己具有的价值大小。凡价值大的,消费者就具有积极的态度倾向;反之,实现价值小或无价值,则具有消极的态度倾向。因此,一定意义上,价值成为决定消费者态度的最根本的原因。

(三)相对稳定性

由于消费者的态度是在长期的社会实践中逐渐积累形成的,因此,某种态度一旦形成,便保持相对稳定,而不会轻易改变。如对某种名牌的偏爱、对某家老字号的信任。态度的稳定性使消费者的购买行为具有一定的规律性、习惯性,从而有助于降低决策风险,实现某些购买决策的常规化、程序化。

(四)差异性

消费者态度的形成受多种主客观因素的影响和制约。由于各种因素在内容、作用强度和组合方式上千差万别,因此,消费者的态度也人各一面,存在诸多的差异。不仅不同的消费者对待同一商品可能持完全不同的态度,而且同一消费者对待同一商品在不同的年龄阶段和生活环境中的态度也可能截然不同。态度的差异性对区别和细分消费者市场具有重要的意义。

三、态度在消费者购买行为中的功能

在日常的购买行为中,消费者何时、何地、以何种方式购买何种商品,取决于多种因素,其中态度具有极其重要的影响作用。购买行为是消费者产生购买动机、形成购买意图、采取购买行动的连续过程。其中购买意图是导致实际购买行动,并最终完成购买过程的关键。而明确的购买意图来自对商品和服务的坚定信念和积极态度。凡对某商品的商标、质量、外观等抱有好感或偏爱,持肯定、赞赏态度的消费者,在产生购买需要时,必定首先将意念集中于该商品,进而导向该商品的实际购买。因此,消费者的态度与购买意图、购买行为呈正相关关系。这一关系为大量的调查结果所证实。例如,美国学者班克斯(Banks)对芝加哥地区465名主妇调查7种商品的偏爱商标、购买意图和实际购买的相互关系。结果表明,偏爱商标与购买意图几乎相同。约96%的被调查者中,在有购买意图的商标选择中都包括了她们喜爱的商标。正是由于态度与购买意图及行为有如此密切的相关关系,因此,通过对消费者态度的了解即可推断其行为状况。同样,调查消费者对某商品的态度,也可以预测出该商品的销售前景和潜力。

具体来说,态度在消费者购买行为中具有以下四种功能。

(一)认知功能

认知功能又称导向功能,即在纷繁的商品世界中,将消费者的意念直接导向能满足其需要的商品,使购买行为和消费需要相互衔接和适应。

(二)动机功能

动机功能又称认知功能,即在态度倾向的支配下,广泛收集信息,了解和鉴别有关商品和服务的性能、质量及功用,并评价其对消费者的价值大小,从而为正确制定与实施购买决策奠定基础。

(三)价值观表现功能

通过态度表现出消费者的性格、志趣、文化修养、价值观念及生活背景等,同时反映消费者可能选择的决策方案和即将采取的购买行动。

(四)自卫功能

当消费者的个别行为与所属群体的行为相左,或与社会通行的价值标准发生冲突时，消费者可以通过坚持固有态度以保持自身个性的完整，或适当调整和改变态度，求得与外部环境的协调，从而减缓心理紧张，保持心理平衡，同时增强对挫折的容忍力与抗争力。

第二节　消费者态度的形成与改变

一、消费者态度的形成

（一）消费者态度形成的影响因素

社会心理学家认为，个体的社会经验在消费者态度的塑造过程中扮演了重要角色。人们的社会背景、文化背景、信念、教育、朋友、家人以及重要事件等因素都会对态度的形成产生影响。而在具体消费环境中，消费者态度的形成则会受到以下因素的影响。

1. 与喜爱品牌相关联。消费者购买新产品的行为常常与该产品的品牌有关，对品牌名称的喜爱一般源于对同一公司其他产品的满意。一个众所周知并且受到尊重的品牌推出新的产品，往往是希望这种刺激从品牌名称转移到新产品上。例如，2010 年，多芬（Dove）洗发水正式登陆中国市场，凭借多芬品牌在中国女性消费者中良好的评价，该系列产品一经推出便获得了许多消费者的认可，市场占有率稳步提升。

2. 获得的产品信息。在消费者试图解决某个问题或满足某种需要的情境中，他们可能基于信息的展露和自身的认知而形成对产品的态度。消费者获得的关于某产品的信息越多，越有可能形成对该产品的态度，包括肯定或否定的态度。然而，消费者一般仅使用有限的有用信息做出判断。研究发现，一般只有 2 ~ 3 个重要的产品特质决定了消费者对该产品态度的形成，而不太重要的特质在态度形成中并没有起作用。因此，营销者应该尽力避免在广告中展示出产品的所有特质，而应该集中介绍产品有别于其他竞争者的关键特质。

3. 个人经验。产品态度的形成最初源于消费者试用和评价产品的直接经验。消费者可能会购买事前没有态度的新产品或新品牌，通过亲身使用经历获得直接的产品体验，进而将这种评价发展为最终的产品态度。因此，营销者可以通过提供优惠券或免费试用等方式刺激消费者尝试新产品，为消费者产品态度的形成提供更多有益的机会。

4. 参照群体。参照群体如亲友、同事、偶像等人的意见以及行为也会影响消费者的意见和观点，他们对产品的偏好会潜移默化地影响消费者态度的形成。例如，年轻消费者可能会因喜欢周杰伦而喜欢“优乐美”奶茶，或因朋友的影响更喜欢上人人网而不是开心网。

5. 大众媒体。除直接经验外,消费者对产品的态度也来自他们的间接体验。现代商业社会,报纸、杂志、广播、电视、互联网等大众媒体每天都向我们传递大量的商品信息。虽然有研究表明,大众媒体在培养消费者态度方面的作用有限,但是它可以强化已经存在的态度,因此营销者仍可利用大量的媒体广告强化忠诚顾客的态度。

6. 个性因素。个性对消费者态度的形成具有极大的影响。不同个性的消费者即使接受同样的信息和体验,也不一定会形成同样的态度。固执的人往往非常排斥与原有信念不同的意见,坚持已形成的态度;开放型的人则比较容易受到外部信息的影响,改变已有态度。

(二)消费者态度形成的相关理论

1. 认知一致性理论。认知一致性理论(theory of cognitive consistency)认为,消费者态度的形成具有一致性要求,该过程注重认知、情感和行为倾向之间的和谐,如果出现不一致的矛盾,消费者会产生一种压力感和紧迫感,从而通过改变他们的认知、情感或行为来获得必要的一致性。认知一致性理论说明,态度不是在真空状态下产生的,消费者已经持有的其他相关态度倾向对最终态度的形成具有很大影响。

从态度构成的三要素来看,如一个人对某对象的态度,在感受、认同、行为倾向上三者和谐一致,那么他的态度是不会改变的;在这种情况下别人无法改变他的态度,也无法强制他改变态度。但是如果其中若干要素发生不一致,就会导致认知失调现象的出现。

2. 认知失调理论。认知失调理论(cognitive dissonance theory)认为,人们的行为对其态度的形成有着显著影响。认知失调是指某人在做出决定、采取行动或者接触到一些有违原先信念、情感或价值的信息之后所体验到的冲突状态。当人们的态度与行为不一致,并且无法为自己的行为找出外部理由时,常常会引起个体的心理紧张。为了克服这种由认知失调引起的紧张感,人们需要采取多种方法,以减轻自己的认知失调。

以减肥为例,当一个人正在节食减肥时,一位朋友邀请他吃大餐,他接受了,这时他的行为与减肥的态度产生了冲突,引起了认知失调。为了减轻这种失调,可以采用多种调节方法。

(1)改变态度。改变对节食减肥的态度,使态度与以前的行为一致(节食减肥不利于身体健康,不想改变饮食习惯)。

(2)增加认知。如果两个认知不一致,可以通过增加更多一致性的认知来减轻失调(节食减肥已经初见成效,偶尔放纵一下不影响效果)。

(3)改变认知的重要性。让一致性的认知变得重要,不一致的认知变得不重要(现在吃顿大餐所带来的愉悦感比减肥后优美的身材更重要)。

(4)减少选择感。让自己相信之所以做出与态度相矛盾的行为是因为自己没有选择(难得朋友请吃大餐,不好拒绝,所以只能答应,别无他法)。

(5)改变行为。使行为不再与态度冲突(必须坚持节食,无论如何也不放纵自己)。

在消费者行为领域中,认知失调常常表现在消费者购买行为发生后,称为购买后失调。由于购买决定的做出需要大量的妥协,当人们选购一件商品后,可能会想到没有选择的其他产品的独特性和优良品质,产生后悔或者怀疑自己的不良情绪。此时,人们会努力寻找有利的信息来支持自己的决策,消除认知失调,以达到态度与行为的一致性。为此,营销者应重视提高消费者购买后的满意度,提供额外的强化,以便建立积极的品牌态度。

3. 平衡理论。平衡理论(balance theory)认为,消费者态度的形成涉及三个因素之间的关系,即自我对某一对象的态度、这一态度的对象,以及他人对某一对象的态度。这三个因素所形成的关系称为三角关系(如图 5 -3 所示)。消费者渴望三角关系中各因素间的关系是和谐的或平衡的,因为不平衡会产生紧张状态。因此,当三角关系不平衡时,人们会为了保持各因素间的协调关系而形成新的态度,直到重新恢复到平衡的三角关系为止。

如图 5 -3 所示,当消费者与他人产生对产品的相反态度时,便发生了三角关系的不平衡。为消除不平衡,一种结果是消费者顺从他人的态度形成新的态度;另一种结果是坚持自我的态度而降低他人在自己心目中的地位。

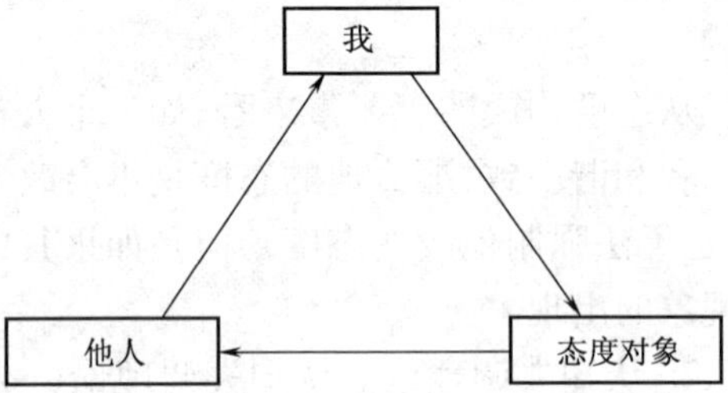

图 5 -3　平衡理论中的三角关系

4. 社会判断理论。社会判断理论假设人们根据已知的或已有的感觉,吸收和同化态度对象的新信息。其中,原有的态度起到指导框架作用,新的信息根据已有的标准进行分类。根据这一理论,人们的现有态度会对新态度的形成产生影响和制约。这就像人们总是根据搬箱子的经验来判断一个箱子的轻重一样,人们在对态度对象形成判断时也会采用一套主观的标准。属于可接受态度的观念会被欣然接受,否则就会被拒绝。一个人对某个对象的介入程度越高,对这个对象的可接受范围就越窄,这时,消费者能接受远离其立场的观念越来越少,而且会反对哪怕是与主观标准只有细微偏差的观念。

5. 多属性态度模型。多属性态度模型(multiattribute attitude models)假定消费者对态度对象的态度(评价)取决于其对该对象的几个属性的信念,并且以各种构成信息的评分作为加权系数。多属性态度模型通过确认和协调特定信念并把它们结合起来,推导出一个测量消费者综合态度的方法,实际中还可用来预测消费者对一种产品或品牌的态度。

多属性态度模型包括罗森伯格(Rosenberg)模型、菲什宾(Fishbein)模型和扩展的菲什宾模型。其中,最有影响的多属性态度模型是菲什宾模型,该模型量化了态度的三种要素。

(1)消费者对于某态度对象的部分属性比较了解,这些属性就成为消费者头脑中的突出信念(salient belief),这些突出信念影响消费者对商品的态度。

(2)对象与属性的关联性(object-attribute linkages),即特定对象具有某种重要属性的可能性。

(3)对每一个重要属性的评价(evaluation)。

将这三个要素结合,就可以计算消费者对每一对象的总体态度,计算公式为:

$$A_0 = \sum_{i=0}^{n} B_i \times E_i$$

式中:A_0 为对某一对象的总体态度;B_i 为态度对象的某一信念;E_i 为对每一重要属性的评价。应该注意的是,模型假定能够判断出所有相关的属性,这样的假设条件在现实中一般是不可能完全满足的。

二、消费者态度的改变

(一)消费者态度改变的性质和程度

任何消费者态度的形成,都是消费者在后天环境中不断学习的过程,是各种主客观因素不断作用影响的结果。由于促成消费者态度形成的各种因素具有动态性质,且处于不断变动之中,因此,某种态度在形成之后并非一成不变,而是可以予以调整和变动的。消费者态度的改变是指已经形成的态度在接受某一信息或意见的影响后而引起的变化。

根据改变方式的不同,消费者态度的改变可以分为性质的改变和程度的改变。①性质的改变表现为态度发生方向性的变化,即由原来的倾向性转变为相反的倾向性。例如,消费者对某名牌冰箱一直抱有好感,但购买后频频发生质量问题,从此对该冰箱失去信任,即由积极肯定的态度改变为消极否定的态度。②在程度的改变中,态度不发生方向性变化,而是沿着原有倾向呈现增强或减弱的量的变化。例如,通过实际使用,消费者对微波炉由一般感兴趣发展为大加赞赏,并极力向他人推荐,即态度沿着积极方向得到程度上的加强。

实际生活中,以上两种方式并非是绝对的。在性质的改变中包含着程度或量的改变:量的改变积累到一定的程度又会引起质的变化。通过各种途径将消极态度转化为积极态度,使一般的好感增强为强烈的赞许、支持,同时阻止积极态度向消极态度退化,力求使恶意或反感得到弱化,正是改变消费者态度的目的所在。

(二)影响消费者态度改变的因素

美国学者霍夫兰德(Hovland)和韦斯(Weiss)于 1955 年提出一个消费者态度转变的模式,这是美国社会心理学界公认的比较有效的模式。霍夫兰德指出,影响态度转变的因素有四个,即宣传说服者变量、信息变量、渠道变量以及信息接受者变量。其中,不仅每种变量可以影响态度的转变,而且各个变量之间也有相互作用。

1. 宣传说服者变量。宣传说服者的可信性、吸引力等影响着人们态度的转变。宣传说服者的效用通常在于将其可信性、吸引力用于广告中,如名人广告。但是这种可信性和说服力的影响在其信息刚刚传递后效果最大,时间越久其效果越小。然而,原来低可信性的宣传说服者的效果却随时间推移而上升,如图5-4所示。

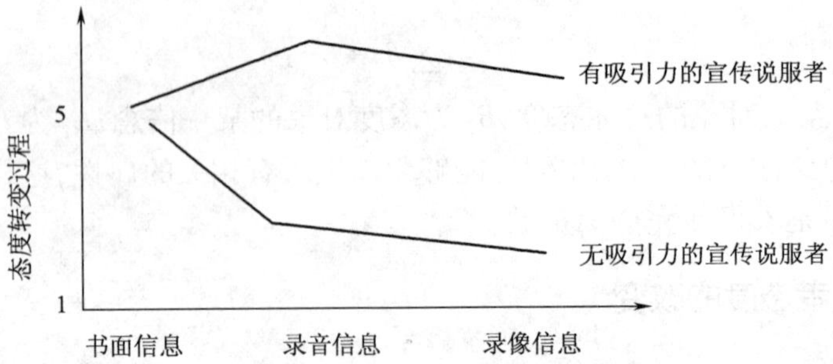

图5-4 宣传说服者的影响效果

2. 信息变量。信息本身的内容及组织对于宣传说服与态度的转变均有重要影响。

(1)单一信息与多向信息。这是强调信息宣传的内容要与消费者的认知水平相适应。当消费者的认知与宣传者所提倡的认知方向相一致,并且他们在相关方面的知识经验不足时,单一信息的宣传效果较好。当消费者已经具备比较充分的知识经验,而且习惯于独立思考和进行比较时,多向宣传可以向他们提供更多的信息,以便其做出评价和权衡。

目前许多商业广告几乎都是单一的信息宣传。从信息内容的角度来看,对于知识经验丰富或受教育程度较高的消费者来说,这种方式并不能获得很好的宣传效果。

(2)信息引起的恐惧感大小。有说服力的信息必须使人们感到压力与威胁,使之只能听从劝告,转变态度,以消除心理上的负担。也就是说,信息宣传必须具有权威性,要晓以利害,明确告知消费者理性地选择和接受信息。

3. 渠道变量。宣传说服可以通过多种渠道进行,如面对面的人际沟通、大众传媒(如报纸、杂志、广播、电视)、组织传播和网络传播等。各种宣传渠道的效能与适用条件有所不同,应根据不同的宣传目的加以选用。

4. 信息接受者变量。这一变量中包括以下几个作用因素。

(1)智力。智力水平高的人可能会加深对信息的理解,但却会降低接受信息的程度。研究表明,对复杂而合理的信息,高智商者较低智商者更易被说服。

(2)认知需要。人们的认知需要存在个体差异。不同的认知需要对宣传说服的接受效果有直接或间接的影响。

(3)原有态度。在一定范围内，消费者原有态度与需接受态度的距离越大，态度改变的可能性则越大。但超出一定的范围，对态度改变的作用效果会有所降低。

(三)消费者态度改变的途径

消费者态度是在诸多影响因素的共同作用下形成的。当影响因素发生变化时，消费者的态度也将随之改变。为此，凡是促成影响因素变化的措施都可以成为改变态度的途径。但是，改变态度由消费者权利和行为的高度自主性决定，对其态度的改变不能采取强制、压制的方式，而只能通过说服诱导，促成消费者自动放弃原有的态度，接受新的意见观念。否则，态度的改变就有可能停留在表面，不能内化为稳定的心理倾向，并且稍遇挫折就会出现反复。由此可见，态度的改变过程同时即是说服与被说服的过程。

按照说服的方式不同，说服可以分为直接说服与间接说服两类。

1. 直接说服，即以语言、文字、画面等为载体，利用各种宣传媒介直接向消费者传递有关信息，以达到改变其固有态度的目的。直接说服的效果优劣受信息传递过程中各种相关因素的影响，主要包括以下三个方面。

(1)信息发出源的信誉和效能。前者是指信息发出者和信息本身的可信程度，后者则是指所发信息是否清晰、准确、易于理解和记忆。一般来说，信息发出者的信誉越高，消费者对信息的相信和接受程度就越高，说服效果就越好，改变态度的可能性也越大。另外，信息本身的质量优良、内容真实可信、表达形式完美，也易于给消费者留下深刻、美好的印象，提高心理的开放程度，减少抵触情绪，从而增强说服效果。

(2)传递信息的媒介和方式。现代社会传递消费信息的媒介多种多样，主要有各种传播媒介，如报纸、杂志、电视、广播、招贴、橱窗和模特等；面对面口头传播，如上门推销、召开顾客座谈会、售货人员介绍商品、消费者之间相互推荐和交流情报等。研究表明，不同的传播媒介对消费者的说服效果各不相同。为此，向消费者进行说服时，应根据信息的内容、被说服者的特点及情景条件选择适宜的媒介方式。

(3)消费者的信息接受能力。当商品信息以恰当的媒介渠道准确、清晰地传递至消费者时，消费者的接受能力就成为影响说服效果的决定因素。信息接受能力是消费者的动机、个性、文化水平、知觉、理解和判断等方面能力的综合反映。由于消费者在这些方面的能力不尽相同，其接受能力有着显著的个体差别。而因接受能力不同，面对同一信息，消费者可能做出各种程度不同，甚至截然相反的反映。为此，在采用直接说服方式时，必须考虑消费者信息接受能力的差异，针对接受对象的能力特点制定适宜的信息内容和传递方式。

2. 间接说服。间接说服又称间接影响，与直接说服的主要区别在于它是以各种非语言的方式向消费者施加影响，通过潜移默化，诱导消费者自动改变态度。间接说服可以采取以下两种方式进行。

(1)利用相关群体的作用。消费者生活在一定的社会群体或组织中,所属群体在消费方式上的意见、态度、行为准则等对消费者的态度有着深刻而重要的影响。消费者总是力求与本群体保持一致态度,遵从群体规范,以求得群体的承认、信任和尊重,满足其归属的需要。而当群体的态度及行为方式发生变化时,消费者也会自觉地对原有态度进行相应调整,使之与群体相统一。因此,利用这一相关关系,推动某一群体改变原有消费方式,即可有效地促使消费者自觉改变态度。

(2)亲身体验实践。许多片面的、与事实不符的消费态度往往是在消费者对商品性能、功效、质量等缺乏了解,而又不愿轻信广告宣传的情况下产生的。针对这种情况,可以提供必要条件,给消费者以亲自尝试和验证商品的机会,通过第一手资料达到消费者自己说服自己的目的。实践证明,亲身体验的方式往往具有极强的说服力,对于迅速改变消费者态度有着其他方式无法企及的效果。

从以上论述可以看出,直接说服与间接说服对于消费者态度的改变具有不同的作用方式和效果。在实践中,为诱导消费者态度向预期的方向转变,应恰当选择改变途径,并酌情配套使用各种方式。

(四)消费者态度改变的理论模型

1. 霍夫兰德和詹尼斯的态度改变说服模型。霍夫兰德和詹尼斯(Janis)于1959年提出了一个关于态度改变的说服模式。霍夫兰德认为,任何态度的改变都涉及一个人原有的态度和外部存在的不同看法。由于两者间存在差异,会导致个体内心冲突和心理上的不协调。为了恢复心理上的平衡,个体要么接受外来影响,即改变自己原有的态度,要么采取各种办法抵制外来影响,以维持原有态度(参见图5-5)。

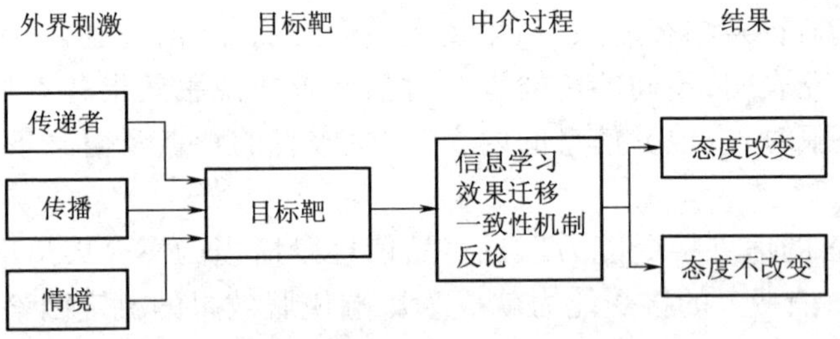

图5-5　态度改变的说服模型

资料来源:叶敏,张波,平宇伟. 消费者行为学[M]. 北京:北京邮电大学出版社,2007.

这个模型将态度改变的过程分为四个相互联系的部分。

第一部分是外界刺激,包括三个要素,即传递者或信息源、传播与情境。传递者或信息源是指持有某种见解并力图使别人接受这种见解的个人或组织;传播是指以何种方式和内容把一种观点或见解传递给信息的接收者或目标靶(target);情境是指对传播活动和信息接受者有附带影响的周围环境,如信息接受者对劝说信息是否预先有所了解，信息传递时是否有其他干扰因素等。

第二部分是目标靶，即信息接受者或企业试图说服的对象。

第三部分是中介过程，是指说服对象在外部劝说和内部因素交互作用下态度发生变化的心理机制，具体包括信息学习、效果迁移、一致性机制、反论等方面。

第四部分是结果。结果不外乎两种：一是改变原有态度，接受信息传递者的劝说；二是对劝说予以抵制，维持原有态度。

这四个部分是相互联系的整体，每一部分都会影响到消费者态度的改变。因此，消费者态度的改变是个体、情境与传播特点交互作用的结果。具体影响机制表现在以下方面。

(1)信息源对消费者态度改变的影响。信息源是指传播信息的个体或组织。研究表明，信息源的可靠性和吸引力对消费者态度的改变具有重要作用。当消费者认为营销信息的来源高度可靠时，营销活动就比较容易影响消费者的态度。例如，消费者认为美国牙科协会传播的信息是可靠的，而佳洁士牙膏的成功很大程度上要归功于美国牙科协会的认证。信息源的吸引力是指信息源被感知到的社会价值。这一特性可以从个人的相貌、个性、社会地位或者与接受者的相似性中产生。一个具有外在吸引力的信息源往往有助于促进态度的改变，尤其是当产品与吸引力相关时。比如，名人的吸引力会影响消费者对香水广告（与吸引力有关）的态度，却不会影响消费者对咖啡广告（与吸引力无关）的态度。

(2)传播特征对消费者态度改变的影响。在沟通过程中，信息的安排与选择、信息的情绪特征（恐惧唤起）、信息的单方面呈现或双方面呈现、信息传递途径等都会影响说服效果。1945 年，霍夫兰德等人做了一个单方面信息呈现和双方面信息呈现的对比实验，以考察哪种信息传递方式在说服士兵相信“第二次世界大战后期，虽然意、德失败了，但盟军与日军还会持续一段艰苦的战争”的效果更佳。实验结果发现，单方面信息传播与双方面信息传播对态度改变的效果受两个因素的制约。①目标对象的受教育程度。单方面信息传播更能有效地改变教育程度低的军人的态度；双方面信息传播更容易有效地改变接受过高中以上教育的军人的态度。②信息与原态度的方向是否一致。二者一致时，单方面信息传播更有效；二者不一致时，双方面信息传播效果更好。

(3)目标对象——接受者的特性对消费者态度改变的影响。被说服者的某些特征会影响说服的效果。

一是被说服者的人格，它包括个体的易受暗示性（suggestibility）、智力和自尊。自尊和态度改变的关系大致为：由于低自尊的个体比较关心自己的不足，对待自己比较容易抱否定态度、缺乏自信，所以一般比高自尊的人更容易被说服。

二是被说服者的心境（mood）。1965 年，詹尼斯等人通过研究指出，心情好的人更易于接受他人的说服性观点。在一项实验中，他们让一些被试者在阅读说服性信息时有东西吃（可以让其心情好），而另一些被试者则无，结果前一组发生了更大的态度改变。此外，被说服者的卷入程度、自身的免疫力、认知需求、自我监控性及年龄等个体差异都会以某种方式影响说服的效果。

(4)沟通情境对消费者态度改变的影响。说服过程不是在沟通者和说服对象之间孤立地进行,而是在一定的背景条件下和特定的情境中进行的。这些背景或情境因素,对说服效果有着重要的影响。在某种背景或情境条件下,说服效果可能很好,而换一种情境条件,说服效果就可能很差。霍夫兰德通过大量研究提出了两种可能会影响说服效果的情境——预警和分心。①预警(forewarning)是指一个人在遭受某一与之相反的观点说服前,预先知道(预警)将会发生的情况。预警会促使被说服者产生防御心理,从而降低说服效果。②分心(distraction)是指在说服过程中,情境中的某些刺激因素使说服对象难以把注意力集中在所接受的信息上。分心的作用主要是干扰目标对象对信息传递的注意程度,从而削弱其对说服的防御和抵制,提高说服效果。

2. 精细加工可能性模型。20 世纪 80 年代,佩蒂(Petty)、卡西欧波(Cacioppo)提出了精细加工可能性模型(elaboration likelihood model,ELM)。该模型是关于态度如何形成以及如何在不同的介入程度下发生变化的理论,它将个人、情境和市场因素综合起来理解态度,如图 5－6 所示。该模型假定消费者一旦接收到信息,就开始加工过程。根据信息与个人的相关程度,信息接受者会遵循两条劝导路线中的一条。在高度介入的情况下,消费者会选择劝导的中心路线,而在低度介入的情况下,消费者会选择外围路线。

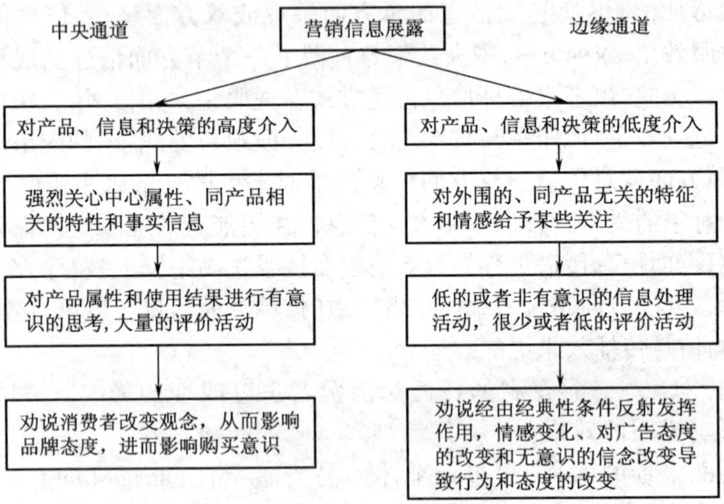

图 5－6　精细加工可能性模型

资料来源:德尔. 消费者行为学[M]. 北京:机械工业出版社,2007.

如图 5－6 所示,当消费者发现说服性的信息与自身密切相关或者很有趣时,他会认真考虑信息的内容,并对产品属性和使用结果进行有意识的思考。比如，一个怀孕的妈妈看到有关辐射对胎儿的危害时会很关注，进而购买防辐射的用品。

与中央通道相反，边缘通道是人们没有动机认真思考所提供的论述时采取的路线。消费者很可能会因为广告中的外围因素来决定一条信息的适宜性。比如，人们可能因为产品迷人的包装、受欢迎的代言人所做的广告，或者可能仅仅创造了舒适的购物环境而购买低介入的产品。

ELM 模型认为，要进行有效的传播和说服，对高介入度和低介入度的消费者应采取完全不同的传播策略。一般而言，在高介入情境中，传播者应提供更具体、更具有逻辑性和实时性的信息，而对于低介入度的个体，需要先给予有限的信息，以使消费者迅速地知悉该产品的关键属性。

3. 广告导向的态度模型。在现代社会，广告成为消费者获得产品信息的重要途径。广告的内容及传播方式对消费者形成或改变关于某一商品的态度具有至关重要的作用。爱德尔和伯克(Edell，Burke)提出的广告导向的态度模型描述了消费者形成的各种各样的感觉(情感)和看法(认知)(见图5－7)。这些感觉和看法是消费者看过广告之后产生的，它们反过来又会影响消费者对广告的态度和信任度，并最终影响其对产品和品牌的态度。

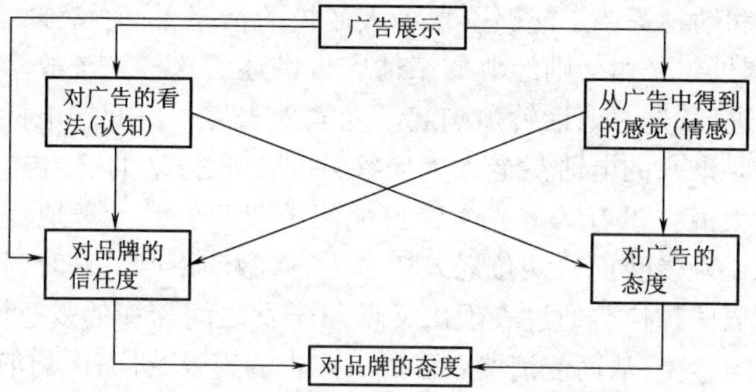

图 5－7　广告对品牌态度的影响模型

资料来源：利昂，莱斯利．消费者行为学[M]．北京：中国人民大学出版社，2007.

(1)广告引发人们对产品的情感。情感的基本分类有恐惧、愤怒、厌恶、惊奇、高兴、悲伤、期待和接受等。广告主要以愉快的情绪为诉求方式。霍尔布鲁克和巴特拉(Holbrook，Batra)等人为测定人们收看广告时的情感反应设定了测量尺度(见表5－1)。

表 5-1　广告引起情感反应的尺度

层次	情感	项目
喜悦	信赖	虔诚的、有信心的、精神上的
	爱情	热爱、抱有爱情、易亲近
	感谢	怀有谢意、值得感谢、表示感谢
唤起	兴趣	予以关注、有好奇心、令人感兴趣的
	活跃	情绪高涨、有精神的、兴奋
	动摇	开朗的、愉悦的、轻松的
支配	悲伤	悲痛的、难过的、可怜的
	恐惧	令人害怕的、可怕的、担心的
	怀疑	可疑的、有疑虑的、不可信赖的

资料来源:仁科贞文,田中洋,丸冈吉人. 广告心[M]. 北京:外语教学与研究出版社,2008.

广告促进人们对产品产生情感的作用表现在三个方面:①使消费者关注广告(产品信息);②把广告的情感形象与产品相联系,形成品牌的情感形象;③通过广告唤起的情感促进与品牌相关信息的处理及决策。广告中的音乐、故事、优美的风景、美女、幼儿和动物等要素能够引发令人愉悦的情绪,从而增强人们对广告的态度。例如,美国贝尔公司一则经典的亲情广告讲述了这样一个故事:一天傍晚,一对老夫妇正在进餐,这时电话铃声响起。老太太去另一房间接电话,回到餐桌后,老先生问她:"是谁来的电话?"老太太回答:"是女儿打来的。"老先生又问:"有什么事吗?"老太太说:"没有。"老先生惊讶地问:"没事？几十里地打来电话?"老太太呜咽道:"她说她爱我们!"两位老人相对无言,激动不已。这时旁白道出:"用电话传递你的爱吧!"该广告通过表现出父母与子女之间深深的爱意而打动人心,引发人们对亲情的感受,从而使消费者形成对广告的喜爱,进而影响消费者对贝尔品牌的积极态度。

(2)广告促进消费者的认知。根据认知反应理论,消费者对品牌的态度不受所学习到的该品牌的知识量影响,而被接触那个信息时在考虑什么所左右。如果消费者看到广告时能够形成良好的认知反应,那么就会产生对品牌的好感。电视广告的时间很短,平面广告也受到版面的限制,因此,广告必须在有限的时空内,尽可能激发消费者的认知。通常,广告信息和消费者的记忆内容联系得越丰富,就越容易唤起消费者的认知和积极态度。

实例 5-1　软饮料瓶体广告的情绪营销

软饮料又称清凉饮料、无醇饮料,是指酒精含量低于 0.5%(质量比)的天然的或人工配制的饮料。随着我国改革开放后经济迅速发展,市场上软饮料品牌逐渐增多、产量逐渐增大。国家统计局数据显示,2017 年 1—7 月中国软饮料产量为

11 632万吨,同比增长7.3%。随着生活水平的日益提高,消费者不仅追求饮料美味的口感,也开始追求饮料所标榜的个性。尤其是作为软饮料消费主力军的90后,他们深受网络文化影响,情绪变化较快,更加标榜个性。因此,瓶体广告情绪营销在软饮料领域中逐渐流行开来。瓶装饮料借用瓶体广告,对消费者进行感性诉求,在瓶体广告设计中加入"唤醒度",实现物体言语传播的情绪表达,借瓶体广告表达消费者自身高兴、恐惧、厌恶、愤怒等心理状态,让饮料的竞争力从瓶内扩展到瓶体,转向广告个性赋予。

1. **瓶体广告情绪营销的作用机制**。情绪是主观认知的表达,是需求的外化。情绪营销是指销售者在产品宣传中充分满足消费者的情感需要,抓住与消费者心情共通的意义空间,让消费者在购买产品的同时充分抒发内心的情感,并能让消费者的情绪在内向传播、人际传播、群体间传播等不同传播类型之中,实现交流与回响,从而加强个体认知与群体归属感。

(1)内向传播:瓶体广告标语带来自我互动与觉醒。内向传播指的是个人接收外部信息并在人体内部进行信息处理的活动,人能够在此过程中进行自我互动,作为意愿和行为主体的"主我"同作为他人社会评价与社会期待价值代表的"客我"进行信息交流和相互对话。

当消费者看到瓶体广告时,对广告产生选择性理解,直击人心的广告语使他们产生自我互动与内省式思考。瓶体广告用无声的语言和消费者对话,既有提醒消费者多喝果汁补充维生素的温馨提示来满足消费者健康生活的理性诉求,又有用直击人心的歌词、台词、评论激励消费者前行来满足其感性诉求。

(2)人际传播:消费者借用瓶体广告向他人表达情感。人际传播是个人与个人之间的信息传播活动,也是由两个个体系统相互连接组成的新的信息传播系统。是社会生活中最直观、最常见、最丰富的传播现象。

消费者可用瓶体广告向他人潜移默化地传递情感,表达对爱的执着、对共同兴趣的分享、温馨的激励与关怀等。也可用瓶体广告语向他人展示自己对生活的某种态度,挑选符合自己个性的瓶装饮料在朋友圈晒照,让他人更好地了解自己的状态。在人际交流中借助瓶体广告的物体言语传播方式,架起人与人沟通的桥梁。

(3)群体间传播:激发互动赋予消费者群体归属感。群体指的是具有特定的共同目标和共同归属感、存在着互动关系的复数个人的集合体。群体间传播就是将共同目标和协作意愿加以连接和实现的过程。

群体间传播是人际传播的演化,当瓶体广告同互联网和线下活动结合时,消费者可在网络评论或线下交流活动中找到和自己相似的个体,通过激发共鸣来连成拥有共同归属感的群体。比如,网易云音乐与农夫山泉合作推出的"乐瓶",参与者扫描二维码参与相关歌曲讨论,即可找到和自己有相似感受的人,满足消费者对认同感与归属感的需求。

2. **瓶体广告表达情感的种类与作用**。

(1)从理由瓶到拼字瓶:让产品与消费者对话。味全每日C的瓶体广告自

2015 产品包装大规模革新以来，将原有产品标志换成“你要喝果汁”，在标语中体现关怀理念，以“因为爱自己，你要喝果汁”为主题，不同口味果汁对应不同工作生活场景，潜移默化地告诉消费者“爱自己的人都要喝果汁”。

如果说 2015 年 6 月味全每日 C 推出的“理由瓶”是给消费者关注果汁一个理由，那么 2016 年推出的“拼字瓶”就是让消费者自行创造关注的理由。冬天往往是冷藏果汁的销售淡季，为提升冬季销售质量，2016 年推出的“拼字瓶”在瓶体上印有不同汉字，每个字下都配有一段话，共 42 款不同汉字包装，不同的字摆在一起能组成不同句子，表达不同含义，消费者常常将不同字摆在一起创造新含义，激发消费者想象与创造的能动性，唤醒消费者心中对健康生活的向往，也让“新鲜、健康、优质”的企业文化在广告中传播。

瓶体上的广告语还会根据热播电视剧等热门话题进行调整，据统计，2016 年每日 C 果汁每个月的销售额都有同比 40% 的增长，市场占有率从 7 月到 10 月都是国内 100% 纯果汁品类的第一名。

(2) 密语瓶：引领人际交互表达。相比味全让产品与消费者的单向对话，可口可乐用密语瓶架起消费者间交流的桥梁，将网民创造的网络热词登上瓶体，使瓶体广告由 PGC 变成 UGC，让用户生产内容，真正实现瓶体广告的人际传播。

可口可乐视频广告也有助力可乐瓶人际交流的功能，用写有不同“密语”的可乐瓶表示情侣相处不同的状态，表白时羞涩地递上“在一起”，热恋出游时摇摆的“一起嗨”，争吵、和好、甜蜜时可乐瓶体的“521”无不表达深藏于心的爱意。广告视频中的这些场景为消费者提示了瓶体广告在人际传播中发挥的多种意义。

推出密语瓶时正值夏季，消费者常常借此时间出游、聊天，交流时间增多，正如其“可口可乐密语瓶，让夏天更有聊”的广告语，瓶体上的流行词总能为交流带来更多话题，网民也可在社交平台晒照，用瓶体标语直观表示当前的心情。可口可乐瓶体广告成功将产品与消费者的对话拓展为消费者之间的对话，为人际交流带来新的表达方式，并用微信小程序进行线上实时统计，更加量化不同词语的营销数量，其中排名前三位的标语分别是“LH7”(2017 年可口可乐代言人鹿晗的简称)、“今天星期五”和“比心”，全部是表达喜悦心情的词，高兴作为唤醒度较高的情绪之一，消费者更倾向于购买含有正能量密语的可乐，分享喜悦的情绪。

(3) 连接心灵孤岛，解锁私人定制新玩法。随着城市化发展，越来越多的人远离家乡一个人打拼，难免会感到孤独，渴望寻求认同，迫切希望找到和自己相似的人，倾听和讲述自己的故事，一些瓶装饮料便将消费者原创的瓶体广告投入营销推广活动中。

2017 年 8 月 7 日，是消费者购买瓶装水旺季，农夫山泉与网易云音乐合作，精选网友 30 条点赞较高的歌曲乐评，印在 4 亿瓶农夫山泉饮用天然水瓶体，制成“乐瓶”，在全国 69 个城市和京东超市销售。扫描瓶体的黑胶唱片图案即可看到随机乐评。乐瓶的广告词是“创造宇宙生命的，不仅是水，还有故事。有水的星球不孤独，有故事的星球才完整”，广告抓住水流动的特性，将故事、水和音乐充分联系起来。《老子》中曾说“上善若水，水利万物而不争”，把水放到不同的容器中就能变成不同的形态。在中国，水常常被赋予包容的含义，容纳不同个性，该策划赋予水一个倾听者的角色，倾听每一个人的故事，戳中消费者隐匿于心的情感，说出那些一直想说又难以说出口的话。该广告抓住了用户渴望表达的感性需求，制造话题热度，激发消费者参与评论的热情。以迪克牛仔的《有多少爱可以重来》为例，共收获10 188条评论，点赞率最高的网易云音乐用户“北风神75”的评论——“人这辈子，最害怕突然把某一首歌听懂了”为例，就已收获23 483条点赞。每一首歌都有情怀、有共鸣，每一句乐评都有态度、有故事。人遇到挫折时，往往会感到孤独，但能在乐瓶中找到喜欢同一首歌、有同样经历的人，相互陪伴、获得温暖，又会给人无限的力量和幸福感。

(4)丧文化的情绪引流。由于受互联网影响的年轻人倾向于用自嘲排解压力，2017年市场上出现没希望酸奶、哀茶、丧茶等宣泄消费者负面情绪的广告推广策略。不难发现“丧文化”广告的瓶装饮料多为奶茶、咖啡等人们经常选择在晚上饮用的产品。夜晚时分，万物入眠，消费者结束一天工作，常常会思考人生，感慨过往，夜晚正好是消费者产生情绪较高的时期，广告抓住消费者陷入焦虑情绪时渴望被聆听与认可的需求，以一些自黑的话作为标语。如丧茶：“反正你都够胖了，少喝一杯也不会变轻的”；没希望酸奶：“导购说，对不起，这已经是最大码了”。甚至没希望酸奶还设计了社交媒体推广二维码，扫码可以进入各种没希望群——“买房没希望”“脱单没希望”等。以此方式帮助用户宣泄不开心的情感，人感到沮丧时不免感到孤独，此举也能让消费者找到和自己一样的人，用反作用的方式刺激消费者情绪，提升消费者关注度，尽管一些“丧文化”广告语让消费者“扎心”，但仍能提升话题感，当大家对一个点有看法时才会有讨论，才能形成热点。

3. 瓶体广告情感营销策略

(1)广告策略与产品市场定位相结合。瓶体广告的创新确实能为产品提升关注程度，但消费者购买产品仍以产品质量为先决条件，产品质量精益求精才是一切的关键。

在产品宣传中首先要有明确的市场定位，分析自身特点，力求广告要与产品自身特性相结合，比如味全果汁发掘果汁天然绿色、维生素含量高的特性，在广告中努力引导消费者把补充维生素看作保持健康的必要条件，偏向健康、营养等实体概念；可口可乐味道酸甜属于碳酸饮料，购买者多注意口感，所以广告立足于快感、活力等虚体概念；农夫山泉作为饮用水相较前两者口味辨识度不高，所以其广告一方面坚持“大自然的搬运工”强调产品来自大自然，有纯天然的特性，一方面做“乐瓶”突出情怀概念。

市场状况在不同时期会不断变化，广告人也需抓住不同时期特点调整宣传策略，比如在冬天冷藏饮料销售淡季，味全瓶体广告的温馨提示提醒消费者保持健康习惯，带来温暖；夏天是聚会、交流旺季，可口可乐推出密语瓶，融合不同场景，让人们可以用瓶体流行词表达情感。

(2)满足个性化需求激发创造活力。全球战略思想家之一普拉哈拉德曾在其《消费者王朝》中提到,企业应与消费者共同创造价值。随着消费群体年轻化,更加追求个性表达,企业可尝试把产品化作与消费者共同完成的艺术品,让用户获得更多参与感。

既可以用既定广告标语激发消费者参与新意义赋予,如消费者用味全拼字瓶组成不同含义的语句,用可口可乐密语瓶表达情感,也可以像农夫山泉一样将消费者原创的广告语投入宣传,解锁私人定制新玩法。

(3)激发群体共鸣把握话题感。从味全在广告中写"我要喝果汁"激发消费者购买动力,到可口可乐用密语瓶在人际交流中表达情感,再到网易云音乐将产品与互联网结合,让消费者在音乐中找到共鸣,从个体的响应到人际交互再到引发群体共鸣,瓶体广告激发的话题热度不断提高。瓶装饮料文案设想也应不断结合当下热点,满足年轻消费者彰显个性的需求,通过网络大数据统计等手段探索最具共鸣的宣传策略。

(4)"丧"文化广告难以长期立足亟需正确引导。继没希望酸奶、丧茶之后,市场上模仿这种反向营销思维产生多种自黑类型的产品,尽管恐惧、厌恶或愤怒等情绪唤醒度较高,但容易让人产生消极逃避的想法,人们往往会把此类情绪隐藏起来,不愿拿出来分享。因此,带有"丧"文化色彩的产品多为短期营销,难以得到推广长期立足。

丧文化背后是年轻人对经济发展越来越大的压力的自嘲宣泄,心中仍有着突破困难的渴望。广告设计者可加入一些引导消费者走出沮丧情绪的措施,可仿照江小白一年一度的"约酒大会",努力打通线上线下,让不同年龄段的网民走出网络聚会,体会现实中的社交,拒绝"低头族",引导粉丝走出大城市的孤独,拉近品牌与人群的距离。

瓶装饮料推广方式正逐渐从自我说明转向消费者主动赋予创新,从唤醒个体认知到人际交流表达再到群体共鸣,共鸣范围从一个人到一群人,带来更多话题感、参与感,期待瓶装饮料企业不断在变革中发展,准确把握发展变化着的消费者诉求,拉近与消费者的距离,扩大自己的有效人群。

资料来源:朱红羽,张笑. 情绪营销:软饮料瓶体广告如何激发受众共鸣?[J]. 销售与市场:管理版,2018,6(7):73-76.

第三节　消费者的逆反心理与行为

一、逆反心理的表现与形成原因

通常情况下,消费者在接受外部刺激后,按照刺激的方向强度做出相应的心理反应,即处于正常的心理活动状态。但是消费者经常会因为逆刺激方向及强度,做出相反的心理反应,后者即为逆反心理的表现。所谓逆反心理,就是作用于个体的同类事物超过其所能承受的限度,使个体产生一种相反的心理体验,是个体有意脱离习惯的思维轨道,进行反向思维的心理倾向。

(一)逆反的心理现象

逆反心理是一种普遍的常见心理现象,它广泛存在于人类生活的各个领域和层面,也同样大量地存在于消费者的消费活动中。消费者在从事消费活动时,不断接受来自商品本身、广告宣传及厂商的各种各样的消费刺激。倘若某种刺激持续时间过长、刺激量过大,超过了消费者所能承受的限度,就会引起相反的心理体验,产生逆反心理。现实中,由于消费刺激的内容不同,消费者的逆反心理也有多种不同的表现形式。常见的逆反心理现象有以下几种。

1. 感觉逆反。消费者的感觉器官持续受到某一消费对象的过度刺激,会引起感受力下降,形成感觉适应。例如,连续品尝糖果,会降低对甜味的感受,产生味觉适应;大量吸闻香料,会减弱对香气的感受,形成嗅觉适应;长时间观看同一商品色彩,会使色彩的感受力下降,形成视觉适应。此时,倘若继续增加刺激量,就会引起消费者厌倦、腻烦等心理体验,对刺激物产生抵触、排斥心理。

2. 广告逆反。在广告宣传中,某些不适当的表现形式和诉求方式也会形成过度刺激,引起消费者的逆反心理。比如,表现手法单一、雷同化,会降低消费者的兴趣和注意力;同一时间连续播放几十则广告,会造成消费者的心理疲劳;过分渲染、夸大或吹嘘,会引起消费者的怀疑和不信任感;表现内容庸俗低级,以噱头吊胃口,会招致消费者的厌烦、抵触,以致产生"广告做得好的不一定是好货""广告宣传越多越不能买"的逆反心理。

3. 价格逆反。价格在诸多消费刺激中具有敏感度高、反应性强、作用效果明显的特点。价格涨落会直接激发或抑制消费者的购买欲望,二者的变动方向通常呈现反向相关。但是,受某种特殊因素的影响,如市场商品供应短缺引起的心理恐慌,对物价上涨或下降的心理预期,对企业降价销售行为的不信任等,也会引起消费者对价格变动的逆反心理,产生"买涨不买落""越涨价越抢购""越降价越不买"的逆反行为。

4. 政策逆反。政府制定的经济政策,特别是对消费者收入水平、购买力及购买投向有直接影响的宏观调控措施,如工资、价格、利率、税收等的变动,是消费刺激的重要组成部分。在不成熟的市场经济条件下,由于市场运行不规范、宏观调控体系不完善、消费者成熟程度低等原因所致,消费者对宏观政策及调控措施的心理反应经常与政府意图相悖,以至做出与调控方向相反的行为反应,使调控难以达到预期目的。

除上述表现外,消费者的逆反心理还有其他许多表现形式,如购买现场的说服逆反、社会公众的舆论逆反、消费者时尚逆反、消费观念与方式的超前或滞后逆反,等等。

（二）逆反心理的形成原因

无论何种形式的逆反，在心理机制上都是由于消费者对消费刺激的感受存在一定限度，超过限度的过度刺激就会削弱、抑制消费者的感受能力，使之发生逆反转化。在心理上，逆反心理表现为消费者态度的失衡，即态度的认同、感受、行为倾向三种成分在作用方向上不一致，其中某种成分与其他成分发生偏离。例如，消费者对价格下调后应增加购买已形成认同，但在情绪感受上对调价持有怀疑、疑虑，从而导致整体态度倾向于不增加购买。

现实中，导致消费者逆反心理形成的原因是多方面的，其中既有需要、欲望、个性、思维方式、价值观念等个人心理因素，也有群体压力、社会潮流等外部环境因素。例如，具有求新需要的消费者，往往富于好奇心，喜欢追逐新奇，渴求变化，因而容易对传统、陈旧、一成不变的消费刺激产生逆反心理；而争强好胜的心理要求，经常驱使一些消费者无视各种限制规定，有意采取相反的举动；具有高度自主性、独立性和叛逆性格的消费者，更愿意坚持自我、不受约束，并经常逆社会规范或潮流而动；崇尚传统、因循守旧的消费者，则固守过时的消费观念，对新产品、新的消费方式抱有本能的排斥心理。有的消费者，外部压力越大，抵触情绪越强，越有可能采取反向行动；有的人则当大多数人持逆反心理时，采取追随和从众方式，以逆反行为和多数人保持一致。各种导致逆反心理的因素，在有些情况下各自起作用，有时也会交织在一起，综合发生作用。

二、消费者的逆反行为模式

（一）逆反心理在不同阶段的反应方式

在逆反心理的产生阶段，消费者通常受到某种欲望、需求、思想观念或习惯性思维方式的影响和催动，对过度刺激有意识地产生逆反倾向。此时的逆反心理是非理性的、不自觉的、情绪化的和不稳定的，是一种内在的心理冲动。而逆反心理形成并转化为相应的购买决策及行为阶段，消费者则表现为有意识地坚持逆反倾向，并为这种心理倾向付诸现实进行行动准备。这时的逆反心理是理性的、自觉的和稳定的，是公开的、合乎逻辑的态度倾向。相应的，逆反心理处于产生阶段时，尚有可能并比较容易加以调节转化；进入形成阶段后，则很难扭转和改变。

（二）消费者的逆反购买行为模式

逆反心理对消费者行为具有直接影响。一定条件下，消费者由于某种刺激因素产生逆反的心理倾向，其消费行为也会向逆反方向进行。这种逆反行为与正常的消费行为有着明显的差异。通常，正常心理作用下的消费行为，是消费者受到内部或外部因素的刺激产生需要，从而驱动行为的结果。逆反心理作用下的消费行为则完全不同。如果某种刺激因素超过消费者所能接受的限度，引起反感、抵触、排斥的心理体验，消费者就会在逆反心理的驱使下，改变行为方向，进行相反的新的决策过程。其行为模式如图 5－8 所示。

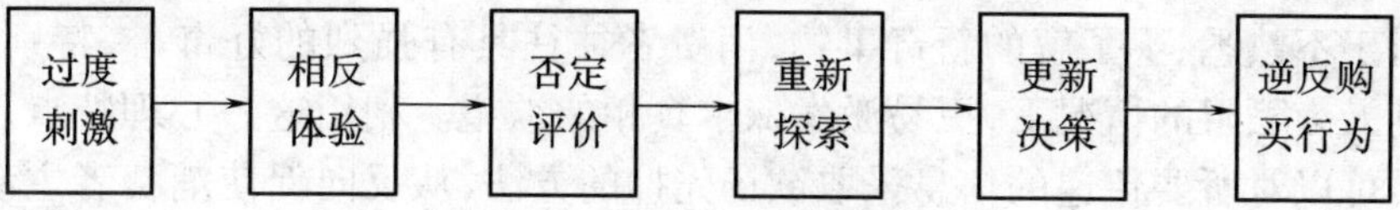

图 5-8　消费者的逆反购买行为模式

消费者的逆反行为同样要经历一系列的程序或阶段。首先，对过度刺激加以认识，并产生相反的心理体验；然后，在逆反心理的作用下，对各种消费刺激做出否定的评价；进而重新探索可能选择的各种相反的决策方案，并从中确定与刺激方向相反的最佳决策；最后，将反向购买决策付诸实施。这一模式是对消费者逆反行为的抽象概括。现实中，由于逆反心理的形成原因不同，强弱程度不一，逆反行为的表现形式也是不同的。因此，应该对各种逆反行为及其原因进行具体分析，而不宜简单套用单一模式。

三、调整逆反心理及行为的策略

逆反心理与行为是客观存在的消费现象。就企业而言，这种心理容易导致与企业营销方向相反的作用效果，因而必须高度重视，采取有效的措施予以引导和调节。同时，由于逆反心理具有可诱导性，如果善于巧妙运用，也可以使其向有利于企业促销的方向转化，甚至还可以取得其他手段无法获得的效果。因此，企业营销人员应当了解掌握消费者逆反心理的特点及其活动规律，根据各种不同的逆反行为采取相应的心理策略。

（一）根据感受限度，调节消费刺激和强度

多数情况下，逆反心理是由于刺激过度造成的，因此，适当调整消费刺激量以及刺激时间和强度，使之与消费者的感受能力相适应，是预防逆反心理的首要策略。企业营销人员切不可仅凭主观意愿，任意采取高强度、全方位、连续轰炸式的宣传促销手段，如不间断地持续播放同一内容的广告、反复劝说消费者购买某种商品、连续调低或调高商品价格等，而应该采取间断式、有节奏、适度的刺激方式，以便使消费者在接受刺激后，形成正常的心理体验和行为方式。

（二）及时采取引导和调节措施

某些逆反心理的产生，往往是由于信息获取不全面，接受了失真或错误的信息，对信息发出源不信任，或者对未来趋势有不准确的判断和预期等原因造成的。针对这种情况，营销人员应采取各种引导和调节措施，向消费者全面、准确地提供有关商品的信息，以满足消费者的知情权；应尽量选择专家、权威部门、有影响的新闻媒介，以及消费者组织或个人作为信息发出源，使消费者打消疑虑，增强信任感；同时，对消费趋势进行客观分析，帮助消费者纠正不正确的心理预期。通过有效的引导和调节，可将刚刚出现的逆反心理消除在萌芽状态中，避免其形成稳定的态度，并进一步转化为逆反行为。

（三）激发消费者好奇的逆反心理

对于不熟悉、不了解的新奇事物，消费者往往具有强烈的好奇心，特别是在信息受到人为隔阻的情况下，更易激发探求真相的欲望。利用这一心理特点，企业营销人员可以对所要传递的信息采取欲扬先抑的方法，从反向促使消费者主动寻求、接受信息。例如，某国外啤酒商别出心裁地在路旁设置小木屋，四面挖有小孔，同时贴出禁止观看的字样，过往行人出于好奇争相窥视，只见屋内置一酒桶，酒香扑鼻而来，引得人们购买欲望大增。当然，运用这种故弄玄虚的策略，必须以高质量的商品及服务为前提保证。否则，弄虚作假、名不符实，反而会弄巧成拙，使企业名誉扫地。

实例 5-2　从陌陌最新 TVC，看逆反心理营销术

“别和陌生人说话，别做新鲜事，继续过平常的生活。胆小一点，别好奇，就玩你会的，离冒险远远的，有些事想想就好，没必要改变。待在熟悉的地方，最好待在家里，听一样的音乐，见一样的人。重复同样的话题。心思别太活，梦想要实际，不要什么都尝试。就这样活着吧。”

别……别……没必要……不要……当你的耳边一遍又一遍地响起这样似曾熟悉的“唠叨”时，你会有怎样的感受？

原来，这是陌陌最新 TVC 的文案。以一段看似消极的文案、夸张刺激的画面、迷糊充满睡意的配音，一针针刺痛人们沉睡的心，企图引导人们“发现身边的新奇”。至于它的口碑反馈，可谓“毁誉参半”。有的网友大骂太消极，有的网友吐槽完全看不懂，而有近半的网友表示非常不错。但根据经验可以预测：那些骂消极的人，多数都会偷偷地使用着陌陌，去追寻新奇刺激的生活体验；那些骂完全看不懂的人，最终会偷偷看上这个广告三五遍，以证明自己的 IQ 没有问题，最终还是用起了陌陌；至于那些说非常不错的家伙，大多数不会使用陌陌，不信走着瞧！

为什么呢？陌陌运用的正是堪称“十大心理效应”之一的“逆反效应”。“陌陌”是陌陌科技于 2011 年 8 月推出的一款基于地理位置的移动社交产品。通过陌陌，人们可以认识身边的人、加入附近的群组、查看附近的留言、参加附近的活动，还可以和朋友交换各自的地理位置，用有趣的表情聊天等。2011 年 8 月 4 日，陌陌 iOS 版正式上线。截至 2014 年 9 月 30 日，陌陌注册用户总数 1.8 亿。陌陌希望对其现有用户及潜在用户传递其兴趣社交的全新定位。陌陌新 TVC 中选择的演员正是来自陌陌的深度用户，摇滚、赛车等精彩画面更是他们的本色出演。从陌生到熟悉，社交的根本最终还是会落地到熟悉上、落地到生活方式上。陌陌 TVC 选择逆反的“刺激”方式，恰恰是对精准用户痛点的搔痒，激发用户群体追求更加新奇、个性、有趣的社交生活方式。

与陌陌这样的逆反营销类似，微信在 4.2 版本时，就在开机画面中做出了：“少发微信，多和朋友见见面！”这样的提示。很多人都截屏在朋友圈、微博晒图。于是，非常勤奋地用起了微信。

1. **什么是逆反心理营销**。对于逆反效应(心理),社会心理学的解释是:人们把一个人对外界的情感与行为做出负向心理反应并影响其后续行为的现象称为逆反效应;如果用在营销上,则是指有时某些消费者对某个营销活动的刺激产生,以及营销目的相对的或相反的情绪体验和行为倾向。简而言之,对于营销者设下的引导和预期,就是“故意对着干”“反其道而行之”。而这种“对着干”则成为很多营销人士假意创意的突破口。

逆反心理是双向的,可以朝好的方向逆,也可以朝坏的方向逆。如果我们的营销行为遭到了对方真正的逆反,那就变成了“反感”;如果我们的营销行为得到积极的反应,那就是“欲擒故纵”。

2. **逆反心理营销常见策略**。越是不容易得到的东西越让我们刻骨铭心,越是容易够得着的东西我们越觉得无所谓。这样的逆反心理,促使我们不断地追求新奇、刺激。把它运用到营销之中,不仅满足了逆反、好奇之心,还使用户获得了一种通常难以得到的情感体验。同时,由于逆反促销具有少见性、奇异性,很容易形成轰动性的营销事件。而常见的操作手法可以大致分为逆常规思维、逆传统思维和逆流行思维三类。

逆常规意味着反常规、超出常理和意外。比如销售产品,正向的思维就是人要越多越好,但这种情况往往是事与愿违或者具有相当的难度。若进行逆向思考,我们的产品并不希望卖给所有人,我们的东西很有限。最开始的苹果及后来的小米手机,都很好地运用了这一思维。

3. **逆反营销案例**。在互联网领域及广泛的传统商业领域,流行着大量的利用逆反心理营销术的案例。

(1)苹果手机及其模仿者。苹果的饥渴营销在 iPhone4s 上体现得尤为突出。大规模排队、断货等现象,即便不是真正的热销,也让很多围观者产生了购买的冲动。后来的小米手机,无不是获得苹果的真传大搞饥渴营销。饥渴营销正是通过实施欲擒故纵的策略,通过调控产品的供求,引发供不应求的假象,引发消费的好奇和逆反心理,最后才是疯狂追逐。

(2)以英国 555 香烟为代表的经典。“禁止抽各种香烟,连 555 牌也不例外。”这是英国 555 香烟在很多营销教材中被广泛提及的案例,同样类似的经典故事还有某品牌手表:“这种手表走得不太准确,24 小时会慢 24 秒,请谨慎购买。”此类广告都是充分利用了逆反心理营销术的经典。

(3)互联网思维下的品牌。互联网思维火了很久,顺便也推火了这些品牌:雕爷牛腩、黄太吉等。它们的成功其实很大程度上也在于对逆反心理营销术的运用。对于雕爷牛腩:要是觉得不好吃,那就是你没品位;黄太吉:我卖的就不是口味,是梦想。

资料来源:秦海. 从陌陌最新 TVC,看逆反心理营销术[EB/OL]. http://www.tmtpost.com/123615.html, 2014-07-21.

陌陌官方网站,http://www.immomo.com/aboutus.html,2015-01-22.

(四)发挥消费者带头人作用,促成大规模逆反行为的转化

在大规模、群体性逆反行为的情况下,应该特别注意消费者带头人或意见领袖的作用。因为许多消费者之所以采取逆反行为,往往并非完全出自个人的逆反心理,而是追随大多数人行为的结果。此时,消费者的心理带有很大的盲目性、从众性。而多数人的逆反行为又经常来自对消费者带头人的仿效,或对意见领袖的服从。因此,如果能说服消费者带头人和意见领袖改变逆反态度,就能对大多数人产生广泛而有效的影响,使逆反行为在大面积蔓延时得到及时遏制,并向有利方向转化。

需要指出的是,逆反心理对于人们的消费行为,仅在一定条件和程度上起支配作用。许多情况下,逆反心理与正常心理之间具有复杂微妙的交错关系,并共同对消费者的行为发生作用。因此,过分强调逆反心理,一味依赖和利用逆反心理诱导消费者,推动商品销售是不适当的。

本章小结

态度是人们对客观事物或观念等社会现象所持的一种心理反应倾向,由感受、认同和行为倾向构成。其中,感受是态度构成的基石,认同是态度构成的动力,行为倾向是态度构成的行为准备状态。态度影响层次包括标准认知层次、消极层次和经验层次,可以用来解释形成不同态度的特定步骤。消费者态度具有社会性、价值性、相对稳定性和差异性等特征。在消费者购买行为中,态度具有认知功能、动机功能、价值观表现功能和自卫功能。

消费者态度的形成会受到其喜爱的品牌、获得的产品信息、个人经验、参照群体、大众媒体以及个性等因素的影响。消费者态度形成的典型理论主要包括认知一致性理论、认知失调理论、平衡理论、社会判断理论和多属性态度模型。

消费者态度的改变是指已经形成的态度在接受某一信息或意见的影响后而引起的变化。影响态度转变的因素包括宣传说服者、信息、渠道和信息接受者。态度的改变过程同时即是说服与被说服的过程,说服又可以分为直接说服与间接说服。消费者态度改变的典型理论模型包括霍夫兰德和詹尼斯的态度改变说服模型、精细加工可能性模型和广告导向的态度模型。

逆反心理是作用于个体的同类事物超过其所能承受的限度,从而使个体产生一种相反的心理体验。常见的消费逆反心理现象有感觉逆反、广告逆反、价格逆反和政策逆反。逆反购买行为模式可以概括为:过度刺激→相反体验→否定评价→重新探索→更新决策→逆反购买行为。企业应采取有效的措施对消费者的逆反心理进行调节和引导。

案例　明星代言负面来袭，“社交时代”品牌如何应对

进入2014年以来，娱乐圈大震频频，出轨、嫖娼、涉毒各种明星负面新闻频出；在明星们痛哭认错的背后，一场场商业危机也在接连上演。以“房东”为例，柯震东代言品牌包括炫迈口香糖、妮维雅洗面奶、阿迪达斯等19个，而房祖名也有德芙巧克力等数个广告代言在手。在社交时代，“涉毒”新闻一出，就会迅速蔓延于各种社交媒体。城门失火，殃及池鱼，这些明星所代言的品牌因此可能遭受前所未有的危机。

1. **危机2.0时代的互联网传播**。代言人出负面新闻，所代言品牌可谓躺着也中枪，如炫迈口香糖。柯震东在炫迈口香糖的广告中有一句洗脑一样的台词：吃了炫迈，简直停不下来。而网友借此恶搞“柯震东吸毒简直停不下来”的段子很快在社交网络上传播开来，而台湾媒体在得知这一消息后，竟然误认为炫迈是一种新兴毒品，在电视新闻中报道出来。这个新闻又成为新的桥段，于社交网络二次传播……

面对负面新闻时，互联网传播的及时性、不可控性、话语权的平等性等都给品牌带来了巨大的挑战，有人将此称为“危机2.0时代”。

(1)挑战一：传播的及时性。2014年6月中国社科院发布的《2014年新媒体蓝皮书》指出，中国的新媒体已进入“微”时代，微信用户已达6亿，而截至2013年年底微博用户为近3亿。在这样一个“微”时代，只要任何能引起网友兴趣的新闻都可以做到迅速传播，每一个“微”用户都可作为一个传播因子，影响到其众多的粉丝或是好友，并以此循环往复。2014年8月18日晚21点微博账号@平安北京证实房祖名、柯震东涉毒被拘留的微博，短时间内即被转发了3万余次，评论27 000余条。

(2)挑战二：传播的不可控性。在危机公关中，品牌所面临的首先是来自信息环境的挑战。传统媒体时代，大众传媒掌握在社会主流、精英人群手中，信息传播具有极大的可控性、选择性与倾向性。与此相比，社交媒体时代品牌的信息环境变得愈发复杂，信息来源首先不可控，据了解，“房东”涉毒一开始就源于一非大V微博网友爆料；其次，信息传播时间不可控，很多负面新闻都是在毫无征兆的情况下突发，令品牌猝不及防；最后，传播内容不可控，这一次的“炫迈，停不下来”的恶搞，显然已经超出了炫迈口香糖的想象范围。

(3)挑战三：话语权的相对平等性。社交时代意味着新闻麦克风已经掌握在了每个网民的手中，这样一来，无论你是谁，都可以在网上批评任何一个品牌，而你的批评还有很大机会被广泛传播,这是传统传播模式下不会发生的。还记得罗永浩与西门子冰箱的微博战争吗?最后在没有承认自身质量问题的前提下,西门子中国高层还是就相关情况做出了道歉。社交媒体已成为品牌不得不重视的公关重镇。

2. 危机管理体系和公关技巧的升级。“企业要想在危机 2.0 时代摆脱弱者的无力境地,需要的是升级自己的危机管理体系,在原有的体系里加入‘社交媒体’一层面,这层新东西有着传统危机处理绝不会有的特点,就是企业自己控制的主场——自媒体平台。”褚文表示。

要想在传播速度以分秒计算的社交网络上找到自证的机会,企业处理危机的速度也需要在电光石火之间完成。而像发表声明这种自证,任何媒体都快不过自己的媒体。

由于网络信息传递的快速和碎片化特点,网民在看到企业的负面信息时,往往会在知晓片面信息时便开始质疑。一个自媒体平台除了要让企业尽快发声外,也要让消费者了解到危机事件的真实情况。

(1)速度:72 小时理论。危机公关有著名的 72 小时理论,即 72 小时是企业危机公关的黄金时期,一旦过了 72 小时,企业的危机会随着新信息的替代而成为旧新闻。如果企业挺过了 72 小时,对于旧新闻就不必回应了,如果 72 小时后信息仍在“发酵”,说明这次危机是实实在在厉害的。然而,在“微”时代,信息不等人,72 小时恐怕要被改写为 24 小时,甚至更短。所以,企业处理危机,公关时间把控至关重要。

“房东”涉毒新闻一出,各方也密切关注了柯震东所代言品牌的快速反应能力,各家自扫门前雪,但时间和态度各不相同。近 20 个品牌中,妮维雅在时效性上绝对胜出,@平安北京 8 月 18 日晚 21:00 发出微博证实此事,@妮维雅男士官微于当天晚上 23:33 发布声明。据不完全统计,在柯震东代言的诸多品牌中,可能只有@妮维雅男士一个品牌利用微博进行了公开声明,当然这也决定了该品牌的反应时间最快。

(2)态度:用好 140 个字。作为自媒体,官方微博、微信都正在成为品牌危机公关中最方便、最灵巧的工具。虽然微博可以外挂长微博,虽然微信可以点开“阅读全文”,但在“微时代”,人们没有耐心再去阅读长篇大论,短、平、快的文字风格或许更受欢迎。

社会化媒体需要的是“140 个字”的文案艺术,品牌没有整版的空间介绍故事的来龙去脉,而应在短短的“140 个字”之内,对不同利益群体统一传递关键信息,同时兼顾官方声明的严肃性和人性。

前面已提到,柯震东所代言的品牌,除@妮维雅男士,其他品牌均未就此在社交媒体上公开表态,这其中很可能是出于“对负面新闻避犹不及”的心态,反观@妮维雅男士第一时间在微博发布“关于柯震东先生违反《中华人民共和国治安管理处罚法》事件的声明”,直面危机,效果似乎更好一些。在声明中,妮维雅表示,“获悉柯震东先生因违反《中华人民共和国治安管理处罚法》被北京警方行政拘留,我们对此事件深感震惊和惋惜。我们期望柯先生能勇敢承担错误,积极改正,重回人生正轨。妮维雅男士始终以推广健康、积极、负责的生活态度和价值观为己任，并一如既往地为中国男性提供创新卓效的个人护理产品。”值得注意的是，在这120字的声明中，妮维雅用了50字来阐述了品牌价值观——健康、积极、负责，每一词都是在说品牌自身，也侧面影射柯震东涉毒事件，可谓一语双关。反应速度之快，并没有妨碍@妮维雅男士官方对于每一个字的斟酌。

(3)角度：大数据探舆情。由于信息的传播加快和自媒体的发展，对网络舆情的监测也显得更加重要。品牌如果缺乏对网络舆情的监测，不了解其利益相关者在社会化媒体上的最新动态，在危机突发时就容易措手不及，无法应对。

在危机爆发之后，品牌同样可以针对社交媒体用户，在第一时间做到知己知彼。为此，公关界提出“首轮用户传播比例”的概念。比如，某品牌的消费者总量大约2亿，其负面事件被传统媒体报道后，在6小时内引发超过10万条社会化媒体讨论，进而引起传统媒体大规模的二次报道。第二波大规模媒体报道标志着危机正式爆发，而“第一传播周期”的时间被定义为6小时，而“第一传播周期”的“首轮用户传播比例”就应该定义在5‰(10万除以2亿)。这个数据不是一成不变的，而应该随着消费者数量的增加和每次危机的统计数据进行更新。

以当年的三鹿毒奶粉事件为例，在第一传播周期内，还只是三鹿消费者关注产品质量层面，而二次危机后则演变为“公众关注”，也就是三聚氰胺行业潜规则，其间的界定就是以“首轮传播比例”为分界。这个比例也并不是拍脑袋得出的数字，而是根据最近发生过的危机计算出的比例。

危机来临后，品牌可以根据这一比例，通过对社交媒体上的网民讨论量进行统计，进而研判这一次危机的严重程度。我们相信，这一次如果炫迈口香糖在“恶搞段子”出现前后进行数据统计，得出的结果应该大不一样吧。

(4)温度：巧妙化解危机。首先，社交媒体时代，每个品牌都拥有了自己的发声渠道。文章出轨事件一开始被声称“周一见”，但远未等到周一，消息已在网络上铺天盖地。反过来，品牌在进行危机公关时也是一样，“借主流媒体发声”不再成为必要，官方微信、微博发一条消息，即可广而告之。2012年央视3·15按照惯例对诸多品牌集中曝光，麦当劳两小时内通过官方微博发表道歉声明，第一个做出回应，及时安抚网民情绪，当然也在短时间内迅速化解了危机。

其次，拥有了自媒体，“我的地盘我做主”，品牌也可以充分利用创意化解危机，形式更为丰富，手法更为巧妙。2012年下半年，网络上出现了不少关于神州租车的负面新闻和评论，12月4日，神州租车CEO陆正耀在个人微博连发“愤怒的老陆”系列海报讽刺竞争对手，图文并茂，从“愤怒”到“绝杀”，这种带有明显情绪倾向的公关方式相较传统公关而言，新颖有趣，一经发布，迅速引起网民关注及转发。

相对于传统媒体时代，微时代危机公关有以下三个要点。

第一，重视意见领袖的作用。奥美公关曾对50个危机案例进行分析，结果发现均有媒体官方微博的参与。在微时代，传统媒体已经将其积累的线下影响力带到了社交媒体，并在微时代的危机传播中发挥着重要的推动作用。在意见领袖参与传播后,关于危机的平均讨论声量增加了37倍,平均持续时间延长了6天。意见领袖的参与数,与危机的讨论量呈正相关,至于这个讨论是正面的还是负面的,还要取决于事态发展以及公关的引导。

第二,语气要人性化。在社会化媒体上发布的媒体声明要视危机场景而定,不要千篇一律地严肃、八股。很多企业的危机声明是“八股式”的,比如前几句表立场,后几句表处理方式等,甚至还有法律部门要求的“理直气壮”之意味。请想想,危机声明是在社会化媒体上发布,它需要更人性化,“个性化的语言”的本质是真诚,让消费者感受到“温度”。

第三,不要忽略周末。传统媒体时代,遇到周末,报纸会缩版,电视台的民生节目会砍掉或缩短,但社会化媒体时代,大家拿起手机,等公车时就可以刷微博。所以,请不要掉以轻心,万一你的公司在周六、周日发生了危机事件,怎么办?

资料来源:苏落. 明星代言负面来袭?“社交时代”危机公关手册[EB/OL]. http://bschool. hexun. com/2014 - 10 - 16/169390842. html,2014 - 10 - 16.

案例讨论:

1. 代言明星的负面新闻,对消费者关于品牌的态度会产生什么影响? 对其所代言的品牌又会造成什么样的威胁?

2. 根据案例,请分析影响消费者态度改变的主要因素有哪些?

3. 根据态度形成和改变的相关理论,结合社会化媒体时代中消费者的特点,请分析品牌应如何借助社交媒体影响消费者和大众的态度?

4. 你认为代言明星发生负面新闻后,品牌是否应立即取消与该明星的合作,为什么?

5. 互联网时代,品牌还需要明星代言人吗?

思考题

1. 简述消费者态度的内涵、构成要素、层次及功能。

2. 消费者态度形成的主要影响因素是什么?

3. 消费者态度形成的主要理论有哪些?

4. 消费者态度的改变受哪些因素影响,改变的途径是什么?

5. 试论述霍夫兰德和詹尼斯的态度改变说服模型。

6. 简述精细加工可能性模型和广告导向的态度模型。

7. 什么是逆反心理? 现实生活中,消费者的逆反心理有哪些表现形式?

8. 逆反心理对消费者行为有何影响? 企业应如何调节和引导消费者的逆反心理?

第六章

消费者的自我概念与生活方式

★ 本章要点和学习要求 ★

自我概念对消费者的购买行为和购买决策会产生影响,他们倾向于购买能够增强自我概念的产品,回避与自我概念不一致的产品。生活方式关注消费者如何使用和分配有限的时间和金钱,对消费者行为的方方面面都可能产生影响。本章对自我概念和生活方式进行详细介绍,通过对本章内容的学习,学生应当理解消费者自我概念和生活方式的含义,掌握自我概念和生活方式测定的基本方法,了解消费者自我概念和生活方式的营销战略意义,能够根据消费者的自我概念和生活方式进行相关营销策略的制定。

第一节 消费者的自我概念

每个人内心深处都有关于自我形象或自我概念的看法。在消费活动中,这些自我概念影响着消费者的购买决策和购买行为。本质上,消费者倾向于购买能够加强自我概念的商品,回避与自我概念不一致的商品。正是在这个意义上,研究消费者的自我概念对企业营销活动具有重要作用。

一、自我概念概述

(一)自我概念的内涵

美国心理学家詹姆斯(William James)最早于1890年提出自我有两个不同的方面,即主体我(I)和客体我(Me)。"主体我"作为代理者(agent)、行动者或心理功能的执行者,具有一定的功能,如控制冲动、计划未来,监控并评价自己的进步;"客体我"作为一个对象,包括三种形式:①精神的我,由个人目标、抱负和信念等组成；②物质的我，是指个人的身体及其属性；③社会的我，即他人所看到的我。

英国理论家库利（Charles Horton Cooley）从自我和社会之间的关系上理解自我概念，认为自我和社会的概念相互联系，难以分割。1922年，库利提出"镜像自我"的概念，认为"自我知觉的内容，主要是通过与他人的相互作用这面镜子而获得的。通过这面镜子，一个人扮演着他人的角色，并回头看自己。"也就是说，自我概念是他人判断的反映，这里强调的是我对自己的看法反映着他人对我的看法。罗森堡（Rosenberg）认为，自我概念是反省活动的产物，这个产物具体地说是个体所具有的关于他自己的、作为一个生理的、社会的、道德的和存在着的人的概念。因此，自我概念是个体关于自己作为客体的思想和情感的总和。西尔（Sirgy）则把自我概念定义为与个人的自我认识有关的内容，是个人自我知觉的组织系统和看待自己的方式，他将自我概念分为真实自我、理想自我和社会自我。其中，真实自我是指个人对自己主观的认知，也就是我觉得自己是怎样一个人；理想自我是指个人所希望达成的圆满形象，也就是我希望自己成为怎样一个人；社会自我是指他人对自己的看法，也就是我觉得别人认为我是怎样一个人。

从以上学者对自我概念的理解可以看出，个体的自我概念实际上是在综合自身、他人或社会评价的基础上形成和发展起来的。一般认为，自我概念也可以称为自我形象，是指个人对自己的能力、气质、性格等个性特征的感知、态度和自我评价，也就是说，个体如何看待自己，比如，美还是丑、胖还是瘦、能力一般还是能力出众，等等。自我概念回答"我是谁"和"我是什么样的人"一类的问题，它以潜在的、稳定的形式参与到行为过程中，对人们的行为产生极为深刻的影响。

（二）自我概念的影响因素

自我概念是个体自身体验和外部环境综合作用的结果，是个人在社会化过程中，对自己的行为进行反观自照而形成的。具体来说，自我概念的形成受到以下方面的影响。

1. 通过自我评价来判断自己的行为是否符合社会所接受的标准，并以此为基础形成自我概念。个体会自动把有的行为归入社会可接受的范围，有的行为则归入社会不可接受的范畴。通过对自身行为的不断观察、归类和验证，个体就形成了有关的自我概念。

2. 通过他人对自己的评价来进行自我反应评价，从而形成了自我概念。自我评价受他人评价影响的程度取决于评价者自身的特点和评价的内容，一般来说，评价者的权威性越强，与被评价者的自我评价一致性越高，对被评价者自我概念形成的影响程度越大。

3. 通过与他人的比较观察而形成和改变自我概念。个体对自身的自我评价还受到与他人比较的影响，个体对自身的评价与和他人的评价相比，超过或逊于他人,都会在一定程度上改变个体的自我评价,并驱动人们采取措施来修正自我形象。

4. 通过从外界环境获取有利信息来促进和发展自我概念。受趋利避害的心理趋势影响,个体一般希望能够从外界环境中寻找符合自己意愿的信息,对与自己意愿相反的信息则选择主观忽视,以此来证明自己的自我评价是合理的、正确的,这一现象证明了人们经常从自己喜欢的方面来看待和评价自己。

(三)自我概念的构成

关于自我概念的研究发现,消费者不仅仅有一个自我概念,人们在不同的场合和环境下拥有实际的、理想的、社会的、期待的等多重自我。多重自我概念意味着消费者在不同场合,行为表现会有所不同。比如,年轻的经理早上去上班,他自豪地穿上阿玛尼(Armani)西服,因为他感到该品牌符合他的身份,而到晚上与朋友在一起时,他想给人一种不同的形象,便穿上利维(Levis)牛仔裤与保罗(Polo)衬衣。

1. 实际的自我概念。实际的自我是指个人对自己主观的认知,也就是我觉得自己是怎样的一个人。不过,这种自我观感不见得与想象中他人对自己的观感一样,其中可能存在着很大的差距。倾向真实自我的消费者更倾向于客观、独立地评价产品的特性和功能,消费者决策时更多考虑自我的现实需求,注重产品的实用性,购买动机以求实动机为主。一般而言,在购买日常用品时,消费者经常会受到实际自我概念的指导。

2. 理想的自我概念。理想的自我是指个人所希望达成的圆满形象,也就是我希望自己成为怎样的一个人。倾向理想自我的消费者更注重产品或品牌表现理想自我的象征意义,更多考虑自我的内在需求,注重产品的独特性。例如,万宝路香烟成为世界强势品牌的主要原因是强化了"真正男人"这一理想的自我概念,从而被男性消费者广泛接受。理想自我的消费者偏好进取性的广告主题,表现强调自我促进的信息和目标,在面对风险决策时,更容易采取冒进性的消费决策,因此也容易产生冲动型购买。

3. 社会的自我概念。社会的自我是指他人对自己的看法,也就是我觉得别人认为我是怎样一个人。倾向于社会自我的消费者更容易受到参照群体的影响,注重产品的社会性象征意义及其社会影响,以及如何有利于建立和维护消费者同集体和他人的关系。在进行购买决策时,消费者会更多地考虑社会规范和他人的影响,以及后果对于自己的声誉和与他人关系的影响,因此不易采取冒险的消费决策,冲动型购买较少。

4. 理想的社会自我概念。理想的社会自我是指期望别人如何看待自己。理想的社会自我与实际的社会自我很可能会不一致,其不一致的程度越高,消费者越有可能通过购买和使用一些产品,来改变和调整自己的社会自我形象。比如,一个男孩可能为了使自己更像或更符合成年人的形象而选择抽烟。

5. 期待的自我概念。期待的自我是消费者期待在将来如何看待自己,是介于实际的自我与理想的自我之间的一种形式。期待的自我折射出个体改变“自我”的现实机会,因此,它是影响消费者行为动机的力量。比如,一个小孩子往往会因为希望自己强大而喜欢“奥特曼”,希望自己聪明而迷恋“喜羊羊”,因此,以“奥特曼”和“喜羊羊”为标志的相关产品总是会受到很多小朋友的青睐。

西尔等人(Sirgy et al. ,2000)认为,人的整个自我态度(如自尊和自我满足)就是关于实际的自我与理想的自我或社会的自我的关系的主观判断,其中,理想的自我是实际的自我的比较参考点。通常情况下,消费者都具有从实际的自我向理想的自我转化的意愿和内在冲动,这种冲动成为消费者不断修正自身行为,以求自我完善的基本动力。比如,一个人想成为一个现代派的、非常有经验的、精于世故的人,而实际上他知道自己是一个普通的、平易的和朴素的人。为了缩短真实的和理想的形象之间的差距,他可能会改善衣着、搬进现代化套房、读几本好书、修一两门扩大知识面的课程,还可能对每年去外国旅游感兴趣。

不仅如此,消费者还力求使自己的形象符合他人或社会的理想要求,并为此而努力地按照社会的理想标准行动。正是在这些意愿和动机的推动下,自我概念在更深层次上对消费者的行为产生影响,制约和调节着行为的方式、方向和程度。从消费者行为学来讲,个体拥有许多不同自我的观点,这让市场营销者知道,应该在某个自我形象范围内锁定目标消费者,调整产品和服务;在某些情况下,需要针对不同的自我提供不同的产品和服务。

二、延伸的自我与产品象征性

在很多情况下,消费者购买产品不仅仅是为了获得产品所提供的功能效用,而是要获得产品所代表的象征价值。事实上,消费者使用的产品与一个人的自我形象之间存在着某种联系。比如,穿上耐克运动鞋的年轻人,会觉得自己更加动感、时尚,更加吸引人;拥有奔驰、宝马高级轿车、戴劳力士手表的人会感觉自己更成功、更优秀。一些学者认为,某些产品对拥有者而言具有特别丰富的含义,他们能向别人传递关于自我的很重要的信息。

贝尔克(Belk)用延伸自我(extended self)这一概念来说明这类产品与自我概念之间的关系。贝尔克认为,延伸自我由自我和拥有物两部分构成。换句话说,人们倾向于根据自己的拥有物来界定自己的身份(self identity),某些拥有物不仅是自我概念的外在显示,同时也是自我身份的有机组成部分。消费者会借助于这些具有象征性的产品来表达和传递某种意义的信息,包括自己的地位、身份、个性、品位、情趣和认同。在某种意义上,消费者是什么样的人是由其使用的产品来界定的。如果丧失了某些关键拥有物,那么,他或她就会情绪低落、有挫折感、失去控制、感觉被侵犯,甚至会觉得失去了自我。表 6 - 1 显示了从一个测量工具中所选取的实例,这个测量工具用来反映特定的所有物(如手表)如何可能成为一个人自我延伸的一部分。

表 6－1 延伸自我调查问卷示例※

我的________对我有特殊意义。
我的________是我身份的关键。
我对我的________有特殊的感情。
我的________让我能更加靠近自己的奋斗目标。
如果我的________不幸失窃,我会感觉自己的一部分被偷了。
如果没有________,我将是另外一个人。
我对我的________非常在意。
我信任我的________。

※ 基于从同意到不同意的 6 分量表。

资料来源:利昂. 消费者行为学[M]. 江林,译. 10 版. 北京:中国人民大学出版社,2011.

产品的象征性意义对于消费者的重要性可以用图 6－1 加以说明。图 6－1 主要由三部分组成,即消费者的自我概念、参照群体、具有象征性价值的产品。

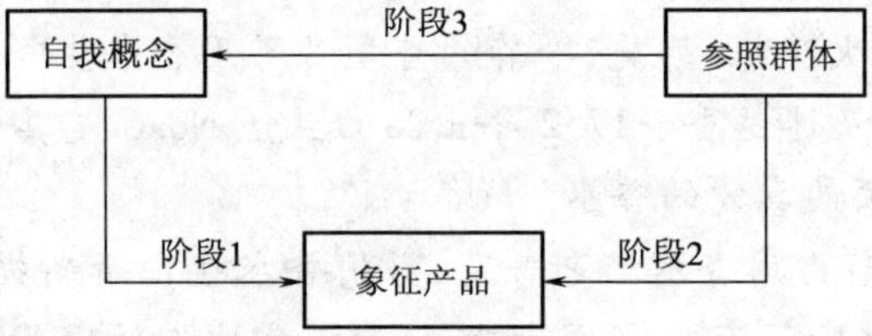

图 6－1 自我概念与象征产品

资料来源:JOHN C MOWEN, MICHAEL S MINOR. 消费者行为学简明教程[M]. 北京:清华大学出版社,2004.

消费者首先会购买能体现与自我一致性的、具有某种能够向别人传递其自我概念的产品;然后,具有形象性价值的产品作用于参照群体,并使他们产生某种体验;最后,参照群体根据自己的体验将产品所具有的形象性价值看作是其自我概念的一部分。这个过程对消费者的购买行为会循环地产生影响。最后一步对于消费者的作用无疑是一种强化,进一步坚定了消费者对自我概念的认识,从而导致他再次购买类似体现这一形象的产品。这实质上也反映了自我概念在消费者行为中的地位。因此可以说,消费者的消费行为就是为了拥有某种产品并通过产品的形象性价值向社会传递关于消费者自我概念的不同方面。

当然,并不是所有的产品都能成为传递消费者自我概念的符号或者象征产品。一般说来,能够传递消费者自我概念的象征性意义产品应该具有以下二个方面的特征。

第一,具有使用可见性。也就是说,它们的购买、使用和处置很容易被人看到。

第二,具有差异性。换句话说,由于资源禀赋的差异,某些消费者有能力购买,而另一些消费者则无力购买。如果每个人都拥有“宝马”“奔驰”轿车,那么这些产品的象征性价值就丧失殆尽了。

第三,具有拟人化性质,即能够在某种程度上体现一般使用者的典型形象。如汽车、珠宝、香烟、酒、名牌手表和名牌手机等产品均具有上述特征,因此,它们很容易被人们作为传递自我概念的象征品。

实例 6－1　男士香水

现今越来越多的男士开始注重服装以外的形象包装,香水正被更多的男士接受和喜爱。男士选用香水往往比女性更注重品牌和内涵,他们一方面担心廉价品太脂粉气惹人笑话,另一方面坚信名牌香水的高雅乃是一种身份和品位的标志。以下是几种国际市场上经久不衰的男用香水品牌。

1. 切维浓。即城市猎人,是来自法国的前卫男用香水系列。具有清新敏感的芳香,赋予不可思议的男性魅力。它浪漫,潇洒不拘,传达出代表 20 世纪五六十年代的美国式梦想和精神,更有一种追求悠闲年代的生活品位。

2. 哈利。它不仅是好莱坞明星、流行歌手们最喜欢的香水,亦是企业家、社会名流、上层社会男士常备的香水,这种香水象征着成就与权力。

3. 兰堡 No. 6。火辣辣、鲜美、冷静的香型是男用香水生气勃勃的标志,其配方多采用柠檬、橙花油及迷迭香。1752 年出品的兰堡 No. 6 是其代表,它是美国第一任总统乔治·华盛顿最喜爱的香水。

4. 兰德尔。随着男用香水渐渐普及,男用香水也由清新提神作用转为性感魅力的标志。这种香水除了有熏衣草油外,还有一定比例的橙花油和檀香。

5. 凯热 No. 10。这种香水推出时,打着为知识男性服务的口号,它的征服者包括指挥大师赫伯特·冯·卡拉扬。

6. 蒂芙尼。优雅的欧洲绅士风格,以玫瑰香型为主,混合森林环保基调。

三、自我概念的营销启示

(一)自我概念与品牌定位

人们可能从消费者所使用的品牌、他们对不同品牌的态度,以及品牌对他们的意义等方面来判断他们的自我形象。消费者对自己具有明确的认知,在选择品牌时会考虑这个品牌是否适合自己的“自我形象”,他们只会购买有助于完善自己形象的品牌。消费者会倾向于购买与自我概念相一致的品牌,因此,营销的目标就是努力塑造品牌形象,并使它与消费者的自我概念相一致(如图 6－2 所示)。

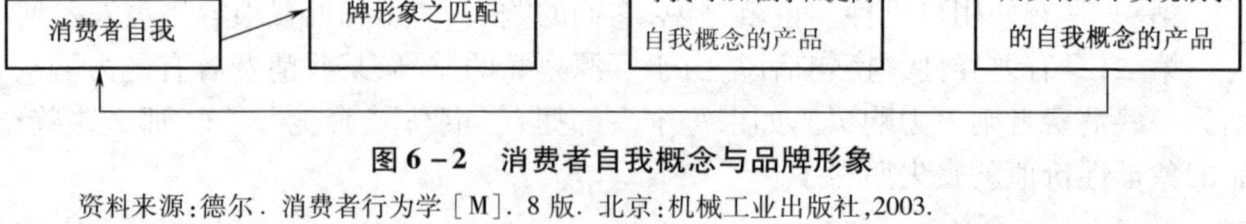

图 6－2　消费者自我概念与品牌形象

资料来源:德尔. 消费者行为学[M]. 8 版. 北京:机械工业出版社,2003.

（二）自我概念与广告策略

由于消费者的自我概念与消费者行为之间存在的联系，营销人员在制定广告策略时可以使广告信息与广告说服对象的自我概念相吻合，以促进广告的说服效果。夏维特（Shavitt）和布罗克（Brock）曾经做过一项实验。在实验中，广告信息被分为自我信息、产品信息和操作信息三类。他先让 94 名美国妇女看 7 部广告片，然后要求这些人评价所看到的广告，并指出对广告产品的购买意向。研究结果表明，由于广告中的自我信息与消费者自身因素密切相关，容易引起消费者的自我介入，因而会产生良好的说服效果。例如，劲霸男装"给你这样的男人"的系列广告分别展示了妻子的好丈夫、孩子的好父亲、朋友的好兄弟等积极上进、阳光自信的男人形象，代表了消费者心中的理想的自我形象，由于广告信息与消费者理想的自我概念相一致，从而深入人心，起到了很好的说服作用。

（三）自我概念的营销战略意义

营销者可以根据拥有相似自我形象的消费者进行市场细分，将产品或服务定位于这些自我形象的代表。这个战略与市场营销者先评估目标消费者群的需要（产品的种类和所代表的消费者自我形象），再开发和营销满足这一标准的产品或服务相一致。在商品销售中，了解消费者的自我概念，向消费者推荐最能反映其形象特征的产品，是推销商品成功的要诀。

实例 6－2　Zippo 转型生活方式品牌

全球知名防风打火机品牌 Zippo，自 1932 年创立至今，售出的防风打火机数量已近 5 亿。Zippo 品牌的忠实消费者具有某些共同特征，其全球营销总监大卫・布鲁斯・沃菲尔（David Bruce Warfel）说："他们往往更坚强、更自信，只是话有点多。他们值得依赖，当你有了困难，他们会第一时间出现在门口。他们是那种人——当你是一个小孩子的时候，你会说'看，我就要成为像他那样'的人。"

购买 Zippo 的人群十分广泛，但 Zippo 将品牌活动传播目标则锁定在 18～24 岁的年轻男性人群。为了能够使品牌紧密跟随年轻消费者，Zippo 邀请大学生设计产品外观，选择青年人喜欢的 7－11 便利店作为销售渠道，2008 年 App Store 刚刚兴起时，Zippo 开发的虚拟打火机应用一年内下载量突破 300 万次。

现场摇滚音乐会是 Zippo 在中国的营销重点。这样的选择与 Zippo 的消费者定位有关。大卫说，"Zippo 的消费者通常更自信，可能喜欢运动、上网、阅读、电影，但首先他们每个人都喜欢音乐。"Zippo 钟情于摇滚乐，与其历史上在摇滚乐坛的影响密不可分。20 世纪 60 年代，摇滚音乐演出自发地流行一种文化：每当音乐会进入高潮时刻，乐迷们便会自发点燃 Zippo 打火机欢呼、跟唱，这种后来被称为"Zippo 时刻"的姿势，很快随着摇滚乐流行传至世界各地。

资料来源：杨丽媛．Zippo 转型生活方式品牌[J]．成功营销，2011，3（1）：60－61.

四、自我概念的测量

根据消费者的自我概念制定营销策略，要求营销人员对消费者的自我概念和消费者认为产品所代表的形象进行测量和评估。美国学者马赫塔(Malhotra)设计了一种既可以衡量自我概念，又可以衡量产品形象的语义差别量表，见表6-2。

表6-2　测量自我概念和产品形象的马赫塔量表

1. 粗糙的	1	2	3	4	5	6	7	精致的
2. 兴奋的	1	2	3	4	5	6	7	平静的
3. 不舒适	1	2	3	4	5	6	7	舒适
4. 支配的	1	2	3	4	5	6	7	顺从的
5. 节制的	1	2	3	4	5	6	7	放纵的
6. 喜悦的	1	2	3	4	5	6	7	不喜悦的
7. 入时的	1	2	3	4	5	6	7	过时的
8. 有组织	1	2	3	4	5	6	7	无组织
9. 理智的	1	2	3	4	5	6	7	情感的
10. 幼稚的	1	2	3	4	5	6	7	成熟的
11. 正式的	1	2	3	4	5	6	7	非正式的
12. 正统的	1	2	3	4	5	6	7	随便的
13. 复杂的	1	2	3	4	5	6	7	简单的
14. 无色彩	1	2	3	4	5	6	7	有色彩
15. 谦虚的	1	2	3	4	5	6	7	自负的

资料来源：N K MALHOTRA. A scale to measure self-concepts, person-concepts, and product-concepts[J]. Journal of Market Research, 1981(16): 456-464.

表 6-2 是由 15 对相对应的形容词组成的一个语义区分量表。测验时，要求消费者在量表上评估自我概念，然后在同一量表上评价一个或多个品牌，品牌的反应模式与自我概念匹配程度最大的，就是消费者所偏爱的品牌。用该量表调查消费者，可以获得消费者所期望的产品形象方面的信息，也可以了解消费者对现有产品的评价，从而找出产品形象改进的方向，更好地满足消费者需求。

第二节 消费者的生活方式

20 世纪 50 年代以前，大多数营销实践是以人口统计变量(demographic)为基础进行市场细分和营销决策的。然而，基于人口统计变量的市场细分只能为理解消费者提供有限的信息，要理解消费者想买什么、为什么买、哪种广告信息对消费者最有效等，人口统计信息是远远不够的。20 世纪 50 年代之后，人们开始对个性与消费者行为的关系进行研究。然而，应用个性特点解释消费者行为的方法还存在一些不足，因为个性是一个比较稳定的概念，个性理论主要描述的是一种比较长久的行为模式，而且在很多情况下，个性研究的焦点集中在那些异常的、非典型的行为上，而消费者的行为更多的是普通的日常行为，因此研究人员试图通过研究消费者如何生活、消费与娱乐来研究他们的消费行为，并对其进行细分。20 世纪 60 年代，生活方式研究被引入营销领域，成为理解市场动态和消费者行为差异化、制定营销决策的重要手段。

一、生活方式的含义、特征和研究的类型

(一)生活方式的含义

生活方式的概念与研究最初起源于心理学与社会学。心理学家安德勒(Adler,1927)首先提出，生活方式是指个人认知于一定的社会、文化空间下所显现的外在形态；拉泽(Lazer,1963)最早研究了生活方式和营销的关系。他认为，生活方式是一个系统的概念，代表着某一个群体或社会阶层在生活上所表现出来的特征。这种特征具体表现在一个动态模式中，是文化、价值观、人口统计变量、社会地位、参照群体、家族、人格、动机、认知、学习及营销活动等各个层面交互影响的综合体；所罗门(Solomon,1999)认为，“生活方式是一个人分配时间和金钱的方式”，人们会根据自己喜欢做的事情决定如何打发时间、如何花销可支配的收入等，将自己归入一个特定的群体当中；菲利普·科特勒(Kotler,1996)认为生活方式是由人的心理图案反映的生活形式，包括消费者活动、兴趣和观念；钱尼(Chaney,1996)指出生活方式“可用以区分人群的行为模式……生活方式帮助我们了解人们做些什么、为何做某些事，以及这些行动对于他们自身以及他人的意义”；霍金斯、贝斯特和科尼(Hawkins & Best & Coney,2001)认为，生活方

式是自我观念的具体表现，由过去经验、内心特征和当时情景共同塑造成型，足以影响消费行为的各个层面。

上述关于生活方式的概念虽然表述不同，但基本都揭示了生活方式中的个体差异与群体共性、生活方式与消费选择之间的关系。在营销中，一般认为生活方式是指个体在成长的过程中，在与社会诸因素（文化、价值观、人口统计特征、个性特征、社会阶层和参照群体等）交互作用下表现出来的活动、兴趣和态度模式；而消费者的生活方式则主要关注消费者如何生活、如何花费、如何消磨时间等外显行为，反映了消费者的活动、兴趣、意见等方面的特征。

生活在一定文化和社会背景下，具有自我个性特征和人口特征的消费者总是会追求自己的生活方式。对生活方式的追求影响他们的需求、欲望，进而影响他们的购买决策和消费行为，同时，这些购买决策和消费行为又反过来强化或改变消费者的生活方式（见图6－3）。

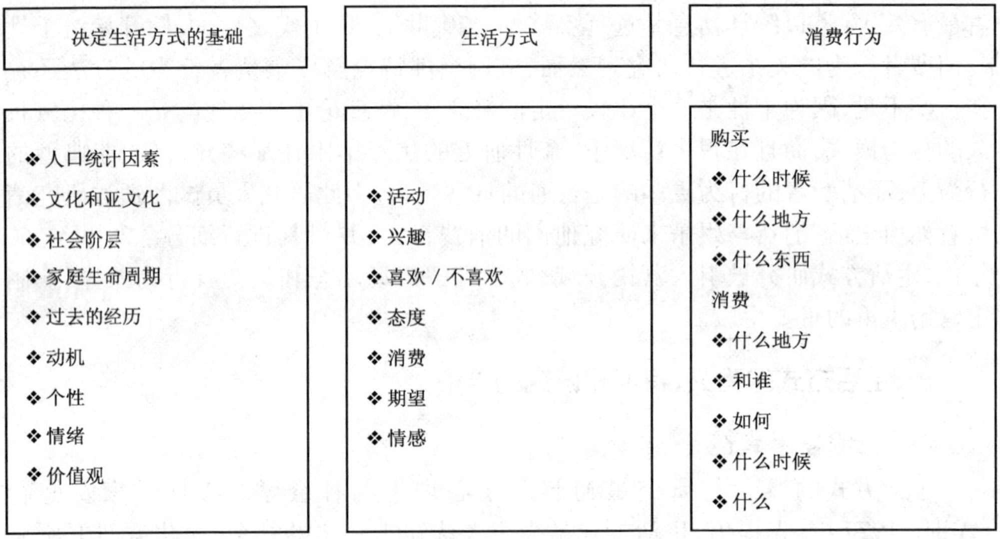

图6－3 生活方式和消费过程的交互影响

资料来源：德尔．消费者行为学［M］．8版．北京：机械工业出版社，2003.

实例6－3 网购与消费者生活方式

“网购”使得购物场所与家庭日常生活的边界模糊，家庭也是购物的场所。甚至只要能接入互联网，任何地方都可能成为购物的场所（如通过手机客户端下订单）。

消费领域与日常生活，尤其是与家庭生活领域的界限也模糊化了。“网购”有时就像打开冰箱门拿出一个苹果吃那样的简单；“网购”既是消费过程，也是享受闲暇或打发时间的过程；“网购”可以在床上进行、在沙发上进行、在餐桌上进行，甚至可以在马桶上进行。如此一来，消费意识和消费行为也越来越像日常生活那样，以“惯例”（conventional）的方式存在和发生。

网购还使得消费者和生产者的角色产生了交叉。消费者为商品的销量做出了贡献，再加上购物完成后的评价和留言，某些消费者为商家吸引新的消费者提供了信息基础，进而其也成了生产者的一部分。在某种意义上，消费者成了商品的部分，消费者为商家包装了商品，还给商品做了免费广告。

资料来源：王建民."网购"与消费社会的支配逻辑[J].新视野，2016,3(6):50－56.

（二）生活方式的特征

从社会心理学的角度，费尔德曼和蒂尔巴(Feldman & Thielbar,1971)概括了生活方式的四个特点。

1. 生活方式是一种群体现象。一个人的生活方式受到他所在的社会群体，以及与其他人之间的关系的影响。

2. 生活方式覆盖了生活的各个方面。一个人的生活方式使他在行为上表现出连贯性，因此，当我们知道一个人在生活某方面的行为方式时，就可以推断出他在其他方面的行为方式。

3. 生活方式反映了一个人的核心生活利益。许多核心利益塑造了一个人的生活方式，如家庭、工作、休闲和宗教等。

4. 生活方式在不同人口统计变量上表现出差异，包括年龄、性别、民族、社会阶层、宗教和其他决定因素。另外，社会变迁也会导致生活方式的改变。

（三）生活方式研究的类型

生活方式的研究主要有两种类型：一种是一般化的生活方式研究；一种是特殊化的生活方式研究。

1. 一般化生活方式研究(general life style research)主要用于比较广泛地了解消费者日常的个人活动、兴趣、意见等生活全貌，借以找出某些共同的价值，并将有类似行为与观念的消费者归为一类，作为市场细分的基础。

2. 特殊化生活方式研究(specific life style research)主要针对特定的群体，着重于消费者对某一特定产品相关的反应，一般广告公司经常为细分客户分析其产品使用者的生活方式。这种专属化的做法，可以锁定经营人们有兴趣的某一类或者某一种产品，非常明确有效，但研究结果只对这一种或者一类产品有效，无法用于其他类似产品。

二、生活方式的测量

对消费者的生活方式进行测量的主要方法有 AIO 法与 VALS 法。

（一）AIO 法

最早的生活方式测量方法是 20 世纪 60—70 年代发展起来的心理地图方法。而在心理地图方法中，有一种很重要的测量方法是对消费者行为、兴趣、看法的测量，也称为 AIO 分类方法。AIO 方法的基本思想是通过消费者的活动(activity)、兴趣(interest)和意见(opinion)来描述其生活形态。

活动是指一种具体的行动,如购物消费、与亲友进行产品信息的交流等。通过向消费者询问有关活动的问题,指出消费者日常参与哪些活动,如何分配他们的时间与金钱。比如,你每年读多少本书?你经常去购物吗?你经常去本国之外的国家度假吗?你经常听流行音乐吗?

兴趣是指人们对某些事或主题的兴奋程度,可使人们产生特殊且持续性的注意。兴趣的问题集中在消费者的偏好、优先考虑的问题上。比如,对你来说尝试新的食物很重要吗?对你来说出人头地是很重要的事吗?你愿意周末待在家里还是出去玩?你对最新的时尚趋势很感兴趣吗?

意见是指个人对外界刺激所引起的问题给予口头或书面的表达,有关意见的问题可用于描述人们对事件的解释、期望和评价,反映了人们如何看待他们自己和他们周围的世界。比如,你认为一个女人应该待在家里吗?

活动、兴趣、意见三个方面包括的要素如表6-3所示。

表6-3 AIO清单的主要构成要素

活动	兴趣	意见
工作	家庭	他们自己
嗜好	家务	社会问题
社会事务	工作	政治
假期	社区	经济
娱乐	时尚	商业
俱乐部会员	食物	教育
社区活动	媒体	产品
购物	成就	未来
体育运动	休闲	文化

资料来源:WILLIAM D WELLS, DOUGLAS J TIGERT. Activities, interests and opinions[J]. Journal of Advertising Research, 1971, 48(3):32-41.

AIO调查表是一种陈述性量表,要求被调查者在量表上(通常采用利克特的五级量表)表明对每个问题"同意"或"不同意"的态度,如表6-4所示。

要编制一份AIO调查表,研究人员首先要了解现有的市场研究资料,这有助于分离出有效的心理描述变量。针对这些变量,研究者形成各种类型的陈述,以反映研究者想评价的消费者的活动、兴趣和意见。当然,AIO问卷表中具体设计哪些项目并没有一个一成不变的标准,应视研究的目的和研究所涉及的领域及其性质来决定。这些陈述项目可能是一般性的,即并不针对任何具体的产品,强调较广的知觉、偏爱或生活方式,也可能是非常特殊地对具体产品的陈述,旨在弄清某种特定产品的购买者或潜在购买者的心理特征,从而了解产品如何与消费者相联系。

表 6-4　AIO 生活方式量表举例

请阅读以下每一条陈述,在最符合你的同意或不同意的程度上打"√"。					
项　目	非常同意	同　意	不一定	不同意	非常不同意
我总是到能省时的地方购物					
本地物价与其他城镇不一致					
我喜欢到大购物中心去					
我喜欢购物中心胜过城里的购物区					
我购买许多便宜货					
购物时讨价还价会省钱					
只要产品看上去好,就买下它					
我喜欢做新鲜事					

1. 特殊性问题项目。特殊性问题提供关于消费者是如何看待某种产品的信息,使营销者了解消费者喜欢产品的哪些方面、不喜欢哪些方面和希望从中获得哪些利益,从而有助于企业改进产品和提高服务水平。例如,一位研究者想要研究消费者对雅克糖果的看法,他可能列出如下这样的问题。

(1)我发现雅克很难嚼。

(2)雅克让我想到户外运动。

(3)当我吃雅克时,它让我感觉自己很健康。

在测量消费者在某一产品领域的购买、消费情况时,应把这个产品或品牌的频繁使用者、中度使用者和轻度使用者区分开来,然后寻找产品或品牌同这些频繁使用者之间的关系。根据频繁使用者使用产品的原因,把他们进一步地细分,发现这些人群与品牌的联系,包括他们使用产品的理由和追求的消费利益。

2. 一般性问题项目。一般性问题与具体的产品或产品领域无关,意在探测各种流行的生活方式。一般性问题提供的信息为营销者勾勒出目标市场上消费者的一般生活特征,从而有助于企业从中发现市场机会和据此拟定有关的营销策略。通常,针对具体产品设计的 AIO 量表都会含有一般性的陈述。比如,研究者可能让消费者回答以下这样的问题。

(1)我很喜欢户外运动。

(2)我希望世界和平。

(二)VALS 法

SRI 国际调查公司基于对大约 1 600 户美国家庭的调查研究,设计出被称为 VALS(value attitude & lifestyles)的模型,该模型被美国公司广泛用于细分市场,并为开发广告和产品策略提供指导。VALS 量表的各个组成并非一成不变,随着时代的发展,SRI 对其不断进行修改和更新。目前的 VALS 2 能够采用心理学技术来分析和预测消费者的偏好与选择,在消费者的个性与行为之间创造了清晰的联系。

VALS 模型具有纵轴和横轴两个纬度。①纵轴纬度称为资源纬度,其测量的不仅包括消费者的年龄、教育、收入，而且考虑了自信、理智偏向、新奇感、创新性、领导力、冲动性和空虚感等个人特性在资源纬度上发挥的作用。消费者的心理特性和关键的人口统计特征相结合决定了个人的资源水平。资源水平的高低提升或限制了消费者表达其基本动机的能力。②横轴纬度称为基本动机维度，测量消费者通过购买产品、服务而寻求实现自我特定偏好、对生活的满意感等体验。动机维度被划分为三种类型，即理想动机、成就动机和自我表达动机。理想动机是指消费行为受到追求知识和原则的动机引导；成就动机是指消费者受到通过产品和服务的购买与消费向其同类群体展示成功的动机驱动；自我表现动机是指消费行为受到寻求社会、自然性的活动、喜欢多样性和冒险的自我表现动机的驱动。

以主要动机与资源为基础，VALS 2 将美国成年人划分为 8 个消费群体，在西方国家得到了广泛应用（见图 6－4）。

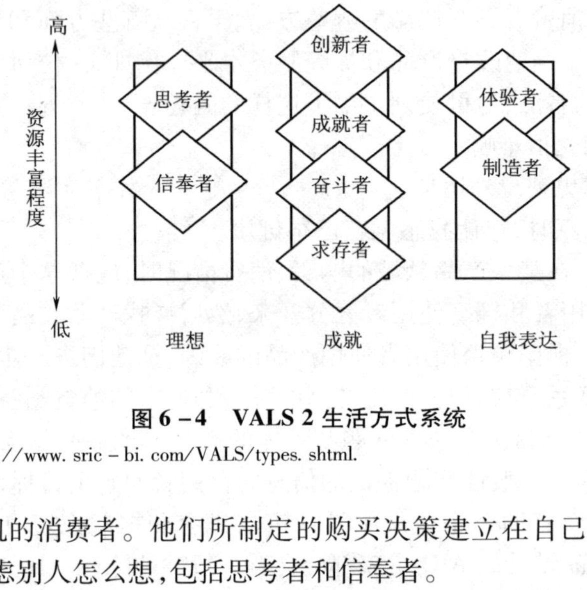

图 6－4　VALS 2 生活方式系统

资料来源：http://www. sric－bi. com/VALS/types. shtml.

1. 理想动机的消费者。他们所制定的购买决策建立在自己的信念和原则的基础上，而不考虑别人怎么想，包括思考者和信奉者。

（1）思考者。成熟、安逸、满足和富于思考。他们崇尚秩序、知识和责任，受过良好教育，从事专业性工作，对职业、家庭和生活状态均感到满意，闲暇活动以家庭为中心。

（2）信奉者。他们比较保守，保持着不变的生活方式，改变习惯很慢，与家庭的联系紧密。他们的信念建立在宗教、社会、家庭和国家的基础上。忠实于本国产品，生活超过平均水平。

2. 成就动机的消费者。他们在社交场合或所处的社会环境中拥有或寻求安全场所，努力提高自身地位，以图使自己跻身于地位更高的群体。在地位取向方面，根据资源丰富程度分为创新者、成就者、奋斗者和求存者四类。

（1）创新者。这类消费者资源丰富并且关注原则和行为，具有较高的自尊、成功、积极和老练等品质。通常积极地、不受控制地表达品位、独立性和个性。他们喜欢“精美的东西”，接受新产品、新技术，怀疑广告，经常广泛地阅读一系列出版物，看电视较少，相当看重自己的形象。

(2)成就者。这类消费者喜欢控制自己的生活，喜欢预测，不喜欢冒险和自我发现。他们尊重权威和身份，非常注意形象，他们喜欢成功的、有影响力的品牌，而不喜欢其他品牌。他们的生活围绕着家庭和职业旋转，看电视的程度超过平均水平，喜欢阅读商业、新闻和 DIY 一类的出版物。

(3)奋斗者。这类消费者资源缺乏但关注身份，以身份为导向，在乎其他人的认可并寻求自我、安全和成功的形象。尽管他们想努力实现自己奋斗的目标，但他们缺少实现目标的资源。他们冲动且具有时尚意识，钱主要用于服装和个人护理，金钱对他们意味着成功。他们喜欢看电视甚于读书。

(4)求存者。这类消费者贫穷并且没有受过良好的教育，没有资源、没有社会福利，必须时刻为生存而挣扎，并时常与社会问题联系到一起，如食物和健康。他们是十分谨慎的消费者，并寻找着安全感，容易形成品牌忠诚。他们相信广告，经常看电视。

3. 自我表达动机的消费者。他们购买产品是为影响自身的环境，依据对行为、多样性和风险的渴望进行决策，包括体验者和制造者。

(1)体验者。这类消费者年轻热情、生机勃勃、冲动且具有反叛精神。他们寻求丰富多彩和刺激，崇尚时新、敢于冒险。他们将大部分收入花在服装、快餐、音乐和电影上。

(2)制造者。这类消费者资源缺乏，注重自足，生活在家庭中，保守且现实，对外面的世界较少关心。他们购买商品是为了舒适、耐用和有价值，不关注豪华奢侈的产品。

(三)E－ICP 法与 China VALS 法

我国学者与研究机构根据中国复杂的市场环境研究中国消费者的生活方式，开发出了新的模型和生活方式量表，并以此划分中国的消费群体。这些研究中具有理论基础又能提供广泛应用性的社会分层结构范式的是东方 E－ICP 量表和 China－VALS 量表。

1. E－ICP 量表。我国台湾地区东方广告公司 2000 年设计开发了 E－ICP (eastern integrated consumer profile)量表。E－ICP 量表涉及的范围非常广泛，内容包括消费者行为理论与营销管理的范畴：①个人因素——人格、价值观、态度、偏好；②决策影响者——人口统计变量、家庭变量、媒体接触类型和频率；③产品变量——决策属性变量、消费与使用情境。

E－ICP 的研究者们从台湾消费者营销数据库中抽取出 1 200 位 20～64 岁的消费者作为样本，以因子分析与聚类分析归纳他们的生活方式与消费习惯，整理出 2000 年台湾成年人的六种生活方式群体：台湾牛——规律守分族；逍遥马——逍遥自在族；水獭——认真生活族；无尾熊——沉默顺从族；花蝴蝶——积极活跃族；云豹——自主反叛族。这六大类台湾成年消费者各有不同的消费习惯、金钱观与资源量。2001 年研究者重新抽取样本进行了研究，并将各个群体与 2000 年的情况进行比较，其生活方式大致相符，但显示年轻人群体的生活态度有所转变，2000 年曾有的水獭——认真生活族已不复存在,取而代之的是态度消极、生活随性的黑熊族(如表6-5所示)。

表6-5 E-ICP消费者分群结果

别称	百分比(%)	生活方式群体	特点描述
台湾牛	14	规律守分族	以家为中心,规律守分
逍遥马	26	逍遥自在族	中庸,无个人特色
水獭	17	认真生活族	追求自我,崇尚生活
无尾熊	13	沉默顺从族	传统,没有活力
花蝴蝶	17	积极活跃族	讲究品位,追求时尚
云豹	12	自主反叛族	追求独立自我

资料来源:别莲蒂. 东方E-ICP生活形态调查报告[R]. 台北:台湾东方广告公司,2001.

2. China-VALS量表。零点研究咨询集团的吴垠博士在第四届中国经济学年会(2004)上发表了论文《关于中国消费者分群范式(China-Vals)与应用研究》,以对中国消费者生活方式的研究为中心,借鉴西方研究成果,就消费者的分群、价值观、生活方式及社会分层等市场细分理论及应用进行了探讨,建立了具有一定实用价值的China-Vals模型(见图6-5)。

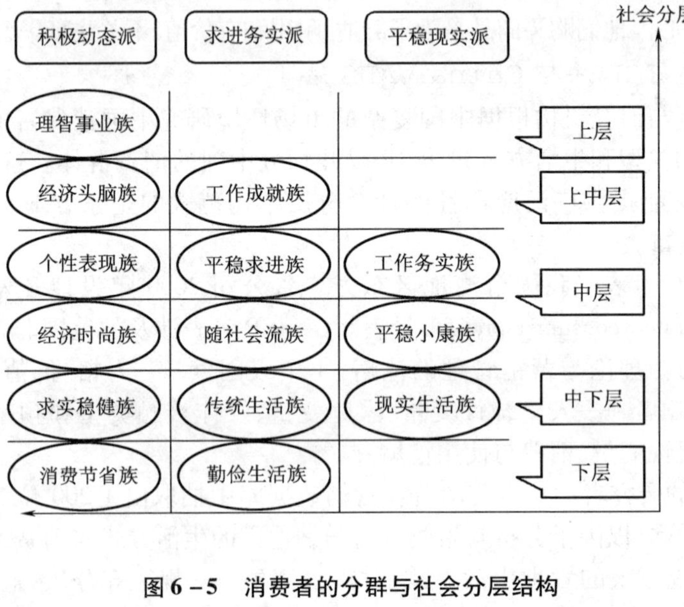

图6-5 消费者的分群与社会分层结构

资料来源:吴垠. 关于中国消费者分群范式的研究[J]. 南开管理评论,2005,8(2):23-27.

China-VALS模型推出具有理论基础和较强应用性的中国消费者生活方式量表,构建了研究中国消费者生活方式的独特的系统范式,提出了5项新的理论观点,即中国消费者 14 大族群、7 点文化元素、中国社会心理结构的 3 层结论、China - VALS 模型和应用性价值观。

三、生活方式营销

由于生活方式能够折射出消费群体的生活价值观与核心利益，精准地体现消费群体的深层需求，因此"生活方式营销"已经成为众多商家、品牌想要极力诉求的营销主题。美国西部航空公司有一经典的广告词，即"先定义你的生活方式，再选择适合你自己的产品与服务"，其实际含义就是，是否能成为一流企业关键取决于对顾客生活方式的定义。目前，生活方式备受商家追捧，甚至成为企业营销的核心利益所在，无论是在市场细分、产品定位方面，还是在品牌与广告策略方面，它都发挥着重要作用。

（一）生活方式与市场细分

生活方式是一个进行市场细分的有效依据，它使营销者能够超越简单的人口统计数据和产品使用描述的限制，把消费者的价值观、人口统计特征和生活的其他方面结合起来对市场进行细分，更符合市场的真实性，对顾客的分类和目标市场的描述也会更精准、更生动、更丰富。同时，利用生活方式进行市场细分，还有助于发现典型的消费者形象、创造新的市场。例如，吴垠在《关于中国消费者分群范式（China - Vals）与应用研究》中对中国消费者按照不同的生活方式分成 14 族群，并对每一族群的生活方式进行了贴切的描述，并据此归结出不同的消费模式（见表 6 - 6）。

表 6 - 6　消费者生活方式分群及特征描述

消费群组	消费者特征描述
经济头脑族	经济 IQ 型，消费经济意识强，货比三家，对金融投机具有冒险性，家庭观念弱。男性占 6 成以上，年龄分布较均衡。企业管理人员、自由职业者、大专或大学及以上文化程度、中高收入倾向性高
求实稳健族	生活态度追求实际，更喜欢自主性行事。注重平面媒体信息，对广告不注意，特别对名人广告持反对态度。购物比较注意包装说明，喜欢用现金，富余的钱存入银行。饮食比较讲究，注重工作稳定，男女比例基本持平。党政机关/事业单位干部、中低收入者倾向性高
传统生活族	重视家庭生活，消费态度较为积极，行为取向集团性。女性占 6 成，工作特征倾向性不明显
个性表现族	家庭观念一般，行为倾向随心所欲，生活享乐，注重饮食。男女比例基本平衡，年轻人群占 4.6 成。个体户/自营职业者、自由职业者、中等教育程度倾向性高
平稳小康族	行为稳重、实际，对平面媒体几乎没有阅读习惯。拥有自己的房子才会觉得稳定。男性占 6 成以上。个体户/自营职业者、自由职业者、中等教育程度、中等收入倾向性高

续表

消费群组	消费者特征描述
工作成就族	追求工作成绩甚于金钱,经常有冲动行为,情感行为积极,有娱乐活动。喜欢购买具有独特风格的产品,注意广告、健身,成就欲强。专业人员、大专或大学及以上文化程度、中等收入倾向性高,女性占6成,年轻人群居多
理智事业族	事业成就欲望极强,饮食生活超脱社会水平。男性占7成,党政机关/事业单位干部、企业管理人员、大专或大学及以上文化程度、高收入倾向性高
随社会流族	跟随社会潮流、个性主观性较弱,易受他人影响。男女比例、年龄分布较均衡,工作特征倾向性不明显
消费节省族	对消费十分谨慎,购物"货比三家",理财行为保守。食物消费主要满足于生理层面的需求,购物时不太注重品牌。娱乐主要是看电视,工作为谋生,男女比例基本平衡。企业一般职工、初等教育程度倾向性高,党政机关/事业单位干部、专业人员、企业管理人员倾向性低
工作务实族	工作是谋生的手段,生活方式求实。愿意多花钱购买高质量的物品,注意广告。拥有自己的房子才会觉得稳定,对股票概念具有冒险兴趣,男女比例基本平衡,大专或大学及以上文化程度倾向性高
平稳求进族	工作并非仅是谋生手段,生活态度趋于追求金钱以外的表现或变化。男女比例基本平衡。党政机关/事业单位干部、专业人员、大专或大学及以上文化程度、中等收入倾向性高
经济时尚族	经济水平有限,消费行为相对谨慎,但是生活意识趋向求新求异。对喜欢的品牌忠诚度最高,并且喜欢尝试新的(国外)品牌,认为名牌可以提高身份。注重健身,男女比例基本平衡,工作特征倾向性不明显,中等教育程度倾向性高
现实生活族	生活态度倾向传统意识,经济收入水平较低。更愿意购买国产品牌。购物比较注意包装说明,男女比例基本平衡。55~64岁者占3.4成,党政机关/事业单位干部倾向性略高,中等教育程度、中低收入倾向性高
勤俭生活族	对平面信息及广告关注度有限,有长时间看电视行为,存有投机发财的心理意识。女性占6成,55~64岁者占3.5成。工作特征倾向性不明显。初等教育程度、中低收入倾向性高

资料来源:吴垠. 关于中国消费者分群范式(China-Vals)与应用研究[R]. 中国经济学年会,2004.

(二)生活方式与产品策略

生活方式营销的一个关键策略就是通过使产品与某种现存的消费模式相适应为产品定位,让个体的消费者能够以他们追求的方式享受人生并表明自己的社会身份。因此,开展生活方式营销就必须将产品定位于某一特定的生活方式,使产品与目标消费者理想的生活方式相适应,从而更好地满足消费者的需求和欲望。当产品可以象征某种生活方式的时候就会产生巨大的吸引力,与这种生活方式相关的事物就会变成企业品牌文化的一部分。而作为这种生活方式的倡导者,企业就会在激烈的竞争中占据主导地位,并驱使自己创造产品和服务的流行。

以生活方式理念为指导的产品策略的制定,还要关注消费者在其所期望的社会情境中对产品的使用。实际上,很多产品和服务看起来的确是配套的,这通常是因为他们容易被同一类人选中。很多时候,一个产品如果不与配套产品一起出现(如快餐和纸盘,或西装和领带)就不“合理”,或者与其他产品一起出现时就显得不协调。因此,生活方式营销的一个重要内容就是识别一系列看上去在消费者观念中与特定生活方式相关的产品和服务。正如一项研究所指出的,“所有产品都承载着一定的生活形态和理念,但单独一个产品并无意义……这些含义存在于所有产品的相互关联中,正如音乐存在于各种声音的相互联系中,而不在于一个音符里。”

实例 6-4 离不开的社区小店

在中国,一家开在高档居民社区里的小店,不仅生意做得红红火火,而且很短的时间里就开出了连锁机构。它的快速成名和成长的秘诀,看起来似乎很简单:即使是在你下班回家后炒菜的当口,缺少了一根葱或一勺盐,只要给小店打个电话,店主就会立即派人送过来。按照以前满足顾客的角度来说,小店的生意红火,是来自于尽心尽力的顾客服务,但事实却并非如此,因为为了5角钱的一根葱而送货上门,足以令小店无法承受其成本而关门歇业。

那么,它为什么没有关门歇业、反而红红火火呢?因为它培育起了社区居民一种“懒惰”的生活方式。显然,它将社区居民培育得越来越懒惰,社区居民对于它的依赖性就会越来越强,虽然一根葱或一卷手纸的微利生意并不足以支撑小店的生存,但是,被小店培育得“越来越懒惰”的社区居民,会从买一根葱或一卷手纸,延伸到深更半夜要篮水果和一瓶红酒,甚至是延伸到要一些小型家用电器。小店不再是单纯营利的商业店铺,而成为整个社区生活必不可少的一部分。这时,这家小店已经不再是单纯地贩卖产品,而是在贩卖一种懒惰的生活方式。

资料来源:景辉.品牌,生活方式的代言[EB/OL]. http://blog.sina.cn/dpool/blog/s/blog-49b3123c010008qg.html? vt=4,2012-08-28.

(三)生活方式与品牌策略

品牌不但代表其商品的价值,更成为一种身份和地位的象征。例如,星巴克的产品已经不是咖啡了,它的产品是它为人们创造出了除生活的两大场所(家、公司)之外的第三生活空间;人们在迪斯尼乐园消费时,宣称自己是在消费一种快乐的生活方式,无论什么时候,迪斯尼乐园带给人们的将全部是快乐的回忆;耐克的品牌价值,不在于鞋子,而在于运动,鞋子所代表的是产品本身,而运动则代表着生活方式;麦当劳、肯德基能在中国发展迅速,深受人们喜爱,不仅因为它们适应大城市较快的生活节奏,更因为它们所倡导的“快乐的生活”与“美好时刻共同分享”的生活方式符合中国人重视家庭的文化传统。

实例6-5 神马专车×顺丰优选出招“生活方式营销”，跨界玩出新花样

营销大师菲利普·科特勒曾说：星巴克卖的不是咖啡，是休闲；劳力士卖的不是表，是奢侈的感觉和自信；麦肯锡卖的不是数据，是权威与专业。于是乎，凡是搭上“生活方式”四个字，任何品牌都能变得很潮很高端。

网约车品牌与食品电商平台的奇妙组合，究竟会擦出怎样意想不到的火花？近期，神马专车联合顺丰优选，就玩起了一波赚足眼球又大获用户芳心的跨界营销！

1. **“出行+美食”场景体验，打造“头等舱”移动零食铺**。神马专车牵手顺丰优选，以“优选√生活，头等舱出行”为主题合力打造了“头等舱”移动零食铺，利用“出行+美食”的场景化营销带给用户对品质生活的新体验，两大品牌在获得巨大曝光的同时，更是收到乘客们的满满好评。

神马专车“高端出行+健康美食”的新玩法，是基于品牌双方对“为用户提供品质生活”理念的认同和追求。神马专车坚定不移地走“专车中的头等舱”差异化路线，与顺丰优选秉承“优选城市生活”的品牌愿景不谋而合。两大高端品牌的巧妙结合，通过“1+1”强强联合实现了超乎双赢的品牌效益。

2. **“全媒体矩阵营销法”多方位传达品牌情感，触达消费共鸣**。仅有线下一波“零食铺”是不够的，神马专车还通过巧用“全媒体矩阵营销法”传播新思路，打响官微主阵地，借助大火的“官宣体”文案快速引发关注。

此外，依托于话题内容产生的价值和娱乐性有效连接受众人群，并吸引媒体从点、线、面主动为活动进行传播。活动才刚开始，这次品牌跨界事件就已得到各大媒体争相报道。

深入挖掘其被引爆的原因，在于神马专车“头等舱”移动零食铺所代表的不仅仅是一种场景，而是新时代下一种生活方式的缩影。神马专车在为用户打造全新的出行体验背后，更是在倡导一种高端品质的生活方式，试图与追求美好生活的现代人产生情感共鸣。

3. **“精准洞察+积极营销”大有可为，流量和品牌双提升**。基于对消费者升级出行需求的精准洞察，神马专车除了与顺丰优选进行首次品牌跨界外，今年还成功对接“空中头等舱”服务，已在上海虹桥机场设立专属贵宾厅；选用李冰冰为代言人，打造一系列能洗刷用户心智的地铁海报，诠释了“享受现在”的品牌主张；以及在沪深进行的地铁“刷墙”营销，更出奇地玩了一把品效合一的世界杯营销……通过有策略性地进行积极营销，神马专车正不断强化自身“头等舱”的高端品牌形象

神马专车通过对多元化营销方式的探索和尝试，将在跨界品牌及业态融合上发现更多可能性，有助实现流量转化和品牌口碑的双提升。

资料来源：神马专车×顺丰优选出招“生活方式营销”，跨界玩出新花样[EB/OL]. http://www.cmmo.cn/article-213512-1.html,2018-10-23.

(四)生活方式与广告策略

生活方式细分可以为广告创意人员提供大量、深入的消费者信息,使他们能够更深入、更贴切地了解广告对象的需求,选择适合目标市场的宣传媒体,寻找符合目标消费者形象的代言人,策划能有效激发目标消费者购买意愿的广告创意。比如,美国某长途电话运营商通过 VALS 方法了解谁是长途电话服务的重度用户,并选择与重度使用者群体形象、气质有密切联系的广告代言人,从而获得了该类人群的关注。再比如,Timex 公司的目标市场是成就者和思考者。根据 VALS 2 方法划分的 8 类不同消费群体中,成就者和思考者一般不花费很多时间看电视,而求存者看电视的时间很多;创新者一般怀疑广告,体验者则更注重群体的口碑宣传。于是该公司大量使用印刷广告,并且将其介绍性宣传广告安排在早间新闻和晚间新闻时间,而没有选择在黄金时间或者白天进行广告宣传。这样针对目标市场选择媒体,大大降低了广告宣传的费用,提高了广告的宣传效果。

本章小结

自我概念又称为自我形象,是个人对自己的能力、气质、性格等个性特征的感知、态度和自我评价。自我概念回答“我是谁”和“我是什么样的人”一类的问题。自我概念的形成受到自我评价、他人评价、与他人的比较观察、从外界环境获取有利信息等因素的影响。自我概念由实际的自我、理想的自我、社会的自我、理想的社会自我、期待的自我等多重自我构成。

延伸自我由自我和拥有物两部分构成,意味着人们倾向于根据自己的拥有物来界定自己的身份。消费者会借助具有象征性的产品来表达和传递自我概念,这些象征性产品具有三个特征,即使用可见性、差异性和拟人化性质。

自我概念对于消费者的品牌选择、企业的广告策略、市场细分及营销战略的制定都具有重要作用。一个测量自我概念和产品形象的量表是马赫塔量表。

生活方式主要关注消费者如何生活、如何花费以及如何消磨时间等外显行为,反映了消费者的活动、兴趣、意见等方面的特征。生活方式具有四个基本特征:一是一种群体现象;二是覆盖了生活的各个方面;三是反映了一个人的核心生活利益;四是在不同人口统计变量上表现出差异。

消费者的生活方式的测量方法主要有 AIO 法与 VALS 法。AIO 方法的基本思想是通过消费者的活动、兴趣和意见来描述其生活形态。VALS 2 将美国成年人划分为 8 个消费群体,即创新者、成就者、奋斗者、求存者、思考者、信奉者、体验者、制造者。中国消费者生活方式测量的典型量表是东方 E – ICP 量表和 China – VALS 量表。生活方式对于市场细分、产品策略、品牌策略、广告策略都会产生重要影响。

案例选编

案例　　凡所商城——只为生活方式买单

2018年1月29日，国内首家I2M(IP对工厂)模式精选电商“凡所商城”试运营。该商城以“治愈系生活方式架构师”为出发点，一端链接大牌奢侈品制造商，一端链接自媒体IP流量，打造“千号千面”的“自媒体连锁商城”。

“治愈系”“平价好物”“精致感”是凡所商城的关键词，旨在从日常生活中的点滴小物出发，为不同粉丝群体提供优质产品，架构治愈系生活方式。

1.比生活更重要的，是生活方式。生活方式是一个内容相当广泛的概念，它包括人们的衣、食、住、行、劳动工作、休息娱乐、社会交往、待人接物等物质生活和精神生活的价值观、道德观、审美观等很多方面。可以理解为在一定历史时期与社会条件下，各个民族、阶级和社会群体的生活模式。

凡所的生活方式理念，来源于尹沽城《比生活更重要的，是生活方式》这本书中的一句话——“睡的时候，不辜负床；忙的时候，不辜负路；爱的时候，不辜负人；饿的时候，不辜负胃。”

“我们坚定地想要把凡所打造成生活方式商城，就是希望一点一滴地帮助顾客，改善日常生活中的每一个小细节，不辜负大家努力生活的每一分每一秒。”凡所商城产品经理张欣表达了他们建立凡所的初心。

究竟什么是优质的生活方式？凡所商城产品经理张欣对此作出了解答：“在我们看来，生活方式是非常个人化的生活态度，是无法被定义的一个概念。但可以肯定的是，一个优质的生活方式，必然是正面的、积极的，同时也是均衡的、中庸的。”

2.“均衡”与“中庸”。凡所将“均衡”和“中庸”看得非常重要。他们曾研究过目前比较流行的一些生活方式。比如极简主义，但大部分人还无法真正解析自己，舍弃并不需要的物品，斩断跟世界不必要的连接；比如轻奢主义，但许多人还挣扎在买房、还贷、养孩子的洪流中，轻奢并不容易；再比如佛系主义，但太多人把“佛系”定义为懒散、消极、停滞不前，这并不是凡所想传递的。“均衡”“中庸”意味着普适性，如何打造一种适合大部分人群的生活方式，凡所想到了衣、食、住、行。

“关于凡所想要表达的生活方式，我们一直在思考一个切入点，后来发现答案其实很简单。优质的生活方式，不是买几件奢侈品、吃几顿高档餐就能解决的，而在于陪伴你身边的每一件物品都精致而美好，小到一个枕头、一件内衣、一份早餐、一支化妆品。于是我们从最平凡、最细微、也是最重要的生活方式——衣、食、住、行切入,帮助快节奏生活下的人们,不必特意花费心思也能一点一滴提升生活品质,从生活小物中寻找生活的小美好、表达生活的大智慧、治愈现代人的生活压力。"

凡所第一批上线的产品有口红、坚果、天然乳胶枕、皮包配饰、飞跃联名运动鞋等,每一件都是与衣、食、住、行相关的必备好物。此外,凡所的每个品类都拥有一条专业买手/设计师→大牌奢侈品制造商→IP的产品线,也正是因为除去了中间商和品牌效应,同样的质量,凡所出售的产品价格仅为品牌产品的50%,甚至更低。

最日常的产品品类、专业级的设计师团队、顶尖的大牌制造商、水平线以下的价格优势、凡所打造的治愈系生活方式,比它的英文名字"Fun So"更有趣。

3. **去掉品牌标签,回归产品本质属性**。现在很多人被"品牌"或者普遍意义上的消费观束缚得很厉害,认为只有大牌才是品质、才是时尚、才是品位的象征。

不能否认大牌品质及其带来的购物体验,但如果只为有面儿,不惜购买自己能力外的奢侈品,殊不知是我们消费品牌,还是品牌消费了我们。

凡所的每一件产品都来自品牌制造商,服装代工厂为青岛本地某知名企业,是优衣库、阿迪达斯、耐克、安德玛等诸多世界名牌的指定制造商;口红由法国某知名品牌代工厂生产,只用可口服膏体为原料;乳胶枕由泰国知名品牌 Ventry 代工厂生产,每道工序严格质量把关;箱包由 KS 和 MK 品牌代工厂生产,进口面料手工缝制,但价格只有它们的30%不到。

同样品质的包包,在凡所只需300元左右就能到手,一旦贴上大牌标签价格就能直逼5 000元以上,对于这种普遍存在的品牌效应,凡所商城产品经理张欣也提出了自己的看法:

"大牌奢侈品高昂的价格,品牌效应是一部分原因,同时也有其品质、设计以及文化的多重影响,之所以成为大牌一定有其不可替代的因素,我们从不否认并且十分尊重品牌价值这一概念。

"我们之所以选择大牌制造商,也正是因为信任其生产品质,但我们更希望的是,借此强调产品功能的回归,通过去品牌化提高产品性价比。如果说大牌产品代表的是潮流、是地位、是有面儿,那我希望在凡所商城里,产品代表的就只是产品本身。

"比如我们的天然橡胶枕,它代表的就只是一个枕头,它要做的就是保护颈椎、舒适睡眠、不易变形;比如我们的李白系列口红,滋润好看、显色持久、健康安全就是它的全部使命;再比如我们的包包,大牌奢侈品同样的设计与质量,不到30%的价格反而让其更有价值。

"剥开高档产品虚荣的外壳,去掉品牌标签,回归其最本质的属性,这就是我们所做的事情。往大了说,我们的目的是帮助国人,以低成本享受国外大牌品质;往小了说,我们只是卖了一个产品该卖的价格和一个价格该有的产品,仅此而已。"

在凡所商城,产品就是产品本身,为顾客提供治愈系生活方式的关键途径,就是不断提升产品质量,这一点"简单粗暴",却又"实在真诚"。

4. **严格品控,和"精致感"死磕到底**。产品质量是凡所商城治愈顾客的重要方式,因此凡所的品控以"精致感"为标准线,将产品当作工艺品细细"雕琢"。

(1)大牌奢侈品制造商代工生产。并不是每个大牌制造商都有资格成为凡所的合作伙伴。

首先是硬件条件。凡所成立了专业的商业和质检团队对每个工厂的技术情况、开发能力、生产实力以及质量水平等硬实力进行了全方位的考察,确保产能与质量的稳定性。比如凡所的服饰合作工厂,是优衣库、阿迪达斯、耐克、安德玛等诸多世界名牌的指定制造商,工厂里有许多在制衣行当干了一辈子的老师傅,他们闭着眼睛就能摸出一块面料的类型和品质,时时刻刻专注于把衣服做得更精致。

其次是软实力,即工厂的环保指标与企业文化。

最后是审美风格,凡所的设计理念是"时尚、柔和、治愈",有着专业的设计师和买手团队把控流行趋势,制造商必须具有相匹配的产品调性与审美风格,才能与之合作。

"凡所不是在筛选制造商,而是寻找匠人手艺与精神。所以与我们合作的制造商,并非简单的贴牌商,它们普遍具备成熟的研发设计能力和经验,有时候甚至还会走在国际大牌的前面。"凡所商城产品经理张欣说。

(2)全供应链严格监管。在凡所,其最庞大也是最重要的团队就是品控中心,凡所的产品不仅要满足国家质检标准,还要通过凡所内部严格的监管流程,形成了一套完善的闭环管理体系。

凡所负责每一件产品从原材料到售后的全部过程,涉及的质检工作量大。他们明白品质是立足之本,因此不敢懈怠。可以说,凡所每天不是在质检,就是在去质检的路上。凡所考察了海外5个橡胶种植地,试验了国内外100多个样品,根据亚洲人身体数据进行反复打样、试睡、调整,才制造出更适合亚洲人睡眠习惯的天然橡胶枕;历时3个月,去国外寻找头等牛皮材料,每天和工厂的老师傅研究皮质、版型,打板了无数样品,把老师傅磨得都没了脾气,才打造出能够使用10年以上的优质皮包;现在依然有许多凡所员工奔跑在面料市场的第一线,测试面料的成分、舒适度、耐久度等,为即将上线的服装品类保驾护航。

从原材料到售后,凡所在供应链的每一个环节都亲力亲为、严格把控,这样高度精细化的品质管理,才能制造出真正"精致感"的产品。

(3)自我"分析—反馈—完善"模式。凡所建立了自我"分析—反馈—完善"的缺陷管理模式,不断发现缺陷、提出缺陷、改善缺陷,在这一过程中一步一步提高自己的产品质量与管理模式。

在新消费时代背景下,凡所推陈出新,同制造企业和IP进行深度合作,开发精品,改造供应链与价值链,从而形成了较高的性价比以及良好的消费文化,简而言之就是凡所商城的如下三个关键词。

①治愈系:从生活方式出发,用最纯粹的产品属性带来一点一滴的小美好,治

愈现代人的生活压力。

②平价好物：压缩供应链条、去掉品牌标签、强调产品功能、回归产品本质。

③精致感：一件商品背后有无数个人的匠人手艺与精神，这是立足之本。

如今越来越多的消费者不再对大牌盲目崇拜，开始追求个性化，并更多地去关注产品个体，凡所也是顺势而为，如果粉丝经济持久不衰，并能够保持这种高性价比的治愈系消费文化，其发展前景不可估量，同时也为电商市场开辟了一条新的道路。

资料来源：国内首个治愈系电商“凡所商城”——只为生活方式买单[EB/OL].第1营销网，http://www.cmmo.cn/article-210017-1.html，2018-02-05.

案例讨论：

1. 凡所倡导一种什么样的生活方式？
2. 凡所采取了什么样的营销策略来满足消费者对生活方式的诉求？
3. 你对凡所的生活方式营销策略有什么更好的建议吗？

思考题

1. 自我概念的含义是什么？消费者的自我概念与商品的象征意义有什么关系？
2. 企业应该如何根据消费者的自我概念制定相关的营销策略？
3. 什么是生活方式？其特征是什么？
4. 生活方式的测量方法有哪些？
5. 谈谈你对生活方式营销的认识。

第七章

消费者购买决策与购买行为

★ 本章要点和学习要求 ★

消费者的购买决策过程是一个以特定目标为中心的解决问题的过程。研究这一过程，首先要确定消费者假设。本章以认知人作为消费者的前提假设，详细分析消费者的决策过程与类型，并在此基础上介绍五种典型的消费者购买行为模式；同时对消费者的决策后行为进行系统的分析和介绍。通过本章的学习，学生应当了解消费者购买决策全过程中每一阶段的具体内容，以及消费者购买决策对企业开展市场营销活动的意义。

第一节　消费者购买决策过程与类型

一、消费者假设

正如研究经济学一样，消费者购买决策与行为的研究对象也是人，是研究作为消费者的人在购买活动中的决策与行为。为此，应该首先界定我们所研究的消费者是什么样的人。这里借鉴西方经济学的有关研究提出以下假设，并进行比较。

（一）经济人假设

在西方经济学中，人被假定为能做出理性决策的经济人。消费者对所有商品享有完全信息，有能力对所有可选择商品的优劣做出准确判断，并做出最佳选择。但在现实社会中，由于理性决策的充分条件难以全部具备，消费者的决策原则往往是"次优"原则，而不是"最优"原则。所以，经济人假设就显得过于理想化，难以成为现实。

（二）被动人假设

被动人假设是与经济人假设恰恰相反的假设。被动人极易受到他人与企业营销诱因的影响，往往是冲动型、非理性的消费者。这种假设认为消费者是可以被操纵的个体，营销人员可以通过引起消费者的注意，使之产生兴趣，然后唤起消费需求，促成购买行为。这一假设的缺点是否认了消费者在制定购买决策中的主动性与自主性，因此也是不全面的。

（三）情感人假设

在现实世界中，消费者在决定购买某些特定物品时，有时会与自己的某些特殊情感联系起来，如怀旧、快乐、幻想、理想和爱情等。该假设认为，在消费者决策中起最大作用的是消费者的情感，如一对夫妇在20世纪90年代庆祝金婚时，为了追忆过去的美好时光，可能会选择购买一台老式缝纫机。

（四）认知人假设

认知人假设认为消费者是知道如何解决问题的人，在做出购买决策之前，消费者会对商品信息进行收集与评估。该假设强调消费者对信息进行加工的过程，通过对内外部信息的加工整理，消费者会做出自己的购买选择。

与其他假设相比较，认知人假设比较符合现实中一般消费者的行为特征，因此，本章其后的论述将以这一假设为基础。

二、消费者购买决策的含义与过程

（一）购买决策的含义

消费者的购买决策过程是一个以特定目标为中心的解决问题的过程。一般意义上的决策，是指为了达到某一预定目标，在两种以上的备选方案中选择最优方案的过程。购买决策则是消费者作为决策主体，为实现满足需求这一特定目标，在购买过程中进行的评价、选择、判断和决定等一系列活动。

购买决策在消费者购买活动中占有极为重要的关键性地位，是购买行为中的核心环节。首先，消费者决策进行与否，决定了其购买行为发生或不发生；其次，决策的内容规定了购买行为的方式、时间及地点；再次，决策的质量决定了购买行为的效用大小。因此，决策在购买行为中居于核心地位，起着支配和决定其他要素的关键作用。消费者的购买决策包括以下方面的内容。

1. 为什么买？即权衡购买动机。消费者的购买动机是多种多样的。同样购买一台洗衣机，有人为了节约家务劳动时间，有人为了规避涨价风险，有人则是买来孝敬父母。

2. 买什么？即确定购买对象。这是决策的核心和首要问题。决定购买目标不只停留在一般类别上，而是要确定具体的对象及具体的内容，包括商品的名称、品牌、商标、款式、规格和价格。

3. 买多少？即确定购买数量。购买数量一般取决于实际需要、支付能力及市场的供应情况。如果市场供应充裕，消费者既不急于买，买的数量也不会太多；如果市场供应紧张，即使目前不是急需或支付能力不足，消费者也有可能购买甚至负债购买。

4. 在哪里买？即确定购买地点。购买地点是由多种因素决定的，如路途远近、可挑选的品种数量、价格以及服务态度等。它既和消费者的惠顾动机有关，也和消费者的求廉动机、求速动机有关。

5. 何时买？即确定购买时间。这也是购买决策的重要内容，它与主导购买动机的迫切性有关。在消费者的多种动机中，往往由需要强度高的动机决定购买时间的先后缓急；同时，购买时间也和市场供应状况、营业时间、交通情况和消费者可供支配的空闲时间有关。

6. 如何买？即确定购买方式。是函购、邮购、预购，还是代购；是付现金、开支票，还是分期付款等。

（二）购买决策的过程

认知型消费者的购买决策是在特定心理机制驱动下，按照一定程序发生的解决问题的过程。一般而言，解决问题的过程包括五个阶段：发现问题→分析问题并提出方案→选择方案→解决问题→事后评估。与这一过程相对应，消费者的购买决策过程也包括若干前后相继的程序或阶段：认知需求→信息搜寻→评估选择→购买行为→购后评价。消费者购买决策的运行规律即蕴涵于这些程序之中。

在这五个阶段中，认知需求、信息搜寻与评估选择属于消费决策过程，而购买行为和购后评价属于决策后行为。后者为消费者积累消费经验，并对消费者未来的购买决策发生影响。

1. 认知需求。消费者对某类商品的购买需求源于自身的生理或心理需要，产生于消费者期望状态与现实状态的差距。当消费者的期望状态与实际状态达到平衡时，消费需求是潜在的。而当消费者的实际状态或期望状态发生变化时，就会构成一种刺激，促使消费者发现自己的潜在需求、认知需求的内容，进而产生寻求满足需求的方法、途径的动机。

消费者现实状态的改变有两种途径：物品的消耗或破损以及收入变化。期望状态的改变主要是通过非商业途径或商业途径获得了新的信息。新的信息如流行的时尚、他人的购买等，会提升消费者的期望水平，破坏原有的平衡。由现实与期望状态的背离引起的消费者对自身需求的正确认知，起着为决策限定范围、明确指向的作用，因而是有效决策的前提。

2. 信息搜寻。在认知需求的基础上，消费者受满足需要的动机驱使，开始寻找各种解决问题的方案。为使方案具有充分性与可靠性，消费者必须广泛搜集有关信息，包括能够满足需要的商品种类、规格、价格、质量、维修服务、有无替代品及何处何时买到等。这些信息可以通过各种渠道获得，如报纸、广播、电视、杂志及街头招贴等宣传媒介提供的广告；交谈、会议、道听途说等口头传播媒介提供的信息，这些信息都是从外部搜寻到的信息。外部搜寻主要是指消费者从朋友、邻居等非商业渠道，以及从广告宣传、商场促销等商业渠道获得的信息。个人记忆存储或经验中的信息，是通过内部搜寻得来的信息，内部搜寻是指消费者从自己的记忆中寻求信息。消费者在广泛搜寻的基础上对所获信息进行适当筛选、整理加工，即可建立解决问题的多种方案。

（1）信息搜索的三个层次。消费者的信息搜寻努力程度会因为购买决策的重要性程度、商品本身的价值量大小、消费者掌握商品知识的多少，以及消费者为一项购买决策愿意投入的精力大小等而有所差别。从信息搜寻的时间、投入的精力与付出的成本角度来看，可以把信息搜寻分为零信息搜寻、有限信息搜寻与广泛信息搜寻三个层次。

第一，零信息搜寻。如果消费者已经掌握的商品信息量小，有关商品的知识有限，而且打算购买的商品对于消费者来说价值一般或较小，消费者不愿投入过多时间和精力。在这种情况下，购买决策一般是习惯性的购买决策，涉及的信息搜寻过程也是零信息搜寻或极有限的信息搜寻过程。例如，消费者经常使用高露洁牙膏，当他需要再次购买牙膏时，想起自己一直使用高露洁牙膏，于是他可能并不会进行有关其他牙膏的信息搜索，而是直接购买高露洁牙膏，这一过程是通过内部搜寻完成的。

第二，有限信息搜寻。如果消费者已经掌握的商品信息量比较大，但是重视购买决策，愿意投入大量的精力进行选择。在这种情况下，涉及的信息搜寻过程是程度较低的、有限的信息搜寻过程。如上例中消费者在选购牙膏时被货架上陈列的其他新品牌牙膏所吸引，了解后发现新款牙膏具有某种新功效，此时消费者在没有进一步广泛收集其他牙膏信息的情况下就可能做出购买决定。

第三，广泛信息搜寻。如果消费者愿意为某一购买决策投入大量的精力进行信息搜寻，但他自己已经掌握的商品知识十分有限，他就会进行广泛地搜寻信息。例如，当消费者第一次购买昂贵、重要或技术成分十分复杂的商品时就需要搜寻大量的信息后进行决策。

（2）参考集合。在消费者制定决策的过程中，参考集合是指消费者在某一特定商品类别中，进行购买选择时所考虑范围的一系列特定品牌（或样式）。不满意集合里包含了一系列不在消费者购买考虑范围之内的品牌（或样式），因为这些商品让消费者感到难以接受；而惰性集合则是由对于消费者来说无所谓的品牌（或样式）构成，这些商品对于消费者没有什么特别吸引之处。由此可见，尽管某一商品类别中总的品牌数目很庞大，但是真正进入消费者参考集合中的数量却是极其有限的，通常只有 3 ~5 个品牌（或样式）。

在图 7 - 1 所示的模型中，有以下五种情况最终不能形成购买行为。

①消费者不知晓品牌，其原因可能在于广告媒体的选择性，或者广告刺激只针对有限受众，导致部分消费者没有机会接触到产品信息。

②消费者不可接受品牌，其原因可能是产品质量低下、分销渠道不畅，或者是广告以及产品个性特征方面定位不清等。

③无所谓品牌，消费者认为该品牌不会给他们带来特别的利益，认为购买与否对他们而言无所谓。

④消费者忽视的品牌，其原因可能由于产品定位不够清晰，或者市场调研工作不够完善，以至于产品没有准确定位在目标顾客的细分市场上。

⑤消费者未购买品牌，其原因可能在于消费者认为该产品不能充分满足他们预期的需要，因此顾客选择不实施购买行为。

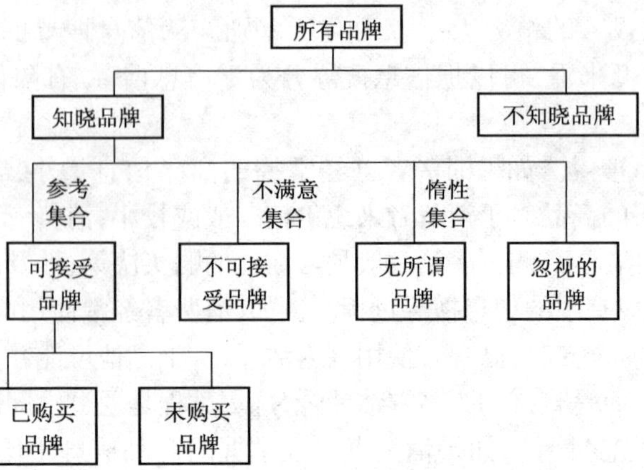

图7－1　某一产品类别中的参考集合是所有品牌的子集

资料来源：LEON G SCHIFFMAN，LESLIE LAZAR KANUK，JOSEPH WISENBLIT. 消费者行为学[M]. 江林，译. 10版. 北京：中国人民大学出版社，2011.

3. 评估选择。评估选择是指消费者在收集到的信息的基础上，根据自己购买商品的目标与评估原则，利用一定的评估方法，对商品的内容进行评估，从各个可行方案中选择最合适的购买方案。

(1)评估选择框架。评估选择时首先要确认消费者的终极目标，如果是复杂的消费决策，还需要在终极目标的基础上确定一系列子目标，然后对相关的产品信息进行评估（如图7－2所示）。

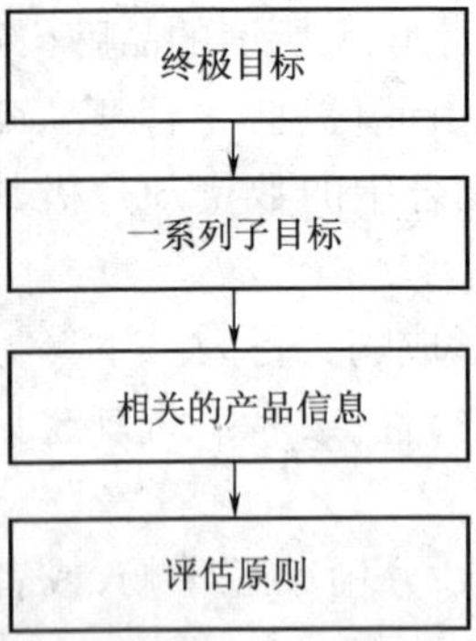

图7－2　评估选择框架

消费者的终极目标有以下三类。

第一，功能性目标。功能性目标是指消费的目标是为了获得物品本身的使用价值，如买衣服是为了保暖，买文具是为了学习。认知性消费者在很多情况下的购买目标是功能性目标。

第二，受人尊敬目标。受人尊敬目标是指消费者购买某种商品的目标是为了获得朋友、同事等他人和社会的尊敬。包括为了受到他人的关注与尊敬而购买某些物品，以及为了避免在朋友中落伍而购买某些物品。

第三，自我实现目标。自我实现目标主要是为了满足自己的个性与心理需要，获得心理满足。比如，一些消费者有自己特殊的审美观，会购买他们自己认为有特色的服饰。在很多比较复杂的购买决策中，消费者在确定了终极目标之后，一般还要确定一系列子目标。比如，购买一件衣服，消费者在购买前会对衣服的款式、颜色、价格有自己的要求。子目标要比终极目标具体，容易实施。

(2)评估内容。评估内容是指用来评估各项可行性选择的特殊目标，这里的目标必须是具有区别度，能起到区别作用的目标。如挑选咖啡时，就不能以可否提神作为评估内容，因为任何品牌的咖啡都有提神的作用，但是，我们可根据是否速溶，以及产地、香味的浓淡程度等作为评估内容选择购买。

实例 7-1　高级腕表购买情况调查

作为成功人士可随时展示的奢侈品，精密制作的高端腕表每年的增值幅度都在 20% 以上。从《世界经理人》杂志联合 CIMIGO 调查公司关于 2014 年高级腕表消费趋势的调查发现，与前些年送礼的主流需求不同，消费者购买高级腕表的主要动机是需要在商务场合凸显身份、自我奖励和个人喜好。

关于购买什么品牌的高级腕表，大多数人会独自决定所购买的腕表品牌。但是也有 10% 的女性和 5% 的男性愿意听取店内销售人员的推荐。有 37% 的人听到或者看到一个高级品牌的腕表会立即购买，另外有 38% 的人会在 3 个月内购买。但也有 22% 的女性会花费更长的时间来考虑，只有 15% 的男性会用 1 年以上的时间完成购买。大多数受访者喜欢贵重金属材质、设计经典简洁、中型号的高级腕表，其中 31% 的男性更偏好大型号的高级腕表；女性则更偏好贵重金属及新材料、潮流时尚型、镶嵌珠宝以及小型号的高级腕表。

由于汇率变动和关税等原因，同一品牌同一款式的高级腕表，国内市场的销售价格比国外高出 20% 至 40%，出于价格和正品因素的考虑，67% 的受访者不会在中国大陆购买高级腕表，价格优势、款式多、货源足以及正品保障是促成他们去海外购买高级腕表的主要动因，香港是他们购表的首选之地。

消费者接收高级腕表信息的渠道也发生了很大变化，传统媒体与新媒体共同影响着他们对品牌的认知过程，其中腕表品牌官网起到了重要的作用。如果把从品牌认知和印象，到产生购买欲望，再到促成最终购买的全流程分解成品牌认知和印象、了解产品、比价、决定购买和售后五个阶段，相对于高级腕表的消费者，平面媒介在起始的“品牌认知和印象”“了解产品”两个阶段影响最大。参与调查的消费者一般不会轻易购买陌生品牌，杂志广告能直接向他们传递其所表达的品牌内涵。在所有杂志的类别及形式中，纸质版的财经管理类杂志中的广告对消费者的“品牌认知和印象”阶段影响占 14%，对“了解产品”阶段影响占 11%，时尚类杂志中的广告在这两个阶段的影响力分别占 11% 和 8%。网络媒体在这个阶段的影响力也不可小觑。线上媒体包括电子版纸媒在整个购买决策的过程中都很重要，门户网站、搜索引擎和腕表品牌官网在整个购买过程中起到了重要的作用。21% 的消费者认为，朋友圈的口碑在他们从产生购买欲望到促成最终购买的整个过程中都很重要,特别是在对品牌最开始的认知和产生印象阶段。社交网络在目标消费者中也普遍流行,65%的受访者拥有微博账号,拥有微信账号的人超过八成,其中有68%的受访者关注了高级腕表的微信官方账号。

资料来源:2014高级腕表消费趋势调查:商务身份首选高级腕表[EB/OL]. http://news.cang.com/info/302609_1.html,2014-03-04.

4. 购买行为。经过对可供选择品牌的评价,消费者形成了对某种品牌的偏好和购买意向。但是,受以下三个因素的影响,消费者不一定能实现或立即实施购买行为。

(1)其他人的态度。如果与消费者关系亲密的人坚决反对购买,消费者就很可能改变购买意向。

(2)一些不可预料的情况。如果临时出现家庭收入减少或得知准备购买的产品令人失望等意外情况,消费者也可能改变购买意向。

(3)预期风险的大小。在所购商品比较复杂、价格昂贵因而预期风险较大的情况下,消费者可能采取一些避免或降低风险的习惯做法,包括暂不实现甚至改变购买意向。

5. 购后评价。消费者使用所购商品后,会根据自己的感受进行评价,来验证购买决策正确与否。有两种情况:假如所购商品完全符合其意愿,甚至比预期的还要好,消费者不仅会重复购买,还会积极向他人推荐;相反,假如所购商品不符合其意愿,或效用很差,消费者不仅拒绝再次购买,还会发泄其不满情绪,竭力阻止他人购买。可见,购后评价常常作为一种经验,反馈到购买活动的初始阶段,对消费者以后的态度和购买行为产生影响,同时还会通过口碑传播扩散至其他消费者,影响他们的态度和行为。

三、制定购买决策的原则与方法

(一)制定购买决策的原则

消费者在决策过程中,总是依据一定的标准、尺度,对各种方案进行比较选择,从中确定最优方案。而选择标准及尺度的拟定又是从一定原则出发的,决策原则贯穿于决策过程的始终,指导着消费者决策活动的进行。

1. 最大满意原则。就一般意义而言,消费者总是力求通过决策方案的选择、实施,取得最大效用,使某方面需要得到最大限度的满足,按照这一指导思想进行决策,即为最大满意原则。遵照最大满意原则,消费者将不惜代价追求决策方案和效果的尽善尽美,直至达到目标。最大满意原则只是一种理想化原则,现实中,人们往往以其他原则补充或代替之。

2. 相对满意原则。该原则认为,现代社会中,消费者面对多种多样的商品和瞬息万变的市场信息,不可能花费大量时间、金钱和精力去搜集制定最佳决策所需的全部信息,即使有可能,与所付代价相比也绝无必要。因此,在制定购买决策时,消费者只需做出相对合理的选择,达到相对满意即可。例如,在购置皮鞋时,消费者只要经过有限次数的比较选择，买到质量、外观、价格比较满意的皮鞋，而无须花费大量时间跑遍所有商店，对每一双皮鞋进行挑选。贯彻相对满意原则的关键是以较小的代价取得较大的效用。

3. 遗憾最小原则。若以最大或相对满意作为正向决策原则，遗憾最小原则立足于逆向决策。由于任何决策方案的后果都不可能达到绝对满意，都存在不同程度的遗憾，因此，有人主张以可能产生的遗憾最小作为决策的基本原则。运用这一原则进行决策时，消费者通常要估计各种方案可能产生的不良后果，比较其严重程度，从中选择不良后果最轻微的作为最终方案。例如，当消费者因各类皮鞋的价格高低不一而举棋不定时，有人便宁可选择价格最低的一种，以便使遗憾降到最低。遗憾最小原则的作用在于减少风险损失，缓解消费者因不满意而造成的心理失衡。

4. 预期—满意原则。有些消费者在进行购买决策之前，已经预先形成对商品价格、质量、款式等方面的心理预期。消费者在对备选方案进行比较选择时，与个人的心理预期进行比较，从中选择与预期标准吻合度最高的作为最终决策方案，这时他运用的就是预期—满意原则。这一原则可大大缩小消费者的抉择范围，迅速、准确地发现拟选方案，加快决策进程。

5. 解脱原则。在某些情境下，消费者会因为与周围人群的消费方式如衣着打扮、生活习惯等不同，与他人显得格格不入。例如，刚从消费水平较低的边远地区进入到消费水平较高的大城市的消费者，会感到自己拥有的物品不如他人高级。为了摆脱落后于他人的尴尬境地，消费者决定大量购买高档用品。这种决策原则就属于解脱原则。

6. 保持现状原则。这一原则是与需求类型相对应的。现实型消费者的消费习惯比较保守，而且一般收入水平较低。这类消费者的购买原则是以最小的付出达到最基本的满足。

（二）决策的评价方法

1. 可补偿型方法。消费者在许多种备选方案中进行购买决策时，会列出评估的所有内容特性，然后对每一项特性进行评分，汇总所有项目的得分，再选择总分最高的方案。使用这种方法的消费者认为，如果某种方案在某一种或几种特性上不能令人满意，其他特性上的优势可以弥补这些缺陷。

2. 不可补偿型方法。与可补偿型方法相对，不可补偿型方法认为可选方案在某一个或几个方面的缺陷无法用其他方面的优势来弥补。如果可选方案在某一方面不能满足消费者的标准，消费者就会放弃这一方案。不可补偿型方法还可根据具体操作的不同进行分类。

（1）标准淘汰法。该方法是列出方案评估的所有项目，并对各项目制定最低标准，然后对各个方案依次进行评估，只要方案的所有评估项目中有一项低于标准就立即淘汰。

（2）标准优选法。该方法与标准淘汰法相似，也是列出方案评估的所有项目，并对各项目制定标准，这一标准会高于标准淘汰法中制定的标准。同样，消费者要对各个可选方案依次进行评估,所有项目都达到标准的则被选中。

(3)逐项排序法。该方法是消费者先在可选方案的所有评估项目中确定对自己最重要的项目,然后按这一项目的得分对各方案进行排序,选出得分最高的方案。如有两个或两个以上的方案得分同是最高,则再根据第二重要的项目进行第二次排序。依此类推,直到选出最优方案。

3. 综合方法。上述方法都是进行了抽象的概括,在具体的消费决策中,消费者一般不会严格遵循其中的哪一种方法,他们会根据具体情况,结合各种方法,为自己作出最好的选择。消费者的消费决策会给消费者带来收益,同时也会带来风险。

四、消费者购买决策的类型

购买决策方式受到购买涉入度的影响,因涉入度不同,消费者的购买决策呈现不同的类型。所谓涉入度,是指消费者由需要或价值观而产生的对购买决策过程关心或感兴趣的程度。当消费者的购买涉入度由低到高变化时,决策过程也随之复杂化,由此呈现不同的类型。具体从两个层面表现购买决策类型的差异:决策的复杂程度、涉入购买程度。

第一个层面表示从决策到习惯的一个连续集合,消费者将其决策构建在搜寻信息和评价品牌的认识过程基础上,当消费者满意并且一直购买某一品牌的产品时,就几乎不用进行决策了。

第二个层面描述了从高度涉入到低度涉入的集合。高度涉入购买是指那些对消费者而言非常重要的购买活动,它与消费者自我意识及自我形象紧密联系,消费者会花费时间和精力仔细考察可供选择的产品;低度涉入购买对消费者并不很重要,其财务、社会和心理风险也不大,消费者不会花大量时间和精力考察可选产品。

决策与习惯、低度与高度涉入这两个层面的交叉产生四种类型的购买决策行为,如表7－1所示。

表7－1　消费者购买决策类型

	高度摄入的购买决策	低度涉入的购买决策
决策 (信息搜寻,考虑对品牌的选择)	复杂决策 (汽车、电器等)	有限决策 (麦片、快餐食品等)
习惯 (很少或没有信息搜寻)	品牌忠诚决策 (运动鞋、化妆品等)	惯性决策 (牙膏、纸巾)

资料来源:江林. 消费者心理与行为[M]. 4版. 北京:中国人民大学出版社,2011.

(一)复杂决策

复杂决策(complex decision making)即消费者详细和全面地对不同品牌进行评估。与其他类型的决策相比,这种决策需要搜寻更多的信息,评估更多的品牌。它在下列情况下更有可能发生。

(1)高价位产品。

(2)与操作风险相关的产品(医药、汽车)。

(3)复杂产品(音响、电脑)。

(4)与自尊、形象密切相关的产品(服装、化妆品)。

(二)有限决策

有限决策(limited decision making)是消费者在低度涉入购买的情况下进行的决策。即使不是高度涉入的购买,消费者有时也需要在购买中经历一个决策过程,因为消费者对该产品几乎没有经验。例如,市场上推出一种新的小食品,消费者在购买时会仔细阅读包装上的产品说明,并出于尝试心理选择购买。在这种情况下,消费者对信息的搜寻是有限的,也不与其他品牌进行比较。另外,现存品牌的改变和对多样性的渴求都可能使消费者从常规化转向有限决策。

(三)品牌忠诚决策

过去购买的满意评价和对某品牌的强烈认同,使消费者几乎不进行任何比较选择就决定购买。在品牌忠诚决策过程中,形成信念和评估品牌都不是必需的部分。

(四)惯性决策

惯性决策是指消费者始终购买同一品牌的商品,然而,重复购买并非出于消费者对该品牌的忠诚,而是他们认为不值得花费时间和精力去寻购替代品。因此,在低度涉入的条件下,所谓的"品牌忠诚"仅仅反映为重复购买行为本身所固有的便利性,并不是对这一品牌的信赖。

实例 7-2 消费者购买决策:并不仅仅是标签价格那么简单

商家的定价策略一般基于"看得见摸得着的价格",即标签上注明的价格。然而,行为经济学可以帮助我们了解更加真实、完整的价格——还包括许多隐性成本,主要是心理成本,其中包括:①投资成本;②决策成本;③价差产生的挫折心理;④自尊心受伤害;⑤后悔风险。商家必须明白这些因素,从而更好地制定其定价策略。

来看一个实例:一位客人为晚宴的主人购买 1 束 15 美元的鲜花。其中的隐性成本是多少?

1. 投资成本。最明显的隐性成本是投资成本,即购买者为获得产品而需要"投入"的时间和精力。投资成本包括购买者寻找花店所花费的时间、购买者开车时汽车行驶的里程数和磨损程度、寻找一个免费停车地点所花费的精力,以及天色渐晚时才找到最近花店的风险。

如果因投资成本较低而得到补偿,购买者就可以接受较高的价格。当汽油价格上升时,超市销量就会降低,而距离较近商店的销量则会相应上升。因此,营销人员应该将投资成本视为其客户等式的一部分,如果他们与价格不成比例,就需要花大力气来提高产品的可获得性。

2. 决策成本。购物,不论大件还是小件,都需要购买者仔细考虑诸多细节,即使人们并非有意识地注意到自己在进行计算,这些细节也会产生心理负担。换言之，决策需要付出努力。以花束为例，必须首先确定花束与一瓶红酒等其他选择相比，是不是最适合晚宴的主人。一旦选择鲜花，接着就必须选择种类、颜色和布置样式。所有这些决定或多或少都有些费劲，视购买者的心情、压力程度和空闲时间而定。消费者喜欢选择，但一个产品品类的选择太多的话，又会让人不知所措。对此，营销人员需要设计出多种解决方案，以减轻决策的负担。

3. 价差产生的挫折心理。这是真实价格与"参考价格"之间的差距，即正常情况下感知的水平。在整个价格范围内，这种差距可能很细小，但相关的挫折心理却不成比例。如果购买者必须花20美元买一束花，但他预计售价为15美元，那么从心理学上讲，额外的5美元让他付出的"代价"就会超过先前的15美元，这15美元已由他现在拥有的花束予以补偿。

4. 自尊心受伤害。如果花店没有价格低于15美元的花束，购买者若还想以这个价格购买，那么让他选择最基础的选项，他就会感到有点不舒服。但是，如果花店增加一款价格8美元的低端产品（最好不太好看），那么购物者就会自豪地证实其15美元的选择。这时候，他的自尊心就不会受到伤害。作为营销人员，应该重视和甄别这些隐性成本，并妥善加以管理，既可以减少这些成本，也可以予以补偿。

5. 后悔风险。购买者必须最终克服对自身选择的自我怀疑。这会是一个错误吗？（如果这些花一天后就凋谢了该怎么办？如果晚宴主人讨厌雏菊，因为这会让她想起总是选择雏菊的前男友，该怎么办？如果另外一个客人来的时候带来一束更大的花束该怎么办？）

后悔风险的威力很大：在高度介入品类中，人们或许愿意忠于一个品牌，即使他们开始觉得有些怀疑，仅仅因为换用另一个品牌意味着他们承认自己的错误。营销人员应评估其所在品类的风险感知水平，并加以妥善管理。他们可以通过促销"畅销产品"以便产生符合性影响，也可在宣传时利用名人来减轻顾客的焦虑。他们可以提出退货期限或更换方案，以弥补遗憾。

资料来源：消费者购买决策：并不仅仅是标签价格那么简单[EB/OL]. http://mp. weixin. qq. com/s? ——biz = MjM5Mzg5Nzk1MQ = = &mid = 202695427&idx = 1&sn = aff50145466ef1a3f29937382e4b56f2&3rd = MzA3MDU4NTYzMw = = &scene = 6#rd，2015 - 01 - 16.

第二节　消费者购买行为模式与过程

一、消费者购买决策与行为模型分析

消费者购买决策与行为是指消费者为满足自身需要而制定购买决策、实施购买行动和使用商品的整体行为活动。在社会生活中，任何个人都必须不断消费各种物质及精神生活资料，以满足其生理及心理需要。因此，消费者购买决策与行为是人类社会中最具普遍性的一种活动，广泛存在于社会生活的各个空间、时间，成为人类行为体系中不可分割的重要组成部分。

（一）消费者行为的一般模型

现代社会生活中，由于购买动机、消费方式与习惯的差异，各个消费者的购买决策与行为表现得形形色色、各不相同。尽管如此，在千差万别的消费者行为中，仍然有着某种共同的带有规律性的东西。心理学家在深入研究的基础上，揭示了消费者行为中的共性或规律性，并以模型的方式加以总结描述，如图 7-3 所示。

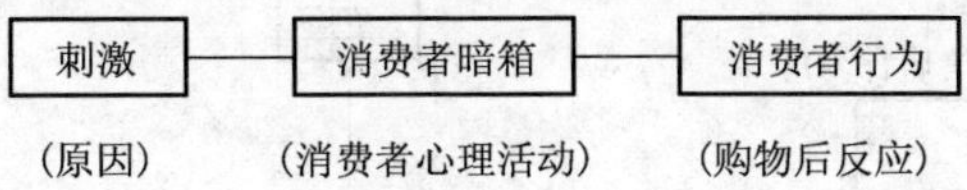

图 7-3　消费者行为的一般模型

上述消费者行为的一般模型表明，所有消费者行为都是因某种刺激而激发产生的。这种刺激既来自外界环境，也来自消费者内部的生理或心理因素。在各种刺激因素的作用下，消费者经过复杂的心理活动过程，产生购买动机。由于这一过程是在消费者内部自我完成的，因此，许多心理学家称之为“黑箱”或“暗箱”。在动机的驱使下，消费者进行购买决策，采取购买行动，并进行购买后评价，购后评价产生的信息又充实了消费者的内部信息库，对消费者的未来消费产生影响，由此完成了一次完整的购买行为。

在上述一般模型的基础上，一些西方学者对消费者行为模式进行了更加深入的研究，并提出了多种不同的模型表达方式。其中，较为简单的有投入—产出模型和认知过程模型，较为复杂的有恩格尔—科拉特—布莱克威尔（Engel - Kollat - Blackwell）模型（简称 EKB 模型）和霍华德—谢思（Howard - Sheth）模型。下面对这四种主要模型进行简要介绍。

（二）投入—产出模型

投入—产出模型（见图 7-4）反映了认知人假设下消费者的购买行为模式，对情感型消费者的购买行为也有一定的反映。模型涉及消费者制定购买决策及购买行为的所有重要因素。

投入—产出模型分为三大部分：投入部分、信息加工过程与产出部分。其中，投入部分是指消费者进行消费决策时来自外部的信息刺激。这些信息会影响消费者对可选择商品的态度和看法，从而影响消费者的购买行为。投入主要来自厂商的市场营销活动以及社会文化影响。

信息加工过程包括三个步骤：认识需求、信息搜寻以及评估选择。信息搜寻可以向外部搜寻，即向模型的投入部分搜寻有关商品的信息，也可以从消费者自身储存的商品信息库中搜寻信息。信息加工过程中最重要的阶段是对搜集的信息进行分析、评价，从而在可行的购买方案中做出选择。

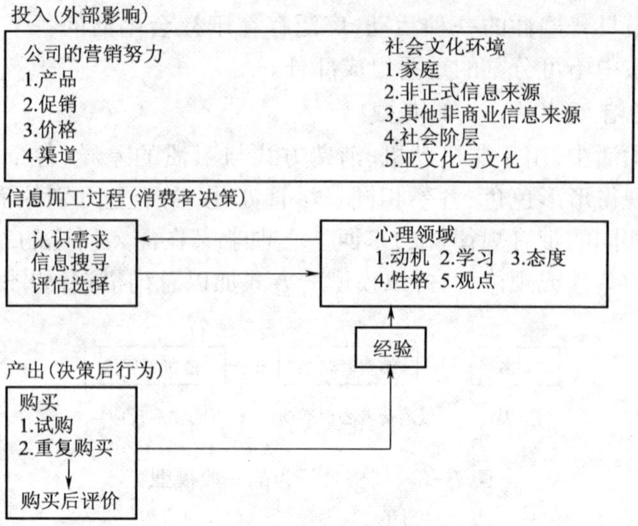

图 7-4 投入—产出购买行为模型

资料来源:LEON G SCHIFFMAN,LESLIE LAZAR KANUK. 消费者行为学[M]. 5 版. 北京:清华大学出版社,1997.

产出部分包括购买行为与购后评价。购买行为包括试购行为与重复购买行为。购后评价可以积累消费者的购买经验,充实消费者的信息库,从而影响消费者未来的购买决策。投入—产出模型符合认知人假设,模型本身也比较清晰简单,模型中的加工过程与产出部分构成了消费者消费决策的完整过程,适合用于消费决策过程的分析。

(三)认知过程模型

决策制定过程涉及消费者认知内外部信息,并受这些信息影响的所有方面,其中既包括来自记忆与先前经历得来的知识和印象,也包括对新信息的加工与理解过程。消费者决策制定的核心是信息综合过程。在这一过程中,消费者综合所有的信息,对各种可能的选择进行评价,从而确定一项选择,形成行动意向,再付诸购买行动(见图 7-5)。

(四)恩格尔—科拉特—布莱克威尔模型(EKB 模型)

EKB 模型强调了购买者进行购买决策的过程。这一过程始于问题的确定,终于问题的解决。在这个模型里,消费者心理成为"中央控制器",外部刺激信息(包括产品的物理特征和诸如社会压力等无形因素)输进"中央控制器";在"控制器"中,输入内容与"插入变量"(态度、经验及个性等)相结合,便得出了"中央控制器"的输出结果——购买决定。由此完成一次购买决策和行为过程(见图 7-6)。

具体来说,EKB 模型描述了一次完整的消费者购买行为过程:在外界刺激物、社会压力等有形及无形因素的作用下,使某种商品暴露,引起消费者的知觉、注意、

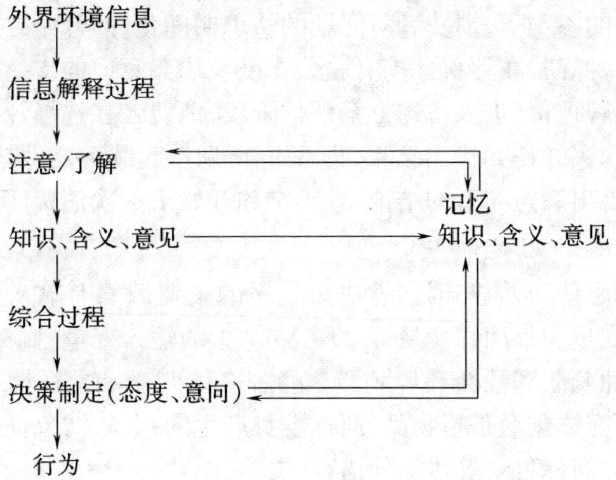

图 7-5 认知过程购买行为模型

资料来源:J. 保罗·彼德,C. 奥尔森. 消费者行为与市场营销战略[M]. 4 版. 大连:东北财经大学出版社,1998.

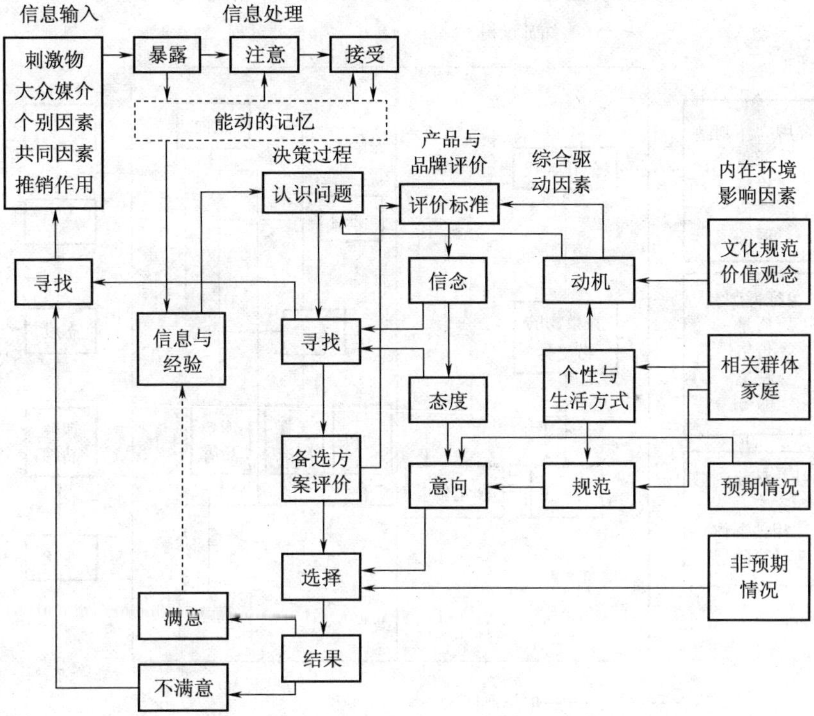

图 7-6 恩格尔—科拉特—布莱克威尔购买行为模型(EKB 模型)

记忆,并形成信息及经验储存起来,由此构成消费者对商品的初步认知。在动机、个性及生活方式的参与下,消费者对问题的认识明朗化,并开始寻找符合自己愿望的购买对象。这种寻找在评价标准、信念、态度及购买意向的支持下向购买结果迈进。经过产品品牌评价,进入备选方案评估阶段,消费者在选择评估的基础上做出决策,进而实施购买并得到输出结果,即商品或服务。最后,消费者对购后结果进行体验和评价,得出满意与否的结论,并影响和开始下一次消费活动过程。

(五)霍华德—谢思模型

霍华德和谢思认为,影响消费者决策程序的主要因素有输入变量、知觉过程、学习过程、输出变量和外因性变量等。图7-7中的输入变量(刺激因素)包括品牌客体刺激、象征性刺激和社会环境刺激。品牌客体刺激和象征性刺激都属于商业性刺激。①品牌客体刺激是指物品、商标本身产生的刺激;②象征性刺激是指由推销员、广告媒介和商标目录等传播的语言、文字、图片等产生的刺激;③社会环境刺激是指消费者在同他人的交往中产生的刺激,比如家庭、社会阶层、文化、组织等因素的影响,这种社会环境刺激因素一般与提供有关的购买信息相连。

消费者对这些刺激因素有选择地接受和做出反应。知觉过程是完成与购买决策有关的信息处理过程;学习过程是完成形成概念的过程。知觉过程和学习过程都是在"暗箱"内完成的,经过"暗箱"的心理活动向外部输出变量。

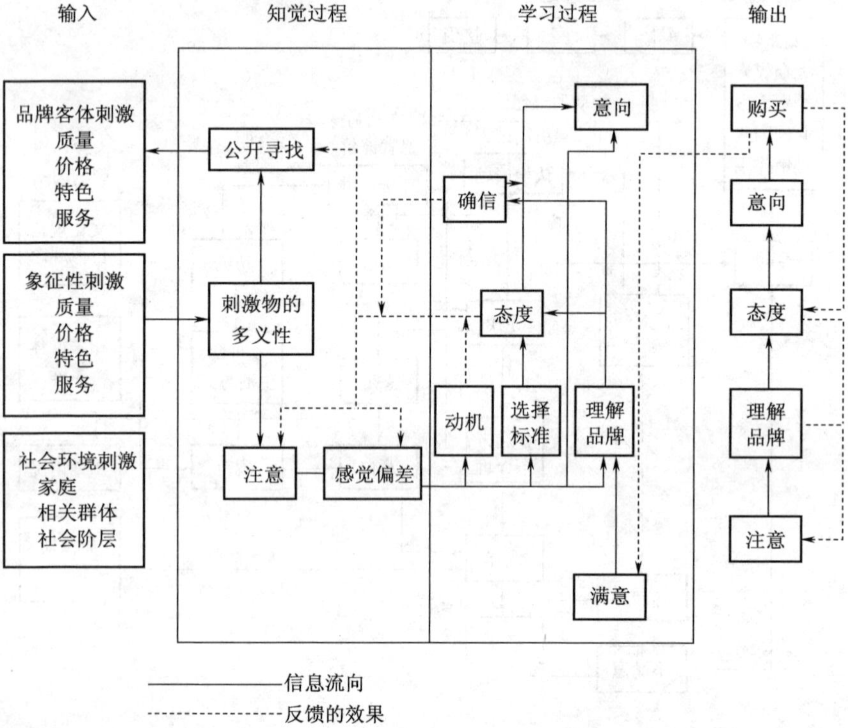

图7-7 霍华德—谢思购买行为模型

上述因素连续作用的过程表现为:消费者受到外界物体不明朗的刺激后,进行探索,引起注意,产生知觉倾向,进而激发动机。同时,通过选择标准的产生以及对商品品牌商标的理解形成一定的购买态度,从而坚定购买意图,促成购买行为。

上述五个模型,由简到繁,各自都有不同的特点。比较而言,消费者行为的一般模型简练抽象地描述了消费者的购买行为及其规律性,比较简单、清晰、易记。但这一模型无法准确表述影响消费者行为的各种因素及它们之间的关系。投入—产出模型与认知过程模型对一般模型的各个部分进行了充实,脉络清晰,适合用于对消费者行为的具体研究。EKB 模型和霍华德—谢思模型尽管较繁杂,各种因素变量较多,但为企业了解消费者行为的产生、发展趋势及规律性提供了具体清晰的参考依据,便于企业在千变万化的消费者行为中准确把握其规律性,做出正确的判断及最佳的营销决策。

二、消费者购买行为类型

消费者的购买行为表现形式多种多样,可以采用不同的方法进行分类。

(一)按购买目标的确定程度分类

按消费者购买目标的确定程度分类,消费者购买行为可分为以下三类。

1. 全确定型。这类消费者在购买前已有非常明确的购买目标,对所要购买的商品种类、品牌、价格、性能等均有具体要求,一旦商品合意,便毫不犹豫地实施购买,不需要别人的帮助和提示。这类消费者相对较少。

2. 半确定型。这类消费者在购买前已有大致的购买意向和目标,但目标不具体明确,需要经过对同类商品的比较选择之后,才能确定具体的购买对象。为此,消费者在购买过程中希望得到他人的咨询帮助,也易受他人观点的影响。这类消费者为数众多,应是销售服务的重点对象。

3. 不确定型。这类消费者在进入购物场所前,没有明确的购买目标,处于漫无目的、随意浏览的状态,因此,无意中所见所闻的商品信息都可能引发消费者的购买欲望,而最终是否发生购买行为,同购物现场情境及消费者心理状态有关。对于这类消费者,营销人员应主动热情地服务,尽量引起他们的购买兴趣。

(二)按购买决策方式分类

按消费者的购买决策方式分类,消费者的购买行为可分为以下三类。

1. 试购。消费者对未使用过的产品或新产品因缺乏经验而存在不确定性,为减少决策风险,他们选择购买少量商品试用。

2. 重复购买。消费者对于以前购买且产生良好体验的商品会继续购买,这种重复购买行为会减少因决策不当带来的风险,同时增强消费者的品牌忠诚度。

3. 仿效购买。当消费难以独立做出有效决策或对决策缺乏信心时,有可能采取从众行为,仿效他人或大多数人的购买选择,以减轻心理压力和避免不良后果。

（三）按购买态度分类

按消费者的购买态度分类，消费者的购买行为可分为以下六类。

1. 习惯型。这类消费者依靠以往的购买经验和消费习惯采取购买行为，或长期惠顾某商店，或持续使用某品牌的商品，他们不受流行时尚的影响，购买行为表现出很强的目的性。

2. 理智型。这类消费者在购买前广泛收集商品信息，经过慎重分析比较后做出购买决策；购买时表现得理智审慎，保持高度的自主性，不受他人及广告宣传的影响。

3. 经济型。这类消费者对价格非常敏感，经常以低于同类商品价格作为购买依据。廉价商品以及促销、优惠、打折等营销手段对这部分消费者有极强的吸引力，因此经济型又称价格型。

4. 冲动型。这类消费者对外界刺激敏感，心理反应活跃，在广告、促销、抢购等刺激下，往往做出冲动性购买。新产品、时尚商品对他们的吸引力较大。

5. 感情型。这类消费者心理活动丰富，易兴奋、爱想象、富于情感，在购买时常常受情感支配，也易受环境的感染诱导，往往以商品是否符合自己的感性需要决定是否购买。

6. 疑虑型。这类消费者性格内倾、言行谨慎、多疑多虑，他们在选购时大多表现得优柔寡断、缺乏主见，渴望营销人员的提示和帮助。

实例 7-3　为什么大家买起来那么“疯”

据说，75%消费者的购买决定，都是在见到那件商品后15秒以内做出的。当你看到某件商品时，猛然间觉得那就是为你设计的，于是将其买下，但事后发现它根本用不上。这就是典型的冲动购买。所谓冲动购买，也就是非计划购买。比如，面对一年一度的“全民刷天猫马云开心节”，虽然很多人是蓄谋已久，冲着全年最低价去的，但也总有没什么想买的，但不凑凑热闹消费一笔又觉着亏了的主。

精打细算的消费者都是一样的，冲动的消费者则各有各的冲动，他们的冲动大致可以分为以下三类。

1. 纯冲动：顾客事先完全无购买愿望，没有经过正常的消费决策过程，临时决定购买。购买时完全背离对商品和商标的正常选择，是一种突发性的行为，出于心理反应或情感冲动而“一时兴起”或“心血来潮”，或是“图新奇”“求变化”。

2. 刺激冲动：顾客在购物现场见到某种产品或某些广告宣传、营业推广，它提示或激起顾客尚未满足的消费需求，从而引起消费欲望，而决定购买，是购物现场刺激的结果。

3. 计划冲动：顾客具有某种购买需求，但没有确定要购买的物品。如得知某商城要五折销售，专门到该商城购物，但没有具体的购物清单，因而买“便宜货”是有计划的，买何种“便宜货”则是冲动的。天猫双十一购物节就是这种。

为什么商家随便刺激刺激，消费者就冲动得停不下来？这很大程度上取决于消费者的本能——购物就是爽啊。

科学表明，购物让人愉快。"冲动"的主要含义就是神经受到刺激引起的兴奋性反应。当我们经历新鲜、刺激或者具有挑战性的事情时，大脑就会分泌多巴胺。多巴胺是大脑分泌的一种用来帮助细胞传送脉冲的化学物质，主要负责大脑的情欲、感觉，将兴奋及开心的信息传递。当我们积极做某事时，脑中会非常活络地分泌出大量多巴胺荷尔蒙。越来越多的大脑研究显示，购物能刺激大脑分泌多巴胺，让购物者变得身心愉悦。这可以解释为什么一个人买了件外套却从来不穿：你看上一件外套时，大脑中的多巴胺就会大量分泌，购买欲被大大刺激。但一旦购买行为完成，它的浓度就会下降，你也很自然地不会对这件外套有太大兴趣了。

当然，把购物冲动仅仅归咎于多巴胺未免有失偏颇，毕竟购物是一个很复杂的经济行为。除了卖家的花言巧语、价格折扣和各种优惠挡不住外，我们自己不能对商品的价值有正确的判断也是冲动消费的重要原因。美国杜克大学通过对大脑结构的分析发现，主管情感和价值判断的是大脑中的同一块区域。当你情绪失控，在商场或者网上商城刷爆卡时，事后也不用太懊悔——情绪低落时，大脑对价值的判断也会变得十分不靠谱，在各种"利诱"面前，犯错误是难免的事。通过对大脑进行CT扫描，研究人员发现，主管价值判断和情绪的都是大脑的前额叶皮层。消费者在对一件商品做价值判断时，购买欲的强弱会干扰判断的准确性。购买欲越强，就越容易判断得不准，最终导致消费者买了对自己价值不高价格却不低的商品。

与男人相比，女人在购物时更加冲动，这可能和女性的雌激素变化有关。英国赫特福德大学对450名18~45岁的女性做了相关问卷调查。结果发现，在生理期到来之前，女性最容易因冲动而购买奢侈品。这可能是因为月经来潮之前的雌激素变化导致女性产生负面情绪，而冲动消费则可能是对这种情绪做出的反应——女性在这个阶段可能感到压抑和消沉，购物则可能是她们缓解情绪的方式。

资料来源：全民血拼：为什么大家买起来那么疯？[EB/OL]. http://zhidao.baidu.com/s/daily/2013-11-11/1391115494.html?qq-pf-to=pcqq.group, 2013-11-11.

（四）按消费者个性心理特征分类

按消费者的个性心理特征分类，消费者的购买行为可分为以下五类。

1. 沉实型。这类消费者由于神经过程平静，反应缓慢沉着，购买动机一经确定就不易改变，也很少受到外界因素的影响。在购买活动中保持沉默，感情不外露、抑制性强、交际适度，但不很随和。

2. 温顺型。这类消费者神经过程比较薄弱，内心体验深刻，倾向于避免任何过强的刺激。在购买过程中，他们愿意遵从销售人员的介绍和意见做出决策，并对服务人员的态度很敏感。

3. 活泼型。这类消费者神经过程平衡而灵活性高,善于适应各种环境,有广泛的兴趣爱好,但易变化。他们在购买过程中表现活泼,主动同其他顾客或营业人员沟通并交换意见。

4. 反抗型。这类消费者对外界环境变化具有较高的敏感性,多愁善感、性情孤僻。在实施购买行为时,他们的主观意志较强,不喜欢听别人的意见,以怀疑的观点审视周围的一切,对售货员及顾客都有不信赖感。

5. 激动型,也称傲慢型。这类消费者易激动,言行举止时有暴躁、狂热的表现,自制力差,在购买行为上也表现出不善于沟通、傲气十足,对商品和营销人员的要求有时不近情理。

第三节 消费者的购买决策后行为

一、消费者的购后评价

消费者实施购买之后,购买过程仍未结束,他们还会对商品进行体验并做出评价,且将自己的感受、评价与他人交流。这种购后评价可能是多方面的,一般包括以下三方面。

1. 对商品品牌做出评价。商品的品牌名称会保留在消费者的头脑中,形成记忆和印象。消费者会将自己心目中对某品牌的印象向他人、消费群体及其他群体传播,这种传播就构成了商品的知名度。这种知名度会影响消费者下一次的选购行为。

2. 对商品质量做出评价。消费者依据个人感受以及他人意见评价商品的质量,同时也从商品的价格、包装、功能和使用效果等方面对质量做出综合评价。这种综合评价的方式类似于平衡效应,商品的价格高,消费者要求商品的质量也要好,否则会得出质次价高的结论。

3. 对经营企业做出评价。包括对经销商、销售人员以及生产厂商进行评价。通常,购物场所设施完备、环境优雅舒适、售货员服务热情周到,消费者会做出良好的评价。消费者对产品或者服务是否满意,还受到先前对质量水平期望的影响。生产厂商对商品的宣传与消费者购得商品的差别越小,或者实际购得的商品性能优于宣传所提到的效果,消费者对生产厂商就会做出较高的评价;反之,当实际购得的商品性能与预期不一致时,就会做出负面评价。

二、购后协调与不协调

(一)购后协调

购后协调是指消费者在使用或消费了商品之后,对商品的真实效用与期望相符或大于期望的情况。在购后评价中,消费者如感到的是购后协调感,一般会主动强化这种感受。如从广告中寻求支持自己决策的信息,避免接触商品竞争品牌的信息;或试图说服朋友或同事购买同一品牌的商品,通过他们的购买来肯定自己决策的明智性;或是发现其他购买相同商品的顾客,同样可以肯定自己购买决策的明智性。

有购后协调感的消费者会对该商品进行重复性购买,并对购买的商品进行积极宣传,通过非正式途径推广该品牌商品的信息,从而义务地为厂商做了广告。在很多情况下,消费者往往更信任这种通过非正式渠道传播的信息,而不是厂家的商业广告信息。因此,市场营销人员应该注重引导消费者产生购后协调感。

(二)购后不协调

与购后协调相反,购后不协调是指产品的效用与消费体验达不到期望的水平,从而使消费者不能对自己的购买决策感到满意。这种不满意即属于购后不协调的范围。购后不协调有不同的程度与水平。消费者在产生了购后不协调感之后,往往会通过各种途径降低自己的不协调感,这些途径包括自我消化途径与发泄途径两种。不同的消费者对于不同水平的购后不协调感,会遵循不同的途径使其化解。

1. 影响购后不协调水平的因素。

(1)忧虑的倾向性。购后不协调的程度因人而异,有忧虑倾向的人更容易感到购后的不协调。

(2)购买决策的不可更改程度。有一些购买决策是很容易更改的,如允诺可以退货的商品,或消费者购买次数频繁的商品,消费者即使不满意,不协调水平也不会很高。

(3)购买决策对消费者的重要性。购买决策的重要性与购后不协调水平成正比,重要的购买决策更容易让消费者感到购后的不协调。

(4)购买决策的难易程度。消费者对决策困难的购买行为有更高的期望,因此也更容易造成购后的不协调。

(5)商品的价值量。价值高的商品如果不符合消费者的期望,就会给消费者造成很大损失,从而产生很大程度的购后不协调。

(6)弥补的难易程度。如果消费者有很方便且低成本的渠道向厂商换货,或可以通过转让商品、改造商品以达到期望效用,消费者的不协调感就会大大降低。

2. 减轻消费者购后不协调的措施。当购后不协调发生时,无论是消费者本身,还是厂商都会主动地采取各种行动,以减轻消费者的不协调感受。消费者会通过沉默方式、非正式发泄方式或正式发泄方式来减轻自己的不协调感。

(1)消费者的沉默方式包括改变自己对产品的评价,寻找新的信息来支持自己的购买决策,提高心理上的效用水平,降低对放弃了的可选择方案的满意度等。

(2)消费者的非正式发泄方式主要是指消费者会向朋友、熟人等诉说自己的不满意,抱怨产品的各种缺陷,对产品进行消极宣传。

(3)消费者的正式发泄方式包括不公开正式发泄与公开正式发泄两种。不公开正式发泄是指消费者向厂家提出换货、退货、索赔等要求,来提高自己的满意度。但如果遭到拒绝,消费者很可能转向公开正式发泄,即向媒体披露或诉诸法律。

在消费者降低不协调程度的三种方式中,非正式发泄方式与公开的正式发泄方式对厂家的危害最大,会严重影响厂家产品的品牌形象和企业声誉。这种影响的范围、程度往往大大超过了厂家商业宣传的作用,会削弱厂商高成本的商业宣传的效用。所以厂家需要注意消费者对产品的购后评价,在购买后为消费者提供追加信息,消除消费者的疑虑,尽量避免不协调感的产生。在消费者发生不协调反应后,应尽量使其通过不公开的正式渠道得到发泄,以避免消费者采取其他降低不协调程度的方法,影响厂商的品牌声誉。

本章小结

消费者假设是以认知人假设为基础的。消费者购买决策过程是一个以特定目标为中心的解决问题的过程,包括为什么买、买什么、买多少、在哪里买、何时买、如何买等一系列内容,具体程序可概括为“认知需求→信息搜寻→评估选择→购买行为→购后评价”。消费者信息搜寻按照其投入的时间、精力与成本可分为零信息搜寻、有限信息搜寻与广泛信息搜寻三个层次。

消费者决策会遵循一定的原则,比如最大满意原则、相对满意原则、遗憾最小原则、预期—满意原则、解脱原则和保持现状原则。消费者决策评价方法包括可补偿型、不可补偿型和综合方法三种。购买涉入度是指消费者由需要或价值观而产生的对购买决策过程关心或感兴趣的程度。根据决策的复杂程度和涉入购买程度,消费者购买决策方式可以分为四种类型,即复杂决策、有限决策、品牌忠诚决策和惯性决策。

消费者购买决策与行为具有多种不同的模型表达方式,比如消费者行为的一般模型、投入—产出模型、认知过程模型、恩格尔—科拉特—布莱克威尔模型(EKB 模型)、霍华德—谢思模型。消费者购买行为表现形式多样,根据购买目标的确定程度、购买决策方式、购买态度、消费者个性心理特征等可分为不同的类型。

购后评价包括对商品品牌、商品质量以及经营企业的评价。消费者实施购买行为后,可能会出现购后协调或不协调的情况。购后协调是消费者在使用或消费了商品之后,对商品的真实效用与期望相符或大于期望的情况。购后不协调是产品的效用与消费体验达不到期望的水平,从而使消费者对购买决策产生不满意的情况。当不协调发生时,消费者会通过沉默方式、非正式发泄方式或正式发泄方式来减轻不协调感,厂商也应主动采取各种行动以减轻消费者的不协调感受。

案例选编

案例　　顾客怎样决定是否购买瑞得克的产品

瑞得克有限公司是一家制造和销售具有独特耐用性与抗裂性，且使用寿命长的钢制品的专业公司。瑞得克集中开发应用于采矿、建筑和森林采伐领域的产品。在这些领域中，由于产品在使用过程中磨损剧烈，购买者在进行购买决策时，首要的考虑因素是产品的断裂和使用寿命问题。为此，公司对产品做了很多改进，使之适合各种恶劣的使用条件。

瑞得克最近对消费者需求进行了调查。表 7－2 显示了各种购买标准的权重以及消费者对瑞得克竞争地位的感知。在前三个最重要的购买标准中，瑞得克领先于竞争者。虽然瑞得克的产品价格更高，但顾客仍愿意买这个品牌的产品，原因是这些产品的前三项标准性能优良。在重要性较低的三项购买标准上，瑞得克落后于竞争者。

表 7－2 显示的消费者需要及感知是通过对瑞得克现有顾客的调查得出的。由于非顾客群体数量比顾客群体数量大 9 倍，所以瑞得克对非顾客群进行了调查。调查发现，该类顾客在需要和对瑞得克产品的评价上同瑞得克用户存在一些差别。

表 7－2　购买标准、重要性权重及瑞得克的竞争地位

购买标准	重要性(％)	竞争地位
使用寿命	25	非常好
断裂	20	非常好
售后支持	15	非常好
产品价格	14	差
可获性	10	很差
送货	10	差
产品设计	6	差

一部分非顾客调查结果显示在表 7－3 上。在对瑞得克竞争地位的评价上，非使用者与使用者认识比较一致。然而，两类用户的需要存在很大差别。非使用者将产品可获性、价格与设计视为非常重要的产品评价因素；相反，使用寿命、断裂和售后服务则并不十分重要。

表 7-3　非顾客群的需要和对瑞得克的感知

购买标准	重要性(%)	竞争地位
可获性	30	非常差
产品设计	25	差
产品价格	20	差
送货	15	差
使用寿命	5	非常好
售后支持	3	非常好
断裂	2	非常好

用户群与非用户群需要的不同促使公司意识到,公司对其用户和非用户的决策过程缺乏足够了解。虽然表 7-2 和表 7-3 显示了两个群体在购买标准上的差异,但这些结果并没有深刻说明这些购买标准在购买决策中是如何运用的。基于此,公司采用随机抽样抽取用户和非用户样本,进行了一次关于购买决策的调查。这项调查的结果显示在图 7-8 中。

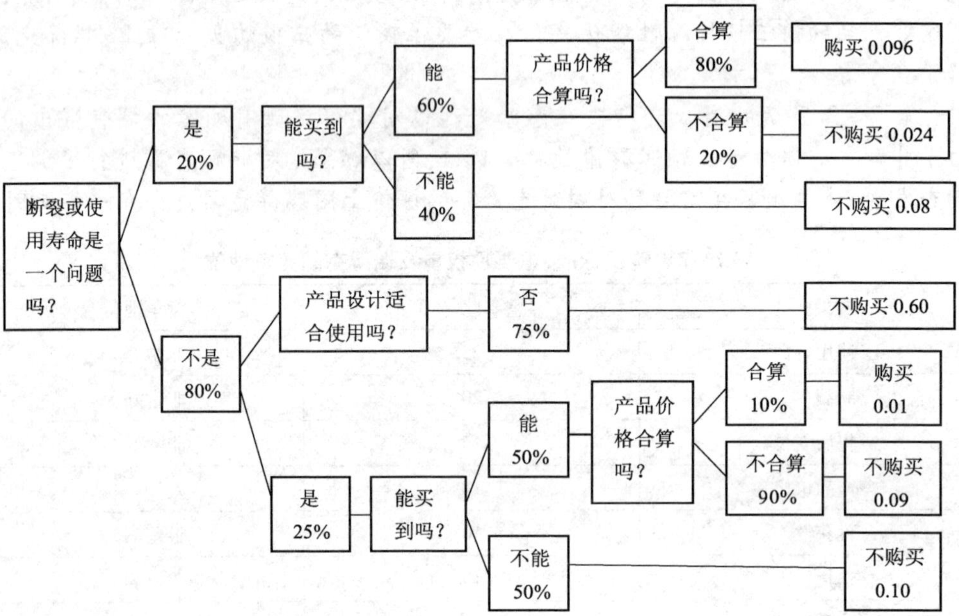

图 7-8　顾客决策过程

在做出购买决策时,顾客首先问使用寿命或断裂是否是一个问题。80%的使用情况中,这不是问题。因此,在采矿、建筑和森林业运用这些产品时,80%的情况下,瑞得克提供的关键利益并不重要。如果一种产品确保了使用寿命和断裂不成为主要问题，可获性就成为一个关键点。瑞得克产品在需要时，40%的顾客无法获得该产品。如果他们能够得到瑞得克产品，决策者接下来要考虑的是产品的成本价值比。成本包括售价、使用寿命延长的节约和断裂造成的潜在损失；价值则包括售后支持所派生的利益。在使用寿命和断裂是一个问题时，80%的情况下瑞得克能做成生意，然而这只发生在大约10%的使用者身上。在用具的使用寿命或断裂并不重要时，决策过程侧重于生产设计，而瑞得克在这方面表现得不尽如人意。

由于在这方面表现较差，75%的使用者不考虑使用该公司的产品。当瑞得克产品被认为适合使用时，它只在50%的时候能够买到。而且，较高的价格被认为远高于因使用寿命的延长、防裂或售后支持而带来的节约，瑞得克在这部分顾客中只获得了10%的份额。图7－8显示了何处及为何瑞得克获得市场份额。更重要的是，它揭示了在何处及为何失去了市场份额。虽然它的总市场份额约为10%，当使用寿命与断裂很重要时，它有几乎50%的市场份额，但在这个领域之外，该公司只有10%的市场份额。

案例讨论：

1. 只考察顾客或非顾客购买标准有什么局限？
2. 理解购买决策过程对企业有什么好处？
3. 瑞得克应在什么地方重点努力？这些努力会带来怎样的结果？

思考题

1. 试分析比较有关消费者的四种假设。

2. 消费者购买决策过程的内容和具体程序是什么？

3. 简述消费者决策的基本原则。

4. 消费者在购买决策过程中的信息搜寻有哪几种类型？它们的区别是什么？请举例说明。

5. 以下各种商品购买决策过程中的信息搜寻属于哪种类型？请解释你的回答。

a. 口香糖　b. 食用糖　c. 纸巾　d. 洗面奶　e. 地毯　f. 移动电话　g. 豪华轿车

6. 什么是购买涉入度？消费者购买决策方式的类型是如何进行划分的？不同的决策类型具有什么特征？

7　消费者购买决策的投入—产出模型包括哪些内容？

8. 列出你高中毕业选择大学学校时考虑到的所有学校的名单，并描述你的挑选标准。你是如何收集需要的信息的，你当时用的是可补偿性方法还是不可补偿性方法。

9. 消费者如何减轻购后不协调？为了减轻购后不协调，市场营销人员可以为顾客提供什么帮助？

第八章

消费者群体的心理与行为

★ 本章要点和学习要求 ★

现实生活中,消费者经常以群体的方式对市场运行形成影响。本章运用社会心理学和社会学等相关学科的基本原理,从群体的概念出发,研究消费者群体的形成和划分,分析主要消费者群体的心理特征与行为,探索消费者群体内部的规范与沟通方式,以及暗示、模仿、从众等群体行为表现。通过本章学习,学生应当了解和掌握消费者群体的类型、主要消费群体的心理特征,以及消费群体行为活动的基本规律。

第一节 消费者群体概述

一、消费者群体的概念

群体或社会群体是指两人或两人以上通过一定的社会关系结合起来,进行共同活动而产生相互作用的集体。群体规模可以比较大,如几十人组成的班集体;也可以比较小,如经常一起上街购物的两位邻居。具有共同消费特征的消费者组成的群体就是消费者群体。同一消费群体内部在消费心理、消费习惯及购买行为等方面有许多共同之处;不同消费群体之间则存在诸多差异。同一群体成员之间一般有较经常的接触和互动,从而能够相互影响。

社会成员构成一个群体,应具备以下三个基本条件和特征。①群体成员需以一定纽带联系起来。如以血缘为纽带组成了氏族和家庭,以地缘为纽带组成了邻里群体,以业缘为纽带组成了职业群体。②群体成员之间有共同目标和持续的相互交往。公共汽车里的乘客、电影院里的观众不能称为群体,因为他们是偶然和临时性地聚集在一起的,缺乏持续的相互交往。③群体成员有共同的群体意识和规范。

二、消费者群体的形成

消费者群体的形成，是消费者的内在因素与外部因素共同作用的结果。

消费者之间在生理、心理特性方面存在诸多差异，这些差异促成了不同消费者群体的形成。例如，由于性别的差异，形成男性消费者群和女性消费者群；由于所处年龄阶段的不同，形成少年儿童消费者群、青年消费者群、老年消费者群。这种根据消费者自身生理及心理特点划分的各个消费者群之间，在消费需求、消费心理、购买行为等方面有着不同程度的差异，而在本群体内部则具有许多共同特点。

不同消费者群体的形成，还受一系列外部因素的影响。职业类型、文化背景、民族、宗教信仰、地理气候条件等外部因素对于不同消费者群体的形成具有重要作用。比如，不同的职业使人们的劳动环境、工作性质、工作内容及能力素质不同，心理特点也存在差异，这种差异必然会反映到消费习惯、购买行为上来，久而久之便形成了以职业划分的工人消费者群、农民消费者群、知识分子消费者群等；地理位置不同，使得山区、丘陵、平原、沿海、内地、南北方的消费者，在生活方式、消费习惯上均存在差异；信奉天主教的消费者在消费禁忌上不同于信奉佛教的消费者；藏族的消费习惯不同于汉族，等等。

消费者群体的形成对企业的生产经营和消费活动都有重要的影响。

首先，消费者群体的形成能够为企业提供明确的目标市场。通过对不同消费者群体的划分，企业可以准确地细分市场，从而减少盲目性和经营风险。企业一旦确认了目标市场，明确了为其服务的消费者群体，就可以借助对群体的观察、预测、研究，寻找该群体消费需求、购买行为的规律，采取相应的营销策略，取得最佳经营结果。

其次，消费者群体的形成有利于调节和控制消费，使消费活动向健康的方向发展。任何消费，当作为消费者个体的单独活动时，对其他消费活动的影响，及对消费活动本身的推动都是极为有限的，但当消费活动以群体的规模进行时，则不但对个体消费产生影响，同时还有利于推动社会消费的进步。其原因在于，消费由个人活动变为群体行为的同时，将使消费活动的社会化程度大大提高，而消费的社会化又将推动社会整体消费水平的提高。并且，消费者群体的形成，还为有关部门借助群体对个体的影响力对消费者加以合理引导和控制，使其向着健康的方向发展提供了条件和可能。

三、消费者群体规范与内部沟通

消费者群体作为一种特殊的社会群体类型，有其自身的活动规律和活动方式，其中尤以群体的内部规范和内部信息沟通状况，对成员及其群体的消费行为具有重要影响。

（一）消费者群体的内部规范

1. 内部规范的概念与形式。规范是约定俗成或明文规定的标准，通常有成文的和不成文的两种表现形式。在消费者群体内部，可以有成文的规范，如某些规章制度，或以法律形式规定的行为准则，但更多的规范是以不成文的形式对内部成员加以约束，比如，一个地区的风俗习惯、一个民族的传统习俗等。

2. 内部规范对消费者行为的影响。消费者群体内部的规范，不论成文与否，对于该群体成员都有不同程度的约束力，但二者的作用形式又有所区别。

不成文的规范表现为通过群体压力迫使消费者调整自身行为，以适应、顺从群体的要求。例如，我国在 20 世纪 80 年代以前，穿西服或其他非传统服装被大多数人视为不合常规的特殊行为，穿着者会受到他人的注意、诘问甚至非难。迫于这种不成文的规范压力，偏爱西服的消费者只有望其兴叹。

成文的规范通常通过组织、行政、政策乃至法律的手段和方式，明确规定人们可以做什么，不可以做什么，以及应当怎样做，从而强制性地影响和调节消费者行为。例如，中小学校规定，中小学生在校内不许穿戴首饰和奇装异服，课堂内不准随意吃零食等，这些规定都强制性地对学生的校内消费行为做出了限制。在旅游城市新加坡，国家法律明文规定，不允许在公开场合食用口香糖，以减少口香糖造成的环境污染和不卫生。我国也有许多以法规条例形式制定的消费行为规范。例如，野生动物保护法，禁止人们捕杀、食用、消费那些濒于灭绝的野生动物。

在各种成文与不成文的群体规范中，有些规范限制，甚至禁止人们进行某种形式的消费，有些规范则鼓励人们进行某种形式的消费。例如，西欧一些国家为加强环境保护，一般不提倡家庭使用煤、汽油类燃料，而鼓励消费者多使用电能等清洁能源。因而规定高污染类燃料的消费量越大，需要支付的费用越高；清洁能源的消费量越大，支付的费用则越低，受到的奖励也越多。这项国家政策就限制了前一类商品的消费，而鼓励了后一类商品的消费行为。

（二）消费者群体的内部沟通

实例 8-1　不愉快的就餐经历

马丽正愤怒地向室友倾诉她在校外一家餐馆请朋友吃饭的不愉快经历：“足足等了 20 分钟才开始上菜”，她滔滔不绝地说，“这时居然才来通知一道菜没有了，也没有我们点的一种饮料。我们中一个人出去在外面买了这种饮料，服务员竟然还不让带进来，态度强硬，脸拉得比冬瓜还难看；天气这么热，竟然不开空调；红烧鱼就像登陆已久的海军陆战队，肉就似在潜水艇里待久的士兵。反正一顿饭吃得挺憋气的，以后坚决不会去这家餐馆了。”

从马丽的诉说可以看出，消费者非常乐于将他们在市场上的消费经历告诉他人。消费者将获取的商品信息，以及购买、使用商品后的评价及心理感受向群体内的其他消费者转告、传播、倾诉，以求得其他消费者的了解、理解和认同，这一过程就是消费者群体的内部沟通。内部沟通是群体内部消费者之间互动的基本形式。有效的沟通对消费者个人的行为以及群体的共同行为都有重要影响。

1. 内部沟通的模式。消费者通过内部沟通传播商品信息，对他人的消费态度和消费行为产生影响。截至目前，关于内部沟通及其影响方式有三种主要理论。

(1)滴流理论(trickle down theory)。滴流理论认为，较低阶层的人们往往试图模仿较高阶层人们的行为方式(见图8-1)。

生活在较低阶层的人们往往期望自己的生活能够得到改善，不断上升。因此，上层社会人们的生活方式作为他们模仿的对象，影响着他们自身的生活方式。

(2)两步流程理论(two step flow theory)。两步流程理论认为，信息往往先从媒体流向意见先导者，再从意见先导者流向大众消费群体。意见先导者是媒体信息的直接接受者，是媒体和大众消费群体的中间人。图8-2演示了两步流程理论的模型，信息从媒体单向流向意见先导者(第一步)；再从意见先导者流向大众消费群体(第二步)。

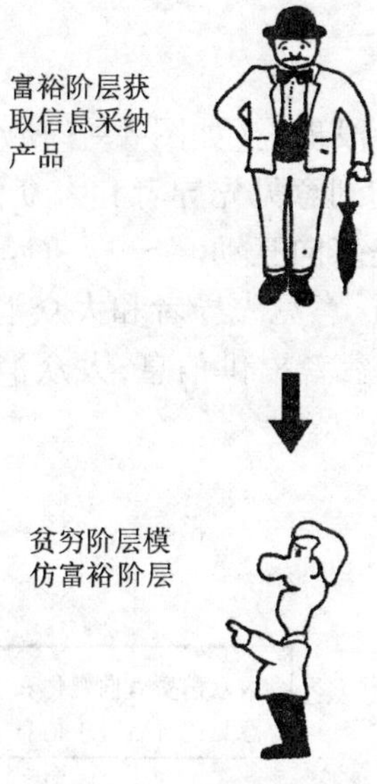

图8-1 滴流理论

图8-2 两步流程理论

意见先导者(opinion leaders)又称为意见领袖，是指在特定情境中能施加影响于其他消费者行为的人。其他消费者能够接收到意见先导者以非正式为主的或正式的方式传达过来的消费信息，从而使自己对某种商品或服务采取积极或消极的态度。由于意见先导者是解释和传播产品与服务信息给其他消费者的角色，所以营销调研的重点应该放在这些人身上。在产品的试用调查、大众传播媒体的偏爱性调查、广告的事先测试等研究中，典型调查的对象是先选择意见先导者。

实例8-2 意见领袖——网络营销推广的标兵

伴随着社交媒体的快速发展及分享功能的日益完善，意见领袖的角色逐渐重要起来,他们往往承担着"消费者与商家之间沟通者"的重任。2013 年 9 月,九阳曾做过一次非常成功的营销活动。这次营销活动出售的商品是给小宝宝做面食、辅食的机器,采用的网络营销渠道是微博,营销"代言人"并不是传统意义上的大明星,而是一些意见领袖。首先,九阳到各大母婴论坛里找了 90 位"意见领袖",这些人的共同特点是:活跃,在论坛里积极发言;专业,所讲的话有一定的科学依据;实在,道出了一位普通妈妈的心境;权威,所讲所传的受众效果很好。然后,九阳给这 90 位妈妈免费发放了这台机器,代价是在微博上写一篇这台机器的使用感受。这一做法效果出奇得好,这些妈妈们不仅写了用后感,有些还将自己做的成品在微博上一一分享,有些辅食实在可爱,很快就在微博上流传开来。而且九阳还玩了一招预热,那些"心里早已长草"的妈妈还得挨过这等待期。最后,短短 3 天的时间,这台机器的销售额就达到 3 000 万元。意见领袖在网络营销中的作用由此可见一斑。

资料来源:"意见领袖"——网络营销推广的标兵[EB/OL]. http://www.h7qz.com/2014 - 08 - 31 - 36. html,2014 - 08 - 31.

(3)复合阶段理论(multi-step theory)。复合阶段理论(如图 8 - 3 所示)认为一些人比另一些人更具影响力,但媒体能够同时影响到意见先导者和大众消费群体。从图 8 - 3 中可以看到,信息不再是单向流动,而是多向互动。

在新产品或服务被消费者接受之前,营销人员、意见先导者和大众消费群体之间表现为持续作用。媒体向意见先导者和大众消费者提供信息,大众消费者向媒体和意见先导者寻求信息,同时受到两者的影响。

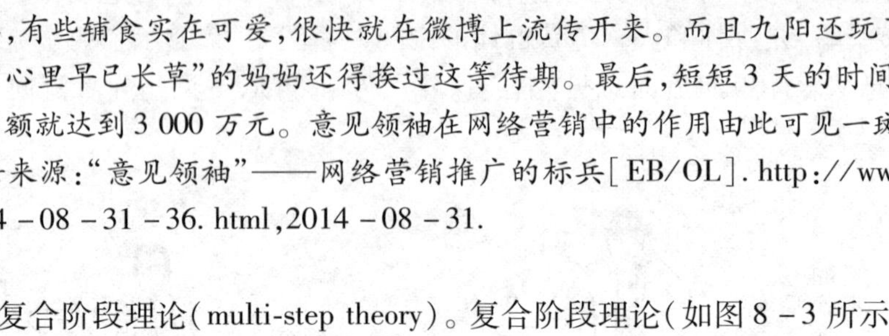

图 8 - 3　复合阶段理论

实例 8 - 3　乐事的关键意见领袖策略

自乐事上市以来,就一直靠着广告与创意不断刷屏,抢占年轻人的市场,制造出无数"网红"单品。从颇具特色的"猴年自拍装"到趣味性十足的"原谅抹茶味",以及最近刷爆小红书的两款高颜值新产品。它们在中国市场的营销模式和营销策略的组合,可以称得上是快消行业中的标杆。

在轻焙系列柚香黑椒味、香焗芝士味的营销当中,乐事则是把重心放在了各路明星以及 KOL(key opinion leader,KOL)整体内容的 PGC(professionally generated content,专业生产内容)之上,和原谅抹茶味“种草”的原因不同,这两款高颜值的薯片,则是把握住了消费者的“群体归属感”。在社交媒体的发展过程中,越来越多的人会在网络上寻求属于自己的圈层,想在这个圈子当中获得某种身份认同。在这个圈子当中,KOL 就担任了共享消费偏好的重要任务。例如小红书,就以社区+电商的模式,给了热衷购物的人群一个强大的消费口碑库。而乐事在小红书上燃爆的起点,就要从大 V 们的笔记开始。活跃在小红书上的林允,专门为乐事的薯片拍了一段小视频。而不同领域 KOL 也将乐事的薯片巧妙地融入自己擅长的领域当中。

普通消费者很容易对 KOL 的生活产生向往,想借由他人的消费行为,让自己离美好生活更近。而他们,也会在模仿的过程中获得愉悦,产生一种只要购买乐事薯片,就可以“拍得像他们一样好”“跟他们过上一样的生活”之类的美好幻象。

这些 KOL 的口碑,远比普通的广告更有效果。一方面,社交平台上的人际互动更为亲密,会让人在放松的环境中接受信息;另一方面,多元化的场景会让更多消费者产生共鸣,提高人们对产品的好感度。当口碑裂变之后,就拥有了更多的流量,成了新一届零食中的“超级网红”。

资料来源:南棋. 乐事为何能成为薯片界的“网红制造机”?[J]. 销售与市场:营销版,2018,5(6):23-24.

2. 内部沟通的类型。消费者群体的内部沟通可以分为积极的沟通和消极的沟通两种方式。

(1)积极的沟通。积极的沟通是指消费者在购买、使用、消费某种商品后获得了满意体验,心理上得到极大满足时,会出现传话效应,把自身良好的心理感受和经验分享给他人。

积极的沟通不仅使消费者满意的消费体验得到宣传,还为工商企业的生产、经营活动带来良性的反馈作用。例如,在广告中使用或显示著名建筑师、影星、运动员、企业家和专家等权威人物的赞许、满意的评价;向年轻母亲免费赠送或优惠出售婴幼儿营养食品,并通过她们影响其他顾客,都可以获得有效的沟通效果。

摩根士丹利公司的一位分析家认为,沃尔玛就是“靠口头传播建立声誉的公司”。在出名之前,沃尔玛以提供“天天低价”、丰富的品种、完美的货架和一流的服务使它的顾客感到满意,而这些顾客又将这个商店的情况告诉他们的朋友。由此,沃尔玛成为美国最大的零售连锁店,而它的广告费只占销售额的 0.5%(科玛特为 2.5%,西尔斯为 3.8%)。这意味着每年它能够比西尔斯多赚 1 亿美元的利润。显然,良好的口碑对企业来说价值不菲。

(2)消极的沟通。消极的沟通是消费者购买商品过程中,由于各种原因产生不满的心理体验时,通过抱怨、发泄、投诉等方式,将消极性的信息传递给其他消费者或经营企业,以求得到同情、补偿。消极沟通通常表现为三种情况:消费者在购买过程中,遇到经营单位的欺骗、强卖、威胁、侮辱;使用商品时发现质量存在严重问题;使用中商品出现破损、腐蚀、电击、中毒、爆炸等伤害消费者身心健康的问题等。

当消费者的利益受到上述不同程度的损害时,必然产生不满意的心理体验,从而形成消极的情绪反应,并引发把不满情绪加以宣泄的强烈愿望和冲动。这不仅阻碍了消费者本人的下一次消费行为,还对其他消费者的行为造成消极影响。显然,对企业来说,消极沟通的传话效应是十分不利的。

如果消费者出现消极沟通,企业应该及时指定专人负责解决问题,尽快赔偿消费者的利益损失,消除不满情绪,以降低传话效应,并通过媒介宣传在广大消费者中澄清事实、消除影响,并使他们转变态度,从而使消极沟通产生的不良后果降到最低限度。

第二节 主要消费者群体的心理与行为特征

人们经常依据年龄和性别划分消费群体。这些消费群体成员在接触和互动过程中,通过心理和行为的相互影响与学习,会形成一些共同的消费观念、态度和行为。研究一些主要消费群体的心理与行为对于企业营销具有特别重要的作用。

一、少年儿童消费者群

少年儿童消费者群,是由 0 ~ 14 岁的消费者组成的群体。由于计划生育政策的实施,我国少年儿童占总人口的比重呈下降趋势。根据国家统计局的数据,2013 年我国 0 ~ 14 岁少年儿童占人口的比重为 16. 41%,比 2000 年人口普查下降了 6. 48 个百分点。虽然如此,少年儿童这一购买者角色的作用却更加突出了。一方面,中国少年儿童绝对数值大,共有 2. 23 亿,是一个庞大的消费群体;另一方面,独生子女是中国家庭的一个特殊现象,作为家庭的核心,他们是“小皇帝”“小太阳”,家庭中相当大的一部分消费支出都花在了他们身上。

0 ~ 14 岁的少年儿童,可根据年龄特征分为儿童消费者群(0 ~ 11 岁)和少年消费者群(11 ~ 14 岁)。以下分别就这两个年龄段的消费心理与行为特征进行探讨。

(一)儿童消费者群的心理与行为特征

从初生婴儿到 11 岁的儿童的消费心理和消费行为变化幅度较大。这种变化在不同年龄段表现得最为明显,即乳婴期(0 ~ 3 岁)、学前期(3 ~ 6 岁,又称幼儿期)、学初期(6 ~ 11 岁,又称童年期)。在这三个阶段中,儿童的心理与行为出现三次较大的质的飞跃。表现在心理上,儿童逐渐有了认识能力、意识倾向、学习、兴趣、爱好、意志及情绪等心理品质;具备了在感知和思维的基础上解决简单问题的能力;行为方式上,儿童也开始从被动转变为主动。这种心理与行为特征在消费活动中有以下三种表现。

1. 从纯生理性需要逐渐发展为带有社会性的需要。儿童在婴幼儿时期，消费需要主要表现为生理性的，且纯粹由他人帮助完成。随着年龄的增长，儿童对外界环境刺激的反应日益敏感，消费需要从本能发展为有自我意识加入的社会性需要。处于幼儿期、学初期的儿童，已有一定的购买意识，并对父母的购买决策发生影响。但是此时的儿童仅是商品和劳务的使用者，而很少成为直接购买者。

2. 从模仿型消费发展为带有个性特点的消费。儿童的模仿性非常强，这种心理特性在学前期表现得较为强烈。他们对于其他同龄儿童的消费行为往往有强烈的模仿欲望。但随着年龄的增长，这种模仿性消费逐渐被有个性特点的消费所代替，购买行为也开始有了一定的目标和意向，如自己的玩具用品一定要好于其他同龄儿童。

3. 消费情绪从不稳定发展到比较稳定。儿童的消费情绪极不稳定，易受他人感染、易变化，在学前期表现得尤为突出。但随着年龄的增长，儿童接触社会环境的机会增多，有了集体生活的锻炼，意志力得到增强，消费情绪会逐渐稳定下来。

总之，儿童的消费心理大多处于感情支配阶段，购买行为以依赖型为主，但有影响父母购买决策的倾向。

（二）少年消费者群的心理与行为特征

少年消费者群是指11～14岁年龄段的消费者。少年期是儿童向青年过渡的时期。在这一时期，他们生理上呈现出第二个发育高峰，与此同时，心理上也有较大变化，例如，有了自尊与被尊重的要求，逻辑思维能力不断增强。因此，少年期是依赖与独立、成熟与幼稚、自觉性和被动性交织在一起的时期。少年消费者群的心理与行为特征可以从以下三方面表现出来。

1. 有成人感，独立性增强。有成人感，是少年消费者群自我意识发展的显著心理特征。他们认为自己已长大成人，应该有成年人的权利和地位，要求受到尊重，学习、生活、交友都不希望父母过多干涉，希望能按自己的意愿行事。在消费心理与行为上，表现为不愿受父母束缚，自主独立地购买所喜欢的商品。他们有时会与父母发生矛盾，其消费需求倾向和购买行为尽管还不成熟，但却在形成之中。

2. 购买的倾向性开始确立，购买行为趋向稳定。少年时期的消费者，知识不断丰富，对社会环境的认识不断加深，幻想相对减少，有意识的思维与行为增多，兴趣趋于稳定。随着购买活动的次数增多，感性经验越来越丰富，对商品的判断、分析、评价能力逐渐增强，购买行为趋于习惯化、稳定化，购买的倾向性也开始确立，购买动机与实际的吻合度有所提高。

3. 从受家庭的影响转向受社会的影响，受影响的范围逐渐扩大。儿童期的消费者所受影响主要来自家庭。少年消费者由于参与集体学习、集体活动，与社会的接触机会增多，范围扩大，受社会环境影响的比重逐渐上升。这种影响包括新环境、新事物、新知识、新产品等内容，其影响媒介主要是学校、老师、同学、朋友、书籍和大众传媒等。因此，与家庭相比，他们更乐于接受社会的影响。

(三)满足少年儿童消费者群的营销策略

少年儿童消费者群构成了一个庞大的消费市场。企业把握少年儿童的心理与行为特征,是为了刺激其购买动机,满足他们的心理和物质需求,积极培养、激发和引导他们的消费欲望,从而大力开发这一具有极大潜力的消费市场。为此,可以采用如下营销策略。

1. 区别不同对象,采取不同的组合策略。对于不同年龄段的少年儿童,企业应采取不同的策略。

乳婴期儿童,一般由父母为其购买商品。企业对商品的设计要求、价格制定可以完全从父母的消费心理出发。例如,商品质量要考虑父母对儿童给予保护、追求安全的心理;用品、服装要适应不同父母审美情趣的要求;玩具的价格要合理适当。

学龄前期的儿童不同程度地参与了父母为其购买商品的活动。因此,企业既要考虑父母的要求,也要考虑儿童的兴趣,例如,玩具用品的外观要符合儿童的心理特点;价格要符合父母的要求;用途要迎合父母提高儿童智力及各方面能力的需要。

2. 改善外观设计,增强商品的吸引力。少年儿童虽然已能进行简单的逻辑思维,但直观的、具体的形象思维仍起主导作用,对商品优劣的判断较多地依赖商品的外观形象,因此,商品的外观形象对他们的购买行为具有重要的支配作用。为此,企业在儿童用品的造型、色彩等外观设计上,要考虑儿童的心理特点,力求生动活泼、色彩鲜明。如用动物头像做成笔帽,用儿童喜爱的卡通形象作为服装装饰图案等,以增强商品的吸引力。

3. 提高识记程度,灌输企业或商品形象。儿童的识记往往具有随意性,到了少年时期,这种识记的持久性大大增强。别具特色的品牌、商标或商品造型,一旦被其认识就很难忘记。相反,如果他们对某商品产生不良印象,甚至厌恶情绪就很难改变。因此,企业在推销商品时,要注意强化正向识记,塑造和维护企业及商品的良好形象。

二、青年消费者群的心理与行为特征

由少年向中年过渡时期的消费者,形成了青年消费者群。不同国家或地区由于自然条件、风俗习惯和经济发展水平不同,人的成熟早晚各异,青年的年龄范围也不尽一致。根据我国情况,青年消费者群的年龄阶段为15~35岁。

(一)青年消费者群的特点

1. 青年消费者群人数众多,是仅次于少年儿童的另一个庞大的消费者群。

2. 青年消费者群具有较强的独立性和很大的购买潜力。进入这一时期的消费者,已具备独立购买商品的能力,具有较强的自主意识。尤其是具有经济收入来源的青年消费者,由于没有过多的负担、独立性更强、购买力也较高。因此,青年是具有很大消费潜力的消费者群。

3. 青年消费者群的购买行为具有扩散性，对其他各类消费者都会产生深刻的影响。他们不仅具有独立的购买能力，其购买意愿也多被家庭尊重。新婚夫妇的消费倾向，代表了最新的家庭消费趋势，对已婚家庭会形成消费冲击和诱惑。孩子出世后，他们又以独特的消费观念和消费方式影响下一代的消费行为。这种高辐射力是任何一个年龄阶段的消费者所不及的。因此，青年消费者群应成为企业积极争取的对象。

（二）青年消费者群的消费心理与行为特征

青年消费者群在消费心理与行为方面，与其他消费者群有许多不同之处。

1. 追求新颖与时尚。青年消费者思维敏捷、思想活跃，对未来充满希望，具有冒险和献身精神。任何新事物、新知识，都会使他们感到新奇、渴望，并大胆追求。因此，在消费心理与行为方面表现出追求新颖与时尚，力图站在时代前列，领导消费新潮流。青年往往是新产品、新的消费时尚的追求者、尝试者和推广者。

2. 突出个性与自我。处于青年时期的消费者自我意识迅速增强。他们追求个性独立，希望确立自我价值，形成完美的个性形象，因而非常喜爱个性化的商品，并力求在消费活动中充分展示自我。例如，在选购服装时，青年消费者更加看重服装能否体现个性，以求能展现风采、独树一帜。

3. 崇尚品牌与名牌。青年人接触信息广、社交活动多，看重自身在群体中地位与价值的体现。因此，随着自我意识的发展和机能的成熟，青年人追求仪表美、个性美，表现自我、展示自我的欲望日益强烈。这种心理特征反映在消费行为上则是特别注重商品的品牌与档次。在他们看来，名牌代表了充满自信、高贵典雅、地位崇高。因而，青年在购物时，虽然也要求产品性能好、价格适中，但更加看重产品的品牌价值。据有关调查统计，有49.2%的青年认为“要买就买最好的，要买就买名牌”。

4. 注重情感与易冲动。青年消费者处于少年到成年的过渡阶段，思想倾向、志趣爱好等还不完全稳定，行动易受感情支配。表现在消费活动中，容易受客观环境的影响，情感变化剧烈，经常发生冲动性购买行为。同时，直观选择商品的习惯，使他们往往忽略综合选择的必要，款式、颜色、形状、价格等单一因素都能成为青年消费者的购买理由，这也是冲动购买的一种表现。

（三）对青年消费者群应采取的经营策略

面对青年消费者市场，企业应针对青年的心理与行为特点，确定经营策略，同时及时推出能反映时代潮流、采用先进技术、美观实用的新产品，注意把握青年消费者心理共性及个性差异，把经营的商品同青年的气质、性格和兴趣爱好等联系起来，通过有特色的促销手段，促成其购买行为。

三、老年消费者群的心理与行为特征

老年消费者群，一般是指65岁以上的消费者。我国已经进入老龄社会，根据国家统计局的数据，2013年我国老年人口数在总人口数中所占比例达到9.67%。

“银发市场”作为新兴市场,其巨大的市场潜力已被许多企业看中并着力开发。因此,研究老年消费者群的心理与行为特征具有重要意义。老年消费者群在消费心理与行为方面,与其他消费者群有许多不同之处。

(一)求实性消费特征

求实消费一般包括三个方面的含义:一是商品的实用性;二是服务的可靠性;三是价格的合理性。尽管老年人个体之间的个性特征、生活习惯和消费方式有很大差异,但求实消费是多数老年人的基本心态,只是依老年人自身经历的不同而表现各异。

我国老年人购物,对商品的求实要求主要表现在要求商品质量可靠、使用便利、易学易用、安全舒适、朴素大方及有益健康等,而对商品的审美情趣、花色款式、装潢色彩及趋时性等多无过高要求。对服务中的求实要求,表现为对售后服务要求可靠、及时、方便,能消除在商品使用中的不安全感;对劳务服务大多要求放心、称心、舒心,特别是对家庭保姆、小时工等更是如此。对价格的求实要求是物美价廉,在我国节俭传统的影响下,老年人购物,一方面注意价格,择廉选购;另一方面是要求实惠。

(二)习惯性消费特征

老年人习惯性消费既是几十年生活惯性的继续,又是对新生活方式较少了解和难以接受的反映。人到老年以后,身体机能的老化,学习能力和适应能力的下降,长期固化的生活方式,以及怀旧和沿袭旧俗的心态会降低对学习和接受新事物的意愿。因此,在消费生活中,延续几十年形成的生活习惯,就成为老年人普遍的消费特征。它主要表现在购买方式、使用方法、商品认知(或品牌认知)等方面。具体而言,老年人大多是老字号、老商店的忠实顾客,是传统品牌、传统商品的忠实购买者。他们往往对传统产品情有独钟。

(三)方便性消费特征

消费中求方便是老年人生理变化促成消费生活变化的自然走向,方便性消费是生理变化的必然结果。它一般表现为对购买和消费两个方面求方便的要求。

由于精力、体力随人的年龄增加而不断下降,即使生活情趣很高的老年人,对购买时的路途奔波、商品挑选的烦琐或者商场中人流的拥挤,也大多会感到心有余而力不足。在使用中,对那些有使用要求或需要阅读说明后再使用的商品,特别是对有些家用电器商品的各种开关、按键等,老年人大多感到不方便和反感。一项非正式调查表明,除少数文化程度较高的老年人外,大多数老年人对现在商品包装上的各种文字说明均不阅读,只是根据个人原有的生活经验或由子女代为说明后才使用。这种求方便心态也是老年消费者容易成为假冒伪劣商品受害者的重要原因之一。

(四)补偿性消费特征

补偿性消费是一种纯粹的心理性消费,它是一种心理不平衡的自我修饰。在生活消费中表现为,人们将现代消费水平与过去消费进行比较,比较的结果大多是对过去生活的某些方面感到遗憾和不满足,而当家庭或个人生活水平较高且时间充裕时,对过去遗憾和不满足的补偿往往会成为他们的消费追求。这部分消费者中老年人占据绝大多数,这是由老年人追忆往事这一心理特征所决定的。

在我国,由于改革开放带来了社会生活和经济生活的巨大变化,所以老年人补偿性消费的特征在现阶段表现得尤为明显。例如,在许多经济发展水平较高地区出现的"重补结婚照"的热潮,许多20世纪五六十年代结婚的老年人,重披婚纱,花几百、上千元感受现代生活的气息,以补偿过去年代由于过于朴素而留下的某些遗憾。

根据老年消费者的购买心理与行为特点,营销人员应该制定针对性的营销策略。针对老年消费者的商品,应表现出传统、实用、方便及耐用的特点,同时要提供良好的服务;发掘老年人特有的消费需求,开发出适用于老年消费者的"银色商品";关注老年服务市场的巨大潜力和良好前景,适时进入,在服务于老年消费者的同时实现企业利润的增长。

实例 8-4 老年人消费市场现状

1. **老年人的消费难题**。市民董女士:我母亲今年73岁了,身体很健康,我和哥哥的生活条件也都不错。我们想给住在老家、年轻时爱美却没有条件的母亲多买些漂亮衣服,弥补她的遗憾,也尽到我们的孝心。可是当我着手购买的时候,发现给老年人买衣服或者鞋子等物品可没有那么容易(与年轻人购买这些东西相比)。现在很多大商场很难找到适合老年人的服装,即使有也是选择有限。网上选购,由于老人身材或者脚型不是那么标准,经常需要反复退换。我们在网上看到一些电子药盒、智能拐杖等觉得老人适用,但老人家不会自己上网购买,只好由我们在网上替他们买,就算东西寄到了,也要等我们回去教他们如何使用。

市民赵女士:我是一名退休教师,今年72岁,老伴马上就80岁了,但我们俩人健康状况都非常好。孙子带大后,我一直在上老年大学,和同龄人在一起学习觉得日子过得很舒心。我们这些同学几乎都喜欢旅游,很多人退休后每年至少去两个地方。但是70岁以后,我和老伴想报旅行团时,发现有的旅行团根本不接收我们这个年龄的老人了。老年大学和我年龄相仿的同学们也都有过和我一样的遭遇。我想我们老年人在物资匮乏的年代,想去旅游没有条件,现在暮年迎来了好生活,应该多出去看看。现在有的团不能参加后,每年只能等子女们有时间带我们出去旅游,可孩子们的工作繁忙,加上自己小家庭的负担又让我觉得拖累他们,于心不忍。

市民李先生:我今年53岁,和妻子都在国有企业工作。我的父亲78岁,母亲73岁,他们在前年因为先后生病住院后,生活起居出现一些困难。我的一个姐姐幼年因意外致残无法自理,安置在护理院,一个妹妹也患有严重的疾病无法照顾老人。我提出让父母搬到我家,但两位老人认为我本来身体不太好,岳父母又在我家,我根本无法承担这么大的负担,所以说什么也不来。但是问题还得解决,开始我们选择了雇佣保姆,可保姆总是无法稳定下来。因为保姆断档前前后后折腾几次后,两位老人提出找一家条件好的养老院,这样一日三餐、生活起居都能有一定的保障。可我发现找一家合适的养老院很不容易,地点、价格、环境都理想的没有找到,后来只能选择了位置偏远但是条件相对较好的一家。

2. 当前老年人市场存在的主要问题。根据国家统计局的数据显示:截至2017年年末,我国60周岁及以上人口为2.4亿人,占总人口的17.3%,比10年前增加约1亿人。"银色浪潮"在我国人口转变、社会转型、经济转轨时期突然而至。

社会生活水平的提高,老年人比重的加大,使得老年人生活消费的问题突显出来。实际上,老年人应该有更多的消费娱乐场所,有更丰富的生活用品,一方面提高生活质量,一方面也避免了老年人无处可去陷入保健品讲座等消费陷阱之中,另外这也是促进国家经济发展的一个方面。但是,不容忽视的是,当前老年人在日常消费、旅游、养老几个方面存在一定程度的不便。

(1)购物难以"一站齐"。在长春市的红旗街、重庆路等几处繁华商圈,各种商铺中销售的基本都是面向中青年消费群体的商品,个别商场中涉及老年人的商品仅是一些服装,而那些在网上热销的带放大镜的指甲刀、具备磨药或提醒功能的药盒、不硌牙的硅胶材料水瓶、吸潮材质的防褥疮垫子、老年鞋……这些能帮助老年人生活、改善老人生活质量的物件难觅踪影,一些大型综合商场还存在无障碍设施不足的情况。

一位销售老年人服饰的营业员说,老年人有的是自己来这里购买服装,有的是结伴而来,也有的是子女陪同来挑选的,营业额相对还可以。但是问到为什么只有几家商店卖老年人服装,她认为:老年人服装在舒适性、实用性上有一定要求,又不像年轻人一样紧跟时尚,所以目前提供给老年人群体的选择并不算多,而且老年人服装利润有时候不及年轻人的服饰,这也造成了目前这种局面。

在网络上经营老年人用品的网店店主"橘猫呗"说,店里这几年的生意一直是在稳步增长,多数都是中青年人为老年人购买物品,比如智能药盒、多功能拐杖、助力支架等。有时顾客购买完一次后会多次光顾,据顾客自己介绍,这是因为这些小物件寄给家里的老人后,老人觉得很好用,就在周围的老年人中传播开了,因为不会网上购物,所以这些老人就一再请他帮忙购买。

老龄产业业内人士指出:老年用品市场的主要问题出在销售环节,产品门类多,但一般商店没能力把所有的种类都囊括,所以想买的买不着。而网络上东西虽然很全,但老年人的消费特点是只有看到了,又觉得实用才愿意掏钱购买,所以纯线上的方式又不适合老年人。更何况,许多的老年人根本不会使用网络购物,即使看中了商品也不知道怎么样购买。

(2)"说走就走"不容易。就70周岁以上老人参团问题,一家全国连锁旅行社吉林省营业部的工作人员说,"根据老人所去的目的地不同,规定也有所不同,而这些都是由旅游目的地的地接决定的。有的旅游目的地是不接收70周岁以上的老人的;有的可以接收,但是必须提供健康证明,以备航空公司安检抽查。"

一位旅行社工作人员提道:70 周岁以上的老人境内游是买不到保险的,而出境游的保险投保年龄可以提高到80 周岁。所以境内游一般要求70 周岁以上老人要有成年人家属陪同,或者签订免责协议。出境游特别是海岛游,因为涉及乘坐快艇等行程,对接收老年人参团也是很谨慎的。一些行程相对安逸的境外游,因为包含购物点,又考虑到老年人消费能力有限,一般会加收 300 元至 500 元不等的团费。

在国内某旅游产品销售网站上,有专门为老年人设置的"爸妈游",打开旅游产品介绍会发现很多线路做了不同的年龄和是否需要家人陪同等条件的说明。一位旅行社负责人对此解释说:设置年龄限制,包括签订健康确认书、免责声明其实都是旅行社的自我保护行为,旅行社也是企业,有经营自主权。为了规避风险,是否同意70 岁以上的老人参团旅游,也是在行使经营自主权。更何况,一些旅行社受自身条件限制,不具备接收高龄老人随团旅游的能力。

可喜的是,已经有保险公司"试水"将旅游保险投保人年龄提高到 80 周岁,甚至85 周岁,"提高年龄上限,一是顺应市场,年纪越大的旅客越需要保险;二是回馈社会,老年人跟团游过程中,旅行社和老人子女都有顾虑,旅游保险是一份保障。"某保险公司意外险业务部经理说。

(3)"何处终老"最关键。2018 年 2 月 1 日,民政部副部长高晓兵在国新办新闻发布会上说,目前养老问题的供需矛盾依然非常突出,主要表现在目前的养老服务供给远远不足,养老服务质量还不高,还不能满足人民群众日益增长的多层次、多样化的需求。

长春市高新区超达路上的一家安养院,其负责人赵经理说:住在这里的老人有一部分是生活不能自理,和护理人员一起在这里生活;还有很多都是生活可以自理,自愿来到这里的老人。这主要是老人观念的变化,是一种主动的消费选择。因为老人们觉得选择这样的养老方式,可以不给子女添麻烦,能够排解独居生活寂寞,不用打理一日三餐,都是同龄人,有的甚至是老同志、老邻居结伴而来,来到这儿相互之间能常见面、有关照。

这家安养院目前接收了来自全国各地的1 500多名老人或失能人士,安养能力已经饱和,但仍不断有人来咨询想要入住,因为这里的规模、环境、服务、价格等相对来说很有吸引力。"在不久的将来,我们还将另寻新址建一所规模更大的安养院,以满足更多老年人的养老需求,减轻社会负担,也让老年人的晚年生活质量有所保证。"赵经理说。

资料来源:老年人消费市场现状调查[EB/OL]. http://news.ifeng.com/a/20180507/58152878_0.shtml,2018-05-07.

第三节　参照群体与消费者行为

心理学研究表明,一个人的习惯、爱好以及思想行为准则不是天生就有的,而是在后天的社会活动中受外界影响逐渐形成的。在各种外界影响中,参照群体对消费者的心理与行为有着至关重要的影响。

一、参照群体的概念及类型

参照群体又称相关群体、榜样群体,最初由西方学者海曼(Hyman)提出,是指一种实际存在的或想象存在的,可作为个体判断事物的依据或楷模的群体,它通常在个体形成观念、态度和信仰时给人以重要影响。现实生活中,对消费者影响较大的参照群体是亲朋好友、单位同事,也可以是联系密切的某些社会团体,或较少接触但羡慕并愿意模仿的社会群体。参照群体对个人的影响在于,个人会以参照群体的标准、目标和规范作为行动指南,将自身的行为与群体进行对照。如果与群体标准不符或相悖,个人就会改变自己的行为。由此,参照群体的标准、目标和规范会成为个人的"内在中心"。

(一)参照群体的类型

参照群体通常有三种类型,即准则群体、比较群体和否定群体。

1. 准则群体。这是指人们所希望或愿意参加的一种群体。这种群体的价值观念、行为准则、生活方式和消费特征等是人们赞赏、推崇并愿意效仿的。通常这种群体对消费者的影响最大。

2. 比较群体。这是人们并不希望或并不愿意加入的一种群体,而仅把它作为评价自己身份与行为的参考依据。比较群体对消费者行为的影响带有较大的局限性。

3. 否定群体。这是人们对其持否定态度、加以反对的一种群体。对于这种群体的某些方面,人们是不赞同或厌恶的。消费者通常不会购买那些与否定群体典型表征有关的产品,以此表明与这类群体划清界限,不愿与其为伍。

(二)影响消费者的主要参照群体

1. 家庭成员。这是消费者最重要的参照群体,包括消费者的血缘家庭和婚姻家庭的成员。家庭成员的个性、价值观以及成员之间的相互影响,形成了一个家庭的整体风格、家风和生活方式,从而对消费者行为起着直接的影响作用。

2. 同学和同事。由于长时间共同学习或在同一组织机构中合作共事,消费者常常受到来自同学或同事的影响。

3. 社区邻居。我国劳动群众受传统习俗的影响,比较注重邻里关系,尤其是居住环境比较拥挤的居民,邻里往来更为密切。在消费活动中,左邻右舍的消费倾向、价值评价、选择标准等,往往成为人们重要的参照依据。

4. 亲戚朋友。这也是影响消费者行为的主要参照群体。在某些情况下,由于具有共同的价值取向,朋友的看法往往更具有说服力。

5. 社会团体。各种正式和非正式的社会团体,如党派、教会、书法协会和健身俱乐部等,也在一定程度上影响着消费者的购买行为。

6. 名人专家。如政界要人、专家学者、影视明星、优秀运动员、歌唱家、著名作家,以及那些受到人们崇拜和爱戴的权威人士,都可能成为消费者的参照系。

二、参照群体的心理作用机制

参照群体对消费者行为的影响是在一定心理机制的作用下发生的。具体作用形式包括以下方面。

(一)模仿

模仿是指个人受非控制的社会刺激引起的一种行为反应,这种行为反应能够再现他人特定的外部特征和行为方式。研究表明,消费者之所以做出模仿行为,是由于人的本能、先天倾向,以及社会生活中榜样影响的结果。在榜样的影响下,消费者不仅模仿到某种行为方式,而且会形成共同的心理倾向,从而表现出消费观念、兴趣偏好和态度倾向的一致。

(二)提示

提示又称暗示,是在无对抗条件下,用含蓄间接的方法对人们的心理和行为产生影响,从而使人们按照一定的方式行动,并使其思想、行为与提示者的意志相符合。影响提示作用的最主要因素是提示者的数目。只要众多提示者保持一致,就会形成一种强大的驱动力量,推动引导个人行为服从群体行为。例如,某商店降价促销,许多人竞相排队购买,某些消费者也会情不自禁地加入购买行列。

(三)情绪感染与循环反应

情绪感染是循环反应最主要的机制之一。它的作用表现为一个循环过程。在这一过程中,他人的情绪会在个人心理上引起同样的情绪,而这种情绪又会加强他人的情绪,从而形成情绪感染的循环反应,群体行为即是循环反应的结果。循环反应强调群体内部成员之间的互动。因此,群体气氛、群体中的价值观念、行为规范等,都会直接影响到每个成员的思想、态度和行为。

(四)行为感染与群体促进

通常,个人虽然已经形成某种固定的行为模式,但在群体条件下,由于群体规范和群体压力的作用,会使某些符合群体要求的个人行为得到表现和强化,而另一些不符合群体要求的行为则受到否定和压抑。为了减少来自群体的心理压力,个人必须服从群体的要求,被群体行为感染。例如,十年浩劫时期受极左思想的束缚,全国通行绿、蓝、灰色军便装或中山装,许多青年女性不得不放弃自己的审美要求,以便与社会群体保持一致。行为感染与情绪感染的区别在于,后者是消费者自愿接受感染的结果;前者则是迫于群体压力不得不在行为上保持一致,而并非出自消费者内心的自我要求。

(五)认同

认同是一种感情的移入过程,是指个人在社会交往中,被他人同化或同化他人。任何群体都有为多数成员共同遵从的目标和价值追求。个人作为群体内部的成员之一,在与其他成员的互动交往中,会受到这一共同目标和认识的影响,从而产生认同感。认同感往往通过潜移默化的方式发生作用,使人们的认识和行动趋于一致。

三、参照群体对消费者行为的影响

参照群体对其成员的影响有三种主要方式:信息性影响、规范性影响和价值表达性影响。

(一)信息性影响

参照群体对信息的影响是将关于消费者本人、他人或者物质环境方面(如产品、服务、商店等)的有用信息传达给消费者,其影响程度取决于被影响者与群体成员的相似性,以及施加影响的群体成员的专长性。例如,某消费者发现自己所关注的某个长跑运动员在使用某种品牌的营养品,于是决定试一下这种品牌,此时这名健康和充满活力的长跑运动员对该品牌的使用提供了间接信息。有时信息影响是更加直接的,如一位想要购买手机的消费者很可能向了解这方面信息的朋友寻求建议。

(二)规范性影响

规范性影响又称功利性影响,是指个人为了获得赞赏或避免惩罚而满足群体的期望。即当参照群体可以给予消费者某些重要的奖赏或者惩罚时,参照群体就对消费者行为或者情感、认知有了功利方面的影响。例如,为了得到配偶或邻居的赞同,有的人或许会专门购买某个牌子的葡萄酒,或者因为害怕同事的嘲笑而不敢穿某件心仪的衣服。

(三)价值表达性影响

价值表达性影响也称认同性影响。这类影响的产生以个人对群体价值观和群体规范的内化为前提。在内化的情况下,无须任何外在的奖励,个体就会依据群体观念与规范行事,因为个体已完全接受了群体的规范,群体的价值观实际上已成为个体自身的价值观。

参照群体对消费者的上述影响如图 8-4 所示。

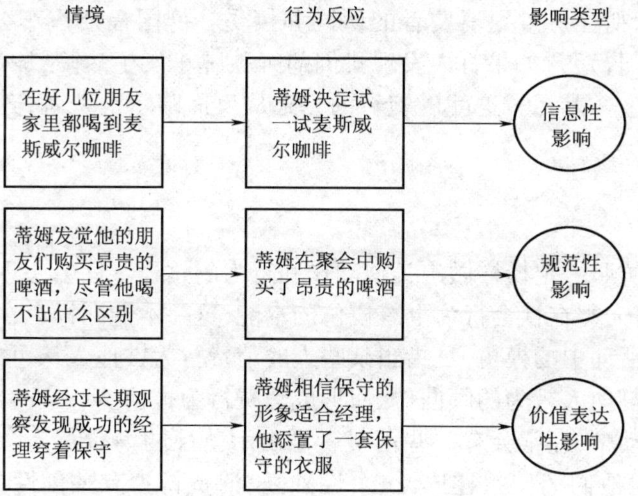

图 8－4　参照群体对消费者行为影响的三种方式

资料来源：德尔．消费者行为学[M]．北京：机械工业出版社，2007.

第四节　暗示、模仿与从众行为

一、暗示

暗示，又称提示，是在无对抗条件下，用含蓄、间接的方式对消费者的心理和行为产生影响，从而使消费者产生顺从性的反应，或接受暗示者的观点，或按暗示者要求的方式行事。

社会心理学的研究认为，群体对个体的影响，主要是由于“感染”的结果。处于群体中的个体几乎都会受到一种精神感染式的暗示或提示，在这种感染下，人们会不由自主地产生这样的信念：多数人的看法比一个人的看法更值得信赖。因此，暗示的主要影响因素就是暗示者的数目，或者说暗示所形成的舆论力量的大小，暗示得当，就会“迫使”个人行为服从群体的行为。

暗示的具体方式多种多样，如用个人的话语和语调、手势和姿势、表情和眼神以及动作等进行暗示，暗示还可以以群体动作的方式出现。例如，有的企业为了推销商品，不惜重金聘请名人做广告，这就是信誉暗示；有的商店出售商品时挂出“出口转内销”或“一次性处理”的招牌，这是词语暗示；还有的商贩业主雇用同伙拥挤摊头，造成一种“生意兴隆”的假象，吸引他人随之抢购，这是行为暗示。

在购买行为中，消费者受暗示而影响决策的现象是极为常见的。实践证明，暗示越含蓄,其效果越好。因为直接的提示形式易使消费者产生疑虑和戒备心理;反之,间接的暗示则容易得到消费者的认同和接受。德国福斯汽车公司生产的“奔驰”牌轿车的广告是:“如果有人发现我们的奔驰牌车发生故障,被修理车拖走,我们将赠送你美金一万元。”这就以婉转的方式从反面暗示消费者,奔驰牌轿车的质量绝对可靠。

二、模仿

模仿是指仿照一定榜样做出类似动作和行为的过程。社会心理学家和社会学家的研究表明,人类在社会行为上有模仿的本能,这一本能同样存在于人们的消费活动中。消费活动中的模仿,是指当某些人的消费行为被他人认可并羡慕时,便会产生仿效和重复他人行为的倾向,从而形成消费行为模仿。

在消费活动中,经常会有一些消费者做出示范性的消费行为。这些人可能是普通消费者,但他们消费兴趣广泛、个性独立、消费行为有独创性;可能是一些名人,如影视明星、运动员、政界人士等;可能是某行业的消费专家,如美食家、资深的“发烧友”等。这些特殊消费者的示范性行为会引起其他消费者的模仿,模仿者也以能仿效他们的行为而感到愉快。

在消费领域中,模仿是一种普遍存在的社会心理和行为现象。可供模仿的内容极其广泛,从着装、发型、家具到饮食习惯,都可成为消费者模仿的对象。例如,名人、明星的装束打扮经常为人们竞相模仿。日本皇太子妃幸子的结婚礼服在日本青年妇女中曾引起了出乎意料的追随热潮;英国王妃戴安娜因怀孕而特地设计的一种底色鲜红夹着黑白色碎花的孕妇服也成为当时许多英国妇女群起效仿的流行服。

消费活动中的模仿行为,大致有以下几个特点。

(1)模仿行为的发出者,即热衷于模仿的消费者,对消费活动大都有广泛的兴趣,喜欢追随消费时尚和潮流,经常被别人的生活方式吸引,并力求按他人的方式改变自己的消费行为、消费习惯。他们大多对新事物反应敏感,接受能力强。

(2)模仿是一种非强制性行为,即引起模仿的心理冲动不是通过社会或群体的命令强制发生的,而是消费者自愿将他人行为视为榜样,并主动努力加以模仿。模仿的结果会给消费者带来愉悦、满足的心理体验。

(3)模仿可以是消费者理性思考的行为表现,也可以是感性驱使的行为结果。成熟度较高、消费意识明确的消费者,对模仿的对象通常经过深思熟虑、认真选择;相反,观念模糊、缺乏明确目标的消费者,其模仿行为往往带有较大的盲目性。

(4)模仿行为的发生范围广泛,形式多样。所有的消费者都可以模仿他人行为,也都可以成为他人模仿的对象。而消费领域的一切活动,都可以成为模仿的内容。只要是消费者羡慕、向往、感兴趣的他人行为,无论流行与否,都可以加以模仿。

(5)模仿行为通常以个体或少数人的形式出现,一般规模较小。当人数规模扩大,模仿发展成为多数人的共同行为时则成为从众行为。

三、从众行为

（一）从众行为的概念

从众行为，是指个体在群体的压力下改变个人意见而与多数人取得一致认识的行为倾向。与模仿相似，从众也是在社会生活中普遍存在的一种社会心理和行为现象。在消费领域中表现为，消费者自觉或不自觉地跟从大多数消费者的消费行为，以保持自身行为与多数人行为的一致性，从而避免个人心理上的矛盾和冲突。这种个人因群体影响而遵照多数人消费行为的方式就是从众消费行为。例如，人们购物时喜欢到人多的商店；在品牌选择时，偏向市场占有率高的品牌；在选择旅游景点时，偏向热点城市和热点路线。

实例 8－5　一人奔跑引致千人奔逃

美国人詹姆斯·瑟伯（James Thurber）有一段十分传神的文字，来描述人的从众行为：突然，一个人跑了起来。也许是他猛然想起了与情人的约会，现在已经过时很久了。不管他想些什么吧，反正他在大街上跑了起来，向东跑去。另一个人也跑了起来，这可能是个兴致勃勃的报童。第三个人，一个有急事的胖胖的绅士，也小跑起来……10 分钟之内，这条大街上所有的人都跑了起来。嘈杂的声音逐渐清晰了，可以听清“决堤”这个词。“决堤了！”这充满恐怖的声音，可能是电车上一位老妇人喊的，或许是一个交通警说的，也可能是一个男孩子说的。没有人知道是谁说的，也没有人知道真正发生了什么事。但是两千多人都突然奔逃起来。“向东！”人群喊叫了起来。东边远离大河，东边安全。“向东去！向东去……”

资料来源：搜狗百科，http://baike.m.sogou.com/baike/lemmalnfo.jsp? lid = 766146283icfa = 1309103.

（二）从众行为产生的心理依据与原因

社会心理学研究认为，个体在受到群体精神感染式的暗示或提示时，就会产生与他人行为相类似的模仿行为。与此同时，个体之间又会相互刺激、相互作用，形成循环反应，从而使个体行为与大多数人的行为趋向一致。上述暗示、模仿、循环反应的过程，就是心理学研究证实的求同心理过程。正是这种求同心理，构成了从众行为的心理基础（如图 8－5 所示）。

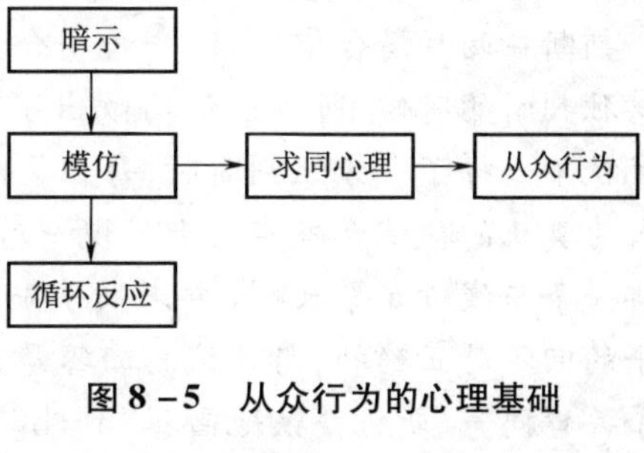

图 8－5　从众行为的心理基础

具体来说，从众行为的产生是由于人们寻求社会认同感和安全感的结果。一方面，在社会生活中，人们通常有一种共同的心理倾向，即希望自己归属于某一较大的群体，被大多数人接受，以便得到群体的保护、帮助和支持。并且，人们往往对个人行为缺乏信心,认为多数人的意见值得信赖。另一方面,有些消费者由于缺乏自主性和判断力,在复杂的消费活动中犹豫不定、无所适从,因而,从众便成为他们最为便捷和安全的选择。

一项关于大学生网购消费行为的研究,表明了从众消费行为的存在①。这一研究指出,相对于室友没有参加"双十一"购物的受访大学生而言,室友的参加会使得受访大学生参加"双十一"的概率提高至少36%。当面临同龄人压力影响时,没有网购经验的大学生改变了他们参与意愿低的初衷,甚至比有网购经验的大学生参加"双十一"的概率高出30% ~40%。之所以会出现这种情况,是因为:①从个人的角度来看,如果与室友分道扬镳,会导致自己同群体在思想和行为上出现分歧,从而有陷入孤立的风险;②从群体的角度来看,群体心理更偏好于同群体保持一致的成员,对偏离群体的行为,群体往往倾向于厌恶和拒绝,甚至可能会出现制裁行为;③同龄人之间存在相互依赖,室友是大学生活甚至是一生中最珍贵的友谊之一,没有人愿意破坏寝室和谐友好的氛围,如果不是涉及重要的利害关系,多数人宁可违背自己的意愿,也会选择与室友行为保持一致;④没有购物经验的个体没有先入为主的意识,如果没有面临同龄人压力影响时,由于不熟悉"游戏"规则,其主动参加"双十一"购物的积极性不高,可能会继续选择放弃。但是,当其面临同龄人压力影响时,则更容易受到群体的影响,改变自己参与意愿低的初衷,选择与群体行为保持一致。因而,购物经验,不论是好的经验还是坏的经验,反而可能会成为从众行为的阻碍。这一研究也证实:对于大学生这一群体,由于生活和学习都会经常在一起,思想和行为更容易表现出相似性,更容易受同龄人影响产生从众行为。

实例8-6　关于从众行为的有趣实验

从众现象的证明,以心理学家阿希(Asch,1951)关于线条判断的从众实验最为著名。

实验材料是12套成对的卡片,要求123名大学生(下称被试)判断b,c,d三条线段中的哪一条与线段a等长。

判断在两种场合中进行,一种场合为单独判断,另一种场合是分组进行判断。在单独判断的时候,所有被试均做出了准确无误的回答。但是在分组判断的时候情况就不一样了。分组判断时,每组7个人。其中,6个人为实验者的助手,只有1个人为真正的被试。当实验者呈现一对卡片时,要求被试回答"b,c,d三条线段中的哪一条与线段a等长?"(要求助手先回答,被试后回答。)在18次实验的前6次助手的回答是正确的,与被试的回答是完全一致的。但是从第7次实验开始,6名助手异口同声、斩钉截铁地回答"a=b",此时大约有32%的被试感到迷惑,弄不清

① 习明明,朱丽萌. 消费者行为与从众效应:来自"双十一"网购的证据[J]. 当代财经,2016,3(7):3-13.

楚为什么其他人的判断与自己的真实感觉不同，但最终屈于来自大多数人的压力而做出了与大家一致而错误的判断。

资料来源：ASCH S. Social psychology[M]. New York：Prentice - Hall，2014.

（三）影响消费者从众行为的因素

从众消费行为的发生和发展受到群体及个体多方面因素的影响。

1. 群体特性。群体的特性主要表现为一致性、规模和专长性。

（1）群体的一致性。如果其他群体成员的意见完全一致，此时持不同意见者会感到巨大的压力，从众的可能性大大增加。相反，如果群体中有不同的意见，不管这种意见来自何方，也不管其合理和可信的成分有多大，个体从众的可能性都将降低。

（2）群体的规模。在一定范围内，个人的从众性随群体规模的扩大而增加。一般而言，三四个人的群体足以产生从众压力，随着群体人数的增加，群体所产生的群体压力会加大，从众行为更容易发生。

（3）群体的专长性。群体及其成员在某一方面越有专长，个体遵从群体意见和受群体影响的可能性就越大；反之则越弱。

2. 消费者特性。消费者特性主要表现为消费者的自信心、自我介入水平和对群体的忠诚程度。

（1）消费者的自信心。自信心既和个性有关，也和消费者对决策问题所拥有的知识和信息有关。研究发现，被试的自我评价越高，做事越果断，其从众性越低。知识和信息的缺乏，会降低消费者对决策问题的自信心，从而提高其从众倾向。20世纪五六十年代的研究假定女性的从众性较男性高，但后续的类似研究并没有发现两性之间在从众方面的明显差别。例如，西斯川克（Sistrunk）和麦克大卫（Mcdavid）的研究发现，在男性擅长的项目上，男性比女性较少从众；在女性擅长的项目上，女性比男性较少从众；在中性项目上，两者在从众性上不存在明显差别。由此说明，个体的自信心对是否从众确有重要影响。

（2）消费者的自我介入水平。如果消费者对某一问题尚未表达意见和看法，他在群体压力下有可能做出和大家一致的意思表示。但如果他已经明确表达了自己的态度，此时如果屈服于群体压力而从众，他在公众面前的独立性和自我形象均会受到损害。在这种意识下，他会产生抗拒反应，从而不轻易从众。有些学者在研究中按由低到高设计了四种不同的自我介入水平：在群体表达意见前，不表达自己的意见；在魔术板上表达自己的意见，但字迹很快消失而别人无法得知；把自己的意见写下交给实验者但不签名；写下意见并签上名再交给实验者。结果发现，随着自我介入水平的提高，人们不从众的倾向，即保持原先观点的倾向也逐渐增强。

（3）消费者对群体的忠诚程度。个体对群体的忠诚程度由群体的吸引力与个体的需要两方面因素所决定。消费者强烈地认同某一群体，希望成为它的一部分，那么与群体保持一致的压力就会加大；相反，如果他不喜欢这个群体，或认为该群体限制了他的社会生活，从众的压力就会降低。

实例 8－7 “挥发性液体”的味道

某高校举办一次特殊的活动，请德国化学家展示他最近发明的某种挥发性液体。当主持人将满脸大胡子的“德国化学家”介绍给阶梯教师里的学生后，化学家用沙哑的嗓音向同学们说：“我最近研究出了一种强烈挥发性的液体，现在我要进行实验，看要用多长时间能从讲台挥发到全教室，凡闻到一点味道的，马上举手，我要计算时间。”说着，他打开了密封的瓶塞，让透明的液体挥发……不一会，后排的同学、前排的同学、中间的同学都先后举起了手。不到 2 分钟，全体同学举起了手。

此时，“化学家”一把把大胡子扯下，拿掉墨镜，原来他是本校的德语老师。他笑着说：“我这里装的是蒸馏水！”

资料来源：从众效应[EB/OL]. http://www.baike.com/wiki/%E4%BB%8E%E4%BC%97%E6%95%88%E5%BA%94.

这个实验生动地说明了同学之间的从众效应——看到别人举手也跟着举手，但他们并不是撒谎，而是受“化学家”的语言暗示和其他同学举手的行为暗示，似乎真的闻到了一种味道，于是举起了手。

本章小结

消费者群体是指具有共同消费特征的消费者所组成的群体，基于消费者内在因素与外部因素的共同作用而形成，并对企业生产经营和消费活动都有重要的影响。内部规范是约定俗成或明文规定的标准，有成文的和不成文的两种表现形式。内部沟通是群体内部消费者之间互动的基本形式。关于内部沟通和影响的方式有三种主要理论，即滴流理论、两步流程理论和复合阶段理论。消费者群体的内部沟通可以分为积极的沟通和消极的沟通两种方式。

少年儿童消费者群是 0～14 岁的消费者组成的群体。0～11 岁年龄段属于儿童消费者群，他们从纯生理性需要逐渐发展为带有社会性的需要，从模仿型消费发展为带有个性特点的消费，消费情绪也从不稳定发展到比较稳定。11～14 岁年龄段属于少年消费者群，他们有成人感，独立性增强；购买的倾向性开始确立，购买行为趋向稳定；从受家庭的影响转向受社会的影响，受影响的范围逐渐扩大。

青年消费者群的年龄在 15～35 岁，人数众多，具有较强的独立性和很大的购买潜力，购买行为具有扩散性。该群体在消费中追求新颖与时尚，突出个性与自我，崇尚品牌与名牌，注重情感与易冲动。老年消费者群一般是指 65 岁以上的消费者，他们具有求实性、习惯性、方便性和补偿性的消费特征。

参照群体又称为相关群体、榜样群体，是指一种实际存在的或想象存在的、可作为个体判断事物的依据或楷模的群体。参照群体有三种类型，即准则群体、比较群体和否定群体。主要的参照群体包括家庭成员、同学和同事、社区邻居、亲戚朋友、社会团体和名人专家。参照群体的心理作用机制包括模仿、提示、情绪感染与循环反应、行为感染与群体促进和认同。参照群体的影响方式有三种，即信息性影响、规范性影响和价值表达性影响。

暗示是在无对抗条件下，用含蓄、间接的方式对消费者的心理和行为产生影响，从而使消费者产生顺从性的反应。模仿是指仿照一定榜样做出类似动作和行为的过程。从众行为是指个体在群体的压力下改变个人意见而与多数人取得一致认识的行为倾向。从众行为的产生是人们寻求社会认同感和安全感的结果，它受到群体特性及消费者特性的影响。群体特性包括群体的一致性、规模和专长性，消费者特性包括消费者的自信心、自我介入水平以及对群体的忠诚程度。

案例　　江小白如何赢得消费者的喜爱

业内人士普遍认为，江小白之所以在5年内实现每年销售同比增长100%、销售额突破10亿元的成绩，离不开其在品类创新、社会化营销、深度分销和产品电商化等方面所做的努力。而品牌经济学认为，目标顾客之所以会不假思索地购买某种商品，就在于该商品的商标承载了消费者的某种情感利益，由此降低了消费者的选择成本。以下将用品牌工程学中的品牌信用模型，来测度江小白的品牌溢价，进而探究江小白深受青年人喜爱的原因和优化策略。

一、江小白品牌溢价测算

1. 江小白的目标顾客精确性测试评级。目标顾客的精确性，是指企业通过绘制产品或服务的个性化、类型化的顾客链，来识别目标顾客，以明确自己的产品或服务的精确对象，及其购买动机。

江小白在其官网上写道："公司产品面向新青年群体，主张简单、纯粹的生活态度，坚持小众而独特的企业经营价值，做有长期价值的事业……江小白酒业致力于传统高粱酒的老味新生，提倡在传承传统工艺的基础上，进行面对新生代人群的白酒利口化和时尚化实践……江小白就是行业里率先定位和践行新生代口味高粱酒的企业。"

(1)由江小白官网信息易知，江小白将其目标顾客锁定为新生代人群。其创始人陶石泉指出:“45 度,不易醉,醒酒快,‘80 后’‘90 后’后才敢于喝白酒。”以“80 后”和“90 后”为代表的新生代人群是一个与传统白酒产品格格不入的群体,而江小白推出的低度清香型高粱酒正好可以满足他们对低度白酒的需求。故该项指标得分为 0.15 分。

(2)江小白不仅敏锐地意识到新生代人群与传统白酒产品在辛辣口感和守旧乏味的品牌形象上的“代沟”,而且通过线上线下的“双向互动”了解和倾听新生代人群的心声,特别是表达瓶上的每一条个性化语录都在讲述一个发生在特定场景下的扎心故事,能够产生触景生情的效果。故该项指标得分为 0.20 分。

(3)江小白创始人及其团队在创业之初就对自己产品的消费群体给出了明确的定位——新生代人群。青年人作为时代的新生力量,既充满活力与热情,又满怀孤独与焦虑,是属于“屌丝型、文艺心,追求简单生活”的一类人。故该项指标得分为 0.30 分。

(4)随着“80 后”和“90 后”的社会地位和收入的逐步提高,加之“00 后”的成长,新生代人群的队伍将更加壮大,江小白的目标顾客群体也将更加庞大。故该项指标得分为 0.15 分。

(5)江小白针对新生代人群的社交特性,采取以微博为主、微信为辅的营销方式,通过与消费者进行互动,在调研市场的同时也在维护和推广品牌。目前,江小白的新浪微博粉丝近 22 万,通过微博留言与线下活动,江小白能够很好地倾听“民声”。故该项指标得分为 0.10 分。

(6)新生代人群与传统白酒辛辣的口感及过于沉重老气的品牌定位早已格格不入,尽管江小白的消费群体规模庞大且呈增加的趋势,但啤酒、葡萄酒、果汁和可乐都会对江小白形成威胁,甚至是其他品牌的小酒也会分流江小白的部分消费者,因此在一定程度上会诱发现有顾客产生消费逆转行为。故该项指标得分为 0.05分。

综上,江小白的目标顾客精确性测试得分合计为 0.95 分。

2. 江小白的利益承诺单一性测试评级。利益承诺的单一性是指企业的注册商标给消费者提供的单一的承诺,承诺越单一,目标顾客的选择成本就越低,承诺点的可验证性就越强,目标顾客的定位就越清晰,品牌信用度就越高。

“简单纯粹”既是江小白的口感特征,也是江小白主张的生活态度。江小白提倡年轻人直面情绪,不回避、不惧怕、做自己。“我是江小白,生活很简单”的品牌主张和“简单纯粹,特立独行”的品牌精神早已深入人心,目前已经有越来越多青年人愿意借江小白来表达自己的情感和情绪,对于新生代群体,或许人人都是江小白。

(1)江小白所承诺的利益点只有一个,即简单纯粹的生活态度。故该项指标得分为 0.40 分。

(2)简单纯粹的生活态度属于边际递增的情感欲望。故该项指标得分为 0.30 分。

(3)新生代群体一是患有都市焦虑症,精神孤独;二是压力大,精神焦虑。他们理想很丰满,但现实很骨感。江小白提出的“简单纯粹”的生活态度恰到好处地戳到了青年人的痛点,特别是表达瓶上的场景式文案让新生代群体重新找到久违的真实与真情,使瓶身成为年轻人表达态度和行为的载体,符合目标顾客的情感利益需求。故该项指标得分为 0.20 分。

(4)“江小白”商标虽用于江小白不同主题的系列酒品,但仍属于同一种产品。故该项指标得分为 0.10 分。

综上,江小白的利益承诺单一性测试得分合计为 1.0 分。

3. 江小白的单一利益对立性测试评级。单一利益的对立性,是指企业的产品或服务所呈现的利益承诺,最好与竞争者形成鲜明的对立,而不是追随或模仿在位者或竞争者的利益承诺。实际上,单一利益对立性越强,消费者的选择成本越低。

江小白的官网写道:“随着年轻一代崇尚简单生活,随着对白酒辛辣口感恐惧心理发展,随着年轻一代对传统产品守旧乏味的品牌印象,如今正面临年轻一代越来越远离白酒……江小白意识到,新生代喝白酒总体来看比例不是很高,关键的问题在于口感和品牌两方面。一是传统白酒口感太辛辣,刚刚接触酒饮料的年轻人初体验都不太美好;二是传统白酒的品牌让年轻一代感觉太沉重和老气……”“烈酒市场很大,但江小白甘愿做小而美。”陶石泉说。

(1)中国传统白酒大多以挖掘品牌的独特历史为卖点,尽管有主打“福”文化的金六福酒及宣扬“家”文化的孔府家酒,但总体上仍属于说教式的理念灌输,既严肃保守又得不到消费者的认同。故该项指标得分为 0.20 分。

(2)江小白在定位之初就意识到了新生代群体与传统酒品在观念上的隔阂,确立了“简单纯粹”的理念,既迎合新生代群体的内心需求,又与众在位者不同。故该项指标得分为 0.60 分。

综上,江小白的单一利益对立性测试得分合计为 0.80 分。

4. 江小白的品牌建设岗位性测试评级。品牌建设的岗位性是指企业的产品或服务,从无到有、从问世至消费者手中,是否有专业的品牌经理或品牌团队负责品牌建设,负责研究消费者的物质利益和情感需求。

江小白创始人陶石泉曾做过产品经理,他在创立江小白之前就做过白酒品牌的管理、营销,对传统白酒“高大上”的品牌建设套路十分熟悉。凭着对行业的敏锐察觉和对青年群体的洞悉,最终确定了江小白走年轻化和时尚化的品牌之路。此外,江小白公司建立了一支年轻化的营销团队,成员基本是“80 后”和“90 后”,他们有态度、有情怀,懂时尚、懂网络,极具创新精神,能够把江小白“简单纯粹”的理念展现到极致。

(1)从江小白的官网及其他报道来看,江小白的创始人陶石泉实际扮演了品牌经理的角色,是江小白品牌定位和公司运营的掌舵人。故该项指标得分为 0.40 分。

(2)除创始人陶石泉外,江小白公司拥有一支年轻化的专业营销团队,不论是线上活动还是线下活动,江小白新媒体式的品牌建设及营销思路始终贯穿于江小白的成长历程。故该项指标得分为0.15分。

(3)陶石泉对江小白的理解——“简单纯粹”的理念,是感性的、可触摸可表达的,是对消费者需求在精神层面的彰显。故该项指标得分为0.30分。

(4)江小白在创立之初就已经意识到啤酒、葡萄酒及其他饮品对传统白酒市场的冲击,进而将产品定位于小而美的低度休闲白酒——江小白。因此,针对逆转因素,品牌实际负责人制定了逆转预案。故该项指标得分为0.15分。

综上,江小白的品牌建设岗位性测试得分合计为1.0分。

5. 江小白的单一利益持久性测试评级。单一利益的持久性是指产品或服务所承诺的单一利益的稳定程度,即满足消费者长久的情感需求。单一利益越持久,品牌信用度越强。

江小白发现新生代年轻人对酒的定位是表达个人情感、宣泄个人情绪,并将自己的定位确定为——喝出“简单纯粹”的生活态度。新生代群体伴随着互联网成长,他们精神压力大,情感长期得不到宣泄,面对纷繁复杂日新月异的社会,他们往往无所适从,他们一边彷徨一边呐喊,他们渴望被理解被倾听。而江小白恰到好处的文案——“寂寞是想让人陪,孤独是想有人懂。”“怕从口口声声的朋友,变成唯唯诺诺的路人。”“宁可多去碰壁,也好过只会面壁。”“唯爱与酒,能消除城市中我和你的距离。”——不仅抚慰了新生代群体的“玻璃心”,而且成为他们表达自己的平台和渠道。

(1)江小白所承诺的单一利益点——“‘简单纯粹’的生活态度”符合情感快乐这一终极利益。故该项指标得分为0.70分。

(2)新生代群体渴望自由、倾听和被理解,他们有理想、有梦想,他们对简单而纯粹的生活充满向往。故该项指标得分为0.20分。

(3)通过江小白表达瓶的文案及微博话题,江小白将新生代群体的内心世界真实客观又与时俱进地展现出来,并针对不同的场景和不同的时间节点,恰到好处地刻画出新生代群体的内心世界,传递他们的心声。故该项指标得分为0.10分。

综上,江小白的单一利益持久性测试得分合计为1.0分。

6. 江小白的终端建设稳定性测试评级。终端建设的稳定性是指目标顾客购买自己的产品或服务的场所应该保持基本稳定,这不仅包括实体终端的稳定性,也包括虚拟终端的稳定性。

江小白采取线上与线下相结合的销售模式:线上通过开设“江小白天猫官方旗舰店”“江小白京东酒类旗舰店”“江小白苏宁自营旗舰店”“江小白酒仙网官方旗舰店”等与线下餐馆、超市等实体店及各省经销商配合,形成覆盖全国的销售网络。

(1)江小白在其瓶身、瓶盖及外侧包装上印有江小白的品牌二维码,而且其营销及与目标消费者沟通的主阵地为新浪微博,属于新媒体平台。故该项指标得分为0.60分。

(2)江小白的销售采取线上旗舰店与线下餐馆及经销商代理商相结合的模

式。江小白虽不是完全的自控终端，但其在经销商的选择上摒弃了以往的思路，采取了新渠道商发展计划——选择与目标顾客群体极为相似的年轻经销商来销售产品、配合当地的线下活动及组织粉丝活动等，因此江小白的终端接近于属于完全自控。故该项指标得分为 0.30 分。

(3)消费者可通过网上商城或线下超市便利店、餐饮店等渠道购买江小白的产品。故该项指标得分为 0.10 分。

综上，江小白的终端建设稳定性测试得分合计为 1.0 分。

7. 江小白的品类需求敏感性测试评级。品类需求的敏感性是指企业的产品或服务对消费者而言不是可有可无的，而是不可或缺或无法替代的，是锦上添花的敏感和离不开的刚需。

江小白的目标消费者为以“80 后”和“90 后”为代表的新生代人群，而它所承诺的单一利益点——“简单纯粹”的生活态度是目标顾客永恒的精神追求；加上表达瓶上的差异化文案，使得消费者不论是孤独、寂寞、焦虑还是加薪升职后的得意，总有一款符合目标顾客的心境。

(1)江小白所承诺的“简单纯粹”的生活态度是目标顾客所必需的，而且江小白能够适用于不同的场景，满足消费者多元化的情感需求，是消费者经常购买的产品。故该项指标得分为 0.40 分。

(2)江小白“简单纯粹”的生活态度是新生代群体所向往的，表达瓶上独一无二的走心文案是目标顾客在特定场景下抒发个人情感、表达个人情绪的必备单品。故该项指标得分为 0.20 分。

(3)江小白给目标顾客提供了抒发心声的新渠道，对他们而言，能够真实地表达自己的情感自然是求之不得的。故该项指标得分为 0.20 分。

(4)对目标顾客而言，传统的白酒产品属于基本利益，人格化的江小白善于倾听、懂得表达，就属于派生利益。故该项指标得分为 0.20 分。

综上，江小白的品类需求敏感性测试得分合计为 1.0 分。

8. 江小白的注册商标单义性测试评级。注册商标的单义性是指企业的注册商标所表达的含义只有一个，不存在歧义或多义的现象，又没有模糊概念。注册商标的单义性越强，品牌信用度越高。

在互联网中输入“江小白”后发现，在检索结果的前几页除了《我是江小白》的 12 集青春文艺爱情动画外，其余均为江小白酒品，不存在歧义的情况。而《我是江小白》动画片正是由江小白酒业和武汉两点十分文化传播有限公司共同出品的，旨在建立和推广江小白酒业的品牌 IP 而制作的一部动画。

(1)通过检索发现，江小白不仅不存在商标歧义和多义问题，而且江小白的酒品已被青年人熟识并成为“简单纯粹”生活态度的代名词，已经进入了目标顾客的潜意识。故该项指标得分为 0.30 分。

(2)江小白的注册商标与传统白酒存在本质上的不同，属于完全不相似的产品。故该项指标得分为 0.20 分。

(3)江小白系列产品的卡通形象——无镜片黑框眼镜、暗格休闲西服、英伦风格的黑白格子围巾，有点不屑和呆萌，外表低调、内心狂野，是一位从装束到神态都与“80后”“90后”保持高度一致，外形英俊，能瞬间秒杀清纯女和文艺男的大男孩儿。故该项指标得分为0.40分。

(4)江小白为原创商标，不存在商标借用问题。故该项指标得分为0.10分。

综上，江小白的注册商标单义性测试得分合计为1.0分。

9. 江小白的媒体传播公信性测试评级。媒体传播的公信性是指消费者对企业宣传内容的信任度，通常免费正面的新闻报道的公信性强，广告或炒作类宣传的公信性弱。

作为创业型企业，江小白并未在传统广告上投放太多精力，而是立足于“80后”和“90后”的聚集地——微博和微信。通过表达瓶文案征集、嘻哈巡演、IP植入、同城约酒大会等线上线下活动，江小白的成功造势不仅引爆了微博微信用户，同时打造了以地域性媒体为主、全国性媒体为辅的传播平台。通过网络检索发现以下几点。

(1)关于江小白的网络热帖、新闻报道、文案和营销策略解读遍布整个网络。故该项指标得分为0.20分。

(2)江小白所传递的内容以“简单纯粹”的生活态度和“青春梦想”有关，体现了最终消费群体的情感利益。故该项指标得分为0.20分。

(3)该商标的传播以网络热帖和植入式广告为主。故该项指标得分为0.20分。

(4)关于江小白的报道多为新闻事件报道、企业营销策略解读、网络热帖等，无负面信息且客观真实。故该项指标得分为0.20分。

综上，江小白的媒体传播公信性测试得分合计为0.80分。

10. 江小白的质量信息透明性测试评级。质量信息的透明性是指企业应将产品或服务所承载的质量信息真实、客观、全面的告知消费者，不得隐瞒和弄虚作假，充分保证消费者的知情权。

江小白系列产品在其瓶身标明了商标名、酒精度、净含量、公司名、生产许可证编号、配料、酒香型、厂址、产地、储存条件、包装日期、新浪微博、咨询电话、温馨提示及短文案等，上述各项均属于产品说明书之类的信息。

(1)江小白瓶身上的标注信息即为说明书。故该项指标得分为0.0分。

(2)透过瓶身信息可以发现，江小白产品成分及其含量标注清晰。故该项指标得分为0.0分。

(3)江小白瓶身上的温馨提示——“过量饮酒，有害健康”，给出了消费者明确的不良后果提示，不存在隐瞒不良后果现象。故该项指标得分为0.0分。

(4)江小白所提出的“简单纯粹”的生活理念是正面积极的，所做的温馨提示也是有必要的，且无误导消费者之嫌。故该项指标得分为0.0分。

(5)通过网络检索，未发现江小白存在第三方征信信息。故该项指标得分为

0.0 分。

综上,江小白的质量信息透明性测试得分合计为 0.0 分。

根据上述 10 个指标的测试评级结果,汇总得出江小白商标的品牌信用评级表,见表 8－1。

表 8－1　江小白商标的信用评级表

<table>
<tr><td>序号</td><td>指标名称</td><td colspan="2">指标分值</td><td>序号</td><td>指标名称</td><td>指标分值</td></tr>
<tr><td>1</td><td>目标顾客精确性</td><td colspan="2">0.95</td><td>6</td><td>终端建设稳定性</td><td>1.0</td></tr>
<tr><td>2</td><td>利益承诺单一性</td><td colspan="2">1.0</td><td>7</td><td>品类需求敏感性</td><td>1.0</td></tr>
<tr><td>3</td><td>单一利益对立性</td><td colspan="2">0.80</td><td>8</td><td>注册商标单义性</td><td>1.0</td></tr>
<tr><td>4</td><td>品牌建设岗位性</td><td colspan="2">1.0</td><td>9</td><td>媒体传播公信性</td><td>0.80</td></tr>
<tr><td>5</td><td>单一利益持久性</td><td colspan="2">1.0</td><td>10</td><td>质量信息透明性</td><td>0.0</td></tr>
<tr><td colspan="6">$TBCI = [(1+B_{10})\sum_{1}^{9} B_i] \div 9$</td><td>0.97</td></tr>
<tr><td rowspan="2">测试等级</td><td>1.0</td><td>0.8－0.99</td><td>0.6－0.79</td><td>0.4－0.59</td><td>0.2－0.39</td><td>≤0.19</td></tr>
<tr><td>AAA</td><td>AA</td><td>A</td><td>B</td><td>C</td><td>D</td></tr>
</table>

由表 8－1 可知,江小白商标的 TBCI 值达到 0.97,品牌信用度为 AA 级,这表明江小白商标的品牌信用度很高,品牌效应很强,消费者的选择成本很低,易被目标消费群体接受。

将所测算的品牌信用度带入品牌溢价公式,得 $P_d = 32.84P_q$。

$$P_d = \frac{P_q}{1-h} = \frac{P_q}{1-e^{\frac{B_c-1}{B_c}}} = 32.84\,P_q$$

(注:P_d代表受众的意愿价格,是观众能够接受价格的上限;P_q代表商品的质量价格,是商品在达到一定质量标准下的价格;h 代表快乐度,即消费者消费某商品后所带来的愉悦感。)

结果表明,如果江小白的质量价格即投资成本为 1 元,目标消费者愿意为其付出 32.84 元,即品牌溢价达到 32.84 倍。

二、江小白的品牌优化策略建议

针对江小白可能存在的顾客逆转问题,以及面对市场涌现模仿者的威胁,本文认为江小白应在产品质量和营销上继续精耕细作。

(1)强化产品研发,提高产品品质。尽管江小白致力于白酒"利口化"的创新与研究,使其口感朝着"Smooth,Light,Pure"的方向努力,但据消费者反映,江小白部分产品存在口感一般、味道冲、酒烈等问题,特别是部分线上消费者反映,江小白的线上产品与其在实体店购买产品的品质存在差异,即存在电商专供的产品。产品质量是企业树立品牌的前提，是市场营销的后盾。江小白的低度清香高纯度是消费者看中的物质利益，是消费者从即兴消费转变为忠诚消费的前提和基础。因此，江小白应继续加强产品研发，严控产品质量，特别是线上产品质量，杜绝电商专供产品，杜绝双重质量标准下的以次充好。

(2)深化产品营销，提升品牌形象。首先，针对其他品类饮品及以五粮液歪嘴、泸州老窖的泸小二和杜康的杜二等小酒对江小白目标消费群体可能引发的逆转现象，除了强化品质外，江小白还应继续强化社会化营销策略，围绕新生代群体"简单纯粹"的情感利益策划更多的体验型、互动型活动，以形成长久的利益刺激，巩固原有消费者并吸引新的消费者成为稳定的黏性用户。其次，提升事件营销的社会效应，降低负面影响。江小白在2017年的"双十一购物节"推出"伴你一生"套餐，即消费者花11 111元购买该套餐后即可每月收到一箱江小白直到去世。该套餐一经推出就引发了舆论的轩然大波，有人赞成，有人认为是噱头，认为是江小白的恶意炒作。此事虽以套餐违背天猫规定下架而告终，但由此造成的负面影响已残留在部分消费者心中。

资料来源：于蕾．江小白品牌"值"多少[J]．销售与市场，2018.

案例讨论：

1. 江小白的目标消费群体是什么？其心理和行为特征是什么？
2. 江小白为了赢得目标群体的认可和偏爱，采取了什么样的营销策略？
3. 江小白品牌发展过程中可能存在什么问题？如何解决？
4. 试分析江小白品牌发展的内外部环境，推测其发展趋势并说明你的理由。

思考题

1. 论述消费者群体形成的成因。
2. 试说明消费者群体是如何对其成员的消费行为产生影响的。
3. 主要的消费者群体有哪些？针对不同的消费群体，营销人员应该采取什么样的营销策略，为什么？
4. 参照群体及其产生作用的心理机制是什么？对消费者会产生何种影响？
5. 内部沟通的主要理论有哪些？营销人员应该如何避免消极沟通，促进积极沟通？
6. 什么是暗示和模仿？
7. 论述影响从众行为的因素，试述其对企业营销的意义。

第九章

社会环境与消费者行为

★ 本章要点和学习要求 ★

消费者作为社会成员之一，其购买行为不可避免地会受到社会环境的影响和制约。只有从社会环境与消费者相关关系的角度进行研究，才能科学地解释复杂多样的消费心理与行为现象，并为消费行为的预测提供切合实际的依据。通过本章学习，学生应当重点了解社会文化及亚文化在消费者心理形成中的作用，社会阶层与消费者行为的相关关系，家庭的购买行为模式及影响因素，消费习俗和消费流行对消费者行为的引导与影响等，并掌握如何利用社会环境对消费行为的影响作用制定正确的营销策略。

第一节　社会文化与消费者行为

文化与消费有着非常密切的联系，消费总是一定社会中的消费，而社会总是被某种文化"改造"过的社会，从而不同文化背景也有着不同的消费形态。可以说，文化环境对消费者的行为具有根深蒂固的影响。凡是生活在社会环境中的人，都沉浸在一定的文化气氛当中，没有人能脱离文化的影响。即使是日常平凡的消费活动，也可能蕴涵着一定的文化含义。营销大师科特勒说，文化因素将对消费者行为产生最广泛、最深刻的影响。因此，从文化视角探讨消费行为问题，对营销实践大有裨益。

一、文化的含义与特征

（一）文化的含义

文化的内涵极为丰富、复杂，使人很难对文化下一个确切的定义。不同学科、不同国家、不同学者的认识不同，对文化的理解也就不同。当代美国文化人类学家克莱德·克鲁克洪(Clyde Kluckhohn)曾在《文化概念:一个重要概念的回顾》(载1951年第41期哈佛大学《小人物陈列馆论文集》)一文中,对161种文化的定义进行了归纳和总结。在“五四运动”之后,我国文化学家对文化的定义展开过热烈的讨论。

梁漱溟在《东西文化及其哲学》中提出“文化乃是人类生活的样法”。他把人类生活分为精神生活、物质生活和社会生活,文化的含义很广泛。1920年蔡元培在湖南演讲《何谓文化?》时提出“文化是人生发展的状况”,并列举衣食住行、医疗卫生、政治、经济、道德、教育和科学等事。在梁启超的《中国文化史目录》中,文化包括朝代、种族、政治、法律、教育、交通、国际关系、饮食、服饰、宅居、考工和农事等。

陈独秀则不同意这些宽泛的文化定义,他在《文化运动与社会运动》一文中认为文化是“文学、美术、音乐、哲学、科学”。在20世纪80年代初,哲学家庞朴去问钱钟书“文化”一词应如何定义,钱钟书说,“文化这个东西,你不问嘛,我倒还清楚;你这一问,我倒糊涂起来了。”80年代初中国的文化讨论中,有的学者建议说,文化的概念就像“模糊逻辑”“模糊数学”一样,它的界域是不可能确定的,只要确定它到底包含哪些范围,也就没有必要追求简单而确定的定义了。

但是要从文化角度来研究消费者行为,我们必须给文化概念确定一个大致的范围。一般认为,文化的含义通常可以按广义、狭义和中义三个层次加以界定。①广义的文化,是指人类社会在漫长的发展过程中所创造的物质财富和精神财富的总和;②狭义的文化,是指社会的意识形态,包括政治、法律、道德、哲学、文学、艺术和宗教等社会意识的各种形式;③中义的文化,介于广义文化和狭义文化之间,是指社会意识形态同人们的衣食住行等物质生活、社会关系相结合的一种文化,如服饰文化、饮食文化、汽车文化、日用品文化和各种伦理关系、人际关系等。

在消费者行为学中,我们关心的是文化对消费者心理与行为的影响,因此使用的文化概念是中义的文化。它包括人们在社会发展过程中形成并经世代流传下来的风俗习惯、价值观念、行为规范、生活方式、伦理道德观念和信仰等方面。

(二)文化的特征与消费行为

虽然不同国家及民族都有自己独特的社会文化,但就整体而言,各种形态的社会文化却具有一些共同特征,归纳起来,主要有以下几点。

1. 文化的社会性。在上下代传承中被保留下来的观念、习惯和行为模式,包含着促进同一文化中成员间互动沟通的社交“规律”,而这种社交“规律”本身就是文化的重要表现形式。并且,文化还是社会存在和发展所必需的一种重要因素,它能提供某种价值准则和规范,从而维持社会的秩序。比如,文化通过一定的社会规范告诉人们什么应当做、什么不应当做,什么是对的、什么是错的。除此之外,文化还提供一种惩罚的机制。一个社会中的成员必须遵守某种价值规范,否则便会受到惩罚。这种文化的规范和惩罚机制也影响着人们的消费行为,使得一个社会的消费行为呈现一定的规律和特点。

2. 文化的无形性。文化对消费者行为的影响和引导是潜移默化的一个过程，这个过程是看不见、摸不着的，是自然而然的，以至于人们常常觉察不到文化的这种力量。一些企业在市场拓展过程中，常常会在新的环境中遭遇"文化冲突"，原因就在于此。因此，企业在营销活动中必须时时刻刻注意文化的影响，不能因为文化是无形的就无视它。要知道，处于一定文化背景中的消费者，其心理和行为都必然带有该文化鲜明的烙印。

3. 文化的共享性。文化是由社会成员在生产劳动和生活活动中共同创造的，文化的观念、习惯、行为模式由生活在同一社会的人们共同拥有和分享。一定社会的文化对其成员会产生深刻影响，使他们的心理倾向和行为方式表现出某些共同特征。就消费活动而言，文化影响表现为消费者之间通过相互认同、模仿、感染、追随和从众等方式，形成共有的生活方式、消费习俗、消费观念、态度倾向、偏好禁忌等。例如，使用筷子是中国人世代相袭的用餐方式；春节、中秋节等是中国家庭团聚、互赠礼品的传统节日；崇尚节俭、量入为出、坚持储蓄是大多数中国人信奉的消费观念，等等。这些习俗和做法都是中国消费者在传统文化的长期积淀熏陶中形成的共同消费特性。社会文化的共享性特征为企业采取有针对性的营销策略奠定了基础，使之有可能通过迎合特定文化环境中消费者的共同要求，赢得人们对产品的喜爱。

4. 文化的差异性。每个国家、地区、民族都有自己独特的、区别于其他国家、地区、民族的社会文化，即有自己独特的风俗习惯、生活方式、伦理道德、价值标准和宗教信仰等，这些方面的不同构成了不同社会文化的差异。例如，风靡全球的可口可乐，在世界其他地区销售采用红白相间的色彩包装，而在阿拉伯地区却改为绿色包装，因为那里的人民酷爱绿色，对于他们来说，绿色意味着生命和绿洲。又如，红色在中国人的观念中象征着热烈、吉祥、美好，但西方有些国家却认为红色是一种危险、令人不安、恐惧的颜色，易使人联想到流血、事故和赤字。企业在营销活动中应高度重视不同社会文化之间的差异性，做到"入乡随俗，入境问禁"，根据消费者的文化差异投其所好，唯有如此，才能被不同的文化群体接受。

5. 文化的变化性和适应性。文化不是固定不变的。随着社会的发展演进，社会文化也将不断演化。当一个社会面临新的问题和机会时，人们的价值观念、生活方式、生活习惯和兴趣也必然随之发生适应性的变化和调整，形成新的文化。企业唯有适应环境，适应特定环境中消费者的特殊要求，才能使自己在激烈的市场竞争中立于不败之地。尤其是从事跨国经营，保持高度的文化适应性更是企业成功的先决条件。日本精工公司近年来推出一款"穆斯林"手表，该表除设计新颖、构思巧妙外，最打动穆斯林的是这种手表能把世界上 114 个城市的当地时间转换成伊斯兰教圣地麦加的时间，并且每天定时鸣响 5 次，提醒他们按时祈祷。因此，这款手表在阿拉伯国家的消费者中非常受欢迎。相反，我国某制鞋公司出口到埃及的女鞋，因鞋底的防滑图案与阿拉伯语"真主"二字相似，在受到当地消费者的误解后被迫停止销售。

实例 9-1 米勒公司的低热量啤酒

20 世纪 70 年代，米勒公司向美国公众推出了新产品“Lite”啤酒并获得了巨大的成功，原因就在于它恰到好处地把握了美国文化和消费观念的变化趋势。70 年代，美国人已经充分认识到肥胖带给身体的不便和伤害，对理想外表的标准日益强调健美、身材苗条。米勒公司及时抓住了消费者的这一真正想法，宣传其新产品 Lite 啤酒是低热量的，能让人“喝啤酒不长啤酒肚”，因此，该啤酒很快就占据了整个美国啤酒市场总销量的 20%。但是，同样是低热量啤酒，Gablinger 公司在 20 世纪 60 年代推出的产品却失败了。为什么呢？因为它过早了。60 年代的美国消费者在喝酒时对减少热量的摄入还不感兴趣，甚至认为喝低热量啤酒意味着怯懦，只有“cowardly man”才喝这种啤酒，那些“brave man”需要的是真正的啤酒。

米勒公司的营销经验告诉我们，企业应敏锐地观察和捕捉消费者的观念变化，不失时机地及时开发适合新的消费趋向的新产品，以便始终在变化的市场中掌握主动权。但是，企业也要明确，人们的文化价值观不是一下子就能改变的，而是一个十分缓慢的过程。在开发和推广代表一种新的消费文化观念的产品和服务时，一定要遵循人们文化价值观的渐变规律，既不能操之过急、不能太早，也不能太晚，一定要把握好时机。还应当注意的是，在文化的变化过程中，新文化模式的形成和引入会受到人们感兴趣的程度和原有价值观念、行为准则的影响。有关研究表明，那些人们最感兴趣的且又同现有价值观念、行为准则决裂程度最小的新事物最容易被接受。

二、亚文化与消费者行为

亚文化是社会文化的细分和组成部分。通常，一个国家或社会内部并不是整齐划一的。其中若干个社会成员因民族、职业、地域等方面具有某些共同特性而组成一定的社会群体或集团，同属一个群体或集团的社会成员往往具有共同的价值观念、生活习俗和态度倾向，从而构成该社会群体特有的亚文化。也就是说，亚文化是某一个文化群体所属次级群体成员共有的独特信念、价值观和生活习惯。

亚文化既有与社会文化一致或共同之处，又有自身的特殊性。亚文化消费者群有四个基本特点：①他们以一个社会子群体出现，每个子群体都有各自独特的文化准则和行为规范；②子群体与子群体之间在消费行为上有明显的差异；③每个亚文化群都会影响制约本群体内的各个消费者的个体消费行为；④每个亚文化群还可以细分为若干个子亚文化群。

每个社会成员都生存和归属于不同的群体或集团中，因此，亚文化对人们的心理和行为的影响更为具体直接。这一影响在消费行为中体现得尤为明显。通常可以按种族、民族、阶层、宗教信仰、地域、年龄、性别、职业、收入和受教育程度等因素将消费者划分为不同的亚文化群。

(1)从性别亚文化看，不同性别的亚文化群往往有着不同的价值观念和消费习惯,对商品的选择、购买的方式、习惯等都有很大的不同。例如,男性大多粗犷、豪爽,需求单一,对商品的选择不太挑剔,购买商品较多地关注商品的功能与效用,购买决策自主、速度快,需要时才购买;女性则天生细腻、谨慎,需求多样,对商品的选择认真、挑剔,易受商品的外观形象以及主观情感的影响,购买决策被动、速度慢、时间长,经常即兴购买。

(2)从地域亚文化看,消费者的生活方式和消费习惯由于地理环境的不同而有所不同。就我国而言,地域亚文化造成的消费差异是很明显的,正所谓"百里不同俗,千里不同风"。中国地域辽阔、人口众多,与此相应的是各地互有异同、千差万别的风俗习惯。比如,不同地方的风俗习惯以及由此形成的消费结构中有不同的重点顺序:广东人看重"吃"和"旅游";上海人看重"穿";长沙人看重"乐",等等。这些消费习惯差异也表现在民俗传统的节日、婚丧等不同的消费方式中;另外,不同地区的饮食文化差异也是地域亚文化的一个典型例子。

(3)从民族亚文化来看,我国是多民族国家,其中各个民族都有自己独特的风俗习惯和文化传统,相应的生活方式和消费习惯就会不同。比如,朝鲜族喜食狗肉、辣椒,喜欢色彩鲜艳的服饰,群体感强,男子的地位相对要高一些;回族人喜爱白色,禁食猪、狗肉,朝拜是其生活的重要内容;蒙古族人的习惯则是穿蒙袍,吃牛、羊肉,喝烈性酒。

在市场营销领域,研究亚文化的意义在于,消费者行为不仅带有某一社会文化的基本特性,而且还带有所属亚文化的特有特征。与前者相比,亚文化往往更易于识别、界定和描述。因此,研究亚文化的差异可以为企业营销人员提供市场细分的有效依据,促使企业正确区分和选择亚文化消费群体,从而更好地满足目标消费者的需求。

实例 9-2　中国奢侈品消费热潮

根据贝恩咨询公司发布的《2018 年全球奢侈品行业研究报告》,中国消费者正在引领全世界奢侈品市场的增长趋势。从 2015 年到 2018 年,中国消费者在本土的奢侈品消费增长是海外的两倍。从全球来看,中国消费者的奢侈品花费总支出占全球总额的比重不断增加,当前预估占比为 33%,较 2017 年 32% 高出一个百分点,中国消费者在内地市场的消费支出占全球总额从 2017 年的 8% 提升至 9%。从销售额来看,中国内地市场的奢侈品销售总额有望达到 230 亿欧元,按现行汇率计算同比增长 18%,增长主要源于需求提升而非价格增长。而在贝恩咨询公司发布的《2017 年秋冬奢侈品全球市场研究》,也显示了中国在奢侈品消费方面的强劲表现。由于中产阶级的不断壮大和中国千禧一代的推动,中国成为奢侈品消费的领导者。

1. 奢侈品消费的消费主体分析。中国的奢侈品消费者大致可分为四类:富裕群体、高收入群体、高级白领群体和千禧一代。一是富裕群体,他们是典型的奢侈品消费者,年龄在 40 岁以上。这些人有着相当的财富积累,他们消费奢侈品主要是为了炫耀和象征身份,豪宅、游艇、私人飞机、名车是他们主要的购买对象。随着时代的发展和富裕群体知识与经验的积累,一些人开始重视产品品质和细节,注重体验式的消费,追求高层次的精神享受。二是高收入群体,包括商人、企业家和社会名流。他们的年龄为25~40岁,消费奢侈品主要是炫耀、从众和社交。一方面,他们是新富阶层,需要用一些"富贵标志"标榜自己的成功和富有;另一方面,他们还需要用奢侈品作为"身份认证"来得到上流社会的认同,扩大自己的社交网络。三是高级白领群体,这个消费层的收入是最低的,女性消费者居多。他们购买奢侈品主要是炫耀和自我赠礼,讲究时尚和气派,希望通过奢侈品来显示自己的高雅品位。他们主要以购买手表、服饰、香水、皮包等相对奢侈品为主。四是千禧一代,这些新增客户大量涌入市场,加速了奢侈品消费的增长。很多奢侈品牌进行了重新定位,他们将目标瞄准更年轻的消费者。这些年轻的消费者更早地购买奢侈品,并且更频繁;他们偏爱"时尚""街头休闲""新潮"和"当季"奢侈品;对数字化技术和应用驾轻就熟,依赖网络获得奢侈品信息,甚至直接购买;他们不仅了解奢侈品,也更有主见。

2. 中国人的奢侈品消费原因分析。到底是什么原因促使中国人热衷于购买奢侈品呢?

(1)中国经济的高速发展和收入水平提高为奢侈品消费奠定了物质基础。奢侈品消费之所以能在近几年快速增长,中国经济的高速发展无疑是最直接的原因。改革开放以来,我国经济实现了年均9.8%的高速增长,与经济同步增长的还有人均国民收入。1978年我国的人均GDP仅为190美元,到2018年我国人均GDP已经达到9 462美元,2019年则约为10 121美元,经济财富的增长使我国奢侈品消费成为可能。

(2)中国社会阶层分化为奢侈品消费奠定了社会基础。在经济快速发展的同时,收入分配差距明显,中国的富裕阶层规模在快速扩大。根据瑞士信贷银行发布的《2018年全球财富报告》,中国家庭财富快速增加,超高净值人数、财富总量和百万富翁总量逐步增加,三个指标全面超越日本,目前稳居全球财富榜第二名。21世纪以来,中国百万富翁数量快速增长。2000年百万富翁数量约4.1万,2018年这个数量已经超过350万。富裕阶层对品牌、品质、潮流的追求逐步与国际接轨,他们的生活水平、消费习惯、消费行为均与国际同步,成为奢侈品购买的生力军。在新的社会阶层体系中,个人在其中的位置决定于他赚多少钱,而拥有奢侈品有助于显示他的富有程度。奢侈品所引领的时尚消费方式使潜在的阶层差别显性化,形成了地位不同、生活方式不同的地位群体,消费在一定程度上决定了个人的阶层归属。

(3)中国的炫富消费文化使得奢侈品消费大行其道。"面子"是中国传统文化、传统价值观、社会文化的耻辱感取向共同作用的综合体。消费在某种程度上实现了人们之间的交际功能,所以在消费中不能不讲面子。由于奢侈品自身的特质,注定了拥有奢侈品的不可能是大众,只能是一部分小众。奢侈品的那种超出实用价值以外的符号价值彰显了拥有者的社会身份和地位。特别是社会新富阶层,更需要通过奢侈品消费来显示自己的经济实力和社会地位，获得社会的认同，并需要通过炫耀式消费来维系和创造个人生存与发展的关系网络。汇丰银行关于奢侈品的一份报告指出，炫富在中国已经成为一种潮流，这将继续体现为个人奢侈品消费上的增加。世界奢侈品协会的调查数据也显示，7 成以上的中国青年消费者购买奢侈品就是为了拥有一件奢侈品，品牌文化不重要，让更多的人都知道它是奢侈品就行，最大的卖点就是“必须是圈子里公认的奢侈品”。

(4)赠礼成为中国奢侈品消费的一大动机。在礼仪之邦的中国，消费者购买奢侈品还有一个用途——送礼。奢侈品的昂贵更能表达对收礼物的人的尊崇，也能够体现送礼之人的地位和能力。江诗丹顿的手表、LV 的拎包、杰尼亚的领带等都是商务送礼热门首选。当中国游客在国外旅游时，他们往往会带回一些他们游览过的国家具有代表性的礼物，特别是那些在中国买不到的品牌产品。不过，近两年来，政府反腐倡廉工作的大力推进和落实，“奢侈品馈赠风潮”产生了回落的趋势。

第二节　中国核心文化价值观与消费者行为

文化价值观指大多数社会成员所信奉和倡导的信念，它通过形成规范来影响社会成员的态度和行为。① 文化价值观是个体消费决策系统的根源性要素，可以说，人们消费的最终目标是符合并体现其价值观，消费者持有的价值观不同，其所重视的消费结果就会有所不同。②

中国核心文化价值观，包括“根”文化、差序关系、人情往来、面子形象、中庸之道、实用理性、独立自主、奋斗成就等，对中国消费者的心理和行为都会产生非常重要的影响，因此有必要对这些核心文化价值观及其影响进行详细介绍。

一、“根”文化与“根”消费③

(一)“根”文化及其主要体现

儒家思想及伦理观在中华民族的道德传统中有着根深蒂固的影响，中国人非常看重生命血统的延续，尊老崇古，重视家庭及家族成员之间的关系；仁爱孝悌、尊长慈幼是中华民族的一大传统美德。中国文化对生命延续、民族延续、社会价值延续的重视，可称之为“根”文化。对于中国人而言，根情结胜过一切，父母的“寸草

① 苏淞，孙川，陈荣. 文化价值观、消费者感知价值和购买决策风格：基于中国城市化差异的比较研究[J]. 南开管理评论，2013，16(1)：102－109.

② GUTMAN J. A means－end chain model based on consumer categorization processes[J]. Journal of Marketing，1982，8(46)：60－72.

③ 卢泰宏，张红明. 中国人的“根”消费[J]. 销售与市场：管理版，2004(7S)：36－40.

心”、子女的孝道、“落叶归根”、“望子成龙”是永远不变的。

中国的“根”文化主要体现在以下几个方面。

1. 香火。香火是中国根文化中最核心的概念。中国人，无论贫富贵贱，都特别关注香火继承。在中国最恶毒的骂人语是咒对方“断子绝孙”！在传统儒家的教义中，也有近乎苛刻的戒律，即“不孝有三，无后为大”。几千年来，它主宰着无数家庭的悲欢离合。

2. 宗族——同姓的村落。姓是中国根文化的另一表征，它表明了我们根的来源及未来的走向。在广州，著名的陈家祠是当地陈氏家族聚居并祭奠祖先的地方。闻名中外的孔庙，则是由孔子的后裔和族人历经两千多年而形成的。

3. 裙带关系。血缘关系和姻缘关系等交织在一起形成了裙带关系，它左右着中国人社会交往中的原则和行为。中国人在这错综复杂、严密而又紧凑的关系网中寻找自己的位置，并机敏灵活地应酬着。中国人习惯于在这种特定的关系网中生活，关系网的质量直接决定了他的社会自由度及社会地位。对于一个没有关系网的人，即使看似很简单的事情也是难以办成的。

4. 乡土情结。不管在国内还是在国外，中国人都会怀念自己的故土，漂泊在外的游子期待着有一天能够叶落归根。“金窝银窝，不如自己的狗窝”，不管在外多么成功或失败，最终的归宿还是生养自己的故土。有些客死异国他乡的漂泊者，还会提前拜托他人，将自己的尸骨带回家乡。广东客家人虽然历经千年的变迁，但都保持着自己古老的传统，客家话、客家菜、客家的戏剧及客家礼俗，都像“活化石”一样，记录着客家人骨子里的乡土情结。

（二）与“根”文化相关的消费行为

根文化深植于中国人的心理底层，影响着人们消费的方方面面，衍生出中国人独特的根消费。基于延续目的的投入和花费，主要包括教育消费（对下一代）、祭祖消费（对上一代）、仪式和节庆消费等。表现在消费行为上，便是舍得为老人、孩子花钱，讲究光宗耀祖、望子成龙。

1. 教育消费。根文化在教育消费领域表现最明显。常常听到有些中年父母慨叹道：我们这一代就算了，寄希望于下一代吧。中国人在培育后代方面，可以用“舍得花血本”来形容。不管是穷人还是富人，不管是官员还是老百姓，不管是农民还是市民，在这方面都毫不含糊，宁可省吃俭用、节衣缩食，宁可起早贪黑、忍辱负重，也要把钱省下来培养后代。在中国人的眼中，后代是自己的化身，是自己理想得以实现的希望！根据《2014 中国城乡家庭教育现状白皮书》发布的数据，教育费用支出占家庭总支出比例在 10% ~20% 的家庭占 46.57%，比例在 30% ~40% 的占 24.43%。正因为如此，许多厂商在产品和服务推广时大打“教育牌”，比如，当前房地产开发者在规划时，都会请名校出来陪衬，“大盘配名校”已成为开发商与业主的共识，不少业主本身就是冲着楼盘有教育配套而置业的。

2. 祭祖消费。中国人也非常注重孝亲，“孝敬老辈”也成为消费者的一个重要购物动机。另外，为了表达对先人的哀思举行各种祭祀仪式，各种各样的祭祖消费

(比如清明前后的鲜花、水果、冥币和鞭炮)也与重视家庭伦理的文化观念有关。

唐代诗人杜牧写下了脍炙人口的名句:"清明时节雨纷纷,路上行人欲断魂;借问酒家何处有,牧童遥指杏花村。"十分真切地反映了清明扫墓时的情景和氛围。每年清明,总产生大量的消费,各地交通运输全线吃紧;清明前后,鲜花、水果、乳猪、冥纸、冥币、鞭炮、寿衣等祭祀用品供不应求。

祭祀消费不仅包括祭祀过程中的消费,更包括一些较大投入的一次性殡葬消费及墓地消费。方寸大小的墓地,卖上数千元至 1 万元已算很贵了,但这还只是属中低档次,数万元才够得上高档,而几十万元一座的豪华墓地也不鲜见。

3. 仪式和节庆消费。仪式是文化的组成部分,中国是世界上仪式最盛的国家之一。出生、成年、结婚、生育、死亡等个人生命周期中的重大环节,均被认为是价值重大的事件,必须正式对待。与之相关的仪式消费,包括婚丧嫁娶、红白喜事、添丁满月、新房搬迁、升学高就等方面的消费开支,成为人们不小的负担,甚至在积蓄不多的时候还要借贷消费。

中国人一般认为,婚丧嫁娶礼仪中的开支并不是个人的消费,不是私事,而是履行社会义务,涉及跟周围那些重要的他人之间的权利义务关系,涉及姻亲之间的长期而重要的契约,有一定的宗教色彩,要履行正式的手续获得社区和公众的认可,因而需要煞费苦心:孝子必须为父母提供最好的棺材和坟墓,父母应尽力为儿女的婚礼准备最好的彩礼和嫁妆,在可能的条件下,讲究排场,摆设最丰盛的宴席。这些仪式中的宴会也为亲戚们提供了一个相聚的机会,对新建立的亲属纽带予以承认,对旧有的关系加以巩固。因此,礼仪开支不全然是浪费和奢侈的,它在人们社会生活中起着重要作用。[①] 具体而言,消费者在进行这类消费时,一般不喜欢讨价还价,而更重吉利、兆头甚至风水。因此,各种非价格因素在购买中更重要。在具体的定价策略上,可以取一些吉利的数字来定价,如在祭祀用品中常见以 8(发)、9(长久)、6(顺)等吉利数字来定价。

二、关系文化和人情消费

中国素有"礼仪之邦"之称,注重人际关系和人情往来是中国社会生活的一个特点。

(一)差序关系是对中国社会人伦关系的高度概括

当代社会科学家费孝通先生在其著作《乡土中国》一书中提出"差序格局"这一极为重要的概念,认为中国社会的人际关系格局是"差序格局",即以"己"为中心,像石子一般投入水中,和别人所联系成的社会关系,像水的波纹一般,一圈圈推出去,愈推愈远,也愈推愈薄。每个人都是其社会影响所推出去的圈子的中心,被圈子的波纹所推及的就发生联系,而社会范围就是一根根私人联系所构成的网络。

---

① 张敦福. 乡土中国的消费文化:费孝通早期著作考察[J]. 广西民族大学学报:哲学社会科学版,2010,3(4):55-61.

也就是说,在中国社会中,社会关系是逐渐从个人推出去的,依次为家庭关系、家族和姻亲关系、血缘关系、地缘关系、业缘关系、陌生人等。此外,民间的拟血缘关系同样反映差序格局的价值导向。拟血缘关系通过认同乡、认干亲、拜兄弟等形式,把原有的业缘关系转换成一种类似血缘的关系,从而纳入差序格局的范围。目前许多企业间沿用亲属的符号体系,如“兄弟单位”,来加强联盟关系,再现互惠原则。

黄仁宇在《关系千万重》中,认为“关系文化”成了世界绝无仅有的中国特色文化,“人生未满百,关系千万重”,“拉关系”“找关系”是中国人耳熟能详的词语,中国人的生活笼罩在各种各样的关系网中。林其锬教授于 1989 年 4 月在福建漳州市召开的“纪念吴夲诞生1 010周年学术讨论会”上首先提出了“五缘文化说”。所谓五缘,即亲缘、地缘、神缘、业缘和物缘。其中,亲缘包括血亲、姻亲和假亲(或称契亲,如金兰结义等);地缘,就是邻里、乡党等关系;神缘,就是共同的宗教信仰的关系,如对关羽、诸葛亮、妈祖等的信仰;业缘就是同学、同行之间的关系,其组织形式便是同学会、学会、协会、研究会等;物缘,就是因物(如土、特、名、优等产品)而发生的关系,因物而集合的人群,也会出现诸如行会、协会、研究会之类的组织。

总之,“关系”是描述中国人特有互动方式的专门词语。中国人存在于各种关系之上,讲究彼此之相与,即在社会互动中,双方总是寻求建立和加深关系。

(二)人情往来

人情往来反映了中国社会人际交往的基本特征。与西方社会不同,在中国传统哲学理念中,社会个体不是完全独立的。每个人都连接着一张无形的关系网,使他与社会中其他人有着紧密程度不同的关联。关系导向的价值观将私人关系视为经济、社会组织的基础,给予高度重视。为了维持人际关系的长期稳定和谐,人情往来是十分重要的社会互动方式。在关系网中,各人通过自己的社会资本来达到互益的作用,这种互益既可以是物质利益上的,也会是情感上的。因此,中国式人情往来的实质是一套行为交换系统,各人通过自己的社会资本来达到互益的作用。①

(三)人情消费、关系类型与送礼行为

人情消费是我国一种突出的消费者行为特征。人情消费是为了建立、维持或增强关系而进行的消费行为,主要表现为礼物的来往方面。送礼就是送人情,经常也说“随份子”“凑份子”等。礼尚往来的人情消费是中国人古老的传统,所谓“来而不往非礼也”,这也是一种沟通人际关系的重要方式。送礼行为存在于所有社会,但在关系取向的中国社会中显得尤为重要,礼物馈赠成为中国人社会生活的一部分。近年盛行的送礼消费更是支撑起一个潜力巨大的新经济门类——“礼品经济”。了解中国人所特有的礼品购买心理及购买行为,建立中国市场的礼品营销理论和策略是中国营销领域重要的问题。

① 潘煜,高丽,张星,等. 中国文化背景下的消费者价值观研究:量表开发与比较[J]. 管理世界,2014,3(4):90 - 106.

根据黄光国的观点，人际关系可分为3种类型，即情感性关系、工具性关系及混合性关系。①情感性关系是一种长久稳定的社会关系，主要发生在家庭成员、密友之间。交往法则是以“需求”为主，交往目的是以满足双方的关爱、温情、安全感、归属感等情感方面的需要为主。②工具性关系是一种不稳定的关系，例如店员与顾客、公交车司机与乘客、护士与门诊病人之间的关系。这类关系的交往双方主要是想从对方那里获得各自所希望得到的某些资源，关系的维持是获取各自所需的手段，没有什么感情可言。因此交往规则是“公平法则”。③混合性关系双方的交往最需要运用人情、面子。在混合性关系中，交往双方彼此认识而且具有一定程度的情感关系，但其情感并不像情感性关系那样，深厚到可以随意表现出真诚的行为，这类关系主要涉及如亲戚、师生、同学、同事、同乡等不同角色。需要时予以同情、体谅、帮助，平时通过馈赠礼物、相互问候、拜访以维持良好关系。按均等法则分配资源，受恩或受情后必须回报。[①]

不同的关系类型下，中国消费者的礼品购买行为决策风格是不同的。具体如下。①对于维持或增进情感关系的礼品购买，人们非常重视礼品的内在属性，关注产品质量，并为此尽力投入。正如给父母送礼那样，主要是从对方的角度出发，希望送给对方质量最好的礼品，显示自己的真意，也乐意为此花费时间与精力。另外由于礼物主要是代表送礼者的一片心意，所以对于礼物的价格及是否知名品牌则不会顾虑太多。对质量的追求满足了维持或增进情感的需要，以实用性表达人之真情。②对于混合型关系情境下的礼品购买，人们主要重视产品的外在属性价格，但同时又要兼顾选择名牌为自己撑足面子。正如给同事送礼，看重价格和面子，对质量不会考虑太多，即给同事送礼时不会费力购买质量最好的礼品。此时关系的目的在于要使用有限的情感和工具维持或增进关系，因此送礼时既不像情感性关系那么真诚，也不像工具性关系那么公平，所以对礼品的价格更加计较，同时关注将钱花得最有面子，以低价格实现最大的面子，而对于花心思购买质量最好的礼品则并不在意。③对于追求交换关系的礼品购买，非常重视产品的外在属性——品牌档次，即看重品牌档次的追求，以高价格换取最大回报。正如给客户送礼时，倾向于昂贵品牌导向的购买决策风格，意味着礼品越昂贵代表送礼的价值越高。此时关系的目的在于达到互惠交换，对昂贵品牌的追求是维持或增进关系的精良工具，从而从对方那里获得更多的报酬。[②]

但是，值得注意的是，“千里送鹅毛，礼轻情意重”，礼尚往来并非都建立在金钱物质之上。消费者在人情消费上要按照自己的收入而定，量力而行，不能超能力送礼，进行盲目攀比。否则，便会陷入“人情债”的泥淖，降低生活质量。实际上，超负荷的人情消费支出不仅给居民家庭生活带来负担，而且也给经济发展和社会

---

① 黄光国.中国人的权利游戏[M].北京:中国人民大学出版社,2004.

② 蒋廉雄，卢泰宏，邹璐. 消费者礼品购买决策:关系取向抑或动机驱动[J]. 中山大学学报:社会科学版，2007，47(5):117－123.

风气带来了负面影响。现在人情消费甚至蔓延于中小学校园,过生日、竞争班干部、考试拿第一,都成为"人情消费"的名目,这是值得警惕的,需要加以正确引导和防范。

(四)基于关系和人情消费的营销策略

基于关系和人情消费的营销策略,主要体现在以下几个方面。[①] ①开辟送礼市场。将产品与送礼挂钩,使一些产品的销售创造了奇迹,如三株口服液(1995)、商务通(2001)、脑白金(2003)。可以打造适应各种节日、红白喜事的礼品,典型的有月饼、酒、烟、精美点心等,低端市场拓展的礼品有米、油、方便面、乳品等;也可以是打造亲情关系类礼品,比如保健品、美容品、健康食品、鲜花、蛋糕、玩具等;还可以通过发展商务客户关系来开拓公关礼品或商务赠品市场,从年历到时装、手表、各种卡、手机,甚至手提电脑、商务车等,都可以作为公关礼品,或者机构单位团购的礼品性质的产品。②以个人化礼品凸显尊贵体面。署名礼品,定制特殊礼品等,都是个人化礼品,能够给人以尊重、尊贵和体面的感觉。③用礼品包装争取更多的销售和利润。普通日用消费品特制成礼品装,将商品变为礼品,如酒、糖果、保健品等。具体而言,在包装上可以采用单一特殊包装,针对礼品细分市场的需求改换包装,礼盒要好,如注意不同的数量、大小,感觉与外形等。也可以采用综合礼品包装,如相关礼品捆绑,如节日果篮、葡萄酒与品牌衬衣共置一礼盒等;在定价上,采用心理定价而非成本定价。由于礼品的心理价值大于实用价值,为产品的定价赢得了非常可观的空间,广告费、促销费用、渠道的空间都更大。④广告投放集中在节日。国际品牌"兰罐曲奇"多年来一直只在大节日(圣诞、元旦、春节、中秋)投放广告,国内的"脑白金""旺旺"的广告也集中在节日前后。

三、面子形象

面子形象是中国人对自我表达的缩影。面子是一个具浓烈中国文化色彩的词,是个体为了维护自己或相关者所积累的、同时也是一个社会圈内公认的形象,是经过印象整饰后表现出来的认同性的心理和行为。它代表了个人从他人处获得的社会尊严,或经他人允许和认可的公众形象。面子包含两层意义:一是符合外在社会要求、由社会赋予的面子,包括个人地位、政治权利、学术和事业成就等;二是个人内化的道德行为,是来自自我要求的面子。

面子可以满足个人的重要需求:一是获得人际吸引,例如获得友谊和认同等,这些都是在社会交换中由面子可以得到的社会资源;二是获得敬重和赞美等,通过赞美、道贺、恭维等满足个人的被认可需求;三是获得权力或影响力,说话有分量、有影响力、能解决问题等"有面子"感可以满足个人的支配需求;四是对自我能力和价值的心理肯定,面子效应带给个人的自信、神气、得意等情绪可以满足个人的自尊需求。可以说,在中国人心中,面子近乎个人尊严,面子观念已深深沁入中国

① 卢泰宏,张红明,杨晓燕. 中国人的面子问题[J]. 销售与市场:管理版,2004,2(3):22-24.

人的心中。①

面子形象对中国人消费决策有不可忽视的影响。中国人无论是在古代还是在现代,不论是富是贫,不论身份贵贱,不论在城市还是在农村,都好面子,怕丢面子。在这种深入骨髓的“面子”情结作用下,消费者关注产品的象征意义,即产品是否能提升购买者的个人形象,是否能展示其良好的经济条件和社会地位,或是否能彰显其高尚的消费品位。比如,国人热衷奢侈品消费与面子观念息息相关,“不求最好但求最贵”的炫耀性消费行为也与之有密切的联系。

面子文化还深刻影响到人们的日常消费行为,人们在穿着打扮、住宅、轿车等方面都会顾及面子,即不论自己是否喜欢、在不在意,也要考虑他人会怎么看自己。因此,中国消费者购物前,别人的意见对购买决策影响很大,而购买后更注重别人的评价和看法,在消费信息搜索中更重视参照群体的意见。

面子文化的影响还表现在消费者购买动机中,“用着有没有面子”成为产品购买的一个有力的理由。比如,从彩屏、和弦、无线上网、数码拍照、MP3、MP4,每一个噱头十足的新功能都带来一个新“换机时代”,“手机坏了”早已不是淘汰因素,“有点旧,用着没面子”成为人们换机的最大理由。

四、中庸之道

中国文化还强调中庸之道。在儒家看来,中庸之道是实现和谐、统一的根本途径,它体现了中华民族累积凝成的辩证思维。首先,中庸的精义,在于“度”的把握,凡事恰到好处,不偏不倚、不愠不火,“执两取中”达到不走极端,和谐完美的境界。其二,中庸之道追求人与宇宙天地乃至世间万物的和谐与共生,所谓“君子和而不同”,即客观地看待个体差异,在冲突、接近、沟通、转化的动态过程中达到相对的统一。“求同存异”“以和为贵”是多数中国人为人处世的基本信念。其三,中庸行动者为人处世以整全(holistic perspective)的观点。不仅从自己的角度出发,也要从交往他方的观点来看事物,在此基础上谋求整体行动体系有关各方的最大收益。同时,使个人的利益与组织目标之间得到一个平衡,在现实与理想之间寻求一种均衡。需要指出的是,中庸不是平庸,中庸是力争上游,坚持“有所不为”的同时“有所为”,找到“此时此地最合理的决策”。②

中庸思想体现在消费行为上,就是比较关注个人消费的群体效应,不太喜欢过于标新立异的产品,具有从众消费或随大流的趋向;并且,中国消费者在消费时也非常注重他方的观点,倾向于熟人和朋友推荐的产品与品牌,非常重视口碑;另外,在处事上,重视和谐与统一,讲究和谐、和气、和睦,认为“大时不如地利、地利不如人和”,不喜欢极端的做法。比如,在遇到不满意的购买、甚至在感到自己的权益受

① 潘煜,高丽,张星,等. 中国文化背景下的消费者价值观研究:量表开发与比较[J]. 管理世界, 2014, 3(4):90–106.

② 同①。

到商家的损害时,很多中国人往往都忍气吞声,最多向朋友、同事、邻居或其他熟人倾诉不满,而很少通过投诉乃至诉诸法律的途径来进行维权。在大多数中国人心中,“和为贵”“息事宁人”的传统思想仍然根深蒂固。

五、节俭主义和实用理性

(一)节俭和节俭主义

中华民族历来强调勤俭、节约的美德,这与当时的生产力低下和生活资源紧张密切相关,这是一种客观条件制约下的被迫选择,此后,经过长期日常生活的历史积淀,逐步成为人们的道德理想。黜奢崇俭的思想是中国平民百姓日常生活中的消费准则,其基本思想内涵主要包括以下几个方面。①俭以养德。节俭是衡量个人品德的一个重要标准,并且被广泛倡导。人们认为,只有保持节俭的美德,谨慎行事,国家才会长久兴旺。节俭者懂得尊重他人、理解他人,珍惜劳动成果的来之不易,是具有仁爱精神的表现。诸葛亮第一次直接提出“俭以养德”的概念,明确阐述了节俭和美德之间的关系。②节欲克欲。节制人的欲望是中国节俭思想的重要内容之一,它揭示了节俭行为是节制欲望的外在表现,而节欲克欲则是践行节俭思想的重要条件。节制欲望并非泯灭人欲,而是承认欲望的合理性,肯定人的基本生产生活需求,否定贪欲,主张去除贪欲奢望,保持知足常乐的心态,从而完善人格与品德。③俭而有度。中国古代的节俭思想并不是一味强调俭省,更不是提倡人们过“苦行僧”式的生活,而是强调俭而有度,不奢不吝。在对待节俭的标准问题上,儒家坚持“俭不违礼”“用不伤义”,着眼于适度、中庸之道,崇尚“中庸之俭”,即在奢侈与吝啬两个向度之间,既不是“过”,也不是“不及”[①]。总之,节俭是美德的源泉,它既体现对劳动的热爱和他人劳动成果的尊重,也是个人道德修养与人格完善的必要条件。

节俭一旦成为一种至上原则和信念,它就成了“主义”,即节俭主义。节俭主义是一种对人的消费欲望采取严格的约束、抑制和节制的心理机制或欲望形态。这种机制是在长期的抵制消费诱惑中形成的,以致最后变成一种本能和习惯,一种甚至把节俭本身当作目的的心理机制[②]。节俭主义在中国人的消费行为和消费观念中留有深深的烙印,在这种心理机制的调节下,人的欲望被限定在满足基本生存的水平上,并具有相对凝固和稳定的特征。比如说,在日常的生活中,很多人省吃俭用,购买日用品要斤斤计较、锱铢必较。同时,新旧欲望的更替频率慢。不过,节俭主义并不一味否定享受,但它强调先苦后甜,滞后享受。在资源的使用上,主张量入为出、精打细算、居安思危、细水长流。显然,节俭主义的形成源于资源约束,

① 杭洁. 现代极简主义思潮对中国古代节俭思想的继承与发展[J]. 中央民族大学学报:哲学社会科学版, 2016,8(6):37-42.

② 王宁. 从节俭主义到消费主义转型的文化逻辑[J]. 兰州大学学报:社会科学版, 2010, 38(3):14-22.

并进而转化为自我约束。这种自我约束使它能够抵制各种“不必要”的消费诱惑。

(二)实用理性

实用理性表达了中国人在评判事物和行事决策时的基本方法论,也是节俭主义的一种体现。汉族是一个非常注重现实生活的民族,凡事强调“实用”“实际”和“实在”。李泽厚先生将这一文化概括为“实用理性”。所谓“实用理性”就是不追求超验价值,关注现实的价值。实用理性的价值观体现在,一方面人们关心事物或行动所产生的结果和实际用处,意在合理合法的范围内,尽可能选择对己有利有益有用的物品,从而使自己生活得更加舒适更加幸福。同时,强调执经达权的务实精神,即在坚持惯常的原则和制度的基础上灵活机变。可以说,实用理性真切地反映了中国人世代乐观通达、求真务实的哲学信念。

实用理性价值导向对中国人消费决策有不可忽视的影响。中国人重实利、讲实惠,讲求“货比三家”,希望花同样的钱获得更多的功能价值和更高的附加价值,而不愿意将钱用到华而不实的产品要素上。

我们看到,越来越多的厂商推出高性价比的细分产品,推广打折和促销活动,正是为了迎合理性而注重产品功效意义的消费者。正是这两种价值观动因的左右平衡,可以帮助中国消费者获得中国式消费的“中庸之道”。

六、独立自主和奋斗成就①

独立自主是当代中国的人格精神。从宏观上看,中华人民共和国成立后,中华民族以独立自主的崭新姿态登上国际舞台,自力更生、自强不息。从微观上讲,随着现代家庭结构的改变,传统的家族宗族观念已淡化。人们拥有婚姻自由,越来越注重个人隐私和独立生活空间。社会男女平等,每个人均能接受教育,并自由地选择职业。随着教育背景、经济收入的提高,女性在家庭和社会中地位不断提高。独立的中国女性正成为中国社会的一道亮丽风景。

奋斗成就是中国人实现自我的途径。传统中国文化中,儒家强调人生的终极目的是以“克己复礼”的实践精神向内实现对自己的改造和道德升华。道家、禅宗也都协助个人追求自我提升和自我实现的存在状态。而在民间伦理中,普通人追求的个人成就是追求“命盘”中各个层面的均衡。百姓常用的祝福之词,如“恭喜发财”“万事如意”“福禄寿喜”“金榜题名”等都同“命盘”中学业、官禄、财富等层面密切相关,这从一个方面反映百姓心中的价值追求。很多人为了获得自我价值提升而努力奋斗,希望能“出人头地”和“事业有成”。可以说,从古至今,中国人成就取向的价值传统并没有本质的变化。

独立自我和奋斗进取代表了新时代中国人独立、奋斗的精神,体现了中国国家独立富强,社会开放、以人为本、奋斗不息的巨大转变。独立自我和奋斗进取对消

---

① 潘煜,高丽,张星,等. 中国文化背景下的消费者价值观研究:量表开发与比较[J]. 管理世界, 2014, 3(4):90－106.

费者关于产品象征意义和产品功效的感知均具有正向影响。

第三节 社会阶层与消费者行为

由于人们所处的社会地位和等级的差异,会形成不同的社会阶层。各个社会阶层之间,在经济地位、价值观念、生活态度和消费习惯等方面均存在明显差异,由此会导致不同的消费行为。为使企业营销策略的制定更具有针对性,有必要探讨社会阶层对消费者行为的影响。

一、社会阶层的含义与划分方法

(一)社会阶层的含义

社会阶层是由具有相同或类似社会地位的社会成员所组成的相对持久的群体。社会阶层不同于社会阶级,其划分衡量的标准不仅仅是经济因素,还有其他各种社会因素,如社会分工、知识水平、职务、权力和声望等。社会阶层有两种类型:一种类型是阶级内部的阶层,同一阶级的人在他们与特定的生产资料的关系上是共同的,其根本利益和社会地位是一致的;另一种类型是阶级之外的阶层,它们与阶级形成交叉并列关系,其阶层划分的客观依据是阶级因素之外的知识水平、劳动方式等社会因素。

社会阶层具有四个特征:①同一阶层的成员,其行为和其他不同阶层的成员相比更为相似;②人们根据其所处的社会阶层而占有优劣不同的地位;③一个人的社会阶层不是单由某一数据参数决定的,而是由他的职业、收入、财产、教育和价值观等综合决定的;④在人生历程中,有时可能晋升到更高的阶层,有时也可能贬低到较低的阶层,在一定的社会中,这种变动的范围由其社会分层限度的大小而定。

从消费者行为研究角度而言,无论何种类型的阶层,其内部成员都具有相近的经济利益、社会地位、价值观念、态度体系,从而有着相同或相近的消费需求和消费行为。

(二)社会阶层的划分方法

关于社会阶层的具体划分,目前常用的主要有两种方法:一种是单一指标法,即只使用单一尺度衡量的方法;另一种是综合指标法,即同时使用几种尺度的综合衡量方法。

1. 单一指标法。在研究消费者行为时,采用单一指标容易确定社会阶层与消费行为的相关关系,实际应用中也更为简便易行。通常较常用的单一指标主要有收入、职业和受教育程度等因素。

收入是维持一定生活方式的必要前提条件,收入的高低直接影响人们的消费态度、消费能力和消费水平,因此,收入是划分社会阶层和地位的最常用的传统指标。但收入作为衡量社会阶层的基本指标也有其局限性,即收入并不能完全解释人们的生活态度和消费方式。一个大学教授与一个只受过初等教育的小商贩或许收入相同,但他们的观念、意识、情趣和爱好会有很大差别,而这种差别直接影响他们对商品的选择标准、欣赏品位,以及消费观念和态度。

职业是经常被用作划分社会阶层的重要指标。职业在一定程度上反映出一个人的知识层次、专业特长和收入水平,因此,根据人们所从事的职业可以大体确定其生活方式和消费倾向。职业是研究一个人处于何种社会阶层的最基本、最重要的线索,但采用职业作为划分依据的困难在于,对社会上的成千上万种职业进行分类并确定出等级并非易事。

教育作为单项指标,在划分社会阶层中有其特殊意义。一个人受教育的水平决定他的知识结构、文化层次、职业选择乃至收入水平。从营销角度看,教育水平对消费者的影响在于,受教育程度不同的消费者会有不同的价值观念、审美标准、欣赏水平、兴趣爱好,从而在消费活动中表现出不同的风格和特点。一般来说,受教育程度高的消费者比较偏爱知识性较强的商品,且在选择商品的过程中喜欢并善于利用各种外界信息;而受教育水平较低的消费者则表现出相反的倾向。

2. 综合指标法。个人在社会中所处的地位或阶层受多种因素影响,所以,一般来说使用综合指标划分社会阶层比单一指标精确度要高些。目前,西方学者在划分社会阶层时较为常用的有两因素、三因素、四因素甚至更多因素的综合划分方法。

比如,美国学者霍林舍(Hollingshed)的社会地位指数法就是典型的两因素指数法,该法从职业和教育两个层面对社会阶层进行综合测量。具体划分时,首先确定职业和教育的等级差别,将不同的职业、不同的教育分别划分为不同的等级;然后确定它们的权数,职业等级权数为7,教育等级权数为4;最后根据社会阶层得分进行等级评分,将美国社会分为上层、中上层、中层、中下层和下层五个层级。其计算公式为:

$$\text{社会阶层得分} = \text{职业等级} \times 7 + \text{教育等级} \times 4$$

再比如,沃纳(Warner)综合四个主要因素:职业、收入来源、住房条件、居住地区,或者五个主要因素(另加收入数额),或者六个主要因素(再加教育等级)来划分社会阶层。实践证明,用四个、五个或六个主要因素划分的结果往往差别不大。

二、社会阶层与消费者行为差异

(一)基于社会阶层的消费者心理特点

1. 基于希望被同一阶层成员接受的“认同心理”。对于社会上现有的产品和品牌,消费者会自觉或不自觉地将它们归入适合或不适合哪一阶层的人消费,并倾向于遵循同自身社会地位相一致的购物行为方式。例如,自认是“上等阶层”的人,不管是否真心喜欢,都倾向以打高尔夫球、钓鱼、打桥牌等活动为主要的休闲活动,以配合上层身份。

2. 基于不愿往下掉的“自保心理”。人们大多数抗拒较低阶层的消费模式。例如,一位自认为是有名望的富翁,可能会认为和普通百姓坐在一起吃路边摊是一件非常“有失身份”的事情。

3. 基于往高处爬的“高攀心理”。处于某一社会阶层的消费者会试图模仿或追求更高层次的消费方式。例如，目前很多人将手机作为身份的象征，因此他们宁可省吃俭用也要买价格昂贵的手机，以获得“我是有钱人”的暂时的满足感。

（二）不同社会阶层消费者的心理与行为差异

社会生活中，每个消费者都归属于一定的社会阶层，其消费观念、生活方式也必然要受到所属阶层的制约和影响，因而同属某一社会阶层的消费者在消费心理与行为表现上会有许多相似之处，而不同社会阶层的消费者则表现出明显差异。这是为世界各国的研究者所证实的命题。例如，美国的一项研究表明了中等阶层和下等阶层消费者的心理差异（见表9-1）。

表9-1　美国中等阶层和下等阶层消费者的心理差异

中等阶层	下等阶层
着眼于将来	着眼于现在
生活在长远时间里	生活在短暂时间里
倾向于理智	倾向于感情
对世界有发展性意识	对世界只有维持性意识
视野宽阔，无限制	视野狭窄，有限制
做决定时周密思考	做决定时略加思考
充满自信，愿意冒险	重视安全
倾向于无形的、抽象的思考	倾向于有形的、知觉的思考
较关心国家大事	不大关心国家大事

现实中，社会阶层的差异对消费者的心理会产生明显影响，具体表现在以下三方面。

1. 获取商业信息的渠道不同。一般来说，高阶层的消费者比低阶层的消费者更多地利用多种渠道获取商品信息。高阶层的消费者大都受过良好教育，相对于低阶层的消费者，他们读书、看报、翻阅杂志、上网的时间和机会较多，因而可以充分利用不同媒体获取有价值的商品信息。对于较低阶层的消费者而言，他们的信息来源有限，在购买决策过程中可能更多地依赖亲戚朋友提供的信息。

另外，不同社会阶层的消费者购买商品时对广告的依赖程度也有很大差别。一项研究比较了1 000多名女性顾客在百货商店的购买行为，发现处于社会上层和下层的消费者之间具有明显差异：上层的消费者大约90%以上依赖广告指导商品选择，而下层消费者依赖于广告的只占39%。

2. 商店选择方式的差异。不同阶层的消费者喜欢光顾的商店类型有明显不同。高阶层的消费者乐于到高档、豪华的商店购物，因为在这种环境中购物会使他们产生优越感和自信，得到一种心理上的满足。而低阶层的消费者在高档购物场所则容易产生自卑、不自信和不自在的感觉，因而他们光顾这类商店的可能性就小。

3. 商品投向的差异。处于不同社会阶层的消费者在购买商品的类型、特征上也有显著差异。这可以从美国商业心理学家和社会学家划分的六个社会阶层的消费者行为特征与差异中看出来。

(1)上上层。这一阶层约占美国人口总数的1%,由少数商界富豪或名流家族组成。他们大都具有显赫的家世,拥有巨额财产。这一阶层的消费者是名贵珠宝、古董、著名绘画作品的主要购买者,也是高档消遣、娱乐的主要顾客。他们处于社会消费的最高层次,因而对其他阶层的消费者常具有示范消费的作用。

(2)上下层。这一阶层约占人口总数的2%,主要由工商界人士、政界显要人物或经营特殊行业而致富的人组成。他们大都经过艰苦奋斗而由中产阶级进入上流社会,因而有强烈的显示自我的愿望,渴望在社会上显示其身份、地位。与其他阶层的消费者相比,他们更注重体面,讲究排场,并追求豪华的生活,因而高档昂贵的商品更能满足他们的心理需要。他们是私人别墅、游艇、游泳池及名牌商品的主要消费者,是各阶层中购买力最强的一部分消费群体。

(3)中上层。这一阶层约占总人口的12%,由各类高级专业人员如律师、医生、大学教授和科学家等组成。他们大都受过良好的教育,收入超过平均水平。这一阶层通常非常重视教育的作用,注意家庭的智力投资。他们偏爱高品质、高品位的商品,注重商品与自己的身份、地位相匹配。他们大都拥有良好的住宅、高级时装、时髦家具等。

(4)中下层。这一阶层约占总人口的30%,由一般技术人员、教师和小业主等组成。他们通常尊重传统,生活保守,喜欢购买大众化、普及性的商品,不喜欢时尚的、标新立异的商品,对价格较为敏感,努力保持家庭的整洁和舒适。

(5)下上层。这一阶层约占总人口的35%,由生产工人、技工、低级职员等组成。该阶层人士受教育水平大都较低,属于低收入阶层。他们为维持生计,整日忙碌于工作与生活中,与外界联系较少,很少有精力和兴趣关心社会时尚的变化。在消费上,他们多属于习惯性购买者,喜欢购买实用价廉的商品。

(6)下下层。这一阶层约占总人口的20%,属于贫困阶层,几乎没有受过教育,收入属于社会最低水平。他们通常没有固定的购买模式,购买行为常具有冲动性,是低档商品的主要消费者。

(三)同一社会阶层消费者行为的差异

同属一个社会阶层的消费者,在价值观念、生活方式以及消费习惯等方面都表现出基本的相似性。但由于各个消费者在经济收入、兴趣偏好和文化水准上存在着具体差别,因而在消费活动中也会表现出不同程度的差异。

美国学者考尔曼(Coleman)通过对汽车与彩色电视机市场的分析发现,同一阶层的消费者由于经济收入水平不同而在消费方面存在一些差异。他认为,在同一阶层中,人们的收入水平存在三种情况:一种是“特权过剩”类,即他们的收入在达到本阶层特有的居住、食品、家具、服装等方面的消费水平之后,还有很多过剩部分;一种是“特权过少”类,即他们的收入很难维持本阶层在住房、食品、家具、服装等方面的消费水准,几乎没有剩余部分;还有一类,他们的收入仅能够达到本阶层平均消费水平。根据考尔曼的研究,在“特权过剩”类的消费者中,既有关心音乐会或田园俱乐部的中上阶层的人,也有不关心这些的中上阶层的经营者和推销员,且后两类消费者都自我感觉是本阶层的贫困族。考尔曼用“特权过剩”与“特权过少”概念来解释某些消费现象。例如,在美国曾有一段时期,各阶层消费者都等量购买彩色电视机,从表面看对彩电的购买与社会阶层无关,但经认真分析后发现,购买彩电的消费者大都是各阶层的“特权过剩”家庭;同样,购买小型汽车的人大都是各阶层的贫困族。由此可以看出,即使在同一阶层内,人们的消费行为也存在一定差异。

对同一阶层消费者行为的认识,可以使企业的市场细分更加细致有效。企业在选择某一社会阶层的消费者作为目标市场后,还可以根据同一阶层内消费者行为的差异对这一目标市场进行再细分,从而使营销策略更有针对性。

实例 9-3　选择“超大杯”的社交动机

美国西北大学凯洛格商学院的学者德瑞克·洛克(Derek Rucker)等人的研究发现,当消费者感到内心无力时,更倾向于购买大尺寸商品,而当他们自我感觉良好、内心强大时,则更有可能选择普通尺寸的商品。

洛克说:“当我们感到无力时,尤其想要通过购买彰显地位的商品来振作自己。”通常而言,人们认为能和社会地位挂钩的商品包括昂贵的珠宝、时髦的汽车等。但洛克等人的研究表明,更高的地位也可以和普通商品有关:消费者花更高的价格购买更大号的产品,同样能提升内心的强大感,让人际交往中的等级更模糊,甚至消失。当人们从不同尺寸的咖啡或奶昔里选出最大杯的时候,也是地位与力量的体现。

资料来源:选择“超大杯”的社交动机[EB/OL]. http://www.ceconline.com/sales_marketing/ma/8800069946/01/,2014-03-17.

第四节　家庭与消费者行为

家庭作为社会结构的基本细胞单位,与消费活动有着极为密切的关系。据统计,大约 80% 的消费行为是由家庭控制和实施的。家庭不仅对其成员的消费观念、生活方式、消费习惯有重要影响,而且直接制约着消费支出的投向、购买决策的制定及实施。为此,有必要深入研究家庭对消费者行为的影响作用。

一、家庭及其结构类型

家庭是指建立在婚姻关系、血缘关系或继承、收养关系基础上，由夫妻和一定范围亲属结合组成的一种社会生活组织单位。家庭按其成员构成可分为以下几种类型。

(1)核心家庭:由夫妇或其中一方和未婚子女构成。

(2)主干家庭:指一个家庭中至少有两代人，且每代只有一对夫妇(含一方去世或离婚)的家庭，三代同堂是这类家庭的典型形式。

(3)复合式家庭:也称扩大的家庭，由核心家庭和其他亲属如祖父母、叔伯婶母、堂兄妹等组成。

(4)本原家庭:人们出生或被养育的家庭，也就是父母或养育者的家庭。

另外，还有联合家庭和不完全家庭等。

家庭的结构类型不同，其消费决策、消费行为模式、消费结构和消费水平就会呈现不同的特点。其中，核心家庭成员之间存在大量频繁的、亲密的接触和交流，对家庭消费行为和购买决策的影响也最大。从现代家庭类型的发展趋势看，核心家庭在各种类型家庭中的比重逐渐上升。因此，通常以核心家庭作为研究重点。

二、影响家庭消费行为的因素

影响家庭消费行为的因素除了家庭结构类型之外，还有家庭收入水平、家庭消费计划、家庭规模、家庭结构和家庭生命周期。

其中，家庭规模一般以家庭成员人口数目的多少来表示。一般而言，家庭规模越大，家庭消费的需求量就越大，即家庭消费支出会随着家庭人口数的增加而增加。不过，由于一些家庭消费物品具有公共品性质(比如食品)，因而有时候会出现家庭规模经济现象，即家庭在一些消费品类上的支出反而会随着家庭人口数的增加而下降。

另外，家庭规模的扩大也会使家庭购买决策变得相对复杂。家庭生命周期描述了从单身到结婚(创建基本的家庭单位)，到家庭的扩展(增添孩子)，再到家庭的收缩(孩子长大分开独立生活)，直到家庭解散(配偶中的一方去世)这样一个有序的家庭发展过程。

家庭生命周期阶段划分的一般标准有婚姻状况、家庭成员的年龄、家庭子女的情况和家庭成员的工作状况。不同生命周期阶段，家庭成员扮演的角色和购买方式有所不同，家庭消费行为也会有明显差异(见表9-2)。

表 9-2　传统的家庭生命周期及消费特点

家庭生命周期阶段	特征	经济特点	需求趋向
单身阶段	18~35 岁未婚,独立生活	收入不太高,没有其他负担,有较多可支配的收入	关心时尚,崇尚娱乐、休闲
年轻夫妇	结婚不久,无孩子	双方都有工作收入,经济上较宽裕	名牌服装、餐馆饮食、高档家具、旅游度假
满巢第一阶段	孩子小于 6 岁	家庭可支配收入会减少,储蓄很少	婴儿食品、服装、玩具等;在家居布置、度假等方面考虑孩子要求
满巢第二阶段	孩子 6~12 岁	家庭财政比上一阶段有好转,但因教育等费用而经济压力较大	满足孩子的衣食住行的需要外,考虑孩子的教育问题
满巢第三阶段	孩子进入青少年时期	中年夫妇挣钱能力最强,家庭财务压力减轻	家庭经济条件改善,更新大件商品,同时孩子教育费用上升
空巢第一阶段	孩子独立生活,夫妇仍在工作	经济上可能是最宽裕的时期	医疗保健、购置奢侈品、继续接受教育、培养新嗜好、夫妻单独外出旅游
空巢第二阶段	子女独立生活,夫妇已经退休	因退休等关系,收入显著下降	时间宽裕,可能外出旅游、参加老年俱乐部、购买健康类产品和服务
老年独居者	丧偶老年单身家庭	收入来源减少	医疗开支增加,用于健康方面支出增加

资料来源:江林. 消费者行为学[M]. 上海:上海交通大学出版社,2010.
符国群. 消费者行为学[M]. 2 版. 武汉:武汉大学出版社,2004.

三、当代中国家庭的变化

随着社会的发展和家庭观念的变化,现代中国家庭不断发生变迁。

(1)家庭规模从“平稳下降”转向“略有回升”。自 20 世纪 80 年代以来,我国家庭规模一直保持着平稳下降的趋势。根据国家统计局数据,1980 年、1990 年、1998 年、2002 年、2006 年、2010 年和 2014 年,我国平均家庭规模依次分别为 4.61

人、3.96人、3.68人、3.39人、3.17人、3.10人、2.97人。但是,自2015年以来,随着二胎政策的放开,家庭规模又略有回升。2015年和2016年我国平均家庭规模分别为3.10人和3.11人。整体来看,家庭规模呈现小型化态势。

2016年12月5日,全球领先的媒介传播代理公司凯络发布了关于由父母和0~18岁子女组成的中国核心家庭的营销报告。报告指出,中国家庭的规模越来越小,多代同堂的大家庭正在被两代人的小家庭形态所取代。中国的小家庭形态具有以下四个显著的特点。①更多工作、更多责任、更加独立和更加开放。充分了解这些特点以及中国核心家庭所面临的挑战会为品牌带来打动他们的商机。②中国的现代父母是很忙碌的,他们想照顾好自己的家人,但也有自己追逐的梦想。因此,为这些年轻的核心家庭创造轻松的生活和空间是品牌制胜的关键。③与前几代人不同,爸爸们如今融入了琐碎的家庭生活,承担了更多的家庭责任,而妈妈们则更加独立,拥有很强的自我实现的意识。因此,品牌不应再用传统的眼光去看待这些年轻父母,而是帮助他们成为更称职的父亲和实现自我价值的母亲。④针对家庭全体成员,而不只是针对儿童进行营销也是品牌应该采取的方式。品牌应该鼓励年轻父母们和孩子"一起看、一起学、一起分享",并创造一些"小时刻",成为父母和孩子制造快乐回忆的桥梁。①

家庭规模小型化的发展趋势也意味着一些新的市场机会。比如,我国即将迎来"独子养老"时代,子女赡养老人的负担会越来越重。2001年我国老年抚养比为0.11左右,即每一劳动年龄的人口需供养0.11个老年人,据预测,2020年我国老年抚养比在0.17~0.19之间,2050年将在0.37~0.45之间,即平均每2.2~2.7个劳动年龄人口供养一个老人。因此,很多过去可以由家庭和代际帮助解决的问题,如养老、抚养等,都会随家庭规模的小型化逐步显化为社会问题,而同时,这对于那些从事老龄服务产业、家政服务产业的企业来说,却是一个非常宝贵的发展机会。

(2)家庭结构和消费中心发生变迁。我国长期实行的独生子女政策,使得独生子女家庭在很长时期内保持稳定。当独生子女长大后,因其多样化的婚后居住选择,中国家庭结构呈现出夫妇二人家庭不断上升(主要由父母空巢家庭带来)、核心家庭有所下降的特点,但主干家庭还是保持一定的稳定性。随着"全面二孩"政策的实施,中国的夫妇家庭数量可能会有所减少,核心家庭数量可能有所增加,主干家庭仍然会是中国家庭重要的结构形式。

在农村,呈现出核心家庭迅速减少、主干家庭快速增长的特点。最近的一项调查显示,农村各类核心家庭所占比例从3年前的58%下降到目前的46%,而主干家庭占比则从30%上升为42%,其中隔代主干家庭从23%上升到36%。主干家庭比例迅速增加,既因老年农民不再与成年独生儿女在经济和生活层面上"分

---

① 资料来源:凯络揭示向核心家庭营销的四大趋势[EB/OL],http://www.vmarketing.cn/index.php?mod=news&ac=content&id=11450,2016-12-06.

家”,也因越来越多的农村青壮年离乡进城务工,而不得不把未成年子女留给孩子的(外)祖父母照顾。随着农业机械化的普及和农民卫生健康状况的改善,越来越多的老年农民承担起农业生产和抚养未成年子女的责任。因此未来几年内,农村地区标准核心家庭的比例可能继续下降,而主干家庭特别是隔代主干家庭的比例可能持续上升。①

当代家庭关系基本上围绕着独生子女展开。在独生子女的成长期,父母尽可能培育家里的“希望”,子女就是家庭生活的中心。即使独生子女长大成家之后,父母仍然会尽可能为其提供家务劳动、孩子照管、经济支持等多种帮助。相应地,家庭消费中心也随之发生迁移,由过去的“父母中心”转向“孩子中心”。许多父母不惜巨资购买子女所需的各种物品,特别是教育经费,这方面的消费支出占整个家庭支出的很大部分。并且,孩子在家庭中的地位也越来越高,其在家庭购买决策中的影响力也越来越大。

(3)婚姻的责任意识淡化,单亲家庭增多。从我国社会近年来婚育行为的变化来看,婚姻制度的功能经受着更注重个人价值和生活享乐的价值观念和生活方式的挑战,婚姻观念正在削弱和淡化。根据我国民政部门公布的统计数据显示,2015 年依法办理离婚手续的共有 384.1 万对,比上年增长 5.6%。2016 年上半年全国依法办理离婚手续的共有 168.3 万对,比上年增长 11%。2017 上半年全国依法办理离婚登记 185.6 万对,比去年同期上升 10.3%。

实际上,从 2002 年开始,中国的离婚率就一路走高,并且在 2002 年离婚率的增幅首次超过结婚率增幅。离婚代表着生活中的重大转折,可能导致生活方式的重大改变,消费者要完成许多关键性的任务,例如,抛弃过去的财物、组建新的家庭和建立新的消费模式。离婚还导致了单亲家庭。由于单亲父母必须同时赚钱和抚育子女,提供便利的产品和服务对于这样的家庭是必不可少的。与双亲家庭相比,单亲家庭平均收入更低,在绝大多数时候花费更少,更有可能租房而不是买房,同时对较小的食品包装和较便宜的家具、日用品、陈设品等产品的需求量也会增加。

(4)结婚总数下降、初婚年龄推迟。当今,越来越多的人推迟结婚,结婚总数因而出现下降趋势。2017 上半年全国各级民政部门和婚姻登记机构共依法办理结婚登记 558 万对,比去年下降 7.5%。2016 年,民政部门依法办理结婚登记 1 142.8万对,比上年下降6.7%。

根据全国妇联主管的中国婚姻家庭研究会联合珍爱网发布的《中国幸福婚姻家庭调查报告》(2015),当前我国平均结婚年龄为 26 岁,男性比女性高 2.3 岁。3/4的男性在 25 ~34 岁结婚,超过九成的女性在 30 岁以前结婚。婚龄推迟现象在城市更为明显。推迟结婚的原因有很多,结合中国国情来看,主要有四个方面。①婚姻观的改变。现代年轻人崇尚个人主义,其行为举止讲究个性化、独特性,奉行自由、我行我素的生活观,不愿过早受到婚姻家庭的束缚,因此独身状态较为普

① 王凤丽. 农村家庭变化影响公共服务建设[N]. 中国社会科学报,2017-8-16(6).

购买决策中的作用,同个人在家庭内所处地位及担任角色有很大关系,同时又要受到家庭类型和所购商品类型、特点、价值高低,以及购买风险大小等因素的影响(参见图9-1)。

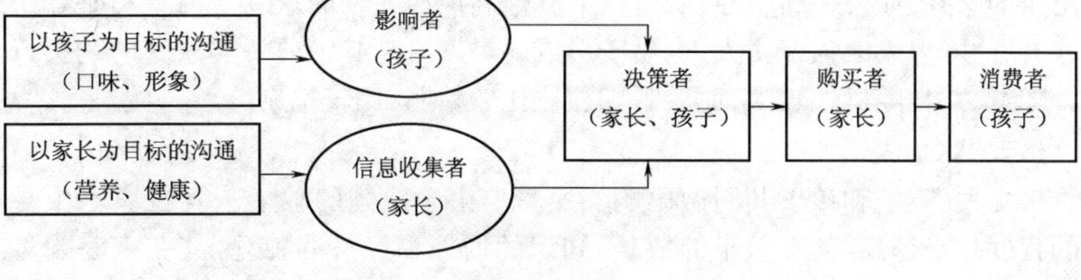

图9-1 家庭成员在购买中的角色

资料来源:德尔. 消费者行为学[M]. 北京:机械工业出版社,2009.

一般情况下,家庭成员在购买商品过程中扮演的角色不外乎以下五种。

提议者:首先想到或提议购买某一商品的人。

影响者:直接或间接影响购买决定或挑选商品的人。

决策者:有权单独或与家庭中其他成员共同做出决策的人。

购买者:亲自到商店从事购买活动的人。

使用者:使用所购商品或服务的人。

了解不同家庭成员在购买决策中的角色,可以帮助企业把握以下几个对制定营销策略较为关键的问题。

(1)谁最容易对企业的产品发生兴趣?

(2)谁将是产品的最终使用者?

(3)谁最可能成为产品购买的最终决策者?

(4)不同类型的商品通常由谁承担购买任务?

五、夫妻决策与家庭购买决策

家庭购买决策是指直接或间接由两个或两个以上的家庭成员做出购买决策的过程。家庭购买决策研究中的两个重要问题是:对于不同产品的购买,家庭决策是以什么方式做出的;谁在决策中发挥最大的影响力。

家庭购买决策通常有以下四种方式。

(一)丈夫主导型

在决定购买什么和如何购买的问题上,丈夫起主导作用。这类家庭决策方式在有较强中国传统观念的家庭中是常见的,其特点是:家庭的经济来源以丈夫为主,旧的传统观念仍较强。在我国广大农村,许多家庭仍属于这种决策模式。另外,当丈夫的理财、购物能力高于妻子时也会形成这种模式。

（二）妻子主导型

在决定购买什么和如何购买的问题上，妻子起主导作用。这种决策模式形成的原因有两类。一类是由于丈夫忙于工作或交际应酬，没有时间料理家庭事务，妻子自然地承担起家务和购买的任务，从而做出大部分购买决策。这种情况多见于高层次的家庭，如公司高管、政府官员或其他高层次人物的家庭。另一类是妻子理财、购物的能力大大强于丈夫，也易于形成此类家庭。其中前一类家庭的购买行为比较随意，并且随机性较大，而后者则往往比较精明、比较挑剔。

（三）联合型

由丈夫、妻子和孩子共同做出购买决策。由于我国的独生子女在家庭中受重视的程度越来越高，随着孩子的成长、知识的增加和经济的独立，其在家庭购买决策中的影响力逐渐加大，这种决策模式也越来越普遍。这种家庭的主要特点是，夫妻双方关系融洽，有良好的教育基础和良好的协商环境。

（四）自主型

由家庭成员包括丈夫、妻子或者孩子独立做出决定，这种类型多属开放型家庭，一般来说，其经济收入较为宽裕、受教育层次较高。在这种家庭中，家庭成员的购买行为既不受经济收入的限制，也不受其他成员的约束，因此，其购买决策自主性和随意性都比较强。

在购买活动中，家庭购买决策的形式也因所购商品的类型不同而有所不同。一般来说，妻子对食品、化妆品、服装、生活日用品和室内装饰用品等商品的购买有较大决策权，而在购买家电、家具、汽车、住房等大件商品时，丈夫所起的作用就要大一些。此外，夫妻在商品特性选择方面的影响作用也存在差异（见图 9－2）。美国的戴维斯发现“何时购买一辆汽车”的决策，有 68% 要受丈夫的影响，只有 3% 主要受妻子影响，而有 29% 的情形是夫妻双方的影响力相当。另外，“购买什么颜色的汽车”这个决定，有 25% 是受丈夫的影响，有 25% 是受妻子的影响，但却有 50% 是双方共同决定的。

表 9－3 列举了美国研究者的一项调查结果。从表 9－3 的结果可以看出，丈夫和妻子对购买决策的影响作用是随所购商品的不同特性而发生变化的。由此，企业在研究家庭购买决策时，有必要根据商品的具体特性来调查夫妻在决策中的作用。

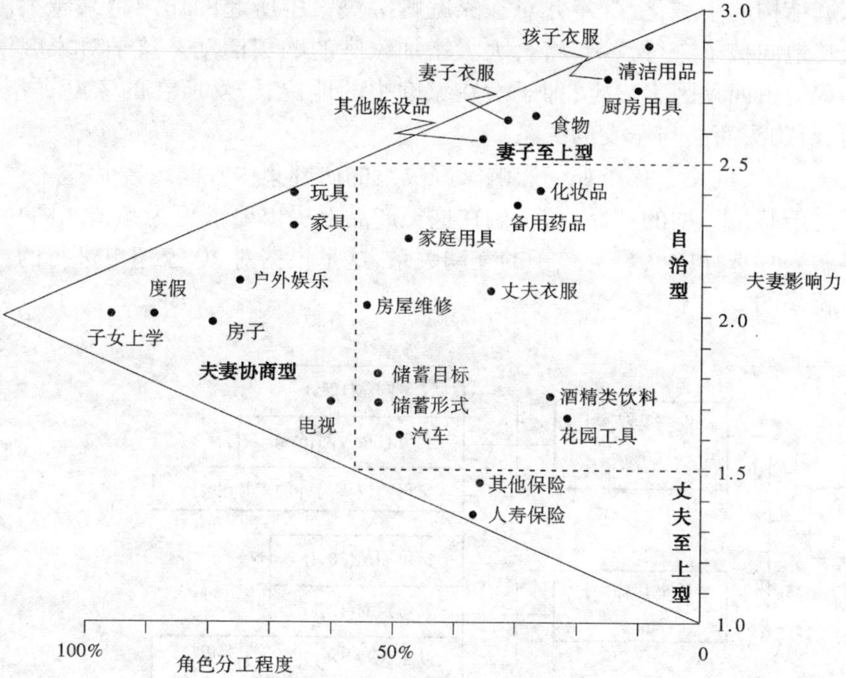

图9－2 夫妻在25项购买决策中的影响力

表9－3 丈夫和妻子对购买决策的影响

购买因素	汽车	礼服用白衬衫	电视机	洗衣机
品牌	H	=	H	W
功能	H	W	H	W
式样	W	H	W	W
规格	H	H	H	W
维修保证	=	—	H	W
价格	H	W	H	H
商店	H	=	W	H
服务	H	—	H	H

注：H代表丈夫影响力大；W代表妻子影响力大；＝代表丈夫和妻子影响力相同；—代表没有意义。

六、子女对家庭购买决策的影响

子女在家庭购买活动中也占有相当重要的地位，尤其是我国自1979年实行计划生育政策以来，独生子女家庭迅速增长。在我国目前的核心家庭中，独生子女家庭占很大比例。这类家庭，子女在消费活动中居于重要地位。据2017年国家统计局公布的人口统计数据，我国有2.3亿少年儿童，超过全国人口总数的16.7%。而随着家庭结构的小型化,少年儿童在家庭购买决策中所起的作用越来越大。如果能够成功地向孩子进行营销,将会大大增加家庭的购买活动。孩子对家庭消费决策影响程度由四种因素决定,即子女在家庭中的地位、子女所在的家庭类型、子女的年龄、所购买商品与子女的关系。

在美国,大量关于孩子如何影响家庭决策的研究集中在早餐麦片这一产品上,因为较之于其他类型的产品,孩子们在这类产品上提出要求更为频繁。图 9 – 3 描述了早餐麦片选择中父母与孩子的互动关系,这是根据对 20 家超市进行的一项大型调查得来的。

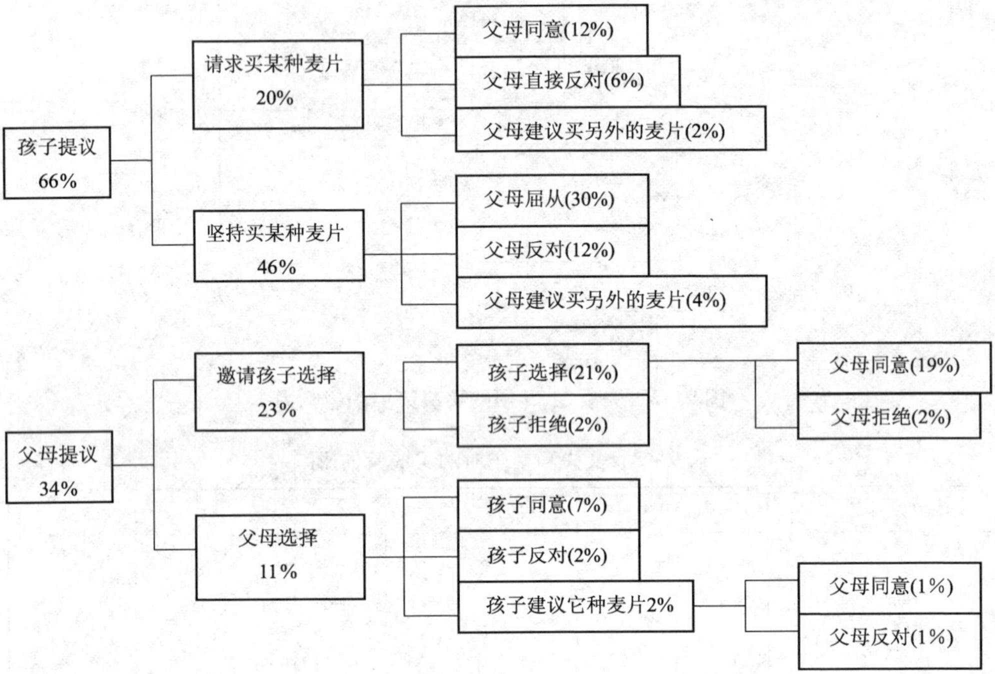

图 9 – 3　早餐麦片购买选择中父母与孩子的互动关系

资料来源:符国群. 消费者行为学[M]. 2 版. 武汉:武汉大学出版社,2004.

向孩子进行营销,首先应当考虑到他们有限的信息吸收能力。应该针对孩子的特点,设计市场营销活动,以满足孩子及家长的需求。最为明显的例子是产品的安全性,孩子常常会把东西放在嘴里,有可能被噎住,因此在传递产品信息时,应当特别注意这一点。此外,产品还应当注意包装安全。儿童用品广告在推广产品的同时,应提倡积极的价值观,如懂得分享、注重营养等。

许多企业通过成立"儿童俱乐部"来吸引孩子或者有孩子的家庭。俱乐部能为孩子提供既有趣又富有教育性的活动,同时还能传递负责任的商业信息。例如,在汉堡王儿童俱乐部,孩子(或者他们的父母)可以免费从任何汉堡王商店领取一张会员表,把它交上去以后,就能得到一个装着会员证、不干胶标签、会员卡和 T 恤印记的信封。过生日时，他们还可以到当地的餐厅免费享用一顿午餐。另外，每个月会员家庭都会收到一本32页的彩色月刊，这本杂志根据会员的年龄分为三个版本，每期有6页商业广告。一些品牌热衷于在孩子中种植品牌记忆和情感，以便在他们长大后变成顾客。壳牌石油的营销部就同乐高有长期的合作，在玩具里植入壳牌LOGO。

实例9－5　中国民生发展报告2014

北京大学中国社会科学调查中心发布的《中国民生发展报告2014》，对当今中国的社会热点问题展开了研究与探讨。

1. **中国顶端1%的家庭占有全国1/3以上的财产**。中国的财产不平等程度在迅速升高：1995年我国财产的基尼系数为0.45，2002年为0.55，2012年我国家庭净财产的基尼系数达到0.73，顶端1%的家庭占有全国1/3以上的财产，底端25%的家庭拥有的财产总量仅在1%左右。

中国的财产不平等程度明显高于收入不平等。城乡差异和区域差异等结构性因素是造成中国财产不平等的重要原因。家庭层次的财产不平等及其变化有两个特征：第一，有家庭成员在体制内工作的家庭财产水平明显高于在体制外工作的家庭，在体制内工作的家庭财产的增长幅度也明显高于体制外家庭，这将导致体制内外家庭的财产差距进一步扩大；第二，中等收入家庭财产增长幅度大，而低收入和高收入家庭的财产增长幅度相对较小。

2. **中国家庭消费模式呈现出两极分化**。中国家庭消费模式可以分为五种类型：贫病型、蚂蚁型、蜗牛型、稳妥型和享乐型。①贫病型家庭的消费水平和消费品的拥有比例均最低（贫），但其医疗支出的相对比重却很高（病），这类家庭带有贫病交加的特征。②蚂蚁型家庭的各项消费水平和消费品的拥有比例都比较低，这类家庭主要以低水平消费为特征，就像辛苦积累的蚂蚁。③蜗牛型是负担沉重的一类家庭，他们的总消费不低，但并不体现在日常生活的基本消费上，也不太进行汽车、文娱和奢侈品的消费，而是把很大的一部分开支用于房租房贷、教育、医疗方面，而住房、教育和医疗负担就像蜗牛的躯壳限制了这些家庭提高他们在其他方面（尤其是享受型）的消费。④稳妥型是中等消费的家庭，这些家庭的支出水平总体居中，但在消费品的拥有上高于平均水平，医疗和住房的支出比例略低于平均水平，有一定的教育、文娱的消费。⑤享乐型家庭是享受着相对高品质的、健康的物质生活的一族，这类家庭有车有房的比例都很高，其各项消费品的拥有比例以及各项消费水平均很高，尤其是在教育和文娱支出水平上明显高于其他类型家庭，但其医疗支出的比重却较低。

从全国分布来看，中国家庭消费模式呈现出两极分化。一方面是不消费、抑制消费的家庭（如蚂蚁型）或者医疗、教育、住房负担沉重的家庭（如蜗牛型、贫病型）占大多数。另一方面，已有少部分家庭已经享受着丰富的物质生活（如享乐型）。城乡消费模式差异大，农村贫病型家庭较多，稳妥型和享乐型家庭较少；相比之下，城镇贫病型家庭较少，其享乐型、稳妥型家庭明显多于农村。

3. **房产仍是中国城镇家庭财产最重要的组成部分**。房产是中国城镇家庭财产中最重要的组成部分，占城镇家庭财产比例的中位数在80%左右，这与近年来房价快速上涨密切相关；在农村，房产占家庭财产比例的中位数在60%左右，低于城镇家庭，主要原因是农村住房以自建自住为主，土地成本很低，房产价格较低。在宏观层次上，人均GDP越高、经济越发达的地区，房产占家庭财产的比例越高。在家庭层次上，收入越高的家庭，房产占家庭财产比例的中位数越高；家庭总资产越多的家庭，房产占家庭财产比例的中位数也越高。如果以房价收入比来衡量购房压力，与农村相比，我国城镇家庭房价收入比相对较高，住房负担较重。在城镇家庭中，家庭主事者为商业、服务业人员的家庭房价收入比最高，而处于职业和收入地位较高位置的专业技术人员和国家机关、党群组织、企业/事业单位负责人，其家庭房价收入比相对较低，住房负担相对较小。此外，存在住房困难的城镇家庭其房价收入比显著地高于不存在住房困难的城镇家庭。

4. **家庭医疗保健支出高于世界主要发达国家**。根据报告，我国家庭医疗保健支出占家庭消费支出的比重为11%，高于世界主要发达国家的医疗保健支出比重。相比2010年，2012年的家庭医疗支出绝对值升高，但医疗负担（即医疗支出占总消费支出的比例）却有所减轻。经济发展水平与医疗支出有密切关系。经济发展水平越高的省份，家庭人均医疗支出越高，意味着这些地区的居民医疗消费能力更强、投入更多；但同时，这些省份的家庭医疗支出占消费支出的比重却较低，说明这些地区医疗负担相对较轻。城乡家庭的医疗支出与负担差异较大。城镇家庭在人均医疗支出、住院费用上均高于农村家庭，但在家庭医疗支出比重、灾难性医疗支出发生率、住院自付费用、住院自付比例上均低于农村家庭。

从家庭特征上看，与低收入家庭相比，高收入家庭的医疗支出比重、灾难性医疗支出发生率、住院自付比例更低；老年人家庭的家庭人均医疗支出最高，其医疗支出占消费支出的比重也最高，这意味着老年人家庭面临着更大的医疗负担。医疗负担影响家庭的生活水平。医疗支出比重越高，家庭陷入贫困的可能性越大。医疗负担对低收入家庭的打击尤其严重，与家中无人住院的情况相比，家中有人住院会使低收入家庭灾难性医疗支出发生率的上升更为明显，由此增加其致贫的可能性。

5. **家庭资产对个人生活满意度影响显著**。中国居民总体生活满意度呈中等偏上，主观本地社会地位呈中等偏下。家庭资产（如住房及汽车的拥有）对个人生活满意度和主观社会地位影响显著；独立于家庭资产之外，个人收入水平也影响着生活满意度和主观社会地位，且主观收入水平比客观收入水平更重要：无论客观上富有与否，对个人收入地位主观评价更高的人（即主观上认为自己富有的人）其生活满意度越高、个人社会地位的评价也越高。高收入人群的评价标准较高，这可能部分导致对其主观收入的总体评价水平偏低，并且同他们的实际客观收入相关性不高。除个人收入外，家庭相对收入高的人群其生活满意度及主观社会地位较高，且家庭收入对女性的影响力要大于对男性的影响力。

资料来源：中国1%家庭占有全国1/3财产，消费模式呈现出两极分化[EB/OL]. http://www.pingxiaow.com/gundong/2014/0726/195381.html,2014-07-26.

第五节　消费习俗与消费流行

一、消费习俗

（一）消费习俗的特点

消费习俗是指一个地区或一个民族的约定俗成的消费习惯，它是社会风俗的重要组成部分。不同国家、地区、民族的消费者，在长期的生活实践中形成了多种多样的不同的消费习俗。尽管如此，消费习俗仍具有某些共同特征。

1. 长期性。消费习俗是人们在长期的生活实践中逐渐形成和发展起来的。一种习俗的产生和形成，要经过若干年乃至更长时间，而形成的消费习俗又将在长时期内对人们的消费行为发生潜移默化的影响。

2. 社会性。消费习俗是人们在共同从事消费生活中互相影响产生的，是社会风俗的组成部分，因而带有浓厚的社会色彩。也就是说，某种消费活动在社会成员的共同参与下，才能发展成为消费习俗。

3. 地域性。消费习俗通常带有强烈的地域色彩，是特定地区的产物。如广东人素有吃早茶的习惯，东北人则习惯储存过冬的食品。少数民族的消费习俗更是他们长期在特定的地域环境中生活而形成的民族传统和生活习惯的反映。消费习俗的地域性使我国各地区形成了各不相同的地方风情。

4. 非强制性。消费习俗的形成和流行不是强制发生的，而是通过无形的社会约束力量发生作用的。约定俗成的消费习俗以潜移默化的方式发生影响，使生活在其中的消费者自觉或不自觉地遵守这些习俗，并以此来规范自己的消费行为。

（二）消费习俗对消费者行为的影响

消费习俗涉及的内容非常广泛，如在饮食方面，我国有南甜北咸、东辣西酸的饮食习惯；在衣着方面，有风格各异、独具特色的各种民族服装；在传统观念、生活方式方面，城乡之间又有很大差别。多种不同的消费习俗对消费者的心理与行为有着极大影响。

1. 消费习俗促成了消费者购买心理的稳定性和购买行为的习惯性。受消费习俗的长期影响，消费者在购买商品时，往往容易产生习惯性购买心理与行为，固定地重复购买符合其消费习俗的各种商品。

2. 消费习俗强化了消费者的消费偏好。在特定地域消费习俗的长期影响下，消费者形成了对地方风俗的特殊偏好。这种偏好会直接影响消费者对商品的选择,并不断强化已有的消费习惯。例如,各地消费者对本地风味小吃的喜好,各民族人民对本民族服饰的偏好等,都会使消费行为发生倾斜。

3. 消费习俗使消费者心理与行为的变化趋缓。由于遵从消费习俗而导致的消费活动的习惯性和稳定性,将大大延缓消费者心理及行为的变化速度,并使之难以改变。这对于消费者适应新的消费环境和消费方式会起到阻碍作用。

正是由于消费习俗对消费者心理与行为有极大的影响,企业在从事生产经营时必须尊重和适应目标市场消费者的习俗特性。尤其是在进行跨国、跨地区经营时,企业更应深入了解不同国家和地区消费者消费习俗的差异,以便使自己的产品符合当地消费者的需要。

二、消费流行

(一)消费流行的含义

消费流行是在一定时期和范围内,大部分消费者呈现出相似或相同行为的一种消费现象。当某种商品或时尚同时引起多数消费者的兴趣和购买意愿时,对这种商品或时尚的需求在短时期内会迅速蔓延、扩展,并带动更多的消费者争相效仿、狂热追求。此时,这种商品即成为流行商品,这种消费趋势就成为消费流行。

我国自改革开放以来,曾经出现过几次大的消费流行,如西服热、"喇叭裤"热、牛仔裤热、君子兰热和呼啦圈热,等等。近年来,市场上的流行风潮越来越多,流行变化的节奏也越来越快,加上宣传媒体的推动作用,消费流行已成为经常性的消费现象,并对消费者的心理与行为产生越来越大的影响。

在消费活动中,没有什么现象比消费流行更能引起消费者的兴趣了。当消费流行旺盛时,到处都有正在流行的商品出售;众多不同年龄阶段的消费者津津乐道于正流行着的商品;各种各样的宣传媒介大肆渲染、推波助澜;一些企业由于抓住时机,迎合了流行风潮而大获其利,而另一些企业则由于受流行的冲击或没有赶上流行的节奏而蒙受巨大的经济损失。由此,消费流行成为企业必须予以关注的一种重要的群体行为现象。

(二)消费流行的特点

1. 突发性和集中性。消费流行往往骤然发生,没有任何前兆,令人始料不及,随后迅速扩张,表现为大批的消费者集中竞相购买。但随着人们的热情退却,流行产品很快受到冷落,无人问津。消费流行的这种突发性和集中性对营销人员进行销售预测带来了困难。来势汹汹的流行风潮往往令企业措手不及,而消费流行去也匆匆却留下了大量流行商品的库存积压。

2. 短暂性。一般来说,人们对某种事物的热情难以持久不衰,因此消费流行也只能是暂时的。其实在某种意义上,流行就意味着短暂,意味着比一般产品更短的生命周期。因为在满足物质需求的外壳下,人们购买流行商品更重要的是获取精神上的愉悦,改变旧方式,感受新事物,获得新体验,表现新个性。这注定了当流行商品不再是新事物时,它对人们的吸引力就会消失,从而不得不退出市场。从另一个角度看,由于人们对于流行商品的集中性购买,尤其当流行商品为一次性购买商品时,也会导致它的短暂性。

3. 回返性。曾经流行过的商品,束之高阁几十年后,在人们怀旧思古的情怀下,也许会重返历史舞台,成为新的流行趋势。有一位英国学者曾经这样描述过产品的流行风潮:“在产品流行的 5 年前,人们视该产品为新事物;3 年前,如果有人使用,人们会认为是招摇过市,精神不太正常;1 年前使用,视之为大胆;流行当年,购买该产品是得体的表现;而 1 年后则略显土气;5 年后仍使用就会被认为是老古董;10 年后还继续使用则会招人耻笑;而到了 30 年后该产品则会被看作是新奇、具有独创精神。”真是三十年河东,三十年河西。新千年伊始,销声匿迹几十年的旗袍又重登上舞台,成为女装的主流,即是一明显例证。消费流行的这种回返性可以帮助营销人员预测流行趋势。

(三)消费流行的影响因素

一种商品或服务能否流行起来受多种因素的影响和制约,其中主要有以下几方面的因素。

1. 生产力发展水平。消费流行是一种席卷全地区、全国乃至全世界的消费趋势,它必然要求市场上有大量的可供购买的流行商品或服务。在生产力水平低下时,作坊式的生产产量有限,很难满足人们突然爆发对某种商品的狂热需求。只有生产力高度发达之时,先进的科学技术将生产带入自动化、电子化,甚至信息化的时代,大批量的生产成为普遍,才能够及时向市场提供充足产品,同时,四通八达的交通可以将商品传送到世界的每一个角落,这时消费流行才成为可能。

另外,流行信息的传播也以相应的通信技术为载体。在科学技术高度发达的今天,无线通信、信息高速公路的建立,使信息的触角无所不及,一个地区的流行趋势很快便可成为全球的流行趋势。例如,在美国刚刚上映的新片,国内的影迷们很快就可以从网上得知。风靡全美的《哈利·波特》很快在国内掀起了热潮,两地流行的时间近乎趋同。此外,一种消费时尚的流行也同社会经济形势的发展变化及波动紧密相关。

2. 人们的消费水平。马斯洛在“需求层次论”中提出,人们只有满足了低层次的需求后才能转向较高层次的需求。消费流行是同消费者求新、求变、求美的心理紧密相连的,属于较高层次的需求。在消费水平比较低的情况下,人们还在为满足生存和安全等低层次的需求疲于奔命,即使有拥有流行商品的欲望,但出于囊中羞涩,往往无法构成有效需求。只有当人们不再担心“房子和面包”,消费水平达到一定层次时,人们才开始关注流行趋势,从而购买流行商品。

此外,从群体的角度而言,消费流行形成的基础是存在大量竞相购买的消费者,所以商品只有处于大部分消费者的购买能力之内,才可能大范围地蔓延,成为流行商品。由此可见,全社会整体消费水平的提高是消费流行存在的必要条件。20 世纪 90 年代以来,市场上流行的风潮越来越多,这与人们消费水平的提高不无关系。90 年代中期出现的电子宠物风潮,2000 年全国掀起的跳舞毯热,这些在贫困时期是无法想象的。

3. 消费者需求。消费流行同时是一种社会心理现象,它反映了消费者渴望变化、求新、求实和表现自我的心理需要。如果某种商品不能给众多的消费者以新的刺激,不能达到消费者标新立异、赢得威望、自我显示的目的,那么这种商品就很难得到他们的积极响应和购买。

有些流行现象是由于消费者的某种共同心理造成的。大部分消费者在这一共同心理的影响下,主动追求某种新款商品或新的消费风格,从而自发推动了流行的形成。例如,20 世纪 90 年代初,我国许多地区流行玩手持电子游戏机的风潮,这是在成年消费者在追求既方便又有新意的娱乐活动的共同需求推动下形成的。

4. 销售者宣传。某些消费流行的发生是出于商品生产者和销售者的利益。他们为扩大商品销售,努力营造出某种消费气氛,引导消费者进入流行的潮流之中。法国巴黎是世界时装的窗口,这里发布的时装款式,经常代表了下一季世界时装流行的趋势。而这些流行趋势,主要是时装生产者和销售者为扩大经营,借助巴黎这一国际时装中心的"权威性"影响,引导和推动众多消费者追随形成的。我国 1992 年初在京津地区流行的健身呼啦圈,本是美国消费者的一种娱乐方式,后经天津地区电视、广播等宣传媒介的推动引导,使这种娱乐方式在津、京地区,以至于全国范围内迅速流行开来。

(四)消费流行的周期

消费流行的形成大多是一个完整的过程。这一过程通常呈周期性发展,其中包括酝酿期、发展期、高潮期、衰退期等四个阶段(如图 9-4 所示)。①酝酿期的时间一般较长,要进行一系列的意识、观念以及舆论上的准备;②发展期时消费者中的一些权威人物或创新者开始做出流行行为的示范;③进入流行的高潮期,大部分消费者在模仿、从众心理的作用下,自觉或不自觉地卷入流行当中,把消费流行推向高潮;④高潮期过去以后,人们的消费兴趣发生转移,流行进入衰退期。

消费流行的这一周期性现象,对企业有重要意义。企业可以根据消费流行的

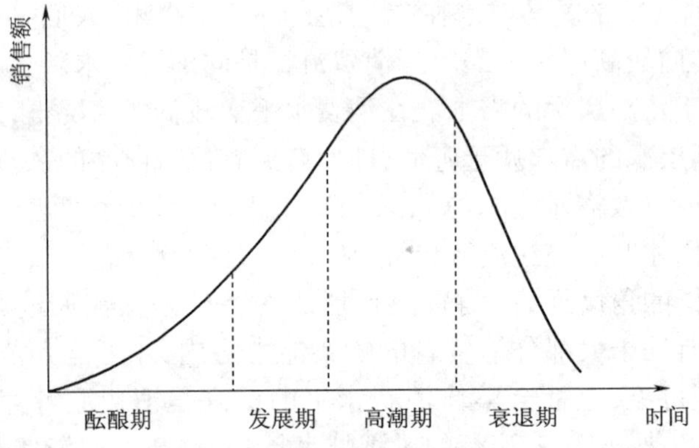

图 9-4 消费流行周期

不同阶段，采取相应的策略。酝酿期阶段，通过预测洞察消费者需求信息，做好宣传引导工作；发展期则大量提供与消费流行相符的上市商品；高潮期内，购买流行商品的消费者数量会大大增加，商品销售量急剧上升，此时企业应大力加强销售力量；进入衰退期则应迅速转移生产能力，抛售库存，以防遭受损失。

随着科学技术的发展和产品更新换代的加速，消费流行的周期会越来越短。这一现象可以借助心理学家荣格的研究来说明。荣格认为，群体的意识和行为可以通过"心理能量"来解释。心理能量不会随其发生作用消耗或丧失，而是从一种作用形式转换为另一种作用形式，或从一个位置转移到另一个位置。就消费者而言，当人们对于一种新产品的兴趣增加时，对于另一种产品的兴趣便会等量地减少。消费流行也是如此，当一种消费流行开始时，必然伴随着另一种消费流行的衰落。所以，新产品开发速度的加快，往往会导致消费流行周期的缩短。为此，企业应及时调整营销策略，以适应流行变化节奏越来越快的要求。

本章小结

广义的文化是指人类社会在漫长的发展过程中所创造的物质财富和精神财富的总和，狭义的文化仅指社会的意识形态，中义的文化则是社会意识形态同人们的衣食住行等物质生活、社会关系相结合的一种文化。社会文化具有社会性、无形性、共享性、差异性、变化性和适应性等特征。亚文化是某一个文化群体所属次级群体成员共有的独特信念、价值观和生活习惯。

社会阶层是由具有相同或类似社会地位的社会成员所组成的相对持久的群体，其划分方法有单一指标法和综合指标法两种。社会阶层的消费者心理特点包括认同心理、自保心理、高攀心理。社会阶层相同的消费者在消费心理与行为表现上是相似的，社会阶层不同的消费者在商业信息获取渠道、商店选择方式、商品投向等方面会表现出明显差异。

家庭是指建立在婚姻关系、血缘关系或继承、收养关系基础上，由夫妻和一定范围亲属结合组成的一种社会生活组织单位。家庭结构按其成员构成可分为核心家庭、主干家庭、复合式家庭、本原家庭等类型。家庭规模是指家庭成员人口数量的多少。家庭生命周期描述了从单身到结婚，到家庭的扩展，再到家庭的收缩，直到家庭解散这样一个有序的家庭发展过程，不同生命周期阶段中家庭消费行为也会有明显差异。家庭购买决策有丈夫主导型、妻子主导型、联合型、自主型等类型。子女在消费活动中的影响程度由其在家庭中的地位、家庭类型、子女年龄以及所购买商品与子女的关系等因素决定。

消费习俗是一个地区或一个民族的约定俗成的消费习惯，具有长期性、社会性、地域性、非强制性等特征。消费习俗促成了消费者购买心理的稳定性和购买行为的习惯性，强化了消费者的消费偏好，并使消费者心理与行为的变化趋缓。消费流行是在一定时期和范围内,大部分消费者呈现出相似或相同行为的一种消费现象,具有突发性、集中性、短暂性和回返性等特点。消费流行受到生产力发展水平、消费水平、消费者需求和销售者宣传等因素的影响。消费流行周期包括酝酿期、发展期、高潮期、衰退期四个阶段。

案例　　　　Costco 如何在电商大潮中逆势而起

2006—2016 年中,电商的崛起对传统零售业造成了巨大冲击。全美第三大零售商 Sears,10 年市值缩水 96%;大型百货连锁 Penney 股价下跌 86%;梅西百货下跌 55%。与之相应的,是电商巨头 Amazon 的迅猛发展,10 年市值增长近 20 倍。

但是,仍有一批传统零售商 Costco、ROSS、TJX 等,顶住了电商冲击,逆势而上。其中最具代表的是 Costco,过去 10 年间市值增长 1.7 倍。10 年 1.7 倍,虽然从数据上看并不值得骄傲,但在电商冲击,传统零售纷纷闭店转型的大背景下,这样的成绩难能可贵。Costco 就像一只乌龟,以每年 4% ~6% 的营收增长,走得不急不缓。

当前,移动互联网进入下半场,红利期基本结束。统计局数据显示,中国市场网络零售增速 5 年来首次跌破 30%。同时,线下零售重新抬头,占全国社会消费品零售总额 84.5% 以上,成为推动消费升级的主力。Costco,这家在电商大潮中逆势而起的传统公司,在当前零售回归线下的背景下,带给我们怎样的启示呢?

1. **会员不是最重要的,是唯一重要的**。Costco 收入分为销售收入和会员费两部分。通过分析公司近 10 年的财务数据,我们发现会员费是公司赢利的主要来源,占净利润的 3/4 左右。

会员制,是 Costco 在形式上与通常超市的主要区别,用户需要预先支付定额会员费成为会员。只有会员或有会员陪同的家人、朋友,才可进入 Costco 卖场消费。Costco 根据通货膨胀率及市场情况对会员费进行不定期调整,个人会员每次调整额度为 5 美元。

根据 Costco 公布的消息,2017 年 6 月,个人会员年费由 55 美元上涨至 60 美元,精英会员由 110 美元上涨至 120 美元。

传统零售行业,利润与商品售卖直接相关,所以需要考虑进货价、售卖价、销售量等。如 Walmart 通过大宗采购降低进货成本,构建强大供应链及物流体系压缩运营费用，核心是增大利润空间。以链家为代表的服务中介，依靠从标的物价格中按比例抽取佣金获利，卖一套房子获得房屋价格2.7%的中介费，赢利与标的物价格直接相关。

Costco更加纯粹，预先收取定额会员费，赢利水平只与会员数相关，与销售商品、毛利水平没有直接关系。此外，比之常规流量变现逻辑，Costco门槛前置，一方面，会员客群更加聚焦，只关注美国最广泛的中产阶级，提供服务也更加聚焦；另一方面，预付费机制除了为经营活动提供持续且稳定的现金流外，在心理学上，还会形成"自助餐效应"，有效提升用户购买活跃度。

2. **经营只为获客，不为赚钱**。看清Costco的核心商业逻辑，再看经营策略时，就更加明晰：经营只考虑获客，不考虑赚钱。具体概括为：高质、低价的产品，结合高附加值服务。

(1)严选保证品质。严选，一方面表现在商品的品牌和质量上。主要选择中高端品牌，如劳力士(Rolex)、新秀丽(Samsonite)、李维斯(Levi's)等，作为长期合作供应商。Costco会告诉供应商，一旦产品出现问题，Costco与Costco的任何其他供货商至少3年内都不会与之合作。

外部商品生产线不好控制，且通常会在价格中包含品牌溢价。Costco发展了Kirkland Signature作为自营品牌，产品种类范围从成衣、电池、生活用品到食品皆有涵盖，均受到消费者相当高的评价。目前Kirkland已经是全美销量第一的保健品牌。Costco全年销量中20%来自自营品牌。

超低SKU是严选的另一种体现。Costco活跃SKU只有3 700，大约是Walmart的1/10。这意味着，在Costco每个细分商品只有1～2种选择，只有具有爆款潜质的商品才被允许上架。同时，经过多轮过滤的SKU，降低了用户选择成本，也提升了用户体验。

(2)强大管理体系保证低价。Costco单店销量大，超低SKU、单SKU的进货量非常大，在降低采购成本的同时，对整条供应链拥有绝对控制权。通常，一个SKU会分配给若干供应链企业负责生产。Costco采用按市场需求分批生产的策略，使得库存始终保持在较低水平。当某产品销售超出预期时，再由多个供应链企业共同加工，快速完成。

30%的货品直接由生产厂商送至门店，70%送至中心库，商品尽量不再拆包，仓储式陈列的卖场布局、大包装的整包售卖、高速运转的库存，摊薄了库房费用。Costco的库存周转天数，比Walmart和亚马逊少1/3，甚至比拥有强大自营物流体系的京东电商少20%。

《彭博商业周刊》一篇报道称，Walmart员工每小时平均工资为12.67美元，但是Costco员工每小时的平均工资为20.89美元。目前，在Costco工作一年以上的员工中，离职率只有5%，Walmart整体员工流失率为44%。CEO西尼格尔(Sinegal)认为，从长期来看，降低人员流动率并充分发挥员工的生产力，更有利于降低运营成本。

强大的管理体系，极大地提高了商业效率。Costco 坪效是 Walmart 的 2.5 倍，是山姆会员店的将近 2 倍。

除此之外，Costco 减掉了豪华的装修和大量的销售人员，并且从不在媒体上做广告，甚至没有专门的媒体公关团队。在 Costco 的商业价值观里，这些都是可削减的开销。

通过单店模型的对比不难发现，Costco 用于销售及管理方面的支出比 Walmart 低 50%，比永辉超市低 40%。但利润率只有永辉超市的 60%，Walmart 的 30%。节约下来的成本都以低价的形式反馈给了会员，正如 CFO 理查德（Richard A. Galanti）所说："我们的经验法则是，将省下来成本的 80% ~90% 返还给消费者。"

（3）高附加值服务，提高用户黏性。Costco 提供无忧购物服务。除电子产品外（电子产品 90 天免费退换），任何商品均无条件退换，吃了一半的水果，拆过包装的零食，穿破的衣服统统可以退。甚至可以在任何时候申请无条件退会员卡并得到全额退款。

大量体验式消费，提升消费体验。不定期的打折活动，针对特定款式、颜色的商品做特价回馈。商品区各种免费的试吃。Costco 餐厅一个热狗、一杯苏打水的套餐，25 年来一直保持 1.5 美元，每年卖出 1 亿套。

Costco 主要面向中产阶级用户，这些人追求高品质，高性价比，时间成本高，希望一站式购齐。其主营业务从最初的食品、服装、家电，拓展到汽车、加油、旅行、体检、金融产品。产品围绕用户场景延伸，加深了用户关联度，提高了消费频次及用户黏性。

3. 会员续费率 90%，年增速 7%。会员留存的核心在于最大限度地提高会员的消费者剩余（consumer surplus，购买者的支付意愿减去购买者的实际支付量）。当消费者剩余远远高于会员费时，会员就会留存下来。

通过严选品质，降低价格，增加服务，2016 财年 Costco 北美会员续费率 90%，全球平均会员续费率 88%。同时，仅凭口碑营销，会员保持每年 7% ~8% 的稳定增长。

4. 谨慎扩张，最快 2018 年中国大陆开店。对待扩张，不论是线上还是线下，Costco 一向十分谨慎。

在 Costco，电商只作为线下购物的补充出现。2016 财年，电商收入占比仅 4%。线上商品品类较少，且促销力度不及线下门店，平均价格贵 8% ~10%。

2017 年新开的 31 家店中，只有 2 家开设在新市场（冰岛、法国）。Costco 认为已开辟的市场远未达到饱和。"这是一种充填战略，能使已开辟的市场内物流更加合理，通过改进老店的一些不足而获得更高的顾客满意度，从而投资回报率更高。"西尼格尔如是说。

2014 年 10 月 14 日，Costco 开设天猫海外官方旗舰店，从食品和保健品等品类开始进入中国市场。在 2016 年 4 月 8 日跨境新政实行之前，Costco 旗舰店走保税模式，货品先运到 6 个跨境试点的中国城市，存放在保税仓库中，消费者下单后直接从保税仓发货。

2016年4月,Costco亚洲区总裁张嗣汉对媒体透露,Costco最快2018年到大陆开店。

5.消费升级下,Costco模式的几点思考。中产阶级要什么?

中产阶级,不是富裕阶层,处于社会中层,存在向高层晋升的社会压力,时间成本高,追求体验、品质,更追求性价比。京东提出“多、快、好、省”的四字战略,中产阶级更加注重“好”和“省”。

麦肯锡研究所指出,中产阶层比其他阶层更注重性价比,他们愿意为优质设计、体验支付溢价,但前提一定是物有所值。这也是Costco定位自己为仓储会员店,而非奢侈品店的原因。

(1)“聚焦”与“长尾”。正如毛泽东同志的经典论述,“谁是我们的敌人,谁是我们的朋友,这个问题是革命的首要问题”。Costco的成功,很大程度上归功于它在两个基本问题上的聚焦:①哪些人是自己的顾客;②如何服务好这些顾客。

Walmart是同所有人做一类生意,Costco却是同一类人做所有生意。如何在“长尾”中找到焦点值得思考。

三只松鼠聚焦干果这个不起眼的品类,成为全国销售规模最大的食品电商。每日优鲜、Roseonly也在各自的垂直领域做出了不错的成绩。

在没有重大技术变革的情况下,已不可能跑出阿里巴巴这样覆盖整个生态的公司,但消费升级背景下,垂直领域仍大有作为,如何聚焦人群、聚焦领域、聚焦执行是成败关键。

Costco自营品牌通常采用OEM供应模式。中产阶级并非引领时尚的人群,所以Costco采取跟随的市场策略,也就是当某潮流趋势出现时,Costco可以在最短时间内将其复制到卖场。设计环节由其设计团队自己把控,跟风定位使其并不需要大牌设计师,因此设计成本可以压得很低。

由于有强大的供应链支撑,Costco部分产品从设计、制造、出货再到卖场销售可以在一周内完成。它的产品可以根据市场销售的实际需求来对颜色、形状等个性化诉求进行改变。国内电子产品、服装领域也有采取跟随策略,进行设计仿制的,但由于供应链条跟不上,生产周期过长,市场效果会大打折扣。

(2)渠道的品牌价值。在35年的经营过程中,Costco成功地将自己与三个词建立了牢固的联系——“价格实惠”“品质出众”“中产阶级”,这就是Costco的“渠道品牌”。品牌的初期养成是需要产品支撑的,但品牌信仰一旦形成,品牌便脱离产品独立存在;相反,旗下的产品都会被赋予强烈的品牌概念。

消费升级背景下,消费者需求更加细分,Costco品牌所涵盖的内容已经不仅仅限于实体商品,也可以囊括生活服务。

由于Costco已经占据了其中产阶级用户群体的心智,经营品类从最初的家居日用,顺利拓展到汽车、旅行、金融服务等各个维度。因为Costco并不是为了追求利润,所以严选模式下的SKU扩张只会更加强化其渠道品牌。

渠道品牌,一方面源于对企业固定价值观或经营策略的长期坚持,这需要一个相当漫长的过程，只有量的积累才能引起质的变化；另一方面，在积累的过程中需要结合公司的具体定位，“淘宝”与“一条”，在用户心中的定位是不同的。

(3)会员制的本质是服务契约。服务者和被服务者之间的最大障碍，是彼此利益不同。Costco 的案例，可以理解为其与会员建立了一个契约：会员的义务是预先支付定额会员费，Costco 的义务是最大化会员利益以及消费者剩余。会员在任何时候认为 Costco 违约，都可以单方面终止契约，拿回会员费。

会员制的本质，就是服务契约。当会员付费之后，商家与会员成为一致利益共同体。此时的商家，就不应再考虑如何“赚差价”，而应将用户和自己绑在同一链条中，思考如何给用户最好的东西、最好的体验。

踏踏实实，积累付费用户，虽然看似漫长，但这才是稳定的、可持续的。

(4)严选模式潜力巨大。随着物质生活的极大丰富，各类商品层出不穷，在淘宝上仅“奶粉”一项，存在以十万计的 SKU。由于监管的滞后，商品质量参差不齐，选择商品的成本甚至超出获取商品的成本。节约时间成本，获取有价值商品，俨然成为一项强需求，未来还会成为准刚需。

严选模式同样适用于内容领域，估值 50 亿元(爱分析估值)的知乎本质上就是一种对知识、信息的严选。逻辑思维也是帮用户筛选到优质的内容，并获取相应的溢价。如何建立用户对选择结果的信任，是严选的关键。

资料来源：亦木. Costco：电商大潮中逆势而起[J]. 销售与市场：管理版，2018，8(1)：70－74.

案例讨论：

1. 试分析 Costco 的目标顾客群体及其心理与行为特征。
2. Costco 是如何占领其用户群体的心智的？
3. 谈谈你对 Costco 营销策略的看法。

思考题

1. 什么是文化？
2. 文化和亚文化具有哪些特征？其对企业营销的意义是什么？
3. 什么是社会阶层？其划分依据有哪些？
4. 不同社会阶层的消费者心理与行为有哪些不同？
5. 影响家庭购买决策的因素有哪些？
6. 家庭成员在购买中有哪几种角色？
7. 试分析孩子对家庭购买决策的影响。
8. 简述消费习俗和消费流行的含义、特征以及对消费者心理和行为的影响。
9. 试举一例说明当前的某一消费流行趋势。

第十章

消费者满意与消费者忠诚

★ 本章要点和学习要求 ★

本章主要就消费者满意和消费者忠诚展开分析，分别从消费者满意与忠诚的内涵、测量和评价、实现途径以及二者之间的关系展开论述。通过本章的学习，学生应当能够正确理解消费者满意和忠诚的含义及其对于企业营销的重要意义；理解消费者满意和消费者忠诚同企业竞争力之间的适度性关系，理解合理的消费者满意战略的权变性和有效度；学习和理解国际上成熟的消费者满意度模型，并能结合我国国情，合理运用这些模型进行相关的消费者心理与行为的分析和研究。

随着现代市场营销理论和实践的不断发展与完善，基于消费者满意和消费者忠诚的研究取得了许多突破性的成果。这些研究试图找出消费者满意度同消费者忠诚、企业运行成本、企业利润、企业竞争力，以及企业价值之间的直接关系，从而将消费者满意和消费者忠诚提升到企业战略的地位上来。企业只有不断从产品、服务等各个环节上以消费者满意、消费者忠诚为导向，才能够更加体现市场导向和以消费者为中心的经营理念，才能够更好地提升企业的竞争力。

第一节 消费者满意及其实现途径

一、消费者满意的意义和内涵

（一）消费者满意的重要性

世界著名公司关于消费者满意的研究表明消费者满意能够促进消费者忠诚度的提高。美国经济学家赖克尔德（Reichheld）和萨塞（Sasser）曾经对许多行业进行了长时间的观察分析。他们发现，顾客忠诚度在决定利润方面比市场份额更加重要。消费者忠诚度提高5%，利润的上升幅度将达到25%~85%；一个非常满意的消费者的购买意愿将6倍于一个满意的消费者；2/3的消费者离开其供应商是因为其对消费者关怀不够；93%的CEO认为，顾客（消费者）管理是企业成功和更富竞争力的最重要因素。据统计分析，获得一个新消费者的成本是保持一个满意消费者成本的5~10倍。服务竞争较之于技术竞争越来越显示出其重要地位。实时倾听消费者的抱怨、了解消费者的不满、积极采取行动、使失望的消费者获得满意，正是研究消费者满意度的宗旨所在。更为重要的是，忠诚的顾客能向其他消费者推荐企业的产品和服务，并愿意为其所接受的产品和服务支付较高的价格。可以说，忠诚顾客是企业竞争力的重要决定因素，更是企业长期利润的根本源泉。

衡量消费者满意度对企业来说至少有五个方面的好处：第一，有利于测定企业过去与目前的经营质量、水平，并有利于分析竞争对手与本企业之间的差距；第二，有利于了解消费者的想法，发现消费者的潜在要求，明确消费者的需要、需求和期望；第三，有利于企业制定新的质量改进措施、经营发展战略与策略，以达到消费者满意和提高消费者满意度；第四，为达到消费者满意，明确今后企业应该做什么，是否应该转变经营战略或经营方向；第五，有利于通过衡量消费者满意度把握商业机会，明确未来的需求或期望是企业最大的商业机会。

（二）消费者满意的定义

菲利普·科特勒对消费者满意的定义是：一个人通过对一个产品的可感知效果（或结果）与他的期望值相比较后，所形成的愉悦或失望的感觉状态。亨利·阿塞尔（Henry Assael）也认为，当商品的实际消费效果达到消费者的预期时就形成了满意，否则，则会导致消费者不满意。因此，消费者满意度可以简要地定义为：消费者接受产品和服务的实际感受同其期望值比较的程度。这个定义既体现出消费者满意的程度，也反映出企业提供的产品或服务满足消费者需求的成效。从这两个定义中可以看出，消费者满意是一种期望（或者说预期）与可感知效果比较的结果，它是一种消费心理反应，而不是一种行为。

（三）消费者满意的影响因素

第一，产品价值方面，包括货品质量评价、货品款式评价、价格接受程度、货品的安全情况以及货品种类是否齐全等。

第二，环境价值方面，包括购物环境舒适情况、场地清洁状况、陈列货品整齐状况、浏览货品是否方便以及休息场所的状况等。

第三，服务价值方面，包括营业人员服务态度，营业人员业务水平及专业知识，收银、取货是否快捷，送货、安装和维修制度等。

第四，形象价值方面，包括企业信誉评价、员工仪容仪表、员工精神面貌和品牌形象评价等。

第五，附加价值方面，包括投诉处理情况，退、换货情况，意见、建议管理，交通是否方便，是否会继续购买，是否会推荐他人光顾及其他需研究的内容等。

实例 10－1　社交媒体被忽视的一面:客户服务

如果你飞往旧金山的午夜航班被取消,可航空公司坚持让你重新订票,而且你和配偶又不得不分乘两个航班,你会怎么做呢?如果你已经穿了两个小时的检查服等待皮肤科医生给你检查,你会怎么做呢?如果你最喜欢的美味甜点商店称周日要等到 8 点才开门营业,你会怎么做呢?

你可能马上登录推特(Twitter)、脸谱(Facebook)或者其他社交网站以及自己的博客,向朋友、家人、粉丝和全世界抱怨你经历的糟糕服务。你甚至会直接向公司投诉。那么,你会得到答复吗?多久会得到答复呢?公司的答复真的有帮助吗?你是会回到社交媒体上告诉人们现在自己已经是个满意的消费者了,还是因为它们的错误(或者缺乏)回应而更加怒火中烧呢?

今天,当公司试图与各地消费者会面的时候,它们越发认识到,要通过社交媒体。目前,这样的网站已经成为企业文化的有机组成部分,利用这些媒体关怀客户,已经从先进的理念转变成为企业的必要行为。

1. **提高的期望**。"一年前,当(消费者)从某个品牌得到有关关怀客户问题的社交媒体回应时,他们会颇感惊喜。"云接触解决方案公司(stratus contact solutions)——一家提供一对一客户互动服务和多渠道解决方案的公司——的联合创始人丹尼斯·斯多腾伯格(Dennis Stoutenburgh)谈道:"现在,我们面临的是这样的情势:如果公司不做出回应,那么,它们就会得到恶评。"有报道称,航空业、银行业和信用卡行业的公司也都推出了推特句柄,有的公司还推出了专门用于客户支持的第二个句柄。

很多人认为,推特不过是一场时髦的风潮,根本不能用来与客户进行有效的沟通,但摩根大通公司(JP Morgan Chase)社交媒体业务副总裁比安卡·巴克里迪(Bianca Buckridee)的经验并非如此。2012 年 2 月,摩根大通公司指定巴克里迪启动公司的社交媒体关怀计划。她认为,社会关怀的一个优势是,客户可以登录摩根大通公司的推特主页,亲眼看到与他们交流的人是谁,这种方式可以恢复电话服务中丧失的亲密感和慰藉感。"有些客户会回到我们的页面说:'嘿,如果西奥上线了告诉我一声。'或者'我想和丹尼谈谈,她知道我的情况,知道我正在为什么事烦心。'"巴克里迪为公司确立的另一个优势是,摩根大通公司首次拥有了一个跨越业务类别的客户服务团队。"我们的客户可以给我们发推文,并在一连串事情上获得帮助,这可太棒了。零售银行账户、信用卡、抵押贷款、汽车贷款、学生贷款以及投资问题,等等,现在都有一个团队帮你分配这些问题,并能给你答复,而且非常及时。"

2. **没有得到答复会引来很多抱怨**。截至目前,公司利用了多少社交媒体客户关怀的优势呢?实际上并不多。马瑞兹研究公司(Maritz Research)进行过一项名为"evolve24"的研究,表明推特上大约 70% 的客户服务投诉没有得到回复。虽然这项研究的成果来自 2011 年,不过,当前这一比例并没有显著改变。其中的原因可能并不仅仅在于缺乏努力。有些公司和行业在试图全面管理社交媒体关怀时会面临某些障碍。其中的一个障碍是,监测社会空间以便查找讨论企业品牌的媒体位置,就是个令人畏惧的工作。“要想发现对你企业有影响的博客,你必须将视野扩展到典型社交网络——(包括)脸谱、推特和 Google Plus 等——以外的范围。”美国巴克莱信用卡公司(Barclaycard US)社交媒体助理副总裁布莱恩·穆克(Brian Mook)谈道:“这项工作需要很多时间和资源。现在已有 40 个顶级旅行博客,数百个信用卡顶级博客。在每一个博客中,人们都可能提到你的品牌,而且不一定采用‘@ Chase’或‘@ BarclayCard US’的方式。”

3. **语调就是一切**。当实施社交媒体客户关怀时,“灌装回复”(canned responses)(也称为“预设回复”)是无法被人接受的。回复必须是个人化的,而且采用恰当的语调是至关重要的。但什么是“恰当的语调”呢?采用恰当的语调与客户交流并不是指“设定语调便万事大吉”的模式,企业必须持续进行日常培训和训练。在拟写一条回复之前,服务团队还应检视某个客户的脸谱页面、活动时间表或者 Pinterest 的张贴版(pinboard)。

总之,对希望加强客户关系的企业来说,社交媒体客户关怀依然是正在增加的巨大机会。如果企业想让某个消费群体参与进来,就必须与这个群体互动。如果在产品的整个生命周期中企业不通过社交媒体与客户互动,那么,该企业就会出局,因为别的企业会那么做。

资料来源:社交媒体被忽视的一面:客户服务[EB/OL]. http://www.knowledgeatwharton.com.cn/article/3673/,2014-01-22.

二、消费者满意度测评和分析

(一)衡量消费者满意度的指标

美国在消费者满意度的研究方面具有一定的权威性,美国消费者满意度指数(ACSI)模型被较多的学者引用,并为其他国家所借鉴。美国对消费者满意理论的研究也较为深入和持久。消费者满意理论的目的是发现和确定消费者满意度指数的影响因素,以及消费者满意度指数和这些因素之间的作用机制。消费者满意理论既是构建消费者满意度指数模型的基础,同时又是对消费者满意度指数测定结果进行分析评价的基础。消费者满意理论认为,消费者满意度同有关产品或服务的售前预期及售后表现有关。并且,消费者的满意程度将会产生两个基本结果:消费者抱怨和消费者忠诚。用函数关系表示为:

$$消费者满意度 = f(售前预期,售后表现)$$

目前,国内最常用的方法是形成消费者满意度指数(customer satisfaction index,CSI),在设计了一个消费者满意度指数后,这项工作就会容易些。这个指数通常是把所有的得分汇编成一个数字或百分比。例如,可以让消费者对有关满意方面的 50 个条目或因素打分,然后把所有这些积分加总平均,把这个平均数作为指数;也可再对这些答案按照重要性分配权数,将加权平均数作为指数。

消费者满意是指向消费者提供的服务超过消费者期望。通过连续性或非连续性的消费者满意调查,可以获取消费者对特定服务的满意度、未满足需求、再次购买率与推荐率等指标的评价。消费者满意调查能够对企业当前服务的质量进行量化评估,并通过因素重要性推导模型判断服务中急需改进的因素,以此作为企业提高服务质量、维护并扩大现有消费者群的基础。

衡量消费者满意的指标可分为以下六类。

1. 价值均衡指标。价值均衡指标是指消费者对于所取得的某件商品所产生的"付出的代价"与"感受的代价"之间的一种比率。其计算公式为:

价值均衡指标 = 感受的代价 ÷ 付出的代价

价值均衡指标的意义在于:如果其结果是 1,其价值便处于均衡状态,消费者处于基本满意状态;如果其结果大于 1,说明消费者感觉物超所值,此时消费者会处于比较满意或很满意的状态;如果其结果小于 1,消费者就会处于不满意状态。因此对企业来说,提升消费者对商品的感受代价相当重要,而此时服务又起到了重要的作用。

2. 使用后的消费者满意指标。使用后的消费者满意指标是指将消费者在"使用后的实际评价"除以"使用前的期待"所得的结果。其计算公式为:

使用后的消费者满意指标 = 使用后的实际评价 ÷ 使用前的期待

这一指标评价意义与"价值均衡指标"的评价意义完全相同,用时可以参考"价值均衡指标"。

3. 再次购买率指标。再次购买率指标的计算公式为:

再次购买率 = 再次购买消费者人数 ÷ 购买总消费者数

N 次购买率 = N 次购买的消费者人数 ÷ 购买总消费者数

4. 消费者缺憾指标。消费者缺憾指标一般包括一些定性的指标,如对于服务时间、服务态度、产品使用效果和消费愉悦程度等不满意的程度和感觉到缺憾的程度与比率等。

5. 消费者使用产品推荐率指标。消费者使用产品推荐率指标主要用于测评由于忠诚消费者的口碑效应而引发的新的购买行为的比率。

6. 消费者满意比例。消费者满意比例就是持"比较满意"态度以上的人数占全体消费者人数的比例。其计算公式为:

消费者满意比例 =(非常满意 + 稍微满意)÷ 总回答人数

(二)衡量消费者满意度的工具

收集到有关消费者满意的数据后要进行整理分析,常用的衡量消费者满意度的工具有以下六种。

1. 检查表。检查表是一种简单易用的、用来调查和了解特定劣质事件出现的频率,或消费者不满和消费者满意的情况发生次数的方法。表中一栏列出调查对象,其他栏列出调查的时间和范围。然后,收集每一调查区域的数据资料,并在时间阶段栏中做记号。整栏表示完整的衡量过程。

2. 帕累托图。帕累托图通过若干直方形表示问题发生的频率,可以帮助找到质量和消费者满意方面的问题。这些直方形也可以帮助确定要解决哪些问题以及解决的先后顺序。帕累托图建立在数据收集方法的基础上,比如检查图、频率分析和现场观察。

3. 直方图。与帕累托图相似,直方图也是一种垂直的直方形图。但是二者有一个基本的区别:直方图列举出连续数据的分布状态;帕累托图描述的是一个产品、程序或服务的特征。

4. 流程运行图。流程运行图是一种线形图。它将收集到的数据(衡量单位)按照特定的流程顺序标记在图上,也可以在运行图上加一条直线,表示所有衡量数据的平均水平。

5. 标杆差异图。标杆可以是该企业最主要的竞争者,也可以是该企业所处的产业的平均水准,或者是该企业所处产业的世界级优秀企业。将标杆企业的数据和本企业数据在同一张图上进行对比分析,可以很好地得出企业目前的消费者满意度水平。

6. 四维矩阵图。四维矩阵图将消费者满意度调查数据和影响企业的满意度重要性分设在四维矩阵中(如图 10－1 所示)。

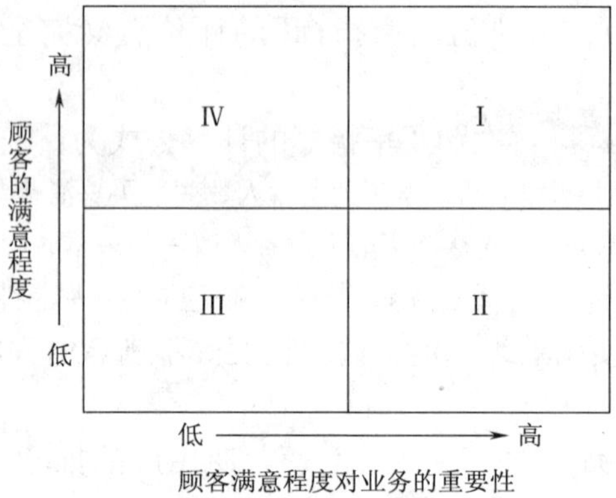

图 10－1　顾客满意矩阵图

在图 10－1 中有四个区域。Ⅰ竞争关键区(优势):这些因素对决定整体消费者满意度非常重要,企业在这些方面的表现比较有优势,有一定的竞争力,应该继续保持。Ⅱ竞争关键区(弱势):这些因素对决定整体消费者满意度非常重要,但企业在这些方面的表现比较差,需要重点修补、改进。Ⅲ竞争非关键区(机会):这些因素对决定整体消费者满意度重要程度低,企业在这些方面的表现也比较差,消费者和企业被忽略,但可以挖掘出提升满意度的机会点。Ⅳ竞争非关键区(维持):这些因素对决定整体消费者满意度重要程度低,企业在这些方面的表现也比较好,对企业的实际意义不大,不需要花太大的工夫。

三、消费者满意的实现途径

消费者满意度来源于市场营销理论的基本概念。“满意度”是消费者满足情况的反馈。导入消费者满意经营，不单单是经营理念上的转变，还需要将消费者满意纳入整个经营体系中，要求所有员工密切合作，切实将消费者的需要作为日常经营活动的轴心，积极提供消费者满意的服务，这样消费者满意战略才能得到贯彻和落实。在企业消费者满意度经营中应该重点注意的有以下八个方面。

（一）建立消费者信息系统

消费者满意经营最重要的基础是建立一套完整的消费者信息系统，以随时了解消费者的状态和动态。只有清楚地掌握消费者的动态和特征，企业才可以避开以下常见的经营误区。

1. 幻想留住所有消费者。企业应首先区分哪些是目标消费者，再将有限的资金和精力用在刀刃上，到处撒网只能浪费资源。

2. 以真正的消费者为中心。重要的不是大消费者，而是能让企业营利的消费者。不要一味将资源用在所谓的大消费者身上，要多关注能让企业营利的消费者，必要时应剔除一些服务成本太高的消费者。

3. 盲目开发新消费者。企业应当“以最忠诚的消费者为标准去寻找新的消费者”，分析企业现有的忠诚消费者，找出这些消费者的共同特点，并据此寻找最合适的消费者。

（二）零消费者成本

建立消费者导向的企业必须理解消费者成本，即消费者在交易中付出的费用和其他支出，它表现为金钱、时间、精力和其他方面的损耗。要培养忠诚消费者，首先要评估消费者的关键需求，然后开始改变企业的作业流程，设法消除交易过程中影响最大的消费者成本，尽量避免如交货不及时、手续烦琐等问题的出现。

（三）重视内部员工

消费者的购买行为是一个在消费中寻求尊重的过程，而员工在经营中的参与程度和积极性，很大程度上影响着消费者的满意度。联邦快递（federal express）发现，当其内部员工的满意率提高到85%时，企业的外部消费者满意率就高达95%。

一些跨国企业在对消费者服务的研究中，清楚地发现员工满意度与企业利润之间是一个“价值链”关系：①利润的增长主要是由消费者忠诚度刺激的；②忠诚是消费者满意的直接结果；③满意在很大程度上受到提供给消费者的服务价值的影响；④服务价值是由满意、忠诚和有效率的员工创造的；⑤员工满意主要来自企业高质量的支持和制度。

提高内部员工满意度绝不能仅仅依靠金钱支出，开放式交流、充分授权以及员工教育和培训也是好方法。

（四）绩效考核的改进

消费者满意的企业经营以消费者满意度为最重要的竞争要素，经营的唯一目的是让消费者满意。因此,在对员工的绩效考核上也有所区别,在整个考核系统中将消费者满意度加以一定的集中体现,以提高企业的消费者满意度水平。比如,销售人员最主要的考核指标的核心应更多地侧重于全面的、有效的消费者满意度,而非简单的销量。

（五）推行现场管理

仅依靠制度显然不能解决一切问题,在消费者导向的企业经营中,现场管理将更有效率。在一项对国际优秀企业的调查中,最惊人的发现之一就是这些企业百分之百地对员工进行解决问题技巧的培训。推行现场管理,不但能及时发现问题、解决问题,更重要的是可以教给员工解决问题的方法。现场指导还有一个重要职责,即记录并激励员工每次成功的服务和一点一滴的进步。

（六）理顺业务流程

企业必须有能力让消费者满足甚至超出消费者的预期,否则就必须对企业的组织和业务流程进行重新设计。要认真分析企业的业务流程,进行重新规划和整理,加强内部协作,建立一个能保证消费者满意的企业经营团队。要实现这种业务流程重组,必须首先要了解所有内部员工和外部消费者真正想从企业得到什么。以消费者需求为出发点,首先确定业务或服务部门的服务规范和工作流程;然后,以此为标准来重新考虑各个相关部门的工作流程应该如何调整,从而配合业务部门达到他们的目标。让企业的所有经营活动都指向一个目的,即消费者满意。理顺企业业务流程后,推行"下道工序即消费者"的观念也非常必要。

（七）从满意度公式着手提高消费者满意度

消费者满意度的计算公式如下:

$$满意度 = 感受值 \div 期望值$$

在上述公式中,感受值是指某种过程经历后的实际状态;期望值是指人们根据以往的经历、经验或从别处获取的信息而建立的对某一事物目标状态的评估。感受值是客观存在的,不以人的意志为转移;期望值是主观建立的,所以,同一事物不同的人,或同一事物同一人,在不同时期的期望值都可能是不同的。

从上述公式可以看出,要想增加消费者的满意度有两个途径:一是降低期望值(减少分母值);二是增加感受值(增大分子值)。

研究发现,消费者的期望值和感受值主要建立在以下两个方面。一方面是消费者价值。消费者价值是指消费者从给定产品的定位中获得的全部利益或满足,它可分为使用价值和精神价值。消费者价值的来源主要有产品、服务、人员、形象等。另一方面是消费者成本。消费者成本是指消费者为获得这种产品的支出总和,包括货币成本、时间成本、精力成本和心理成本等。

消费者在建立自己期望值的同时总是趋向于最小的消费者成本和最大的消费者价值。

1. 降低消费者的期望值。消费者通过一定的过程建立期望值:检视产品→以往经验、朋友信息和其他信息反馈→以自我思维描述期望值。根据这个过程的描述，期望值的建立是在第二、三步中完成的。那么，经营者就可以在第二、三步中对消费者施以影响，从而达到降低消费者期望值的目的。主要有以下三个方法。

(1)通过说服，改变消费者对以往的经验和信息的认识，改变消费者的期望值。

(2)通过改变消费者对某一事物的逻辑思维方式，改变消费者的期望值。

(3)利用消费者期望值的脆弱性。消费者根据以往的经验或已知的信息初步建立起来的期望值往往是相对脆弱且不稳定的，这时如果抓住时机，为消费者描绘出另外一个期望值，也可以降低消费者的期望值。

2. 增加消费者的感受值。这是企业实现消费者满意最务实的一种做法，它代表超值服务，许多企业的发展长盛不衰，很大程度上便是得益于此。但是企业间的竞争日益激烈和明朗，对于不少企业来说，要为消费者提供更多的超值服务，却是心有余而力不足。其实这里面仍有许多被忽视的技巧。例如，应当确立以下两个原则。

(1)“不要让他得不到，也不要让他太容易得到”的原则。

(2)激励、保健因素有机结合的原则。这里的激励、保健因素是引用管理学上的概念，最早是美国心理学家赫茨伯格(Frederick Herzberg)提出的。激励因素是使消费者满意的因素，是企业单独提供给消费者的具有特色的服务，少了它消费者也许不会不满意，但有了它消费者会产生更满意的感觉；保健因素指的是不满意因素，即造成消费者异议的因素。通常情况下，企业提供给消费者的保健因素是指各竞争企业同时都在提供的服务。

对于一个企业来说，资源是有限的，所以，企业必须要让有限的资源发挥最大的效用，以达到让消费者满意的效果。要做到这一点，企业必须认清自己提供给消费者的服务哪些是激励因素，哪些是保健因素。对于保健因素，投入过大的资源会产生事倍功半的效果，即使是激励因素，也应注意特色和创新，使消费者产生满意的感觉。

(八)实施步骤介绍

目前，国内许多公司都在推行消费者满意经营，比较通行的一种实施步骤如下。

第一步，经营理念的再确立。首先调查员工是否具备使消费者满意自己公司产品或服务的理念，将企业内不成文的规定形成文字，再经过反复的商讨与确认，使消费者满意的经营理念深入企业的每个员工心中。

第二步，测定、解析消费者满意度。理念确立之后，首先根据消费者与自己公司的所有接触点设定问题；然后拟订测定计划，对消费者进行调查；最后参考调查结果，制订提高综合满意度的改善计划。

第三步，聚焦经营。了解自己哪一点胜过别人，然后毫无保留地将努力的重点放在这项优势上。其步骤为：①认清哪些人是真正的消费者；②弄明白目标消费者最重视的是什么；③找出明确的经营“聚焦点”；④创造出整个企业上下都投入于这一经营“聚焦点”的竞争氛围。

第四步，开发完善的科学工作体系，用以评价企业服务水平，传达消费者的心声。通过这一工作体系可以检测消费者对企业产品和服务的满意程度,及时反馈给企业管理层,为企业持续不断改进工作,及时真正地满足消费者的需要服务。其中包括设计一套策略来倾听消费者的意见;大量收集、组织和展示消费者的资料;再制作一些动态业务记录卡,并以消费者的意见带动全员的消费者满意行动。

第五步,创造独具特色和充满团队精神的企业文化。不仅要建立消费者满意的组织文化,还需要创造出学习型的组织环境;不仅强化员工的服务教育训练,还要进行模范学习,到同业或异业中找寻可行的答案。

实例 10-2　沃尔玛的消费者满意经营

沃尔玛之所以能够成为世界零售业龙头老大的根本原因,就在于其顾客满意度经营的理念和做法。

1. **消费者第一**。沃尔玛坚信,"消费者第一"是其成功的精髓。沃尔玛的创始人山姆·沃尔顿(Sam Walton)曾说过:"我们的老板只有一个,那就是我们的消费者。是他付给我们每月的薪水,只有他有权解雇上至董事长的每一个人。道理很简单,只要他改变一下购物习惯,换到别家商店买东西就是了。"沃尔玛这种服务消费者的观念并非只停留在标记和口号上,它是深入到经营服务行动中的。沃尔玛店铺内的通道、灯光设计都为了令消费者更加舒适;店门口的欢迎者较其他同行更主动热情;收银员一律站立工作以示对消费者的尊敬;当任何一位消费者距营业员3米的时候,营业员都必须面向消费者,面露微笑,主动打招呼,并问"有什么需要我帮助的吗?"沃尔玛力图让消费者在每一家连锁店都感到"这是我们的商店",并会得到"殷勤、诚恳的接待",以确保"不打折扣地满足消费者需要"。正是"事事以消费者为先"的点点滴滴,为沃尔玛赢得了消费者的好感和信赖。

2. **特殊服务**。沃尔玛还从消费者需求出发提供多项特殊类型的服务,以方便消费者购物。

(1)免费停车。深圳的沃尔玛店营业面积12 000多平方米,有近400个免费停车位。

(2)将糕点房搬进商场。商场内设有"山姆休闲廊",所有的风味美食、新鲜糕点都给消费者在购物劳顿之余以休闲的享受。

(3)免费咨询。店内聘有专业人士为消费者免费咨询电脑、照相机、录像机及其相关用品的有关情况,以减少盲目购买带来的风险。

(4)商务中心。店内设有文件处理商务中心,可为消费者提供包括彩色文件制作、复印、工程图纸放大缩小、高速文印在内的多项服务。

(5)送货服务。一次购物满一定金额以上者,沃尔玛皆可提供送货服务,在指定范围内收取廉价的费用,因为商品价格中不含送货成本。

(6)开到乡镇。在店址选择上,沃尔玛也以方便消费者购物为首要考虑因素。在美国,它的触角伸向西尔斯、凯马特所不屑一顾的偏远小乡镇。只要哪座乡镇缺乏廉价商店,沃尔玛就在哪里开店。

3. **沃尔玛的经验——天天低价**。(1)让利消费者。沃尔玛一直都特别重视价格竞争,长期奉行薄利多销的经营方针。沃尔顿的名言是:“一件商品,成本8角,如果标价1元,销售数量就是标价1.2元的3倍。我在一件商品上所赚不多,但卖多了,我就有利可图。”所以,沃尔玛提出了一个响亮的口号:“销售的商品总是最低的价格”。为实现这一承诺,沃尔玛想尽一切办法从进货渠道、分销方式、营销费用、行政开支等方面节省资金,把利润让给消费者。

(2)争取低廉进价。沃尔玛避开了一切中间环节,直接从工厂进货,其雄厚的经济实力使之具有强大的议价能力。更重要的是,沃尔玛并不因自身规模大、实力强而肆意损害供应商的利益来增加自身利润,而是重视与供应商建立友好融洽的协作关系,保护供应商的利益。沃尔玛给予供应商的优惠远远超过同行。美国第三大零售商凯马特对供应商提供的商品平均付款时间为45天,而沃尔玛平均仅为29天,这大大激发了供应商与沃尔玛建立业务关系的积极性,从而保证了沃尔玛商品的最优进价。

(3)完善的物流管理系统。沃尔玛被称为零售配送革命的领袖,其独特的配送体系大大降低了成本,加速了存货周转,成为“天天低价”最有力的支持。沃尔玛补充存货的方法被称为“交叉装卸法”。这套“不停留送货”的供货系统共包括三部分,即高效率的配送中心、迅速的运输系统和先进的卫星通信网络。

(4)营销成本的有效控制。沃尔玛对营销成本的控制非常严格。沃尔玛的广告开支仅相当于美国第二大连锁店西尔斯的1/3,每平方英尺销售额比凯马特高1倍。沃尔玛的营销成本仅占销售额的1.5%,商品损耗率仅为1.1%,而一般美国零售商店这两项指标的平均值分别高达5%和2%。这些都使得沃尔玛实施低价策略的实力进一步增强。

第二节　消费者忠诚的形成

一、消费者忠诚的含义和分类

(一)消费者忠诚的含义

所谓消费者忠诚,是指在消费者满意的基础上,使消费者对某品牌或某企业发展做出长期投入承诺的意识和行为的结合。由定义可见,消费者忠诚包含两个基本成分:一个是意识成分,一个是行为成分。前者是指消费者对企业的员工、产品和服务的喜欢、留恋的情感,又称消费者忠诚感;后者受前者影响,往往以多种方式表现出来,包括对该企业产品和服务的再次购买、大量购买、经常购买、长期购买,以及为该企业的产品和服务做有利的宣传等。从服务利润链理论来看,消费者忠诚是企业收入增长和获得营利能力的直接原因。消费者忠诚又来自消费者满意，企业正是通过让渡给消费者服务价值使消费者获得满意的。

（二）消费者忠诚的分类

国内外学者对消费者忠诚的分类大致有以下四种。

1. 行为性忠诚。在消费者忠诚的早期研究中，学术界侧重于研究忠诚者的行为。行为忠诚的消费者反复购买某个品牌的产品和服务，他们的购买决策行为是一种习惯性反应行为，他们不留意竞争企业的营销活动，不会受到竞争企业信息的干扰。行为性忠诚反映了消费者的实际消费行为。但是企业如果只计量消费者的行为性忠诚，就无法解释消费者反复购买某种产品和服务的深层次原因。

2. 情感性忠诚。情感性忠诚包含消费者对买卖双方关系的情感投入，是消费者在多次满意的消费活动的基础上形成的对企业的偏爱和情感。情感性忠诚可衡量消费者对本企业的态度，反映消费者忠诚的情感和心理依附特征。但是出于种种原因，喜欢某个企业的消费者不一定就会购买这个企业的产品和服务，因此，它很难区分真正的忠诚者与潜在的忠诚者。

3. 认知性忠诚。除行为成分和情感成分之外，消费者忠诚还应包含认知的成分。企业可以从以下几个方面衡量消费者的认知性忠诚：①消费者在购买决策中首先想到本企业产品或服务的可能性；②消费者在诸多的产品和服务中首先选择本企业的产品和服务的可能性；③消费者可以承受的产品和服务的价格浮动范围；④与竞争企业相比，消费者更偏爱本企业产品的程度。

4. 意向性忠诚。与消费者目前的态度和行为相比，企业管理人员更关心消费者将来的行为。但消费者购买意向并不一定会转变为消费者的实际购买行为。消费者的意向性忠诚既包含消费者与企业保持关系的意愿，也包含消费者追求自己偏好品牌的动机。

二、消费者忠诚的形成

现代企业要培养消费者忠诚，首先必须了解消费者忠诚形成的机制。消费者忠诚形成的最根本基础在于消费者的完全满意，而产品质量、服务、价格和企业形象等则是影响消费者忠诚形成的直接因素。

（一）消费者完全满意是形成消费者忠诚的基础

通过消费者忠诚的定义我们可以看出，消费者忠诚是在消费者满意基础上形成的。消费者之所以对某企业的产品或服务表现出忠诚，视其为最佳或唯一的选择，首先是因为他对企业提供的产品和服务满意。在经历了几次满意的购买和使用之后，消费者的忠诚度就会随之提高。许多事实证明，满意程度的差别会形成消费者忠诚程度的更大差别。1991 年，施乐公司曾对全球48 万个消费者就公司的产品和服务进行满意度和忠诚度调查，评分标准从 1 分到 5 分，分别表示非常不满、不满、一般、满意、非常满意（完全满意）。结果发现，给 4 分（满意）和给 5 分（完全满意）的消费者，其忠诚度相差很大，给 5 分的消费者购买施乐设备的倾向性高出给4分的消费者6倍！这一发现使施乐后来一直致力于消费者完全满意的战略计划的制订和实施，大幅度提高了消费者忠诚度。

在高度竞争的行业中，消费者忠诚——消费者满意的弹性很大，只要消费者满意度稍稍下降一些，消费者忠诚度就会急剧下降。企业必须尽力使消费者完全满意，否则就不易吸引消费者再次购买。在低度竞争行业里，消费者完全满意与否对消费者忠诚度的影响较小。但这只是一种假象，因为在低度竞争情况下，消费者的选择空间有限，即使不满意，他们往往也会出于无奈继续使用本企业的产品和服务，表现为一种虚假忠诚。随着专有知识的扩散、规模效应的缩小、分销渠道的分享和产品差异的消失等，消费者的不忠诚就会通过消费者大量流失表现出来。这表明，无论竞争情况怎样，消费者忠诚与消费者满意的关系都十分密切。只有消费者完全满意，才会产生强烈的消费者忠诚。

（二）消费者四类忠诚之间的关系

消费者行为学者认为，在态度形成过程中，消费者会首先接受有关产品和服务的信息（认知）；消费者对这些零碎而复杂的信息进行重新整理、加工之后，会对产品和服务做出肯定或否定的综合评估（感情评估），并在这一综合评估的基础上产生某种行为意向。因此，西方学者奥立弗（Oliver，1999）指出，消费者忠诚的形成过程是先有认知性忠诚，其次是情感性忠诚，再次是意向性忠诚，最后是行为性忠诚。

三、消费者的品牌忠诚

（一）消费者的品牌忠诚的定义

品牌忠诚度是消费者对品牌感情的量度。当某种品牌的产品出现并与同类产品的其他品牌产生竞争时，消费者对它持有什么样的态度是判断消费者对其品牌忠诚度的一种标准。消费者的品牌忠诚度实质上反映了企业在市场中的竞争力。一些专家认为，消费者对于品牌的忠诚度可以纳入评估企业资产的指标之中，可见消费者忠诚度对于企业的重要性。

（二）品牌忠诚度的构成

如上所述，品牌忠诚度是指消费者在较长的一段时间内，对于特定品牌保持的选择偏好与重复性购买。高水平的忠诚度表现为消费者对于该品牌保持强烈的选择偏好与高频率的重复性购买，甚至于将该品牌视为唯一的购买选择；低水平的忠诚度表现为选择偏好不强，重复购买的频率低等。

品牌忠诚度是品牌之间相比较而言的一个概念，如果市场上竞争的品牌较少，消费者选择的机会本来就少，重复购买的情况可能容易出现，但选择的偏好不一定强烈。消费者对品牌保持忠诚的时间长短，主要受商品特性与营销策略等因素的影响。对于老牌的日用品而言，消费者的品牌忠诚时间可达几年甚至几十年之久，而季节性商品的忠诚时间可能只有几个月或稍长一些。

在现实中，每位消费者对于每一种品牌的忠诚度千差万别，但其构成基础都含有某些心理和行为方面的共同成分，具体包括以下六个方面。

1. 消费者对于品牌的认知。虽然消费者对于自己不忠诚的品牌也可能有较高的品牌认知度,但对于自己所忠诚的品牌必然表现出最高程度的认知度。关于品牌忠诚与消费者认知程度关系的测量显示,未提示知名度与提示知名度都达到100%或接近100%。因此,高认知度是消费者形成高水平忠诚度的基本心理基础。

2. 消费者的总体评价与综合评价。消费者对于自己所忠诚的品牌,其总体评价表现出很高的得分,对于该品牌各个属性方面也有较高的评价得分,包括商品的总体质量、商品的包装与形象、商品的档次、商品的服务质量、商品的价格适应性、商品的价值以及对消费需要的满足程度等。

3. 消费者对品牌的价值判断。就特定的品牌来说,商品价格这一因素对于消费者行为有最直接的促进或阻碍作用,如果消费者认为商品的价格小于或等于商品的价值,他购买的阻力就小一些,这样的价格有利于购买行为的持续;当消费者认为商品的价格高于商品的价值时,购买的阻力就大大增加。所以,消费者对商品价值的判断对于消费者长期的忠诚行为有非常重要的影响,对品牌的价值判断也就成为消费者忠诚度的要素之一。

4. 消费者的满意度。满意度是消费者态度的一种表现形式,是当代营销活动中反映消费者心理和行为基础的一个非常重要且广泛应用的指标。对于消费者所忠诚的品牌,满意度得分较非忠诚的品牌明显要高。比如,在牙膏市场中,忠诚度高的品牌所获得的总体得分接近于满分(10 分),而忠诚度低的品牌,总体得分大致在3.5~3.9 分或以下。

5. 消费者的稳定性消费习惯。消费者在较长时间内,对于所忠诚的品牌表现出较高频率的重复购买行为。与其他品牌相比较而言,消费者的重复购买行为与消费的频率明显偏高,表现出比较稳定的习惯性行为。比如,在快餐食品的消费中,忠诚度高的品牌,消费者购买的频率可达到每月 7~10 次;对忠诚度低的竞争品牌的购买频率每月只有 2~3 次,甚至更低。

6. 消费者向其他消费者的推荐与介绍。对于自己所忠诚的品牌,消费者十分乐意向其他消费者介绍和推荐,很乐意介绍自己使用这种品牌的经验,希望与亲朋好友共同分享消费这种商品的快乐,介绍购买这种品牌的渠道等。

以上六个方面共同作用,决定了消费者的忠诚度。

实例 10-3　粉丝营销:从吸引到忠诚

这是一个"无粉丝,不营销"的时代。近来很多企业都在津津乐道自己在微信平台通过活动或者一些吸粉工具吸引了多少粉丝。但是,如何保证事后不掉粉呢?其实留住粉丝比吸引粉丝更重要。提升粉丝黏性当然是通过互动。其实广义上的互动就是同客户产生联系和交易,交易本身就是一种高质量的互动。当然互动的形式还包括通过内容推送、通过各类线上与线下的活动、通过建立品牌社群并让粉丝通过参与获得良好的品牌体验。那么,品牌商具体该如何与粉丝展开互动呢?

1. **用好的内容留住粉丝**。在移动电商时代，以微信为代表的平台的一个很重要的特征就是不仅有较强的社交属性，也有较强的媒体属性。就是说，微信不仅仅要靠朋友圈，也要靠有价值的内容来吸引和留住粉丝。

那么，如何才能做出好的内容呢？

首先，要结合热点。很多时候，结合热点能够起到事半功倍的作用。对企业而言，在微信内容推送上结合热点，可以有效吸引粉丝打开阅读。比如薄熙来案件审理期间，其相关话题成为人们热议的焦点。这时，杜蕾斯结合这一热点，在其公众平台和其他相关社交网站上推出了"薄，不可怕，鼓开来，才可怕"的广告，较好地利用了这一热点事件进行了品牌传播。

在电动车行业，绿源的订阅号内容兼具娱乐和热点。我们看到绿源微信订阅号内容中出现了"驯龙高手2""小时代"等热映的电影标题，还有类似"涨姿势"等网络流行语言，这些都令年轻消费群体倍感亲切，大大提升了点击阅读内容的概率。

其次，要迎合互联网时代的阅读习惯。在互联网时代，人们的时间更加宝贵，人们更希望在碎片化时代来阅读，这样，随着生活节奏的加快，人们普遍感受到较大的生活压力。在这样的背景下，在内容输入上，一定要针对粉丝的具体情况投其所好。正如姜汝祥博士所说："在移动互联网时代，对客户的细分是对消费者起码的尊敬。"

如何迎合粉丝的需求呢？

首先，根据人群特质投其所好。比如美丽说的公众号经常给用户提供服饰搭配的解决方案。服饰搭配知识几乎是所有女性用户渴望获得的，家里好几衣柜的衣服，每件拿出来都特别漂亮时尚，但是几件搭配出来穿在身上就 Out 了。因此，她们还会经常拼命地去逛街、逛淘宝买衣服。同时，美丽说将自己要推广的产品融入其中，顺利地将解决方案与产品进行融合。用户一边看解决方案，一边买衣服，顺理成章，将粉丝成功黏住。

再次，微信内容要去功利化定位。很多企业通过线下的一些手段吸粉之后或者倒粉之后，就想直接实现转化，甚至有些急功近利：微信平台不仅仅要承载品牌宣传的功能，还要承担新品首发的功能，让消费者了解企业文化、企业信息、经销商政策等。实际上，在信息过量的时代，如果你什么都想宣传或者过于赤裸裸地推广你的产品和促销信息，最后很可能事与愿违。

美国数字化专家尼葛洛庞帝曾经说过："信息过量等于没有信息。"淡化产品信息之后，一定要换位思考，站在粉丝的角度考虑他们需要什么样的内容，在潜移默化之间传递产品或品牌的信息。

郑州有一家火锅店——重庆小板凳，几乎在一夜之间风靡了河南餐饮市场，其主要创新之处在于环境创新，通过酒吧的概念跨界到火锅行业，产生"原来火锅也能这么吃"的卖点，继而通过微信实现低成本病毒传播。其经过调研发现，女性消费者所占比重较大，因此，其微信订阅号推送的大多是女性情感类的内容，比如"婆媳相处,总有惊喜”以及“51 种表达爱的方式”等,这些内容几乎和每个女性都息息相关,很容易引起女性的共鸣,有效提升了微信订阅号的打开率以及黏性。

最后,注重与客户沟通的时间。有了好的内容,推送时间也很有讲究,如果你在客户正在忙碌的上班时间推送,很可能打扰了客户的正常工作。研究显示,有两个时间段推送较好,一个是客户上班之前 8 点左右,另外一个就是下午 5 到 6 点,客户下班之后在各类交通工具上会比较无聊,正好是阅读的最佳时间。

2. 通过活动黏住粉丝。看看下面这个公式:社交红利 = 粉丝数量 × 互动次数 × 参与度。对品牌而言,要想从社交红利中获得商业利益,就不仅仅要考虑粉丝的数量,而且要考虑粉丝同品牌之间的互动次数和品牌参与度。

(1)提升粉丝数量。在任何商业形态中,没有流量就没有转化率。而在移动互联网时代,没有粉丝就没有口碑。没有口碑,品牌仅仅就只是一个符号。那么,如何在公众平台上提升粉丝数量呢?这就需要企业通过一些有创意的活动来吸引粉丝。

首先,要有一个容易吸引粉丝的理由。比如在产品包装上体现社交元素,笔者曾经看到雪花啤酒虽然微信平台做得还不错,但是却在终端产品包装上只有公司网址,却没有二维码,这就是用传统的思维或者一代电商的思维来做二代电商的平台,结果白白丢失了积累粉丝的机会。

有了二维码,还要给消费者一个扫码的理由。

理由 1:占便宜。消费者永远都喜欢占便宜的感觉。比如喜临门吸引粉丝的思路颠覆了传统赠送的方式,而是以“以卖代赠”的方式来吸引粉丝。2013 年“双 11”电商盛宴期间,喜临门开始尝试 O2O 吸粉,为吸引线上流量,喜临门在天猫旗舰店发起针对“双 11”的预售。比如消费者在天猫上可以花 99 元购买“试睡护照”,由 O2O 部门邮寄给消费者,消费者收到“试睡护照”之后,就可以凭借这个“护照”去领价值 500 多元的乳胶枕,这样就将线上的流量引到了线下,消费者在线下,既可以只领取乳胶枕,也可以购买其他产品,参与线下活动。

理由 2:好奇心。每个人天生都有好奇心。比如著名品牌维多利亚的秘密,一次活动中在一位美女的要害部位放了个二维码,告诉你:扫一扫,有惊喜。而许多人扫码之后发现,这名美女在向你展示一件当季的性感内衣。

理由 3:解决客户当下的痒点和痛点。当一位旅行者来到大理旅游时,但他却不知道该怎样规划自己的旅游攻略,这时候一个介绍大理旅行景点和线路的二维码,必定会吸引这位游客的目光。消费者每天都会面临着法律、交话费、出国学外语、订餐叫外卖、服装搭配、家电维修、汽车保养等各种各样需要摆平的问题,只要是你能想办法通过微信更好地帮助用户解决问题,提升其生活效率,优化其生活体验,提供有针对性的解决方案并以二维码的形式呈现出来,消费者扫码的概率就会很高。

(2)让粉丝与品牌互动。互动的重要手段是拟人化。很多微信公众平台在吸引粉丝之后,只有内容推送,即使有互动,也只是冷冰冰的机器语言,结果往往适得其反。所谓互动,就是将粉丝当作一个有思考能力的真正的人来看待。为了提升互动水平,公众平台不仅仅要对消费者可能遇到的问题进行归类、总结,更重要的是平台要放弃公众语言,而去做拟人化的形象设置。比如沁园就塑造了一个关心主人饮水健康的沁儿的形象,消费者关注沁园订阅号之后,沁儿就会定时提醒消费者注意健康饮水。三只松鼠则塑造了一个可爱的松鼠形象,提醒主人:“双 11”还是需要买坚果的,万一抢产品的时候饿了呢。这都充满了人文关怀。

(3)提升参与感。雷军曾经说过:“从某种程度上讲,小米贩卖的不是手机,而是参与感。”实际上,参与感是提升品牌黏性和忠诚度的重要手段。为什么参与感如此重要,原因就是移动电商时代消费者的购买行为,和传统的购买行为有很大的不同,只有了解才能互动,只有互动才能分享,而分享又会带来新的销售。

因此,对粉丝而言,参与其中可以直接提升体验水平,继而直接提升品牌忠诚度。基于微信公众平台,同线上和线下促销活动相结合,品牌商可以不断设计一些线下活动,比如珠宝企业可以设计一些相亲活动,培育未来的潜在消费者。小米主要通过小米同城会来让粉丝参与其线下活动,结果大大提升了粉丝对品牌的认同度,其本质上,这些人渴望有一个归属感的群体,渴望被承认。

参与的过程,仅仅是线上是不够的,必须走到线下,让粉丝在现场参与品牌活动,这是一种更加有效的沟通方式,更有助于实现品牌忠诚。

资料来源:赵晓萌. 粉丝营销:从吸引到忠诚[J]. 销售与市场, 2015,6(10):89-91。

四、消费者忠诚度的测量与分析

在前面已经提到过,美国学者弗雷德里克·雷切德对 12 个服务行业的研究表明,消费者保留率每提高 5%,企业从消费者那里得到的现金净流量可以提高 25%~85%,其增加值视具体行业的情况而定。企业拥有长期的忠诚消费者,不仅意味着稳定的销售收入,还意味着可以降低营销成本,因为“保留一个老顾客的成本仅是开发一个新顾客成本的 1/6”。因此,消费者忠诚在很大程度上决定了企业的营利能力和发展前途。尤其是在竞争日益激烈的今天,更要通过消费者忠诚度的测量与分析,随时了解消费者的满意程度,以便更好地进行消费者关系管理。

(一)选择消费者忠诚度测试对象

选择恰当的消费者进行忠诚度测试,有助于提高测试最终结果的可信程度,还可以避免在测试过程中造成浪费。

1. 现实消费者。现实消费者既包括产品的购买者,又包括产品的最终使用者,但通常在进行统计时将二者合二为一,以购买者作为测试的对象。这在很多情况下是可行且方便的,例如,某些产品的最终消费者虽然是孩子,但是对这些产品忠诚与否是由父母的购买行为决定的。

2. 中间商。一些产品或服务并不是由企业直接提供给消费者,而是通过中间环节(如零售商)提供给消费者,可见消费者忠诚度与批发商、零售商也有很大的关系,所以中间商也应该列为消费者忠诚度的测试对象。

(二)消费者忠诚度测试的内容

1. 消费者忠诚度评估模型。消费者忠诚度的直接表现是选择购买其忠诚的某个企业的产品,这也是理论界将消费者忠诚理解为一种行为的重要原因。消费者忠诚、选择、价值之间的关系可以用图10-2来描述。

图10-2 消费者忠诚度评估模型

资料来源:喻建良,毛锦云. 消费者让渡价值指导下的忠诚度评估指标与定量化评估研究[J]. 财经理论与实践,2002,23(3):102-105.

在图10-2中,采用双向箭头的意义在于它们之间是相互影响的。譬如,消费者让渡价值会影响消费者的选择,反过来,消费者的选择也会促使企业改变其产品的消费者让渡价值。简单来说,消费者忠诚度的评估模型表示,消费者忠诚与否取决于其是否获得了价值让渡,如果消费者获得了价值让渡,得到了较大的满足感,那么就会选择重新购买该产品。如此循环、重复购买的行为就形成了消费者的忠诚度。

2. 消费者忠诚度评估指标体系。对消费者忠诚度的测量是通过许多指标体现的,这些指标各自形成一种维度,共同发生作用,反映着消费者的忠诚度。

(1)消费者重复购买次数。消费者重复购买次数是指在固定的单位时间内,重复购买某种品牌的次数,如每月购买某品牌的次数或每年购买的次数。在一定时期内,消费者对某一产品重复购买的次数越多,说明对这一产品的忠诚度越高;反之,则越低。由于产品的用途、性能、结构等因素也会影响消费者对产品的重复购买次数,因此要根据不同产品区别对待,不能一概而论。

(2)消费者挑选时间。根据消费心理学原理,消费者购买商品都要经过挑选这一过程,但由于信赖程度的差异,对不同产品消费者购买的挑选时间是不同的,因此,从购买挑选的时间长短上也可以鉴别消费者对某一产品的忠诚度。一般来说,消费者挑选的时间越短,则表明其忠诚度越高;反之,则越低。

(3)消费者的购买品牌。消费者的购买品牌,包括购买目标品牌、购买同类竞争品牌以及购买替代品牌三个方面。目标品牌是指消费者对本企业产品测量研究的那个品牌;竞争品牌是与本企业产品进行竞争的品牌;替代品牌是指消费者原来使用的品牌因在市场上无法得到而购买的其他同类产品的品牌(也是竞争品牌之一)。

消费者对某一品牌的态度变化是通过与竞争产品的比较而产生的。所以,根据消费者对竞争者产品的态度,能够从反面判断其对某一产品的忠诚度。如果消费者对竞争者的产品有好感,说明其对本企业品牌忠诚度低;反之,则说明其忠诚度高,购买意向相对稳定。

(4)消费者购买某品牌的费用支出。这一费用支出是指消费者每次购买某一种品牌时,为某一件商品支出的费用,费用单位为当地货币单位。消费者为某一种品牌支付的费用与消费者购买其他同类产品支出的费用总额的比值如果高,则证明消费者对此种品牌的产品忠诚度高;反之,则低。

(5)消费者对价格的敏感程度。消费者对价格都是非常重视的,但这并不意味着消费者对每种产品的价格敏感度一定相同。事实表明,对于消费者喜爱和信赖的产品,消费者对其价格变动的适应能力强,敏感度较低;反之,则敏感度较高。但是还应考虑产品对人们的必需程度、产品供求状况及产品竞争程度三个因素的影响。

(6)消费者对产品质量事故的承受能力。任何一种产品都有可能因某种原因出现质量事故,即使是名牌产品也很难避免。消费者对产品的忠诚度高,则对出现的质量事故会有比较宽容的态度,不会因此而转购其他品牌。

上述六项测量指标都可以转化为具体的可操作性项目,企业可将这些项目运用于现场调查以取得调查数据。消费者重复购买的次数、挑选时间、消费者购买的品牌、费用支出及购买的价格敏感度等数据,必须可靠且有效。除了取得这些数据外,对消费者忠诚度的测量还需要调查无提示状态下消费者最喜爱的品牌、消费者喜爱该品牌的原因,以及消费者购买该品牌的动机等内容。

五、消费者忠诚度的培养和提高

基于以上对消费者价值的理解,以及对影响消费者忠诚度因素的分析,可以得出一些具体的、有操作性的方法,以此来培养并提高消费者的忠诚度。

(一)不断提高产品质量

优质产品是消费者对产品忠诚的前提条件,可靠的产品质量是建立消费者忠诚的根本保证。高质量的产品本身就是出色的推销员和维系老消费者的强力凝固剂。在这里,质量不仅强调产品符合标准的程度,更应该强调的是企业要不断地根据消费者的意见和建议,开发出消费者真正需要的产品。产品质量应以消费者的需求为始点,以消费者的认知为终点,产品质量优良与否是由"使用者评判的,而不是生产者宣称的"(洛克赫德)。

企业要为消费者提供优良产品,即能够满足消费者需要、具有正常功能、定价低廉合理且消费者能买得到的产品。在企业内部应该形成"以赢得消费者忠诚"为准则的企业文化,产品或服务的设计生产要以消费者为中心,不断寻求改进,树立"为了消费者,对质量的追求永不满足的观念"。

(二)提供优质服务

为消费者提供优质服务的方法一种就是保修和服务保证,这不仅为消费者提供了信用,而且还强化了品牌形象;另一种提供优质服务的方法就是补救服务。产品不可能百分之百没有问题,关键是企业在产品发生故障或服务出现问题时如何补救。服务补救对保持与消费者的长期关系十分重要,通过消费者服务发展与消费者的长期关系是企业提供差异化产品的手段之一，可以有效地提高市场的竞争力。为消费者提供超越期望的优质服务是消费者满意和愉悦的基础。消费者仅仅满意不一定忠诚，但超值的优质服务不仅产生满意而且产生愉悦，才会形成消费者忠诚。为消费者提供优质服务，企业员工要树立正确的服务意识和理念，要形成以消费者为中心的组织结构，重组消费者服务流程并严格实施标准化服务管理。

（三）降低消费者成本

企业要尽量降低消费者的成本。消费者成本不仅包括产品价格、使用成本等货币支出，还包括精力、体力等非货币支出。企业可以通过方便的销售网络使消费者的搜索成本降低，通过优质的服务体系使消费者节省产品的使用成本，通过统一的销售价格使消费者不需要太多的时间来讨价还价，从而节省消费者的精力投入，使消费者的成本降低，价值提升。

（四）消除消费者不满

要与消费者建立长期的相互信任的伙伴关系，就要善于处理消费者抱怨或异议。有些企业的员工在消费者投诉时常常表现出不耐烦、不欢迎，甚至流露出反感的情绪，这往往会使企业丧失宝贵的消费者资源。

大多数消费者感到不满时是不会去投诉的，或者是因为怕麻烦，或者是因为商品价值太低不愿投诉，还有的是不知道如何投诉。一般在25个不满意的消费者中，可能只有1个人会投诉，其他24个则转移到了其他企业。因此，消费者的投诉实际上代表了部分消费者的意见，为企业提供了难得的改进服务的机会。企业应尽力鼓励消费者提出抱怨，然后再设法解决其遇到的问题。

有关研究显示，一个最好的消费者往往是受过最大挫折的消费者；得到满意解决的投诉者往往比从没有不满意的消费者更容易成为企业最忠诚的消费者。在重大问题投诉者中，有34%的人在问题解决后会再次购买该企业产品，而小问题投诉者的重购率可达到52%，若企业能迅速解决投诉，则重购率将会提高到52%~95%。正确对待消费者投诉的第一步是鼓励不满意的消费者提出自己的意见，即降低消费者投诉的“门槛”，否则企业就很难发现自己的缺陷，竞争就会产生盲目性。

在对消费者投诉的补偿方面，企业既要注意费用/效益的比较，又要注意补偿的公平性。补偿程度一般应低于由于不补偿而带来的商业风险，其中对消费者的价值评判要考虑其终身价值。在做出补偿时，要设身处地为消费者着想，考虑其不便之处。采取一定的跟进性方式了解消费者的最终想法，比如，通过打电话或写信的方式告知消费者解决方案，或者与投诉者进行直接交流，直到消费者的不满完全消除。

（五）提高消费者退出障碍

退出是指消费者不再购买某企业的产品，终止与企业的业务关系。构成消费者退出的原因主要有四个：①价格退出者，为了更低的价格而转向竞争者，这类消费者最缺乏忠诚度，价格是影响其购买决策的决定性因素；②产品退出者，是因为找到更好的产品而退出，企业欲留住这类消费者就必须提供更好的产品；③服务退出者，是由于企业不尽如人意的服务而退出；④技术退出者，由于产品使用技术升级而转向其他企业的产品。企业应该认真分析消费者退出的原因，采取针对性的措施，减少消费者退出。

对单个消费者而言，转换购买对象需要花费时间和精力重新寻找、了解和接触新产品，放弃原产品所能享受的折扣优惠，改变使用习惯，同时还可能面临一些经济、社会或精神上的风险；对机构购买者而言，更换使用另一种产品则意味着人员再培训和产品重置成本的支付。提高转换成本就是要研究消费者的转换成本，并采取有效措施人为增加其转换成本，以减少消费者退出，保证消费者对本企业产品或服务的重复购买。

提高转换成本最常用的策略中第一种方法是对忠诚消费者进行财务奖励，如对重复购买的消费者根据购买数量的多少、购买频率的高低实行价格优惠、打折销售，或者赠送其他价值相当的礼品等。第二种方法是为消费者提供有效的服务支持，包括免费热线、质量保证、操作培训、维修保养和事故处理等，借此增加消费者的感知价值。这些服务措施的运用会迫使消费者在打算跳槽前慎重考虑。第三种方法是通过有效沟通，与消费者建立长期的伙伴关系。企业可借助于消费者联系卡或消费者数据库提供的信息，定期与消费者保持联络，做好消费者的回访工作，使企业了解消费者意见，提高消费者转换购买的精神成本。

（六）提高内部员工的满意度

员工关系会直接影响消费者关系，使员工满意是使消费者忠诚的前提。如果员工的满意度只有70%，那么消费者的满意度绝对不可能达到90%，自然也不能保证消费者的忠诚度。这是因为，企业为消费者提供的产品和服务都是由内部员工完成的，他们的行为及行为结果是消费者评价服务质量的直接来源。因此，企业在培养消费者忠诚的过程中，除了做好外部市场营销工作外，还要重视内部员工的管理，努力提高内部员工的满意度。

（七）塑造良好的品牌形象

品牌是成功企业赢得消费者忠诚的重要武器。品牌实际上是一种文化，已经融入各民族、各阶层和各种职业的人群之中。许多消费者愿意花很多钱购买世界名牌服装、名牌化妆品和名牌手表等，就是因为这些品牌已经成为一种独特的文化和身份象征。品牌能够为企业带来超额利润，要提高消费者对品牌的忠诚，企业就要善待消费者，掌握消费者的满意程度，奖励消费者的忠诚，提供配套服务。消费者对品牌的忠诚度，不仅仅是出于对产品使用价值的需要，还带有强烈的感情色彩。只有塑造出良好的品牌形象，使之在消费者心中留下美好的形象，消费者才会产生对该产品的忠诚。

第三节　消费者满意与忠诚的关系

一、消费者满意和消费者忠诚

当今时代,市场竞争的性质已经发生了革命性的变化。对于许多企业来说,重要的问题并不是统计意义上的市场占有率,而是拥有多少忠诚的消费者,即企业竞争的目标由追求市场份额的数量(市场占有率)转向市场份额的质量(忠诚消费者的数量)。

与消费者满意相比,不同的学者对于消费者忠诚概念的界定存在着较大的分歧。例如,图克(Tucker)将消费者忠诚定义为连续三次购买;而劳伦斯(Lawrence)则定义为连续四次购买;柏拉特伯格(Blattberg)和森(Sen)把购买比例(而不是结果)作为对忠诚的行为性测算,并且把消费者忠诚分为对制造商品牌和销售商品牌的忠诚。也有人认为,消费者忠诚是由于受价格、产品或服务特性或其他要素引力的影响,使消费者长久地购买某一品牌产品或服务的行为。

由于主观性的影响,作为消费者心理反应的消费者满意是非常难以衡量的。尽管学者和企业利用大规模的市场调查和消费者询问可以得出大致的结论,但对这种结论的准确性,任何一个学者都无法做出完全肯定的承诺。相反,消费者忠诚是消费者的一种行为,衡量忠诚的唯一尺度就是看消费者是否重复地购买企业的产品或者服务。

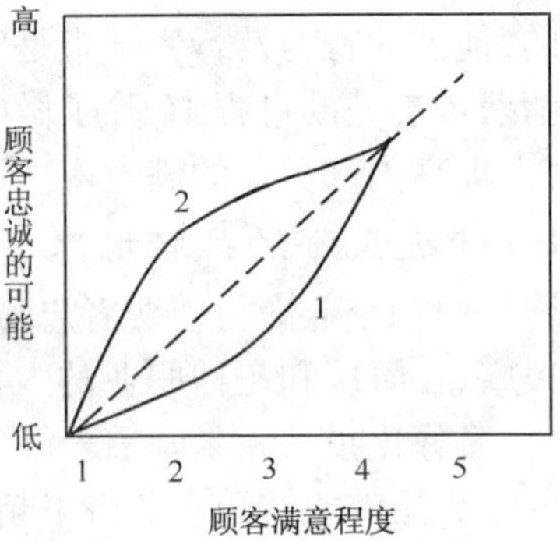

图 10－3　消费者忠诚—消费者满意度曲线

消费者忠诚包含态度成分和行为成分。前者是指消费者对企业的员工、产品和服务的喜欢和留恋的情感,又称消费者忠诚感。行为成分受态度成分的影响,而消费者忠诚感又会以消费者的多种行为方式表现出来,这些行为方式包括再次购买、大量购买、经常购买、长期购买,以及为企业的产品和服务进行有利的宣传等。琼斯和赛塞主要采用消费者再次购买意向来衡量消费者忠诚感。在市场竞争激烈、消费者容易改购的情况下,这种衡量方法可以较准确地反映消费者忠诚感,但在低度竞争情况下,它很难表示消费者内心的真正态度。这时消费者的再次购买意向主要是由外界因素决定的。一旦外界因素的影响减弱,消费者不忠诚的态度就会通过消费者大量选购其他产品表现出来,在图 10－3 中表现为曲线 2 很快向曲线 1 变化。这表明,无论竞争情况如何,消费者忠诚感与消费者满意程度的关系都十分密切(如曲线 1 描述的那样)。只有消费者完全满意,他们的忠诚感才会比较强烈。

消费者忠诚对于企业生存和发展的经济学意义是非常重要的:获得新消费者需要付出成本,特别是在供过于求的市场态势下,这种成本将会越来越昂贵。但新消费者对于企业的贡献却是非常微薄的,在有些行业,新消费者在短期内甚至是无法向企业提供利润的。相比之下,老消费者(忠诚消费者)对于企业的贡献却是令人瞠目的。柏拉特伯格和森曾经对许多服务行业进行了长时间的观察分析,他们发现,消费者忠诚度在决定利润方面比市场份额更加重要。在他们所分析的服务行业中,当消费者忠诚度上升 5 个百分点时,利润上升的幅度将达到 25%～85%。同时,企业为老消费者提供服务的成本是逐年下降的。更为重要的是,忠诚的消费者成为"传道者",努力向其他人推荐企业的服务,并愿意为其所接受的服务支付较高的价格。忠诚消费者已经成为企业竞争力重要的决定因素和企业长期利润最重要的源泉。

许多企业运用消费者满意程度调查,了解消费者对本企业产品和服务的评价,这些企业的管理人员想通过提高消费者的满意程度来培育消费者忠诚感。然而,许多管理人员发现,企业进行大量投资,提高了消费者的满意程度,却仍有不少消费者改购。例如,美国汽车制造业首先开展消费者满意程度调查,并且一直努力提高消费者满意程度。现在,美国汽车制造厂的消费者满意率都超过 90%,但实际再次购买相同品牌汽车的消费者只有 30%～40%。这使很多企业管理人员产生了疑惑。如果提高消费者满意程度无助于培育消费者忠诚感,追求消费者满意又有何用?

美国学者琼斯和赛塞的研究结果表明,二者的关系受行业竞争状况的影响。影响竞争状况的因素主要有四种:①限制竞争的法律;②高昂的改购代价;③专有技术,企业采用专有技术提供某些独特的利益,消费者要获得这些利益,就必须购买该企业的产品和服务;④有效的常客奖励计划。

如图 10－3 所示,虚线左上方表示低度竞争区;虚线右下方表示高度竞争区;曲线 1 和曲线 2 分别表示高度竞争的行业和低度竞争的行业中消费者满意程度与消费者忠诚可能性的关系。

如曲线 1 所示,在高度竞争的行业中,完全满意的消费者远比满意的消费者忠诚。在曲线右端(消费者满意程度评分 5),只要消费者满意程度稍微下降一点,消费者忠诚的可能性就会急剧下降。这表明,要培育消费者忠诚感,企业必须尽力使消费者完全满意。如果消费者未遇到产品和服务问题,接受调查时他们会感到很难做出不好的评价,而会表示满意。但是,如果企业的产品和服务过于一般,并未让消费者感到获得了较高的消费价值,就不易吸引消费者再次购买。

在低度竞争的行业中,曲线 2 描述的情况似乎与人们传统的认识十分吻合,即消费者满意程度对消费者忠诚感的影响较小。但这是一种假象,限制竞争的障碍消除之后,曲线 2 很快就会变得和曲线 1 一样。因为在低度竞争情况下,不满的消费者很难改购，他们不得不继续购买企业的产品和服务。但消费者心里并不喜欢这家企业的产品和服务，他们在等待机会，一旦能有更好的选择，他们将很快转向其他产品。这种表面上的忠诚是虚假的忠诚，有一定的欺骗性。因此，处于低度竞争情况下的企业应居安思危，努力提高消费者满意程度，否则，一旦竞争加剧，消费者大量改购，企业就会陷入困境。

从上面的分析可以看出，产品和服务质量决定了消费者满意，但消费者满意却不一定必然具备消费者忠诚。种类繁多的随机因素存在，无疑加大了产品服务提供者培养消费者忠诚的难度。但对企业来说，没有消费者忠诚，就不会有企业长久的竞争力，这是不容置疑的事实。

二、消费者满意与消费者忠诚关系的静态分析

从服务业的角度来说，消费者满意或不满意心理形成的根源在于消费者感知服务质量，即服务质量决定消费者满意，消费者满意则部分地决定消费者忠诚（如图 10－4 所示）。

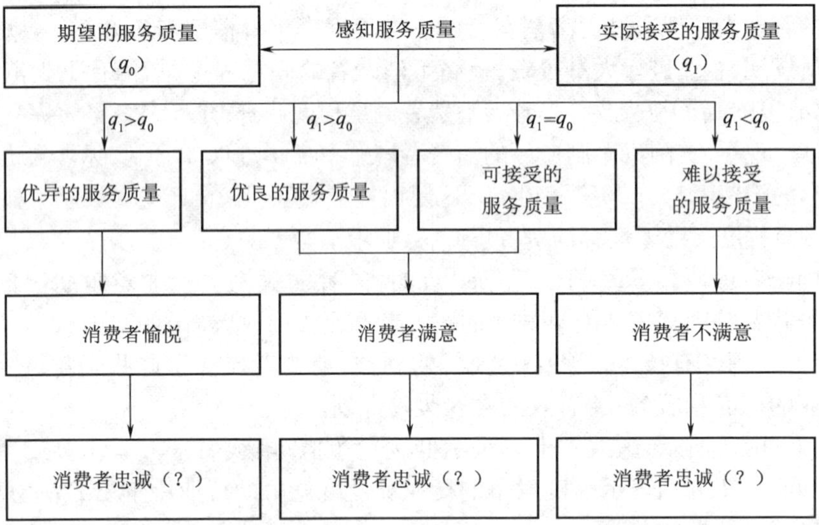

图 10－4　消费者感知服务质量与消费者满意、消费者忠诚关系示意图

从理论上说，消费者感知服务质量水平会产生三种心理状态，即不满意、满意和愉悦。我们以图 10－4 表示这种关系。假设消费者期望的服务质量为 q_0，实际接受的服务为 q_1，则消费者期望与感知服务效果（实际接受的服务）比较的结果为不满意、满意或者愉悦。从图 10－4 中我们还可以看出消费者满意与消费者忠诚的关系。有两种情况都可以使消费者产生满意的心理（$q_1>q_0$ 和 $q_1=q_0$）。但究竟哪一种心理状态可以影响消费者，使其建立起消费者忠诚呢？仅仅根据这个图形，我们是得不出具有说服力的结论的。也就是说，我们对这三种情况都无法做出结

论性的判断。消费者不满意是否一定不忠诚?消费者满意能否实现忠诚?消费者愉悦是不是就一定忠诚?对这些问题的解释,我们必须采用动态的方法,通过对消费者满意与消费者忠诚动态的互动关系分析,从而得出科学的结论。

三、消费者满意与消费者忠诚互动关系的动态分析

我们设消费者忠诚为 L(loyalty),消费者满意为 S(satisfaction),约束条件为 O(occasional factors),则 $L=O\cdot f(S)$。当 $O=1$ 时,$L=f(S)$。由此可以将消费者满意与消费者忠诚的关系分成两种情况进行论述。

(一)无随机因素情况下的消费者满意与忠诚的关系

在无随机因素的情况下,$L=f(S)$,即消费者忠诚是消费者满意的函数。需要注意的是,这里所说的满意指的是超越消费者期望的满意,即愉悦。其水平应当处于容忍区域渴望的产品及服务水平之上。只有当消费者感知产品及服务质量优异、消费者非常满意的情况下,消费者才能再次消费,并保持忠诚。原因非常简单,消费者感知到产品及服务质量同消费者满意之间存在着所谓的"质量不敏感区域"。

消费者满意水平与消费者保持率及向其他消费者推荐所接受过的产品及服务的程度之间并不总是强相关关系。在质量不敏感区域,消费者满意水平尽管较高,但消费者并不一定再次接受企业的产品及服务,也没有向家人、朋友或他人推荐所接受产品及服务的愿望。只有当消费者满意水平非常高时,消费者忠诚现象才会出现,良好的口碑效应也才得以产生。在质量敏感区域下部的为消费者中的破坏者,而上部则是所谓的传道者。所以,为了提高消费者的忠诚度,使消费者成为传道者,企业必须让消费者非常满意,而不是满意或比较满意。

如上所述,消费者满意不等于消费者忠诚。90%的背离消费者对他们以前获得的产品及服务表示满意。所以,满意分值提供了问题的有效预警,但是,满意消费者并不总是比不满意的消费者更多地购买,也不一定比不满意的消费者更加忠诚。根据一项调查,在声称对公司产品满意甚至十分满意的消费者中,有65%~85%的消费者会转向其他公司产品。其中,汽车业85%~90%满意的消费者中,再次购买的比例只有30%~40%,而在餐饮业中,品牌转换者的比例则高达60%~65%。在研究消费者满意与消费者忠诚的问题上,我们必须利用一种系统和动态的观点来看待问题。不能仅仅将眼光局限在产品及服务质量这一决定要素上,而要综合地加以考虑。

(二)存在随机因素情况下的消费者满意与忠诚的关系

前面所说的例子从另外一个侧面佐证了上述的观点.满意不一定忠诚,而不满意也不一定不忠诚。因为在随机因素情况存在的情况下,消费者忠诚不但取决于产品及服务质量水平,还取决于随机因素的影响,即 $L=O\cdot f(S)$。

我们所说的随机因素主要是指,企业无法控制的影响消费者感知产品及服务质量和消费者忠诚的因素,主要包括约束问题、服务补救问题、竞争对手价格或其他方面的诱惑。

1. 约束对消费者忠诚的影响。所谓约束(bonds),是指在消费者同企业的关系链条上,存在着许多法律或其他强制性的要素,使得消费者尽管并不愿意与企业建立关系,却也无法离开企业。但是,如果这些约束被解除了,那么,消费者流失的概率是相当高的。这里所说的"约束"包括法律约束、技术约束、地理约束、知识约束及其他约束。约束与行业的垄断程度关联度很高,即行业垄断可以形成消费者同产品及服务提供者之间的约束,约束反过来会更加强化产品及服务提供者的垄断地位。技术约束对强化产品及服务提供者同消费者的关系也起着非常重要的作用。技术约束可以起到增加消费者退出服务的成本,从而形成退出障碍的作用。约束与消费者忠诚是一种正相关的关系,即产品及服务提供者同消费者之间约束条件越多,则消费者对产品及服务提供者的忠诚度就越高,这种忠诚同消费者感知的产品及服务质量没有任何联系。

2. 服务补救对消费者忠诚的影响。我们在前述的静态分析中所说的消费者高度满意(愉悦)指的是消费者对服务质量总的感知,而不是每项活动、每一个情节的消费者感知服务质量。在很多情况下,消费者总的感知服务质量可能是良好的,但某些服务接触或"关键时刻"感知的服务质量却不一定是良好的,甚至有可能存在服务失误。但是,由于采取了服务补救措施,会使得消费者总的感知服务质量达到了良好的状态。

一般来说,服务补救的效果取决于消费者投入的程度。消费者投入可以分为三类:①消费者本身的投入;②消费者所有物的投入;③消费者信息的投入。消费者投入的程度越高,投入的"价值"越大,服务补救的效果就会越差。对于服务提供者来说,最重要的是为消费者提供准确、及时和周到的服务,而不能将希望寄托在服务补救上。

3. 竞争对手价格或其他方面诱惑的影响。竞争对手价格或其他方面的诱惑也会对消费者忠诚形成强烈的冲击。需要指出的是,由于服务的无形性特征,消费者必须亲身体验后才能对服务提供者的服务质量做出评价,所以,服务产品的价格诱惑作用比有形产品要大得多。

本章小结

消费者满意是消费者期望与可感知效果比较的结果。满意度是指消费者接受产品和服务的实际感受与其期望值比较的程度。消费者满意的影响因素包括产品价值、环境价值、服务价值、形象价值以及附加价值。消费者满意的衡量指标包括价值均衡指标、使用后的满意指标、再次购买率指标、消费者缺憾指标、使用产品推荐率指标以及消费者满意比例,等等。满意度衡量工具有检查表、帕累托图、直方图、流程运行图、标杆差异图和四维矩阵图。

在企业消费者满意度经营中,消费者信息系统是基础,另外还要尽力降低消费者成本,重视内部员工,改进绩效考核,推行现场管理,理顺业务流程。满意度增加的两个主要途径是降低消费者的期望值和增加消费者的感受值。消费者满意的实施包括一系列步骤。

消费者忠诚是消费者对某品牌或某企业发展做出长期投入承诺的意识和行为的结合。忠诚分为行为性忠诚、情感性忠诚、认知性忠诚和意向性忠诚。消费者忠诚形成的关键在于消费者的完全满意,而产品质量、服务、价格、企业形象等则是影响消费者忠诚形成的直接因素。

品牌忠诚度是指消费者在较长的一段时间内,对于特定品牌保持的选择偏好与重复性购买。品牌忠诚度的构成包括消费者对品牌的认知、评价、价值判断、满意度、稳定性消费习惯以及推荐意愿。忠诚度评估指标包括消费者重复购买次数、挑选时间、品牌购买行为、品牌购买的费用支出、对价格的敏感程度、对产品质量事故的承受能力。培养和提高消费者的忠诚度可以从七个方面入手,即不断提高产品质量、提供优质服务、降低消费者成本、消除消费者不满、提高消费者退出障碍、提高内部员工的满意度、塑造良好的品牌形象。

消费者满意不一定必然具备忠诚。服务质量决定消费者满意,消费者满意部分地决定消费者忠诚。只有当满意水平非常高时,忠诚现象才会出现。忠诚不但取决于满意,还取决于随机因素的影响。随机因素是指企业无法控制的影响消费者感知产品及服务质量和消费者忠诚的因素,主要包括约束问题、服务补救问题、竞争对手价格或其他方面诱惑的影响。

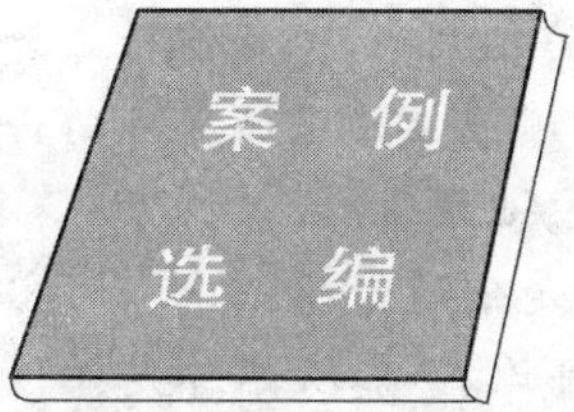

案例 什么在威胁你的客户忠诚度

从斯佩里和哈钦森公司的绿色盾牌邮票到美国航空的特级优待(advantage)飞行常客计划,再到 Groupe Aeroplan 的联盟忠诚方案,忠诚计划一直在演变。根据木星研究公司的资料,现在有超过75%的消费者加入至少一个计划,而且估计加入两个或以上计划的人数占消费人群的1/3。

忠诚度计划如此流行,可见单靠这些计划并不足以确保客户的忠诚度。在过去两年中,企业面临着各种新的挑战,涉及社交媒体带来的透明度问题、跨渠道的不一致客户体验和以价为重的经济情况等方面,客户的忠诚度变得越来越脆弱。而且,取代客户的成本是历来最高的。“比起以前,公司现在要赢得忠诚度真是困难得多”,

Verint 的全球市场顾问总监奥斯卡(Oscar Alban)称,“公司非常非常担心客源流失。”

那么,为什么留住客户如此艰难?互联网和社交媒体在削弱客户忠诚度方面作用巨大。这些渠道创造了一种新型顾客——消息灵通且直言不讳的顾客,在做出购物决策时会依赖于她同事的反馈和评论。

一家数字营销公司的战略服务总监布雷思(Bryce Marshall)称,这种新型透明环境将组织运营与其消费者互动的方方面面置于显微镜下。“一群敢于直言的人在一个非常公开的市场中对组织品牌和产品服务价值评头品足”,马歇尔(Marshall)说道。

这种现象可能对品牌忠诚度构成威胁,选择范式也会如此。特姆金集团(Temkin Group)的执行合伙人特姆金(Bruce Temkin)补充道,当人们面临许多不同的选择时,他们更容易对自己做出的选择感到不安。“从他们决定成为你的客户那一刻起……你的工作才刚刚开始”,特姆金说道,“你必须确保强化顾客决策的价值和可能性。”

如今,不一致的跨渠道体验也会对忠诚度构成威胁。特姆金提议,各公司在每一次互动中都为顾客提供一致且积极的体验。各公司必须在售后、顾客的整个生命周期内以及跨渠道中,更有效一致地吸引顾客。美国第一资讯公司(First Data)的商户忠诚度副总裁凯文(Kevin Knowles)补充道,集中了解顾客的跨渠道行为将有所帮助。“如果你没有建立一个集中式模型,那么你会面临顾客数据零散的风险”,他说道。

尽管存在这些挑战,许多公司正通过采用独特的客户挽留方法——尤其是在社交媒体、主动的顾客服务、引导计划和忠诚度奖励计划等方面,逐步发展其忠诚度计划。

1. **社交媒体是福亦是祸**。First Data 的诺尔斯(Knowles)预测,社交媒体将显著影响顾客忠诚度,促使商户更加了解市场对其产品的看法。“最佳的忠诚度计划将不会克服不良产品带来的麻烦,或者顾客如何看待其价值”,他说道。

根据 Verint 的阿尔班(Alban)的说法,公司错失的良机是创造情感依恋。阿尔班称,聪明的公司会承认社交网站上对它们的正面和负面评论。“社交媒体是最佳的忠诚度提升或削弱工具”,他说道,“你倒不如好好利用社交媒体。不要把头埋到洞里,而是要迎面反击。”

以康卡斯特(Comcast)为例。Comcast 由弗兰克(Frank Eliason)领导,在 2007 年开始通过在社交媒体上提出以下简单的问题,应对愤怒的顾客:“我如何能够帮到您?”弗兰克和他的团队这样做不仅解决了顾客的问题,还利用自己了解到的情况帮助 Comcast 改善客户体验。Comcast 大多数的顾客都不太可能蜂拥地推荐电缆供应商,但特姆金称,如果公司向顾客给出推荐理由,以及如果公司向忠实拥护者开放社区并给出理由让他们做出贡献和发言,那么这些消费者可能会持积极态度。

Comcast 正坚定不移地在社交媒体上做出努力,修复自己的品牌形象,提高客户的忠诚度,而 Wheat Thins 最近也在利用推特提升其最狂热粉丝的忠诚度。Wheat Thins 跟踪其参与度最高的顾客,从最忠实的粉丝中挑选一部分人,到其家中，为其提供终生免费小饼干的惊喜。该品牌表示，引人注意的方法是在奖励忠诚顾客时的造势。

像 Wheat Thins 这样通过社交媒体聚集顾客的见解，非常有助于维持顾客忠诚度。然而，根据 SAS 顾客智能方案公司（SAS customer intelligence）的全球产品营销经理约翰（John Bastone）所言，许多企业正意识到自己没有投入时间、金钱和专业知识来了解其顾客。“顾客对他们光顾的公司的期望越来越高”，约翰说道，“不了解顾客的公司会面临对顾客而言其价值越来越低的风险。”

组织如果有效运用从社交媒体上收集到的宝贵见解，然后投入资源培养推广和推荐该公司的品牌拥护者，则将会增加机会帮助留住忠实顾客。

2. **顾客服务先发制人**。社交媒体可证明其自身是新的忠诚度建立渠道，但通过传统的客服渠道提供出色的体验，一直是在忠诚度比赛中获胜的关键之一。奈斯公司（NICE）的美洲营销总监纳修（Matthew Storm）称，今天的组织不能依赖于在销售点或者仅在购物场所内提供一次性卓越服务。各公司必须在顾客生命周期内提供一致且个性化的跨渠道体验。“如果一个渠道缺少一种方式、形态或形式，那么顾客将涌向其他渠道”，他说道。纳修称，为了创造一致性，各组织正将其客服理念从传统渠道转移到点击聊天、电子邮件和移动端。“你将开始看到的是，凭借着在一个地点统一处理所有见解的能力，这些渠道会提供更一致的体验”，他说道。

艾鲁夸公司（Eloqua）的首席营销官布赖恩（Brian Kardon）认为，除了贯穿各服务战略，公司还开始采取更主动的方式展开其引导计划，目的在于建立长期忠诚度。例如，威瑞森无线通信公司会在顾客购物后致电感谢他们，如果他们对新手机有任何疑问，则会持续致电了解情况。

住宅按揭行业企业解决方案提供商埃莉协会（Ellie Mae）在 2013 年推出了一项由 Eloqua 支持的培养计划。新顾客会自动收到一封电子邮件，邀请其登录埃莉协会（Ellie Mae）的在线资源中心，为他们介绍定位流程。该门户还会为用户提供培训建议和“第一步”指导。而且，该门户会提供面向用户特定需要的工具，如进行软件“健康检查”或者联系服务团队寻求帮助。

Ellie Mae 的在线营销和分析经理杰瑞（Jerry Yin）称，该公司正在跟踪有关该培养计划的口碑。杰瑞补充道，Ellie Mae 正想办法利用其他工具和自动化加强用户体验，使培养计划更侧重于各用户的特定需要。“我们希望继续与顾客交流”，他说道。

在销售后主动与顾客接洽的公司不只是为了赚钱，还为了指导和帮助顾客，这样将会赢得客户的信任。“各公司开始更仔细地了解消费阶段，并且正在尝试弄清楚如何在销售后更有效地吸引住顾客”，特姆金说道，“如果零售商不负责让你对购物决定感到满意，那么他们会失去你的忠诚度。”

3. **忠诚度计划遍地开花**。2014 年 1 月的首席营销官理事会报告发表了一些发人深省的消息：60% 的营销官称，忠诚度计划参与者是最好、最有利可图的顾客，仅 14. 8% 的受访者认为他们在利用会员忠诚度方面的行动非常有效，而近 20% 的受访者甚至没有实施顾客忠诚度战略。有些人将这归因于严重依赖于折扣。First Data的诺尔斯解释道，各公司仍然提供折扣，而不是提供有形的金钱奖励。“确保你不只是制定一个折扣方案，而是利用这一机会，迈出第一步与顾客建立长期关系”，诺尔斯说道，“人们对价格更加敏感，你不会希望失去现在消费、但未来的价格敏感度可能下降的客户。”

忠诚度计划中的积分计划要求顾客越过层层关卡才能获得奖励，往往让顾客感到沮丧。“为什么顾客需要主动表忠诚来获得最终奖励?”数字营销公司的马歇尔问道，“相反，企业拥有工具和消费者授权来主动识别和奖励忠诚的、有利可图且分享其出色体验的顾客。”特姆金说他注意到各组织在忠诚度计划展开方式上的变化，大部分是由于采用了精密的细分战略，这些战略有助于提供有关准确驱动忠诚度计划中行动的线索。越来越多的公司提供同顾客相关的独特体验和服务。“公司开始要做的是，了解除了折扣之外，自己实际上还可以提供怎样的服务”，特姆金说道。

世界顶级酒店已经制订出一个涵盖折扣和其他服务的忠诚度计划。该公司的Leaders Club是一个三级认证计划，拥有95 000名会员，根据消费金额向忠诚会员提供独享特权。该公司又将其“彻底转变”为五年期计划，引入一个每入住五次享受一次免费住宿的奖励。“我们认为，这表达了我们对客户忠诚度的感谢”。

高级营销副总裁克劳迪亚(Claudia Kozma Kaplan)说道，“能够在酒店内免费住一晚是很具有传奇色彩的。”克劳迪亚(Kozma Kaplan)在修改该忠诚度计划时进行了研究，发现旅游业中大多数忠诚俱乐部会员都拥有几千积分，但他们都没有使用这些积分，因为他们觉得很难兑换。“我们希望把兑换变得简单轻松，于是想出了一个非常容易使用的奖励方式”，她说道。该计划的三个级别包括基本级，这是免费的，包括入住时在房间内提供定制物品。入门级费用为每年300美元，包括5%的最低折扣和房间升级优惠待遇。会员可花2 000美元购买无限级，这保证房间升级，而且即使会员不入住酒店也为其提供24小时礼宾服务。

克劳迪亚称，该公司在推出该奖励后获得了很好的效果，因此计划增加该奖励的资源。因此，顶级酒店与克里克斯夸德(Clicksquared)合作，帮助收集会员数据，进行预测建模，更仔细地了解客户行为，根据旅游模式和偏好提供更稳当的建议和奖励。“该计划越来越成为我们的招牌计划”，她说道。

阿菲尼亚(Affinia)是另一间连锁酒店，最近为其忠诚度计划增加了一个认证内容。首席营销官莫泽(John Moser)解释道，精品酒店占据美国市场4%的份额，因此Affinia希望以独特的方式吸引和留住顾客。类似于Leading Hotels，莫泽称，Affinia希望认识常客，但没有工具这样做。该酒店在与斯达史酒店奖赏(Stash hotel rewards)合作一个计划，使游客能够在独立的物业内免费过夜。现在，在Affinia位于纽约和芝加哥的6处物业中住宿的住客可以赚取积分，以换取参与计划的美国范围内酒店的免费住宿。Stash管理该数据库以及会员何时通过Affinia登记加入该计划，相关概况会被共享。尽管该计划最近才实施，但莫泽称其深受欢迎。“我们正尝试找出一种方法,使住宿变得特别,而不只是一件商品。我们正在向顾客提供回馈”,莫泽说道,“在这个时代,顾客四处流连,你必须继续找到方法让他们希望和你在一起。”

4. **客户忠诚度相当于更深远的投资**。客户忠诚度通常按关系的强度以及顾客生命周期内影响忠诚度的情况所决定。因此,公司不能再只是想办法留住其顾客,其必须想办法继续建立关系。换言之,服务不能再起反应。“这要求公司逐步将过去的等待客户致电演变为主动致电”,Verint 的阿尔班(Alban)说道,“这将使客户服务整体变得更复杂,并需要财力投入,而我们当前处于现在就进行投资还是之后再进行投资的情况之一。”

采取更主动的方法的一个方面是在公司文化中植入以客户为中心的思想。Eloqua 的卡登称,他正看到一个新职务——客户成就经理——的出现,可以帮助维护忠诚度。他还了解到越来越多的企业将员工奖金及工资同顾客挽留度相挂钩。“这些公司发现客户满意度和挽留度有所增加”。卡登说道,“如果雇员认识到其大部分工资与忠诚度相挂钩,他们会更努力工作。这肯定对忠诚度有积极影响。”最后,各组织应把每一次互动当成赢得每位顾客忠诚度的契机。Knotice 的马歇尔说:“尝试赢得与尝试不失之间差别明显。”

资料来源:Harson. 什么在威胁你的客户忠诚度?[EB/OL]. http://news.mbalib.com/story/84682,2014-08-12.

案例讨论:

1. 当前,顾客忠诚度为什么受到了削弱?
2. 面对挑战和威胁,公司可采用哪些方法增强顾客忠诚?
3. 怎样的忠诚度计划才是比较有效的?
4. 结合当前营销环境,谈谈你对顾客忠诚及其实践策略的看法。

思考题

1. 消费者满意度及其影响因素是什么?企业应如何提高消费者的满意度?
2. 消费者满意的衡量指标和工具有哪些?
3. 试述消费者忠诚及其构成,并说明消费者忠诚是如何形成的。
4. 品牌忠诚度及其评估指标是什么?
5. 企业应如何保持和提高消费者对产品与品牌的忠诚度?
6. 消费者满意和消费者忠诚的关系是什么?

第十一章

消费者的体验心理与行为

★ 本章要点和学习要求 ★

体验经济的兴起是21世纪经济发展的一个主要趋势,"为消费者提供丰富的体验"已经成为企业保持价值增长和提升竞争力的重要创新营销思维。借助相关学者的研究成果,本章描述体验经济时代消费者所发生的变化,探讨消费体验的特征和类型;同时,基于消费者的体验需求,结合实例探讨体验营销实施的要素和策略。通过本章的学习,学生应当认识到消费体验的重要性,把握消费者体验需求的特点,并了解体验营销实施的相关策略和工作流程。

第一节　消费体验与体验经济

一、消费体验

体验的概念来自心理学,但是,体验的含义远远超过了心理学范畴。《庄子·天地》中有这样一个故事:子贡经过汉水南岸,看见一个老翁正在抱瓮汲水浇地,问他为何不用桔槔,用力少而见效快。而老翁答道有了机械之类的东西必定会出现机巧之类的事,有了机巧之类的事必定会出现机变之类的心思。故事中呈现出中国古人朴素的体验意识,即注重对自身劳作的体悟,而工作不仅仅是达到目的的手段,更是体验个人存在的"剧场"。

美国著名的体验经济学家约瑟夫·派恩(Joseph Pine)指出:体验就是指人们用一种从本质上说很个人化的方式来度过一段时间,并从中获得过程中呈现出的一系列可记忆事件。体验大多来自直接观看或参与某事件(真实或虚拟的),其结果可表现为喜欢、快乐、赞赏、新奇、刺激、讨厌和憎恨等反应形式。任何一种体验其实都是个人的心智状态与那些设置的事件之间的互动作用的结果,因此没有哪两个人能够得到完全相同的体验经历。体验不仅涉及人们的感官、情感、情绪等感性因素,也包含知识、智力、思考等理性因素,同时还包括身体的一些活动。

从企业的角度看,我们可以这样来理解消费体验的含义:消费体验就是企业以服务为舞台,以产品为道具,以消费者为中心,创造使消费者参与、值得回忆的活动。约瑟夫·派恩和詹姆斯·吉尔摩(James H. Gilmore)在1999年出版的《体验经济》一书中也谈道:"无论什么时候,一旦一个公司有意识地以服务作为舞台,以商品作为道具来使消费者融入其中,这种刚被命名的新的产出——'体验'就出现了……体验事实上是当一个人达到情绪、体力、智力甚至精神的某一特定水平时,他意识中所产生的美好感觉。"从消费者行为的角度来看,消费体验是在某种特定的营销环境中,个人心境与事件的某种互动,并从中获得过程中呈现出来的一系列可记忆的体验原点。

消费体验既可以是间接的体验,也可以是直接的体验。

间接的消费体验通常是基于一个模拟的环境,顾客身临其境地参与到企业预先安排好的活动中,从中体验冒险、奇遇、性感刺激和其他乐趣而无损于顾客的现实生活和名声。比如,许多年轻的消费者喜欢网络游戏,他们完全被网络游戏公司设置的虚拟情节所深深吸引,心情非常愉快并且常常感觉时间过得很快,这就是一种间接的消费体验。

直接的消费体验一般是基于真实的环境,在此情境中,顾客除了有身临其境的体验外,还将得到实质性的损失和收获。比如在星巴克咖啡店,起居室般的家居摆设、典雅的色调、热情的招待、浓浓的咖啡香、咖啡机煮咖啡发出的嘶嘶声,等等,这些和谐有序的情境使得每一位消费者都沉浸在一种高雅、亲切、舒心和自在的享受中。但在获取这种愉快体验的同时,消费者也必须承担比其他咖啡店更贵的价格。

由于每个人的心智模式不一样,因而消费体验具有很强的个体性、主观性。一方面,对于同一客体,不同主体会产生体验的差异性;另一方面,同一主体对同一客体在不同时间、地点也会产生不同的体验。正是这个特征,决定了消费体验具有极大的不确定性,它不仅取决于企业设置的营销刺激,更取决于消费者自身的心理变化。

消费体验典型的特征就是值得记忆,它能在消费者的脑海中留下难以忘怀的美好记忆,令人回味无穷。例如,某人在谈起数年前他在迪斯尼乐园享受生日体验的经历时往往眉飞色舞、记忆犹新。消费者通常会将这种美好的消费体验视为一笔宝贵的心灵财富,甚至认为它比有形的东西更值得珍视。总之,产品是有形的,服务是无形的,而消费体验则是令人难忘的。

2001年10月25日,被微软公司形容为设计最佳和性能最可靠的新一代操作系统Windows XP在全球面世。比尔·盖茨宣称该操作系统"重新定义了人、软件和网络之间的体验关系"。"XP"来自"Experience",其中文意思即是体验。当前,在营销实践界中出现了一大批先行者,比如,以体验作为主体的迪斯尼乐园、倡导"全面顾客体验"的惠普公司,还有经营在线游戏的网站运营商;IBM、诺基亚、三星、索尼、戴尔、联想和苹果等国际品牌都已在全球主要的城市建立了自己产品的“体验店”。正是由于他们的大胆尝试,使得越来越多的人开始关注消费体验,最终取得巨大成功。

二、体验经济

(一)体验经济的兴起

早在20世纪下半叶,体验经济就引起了许多学者的关注。美国未来学家托夫勒(Alvin Toffler)20世纪70年代在《未来的冲击》中写道:“几千年人类经济发展的总历史将表现为三个阶段,即产品经济时代(包括前产品经济时代和后产品经济时代)、服务经济时代和体验经济时代。”他还进一步指出:“我们正在从满足物质需要的制度迅速过渡到创造一种与满足心理需求相联系的经济”,“体验由原来作为某种服务产品的附属……越来越多地按其本身的价值出售,好像它们也是物品一样”。

所谓体验经济,是指企业以服务为重心,以商品为素材,为消费者创造出值得回忆的感受的一种经济形态。派恩和吉尔摩在《体验经济》一书中对体验经济也有过描述:体验本身代表一种已经存在的、先前并没有被清楚表达出来的经济产出类型,是自20世纪90年代继服务性经济之后的又一全新经济发展阶段。正如服务经济的地位高于产品经济一样,体验经济高于服务经济,它创造的价值来自个人内在的反应。体验一直存在于我们的周围,只是直至现在我们才刚刚开始将它作为一种独特的经济提供物方式来对待。其实,我们可以这样来理解体验经济:你创造了一种独特的氛围,用一种令人赏心悦目的方式提供服务,你的消费者为了获得这种舒适的过程而愿意为之付费。消费者希望享受愉悦的过程,也就是需要为消费者的体验提供过程。

一个有趣的例子是一家以色列企业家开的名为“真假咖啡店”的咖啡店,店里没有任何真正的咖啡,但是穿戴整齐的侍者仍有模有样地装作为客人们倒咖啡、送糕点。虽然服务生送来的杯子、盘子里空无一物,但是每位消费者要付3美元,周末6美元。其经理卡斯比表示,消费者到咖啡店是来认识朋友、体验社交生活的,而不是为咖啡而来。这位老板显然是从提供这种体验中赚取利润的。

体验经济的一个经典镜头是:在巴黎里昂火车站旁边有一家“蓝色火车”咖啡馆。在这里,一杯看似平常的苦咖啡就要5美元。但是,对于品尝咖啡的人而言,他们所支付的不仅仅是咖啡本身的价钱。在那里,他们可以悠闲地躺在豪华的真皮沙发上,静静地欣赏那些在罗浮宫展出的洛克式绘画作品,真切地体会到巴黎“美好时代”的感受。虽然咖啡很快就会喝完,但在如此独特氛围中的体验给人留下终生难忘的回忆,它的价值恐怕已远远超过了5美元。

(二)体验经济兴起的原因

1. 体验经济的兴起是经济形态演进的结果。人类的经济生活经历了四个发展阶段:农业经济、工业经济、服务经济和体验经济。农产品是可加工的,商品是有实体的,服务是无形的,而体验是难忘的。体验作为一种有别于产品、商品、服务之外的第四种经济提供物,创造全新的经济形式,被誉为体验经济。在产品高度商品化的时代,同种商品间的差异越来越小,价格成为主要的竞争手段,服务也被当作突出竞争优势的重要差异化手段。而随着服务的日趋商品化,为了使自己的产品有别于其他竞争者,企业不得不将体验作为新的提供物引入进来。从表 11 –1 中,可以看到这一变化过程。

表 11 –1　经济形态区分

经济提供物	产品	商品	服务	体验
经济	农业	工业	服务	体验
经济功能	采掘提炼	制造	传递	舞台展示
提供物的性质	可替换的	有形的	无形的	难忘的
关键属性	自然的	标准化的	定制的	个性化的
供给方法	大批储存	生产后库存	按需求传递	在一段时期后披露
卖方	贸易商	制造商	提供商	展示者
买方	市场	用户	客户	客人
需求要素	特点	特色	利益	突出感受

资料来源:约瑟夫 · 派恩,詹姆斯 · H. 吉尔摩. 体验经济[M]. 夏业良,译. 北京:机械工业出版社,2002.

2. 体验经济的兴起是技术进步的结果。现代科学技术的进步,尤其是互联网的出现和高速发展,为体验经济的产生和发展提供了强有力的基础。

一方面,技术的快速发展使得人们有可能接触更多的体验。比如,互动游戏、网上聊天、虚拟实境等,都是借助互联网和现代信息技术才得以产生的。并且,互联网还是传递其他多种体验的平台,它充分满足了人们自由化、个性化的消费需求。在未来几年内,各个领域的先进技术还将不断相互融合和提升,为人们带来更多的方便和新鲜感。例如,信息技术会与生物技术相融合,能创造出以基因为基础的信息产品,而这将为人们带来更多的体验。

另一方面,互联网的发展突破了传统交易方式的限制,使得人们能够通过广泛的信息源进行实时的价格比较,足不出户便能买到自己想要的商品。在这种情况下,吸引消费者到实体商店购物的唯一原因只能是某种特别的购物过程的体验。

总之,在现代社会条件下,企业只有借助于先进的科学技术,为消费者提供各种难忘的"体验",才能实现企业更大的价值增长和赢利。

3. 体验经济的兴起是消费者需求升华的必然结果。伴随着物质文明的进步,人们的生活水准和消费需求也在不断提高。在农业社会,人们追求的是温饱的基本满足;在工业化社会,生活水准由物质产品的数量来衡量;在后工业社会,人们更加关心生活的质量,关心自己在心理上和精神上获得的满足程度,而体验可以说正是代表这种满足的经济提供物。从消费者心理来讲,追求自我实现是体验经济的精神核心。在体验经济中,企业主要提供的已不仅仅是商品或服务,而是一种让客户身在其中的体验,其中充满了感性的力量,这给消费者留下难忘的记忆。在图11-1中,我们可以看到这样的变化。

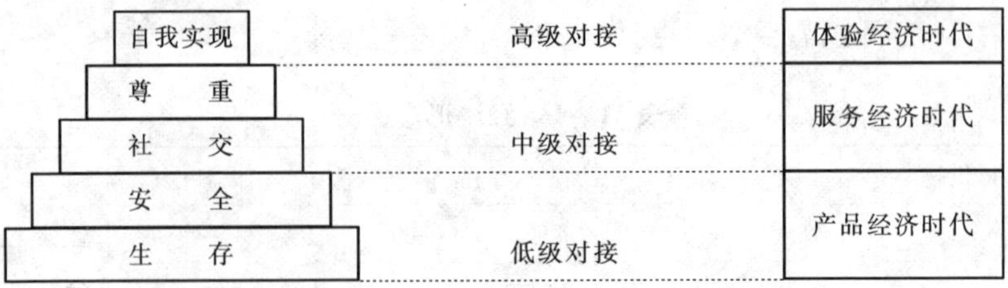

图11-1　需求层次和经济时代对应关系

资料来源:刘凤军,雷丙寅,王艳霞. 体验经济时代的消费需求及营销战略[J]. 中国工业经济,2002,6(8):81-86.

三、体验经济时代的消费者需求特征

随着体验经济的到来,消费者的消费观念和消费方式产生了多方面的深刻变化,消费需求的结构、内容、形式发生了显著变化,同时,企业的经营重点也发生了相应的改变(见表11-2)。

表11-2　经济发展阶段与生产及消费行为的变化

发展阶段	农业经济	工业经济	服务经济	体验经济
衣（服饰）	自己织布,自己制做衣服	买成品布,请裁缝师傅做衣服	在服饰店购买适合自己尺寸的各类衣服	服饰店不再是仅仅卖衣服,更强调店面整体搭配,体现自身品位,并推出专卖店以凸显品牌特色
食（蛋糕）	以自家农场生产的面粉、鸡蛋等材料,亲手做蛋糕,成本不足1美元	从商店购买蛋糕粉等材料,自行烘烤,仅花费几美元	在面包店订购做好的蛋糕,花费十几美元	过生日不再以蛋糕为主角,更强调以生日宴会等方式创造难忘的体验,花费100美元
住（房屋）	买卖房屋靠口耳相传	在各种媒体上以刊登广告达到宣传目的	委托专业的房地产销售(中介)公司,且服务到家门	通过推出具有特色的服务,如数字化小区、绿色家园等,给消费者以想象的空间,从而吸引顾客的注意力
行（汽车）	被视为昂贵的交通工具,少数人专用的,且被定义为代步工具	强调汽车的安全性、耐用性及经济实惠	建立较为庞大的汽车销售网络,提供完善的售后服务	除了对汽车性能的注重外,更强调汽车与生活、休闲及个性色彩的结合,通过感情及联想的诉求,提供给驾驶者更多的体验空间,以达到销售的目的

续表

发展阶段	农业经济	工业经济	服务经济	体验经济
教育	以学校教育为主			学校不再只是上课的唯一场所。以森林小学、户外教学方式提供给学生直接的体验,更可建立双向的互动关系
娱乐休闲	娱乐活动多为单一且单调			强调亲身体验的旅游特性。使用高科技手段建造了各种主题乐园,同时新兴的旅游形态如亲自动手的休闲农场、SPA、度假村等也应运而生

资料来源:张璠,张吉宏,朱琦文.体验经济时代来临对工业区域发展之影响[J].经济情势暨评论,2001(4).

在体验经济时代,消费者的消费行为表现出以下四个趋势。

第一,从消费结构看,情感需求的比重增加。消费者最看重的不是产品数量和质量,而是商品和自身关系的密切程度,更加注重情感的愉悦和满足。他们偏好那些能与自我心理需求引起共鸣或者能实现自我价值的经济提供物,购买商品往往是出于一种情感上的渴望,追求超越量和质的感性满足。

第二,从消费内容看,大众化的标准产品日渐失势,对个性化产品和服务的需求越来越强烈。人们倾向于追求那些能够促成自己个性化形象形成、彰显自己与众不同的产品或服务。尤其是青少年一代,他们讨厌同质化,不喜欢"千篇一律",形成了独立、自我的个性特点,崇尚个性彰显,敢于标榜自我,乐于追求自己喜欢的事和物,喜欢购买具有独特风格和符合自己个性的产品,总能被显示个性品位和时尚气质的东西吸引。

第三,从价值目标看,消费者从注重产品本身转移到注重接受产品时的感受。现代人消费似乎不仅仅关注得到怎样的产品,而是更加关注在哪里、如何得到这一产品。或者说,现代人不再重视结果,而是重视过程。他们并不只是为了得到产品或服务而进行支付,而是想通过产品或服务的消费过程完善自己、发展自己,并享受生活或体验生活。也就是说,消费者看重的是对某种产品或服务的消费过程能否让自己有这些特殊的体验,只要能让他们认识或感受到这一消费目的可以或已经实现,消费者就愿意支付,甚至愿意支付得更多。

第四,从接受产品的方式看,人们已经不再满足于被动地接受企业的诱导和操纵,而是主动地参与产品的设计与制造,希望通过这种创造性的消费获得更大的成就感和满足感。从近年来的消费实践看,消费者参与企业营销活动的程度进一步加深,这主要表现在消费者从被动接受厂商的诱导、拉动,发展到要求得到产品外观的个性化,进而对产品功能提出个性化的要求。

实例 11-1　用户体验越完美越好吗?

用户体验越完美越好吗?研究发现,反而是那些“非一般”的体验因为能填充消费者的“体验履历”,能让其感觉弥足珍贵、蠢蠢欲动。

想象一下,你即将迎来一段盼望已久的假期,度假地有两个选择:一是去瑞典著名的冰雪酒店体验睡在冰窖里的感觉;二是去佛罗里达享受温暖和煦的阳光,你会选择哪一个呢?近来的营销趋势表明,许多消费者会被罕见、新奇的消费体验吸引,他们会选择去一些预想不那么舒适的地方,品尝一些不同寻常的创新“菜肴”。为什么会选择花钱“受苦”而非“享乐”?哈佛商学院的助理教授阿奈特·凯南(Anat Keinan)与哥伦比亚大学商学院的营销学教授郎恩·科维茨(Ran Kivetz)对此开展了一系列研究。

1.**“生产模式”下的度假**。即使是在度假或消费,开启了“生产模式”的人也永远无法停止自我评估。在现代社会,生产力和时间效率几乎是消费者最关心的事,人们视时间为“最终的稀缺品”(the ultimate scarcity)。这意味着,时间是一种需要去珍惜、去保护的宝贵资源。凯南和科维茨认为,基于技术和文化的发展,人们将持续地关注如何在紧迫的时间里变得更高效、更高产,他们将这一趋势定义为“生产率导向”,这意味着人们将会在牺牲娱乐、消费的情况下超负荷工作。

当时间需要被精打细算时,一系列主打“省时”的产品和服务应运而生了,比如联邦快递、麦当劳快餐等。然而,人们如此强烈的高产需求,还出于实现自我价值的目的。克拉克和奥斯瓦德(Clack & Oswald, 1994)的研究表明,大多数处于失业状态的人无法获得幸福、自尊和精神健康。甚至只是当人们感觉自己脱离生产状态时,挫折感也会让他们的身体出现慢性疼痛和疾病。

由此可见,从事生产活动所带来的心灵慰藉足以解释为什么大部分人退休后仍然选择继续工作。自从追求高效生产逐渐成为西方社会的核心价值,人们也开始倾向于以生产率和生产成果来确立自己的身份,衡量自身价值。凯南和科维茨强调,对于生产率的需求之大,不仅驱使人们分配出更多的时间用于工作和生产,还影响了他们分配休闲、度假活动的时间。即使是在度假或消费时,开启了“生产模式”(production mode)的人也永远无法停止自我评估。

2.**为了新奇牺牲享乐**。消费者不断创造新的体验,不是为了从中获得短暂的愉悦,而是为了创造和收集难忘的回忆,以获得对自身价值的肯定。凯南和科维茨指出,出于对生产力和自我提升的需要,人们收集实物的同时也会收集难忘的体验,然后在自己的“体验履历”上勾选对应的条目,以此获得完成任务的满足感。

那么,什么样的体验是让人们难忘的呢?答案就是可以收集的体验(collectable experiences)。又是什么让体验变得可以收集呢?凯南和科维茨指出,可以收集的体验需要符合“毫不相似”的原则,还需要具备新颖、稀有、异乎寻常、出乎意料等特征。生产率导向驱使人们即使在参与休闲活动时,仍然不断地追寻进步和生产的感觉。因此,消费那些可以收集的体验就成为人们丰富体验履历并感受自己的生产力和自我价值的绝佳途径。比如,住在魁北克冰雪修筑的酒店与入住佛罗里达五星酒店相比,这两者都是享乐型消费,但前一个方案更符合"可以收集的"特征(如人生仅此一次的机会、不同寻常等),后一种方案则符合舒适、熟悉等特征。为了进一步探究消费非凡体验不同于消费享乐主义的体验,两名研究者还邀请140名网友选出心目中的理想度假胜地。结果显示,67%的实验参与者选择了冰雪酒店。更重要的是,多数选择去冰雪酒店度假的参与者认为一生拥有一次这样的体验就足够了,这符合了"毫不相似"的原则。消费者们绝不会收集相似的体验,因为这无法帮助他们优化自己的体验履历。

凯南和科维茨认为,消费者在一生中不断地、有意识地创造新的体验。但他们不是为了从这些不同寻常的体验中获得短暂的愉悦,而是为了创造和收集难忘的回忆以获得对自身价值的肯定。

3. **谁更愿意体验新奇**。那些生产率导向的消费者更倾向于选择非凡的体验,他们为了不浪费时间,会在等待的时间里做一些具有生产意义的事情。根据这一思路,凯南和科维茨设计了两种更具"客观性"的实验。

首先,他们进行了生产性的等待时间研究(productive waiting time study)。57名在火车站等车且佩戴手表的旅客成为这次的实验对象。在实验开始前,研究者首先观察各个旅客会尝试着看书、写作或玩电脑以打发等待的时间,还是选择无所事事地发呆。接着,将有事可做的旅客归类为"尝试生产性地度过等待时间",无所事事的旅客就被归类为"不尝试生产性地度过等待时间"。

分类之后,研究者首先要求实验对象在两个度假目的地中做出取舍:去夏威夷或是去哥斯达黎加。前者是一次舒适的体验,后者则被描述成是一次可收集的体验。随后再选择庆祝自己生日的方式:做一些有乐趣的事情(去熟悉的餐厅用餐)或是做一些非同寻常的事情(去一家充满异域风情的餐厅用餐)。实验最后,研究者还检查了实验对象的手表时间与正确时间的快慢差异。

研究发现,那些试着做些事情度过等待时间的实验对象更倾向于选择非凡的体验,他们当中选择去哥斯达黎加度假的人占到70%,选择做一些非同寻常且难忘的事情庆祝生日的占87%。此外,研究者还发现,试着做些事情度过等待时间的旅客中,57%的人调快了手表时间;无所事事的旅客中只有22%的人这样做。

4. **对商业的启示**。可见,生产率导向会导致消费者选择为非凡体验埋单,因为他们能通过收集非凡体验,优化体验简历得到成就感。更重要的是,非凡体验仅需一次就足够。

自古先贤就深谙时间的珍贵。人们逐渐牺牲娱乐,并将重心转移到生产率上——即使在度假,也要"产出"更多体验履历,这对商家来说却是个不怎么好的消息。如何才能吸引这些开启了"生产模式"的消费群体呢?答案是新奇、非凡、独一无二的体验。换句话说,商家需要不断地创新,创造非比寻常的产品或服务。

举例来说,印第安纳州的疯马夜总会推出了"80 种世界顶级啤酒"活动,给每名参加活动的消费者一张列有 80 种国内外啤酒名单的卡片。显而易见,该会为消费者提供了 80 种毫不相似的体验,消费者每尝试一次新的啤酒就能收集一次非凡体验,直到集满 80 次体验为止。总之,应该关注以生产率为导向的消费者心理,注重为他们提供可收集的体验。

资料来源:蒹葭,戴先炽. 消费者不需要完美体验?[EB/OL]. http://www.ceconline.com/sales_marketing/ma/8800068718/01/,2013-10-28.

第二节 消费体验的类型

一、"体验四个王国"的划分

派恩和吉尔摩在《体验经济》一书中对体验的分类进行了阐述。他们认为某种体验可能从很多方面吸引客人,他们提取了两个最重要的方面,从而建立了一个坐标系来划分体验的类型(如图 11-2 所示)。

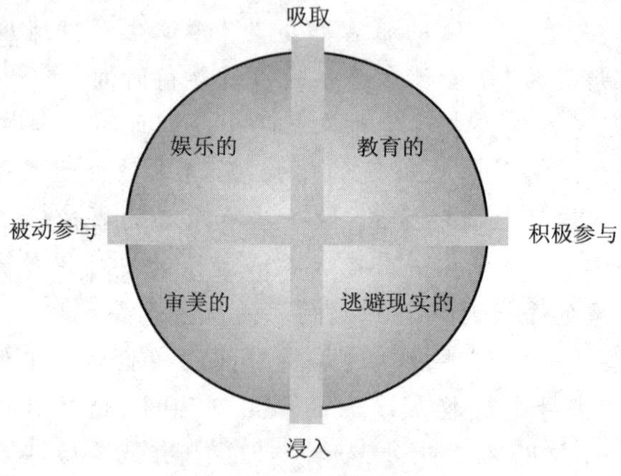

图 11-2 体验王国

第一个方面(横轴)表示对事件的参与程度。这根轴的左端表示被动的参与者,它意味着消费者并不直接影响提供体验的表演。这样的参与者包括看文艺晚会的人,他经历这件事情的方式纯粹是作为观众或者听众。这根轴的右端表示积极的参与者,这类消费者能够影响这件事进而影响产出的体验。这样的参与者包括徒步爬山旅游的人,他们积极参与了其自身体验的创造过程。

第二个方面(纵轴)描述了联系的类型,或者说是环境上的相关性,它使消费者和体验事件成为一个整体。在这根轴的上端表示吸取，即通过让人了解体验的方式来吸引人的注意力；在这根轴的下端表示浸入，表明消费者成为切实经历的一部分。换句话说，如果体验“走进了”客体，比如，人们在家观看电视转播的足球比赛，仅仅是“吸收”这场比赛的信息；而如果是客体“走进了”体验，比如说人们走进了赛场，比赛的声音、气势和场景就会使其和周围的其他狂欢者一样，全身心地沉浸在这场比赛之中。

根据这两个方面的组合，派恩和吉尔摩把体验分成了四个部分（见图 11－2）：娱乐（entertainment）、教育（education）、审美（estheticism）和逃避现实（escape）。派恩和吉尔摩也进一步指出了“事实上最好的体验包含了所有这些部分”。

（一）娱乐的体验

娱乐不仅是一种最古老的体验之一，而且在当今是一种更高级、最普通、最亲切的体验。人们生来都愿意寻求欢乐与避免痛苦，几乎没有人会排斥促使其开心大笑的娱乐瞬间。在娱乐体验中，人们一般是被动地通过感觉来“吸收”体验，比如，听音乐会、看喜剧片和收听娱乐性的节目等。

企业在营销实践中通过为顾客创造独一无二的娱乐体验来吸引消费者，成为一种常见的营销策略，而近年来在国内外兴起的娱乐购物、娱乐化零售或娱乐促销活动就是这一营销策略的表现之一。以汽车影院为例，它不设座椅，观众自驾入场，面对屏幕停好座驾，调好收音机到专用频道，即在完全私人的空间里享受高质量、超大屏幕及车内音响所带来的震撼体验。汽车影院自从 20 世纪 90 年代进入中国之后，在有车一族中形成了一股新的时尚热潮。这种娱乐营销的最大特点是摒弃了传统营销活动中严肃、呆板、凝重的一面，使营销变得亲切、轻松和生动起来，因而比传统营销方式更能激发消费者的欲望。

（二）教育的体验

和娱乐体验一样，在教育的体验中，消费者吸取了对于他们来说并不是很清楚的事件。但与娱乐体验不同的是，教育体验包含了人们更多的积极参与。要扩展一个人的视野、增加他的知识，教育必须积极适用大脑（智育）和身体（体育）。通过教育体验，消费者在积极参与的同时，目睹了展现在眼前的包含某种知识、技能的事件，并吸收了其中的信息。

虽然教育是一项严肃的活动，但并不意味着教育的体验不能成为一件快乐的事。若从强化体验作用的角度设计教育体验，则可以大大提高教育体验的生动性和有效性。比如，剑桥少儿英语营造了一个全新的英语学习环境，学生在课堂上可以通过画画、拼图、唱歌、跳舞等各种方式体验语言的学习，学生学中有玩、玩中有学，获得了教育和娱乐两方面的体验。

（三）审美的体验

在审美的体验中，个人沉浸于某一事物或环境之中，而由于是被动地参与的，他们对环境或事物极少产生影响或根本没有影响，因此他们所审视的周围环境（不是他们自己本身）基本没有改变。典型的审美体验包括在山顶上体会“一览众山小"、参观博物馆,或坐在充满怀旧情调的咖啡屋里,等等。

北京有家名为"雕刻时光"的咖啡屋正在为它的消费者上演着审美的体验。雕刻时光是一间电影咖啡馆,以电影书籍收藏和每周两次的电影观摩吸引顾客。店内时常播放一些颇有艺术性的老影片,客人们可以一边品味着咖啡,一边欣赏着电影,悠闲地"追忆似水年华"。屋子里总是洋溢着浓浓的怀旧氛围,美其名曰"雕刻时光"。有人这么形容在雕刻时光里的感受:"蓝白色调的欧式小屋,一溜青石台阶,转折而上,白色圆顶小门虚掩,临街方窗,两三盆青翠花草,一幅浅红窗帘,映衬生色,让人仿佛浸润在南欧的温适、简淡的氛围中。步入室内,挑一圆桌旁坐定,悠悠而致的乐韵片刻间包裹住全身。懒散而不消极,优雅却不拘谨。心灵似乎沉入一片澄静天地,使人产生他乡遇故园之感。木制的桌椅已经开始泛出日久后产生的浅淡光泽,一盏纸质灯罩的台灯静静置于桌子一角……不算低沉的轻音乐和乡村民谣从墙壁深处透出来。在这样的屋子里,很容易失去对时间的知觉。阴柔的光线充满质感,如水般在身边流动,仿佛伸手便可以触摸得到。"

如果要简单概括上述四种体验的差异的话,它们分别为:娱乐体验重在"感觉"(sense),教育体验重在"学习"(learn),审美体验重在"现场欣赏"(be there),逃避现实体验重在"做"(do)。体验经济理论认为,虽然每种体验都有其侧重点,但是企业可以通过模糊四种体验之间的界限来提高体验的真实性,而最丰富的体验总是包含了所有四个领域的内容。

(四)逃避现实的体验

逃避现实的体验是指消费者不仅完全沉浸在某种体验中,而且还主动积极地参与到这种体验的营造过程中。逃避现实的体验要远比娱乐和教育的体验更加令人沉迷,因为它可以使消费者暂时脱离现实生活的压力和纷扰,从理想、梦幻的虚拟世界中寻求解脱、安慰、愉悦、个人价值和成就感等。它与娱乐的体验完全相反,人们不仅完全沉浸在事件之中,同时他们还是更加积极的事件参与者。典型的逃避现实的体验是需要一定的环境的,如主题公园、虚拟的聊天室和网络游戏大厅。

现实生活中,许多人之所以热衷于网络游戏,主要的一个原因是他们能够获得逃避现实的体验。面对学习、工作和生活的压力,面对单调、忙碌的现实生活,网络游戏成为一些人的避风港。不管在现实生活中如何,在游戏中,通过主动参与和全身心的投入,可以体验到另一种生活,撰写属于自己的故事,从而获得成就感与满足感。也有一部分人是因为现实的不如意,所以沉浸在虚拟的空间中,在网络游戏中寻求安慰,其实也是一种排解方式。

二、"战略体验模块"的划分

美国哥伦比亚大学商学院市场系的施密特(Bernd H. Schmitt)教授从大脑现象的角度解释了体验究竟是什么。在他的《体验式营销》一书中,他提出了"大脑的不同区域与不同的体验有关"的观点,并将这些不同的区域称为"大脑模块视图"。

在该书中他还给出了构成体验式营销框架基石的五种消费者体验，即感觉、情感、思维、行动和关联。

（一）感觉体验

感觉体验是指人们受到各种感受器官刺激而形成的体验，包括视觉、听觉、触觉、味觉和嗅觉这些感官上的各种体验。感官体验是最基本的体验，我们在最初接触一个事物时最容易受到影响的是感官。感觉往往会直接刺激消费者，激发消费者的购买欲。

利用消费者的感觉体验开展营销活动，我们可以简称之为感觉营销。感觉营销的目的就是要迎合消费者的五种感觉，从而为消费者带来美的享受或兴奋的心情。产生感觉体验的基本要素包括视觉上的颜色和形状，听觉上声音的大小、高低和快慢，触觉上的材料和质地等。建立在这些基本要素刺激基础之上的感觉体验可以作为区别物以显示其独特性，也可以作为促动力以促使消费者尝试并购买产品，还可以作为价值提供者，为消费者提供特殊的体验价值。比如，李奥贝纳（Leo Burnett）为美国肉类协会做的广告就是："你能不能听到它们在锅里嗞嗞作响？"消费者听到牛排在油锅里的"嗞嗞"声，会联想到牛排的金黄酥透、外焦里嫩、味道鲜美等，广告用听觉做诱导，唤起人们的视觉、味觉联想，从而唤起人们的食欲和购买欲。

（二）情感体验

情感体验主要产生于消费过程之中，一般都是由某种事物或人引起的，诉诸人们的情绪和情感，其范围从正面的情绪到负面的感受，从温和的心情到强烈的感情，从喜怒哀乐到爱恨悲愁，都可纳入情感的范畴。营销人员的任务在于，认真探究消费者的情感反应模式，努力为他们创造正面的情感体验，避免或去除其负面感受，从而引导消费者对公司及其产品和服务产生良好印象，直至形成偏爱的态度。"清华清茶"情感营销的成功就是一个很好的例子。"清华清茶"广告第一次在《北京广播电视报》亮相后就初战告捷。"老公，烟戒不了，洗洗肺吧！"的广告语像一枚"情衣炮弹"迅速传诵全国，各种沉浸多年的戒烟产品和"清咽润喉"产品如雨后春笋般纷纷登场，开创出一个全新的行业经典。继北京市场火爆启动后，短短两个月，全国市场一发不可收。"清华清茶"成为2002年中国保健品营销的独特亮点。

（三）思维体验

思维体验是指人们通过运用自己的智力，创造性地获得认识和解决某个问题的体验。思维体验使得消费者在惊奇、计谋和诱惑的引发之下获得启迪心智的独特感受。思维体验通常有两种方式：收敛思维体验和发散思维体验。收敛思维体验是指消费者将思路逐渐集中，直至达到一种解决问题的办法的体验过程，它的具体表现形式为解决问题时所采用的分析推理的思维方式。发散思维体验则是拓宽思路、集思广益的体验过程。与收敛思维体验相比，联想性的发散思维体验更加随心所欲，也往往让人收获更多。发散思维体验出现在脑力激荡的过程之中，要求参加者进行自由的想象而避免做任何评价。

(四)行动体验

行动体验是人们在某种经历之后而形成的体验,这种经历同他们的身体有关;或同他们长期的行为方式、生活方式有关;或同他们与人接触后获得的经历有关。行动体验已超越情感、影响以及被认知事物的范畴。以下简要介绍三类体验。

1. 生理行为体验。这种体验可能是来源于身体的运动神经行为、肢体语言行为,或者是作用于身体渴求的环境影响。

2. 生活方式体验。市场营销学中认为"生活方式"是指"通过一个人的活动、兴趣及观点所表达出来的他在这个世界上生存的形式。"一个人接受某种生活方式的途径主要有三类:一是直接行动;二是角色模仿;三是诉诸社会规范。

3. 相互作用体验。除了身体上的体验和长期固有的生活方式,还有一些体验来源于人与人之间的相互作用和相互影响联系。相互作用不会出现在一个社会真空的状态下,它依赖于个人的态度和意图以及群体的信仰和规范。

通过行动体验改变消费者的生活方式,让消费者在新的消费方式下获得意外体验。"请朋友吃饭,不如请朋友出汗",这是一家球馆的广告语。它的目的再简单不过,就是要把人们从饭桌上拉到球馆里,试图改变人们招待朋友的习惯。"耐克"每年销售逾16 000万双鞋,在美国,几乎每销售两双鞋中就有一双是耐克。分析该公司成功的原因发现,出色的"尽管去做"(just do it)广告语功不可没。经常描述运动中的著名篮球运动员迈克尔·乔丹,升华身体运动的体验,也是耐克行动营销的经典。

(五)关联体验

关联体验是指人们在追求自我完善和被他人认同的过程中而获得的体验。关联体验包含着感觉体验、感受体验、思维体验和行动体验的成分。关联体验的外在形式可能是通过感官、感受、思维和行动上的体验来表现,但是关联体验超越了这些"增加个人体验"的私有体验,它把个人同理想中的自我、他人等自我概念以及外部文化等联系在一起。关联体验受到社会阶层与社会身份、交叉文化价值取向、价值观和个人所追求的被认同感等因素的影响。美国哈雷摩托车是个杰出的关联品牌。哈雷就是一种生活形态,吸引了成千上万摩托车迷,每个周末他们都在全国各地举办各种竞赛,车主们把它的标志纹在胳膊上乃至全身。消费者视哈雷为他们自身识别的一部分,使哈雷成为一种"圈子"的象征。《纽约时报》报道称:"假如你驾驶一辆哈雷,你就是兄弟会的一员。"可见哈雷品牌的影响力非同小可。

实例 11-2 "网购"引发消费体验的缺失

"网购"的突出特点是,商品信息丰富、时空约束较少、操作环节简单、购物过程高效、节约体力和精力的支出,等等。然而此消彼长,尽管网购有诸多优点,但对于消费体验而言却并非都是有利的,还存在一系列的难题或挑战。

1. 人际关系和人际意义交流体验的缺失。网购的高效性,模糊了消费者的时空感。比如,以前只能在不同场所购买不同物品,变成可以在购物网站这个"超级综合商场”里购买，而订单追踪、分期付款等则模糊了过去、现在、未来的边界。而这种时空感的模糊，引发了人际关系和人际意义交流体验的缺失。

想象一下传统的在集市或超市中购物的场景。在集市，买卖双方的交流过程可能有语言、表情、肢体动作，必要时还会有简短的问候，甚至买卖双方可能因为长期往来而变得较为熟悉，买家成了“回头客”和“老主顾”，进而买卖过程也具有了“社会行动”(social action)的含义。即使在超市中消费者主要是自己遴选商品，卖家不再是某个具体的人，但其中仍有导购、收银员等与消费者“相遇”，而且消费者也是以群体的方式进行消费，尽管个体消费者之间未必相识。而在“网购”中，买卖双方的邂逅变得高度抽象化，卖方化身为电商网站，页面上没有值班经理、售货员、收银员、保洁员，只有大量的商品信息通过图片、文字、视频等表现出来。在消费者眼中，卖家不是“人”，而是“物”，即网站上丰富庞杂、变动不居的信息。

并且，“网购”往往是个体化行为，即使有很多人同时购物，但由于没有众多消费者共同在场的“相遇”，“网购”也只是“一个人的集体舞”——就像无数个体生活的简单“相加”并不构成社会生活一样。

在一定程度上，“网购”使买卖双方的距离模糊化了，双方通过互联网“虚拟地”完成交易过程。在此过程中，消费者可以“自由地”表达自己对商品的看法，当他在电脑或手持媒体的屏幕上浏览商品时，可以随意评论甚至吐槽谩骂，而不必考虑是否有损自己的形象或冒犯他人，因为买卖双方对彼此来说都已“隐身”，只是通过网站间接地产生联系，基本不会面对面地接触。同样，对卖家来说，消费者也是高度抽象的，买东西的某个人，其言谈举止、形象气质、脾气秉性等都不得而知，不会出现在实体店中那样的买卖双方在交易的过程中真实具体地“相遇”，如感受到对方的个人气质和喜怒哀乐，进而也会或多或少地受其影响。

实际上，“网购”过程中唯一真实的“相遇”，就是送货员或快递员将商品送达消费者手中的那一刻。不过，快递员与消费者也是通过“物”即商品而“相遇”的，快递员的职责是将商品如期送到，买者期盼的是商品早些到达。在此过程中，双方的邂逅是短暂的、陌生的、高度片段化和表层化的。无论对买家而言，还是对快递员来说，对方都是匆匆过客和“陌生人”，双方只是通过一件商品暂时地相遇而已，“人”在买卖过程中“退隐”了。

总之，在“网购”中，电商网站、商品信息、物流轨迹、快递速度等，抢占了人的注意力，而其中买卖双方的交流、买方和商品真实而具体的“相遇”，以及人对商品的真实感受——简言之“人”的因素，被包裹在了“物”的逻辑之中。

2. **购物过程简化致使消费者多样化的个体经验和记忆的缺失**。“网购”中购物过程简化压缩了个体的历史“长度”。我们可以通过和旅游时购买纪念品的比较来说明这个问题。外出旅游的人往往习惯在旅游景点购买一些小纪念品(被强制购买的情况需要另加考虑)，以留下个人的记忆，尤其是将愉快的经历和体验“写入”个人的历史，即便世易时移，也可能重现曾经的经历甚至当时的场景，由此,个人的“历史”便和“当前”勾连起来,个人的生活也才显得丰富而厚重,产生“个人的历史感”。而在“网购”中,一次次的“网上下单”和“送货上门”,不管内容有何差异,其过程往往同质无二,购物的经历不会像现场选择那样留下相对深刻的印象,因此,即便多次购物、购买不同的物,似乎也只是某一次购物的简单重复而已,难以积淀下多样化的个体经验和记忆,而多样化的个体经验和记忆的缺失,往往也意味着个体历史感的缺失。

再以购书为例。在实体书店买书,需要步行或坐车来到书店,能够具体地感受到书店的环境和氛围。和不同的书“相遇”,会带来直接的感知和体验,书的质感只能通过触摸而难以靠视觉去体验。人在翻阅书的内容的同时,会真切地感受到书的纸张和质地、印刷风格以及排版细节。从选书开始,人和书便开始了“相处”的过程,书被打上了读者的印记,书也逐渐“走近”乃至“走进”读者的内心。

买书时,人对书的所属关系,是基于一定的“相处”和熟悉,甚至形成精神上的默契。因此,书是自由的,它以具体而真实的存在展现给读者,得到读者的尊重;人也是自由的,他或她在感知和选择中表达自己的性情和喜好,整个看书、选书、购书的过程,用常人方法学家的语言说,构成了个人的一项“成就”。而在网络购书的过程中,上述环节都省去了,书是没有温度的、单调的、不自由的,它以非常陌生的方式来到读者的世界,人与书缺少了相处的真实和默契,似有一种包办婚姻中夫妻初见时的尴尬。“网购”一本书似乎和买一袋牛肉干没什么区别,在一定程度上抹平了物品的个性和意义。

3. 消费者和物品间距离的缩短引发时空感的缺失和体验感的空洞。一百多年前,德国社会学的奠基人之一齐美尔在分析现代人的处境时曾说:“一个东西之所以对我们来说充满魅力,令我们渴望,经常是因为它要求我们付出一定代价,因为赢得这个东西是不易的,而是需要付出牺牲和辛劳才能成就的事情。”这就是齐美尔论及的“社会几何学”:事物的价值由它与行动者的距离决定。太近,太容易获得,就没有价值或价值很小;太远,太难以获得,也没有价值,因为没有足够的追求动力。这同样可以运用到对“网购”的分析上。

“网购”缩短了人和他想获得的物品的距离,而且是极大地缩短了。“足不出户”便可以“待人接物”,而且可能是来自千里之外的“物”。这种距离的缩短,不是像人通过乘坐快速列车、飞机一样,体会到吉登斯(Anthony Giddens)所言的“时空的压缩”,而是人的身体并未发生位移,因此人体验的不只是时空的压缩,而且是时空感的缺失。

时空感的缺失,使得人的消费体验被压缩和淡化了。在时间和空间的关系上,单纯时间是高度抽象的,它要么通过距离衡量,人通过身体所经过的轨迹丈量时间、体验时间,要么通过内容(事件)衡量,人通过做一件事的步骤和过程感受时间。在很大程度上,体验的丰富性与时空具体化程度成正比,也就是说,人在行动的过程中,越是感受到时间的流逝和空间的位移,那么其体验就越丰富。举例来说,一个人一周七天都待在家里,重复性地吃喝拉撒睡,和每天都外出旅游相比,后者更容易感受到每天生活的具体性，感受到他的体验和每天的时间、地点（空间）直接相关，进而留下更深刻的印象和记忆。

就“网购”生活而言，从网站搜索，到订单确认，再到快递员送货上门，在整个过程中，时间和空间都变得“简单化”和“抽象化”。在时间上，其长度无法通过空间来衡量，因为买者的身体并没有留下一串轨迹；而网络空间中对物品的信息搜索、比较、鉴别，所面对的也是抽象的物品——确切说是物品的符号而不是真实的物品本身，“内容”的具体性和真实性也大打折扣。因此，“网购”的时空感是缺失的，人的体验也变得空洞化。而当购物体验变得空洞化时，它所带来的体验就是短暂的、匮乏的、单调的，一次次“网购”所带来的满足感和喜悦感，就像一阵清风，吹来时是真切的，吹过后便了然无痕。

资料来源：王建民. “网购”与消费社会的支配逻辑[J]. 新视野，2016，3(6)：50－56.

第三节 体验营销

现今的消费者变得越来越感性化、个性化和情感化，他们不仅重视产品或服务带来的功能利益，更重视购买和消费产品或服务过程中，所获得的符合自己心理需要和情趣偏好的特定体验，其需求重点已由追求实用转向追求体验。在产品或服务功能相同的情况下，体验成为关键的价值决定因素，往往是消费者做出购买决策的重要依据。

由于体验成为主要的经济提供物，所以各企业都将为自己的目标顾客提供体验作为最主要的工作模式。也只有这样，企业才能更进一步地满足顾客更高层次的需求，从而实现自己营利和成长的目的。由此，体验营销理所当然地要登上历史的舞台。哥伦比亚大学商学院教授施密特在他的《体验式营销》中这样写道：“那是一种为体验所驱动的营销和管理模式，很快将取代传统的营销和经营方法。”

一、体验营销的含义和特征

体验营销无处不在。在各行各业的各类市场上，许多企业开始启用体验营销技术开发新产品，与客户交流，选择生意伙伴，设计零售环境及建立网站。所谓体验营销，就是在整个营销过程中，充分利用感知信息的能力，通过影响消费者的感官感受介入其行为过程，从而影响消费者的决策过程与购买行为。体验营销以向消费者提供有价值的体验为主旨，力图通过满足消费者的体验需要而达到吸引和保留消费者、获取利润的目的。体验营销不把体验当作一种无定形的、可有可无的东西，而是将其作为一种真实的经济提供物，作为一种有别于产品和服务的价值载体。

与传统营销相比,体验营销具有以下特征。

(一)强调顾客感性

体验营销突破传统上"理性消费者"的假设,认为消费者消费时是兼具理性与感性的。对理性需求的刺激在于告诉顾客"你还缺什么",因为理性需求是"可接受的满足程度"和"现实匮乏的程度"之间的差距;感性需求的刺激在于让顾客明白"我还想要什么",是"欲望的满足程度"和"可接受的满足程度"之间的差距。因此,传统营销在于提高产品性价比,着眼点在于产品本身,而体验营销在于提高顾客对产品价值的接受程度,满足的是顾客的感性需求。特别是当技术进步以及市场竞争促使企业提供物的物理属性和服务水平稳定在较高水平之后,顾客更看重交易过程中其情感和个性需求的满足程度。

(二)强调消费过程的满足

体验营销的重点是为顾客提供难忘的体验经历,强调如何营造消费过程中由体验所产生的乐趣、愉悦、感受等消费情境,从而使顾客乐于为这种"体验"支付让渡价值。在体验营销中,营销人员不再孤立地思考一个产品,而是要通过各种手段和途径创造一种综合效应,以增强消费者的体验感受。不仅如此,还要思考消费活动所表达的内在价值观念、消费文化和生活意义,给消费者以精神的和心理的深层次体验。而传统营销注重产品和服务的特色、质量和服务水平,希望通过这些策略与竞争对手形成差异,从而打造企业的竞争优势。比较而言,前者侧重于消费过程的满足,而后者侧重于消费结果的满足。

(三)强调顾客与企业互动

相对于顾客理性而言,顾客感性因更加个性化而难以预料。为了提供良好的体验,体验营销强调企业与顾客的双向互动,强调消费氛围的整体营造,在互动中实现营销信息的整合和再传播。传统营销的营销传播活动主要体现为信息流从企业到顾客的单向流动,强调产品的价格、质量,以及功能的推广,企业在营销传播过程中可以发挥主导作用。

(四)强调顾客主动性

体验营销强调顾客的主动性,只有在顾客主动参与体验活动过程中的时候,作为经济提供物的体验才能够产生并被让渡给顾客。传统营销中的顾客是产品/服务的接受者或参与者,尽管存在一定程度上的互动,但往往是经济提供物的被动接受者。

二、体验营销的组合要素

根据汪涛和崔国华的观点,体验营销包含五个组合要素,即体验、情境、事件、浸入和印象。

(一)体验

体验是企业为顾客的经济提供物。体验一般被认为包括感觉、情感、思维、行动、联系五种类型。但是,顾客所感知的或者说是顾客所产生的体验却无法被清楚地区分成哪一类型,它们通常是几种类型的混合物。与产品创新一样,体验的生产也要不断致力于创新。成都龙泉的果农,把自家的桃园办成了旅游场所。阳春三月举办“桃花节”,让城里人来赏花踏青,同时可以订下几棵桃树甚至几只土鸡。这样,他们既能欣赏花团锦簇的秀美景色,又获得了“庄园主”或“农场主”的心理满足。到了七八月,他们可以呼朋引伴来到郊外,兴致盎然地亲手从“自己的果树”上采摘香甜的水蜜桃,并带着这些“自己的果子”回城馈赠亲友。不仅如此,在开花到果实成熟这几个月的时间里,这些城里人还会挂念郊外这片乐土,有闲暇他们也会再来游玩,放松身心的同时关注一下“自家”果树、家禽的成长,兴之所至,还可以偶尔去浇浇水、施施肥,真正体验一把山野农趣。很明显,这些果农已把传统的农业产品生产转化为体验业务。

(二)情境

情境是体验产生的外部环境,是企业为顾客创建的“表演舞台”。它既可被设计成现实的场景(如星巴克咖啡店的店堂环境),也可以被设计成虚拟的世界(如一些网站经营者设计的虚拟社区)。情境对体验的生成具有极大的促进作用,反过来,具体情境的设计也必须服从和服务于总体的体验策略,否则就发挥不出整合的作用,甚至有可能会产生出相反的结果。

(三)事件

事件为顾客设定了一系列的表演程序。体验的产生必须是顾客亲自参与,但是企业又不能任由顾客行动,因为那样的话将很难为顾客提供特定的体验。如果企业提供的体验零散而无法辨别就很难在顾客心目中形成一个清晰的概念和定位。

根据表演程序的松散程度,可以将事件策略分成两种模式:一种是设立严格的程序,在线游戏的体验营销就属于此;另一种是设立一个相对宽松的程序,使其存在一定的弹性,允许顾客在一定程度上按自己的理解进行诠释。

此外,企业还要考虑消费者在事件中的相互关系。因为在体验活动中,经常是多个消费者同时参与过程,如果不注意协调他们之间的活动,很容易带来负面的体验,这对企业来说将是巨大的损失。

(四)浸入

浸入是指要通过营销手段使顾客真正浸入企业所设计的事件中,因此,为顾客设计一个什么样的角色是非常关键的。体验营销的最大特点就是其互动性,它强调顾客的参与,因此,浸入这一要素就是强调在角色的设计中一定要使顾客成为一个真正的演员,而不能将其看成观众,或者是可有可无的人。诱使顾客主动表演是浸入策略的关键所在,因为顾客只有在事件的过程中真正地参与进去,才能使心理活动真正地浸入企业设计的情境中,这样才会最终促成体验(付费体验)的产生。

(五)印象

体验的难忘过程产生了印象,印象是维持长期顾客关系的一个重要因素。但是，印象是会随着时间的推移逐渐衰减的，如果不对印象进行管理，长期顾客关系的保持将很难实现。印象策略就是对印象进行管理的策略，具体的策略可以借鉴关系营销中的一些具体做法。比如，将体验过程录像保存、拍照留念、赠送体验纪念品，以及建立体验会员俱乐部等。

以上五个要素并不是相互独立的，它们之间存在着非常密切的联系。其中，体验是情境、事件和浸入的前提和基础，其他要素必须服从和服务于体验设计的基本内涵和思想；情境、事件和浸入是消费者体验的实现过程，企业通过这些要素完成了体验的生产和让渡，而消费者也同时完成了对体验的消费；印象建立在前面四个要素的结果之上，同时又是下一体验让渡过程的输入，影响着再次体验的产生。

三、体验营销的设计流程与策略

（一）体验营销的设计流程

1. 分析消费者的体验需求。体验营销必须关注消费者的体验需求，研究消费者的体验心理和感受，才能深入消费者的心灵。因此，在市场细分的基础上要首先准确识别目标顾客的各种体验需求，比如，对便利性的体验，自主掌控、选择多样化的体验，接受服务的同时能获取知识的体验，彰显身份、倍感荣耀的体验，等等。企业应注重与顾客之间的沟通，激发他们内心的渴望，从顾客的视角重新审视顾客与企业交互过程中的所有接触点，以及在这些接触点上顾客期望得到什么样的体验。为此，企业应通过多种途径，比如试用、购买设想、客户终端系统，以及建立客户体验数据库等方式挖掘客户的体验性资料，发现客户的体验偏好。

2. 设计体验主题。能否设计出精炼并具有诱惑力、冲击力的体验主题，是企业实施体验营销成败的关键。所谓体验主体，是指企业为消费者提供体验的核心部分，它最能引起消费者的共鸣，整个体验营销策略都要紧紧围绕体验主题而展开。企业应从消费者体验需求和产品体验属性出发，挖掘出能引起消费者共鸣的新鲜元素，并将其作为主体。

一个好的体验主题还应该同企业的商业性质和经营宗旨相一致，将企业的产品和服务以及每个要素同细节有机地结合在一起。比如，旅馆若打算为客人提供一种温馨如家的体验，就应该围绕这一主题严格规划其服务流程和细节。一方面尽量避免走进客人房间打扰其休息和工作，保证其充分的自主性；另一方面也要保证能为客人提供即时、周到、体贴的服务等。反过来，那些同企业的商业性质和产品特性不相符的体验主题，往往会使顾客感到不伦不类，因而很难产生感召力。比如，北京开了家名为“禅酷”的主题餐厅，在设计风格上颇有个性：铁栏杆做门窗，铁链子做门帘，门口有头戴钢盔的“卫兵”把守，服务员身着狱卒服饰，用餐的客人被自动放到铁栅栏内“犯人”的位置……因而又被人叫作“监狱餐厅”。该餐厅虽然主题鲜明，但这种监狱主题与其提供的饮食服务似乎大相径庭，因而招致许多人的非议。

3. 设计体验式的商品或服务。商品或服务是实施体验营销的物质载体，是表达体验要素的道具。企业要站在消费者的角度审视企业提供的产品和服务，开发具有浓郁体验色彩的产品和服务，对产品的基本功能属性、外观属性，以及品牌标志等要素的设计要考虑为顾客传递有价值的独特体验的要求，至少应设计一个适合提供某种消费体验的特定道具。只有在产品开发环节中重视追求要素的体验特性与冲击力，才能形成对消费者眼球的吸引。

例如，日本生产“创可贴”的米多尼公司，面对竞争激烈且销售日趋疲软的行业状况，开发了一种新式“创可贴”，并把它命名为“快乐的伤口”。它摒弃了传统产品的肉色和条状，颜色上大胆地采用了鲜艳的桃红、橘黄、天蓝、翠绿等花哨的颜色；外形上采用了心形、五角星、十字或香肠等形状，上面还印有颇具幽默色彩的“花头巾”“好疼啊”“我快乐极了”等文字。新式“创可贴”备受孩子们和女士的喜爱，仅在一年内就售出 830 万盒，销售额高达 15 亿日元，令同行叹为观止。事实上，无论什么产品和服务都可以包含感觉、情感、思维、行动等各种体验成分，企业应致力于开发丰富的、新颖的、富于体验内涵的产品和服务。

4. 建立以体验创造和传递为核心的体验情境。情境是体验营销得以实施的载体，是体验提供者与消费者互动的舞台，也是顾客获取体验的客体和来源。温馨的、舒适的、轻松的、美观的和充满人文气息的体验场景能够像磁石一样牢牢吸引消费者，从而激发其参与热情。在体验情境的营造过程中，企业不再孤立地思考一个产品（质量、包装、功能等），而是要通过各种手段和途径（娱乐、店面、人员等）创造一种氛围体验，形成一种品位、一种格调、一种文化，像美妙动人的旋律，使消费者频频光顾。

比如，为了挖掘传统文化，展示全聚德百余年的历史，体现地道的老北京民间风俗，增强参观场所的文化氛围，北京前门全聚德打开老墙大门，设立一间仿古餐厅，最大限度地恢复了全聚德的历史原貌，并命名为“老铺”。木格门扇、木制楼梯、实木廊柱，营造出一间传统风味十足的餐厅。餐厅内各种器具也无一不流露出浓厚的旧日气息，餐厅内摆放的是八仙桌、清式木椅，用的是铜茶壶、蓝瓷茶具、泥制小酒壶和小酒盅。为突出老全聚德的旧貌，餐厅里装饰了不少清代古玩，如瓷算盘、留声机、青瓷烛台、花瓶、挂钟和老式电话等，其中有些是老全聚德用过的器物，还有过去的旧账簿。精心布置的老铺，使人仿佛置身于世纪之初的全聚德，体味到浓重的历史文化氛围。

5. 设定体验式的价格。在体验营销中，影响消费者对价格接受的因素与传统营销有很大的区别。价格的制定不仅仅考虑产品成本，更多地取决于其他方面的因素，如消费者自身情绪状态、体验时间、体验场景、文化蕴涵及自身价值认定等方面。具体来说，其价格策略主要可采用以下三种。

（1）价格隐性化策略。在开展体验营销时，突出价值而淡化价格。无论是购买实体产品还是体验某次活动，在体验营销中价格已经不再是消费者是否进行购买的可视性障碍，是否物有所值、彻底放松心情是最为重要的。当消费者对营销的产品一点儿也不感兴趣的时候，无论价格多低廉也不会有购买的冲动。

(2)递增式的定价策略。根据顾客的一般消费心理,消费者都会认为一次付出一笔钱比这一笔钱被分次付出会更贵。因此,定价时可以实施分次收费的方式,即营销人员把体验分次销售,不同的活动收取不同的费用,而不是一次性地收取所有活动的费用。比如,消费者去一个娱乐场所,如果在入场时一次性收取所有娱乐活动的费用,他就会认为入场券很贵;相反,如果费用被分次收取就减轻了他们的心理负担,并且,分次收费也给予了消费者自主选择的权利。

(3)溢价策略。在体验营销中,消费者会根据自身对所接受产品价值的理解程度来衡量,而且其心理理解的价格往往会超过产品自身成本,所以在体验营销中溢价策略通常是非常有效的。有专家做过一项实验,在一个既没有价格标签也没有收款员或收银台的茶座,消费者享受茶饮之后完全根据自身的感觉,掏钱压在茶杯底下。顾客离开后才由侍应生收钱,结果发现,虽然也有极个别的消费者不放钱或放很少钱的现象,但绝大部分消费者所理解的价格远比茶座自身定的价格高。

此外,差别定价、弹性定价策略也经常在体验产品与服务的定价中采用。

6. 建立体验式营销队伍。外部体验必须以内部营销为基础。内部营销是指企业如对待外部顾客一样对待自己的员工,在员工为顾客提供满意的服务和体验之前,企业要做到先使员工体验到满意。在体验营销中,内部营销显得尤为重要,因为企业在很大程度上是依赖员工进行体验营销的即时创造和传递的。体验主题再明确、体验设计再完美,却会因为员工的一次疏漏或怠慢而大大影响体验的效果,甚至将体验全盘破坏。因此,企业在实施体验营销时,必须注意对内部员工综合素质的培养,应积极开展内部营销,提高员工的参与度,让员工表现出精神饱满、热情洋溢的状态,并富有专业水平和专业精神。

实例 11-3 超市里的厨房

一位来自爱尔兰的小伙子站在柜台前向顾客展示一种名为斯蒂尔顿的蓝纹奶酪。这种带着蓝色花纹的奶酪,由于奇怪的口味常常被中国顾客叫作“难闻奶酪”。不过,此时拥有一口夸张爱尔兰口音的他正告诉顾客如何消除这种浓烈怪异的口味——将蓝纹奶酪浸入波特红酒中,令波特酒的甜味和奶酪的咸味达到平衡。这一幕发生在香港精品超市——city' super 在中国内地开出的第二家门店(大上海时代广场店)的开业当天。

不远处是西班牙国宝级小何赛火腿,这些火腿像红酒一样被贴上年份标签。据说几个澳大利亚人正在切片的“和牛眼肉”拿过 2013 年度“混种和牛品牌金奖”。这些充满异域风情的食物似乎正鼓动着一场“舌尖上的全球化”运动,令顾客趋之若骛。2014 年 city' super 还将继续拓展内地市场,在上海淮海路商圈开出内地最大规模的门店。

1. **进化**。在 2010 年,city' super 首次进驻上海浦东 IFC 购物中心,拥有了其在中国内地的首家门店。相比于 city' super 曾经在香港时代广场的那间最大厨房,IFC 店的中央透明厨房无论视觉呈现形式还是面积大小都足以完胜前者。重点是当顾客逛超市时，视线实在无法绕开这一栋醒目的玻璃房子，总是忍不住去一窥究竟。这间体验式厨房成本不菲，其重点不仅是要销售商品，更是要邀请到全球的顶级厨师教授消费者如何烹饪及品尝。

city' super 除了在门店卖东西外，常常"不务正业"地建一座餐厅，设立一个海鲜吧或直接把厨房搬到超市。人们起初对它的印象可能源自香港狗仔队常常在中环 IFC 广场的 city' super 附近"蹲点"拍明星照片，这也让见诸各大八卦杂志的 city' super 成为某种高端生活方式的符号。

2. **销售体验而非直接售卖产品**。不再是一家超市，无关生鲜或生活用品，city' super 将自身定义为生活品位专门店。比起那些追求效率、体量庞大的超市，"慢工出细活"的策略目标是希望在那些对生活有追求的尖端群体中完整地销售整个购物体验，而并非直接售卖产品。

试吃便是第一步。大上海时代广场店中的 50 多个试吃台充分证明了这一策略。只是试吃并不能满足消费者的需求。如何让不太了解西餐的中国人掌握西式食材的烹饪方法成为 city' super 完善购物体验的重点，因此第二步就是花巨资建一座厨房。

8 年前，city' super 集团总裁邬嘉华在超市中提出建立 culture club 的想法。在会员俱乐部里推出美食烹饪、品酒及花艺等体验活动。在邬嘉华看来，完成从买牛排一直到吃完牛排的整个过程，才能构成一次完整的购物体验。"如果顾客买回去不知道怎么做，或者做得不好，最后的体验也是浪费。所以，希望顾客在这里买完食材，我们能够确保顾客知道如何完成。其中文化俱乐部(culture club)是顾客体验的具体表现方法。"邬嘉华说。

邬嘉华将消费者生活水平提高分为两个阶段：第一波是比较外在的方式，通常是购买奢侈品展现自己的生活方式，而第二波则强调生活享受，对于饮食、生活用品的讲究，简而言之概括为"对自己好一点"，通常这比较隐性。

3. **culture club 的成功**。从 2005 年到 2013 年，city' super 的进化进入第二阶段。

city' super 因其食材种类数量庞大而闻名，大约规模有一万余种，而单单奶酪的品项就有几百种。美食家蔡澜也曾经于专栏中推荐 city' super 为其经常搜罗食材的超市："单单是鱼子酱就有好几种选择，国产的单价为 50 克 450 元、伊朗的 Sevruga 是 780 元、Oscietra 就要卖到 800 元。最贵的伊朗 Iranian Caviar Volga Beluga，净重 100 克则要 3 500 元。"

如何让顾客对这些特别昂贵且陌生的食材产生兴趣呢？答案当然是亲自试一遍，比如，报名 culture club 的课程跟着大厨学做菜。体验的实质是互动，关键在于舍得"成本"。邬嘉华将其视为销售产品的软件投入，是生产成本，而不再是传统的营销成本。因此邀请知名大厨来 city' super 教课成为 city' super 必需的事情。如今在 culture club 教烹饪的老师皆出自知名餐厅或五星级酒店。在 culture club 成立的 2005 年，邬嘉华认识了此时在挪威海鲜协会做美食展的知名大厨张倩敏。当问她有没有兴趣加入 city' super 担任行政总厨时，热衷于在 city' super 挑选食材的她欣然接受邀请。张倩敏曾经是香港半岛酒店的第一位女厨师,擅长使用时令食材,创作出创意料理,曾为多家杂志报纸撰写美食专栏,如今还在电视台主持一档《新派煮意》的美食节目。

culture club 几乎每天都有课程。从马卡龙这样的甜品到柠檬火鸡这样的西餐、从品酒会到肉类品尝工作坊,culture club 仿佛是 city' super 里的一间世界厨房。在这里你可以了解到正宗的牛排烹饪方法:比如不能低温煎,而需要用高温封住里面的肉汁;煎的时候只能翻一次,不能翻来覆去。选牛排要看油花,油花越均匀代表品质越高。

city' super 市场部助理经理殷雯静说:"我们会根据季节以及超市的节日活动编排 culture club 课程。"比如,春天做口味清淡的沙拉,五月开始推烧烤,中秋节可以做月饼,元宵节有汤圆,情人节做蛋糕。如今上海的会员数已达到4万人,平均每堂课学员为4~5名。

张倩敏平均每个月在上海待6天,在台湾待3~4天,这已成为她4年来的固定行程。她与学员的关系像是朋友,而非老师与学生。谈及三地学员的差异,她认为香港由于较早开发这一项目,学员更为成熟,加上香港本身深受西餐文化的影响,对于西餐更了解。很多随她学习多年的香港学员通常能自己报出想做的菜,然后由她来研究烹饪方法教给学员,而内地和台湾的学员则还无法达到这一水准,需要由她制定菜单的课程内容。

消费者对烹饪的浓厚兴趣前所未有。邬嘉华所说:"做菜是一种乐趣,现在不是为了吃饱而做菜,而是让做菜成为另外一种生活形态。"学员们习惯把自己烹饪好的成果拍照展示,并通过微博或是微信分享给朋友,以此获得成就感。对于商家而言这是良好的口碑传播方式。"在 culture club 煮菜更像做一场 live show,不能出错,这同我在餐厅以及家里做菜的感觉是不一样的。"city' super 行政总厨张倩敏说。

当然,这个巨大的透明厨房是一场高端超市的高端厨艺秀。不过,除了作秀以外,通过厨师和课堂把产品分享出去,以独一无二的体验创造 city' super 与顾客之间的黏合关系才是真正目的。来 city' super 学做菜的学员中家庭主妇的比例最高,她们习惯于在 city' super 上完烹饪课后,购买食材回家继续做饭。虽然无法估算出 culture club 对销售额提升的具体数值,但事实上体验式消费的确延长了滞留时间,为消费和购物创造了可能性。"这就好像做广告,你很难估计这对产品的贡献有多少。"邬嘉华说。但事实上,体验正在成为销售必要的一个环节。

资料来源:侯佳. 超市里的厨房[EB/OL]. http://www.ceconline.com/strategy/ma/8800069538/01/,2014-01-22.

（二）体验营销的策略

要创造出令人难忘的顾客体验,企业需深入研究顾客的体验需求,制定和实施有针对性的营销策略。常见的营销策略可概括为以下五种。

1. 美学营销。美学营销以人们的审美情趣为诉求,经由知觉刺激,提供给顾客以美的愉悦、兴奋、享受与满足。爱美之心人皆有之,凡是美丽的事物,都会使人欣赏、喜欢和留恋。营销人员可通过选择利用美的元素,如色彩、音乐、形状和图案等,以及美的风格,如时尚、典雅、华丽和简洁等,再配以美的主题,迎合消费者的审美需求,诱发消费者的购买兴趣并增加产品的附加值。

实例 11-4 旅游演艺的冲击之美

旅游演艺始于20世纪80年代西安的《仿唐乐舞》,它将音乐、舞蹈、诗歌融于一体,具有较强烈的审美感染效果。当前,多样的旅游演艺形式(尤以历史文化类、山水实景类、民族风情类和宗教展演类为典型),带给观众难忘的审美冲击。

第一,当代旅游演艺的审美冲击首先体现为由高科技打造的、视听震撼的剧场效果,往往在剧场类旅游演艺中表现得最为显著。当代旅游演艺充分借鉴剧场技术,并加以最新科技进行改造。比如,无锡《灵山吉祥颂》采用超大型的圆形旋转舞台剧场,建筑面积达35 000平方米,可容纳1 700名观众。剧场上方是高度达30多米的巨大穹顶,由1 500盏金光灿灿的莲花灯组成。灯光开启时的穹顶璀璨夺目,仿佛是星光灿烂的天穹,令人恍若置身于浩瀚的宇宙,迷失在变幻的时空中。舞台采用目前世界先进的大型投影设备和数字灯光控制系统,以完美的声、光、电形式综合演绎佛教故事,观众通过270度的环形大幕,感受浩瀚的宇宙,以及美妙的大自然。表演时,完美的音效使佛陀的喃喃呓语在每个人耳边回响,浑厚的钟声由远及近,体会到佛教世界的静逸。游客置身于这个舞台就好像到了"阿凡达中的潘多拉星球"。

第二,真山真水的演出背景则带给游客气势恢宏的感官冲击,这集中体现在以大型山水实景演出为代表的印象系列旅游演艺中。比如,《印象·刘三姐》突破了传统"三面墙加一个空地"的舞台模式,场所位于漓江和田家河交汇处的阳朔书唐山下,面积达1 645平方千米。它以方圆2千米的漓江水域和12座山峰为表演舞台背景;以渔船、渔火、竹排、木楼等自然元素搭建舞台;观众席则以梯田造型,可供观众180度全景观赏。演出以春、夏、秋、冬、晴、雨、烟、雾的自然景观为基础,在变幻莫测的灯光烘托下,通过具有民族风情的音乐、舞蹈、服饰等艺术形式在真山真水之间展现出原生态的演艺场景。观众置身在绿色的梯田上,在这"为上帝预备的剧场"里,感受到天人合一的艺术境界。

第三,历史文化、民族风情主题的旅游演艺,将异质文化内容以时空压缩的方式展现给观众,从而带来独特的审美体验。《云南映象》由白族舞蹈家杨丽萍甄选具有典型云南特色和时代表现性的文化、舞蹈、音乐元素,将云南民族歌舞与现代艺术构思有机融合,从而构架了一台表现少数民族风情的大型原生态歌舞集。这种同一般民族文化和主流文化风格截然不同的舞蹈艺术,70%以上的表演者是来自云南各地的普通农民。异质的民族艺术风情带给观众以古朴而独特的美感体验。

第四,宗教展演类旅游演艺把富有启发意义的宗教故事以演艺形式表现出来,通过异域景观的集中呈现带给观众一种梦幻体验。无锡的《灵山吉祥颂》采用先进的数字声、光、电等形式进行演绎,集中呈现了印度等地的异域景观。灯光变幻中,一场情境、意境、心境交融的演出在如梦如幻的美妙景象中拉开帷幕。在天籁般的音效中,观众欣赏到一幕幕或神奇壮观或虚幻奇美的景观。随着时空的变换,观众随之穿越过去、现实和未来的时光隧道,经历地狱、人间和天堂的空间转换。同时观众的心灵随着故事的进行在长廊楼阁和花草树木的恬淡中行走,在狂风暴雨中历练,在飞升的万千彩蝶和神圣的菩提树下感悟生命。这场使观者产生震撼体验的演出在每个人的心灵深处留下深刻而持久的美感冲击。

资料来源:赵刘. 美学视角下的旅游演艺[N]. 中国旅游报,2013-06-28.

2. 情感营销。“人非草木,孰能无情”,情感营销就是以消费者内在的情感为诉求,通过激发和满足消费者的情感体验实现营销目标的策略方法。比如,日本的麦当劳店记载了60万小朋友的生日,并在小朋友生日的前几天寄去电脑生日卡。到了生日的那天,小朋友便持卡来过生日。麦当劳采取了与一般的公司祝贺生日不同的方法。他们的全体员工起立用掌声对孩子们表示欢迎和祝福。孩子们平时能得到所想要的东西,但不一定能得到掌声。这热烈的掌声使孩子们突然发现自己被那么多人爱着、鼓励着,觉得自己是处在世界的中心,自豪的心情油然而生。许多孩子的妈妈看到自己的孩子沉浸在阵阵掌声之中,也激动得热泪盈眶。除了满意妈妈们的大方消费,一群铁杆小麦当劳迷就此产生了。

3. 娱乐营销。娱乐营销以顾客的娱乐体验为诉求,通过各种感官刺激使消费者产生兴奋、满足和审美享受,从而有效地达成营销目标。农夫果园的一则广告就是这一策略的应用:农夫果园启用一对穿休闲花衣的父子俩用轻松快乐的摇摆方式表达农夫果园给他们带来的体验乐趣,这种夸张的轻松体验演绎甚至令女售货员都刮目相看,虽旁观也乐在其中。而这种快乐体验只是源于购买产品时产品包装和售点POP上的醒目提示:“三种果汁在里面,喝前摇一摇!”明明是告之消费者喝前要摇瓶子,父子俩却旁若无人地摇动身子,效果诙谐幽默,让人看后轻松畅快,难以忘怀。农夫果园策划这套体验式宣传策略将果汁厂家“喝前有少许沉淀,不影响饮用”的提示进行思维转换,将果汁饮料难以解决的“久放有果肉沉淀”的技术问题巧妙地升华为独特的卖点,在让消费者获取娱乐感的同时,还可以给消费者果肉多的心理暗示。

4. 生活方式营销。有的人喜欢自由奔放和无拘无束,有的人喜欢豪华与尊贵,有的人喜欢挑战和冒险,有的人喜欢恬淡与安逸……无论哪种生活方式,都是人们生活经历中的一种宝贵体验。生活方式营销就是以消费者所追求的生活方式为诉求,通过将公司的产品或品牌演化成某一种生活方式的象征甚至是一种身份、地位的识别标志,而达到吸引消费者、建立稳定消费群体的目的。

宝马公司打造的“宝马生活方式”就感动和影响了不少消费者。宝马生活方式服饰专卖店是两大著名品牌即宝马与宝姿联合打造的休闲服饰品牌。宝马之所以向服饰延伸,是因为它不仅希望成为非凡制车技术与工艺的象征,还想成为“潇洒、优雅、时尚、悠闲、轻松”生活方式的象征。宝马公司中国区总裁席曼说:“让顾客通过购买宝马的产品来显示他们的成功,把宝马品牌和消费者本身的成功很好地融合在一起,让使用宝马产品成为客户的一种生活方式。”尤其是对那些刚从大学毕业的年轻人来说,要购买一部宝马汽车是力不从心的,但他可以先购买一件宝马服饰,从中感受宝马的生活方式。因此对宝马品牌的信任和忠诚度可提前培育,等到他事业有成,有能力选择高档汽车时,就会对宝马汽车情有独钟。

实例 11－5　网红产品中街 1946 的体验之路

即便你没吃过中街 1946,也可能在朋友圈见过,它被称为“网红雪糕”。一个雪糕界的新兵,却撬动了一块新蛋糕。中街 1946 仅用了一年半的时间,就刷新了多个纪录:4 分钟卖出 10 万支雪糕,登上了天猫“双 11”行业爆款清单宝座,成为天猫第一冰品,销售额快速破 1 亿元。目前中街 1946 拥有近 50 家线下直营店,从上海、沈阳到杭州、深圳,中街 1946 正在创造冰品行业神话。

这支神奇的雪糕用了体验策略来连接消费者。

1. **品质体验第一关,抓住用户的痛点并彻底满足**。质量是最强的营销,产品即传播。

在中国,不缺少消费力,而是你的产品品质是否值得消费者去埋单。

网红产品之所以会红,并非仅靠炒作。靠炒作而红,是传统思维。互联网时代,靠炒作成功的时代不复存在。因为炒作一次很容易,但如果消费者体验到的产品不尽如人意,马上就是差评、低口碑。所以,网红产品过的第一道体验关,一定是自身的核心竞争力:过硬的品质。尤其是做 O2O 模式的品牌,线下成本更高,谁都不敢拿“质量问题”玩票。好产品即好传播,有了产品的优势之处,传播之路才会畅销无阻,网红产品不仅要质量好,还要比竞争产品更好,极致的品质体验才是尖刀。

中街 1946 的产品品质诉求点是新鲜为上,严守“新鲜”底线。从原材料管控,到好吃只是底线的高要求,从牛皮包装、竹棒签的细节到后期专业的物流配备,每一个环节,都透露出中街 1946 这个品牌的不懈努力与用心经营。“新鲜”是中街 1946 从始至终的品牌理念,所谓新鲜,即食材的新鲜、时间的新鲜、体验的新鲜。这是核心竞争力,也是行业的痛点。在原材料上,中街 1946 不仅要把控原材料的品质,还要把控整个前端工艺链的品质。比如需要在牛乳里混入大量的巴旦木颗粒,其做法就是先把市面上所有的巴旦木种类全部找齐,选出较满意的进行“货比三家”,再去考核前端的工艺链,对它的生产环境、烘焙环境、卫生条件等进行严格的考核把控。只有这样,一支保质期仅有 60～90 天的新鲜牛乳冰淇淋,才能保持住它所有食材的真正最原始、最新鲜的味道。

2. **聚焦核心产品体验,降低消费者选择成本**。中国很多消费者具有选择恐慌症,习惯别人给做选择,做爆款、做精品、减少选项是对年轻人的心理捕捉。

要细分人群,聚焦核心产品。否则,过多的重点产品,等于没有重点,也会分散传播力。所以,移动互联网时代,是大单品时代,而非群狼产品战术时代,企业比拼的不是谁的品项多,比拼的是谁的产品能够深入人心。

中国很多的大型冰淇淋生产老牌企业,大多是产品群狼战术,竞争对手出什么产品、什么口味,都会跟进。以伊利、蒙牛为代表,每个冰淇淋产业的大公司都有上百个SKU,多口味侵蚀市场。中街1946目前SKU不超过15种,目的是立足核心产品,减少消费者决策成本,SKU利用少、精、快速迭代的方式,可以在口味上打动核心人群。不贪多、不贪心、精益求精,这也是为质量考虑,为用户考虑,抓核心群体。只要能满足用户的需求,能够发现用户的新需求再迭代自己的产品即可。

抓住企业主要用户群,去满足他们。没有一个品牌可以满足所有的用户,抓住目标客户足够。什么人的生意都想去做,就会偏离品牌的初衷,最后失去影响力和聚焦力。

3. **营造消费场景体验,增加消费者好感**。网红类产品多在场景上营造消费的好感,场景促进体验,场景化能够加大消费者的好感和舒适度,也会增加生意的购买率和购买频次。

中街1946最近与晓风书屋进行了一次跨界合作,双方一起在杭州嘉里中心开出全国第一家"雪糕书店"。这家只送书不卖书的雪糕店一经面世,就成了商场里的关注焦点。其实这是增加了场景化,提升了用户的消费体验。这次跨界活动是成功的,达到了提升用户体验的目的。走进这家雪糕书店,只见一排排色彩缤纷的雪糕柜台嵌在错落有致的书架中,由晓风书屋精心挑选的近2 000种、价位适中的人文艺术图书摆放其中,消费者购买雪糕后,可根据消费价位挑选相应价位的图书。在这里,雪糕消费满150元B区任意挑选书籍一本,满225元A区任意挑选书籍一本。店内文艺复古元素随处可见:铁链、皮箱、唱片机、煤油灯……不同时代的记忆和谐地交织在一起。用户场景和用户群体是吻合的,追求高品位雪糕产品的大多也是文艺青年和精英群体。他们的消费能力、生活品质决定了这个重合性。

作为一家有20多年历史的本土实体书店,晓风书屋目前已在杭州开出10多家实体书店,这其中有与新新饭店合作的西湖店、与杭州师范大学合作的校园店、与省人民医院合作的医院店,每家店各有特色。晓风将以"书"为主营,让实体书店成为更多社区人群的一种生活体验。书的属性,还有"留客""打发时光"的属性,时间浪费在读书上,是最高雅的。这个点与购买冰淇淋等候时间的场景形成了关联性,这也是高明之处。同时也可以相互促进消费。

各有主题的门店。雪糕书店营业以来,客流量有显著增加。因为"书"的存在,以前消费者在店里的平均驻足时间为3分钟左右,现在达到9分钟左右。解决了用户排队的无聊,也减少了离店率。

中街1946的门店分散在写字楼、商场、旅游景点等,基于不同的消费场景特定设计,能给顾客带来消费体验上的新鲜感,同时也能强化和适应不同业态人群的用户体验。中街1946,有在塘桥巴黎春天的,如同环球港一样的小推车的门店;有在人民广场的,装饰成一辆小火车一样的门店;有在金虹桥的,开放式铺位门店;有在田子坊的,门头宽度不到两平方米的档口店。即使相对很多成熟品牌来说,中街1946也有较多的门店形态,而在同样形态下,不同的门店又会有一些不同的设计。中街1946有一个理念叫“千店千面”,号称线下的50多家门店几乎没有两家店是一模一样的,每个门店有不一样的主题。虽然“千店千面”的说法稍微有些夸张,但从中可见一斑。

4. **效率体验:最快送达,强化最后一公里用户体验**。现在是高效的市场环境,消费者内心对体验的要求是“又快又好”! 解决又快又好的问题是消费者体验的最后的一公里,做不好这一点,其他都是徒劳。

冰淇淋发货的时效一般不应超过48小时,而“双11”是众所周知的物流拥堵期。此前,中街1946团队花了4个月时间,设计出无缝高密度泡沫箱,配上2公斤干冰。但这还不够,他们与快递公司沟通,早早地将快递卡车停到仓库。中街1946“双11”当晚打包发货现场,“双11”深夜1点,第一批载着雪糕的物流车不用到转运中心,直达各城市网点。“贴了单就拉走”。当天上午9点,不少消费者就收到了包裹,这让用户体验有保证。

中街1946的门店,其中一个重要作用就是建立前置仓。目前中街1946的“2小时达”这个服务已经基本完成了对上海的覆盖,上海的消费者在中街1946天猫店下单后门店可以直接发货,两小时内配送到家。这个体系中,门店的作用无可替代。

线上线下的融合打通了渠道的壁垒,消费者可以根据自己的场景选择消费形式,也就加固了消费的多维度体验。很多企业在用户的最后一公里,购买渠道的体验上出问题,最后造成了品牌的宣传很好,产品的品质也不错,但是送达的产品效率体验跟不上,而减少了购买的欲望。

5. **网红产品体验需要快速迭代**。体验随着消费者定位和群体而流动,所以需要不断地认识用户,不断迭代满足他们。网红产品针对的主要群体是80后、90后的年轻族群,这群人是最具活力,也是有着消费能力的新营销势力。如果用户体验逐步同质化,就会削弱用户的新鲜感和忠诚度。在用户体验这块,没有最好,只有更好。通过对大数据、新零售的分析,更精准地定期进行用户体验体检,检核体验的不足和优化的点,形成迭代的用户体验模型。尤其是网红产品,网红产品不是一阵风的产品,是需要做一个领导者的网红,像明星一样要不定期有新作品、新玩法,来满足你的用户粉丝的兴奋点。一旦成为过气网红,没有了营销和体验的活力,这个品牌也就会被新的网红产品替代。

总之,消费者的体验,从头到脚的设计,遵循让消费者“舒服”的原则,从品质出发,包装、传播、消费场景,服务等都能不夸张、不夸大、不将就,就能打动你的用户。好的用户体验是要超过用户预期的,这一点上网红产品就要甩掉平庸产品十八条街才可以。精益求精、不断创新,更人性化地服务好你的用户,就要不断地迭代升级,强化体验的壁垒。

资料来源:刘雷. 网红产品的用户思维实践[J]. 销售与市场:营销版,2018,8(6):8-10.

5. 氛围营销。氛围指的是围绕某一群体、场所或环境产生的效果或感觉。氛围营销有意营造一种使人流连忘返的氛围体验,服务场所尤其适合采取此种策略。如美国华盛顿特区的一家咖啡连锁店——Barista Brava,以结合旧式意大利浓缩咖啡与美国快节奏生活为主题,店内装潢以旧式意大利风格为主,但地板瓷砖与柜台都经过精心设计,让消费者一进门就会自动排队,不需要特别标志,也没有像其他快餐店拉成像迷宫一样的绳子,破坏主题。这样的设计同时也传达出宁静环境、快速服务的印象。而且连锁店也要求员工记住消费者,常来的消费者不必开口点餐,就可以得到他们常用的餐点。

试想,当你怀着轻松的心情去逛商场的时候,刚一进门就被一群生意人围攻,向你兜售他们的产品,四周嘈杂一片,店堂乱作一团,你会是何等的心情?更为严重的是,为了找到你需要的物品和等待售货员找到你需要的尺码还等了半个小时,此时你轻松的心情将全被懊恼占据,最大的愿望就是赶快从这家商场逃走,并发誓再也不要进入这样的商场了。强烈的需求促使你又进入另一个店面装潢舒适一些的商场,这里轻柔的音乐环绕四周、光线柔和、布局优雅、井井有条,售货员面带微笑。当你走过她们身边时,她们向你频频点头,你需要的时候,她们仔细向你介绍;更重要的是,没有了周围的嘈杂和干扰,你可以进行充分地选择与比较。最后,你被这种特定的氛围感染,轻松地做出了购买决定。显然,两种不同的氛围使消费者产生完全不同的心理感受和购买结果。

实例 11-6　精心营造营销氛围

如今,商家不再是简单地设计消费体验,而是精心营造氛围。他们会根据调研结果决定让你看到什么广告、在店里闻到什么气味、听到什么声音,甚至连售货员仿佛无意触碰你手臂的动作都暗含玄机。店内的声音和气味会让你不那么在意你的钱包。研究员林德斯特罗姆(Lindstrom)在家用电器商店中喷了点苹果派的香氛,于是微波炉和电冰箱的销量增长了23%。他还发现,在酒店内播放德国和法国音乐会影响酒的销量。即便是没有音乐的环境,也可能让你花更多钱:研究表明,在噪声的干扰下,人们购买花哨运动鞋的可能性会增大。

资料来源:Susie Poppick. 商店诱人消费10种隐秘手段[EB/OL]. http://www.fortunechina.com/business/c/2014-12/13/content_230895.html,2014-12-13.

上述几种策略是体验营销的典型策略,它们分别以不同的顾客体验作为营销侧重点。但应强调的是,它们之间并非互相排斥、互不包容。体验营销的最终目标,不是单纯构筑某一类体验,而是为顾客创造一种整体体验。正如戴尔公司全球网上业务副总裁理查德·欧文(Richard Owen)所说:"顾客体验是从看到广告的瞬间开始,到顾客收到货物的那刻,直至此后的一段时间段。我们希望人们认为我们的电脑很了不起,但真正重要的是顾客跟我们打交道的整体体验。"因此,企业一方面要根据其内、外环境恰当地选择和运用相应的体验营销策略;另一方面更要注意让顾客在同企业或品牌的每一接触点上都能得到完美无缺的美好体验。

本章小结

从企业的角度看,消费体验是企业以服务为舞台、以产品为道具、以消费者为中心,创造使消费者参与、值得回忆的活动。从消费者角度看,消费体验是在某种特定的营销环境中,个人心境与事件的某种互动,并从中获得过程中呈现出来的一系列可记忆的体验原点。消费体验具有很强的个体性、主观性,其典型的特征是值得记忆。

体验经济是企业以服务为重心,以商品为素材,为消费者创造出值得回忆的感受的一种经济形态。体验经济的兴起是经济形态演进的结果,是技术进步的结果,也是消费者需求升华的必然结果。在体验经济时代,消费者行为表现出四种趋势:①情感需求的比重增加;②对个性化产品和服务的需求日益强烈;③从注重产品本身转移到注重接受产品时的感受;④主动参与产品的设计与制造。

派恩和吉尔摩将体验分为四个维度,即娱乐的体验、教育的体验、审美的体验和逃避现实的体验;施密特的战略体验模块将体验划分为五种,即感觉体验、情感体验、思维体验、行动体验和关联体验。

体验营销就是在营销过程中,充分利用感性信息的能力,通过影响消费者的感官感受介入其行为过程,从而影响消费者的决策过程与购买行为。体验营销的主要特征体现在四个方面,即强调顾客感性、强调消费过程的满足、强调顾客与企业互动、强调顾客主动性。体验营销包括体验、情境、事件、浸入和印象五大组合要素。

体验营销的设计流程为:①分析消费者的体验需求;②设计体验主题;③设计体验式的商品或服务;④建立以体验创造和传递为核心的体验情境;⑤设定体验式的价格;⑥建立体验式营销队伍。常见的营销策略包括美学营销、情感营销、娱乐营销、生活方式营销和氛围营销。

案例选编

案例　　亚朵酒店:体验经济下的新住宿时代

体验经济是继农业、工业、服务业之后的第四个经济增长点,如何围绕消费者营造出使其参与、情感共鸣甚至回忆、思考的营销活动,已成为企业核心竞争力之所在。

派恩和吉尔摩在1999年出版的《体验经济》一书中曾用“产品和服务已经远远不够”作为副标题,一语道出当下的商业世界充斥着同质化的产品和服务,单靠产品和服务已不足以支持企业利润持续快速增长。苹果、星巴克等公司的巨大成功,从某些角度再次论证了创造价值的最大机会在于“营造体验”。

体验营销虽在酒店住宿行业或多或少都有体现,但大多只停留在满足消费者感觉、情感、行动的体验需求上,并未引发消费者对生活的思考,更未给消费者带来所追求生活方式的归属感。此外,很多品牌酒店都忽略了一个问题,那就是消费者追求的更高层次是消费和体验的统一过程,而不是断点般的短暂满足。

亚朵的第一家酒店于2013年8月开业,坐标西安,到2016年6月,约3年的时间完成开业55家,签约155家,在2016年1月统计的中国酒店集团规模50强中排名第31位。亚朵近几年的快速发展和注册用户快速累积,与其体验营销的成功有着密切的关系。

1. 主题环境。亚朵的主要客户群体的年龄集中在35岁左右,有5到10年工作经验的中产阶级,他们为生活、为事业忙忙碌碌,奋力打拼、经常出差,生活工作节奏快、压力负担重,内心向往和追求有品质的生活,也有较强的消费能力。人们尝试通过各种方式来彰显自己的与众不同。早期是炫耀式的奢侈品消费,从名贵首饰、箱包到豪车,这些商品正在逐渐失去标榜社会阶层的功能。今天,能区分人们社会地位的变成了“谈资”,也就是人们身上沉淀的文化资本。基于此,亚朵着力打造属于这个群体的第四空间——“在路上”,这也是继星巴克提出的家(第一空间)、办公室(第二空间)、星巴克(第三空间)的再次延伸,将亚朵打造成人们在外路途中与其陪伴的伙伴(第四空间)。

亚朵采用跨界思维,除将顾客的睡觉、洗澡、上网三大核心需求做到极致以外,融入了阅读和摄影两大文化主题,精心设计顾客的人文生活体验。每个亚朵都有一个超大7×24小时阅读会友书吧,名为“竹居”,提供24小时借阅服务。在亚朵的大堂中,客人也都能随手在一面书墙上或者书柜中拿起一本感兴趣的读物,可免押金借阅,为了让客人有完整的阅读体验,提供异地还书服务。“书”式体验融入亚朵,让顾客的心多了几分宁静与思考。摄影是亚朵的另一大文化主题,具有“属地文化”的摄影作品展示在亚朵的每一个角落。在每一个城市的亚朵,顾客都能通过摄影作品开启一段不同的历史。

入住亚朵,你还能免费品尝到送到房间内的美食。随食物会一起附送一张小卡片,卡片上介绍了美食的制作方法和功效。一杯羹、一张卡片正是亚朵人追求生活品质,认真对待生活、认真体验生活的态度。这也正是吸引消费者,让消费者产生思考的一种生活方式。因此,亚朵提供的不仅是一个可休憩的场所,更是一个可学习、可社交、可放松心境的、有温度有颜色的空间。与大部分酒店不同的是,亚朵提供给消费者的不仅是外在的产品和服务,更重要的是内在的体验,所以当这样一个目标群体遇上亚朵时,神奇地产生了情感的共鸣和归属感,并成功地引发了消费者对生活方式的思考。

2. **无缝衔接**。体验营销是思考模式的创新,只有以顾客为主体,从消费者的生活与情境出发,塑造消费者所追求生活方式的感官体验环境,创造消费者情绪抒发方式,激发消费者创造灵感,鼓励其参与行动改变现状,且感受到的是一个连续的过程,而不是断点般短暂的满足,最终才能让消费者找到相同生活方式群体的归属感,才能使消费者的情感受到尊重,思想得到激发。消费者获得的不仅是产品或服务的满足,而且是生活方式的解决方案,他们甚至愿意为感性需求的满足而付出更高的代价。亚朵在体验的连续性上做到了无缝衔接。

(1)明确消费者要什么。模拟顾客体验过程进行调查。

①调查感觉:亚朵是否让我在感官上有特别的感受。

②调查情感:走进亚朵我是否有一种心情愉悦的感觉。

③调查行动:亚朵是否有意在引导与我之间进行互动交流。

④调查思考:亚朵是否有意刺激我对人文生活的联想。

⑤调查关联:购买亚朵的消费者是否和我属于同一类人。

通过体验式调查,快速掌握消费者对亚朵主题的喜爱程度以及消费者所追求生活方式的变化,从而激发更新更好的创意。

(2)接触点设计。所谓接触点,即分别在售前、售中、售后分解消费者的体验过程,运用不同的工具,让消费者感受到一个连续的体验过程。

亚朵在售前利用网络让消费者感知到人文生活的主题。

走进亚朵,灯光、气味、色彩、音乐、文字、摆件等逐步在消费者心目中构建起亚朵的主题氛围。譬如炎炎夏日,当你步入亚朵,首先映入眼帘的并不是多么奢华的金碧辉煌,而是简约却又非常艺术的设计和清新舒适的气质范儿。服务人员走出柜台,首先递上一杯清凉的酸梅汁,一杯饮料还未饮完,入住已办好,房卡已到手,这个过程中,顾客是坐着的,服务人员是站着的。有的顾客甚至感觉屁股还没坐热,万事皆办妥。不需要押金,不需要烦琐的手续。在文字体验上,"宿归(客房)、相招(餐厅)、共语(多功能会议室)、汗出(健身房)、出尘(免费洗熨烘干自助洗衣房)、竹居(超大 7×24 小时阅读会友书吧)"等充满文艺清新气息的区域命名仿佛能让心中的疲劳远去。客房中一把造型独特的茶壶和几个茶杯,让你看一眼都仿佛能嗅到心旷神怡的茶清香。

酒店的公共区域、客房的墙壁上、床头均可以看到反映属地文化的摄影作品,傍晚宵夜是免费送到房间的一份附加了制作方法和功效卡片的糖水等。

顾客离店时服务人员会主动送上瓶装水。

每一个转身、约每一次接触,都让消费者更好地体验着这种他们向往已久的感觉和生活方式。正如 B. 约瑟夫·派恩在《体验经济》一书中所提到的"不管在什么情况下,要想强化一种服务的感官刺激,最简单的办法就是通过提供食品和饮料的方式增加味觉体验""一种体验对感觉的调动越有效,这种体验的感觉就会越难忘"。当你走出亚朵,包里可能还装着免押金借阅且可异地归还的书籍,回味着同环境中其他消费者和服务人员沟通过程中，所深刻体会到的、源自社会文化意义的相互影响和对生活方式的思考，品味着想要成为这一群体或文化一部分的欲望。

亚朵以服务为舞台、产品为道具，工作人员作为演员精心设计无缝衔接的人文体验。

3. **提供生活方式的解决方案**。自我实现是马斯洛需求的最高层次，也是体验营销策略中最关键的部分。目前大多数中端酒店都知道消费者想要什么，但遗憾的是，他们卖的却仍然是产品和服务。若把产品当产品卖，只能考虑到消费者理性的需求。体验营销中的"体验"是要消费者经过自我思考与尝试去获得的解决方案。这种方案是独特的，是一种生活方式与消费者个人喜好的结合。商家要做的，是帮助他们找到最适合自己的方案。

比宜家更胜一筹的是，亚朵不仅营造了一个让消费者体验生活、体验人文的第四空间，更提供了一种生活方式的解决方案。亚朵酒店的床垫、四件套等床上用品是与供应商合作定制的自有品牌"普兰特"，客人用过后如喜欢，便可扫码购买。酒店沐浴三件套与阿芙精油合作，客人用茶与乡里乡亲合作，客人使用后喜欢皆可扫码购买。

4. **人员沟通促进消费者关联体验**。要满足顾客思考、行动、关联的需求，必须解决销售方案，并通过与顾客的互动沟通彰显主题所要表达的生活方式。关联体验是体验的最高层次，让消费者找到群体归属感并实现自我价值观，是所有体验策略的结果。

在酒店住宿业中，人员沟通能够对关联体验起到很大的促进作用。体验沟通的内容不仅包括产品本身和解决方案，更重要的是要了解消费者的心情、交流生活的方式、促进消费者间的沟通。亚朵的员工对待顾客像对待自己的朋友，他们不会主动跟你推销，但却在顾客需要咨询时，提供专业的解决方案。每个亚朵员工有300元的授权，用于即时解决客人的突发状况。

阅读会友书吧竹居的摆设和色彩也非常便于消费者结交朋友，加以"阅读"主题基础上的交流，顾客与顾客间的沟通也变得很自然。

值得一提的是，服务人员、管理人员的挑选首先要符合企业的价值文化，在培训时必需加上"目标群体生活方式"一课，从而保证员工能够理解顾客的感受，并拥有沟通的话题。

资料来源：施伟凤. 亚朵酒店：体验经济下的新住宿时代[J]. 销售与市场：管理版，2017,3(11):68－70.

案例讨论：

1. 亚朵酒店是如何开展体验营销的？

2. 根据本案例，试分析如何才能使顾客获得良好的体验。

3. 从本案例中你最大的收获是什么？你能为亚朵酒店的体验营销提出一些建议吗？

思考题

1. 结合生活中的例子谈谈你对消费体验和体验经济的认识。
2. 在体验经济时代,消费者行为会发生哪些变化?
3. 消费体验的类型有哪些?
4. 什么是体验营销?它具有哪些特征?
5. 体验营销的基本组合要素是什么?
6. 典型的体验营销策略有哪些?
7. 你认为企业应该如何实施体验营销?

第十二章

消费者的绿色消费心理与行为

★ 本章要点和学习要求 ★

绿色消费是当前正在全球蓬勃兴起的一个新兴消费领域，也是消费者心理和行为研究中的一个新课题。本章阐述绿色消费的起源和全球绿色消费的现状；分析绿色消费者独有的心理特点、行为表现及其影响因素；介绍我国消费者对绿色产品的消费情况和问题，并提出相应的营销对策。通过本章的学习，要求学生了解绿色消费的起源和绿色贸易的壁垒，掌握绿色需要的概念及绿色消费者的心理特征，以及绿色消费行为的影响因素。同时，企业应当了解如何迎合绿色消费的需要，开展绿色产品营销，以及我国绿色市场的现状和存在的问题，并能在此基础上为我国政府和企业提出一些绿色消费的对策建议。

第一节　绿色消费的时代背景

一、可持续发展与绿色革命

整个20世纪，工业化浪潮以前所未有的速度和效率为社会创造了巨大财富，为广大消费者提供了丰富多彩的物质生活，也为企业带来了巨大的商业利润。但与此同时，人类赖以生存的自然环境也在遭受严重破坏，资源被大量浪费，环境被严重污染，生态平衡正在受到失衡的威胁，人类开始面临着前所未有的生存危机。面对这一“有增长、无发展”的困境，人类不得不重新审视自己的发展历程，寻觅一条新的可持续发展道路。

所谓可持续发展，是指既满足当代人的需要，又不损害后代人满足其需要的能力的发展，是一个涉及自然、经济和社会三大系统的复合性发展观念。1992 年 6

月,在巴西的里约热内卢举行了由各国国家元首和科学家参加的联合国环境与发展大会。为了实现人类的永续发展,保护人类的唯一家园——地球,大会空前一致地达成了一项协议,表示要彻底改变各自现行的生产方式、消费方式和传统的发展观念,努力建立起人与自然相和谐的新的生产方式和消费方式,建立起与之相适应的"可持续发展"的新战略和新观念。

会议通过了《里约宣言》和《21 世纪议程》两个纲领性文件及关于森林问题的原则声明,签署了气候变化和生物多样性两个公约。以此为标志,可持续发展从此成为国际社会的共识和人类共同追求的目标。这一会议被认为是人类发展史上的一个重要里程碑。

随着人们对环境认识的不断深化,各种世界性环保组织纷纷崛起,如绿色和平组织、绿友会、地球之友(FOE)等。理论界各种"环境科学"研究也应运而生,包括环境经济学、人类地球管理学及生态伦理学等。人口、资源、社会经济发展与自然生态环境的关系,已成为全人类共同关注的重大问题。于是,在衣、食、住、行、用等各个方面,绿色消费之风蔚然兴起,从生产、生活到消费、流通等各个领域,绿色产品、清洁生产、绿色营销应运而生。一个以保护环境、节省资源为核心的"绿色运动"在全球范围内开展起来。

实例 12－1　风起云涌的绿色潮流

1978 年,德国率先提出了"蓝色天使"计划,向达到一定的生态环境标准的产品颁发"蓝色天使"标签。随后,美国、加拿大在 1988 年也开始实施环境标志制度。日本紧接着在 1989 年实行了"生态标志"计划。进入 20 世纪 90 年代,法国、瑞士、荷兰、澳大利亚、新加坡等国也相继推行了环境标志制度。在我国,推出"中国跨世纪绿色工程计划",并把 2001 年定为"绿色消费年"。

风起云涌的"绿色革命"推动着"绿色产业"的发展和"绿色消费观"的形成,为"绿色产品"开拓了广阔的国际市场。精明的制造商正紧紧抓住人们对"绿色消费"的心态,大量投放"绿色产品"以迎合消费者的心理。由于这场绿色革命浪潮的掀起,许多公司的经营者们已深深感到,要想创造世界第一流的产品,就必须考虑对环境的影响;而为了满足日益增长的绿色消费需求,必然要更新传统的营销观念,采用绿色营销理念来树立企业的环保新形象。

绿色观念、绿色产品、绿色消费、绿色营销、绿色企业、绿色文明,以及相应的信息、管理、制度、法规等社会实践和理论汇集在一起,正在形成一整套战略与策略体系。这一重大的、决定人类未来命运的运筹谋划是一项复杂的社会系统工程,被称为绿色系统工程或绿色系统管理。

二、绿色消费的兴起

(一)绿色消费的含义

1987 年,埃里金顿、海莱斯(Elkinton & Hailes)首先提出了绿色消费的概念。

绿色消费被确定为三个维度:消费无污染产品;消费过程中避免环境污染;有意识地消费环保产品。根据这一定义,绿色消费具有以下属性:①节约型消费,它提出适度消费、拒绝铺张浪费,这意味着当前的消费水平应适应生产力的发展;②可持续消费,它倡导保护自然环境和生态公平,为后代提供可持续发展的环境;③公平消费,它强调代际公平,避免在消费过程中的生存环境和自然资源的破坏,反映了对其他人的利益的保护,体现了对后代的考虑;④生态消费,它建议消费者购买绿色健康产品,并重视绿色产品生态安全的利用。

在国际上,绿色消费已经成为一个宽泛的概念,一些环保专家把绿色消费概括成"5R":节约资源、减少污染(reduce),绿色生活、环保选购(reevaluate),重复使用、多次利用(reuse),分类回收、循环再生(recycle),保护自然、万物共存(rescue)。英国版的《绿色消费指南》一书把绿色消费定义为避免使用以下六大类商品的一种消费类型:①危害消费者和他人健康的商品;②在生产、使用和丢弃时造成大量资源消耗的商品;③因过度包装,超过商品有效期或过短的生命周期而造成不必要消费的商品;④使用出自稀有动物或自然资源的商品;⑤含有对动物残酷或剥夺而生产的商品;⑥对其他发展中国家有不利影响的商品。

由上述可知,当前研究关于绿色消费的界定并不一致,这是由于绿色消费的复杂性导致的。实际上,绿色消费是一个涉及消费观念、消费对象、消费过程及消费结果的复杂框架,其特点包括全面性(涉及购买、使用和处置产品的整个过程)、有效性(涉及储蓄和经济使用资源)、适当性(保护环境和公共卫生)和可持续性(为子孙后代的资源)。

中国消费者协会在公布2001年消费主题——"绿色消费"的同时,也提出了"绿色消费"的概念。绿色消费包括三层含义:一是倡导消费者在消费时选择未被污染或有助于公共健康的绿色产品;二是在消费过程中注重对垃圾的处置,不造成环境污染;三是引导消费者转变消费观念,崇尚自然、追求健康,在追求生活舒适的同时注重环保,节约资源和能源,实现可持续消费。绿色消费的最初形式是对绿色食品的购买,人们逐渐钟情于无污染的、环保的食品,尽管它们的价格要普遍高于同类产品。随着绿色经济的发展,绿色消费已经不仅仅局限于绿色食品,还包括绿色家电、绿色服装和绿色建筑等。而且,绿色消费也不仅仅局限于个人,绿色农业、绿色化工和绿色技术等宏观的绿色消费也在迅速发展。

(二)绿色消费意识的产生

随着环保意识的不断深入,人们对环境和资源的忧虑会逐渐转化为消费过程中的一种自律行为,人们更加倾向于适度、无污染、保护环境的消费,绿色需求在世界范围内已经被逐渐唤起。这种绿色需求是人类在社会实践中对于绿色物质和精神需求的总和,它不仅表现为人们对于绿色产品、绿色环境以及衣、食、住、行、用等方面的生理、安全、生存需求,而且体现在社交、享乐、发展等高层次的需求上。绿色需求反映了人们返璞归真、崇尚自然、向往绿色,放弃更多物质追求的价值观念;体现了从当代人生存和安全的需要到为几代人、几十代人的长远思考,是一种更高层次的理性需要,也是全人类的需要、未来发展的需要,此现象被称为"马斯洛需要理论的反弹"。

消费者"绿色意识"的觉醒,可以说是缘于其生活质量的改善、消费层次的提高,以及对生存空间和居住环境的追求。如人们喜欢购买未施农药和化肥的蔬菜、粮食,崇尚不破坏食物营养成分、没有污染的烹饪方式,关心居室的装饰是否会排放有害气体或辐射,愿意购买无氟冰箱,以及尽可能使用纸制饭盒代替塑料包装等。同时,消费者也会从社会道德和社会责任感的角度出发,自觉或不自觉地承担起保护自身生存环境的责任。

三、国际绿色消费与绿色贸易壁垒

随着环保和可持续发展的观念日益深入人心,环保意识和环保消费创造了新的市场需求,环保产品及服务迅速成长起来。同时,随着世界经济全球化进程的加快,环境与贸易的关系越来越突出,将环保措施纳入国际贸易的规划和目标,已是环境保护发展的大趋势。

在全球范围内,由于经济发展程度不同而导致的绿色需求和绿色技术水平的差异,环境保护正越来越多地被发达国家用来作为遏制他国对外贸易的壁垒,从而形成了一种新型的非关税壁垒——绿色贸易壁垒(green trade barrier)。消费者对某一产品的绿色消费能否实行将受其很大的限制,而且该现象也会对消费者的绿色消费心理形成影响。为此,有必要深入了解绿色贸易壁垒的情况。

所谓绿色贸易壁垒,是指进口国以保护生态环境、自然资源、人类和动植物的健康为由而限制进口的措施。这些措施对世界各国的产品或服务的出口构成了绿色壁垒,主要包括课征环境进口附加税、限制或禁止进口、绿色贸易制裁、绿色标志制度、绿色卫生检疫制度等。由于其具有隐蔽性强、技术要求高、灵活多变的特点,在今后相当长的一段时期内将会被越来越多的发达国家所利用。国际环境公约、WTO 协议中的环境条款、国际环境管理体系系列标准(ISO14000)、绿色标志制度、进口国国内环境与贸易法规、进口国环境与技术标准等限制,一方面有利于环境保护和可持续发展,另一方面也构成了绿色贸易壁垒的渊源。以下就其中主要几项做简单介绍。

(一)国际环境公约

20 世纪 50 年代以前,涉及环境与环保问题的国际公约只有 6 项,70 年代增长到 16 项,80 年代增长到 100 项左右,目前增长到 180 多项,如《保护臭氧层维也纳公约》(1985),《关于破坏臭氧层物质的蒙特利尔议定书》(1987)及其《伦敦修正案》(1990),《保护生物多样性公约》(1992)等。这些国际环境公约对世界经济的可持续发展具有重要作用,但同时会对一些国家的出口贸易产生影响。如在哥本哈根召开的《伦敦修正案》缔约国第四次会议上做出的规定,就使得发展中国家对发达国家的受控物质及含受控物质的产品出口贸易受到限制。从我国情况看,受到影响的出口商品品种达数百种,包括工商业制冷设备、家用制冷设备、气溶胶制品、泡沫制品、化工产品、医药产品和机电产品等类别,涉及出口金额达数亿美元。

(二)WTO有关协议中的环境条款

WTO有关协议中的环境条款无疑会促进国际贸易与环境保护的协调,但同时也为缔约国的贸易保护提供了借口。《关税与贸易总协定》第20条规定:不得阻止缔约国采用或实施为保护人类、动植物的生命或健康所必需的措施和为有效保护可能耗竭的自然资源的有关措施,但对其他各缔约国,实施的措施不致成为任意的或无理的歧视,或构成对国际贸易的变相限制。《建立世界贸易组织协议》指出:在符合可承受的发展速度的前提下,允许缔约国合理地利用世界资源,以符合各国经济发展水平所决定的各自需求与利害关系的方式寻求环境得到保护,并提高这种保护的手段。《技术性贸易壁垒协定》指出:不应妨碍任何国家采取必要措施保护人类、动植物的生命和健康以及环境。此外,《关于实施卫生与植物检疫措施的协定》和《服务贸易总协定》中也有类似的条款。

(三)国际环境管理体系系列标准(ISO14000)

国际标准化组织(ISO)在1993年6月组建了环境管理技术委员会(TC207),负责制定环境管理体系系列标准,目前已起草的标准有24个。1996年9月TC207颁布了该系列标准中的5个,即ISO14001、ISO14004、ISO14010、ISO14011和ISO14012。ISO14000系列标准是在欧盟生态管理和审核法规(EMAS)、英国环境管理体系标准(BS7750)的基础上,并吸收各国环境管理经验制定的,包括环境方针、计划、实施与运行、检查与纠正以及管理审评等内容。ISO14000系列标准是减少和消除环境污染的管理办法,也是解决经济与环境协调发展的有效途径。

(四)绿色标志制度

绿色标志(green label)也称为环境标志(environment label)、生态标志(ECO－label),是由政府部门或其授权的部门按照一定的环境标准颁发的特定图形,用以表示某种商品的生产、使用及处置过程符合环境保护要求,对环境无害或危害极小,有利于资源的再生和回收利用。绿色标志制度可以促进环境保护,但是,绿色标志制度也可能会构成贸易壁垒,其原因有如下三个。

(1)各国绿色标志制度所依据的环境标准不一致,评价方法也有差异。

(2)所选择的产品类别有偏向,所定标准容易只选择国内企业生产的产品,对其他国家的企业在申请程序上可能存在歧视。

(3)一些国家规定,无绿色标志的外国产品在进口时受到数量和价格限制。

消费者通过了解、购买和消费处置这些带有环境标志的产品,会逐渐形成一种新的消费观念、商品价值观念和环境道德观念。

不少传统外贸产品已经或即将由于有悖环保而被排斥在市场之外,如果企业能获得产品无污染、安全可靠的绿色标志,将大大缩短产品国际化的进程,企业就有了参与国际竞争的资本和实力。如海尔集团生产的绿色冰箱在获得“欧洲环境标志”以后,就能畅通无阻地进入欧洲市场,其产品有1/3销往海外。

实例 12－2　中国消费绿色转型的必要性

目前,不合理的消费方式对我国的资源环境产生了巨大压力。由于我国人口基数大、消费水平提速快,不合理的消费方式对资源和环境带来的压力不断增加。

一是居民消费总量增加使生态环境负担加重。随着经济的快速发展,我国居民的消费支出总量迅速增加,尤其是近10年来,增速持续增加。1978年,我国居民消费总支出为1 759.1亿元,2011年为164 945.2亿元。居民消费总量的迅速增加使生态环境压力加大。由世界自然基金会完成的《中国生态足迹报告2012》指出,中国的人均生态足迹虽然低于全球平均水平,但是已经超过自身生物承载力(自然资源再生及吸收碳排放的能力)1倍。改革开放以来,中国人均消费水平随着城镇化和收入的提高而迅速拔高,而生产效率的提高速度则远低于人均消费水平,不断增长的人均消费与人口是导致中国生态足迹总量增长的原因。如果中国追随美国和英国的消费增长方式,那么中国的生态足迹将增加2～3倍。

二是以物质消费为主的消费结构使环境问题更加突出。我国消费模式正处在由"追求生存消费为主"向"追求发展和享受消费为主"方向发展,居民衣、食、住、行等物质性消费迅速增加。统计数据表明,自1990年至2011年,我国城乡居民消费总支出中物质性消费占60%以上,服务性消费占比近年来虽有增加,但一直低于40%。物质性消费主要以资源、能源消耗为前提,并产生大量废弃物,如不采取措施必然会加剧水、气、固废和土壤等环境问题。

三是奢侈型、浪费型消费及不良消费习惯加剧资源环境问题。机动车尾气污染已成为我国空气污染的重要来源,其对PM2.5的影响达22.2%,2013年我国汽车保有量已达1.37亿辆,私家车达8 500万辆,比10年前增长13倍。很多人依然愿意购买大排量汽车。全国每年机动车、电动自行车废弃的铅酸蓄电池超过200万吨,但只有约40%进入正规危险废物回收渠道,大部分电池因消费者缺乏对铅酸电池为危险废物的认知以及监督薄弱等原因流入非法渠道,对土壤、水体等造成污染。同时,随着我国电子产业的飞速发展以及人们对时尚生活要求的不断提高,手机、家电等电子产品的拥有量和更新率持续攀升,随之而来的是电子废弃物与日俱增。许多城市周边滑雪场、高尔夫球场云集。北京周边十余家滑雪场全年有效开放时间只有2～3个月,用水量却高达40多万立方米。数据显示,1平方米高尔夫球场草坪的维护用水量与一个三口之家的用水量相当。

因此,实现消费绿色转型是建设生态文明的必然要求,也是从根本上改善目前不合理消费方式的必经之路。

资料来源.沈晓悦,赵雪莱.推进我国消费绿色转型的战略框架与政策思路[J].经济研究参考,2014,8(26):13－25.

第二节　绿色消费者的心理和行为特征

在绿色消费领域,消费者的心理与行为除了一般消费者的特点外,更有其独特的方面。21 世纪绿色产业将会被各国作为朝阳产业。只有充分研究和了解绿色消费者的心理特征及行为的影响因素,才能科学地为绿色消费行为预测,以及为绿色市场和绿色产业的发展提供切合实际的依据。

一、绿色消费者的心理特点

(一)绿色需要

1. 绿色需要的含义。从广义而言,绿色代表“长青”。所谓绿色需要,是指人类为了健康和可持续发展而产生的需要,这种需要的满足有利于人类的“长青”生活。从狭义上讲,“绿色”是“生态”的代名词,因此,绿色需要是指人类的“生态需要”,即由于人类生理机制中内在的一种对自然环境和生态的依赖性与不可分割性而产生的需要,也是人们为了满足生理和社会的需要而对符合环境保护标准的产品和服务的消费意愿。

绿色消费需要是一种超越自我的高层次的消费需要,它不仅仅考虑自身的短期利益,而且更注重人类社会的长远发展。绿色消费的内容一般符合“3E”和“3R”原则。

(1)讲究经济实惠(economic)。

(2)讲求生态效益(ecological)。

(3)符合平等、人道原则(equitable)。

(4)减少非必要的消费(reduce)。

(5)修理旧物(reuse)。

(6)提倡使用再生资源制造的产品(recycle)。

绿色消费需要是人类自身产生的并内化于人体之中的一种机制,是绿色营销的存在与发展的原始驱动力和客观基础。

在马斯洛的需要层次理论中,狭义的绿色需要应属于生理需要层次,因为健康的“绿色食品”、无污染的水、清洁的空气、良好的生存环境,这一切绿色需要都首先是为了维持和满足人的最基本的生理需要。但正如马斯洛指出,任何生理需要与其相关的习惯行为同时也为其他各种需要充当渠道,因此人们对绿色产品的追求不仅仅是为了健康,也是为了一种高品质的生活,更是为了一种心理上的安全感与满足感。同时,绿色需要也是一种高尚品质和伦理道德的体现。

绿色需要大致可分为三种存在状态:①已满足的绿色需要;②尚未满足的绿色需要;③人们尚未意识到的潜在的绿色需要。

2. 绿色需要产生的原因。消费者绿色需要的产生，主要缘于以下四个方面的原因。

(1)严重的环境问题，损害了人们的正常生活，引起了人们的密切关注。绿色需要产生的因素是多方面的，但生态环境的恶化是其产生的主要根源。生病的地球、恶劣的环境质量，对人类的威胁不仅是身体方面的，更是精神方面的。环境的悲观前景以及环境问题的复杂与艰巨，会造成人类内在的不安、挫折、愤怒、绝望与无助感。人们产生了“生存危机”的感觉，而所需要的健康和安全的感觉却没有得到满足。于是，为了安全和健康的生活，人们的绿色消费需要就随之而生了。

实例 12－3　PM2.5

2011 年 10 月以来，我国多地的灰霾天气引起了极大的社会反响，PM2.5(细颗粒物)从一个专业术语迅速地变成一个社会热词。2012 年全国“两会”上，PM2.5 首次被写入政府工作报告。全社会对 PM2.5 的关注和重视，折射出当前我国环境状况的严峻性。无论是 PM2.5 还是 SO_2(二氧化硫)、氮氧化合物，这些衡量空气质量的指标并不只是一个炒作噱头，逐渐引起了消费者对环境质量的担忧。更重要的是向消费者敲响了警钟，提高了他们参与环保行动的积极性。

资料来源：施卓敏，吴路芳. 面子意识如何逆转自私行为？[J]. 营销科学学报，2013，7(2)：59－81.

(2)消费者经济水平已达到一定程度，人们对环境质量和生活品质产生了更高的要求。随着经济的发展，人们的物质生活极大丰富，在这个大多数人无须再为“面包”问题而操心的时代，追求高品质的生活成为人们日益关注的焦点。这种高品质是一种超脱了“物质”的生活，它注重“质”而非“量”，它使我们能够聆听自己发自内心的声音，追求一种真、善、美的，和谐自然的生活，使自己享受真正的快乐。生活品质和环境质量是息息相关的，对生活质量和自身快乐的追求成为人们绿色需要的又一内在动因。

(3)环境保护的宣传教育、科学知识的普及，以及传媒对环保运动的推动，提高了消费者在环保方面的知识与素质。很多人并没有主动意识到环境的恶化，他们对环境问题的认识，完全来自绿色观念的宣传。如国际上把 6 月 5 日定为“国际环保日”，每年开展声势浩大的宣传活动；北京市建立的地球村环境文化中心，向参观者免费介绍中国环境保护的迫切性和重要性，从而不断培养消费者的绿色意识。这些活动都在促使消费者的绿色消费需要从无意识向有意识转化。人们思想素质的提高，是绿色需要产生的又一促进因素。

(4)绿色消费成为流行时尚，促进绿色需要进一步扩展。人类的心理活动是微妙的，他们很容易受到外在环境的影响。如果说，绿色需要的最初诞生是由于少数站在保护环境最前沿的人竭力推动的话，那么成熟了的绿色需要，很大程度上是追赶这一绿色潮流的产物。当身边越来越多的人产生了绿色意识的时候，多数消费者才有了绿色需要。这种绿色需要的产生是一种被动地接受过程，大多数人其实都属于这种被动接受者。现代社会，绿色消费渐成时尚，再生资源的利用、节约能源、反对浪费、保护生态环境、主动承担社会责任等逐渐成为个人素质、修养、身份和地位高低的重要标志，推崇理智消费，成为文明人的追求。在这种社会环境中，消费者追求社会需求引发的人类共同情感的积极性越来越高。所有这些都会对消费者心理产生良性刺激，促使其产生喜欢、认同和积极的态度。人们会自觉地将绿色消费作为追求高品质消费的方式，并发展成为一种理所当然的消费行为。

3. 绿色需要与绿色需求。如果说，人类的需要是指没有得到某些基本满足的感受状态，人类的欲望是指想得到基本需要的具体满足物的愿望，那么，当人们具有购买能力时，欲望便转化为需求。

而所谓的“绿色需求”，狭义而言就是市场需求的生态化，是人类的生态需求在具体市场需求中的体现，或者说是人们的生态需求与物质需求在现代市场条件下的一种组合，即人类自身在日常生活中的吃、穿、住、行等方面的生态需求。

而广义的“绿色需求”是指现代人类经济活动中社会经济系统对自然生态系统的生态环境资源需要的一种现实市场表现，包括人类经济活动对自然资源的消耗、人类经济活动对环境质量的消耗，以及人类自然的生态需要。

绿色需要在现实市场中可以转化和表现为有货币支付能力的绿色需求，但是绿色需要与绿色需求有着原则上的区别，主要表现如下。

(1)绿色需要是客观存在的，而绿色需求是生产力发展到一定程度后，并且人的生态需要满足出现危机时才表现出来的。绿色需求可以主观控制，而且可通过市场机制加以调节和改变。

(2)绿色需要受人体自然的制约，由人的感觉决定，而绿色需求除受制于绿色需要外，还受消费者的购买力、可供绿色商品的数量、质量和价格水平等因素的影响。

(3)绿色需要与绿色需求之间非同步和非同量。由于受生产力水平和人们货币收入量等因素的制约，绿色需求量总是远远小于同一时期的绿色需要量的。

(二)简约主义

简约主义，又称极限艺术、最小主义、极少主义，源于20世纪60年代兴起的一种非写实绘画雕塑，其理念在于降低艺术家自身的情感表现，而朝着单纯、逻辑的选择发展。无论是在建筑、工艺，还是时装设计界，简约主义都占有重要的一席之位。它主张利用有限的信息传达耐人寻味的意味，可以于纷乱之中保持清晰的脉络，更能在观者的记忆里提供精练的索引信号，给人留下深刻的整体印象。

随着绿色消费理念的兴起，简约主义为绿色消费者所借用，成为绿色消费领域中一种独特的心理倾向。消费者的简约主义心理特征表现为，少即是多(less is more)，质量即是数量(quality is quantity)。崇尚环境保护的绿色消费者更偏好于简单、节约，尤其对原材料和能源等资源的节俭。

实例 12－4　简约的品牌力

一项调研发现,品牌简化帮助在报告中排名前十的品牌赚取了两倍于竞品的利润,而高达 75% 的消费者也表达了愿意为简约的品牌体验付出更高的价钱,以及向他人推荐的意愿。

提到简约,很多人第一时间是联想到减少、空白,但实际不然。品牌在前台呈现出的简约表现往往意味着企业方要在后台做出更多努力。尤其是近几年,随着移动互联网技术和社交媒体等新科技、新传播媒介的发展和变革,信息传播的门槛被降低,话语权力被广泛分散,信息的繁杂进一步加剧。对于品牌来说,化繁为简才能脱颖而出,因为消费者已经没有耐心通过一个繁杂的学习过程弄懂产品或品牌。一个引发联想的关键词,一则引人入胜无法忘却的故事,一种强烈的感受和体验,清晰、直接、一致有效,能够让人们纷杂的意识瞬间聚焦在一个品牌之上。比如,褚橙的迅速崛起是一个极好的例证。褚橙就是品牌创始人的励志人生,这个简单却鼓舞人心的故事让褚橙标上普通橙子几倍的售价后仍然供不应求。

Google 是用简约赢得用户的最佳案例。在思睿高历年的全球品牌简化指数报告中,Google 一直名列前茅。Google 从一"诞生",血液中就流淌着清晰、直观、简洁的因子。在 Google 的页面上,你看不到多余的按键,每一项功能都是经过严格测试和评估的。另外,在每页搜索结果的显示数量上,Google 也摒弃了用户想要的越多越好的做法,而是通过调研确定了每页 10 个搜索结果。但这种执着的简约设计并没有给人不近人情的感觉,因为 Google 常常会对标识进行别出心裁的设计,为这份简约平添了几分乐趣。美国文字简化运动的创始人,也是思睿高品牌战略公司的创始人艾伦·思睿高(Alan Siegel)在其 2013 年出版的 *Simple* 一书中写道:"简化通常要求你在满足用户需求的同时,缩小你提供的服务范围。成功的简化要求将你提供的搜索结果精益求精。这是简约战略面临的最大难题之一。"简约等于精益求精,这正是 Google 的成功之道。

马克·吐温(Mark Twain)曾说:"我实在没时间写一封短信,所以写了一封冗长的信。"这说明了实现简约的难度有多大。如何实现? 首先必须时刻尊重消费者的时间。随时想消费者之所想,不仅为他们解决问题,更应清楚我们希望他们如何认识和体验我们的品牌,以此为依据,有策略地设计品牌体验,用简约创造充满情感的品牌体验。越是复杂的年代里,人们越是渴望简化。抓住这种渴望,企业便离成功更进一步。

资料来源:王鲁生. 化繁为简是种品牌力 [EB/OL]. http://bmr.cb.com.cn/zhuanlan2/2014_0520/1061165.html,2014－05－20

（三）引致效应

在人的行为方式中容易出现各方面趋于同一倾向的特点。这一特点在消费者的绿色消费行为中则明显地表现为一种"引致效应",即人们对某一事物的态度会引起他们对其他同样具有引起该种态度因素的事物产生相同的反应。绿色产品涉及消费的各个行业领域,引致效应可以使消费者的绿色消费从一个领域扩展到另一个领域。比如,一个初次尝试绿色消费的家庭,刚开始也许只会尝试绿色食品,如果感觉良好,就会增强他们对绿色产品整体概念的好感和信心,起到一种强化作用,进而开始扩大绿色消费的范围,如购买节能电器或进行其他绿色消费,而一旦感觉不好,也同样会引起反效果。经有关分析,"引致效应"对绿色消费者的影响要比对一般消费者的影响更明显。

(四)理性化消费心理

绿色消费者的消费心理趋向于理性,他们偏好于简易、节约,反对过度消费。他们认为,过度消费会增加对资源的索取和环境的污染,如民间流行的婚丧大操大办、大吃大喝等现象,既浪费资源,又没有给人们带来一种满意的生活,对人、对己、对环境都是弊大于利。因此,他们主张节俭消费、理性消费,减少对资源的索取和环境的污染,并在实际消费过程中身先士卒,如反对攀比和炫耀消费。绿色消费者倡议食用绿色食品,不吃珍稀动植物制成品,少吃快餐、少喝酒、不吸烟。

二、绿色消费者的心理过程

与一般消费者的心理活动过程一样,绿色消费者的心理过程也大致分为认知过程、情感过程和意志过程三个部分。在这些过程中,绿色消费者的心理行为直接地反映出绿色消费的个体心理特征,但与其他普通商品相比,绿色消费在消费内容和消费心理上又有其明显的独有特征。

(一)绿色消费者的认知过程

消费者购买行为的心理活动,是从商品的认知过程开始的,这一过程构成了消费者对所购买商品的认识阶段和知觉阶段,是其购买行为的重要基础。在认识的开始阶段,消费者从广泛的途径获取有关绿色商品的各种知识和信息,如"绿色食品""绿色冰箱"等,在心理上产生刺激,从而形成对绿色商品的片面、孤立和表面的心理印象;接着,随着绿色商品和绿色知识的不断传播,完成记忆、思维、想象等一系列复杂的心理过程。在此基础上,对绿色产品产生信任情感,在购买中消费者借助于记忆,对过去生活实践中感知的商品、体验过的情感或有关的知识经验做出决定。所以,在这个阶段消费者需要大量的绿色商品知识和有关绿色消费的信息,在头脑中形成一定量的信息储存,以便在以后的购买决定中随时提取并作为决策依据。

(二)绿色消费者的情感过程

消费者对绿色商品和绿色消费的认知过程,是实施购买行为的前提,但并不等于必然采取购买行为。因为消费者生活在复杂的社会环境中,是具有独立思维能力的人,也是容易受影响的个体。因此,他们在购买时将必然受到生理欲求和社会欲求的支配,两者构成了其物质欲求的强度。生理欲求和社会欲求会引起消费者产生不同的内心变化,造成消费者对商品的各种情绪反应。如果情绪反应符合或满足了其消费需求,就会产生愉快、喜欢等积极态度,从而形成购买行为;反之,如果违反或不能满足其消费需求,则会产生厌恶和抵触情绪,也就不会产生购买欲望和购买行为。

这里需要引起重视的是，消费者的社会需求及其所引起的情感，是人类高级的社会性情感，这种情感具有稳定的社会内容，往往以鲜明的、突发性的情绪表现出来，对消费者的购买行为具有明显的影响作用。

绿色产品或绿色消费恰恰能够最大限度地满足人们的生理需求和社会需求。例如，"绿色蔬菜"是指不用化肥、农药，不受其他化学污染的蔬菜，"绿色食品"是不用防腐剂及其他人工色素和化学品的食品。这些不仅满足了人们的基本生理需求，而且最大限度地保护了身体健康。"绿色冰箱"制冷剂采用非氟利昂制品，节能、高效，保护地球大气层不受破坏并节约了能源，注入了生态理念，满足了社会欲求。如同时辅以良好的消费环境、优质温馨的服务，可使消费者产生愉悦的心理情绪，从而刺激消费者的购买欲望。

（三）绿色消费者的意志过程

绿色消费者往往是理性的消费者，在购买活动中表现为有目的、自觉地支配和调节自己的行为，努力克服自己的心理障碍和情绪障碍，实现既定目标。这一过程就是绿色消费者心理活动的意志过程。它具有两个基本特征：一是有明确的购买目标；二是排除干扰和困难，实现既定目标。

总而言之，消费者的心理活动的认知过程、情感过程和意志过程是消费者心理活动过程的统一，是密不可分的三个环节。这一过程对于绿色消费者也同样适用。所以，绿色企业只有充分认识各环节的内在特征，才能与绿色消费者进行有效沟通，从而实现二者利益的统一。

三、绿色消费者的购买行为过程

绿色消费者的购买行为是一个持续的过程，包括引起绿色需要、形成绿色购买动机、收集绿色信息与评价绿色方案、决定购买与买后感受几个阶段。

（一）引起绿色需要

绿色需要不仅是最基本、最重要的生存需要，而且是最重要的享受和发展需要。环保时代，绿色需要常处于人的潜意识状态，需要一定程度的刺激，才能为消费者所意识，进而使消费者产生购买动机，导致购买行为。这一阶段，企业需要积极引导、创造和刺激绿色需要。

（二）形成绿色购买动机

需要是消费者购买行为的原动力，动机是需要的具体化。购买动机是在需要的基础上产生的，是引发消费者购买行为的直接原因。消费者购买绿色产品的动机如下。

1. 安全动机。消费者做出绿色消费行为，如购买纯净水、无污染食品等以免身心受到伤害。

2. 炫耀购买动机。部分消费者为显示自己的地位，追求无污染、高质量、高价格绿色产品，以提高生活质量层次、提高身份和社会地位，促使别人羡慕自己，通过这种方式得到社会的认可。

3. 效仿动机。消费者购买绿色产品有可能是出于效仿目的，以求取同自己所崇拜或尊重对象的某些一致性，从而满足自尊心理。

4. 维护自我形象动机。市场上的消费者都有各自的自我形象，例如，有些消费者以环保主义者自居，他们会抵制一次性用品，购买绿色产品。为维护这一形象，消费者还会形成强烈的重复购买行为。

5. 社会责任动机。有些消费者面对日益恶化的人类生存环境，从自身做起，主动减少污染，减少能源消耗，购买绿色产品，努力履行作为地球公民的义务。

(三)收集绿色信息与评价绿色方案

消费者为满足绿色消费需要，会收集各种信息，他们可能会向家庭、朋友以及经销商等寻找信息，在此基础上形成对绿色产品的评价。绿色产品不仅能满足消费者的基本需要，而且具有“绿色”特性。营销人员应从“绿色”入手，更多地宣传产品的“绿色”特性，增加“绿色”权重，引起消费者的关注。

(四)购买决定与买后感受

通过选择评价，消费者会形成购买意向，完成购买行为。在这一过程中，消费者受到知觉风险的影响。绿色产品作为一种高价格的新产品，消费者会感到知觉风险较大，如果绿色产品的视觉效用与消费者期望相符，消费者会满意，从而继续购买；实际效用小于期望，消费者会产生不满意感，从而减少购买或是拒绝购买，甚至扩散不满意感，这对绿色产业发展影响重大。

四、绿色消费的行为表现

绿色消费者的行为，就是绿色消费者的一切消费活动，即包括行为方式、方法、行为过程及其变化等都受绿色消费意识的支配。绿色消费者的行为作为一种全新的消费理念和消费方式的行为，在生活方面的选择主要表现为以下各方面。

(一)吃绿色食品

绿色食品是指经专门机构许可，使用绿色食品标志的无污染、安全、优质和营养类食品的统称，包括粮食、蔬菜、水果、水产品、畜禽、蛋类和饮料等。它要求避免或最大限度地限制化学合成物如化肥、农药、植物生长调节剂、动物饲料添加剂的使用，选择在远离工矿企业、具备良好生态环境的地区建立农副产品基地，采用高新生物技术和传统农业技术的精华生产和加工无污染、无公害食品。

“民以食为天”，随着城市居民物质生活水平的不断提高，高质量、卫生达标、安全可靠、富含营养的食品成为人们在饮食上的新追求，越来越多的消费者放弃高价的微波炉方便食品，而选用自然的食品。

我国的绿色食品自20世纪90年代问世，到21世纪初全国已有900多种产品申请到绿色食品标志。在有关部门1999年的一次调查中，有38.7%的人表示愿意消费绿色食品，但这一比例大大低于西方发达国家。根据有关资料，67%的荷兰人、77%的美国人和80%的德国人愿意消费绿色食品，购买过绿色食品的人几乎达到100%。

（二）穿生态服装

生态服装是保护人类身体健康，无毒、安全和给人以舒适感觉的纺织品。它要求服装选择的面料必须是品质受控制的天然动植物材料，如棉、麻、丝之类。尽量避免使用农药和化肥，成熟的棉、麻、蚕茧需由人手工处理，最好保持天然原色，加工时只能使用可进行生物降解的物质和天然物质；若需着色，则采用氧漂方式，颜色以绿、蓝、红、黄等自然色泽为基调，图案花纹设计以江河湖海、花鸟虫鱼、飞禽走兽、山川丛林等的自然景观为蓝本。生态服装将成为21世纪服装发展的潮流。

（三）选绿色家居建材

绿色住宅强调以人为本以及与自然的和谐，追求持续、高效地利用一切资源，力求生态冲突的最小化和资源利用的最佳化，并能满足节水、节能以及改善生态环境、减少环境污染和延长建筑寿命等目标。绿色建筑遵循可持续发展的原则，体现绿色平衡的理念，通过科学的整体设计，采用低能耗维护结构、太阳能利用、地热利用、中水回用、绿色建材和智能控制等高新技术，充分展示人文与环境、环境及科技的和谐统一。现代城市住宅把阳台的外檐面积融入客厅内部，采用外探式全落地大玻璃窗和中空双层玻璃窗等，最大限度地利用并合理开发自然光资源，这些做法都是生态住宅设计理念的具体体现。

另外，绿色消费者倾向于翻新现有的住所，而非重建，他们更倾向于更小的房子，更易维护的房子，偏好坚固而朴实的家具；他们倾向于更手工化的家庭劳动，用更自然的方式进行家务活动。同时，家居环境的美化也成为人们生活质量提高的标志之一。消费者在家庭装修中不仅要求设计新颖、质量过关、价格合理，更希望自家的装修也能成为“绿色工程”。无毒、无污染、有利于人体健康的绿色建材是人们装修房屋时的理想选择。调查显示，近三成的人推崇和选用绿色建材。

（四）买绿色家电

绿色消费兴起，绿色家电产品也层出不穷。如绿色冰箱除采用无氟制冷外，还采用杀菌保鲜、抗菌保质、健康卫生的ABS材料，从而在确保食品新鲜的同时有效抑制箱内有害气体，净化空气，高效节能；绿色洗衣机则将清洁衣物与消毒灭菌结合在一起，操作简便，安全卫生。这实际上也是迎合了消费者的环保需要和绿色消费意识。

与此同时，环保型的微波炉、热水器、手机、水处理机和电脑等产品也纷纷占领市场。调查显示，虽然传统的消费观念和经济条件等因素起了一定的制约作用，但是仍有23.1%的消费者对绿色家电表示关注，并愿意在购买家电时首先考虑购买绿色产品。

（五）买环保汽车

德国已经推出可全部回收再造的绿色汽车，美、日不少企业也正在生产汽油添加剂和除污省油的装置。日本一些汽车公司设计出多种低公害的绿色汽车，有电动汽车、甲醇汽车、天然气汽车、太阳能汽车、氢燃料汽车以及混合型汽车等，这些汽车都能大大减少二氧化碳的排放量，从而把废气污染降到很低的程度。美国通用汽车公司宣布，将和德国宝马汽车公司结成“绿色汽车联盟”，合作开发使用燃料电池的环保汽车。环保汽车以氢为燃料，通过氢和氧的化学反应产生电能作为汽车动力，排出的尾气只有水蒸气。法国雷诺汽车公司推出了用特种材料制造的"绿色汽车"，这种汽车报废后所有的废料均可回收再利用，不会留下难以处理的垃圾。

（六）重视绿色包装

重视绿色包装即指企业在产品设计及包装的使用和处理方面，既需努力降低商品包装费用，又要降低包装废弃物对环境的污染程度。目前国际商界流行一种被称为"绿色包装"的纸包装，纸袋的主要成分是天然植物纤维素，容易被土壤微生物分解，很快重新加入自然循环。美国纸板包装协会正以数百万美元的广告费推行纸包装。日本的牛奶、饮料、酒类，大多已改为纸质包装。有的专家还从仿生学角度，研究分析天然包装的巧妙，探究自然的奥秘，希望能从诸如橘子的"缓冲式"包装、鸡蛋的气室防震功能和薄壳建筑式构造、贝壳中珍珠的养护与收藏等自然包装中探索绿色包装的新思路。

（七）喜欢生态旅游

生态旅游是以环境友好的方式发展旅游，旨在促进区域发展的同时不对环境构成危害。为了预防由于旅游活动引起的环境污染和退化问题，在制定生态旅游的发展规划时，必须弄清其潜在的环境影响。主要的环境影响为：污水对当地淡水或海洋水体的污染；由于不适宜的土地利用方式引起的土壤侵蚀；由于交通、空调和采暖系统气体排放引起的酸雨和全球变暖问题；由于城市化和道路建设引起的人工环境的美学价值和野生生态环境的丧失；由于过度开发，致使生物多样性减少或破坏等。因此，对于在生态旅游区域拟建的每个项目都要进行环境影响评价，不符合环境标准的项目坚决予以取缔。

（八）使用绿色能源

绿色能源是以环境友好、无污染（或低污染）、高效率为特征的新型能源。狭义地讲，绿色能源是指氢能、太阳能、风能、水能、生物质能和海洋能等可再生能源，而广义的绿色能源也包括在开发利用过程中采用低污染的能源，如天然气、清洁煤与核能等。

中国清洁能源消费快速增长。2010 年天然气消费量为 1 081 亿立方米，在一次能源消费中的比重达到 4.3%。可再生能源和新能源迅速发展，水电装机容量达到 2.25 亿千瓦，位居全球第一；建成核电机组 1 081 万千瓦，在建规模达到 3 097 万千瓦，位居全球第一；风电装机连年翻番增长，并网装机达到 3 100 万千瓦，仅次于美国位居世界第二；太阳能光伏发电容量达 60 万千瓦，太阳能热水器集热面积约 1.68 亿平方米，居世界第一；生物质发电和垃圾发电装机约 550 万千瓦，沼气年利用量达到 140 亿立方米。伴随清洁能源、可再生能源和新能源的快速发展，中国能源结构更加多元、清洁，能源供应更加高效、安全。

五、绿色消费者的组成与分类

绿色消费者避免购买对健康有风险的产品，避免购买在生产、使用或最终处置过程中损害环境及可能消耗大量能源的产品，避免购买过度包装并含有威胁物种成分的产品（阿克赫斯特，2012）。可以说，绿色消费者是始于20世纪60年代激进的环保运动的产物之一。他们追求商品的明确坦率、诚实无欺和可信赖性，要求所购买的商品能够满足情感上的需要；他们不仅关注商品的价格，而且会考虑该商品有没有涉及环境或是良心问题。

消费者进行绿色消费也有着一系列的消费选择，例如，对洗涤剂消费的选择，有人选择可回收包装的洗涤剂，有人选择一种本身包含了更少有害物质的洗涤剂，尽管两者都有绿色成分，但程度是不同的。事实上，不同的消费选择代表了不同程度的"绿色化"。根据人们消费选择中所体现的对环境关注的程度，"绿色化"有一个从"浅"到"深"的渐进过程，其中既有外部因素的作用，也有一种自然演进的自我改进过程。在绿色消费发展较快的美国，曾有一调查机构按照消费者绿色化的程度，把绿色消费者分为以下五类。

（一）积极型

积极型（true blue greens）是指绿色消费中走在最前面的人群。他们的绿色意识已牢固树立，而且表现为自觉和积极的绿色消费行为。积极型消费者对绿色消费有着全面和深刻的认识，绿色消费是他们的生活方式。他们大多受过良好的教育，比一般人在社会上活跃，是观念上的领导者，容易影响其他顾客。但有一点使他们难以成为最好的绿色消费者，这是因为，对绿色产品他们只愿意比普通产品的价格多付7%。

（二）实利型

实利型（greenback greens）又被称作美钞型绿色消费者。一般来说，他们在绿色消费市场上不是特别活跃，而且忠诚度也不稳定。这类消费者有较强的环保和绿色消费意识，但只是在其认为有价值的部分消费行为中实践绿色消费，或者对绿色消费尚未有全面的认识。例如，他们只认识到可循环使用一方面，而未意识到绿色消费更多方面的更广的含义，但这部分人却愿意为绿色产品在价格上多付出20%。实利型消费者通常比较年轻，多数是白领人群，只要引导他们加深对绿色消费的全面认识，他们的忠诚度是可以培养的。

（三）萌芽型

萌芽型（sprouts）群体仍然关心绿色消费，但不太愿意支付额外的费用。他们对环境决定论的接受比较慢，反映了一般公众的思维方向，愿意支付的绿色额外支出大约只有4%。

（四）抱怨型

抱怨型（grousers）群体把环境保护看作是他人的责任，他们在一定程度上关心环境，但却不足以让他们尽自己的能力去做某些事情。抱怨型消费者表示他们太忙而无法进行绿色购买，或者抱怨产品的成本和质量。这类人群的受教育程度较低，也比较保守。

（五）厌倦型

厌倦型（browns）可以说是消费群体中最穷困和接受教育最少的人群。对他们来说，价格是一个引起负面影响的重要问题，因为绿色产品相对一般产品的价格较高，他们的绿色消费意识薄弱，一般是不会进行绿色消费的。

六、绿色消费行为的影响因素

消费者的绿色消费行为不仅取决于消费者的固有特征，同时也受到外部环境、社会文化、消费情境等因素的极大影响。对影响绿色消费行为的主要因素展开如下分析。

（一）消费者个体因素

消费者个体因素分析应从消费者自身出发，探究消费者最为本质的特征。该因素往往是影响消费者采取消费行为最主要的因素。绿色消费者的购买决策最主要的还是受其个人特征的影响，包括其年龄、家庭生命周期、职业、经济环境、生活方式、个性以及自我概念等。其中，收入水平、受教育水平、消费信念、印象管理动机、群体认同度及生活方式的影响尤为突出。

1. 收入水平。根据美国的一项研究，一旦美国人均收入达到 5 000 美元以上，人们就会花钱用于改善环境，包括进行绿色消费，而在此水平之下，人们则没有能力关注环境。该项研究表明，在影响人们绿色消费的诸因素中，收入是最重要的因素。收入水平在一定程度上代表了消费者的购买实力。由于绿色产品或绿色服务的价格相对较高，对于那些“价格因素权数”大于“绿色因素权数”的消费者而言，收入在消费方面的分配对于其绿色消费而言是一种制约。“实用主义”对大多数理性消费者来说是第一位的，尤其是在居民整体收入水平还不算很高的国家，价格和效用仍是消费者购买产品的主要考虑因素。

2. 受教育水平。一个人的观念、行为等大多是后天因素作用的结果，而教育则是其中非常重要的一个方面。受过良好教育的人，一方面对各方面知识有深入了解和正确认识（包括环境和地球生态）；另一方面有较高的素质，倾向于采取明智的行为。所以，教育在很大程度上影响个人的绿色消费观念和行为。

3. 消费信念。在日常生活中，当消费者认为自己是环保行为关注者时，就会倾向于更积极地从事绿色消费行为；研究人员发现，当个体自我担当感越强时，其因不购买绿色产品而产生的预期内疚感就会越强，而这会提升其对绿色产品的偏好和行为；另外，在当前的社会规范和价值准则之下，很多消费者意识到，在绿色消费中，消费的不仅是绿色产品本身，而是消费产品本身以外的东西，即履行保护环境与资源、保护地球的道德责任以及对子孙后代的义务。从这个意义上，也可以说，消费者的绿色文化和环保意识越强烈，其从事绿色消费的可能性越大。

4. 印象管理动机。当从事亲社会行为能给他人留下正面自我形象时，印象管理动机会促使消费者更多从事这样的行为。像这种基于利他考虑的绿色产品，在消费者印象管理动机比较强的情况下会更受欢迎。

5. 群体认同度。尽管中国社会属于典型的集体主义社会，依然有高群体认同和低群体认同之分，且高群体认同的消费者更倾向于绿色消费行为。例如，在环保情境下，政府的逆营销对于多数群体比少数群体更有效，国家越依恋水平低的少数群体，对政府的逆营销努力反应就越消极。

6. 生活方式。根据阿诺德·米切尔(Arnold Mitchell)的 VALS 划分法，社会中有九种生活方式群体：①求生者，指那些绝望、压抑、为社会所抛弃的"处境不佳者"；②维持者，指那些敢于为摆脱贫困而坚持奋斗的处境不利者；③归属者，指那些维护传统、因循守旧、留恋过去和毫无进取心的人，这类人宁愿过那种"顺应型"的生活方式，而不愿有所作为；④竞争者，指那些有抱负、有上进心和追求地位的人，他们总希望出人头地；⑤有成就者，指一个国家的那些能够影响事物发展的领袖们，他们按制度办事，并享受优裕的生活；⑥我行我素者，一般指那些年轻、自我关注、富于幻想的人；⑦经验主义者，指那些追求丰富精神生活，希望直接体验生活的人；⑧有社会意识者，指那些具有强烈的社会责任感，希望改善社会条件的人；⑨综合者，指那些心理成熟，能够把各种内向型因素和外向型因素中的最佳部分结合起来的人。

在各种生活方式的人群中，求生者和维持者处于需要驱使阶段，他们缺乏经济资源，温饱问题尚未解决，所以不太可能有实力关注环保，实行绿色消费；归属者、竞争者和有成就者处于"符合客观外界标准"的阶段，受客观外界标准影响颇大，所以其绿色消费行为与所处环境的绿色化程度有关；我行我素者、经验主义者、有社会意识者和综合者已进入有自我看法的阶段，有其明确的价值取向，假如是环保者，则一般来说必是积极的绿色消费者。

（二）绿色教育因素

消费者对绿色问题的理解和识别程度或知晓程度，对其消费行为有重要的影响。可以通过增加特定绿色消费知识、呈现他人如何做的社会规范信息，或者是提供消费者自身消费情况的反馈信息等来刺激其绿色消费行为。现实中，由于消费者信息来源渠道的局限，对部分甚至大部分绿色问题可能不理解或难以识别，会延续其非绿色消费行为。因此，在这样的情况下，绿色教育便显现出很强的现实意义。

绿色教育是指对公众进行的生态环境意识普及和教育，也包括通过公共关系、广告、产品包装说明等方式对消费者进行环保观念的灌输。就社会层面而言，绿色教育有利于提高人们的环保意识，促进社会自然环境的改善；从企业层面看，绿色教育则积极引导了绿色消费，为绿色营销创造更好的环境。绿色教育重点在于观念的灌输，而人的行为是受其观念指导的，所以可以说，绿色教育是绿色消费和绿色营销的先导。反过来，绿色消费和绿色营销本身也是另一种形式的"强化"教育，是一种"现身说法"的绿色教育。

实例 12－5　以教育为主的沟通方式

美国通用汽车公司(GM)在发展其电动汽车计划时就采取了以教育为主的沟通

方式。他们认为教育是非常重要的,并且这种沟通方式要先于大众媒体的密集式广告。用 GM 电动汽车广告经理的话说:“这种方式是这么回事,教育的第一步将教会人们什么是电动汽车,怎样与其他车辆进行比较。我们还不得不告诉他们如何比较各种可替代燃料。第二步是教会人们如何看待他们的驾驶方式,以考察电动汽车是否适合他们,什么时候会停下来,运行多长时间停下来,两次充电的间隔时间是否足够长。”当这种车辆将成为现实的产品时,广告的威力将发挥作用。

资料来源:绿色消费的心理分析及对绿色营销沟通的启示(EB/OL). http://m.bnet.com.cn/article/938394.html,2018-02-20.

(三)社会文化因素

和其他消费行为一样,社会因素和文化因素对绿色消费行为会产生很大的影响。比如,身处一种崇尚自然的文化氛围或有着强烈环保意识的参与群体和家庭之中,会对其中个人的绿色消费行为产生正面的影响。绿色消费也可以说是一种社会性的消费文化和消费习惯,绿色消费行为一般容易形成社会性的潮流趋势,其具体的消费模式会被绿色社会文化所带动,或者说被绿色时尚所带动。比如,很多西方发达国家,由于环保文化很早就开始形成,目前已达到一个比较成熟的阶段,因此绿色消费也较之一些发展中国家兴旺,消费者的消费行为也显得比较成熟。

(四)产品因素

产品种类和特点对消费绿色产品偏好产生影响。国内外研究人员大都从消费者角度出发研究影响绿色消费行为的因素,很少有从产品角度研究影响绿色消费行为的因素,但产品种类的多样化同样对绿色消费行为产生影响。有关研究人员发现,相对于那些看重产品属性强度(如洗衣液)的消费者而言,看重产品温和属性(如婴儿洗发水)的消费者,会更偏好环保价值较高的绿色产品;相对于较少能直接对健康产生影响的产品种类(例如 MP3、耳机和纸),那些能对健康产生较多影响的产品种类(肥皂)的环保类信息更容易受到消费者关注。

另外,消费者的绿色消费行为还会受到政府政策的影响。政府常常会出台一些有利于消费者绿色消费的规章制度,比如家电以旧换新政策、节能减排的相关政策等,这都可能会对个体的绿色消费行为产生一定影响。

第三节 绿色产品的开发与消费现状

一、绿色产品及开发

(一)绿色产品的含义

绿色产品是指在生产过程中和产品自身没有或较少对环境污染的产品,以及比传统的竞争产品更符合保护生态环境或社会环境要求的产品及服务。绿色产品又可分为两大类:一是“绝对绿色产品”,是指具有改进环境条件的产品,如用于清除污染的设备,及净化、保健服务等;二是“相对绿色产品”,是指那些可以减少对社会和环境损害的产品,如可降解的塑料制品和再生纸等。

绿色产品应具备三个特征:能有效利用材料资源和能源;有利于保护生态环境;不产生环境污染或使污染最小化。这些特征应贯穿于产品设计过程、原料获取过程、生产制造过程、销售运输过程和使用过程,以及产品废弃后的回收、重用及处理过程等产品生命周期的全过程。

按照比一般同类产品更加符合保护人类生态环境和社会环境的要求,绿色产品主要包括七种类型:①可回收利用型;②低毒低害物质型;③低排放型;④低噪声型;⑤节水型;⑥节能型;⑦可生物降解型。

(二)绿色产品的开发

绿色产品的开发包括四个环节。

1. 设计。绿色产品要求产品质量优、环境行为优。双优不同于单优,如日用陶瓷,要绿色,就必须增加控制铅的设计;又如日用燃气灶,要绿色,就必须增加对二氧化氮的控制设计。

2. 生产。生产过程要求实现无废少废、综合利用和采用清洁生产工艺。在此过程中,建立 ISO14001 环境管理体系是国际通行的做法,采用高新科学技术是有效的技术手段。

3. 产品本身的品质。绿色产品比一般产品更体现以人为本,更重视提高舒适度、健康保护以及环境保护程度。如要求汽车尾气排放达欧洲标准,人造木质板材和地板的甲醛挥发量要在每立方米 12 毫克以下等,这些都需要采用高新技术才能实现。

4. 废弃物的处置。即对产品的可降解性提出要求。例如,塑料、润滑油和洗涤液等产品,要成为绿色产品,需要达到可降解指标;再如,各企业对自己生产产品的回收、回用及有效处置都应建立系统,一次性餐具、各类包装、报废汽车及计算机零件的回收及处置则成为考核指标。

实践中,上述四个环节全过程的绿色是较难做到的,每一过程都需要高新技术作为支撑。有调查结果表明,对于绿色产品,消费者更感兴趣的一般是减少由于买回来的产品而产生的污染,即绿色产品的第三和第四个环节,而不是减少在制造过程中的污染,即第一和第二个环节。比如,通过购买无磷洗衣粉,消费者知道,他们正在减少水的污染,这使得他们感觉良好,并会主动向其他消费者宣传。不过,随着广大公众对于环保认识水平的全面提高,以及商品知识与经验的丰富,消费者对绿色产品四个环节的注意力也会有所转变,各环节的受力点就会逐渐变得均衡。

绿色产品的范畴也包括其外包装——绿色包装,也就是对生态环境及人体健康无害,能循环和再生利用,能够促进可持续发展的包装。绿色包装必须是无毒无害、清洁无污染,以及完全可降解的绿色环保型包装材料及其制品。具体要求是两个方面：一是生产时，要节约原材料和能源等资源，对操作人员无害，对环境无污染；二是使用时，包装腾空物易回收复用或再生利用，容易降解而不产生污染，焚烧不污染大气且可放出能量，填埋不长期滞留且有利于堆肥化。

总之，绿色产品及包装应符合国际通行的"4R－1D"环保原则，即较少材料和能源用量（reduce），增大再填充量（refill），可回收循环使用（recycle），能量再生（recover），可降解性能（degradable），再加上对人体无害。

二、我国绿色消费市场的特点和问题

（一）绿色消费市场的特点

1. 绿色消费品市场需求潜力大。改革开放以来，虽然我国居民的消费有了很大的提高，但目前总体上仍处于较低水平。从发展的角度和绿色消费的特点看，绿色消费品市场的潜力还是很大的。主要有以下三个方面的原因。一是我国的人口基数大，为绿色消费需求的形成提供了可能。二是随着居民进入富裕状态，尤其是进入富足状态以后，会更加重视消费的质量，重视消费对人身健康、环境保护等方面的要求，对绿色消费的需求将会逐步增大，进而形成一个庞大的市场需求。三是从我国目前绿色消费品的供给看，由于我国环保产品整体水平比较低，只相当于发达国家20世纪70年代中期的水平，现有的环保产品1/5限期淘汰，约2/5需要改进。目前各大城市商场、超市，绿色产品的上架率不足10%，不能有效地满足消费者的绿色消费需求。据中国社会调查事务所进行的一项关于绿色消费观念和绿色消费行为的调查显示，有71.3%的人认为发展环保产品和绿色产品对改善环境有好处；有53.8%的人愿意消费绿色产品；有37.9%的人表示已购买过绿色产品。因此，随着绿色消费的深入人心，绿色消费品市场有极大的潜力待挖掘。

2. 绿色产品的环保标准高。绿色产品的标准相对于普通产品而言要求更多、更高，它一般要求产品质量、产品生产和使用、消费和处置等方面符合环境保护的要求，对生态和人体健康无损害。例如，关于绿色住宅的标准，国际绿色建筑协会认为，绿色建筑的评定包括能源、水、声、光、热、绿色、环境、绿色建材及废弃物处理九大系统，我国房地产协会提出的绿色住宅的标准包括六个方面：①规划设计合理，建筑物与环境协调，房间光照充足，通风良好，厨房、卫生间异味气体能在瞬间散发；②房屋围护结构御寒隔热，门窗密封性能、隔音效果符合规范标准；③供热、制冷及炊烧等尽量利用清洁能源、自然资源和可再生资源，全年光照在2 500小时以上的地区普遍要安装太阳能设备；④饮用水符合国家标准，排水深度净化，达到可循环利用标准，新建小区需铺设中水系统；⑤室内装修简洁适用，化学污染低于环境规定指标；⑥有足够的户外活动空间，小区绿化覆盖率不低于40%，无裸露地面。

3. 绿色商品价格较高。商品价格是直接影响企业竞争力和形象的"双刃剑"，新开发的绿色产品的价格一般要高于传统产品的价格，因为它含有绿色价值，即企业在开发和营销绿色产品的过程中要采用新技术，实行清洁生产，整治环境、排污等，这些都要支付大量的成本费用，并计入产品价格。一般认为，绿色产品的价格要比普通产品的价格高出20% ~200%，如果价格比较合理，消费者是可以接受的。如上海绿萌高科技开发公司开发一种无光污染的台灯，它可以保护青少年和脑力劳动者的视力，虽然它的价格比普通台灯高出50%，但一经上市仍然供不应求。

4. 消费的可诱导性强。在绿色消费时代，消费者所购买的绿色产品并不是非买不可的产品。而且，由于目前绿色产品在市场上刚刚进入导入期，很多消费者对其认识还不够全面和深刻，还处于一种模糊的状态。在这种情况下，消费者的购买欲望在一定程度上取决于商品的可诱导性，从而为企业创造了诱导消费的有利条件。人们对绿色无氟环保冰箱的接受就是一个典型的事例，在大量的广告宣传下，消费者认识到了其中的种种益处，从而接受了这种绿色产品。

（二）我国发展绿色消费存在的问题

1. 对绿色消费的认知程度较低。长期来，我国消费者在消费过程中更多地注重消费数量、成本和质量，而忽视环境问题。绿色消费只停留在口头上。造成这一现象的主要原因是消费者内在的绿色消费意识不强，对非绿色消费的危害认知不足。

2. 绿色消费动力不足。所谓消费效用最大化，具体表现为消费者在支出相同的情况下的消费效用最大，或在一定消费效用下的支出最小化。消费支出最小化主要表现为节省货币支出量、节省支出的精力和体力的消耗。在缺乏约束的条件下，消费者很难放弃原有消费行为下的“好处”，如省时、省力、省钱，人们对水资源的过度消耗是因为自来水太廉价。据对1986—1990年的统计，我国一次性非降解塑料快餐盒消耗量为3亿只，1994年猛增至20亿只，白色污染十分严重。造成白色污染严重的原因是因为塑料袋、塑料快餐盒带给人们方便的同时成本低廉。废弃物不能有效回收，是因为人们不愿意费时、费力去完成看似不“值得”的小事。在这些眼前“经济”利益的驱动下，绿色消费行为就显得动力不足。

3. 传统的消费习惯阻碍绿色消费进程。传统的消费行为主要关注消费效用的满足，忽视消费所带来的社会成本和生态成本。我们在调查中发现，尽管绝大多数消费者都知道一次性塑料袋会导致白色污染，但由于使用方便和消费习惯，购物和消费时人们仍然不假思索地选择它。例如，对废弃物的处理，传统的陋习表现得十分明显，重视回收废弃物的家庭还是少数。同样，正是由于我们多年来的消费陋习，每年回收的废电池不足1%，在我国由于废电池造成的污染十分严重。

4. 绿色消费市场与绿色产品供需失调。有资料显示，我国购买绿色产品的消费者，多半是出于自身健康，环保意识仍停留在“自我保护型”的初级水平，但百姓对基本消费品和生活环境质量提出了更高的要求。除了对无污染、安全的绿色食品、化妆品和家电的需求与日俱增外，近几年，随着家装市场的繁荣，人们对绿色建材和装饰材料的需求也明显增加。这表明，人们的绿色需求将进入一个多样化的快速增长时期。而目前我国许多企业对绿色消费认识不足，不够重视绿色产品的开发，市场上可供消费者选择的绿色产品品种不够丰富，且批量相对较小。这在一定程度上阻碍了消费者的绿色消费行为。另外,在品种不多的绿色产品中,绿色标志的认证和管理欠规范,造成消费者选择商品的盲目性。

5. 绿色消费态度与行为的不一致。在环境问题的驱动下,越来越多的消费者表现出对环境问题的关心和对绿色消费的正面态度,甚至表示愿意为绿色产品支付相对更高的价格。但是,他们在实际消费行为上却很少做出相应的改变,绿色产品的市场份额也没有显示出相应的增长,这就表明了消费者绿色消费态度与行为之间的不一致。造成这种不一致的主要原因有以下三方面①。

(1)社会期望偏差。社会期望偏差是指消费者在回应道德问题时,倾向于过度报告他们的态度偏好和购买意图,以显得更具社会责任感。社会期望偏差在某种程度上扭曲了研究者的发现,导致所宣称的亲环境态度与实际行为之间存在差异。

(2)情境因素。情境因素对绿色消费态度与行为的不一致也产生了一定的影响。虽然消费者对环境问题表示极度关心,但存在着如财务约束、信任、有限的选择和产品可用性等其他情境因素,这对绿色消费实践造成了障碍,会限制个体绿色消费行为的实施。

(3)绿色产品自身原因。绿色产品的高定价、低可靠度、高妥协也是造成消费者态度与行为不一致的一个主要原因。

实例 12-6　美国电力的"绿色价格"项目

23 家美国电力公司接受了绿色市场营销最终的挑战——以"绿色价格"把可更新形式的能源提供给消费者。通过这个"绿色价格"项目,这些公司获得了一系列的益处——扩展了他们的产品提供范围;提高了他们的企业形象;避开了即将面临的规管,从而"尝到了生活的甜头"。

通过"绿色价格"项目,消费者支付额外的费用,帮助电力公司筹集起始费用,以便开发利用可更新的能源(比如风、地能)为消费者提供电力。例如,在密歇根州的特拉弗斯城(Traverse),200 个居民及商业用户为每千瓦小时的电多付额外的钱(平均每月 7.58 美元),以使用建在附近的风力发电站产生的电能。科罗拉多州 2 000 个公共服务公司的客户多付电话账单以多余的钱支持他们地区的可更新电力项目。然而,"绿色价格"项目也带来了一系列挑战。

首先,消费者一般并不愿为绿色产品多付额外的钱,因为类似"更干净的水或空气"这种环境益处是很难马上见效,也难以看到或感受到的,而可更新的电力产品本来就是看不见的,谁知道自己用的电是什么"颜色"呢?而且,由于这种利用可更新能源产生的电力仍用原来的电网系统进行传输,它最终仍是与其他能源形式的电力在电网上交织在一起输入消费者的家中或办公室中,所以消费者并未真

① JOHNSTONE M L, HOOPER S. Social influence and green consumption behaviour: a need for greater government involvement[J]. Journal of Marketing Management, 2016, 32(9): 827-855.

正收到他们为之付出额外费用的“绿色电力”。

其次，许多消费者对传输到他们手中供使用的电力到底是什么形式的能源转化而来的这一点缺乏认识，更不用说与他们使用的电能相关联的环境问题了。此外，关于可更新能源发电的误解到处可见。例如，“假如没有风的话，那可更新电能不就没了吗”“可更新电能是通过新建一套电网，通过同原来不同的电线和线路输送进用户家中的”“利用风来发电，会不会改变全球的气候状态”，等等。

另外，可信性也是一个挑战。消费者往往会对支付额外价格购买的“绿色电能”提出质疑，因为他们觉得目前的电费已经够高了，他们希望知道利用可更新能源发电到底要花多少钱。

为了获得关于怎样才能有效地营销绿色电力的信息，美国环保署(EPA)请了专门的绿色营销调研机构进行市场调研，对潜在绿色电能消费者做焦点观察追踪。调查结果表明，以下四个策略有助于“绿色价格”项目的推销成功。

首先，使绿色电能带来的利益直接可见。付了建立可更新能源发电项目的初始费用后，大部分消费者希望能享受长期的经济利益回报，包括长期稳定的电费单价，信用方面的好处，有助于能源的高效利用及环保，从而抵消可更新能源的成本。

其次，小心地寻找目标顾客群。最愿意购买绿色电能的消费者相信他们对绿色电力的购买会使自己与众不同，因为为“绿色电能”支付额外的费用代表了某种形式的奉献。这种消费者往往是环保群体的成员。而对于还不成熟的绿色消费者，他们往往是为了响应立法的号召或基于周围人的压力而实行绿色电力消费的。对这类人，应让他们知道同社区的其他人都在支持新的风力发电。或许，“Bill - Rounding”项目(即消费者在支付账单时凑齐整数，多出来的钱用来赞助绿色电力项目)对消费者是一种较有吸引力的“在细小处给予帮助”的方式。

再次，教育与授权。绿色电能的消费者往往需要理解项目的具体内容，包括经济方面，而且他们也希望技术方面的改进，所以，应对他们进行信息交流以及相应的公关活动。例如，特拉弗斯城“能与光”公司，为了回答消费者诸如“这种可更新形式的电能在别处是否已试行”的问题，组织消费者参观了风能发电设备。在教育中，要强化环境利益，例如，帮助消费者把绿色电能与一个更干净世界的联系视觉化。最后，由于人们通常认为可更新能源发电依赖于天气，有必要告知他们，假如遇到风不再吹或没有太阳等这类问题，备用的电能就会补充上来。

最后，考虑建立一个分支机构。通用汽车公司建立了它的土星公司(Saturn)，以向消费者证明新产品(此公司生产的)确实同雪佛兰(Chevy)或奥尔兹牌轿车(Oldsmobile)等原来的产品有所不同。电力公司若致力于开拓绿色市场，应参照通用汽车公司的做法，建立自己的分支机构。

资料来源：http://www.docin.com/p-103962206.html.

第四节 促进绿色消费的心理策略

绿色营销战略(green marketing strategy,GMS),作为一种基于环境和社会利益考虑的新型营销战略,正逐步为企业界所采用。它强调"公司环保主义"的创新、企业家精神与系统化的导向。这是一项系统工程,它需要政府、企业、社会等各方面的共同努力。而我国作为一个发展中国家,在各种基础条件薄弱的情况下,在绿色浪潮兴起之初,要想迅速培育、发展绿色营销事业,既需要企业的努力,更需要政府部门的宏观管理、监督指导以及政策、资金上的扶持。

一、政府的宏观管理

在绿色消费和绿色市场发展的初级阶段,政府的扶持具有相当重要的作用。政府通过制定政策法规,给予经济扶持和培育市场等,可以促进消费者和企业将单纯的绿色意识转变为真正的商业活动。我国已加入世界贸易组织,与各国商品的贸易竞争将日益激烈。面对当前复杂的国际竞争环境和中国国情,政府在培育绿色市场方面担负着重要的职责,具体表现在以下三个方面。

(一)加强公众环保意识

在社会上大力宣传绿色消费观念,使之深入人心,是从消费者心理出发的根本的促进措施。保护环境是一项关系到公众切身利益和子孙后代长远发展的事业,需要广大公众的积极参与。公众和企业的环保意识淡薄,会成为绿色产业发展的外在阻碍力量。政府可以通过大众传媒提倡绿色消费观念,使人们意识到环境资源不仅是一种自然形态,它还具有经济价值,从而激发消费者购买绿色产品的积极性,增强厂商生产绿色产品的信心。

通过绿色教育,告诫人们地球资源的日渐枯竭,自然环境质量的下降,对人类健康和生存条件的负面影响已成为事实。由于人们的绿色意识有很大差别,尤其是在发展中国家,还有相当多的人对环境问题缺乏认识,这就要求政府承担起对人们进行绿色教育的责任,针对不同对象,采取不同方式进行教育培训,提高人们的绿色意识;利用各种宣传工具,积极传播环境保护和绿色消费知识,开展各种保护生态环境的活动,呼唤人们的绿色意识,推动绿色消费运动的发展。

(二)增强消费者对绿色产品的信心

由于绿色产品能满足消费者追求健康、安全、环保,追求高品质生活的要求,同时由于绿色产品生产的高技术性要求和成本偏高的特点,使得其价格要比一般产品高,因而很容易成为制售假冒伪劣产品的目标。尤其是在绿色消费初步形成和兴起的阶段,对于不成熟的绿色消费者而言,假冒伪劣产品的干扰很容易打击他们对绿色产品的信心,从而严重阻碍绿色消费的发展;对于成熟的绿色消费者而言,他们一般对产品的要求很高，比较挑剔，绿色产品的品质对他们来说是很重要的甚至更重于价格的考虑因素。因此，政府对绿色产品的严格监管极为重要。政府可通过四种手段进行监管：①建立有效的环境宏观管理机制；②建立科学的评价体系，推行绿色标志；③完善绿色法规管理体系，规范绿色营销市场；④建立健全各级绿色组织。

绿色标志的作用在于，可以帮助消费者在购物时辨别绿色产品，减少不必要的误识；有利于增强环保意识，满足其绿色消费需求；有利于提高消费者的保护意识，避免买到假冒绿色产品；有助于获取准确的信息。

总之，政府应通过各种方式，充分发挥"看不见的手"的市场机制作用，调动起直接从事经济活动的企业和个人的积极性和创造性；通过需求信号以及价格变化有效地引导土地、资金、技术等资源的合理配置；同时，构筑政府产业政策和环境规划等"看得见的手"的调控和监控职能；运用强制性和诱导性、直接的和间接的调控手段，起到引导和刺激绿色市场的积极作用，从而达到政府规范、发展绿色营销活动，绿色营销活动引导企业和个人保护环境的功效。

（三）刺激消费者进行绿色消费

对于开发绿色产品、综合利用自然资源、投资加强环境保护的企业，政府应给予积极支持和鼓励，并在信贷、税收等方面给予优惠政策，积极推进企业经济增长方式的转变，还可通过对消费者和厂商给予适当补贴，以分担他们的费用和风险，从社会长远的和整体利益的角度实现社会福利的最大化。

绿色消费者常常非常看重健康和安全。对于积极的绿色消费者，他们考虑产品的效益远大于产品的价格，但对于不太成熟的绿色消费者（尤其是萌芽型消费者），他们更注重价格的高低。因此，政府针对绿色产品的购买，可给予消费者适当的鼓励措施，例如补贴，以分担他们的费用。另外，政府还可在减少非绿色消费方面发挥关键作用。行政方面如限制购买或限制使用私人乘用车；生活方面如制定法规来限制休闲和浪费活动，并减少公共部门和国有企业的餐饮支出；此外，对奢侈品和奢侈宴会的额外销售税进行评估，以阻止类似宴会浪费的浪费行为的发生。①

二、企业的绿色营销管理

（一）考虑目标顾客差异，制定营销策略

企业的市场营销工作必须考虑市场差异，对不同的细分市场采取不同的营销策略。有研究指出，绿色消费者行为与个人自律之间具有直接关系。当企业以高度自律的消费者为目标顾客时，应该通过绿色产品的生产、包装、定价和营销的角度来考虑保护环境和促进可持续发展的问题，以便在消费者之间建立信任。就此，

① HE A Z, CAI T, DENG T X, et al. Factors affecting non – green consumer behaviour: an exploratory study among chinese consumers[J]. International Journal of Consumer Studies, 2016, 40(3):345 – 356.

创新、差异化和定制化可以为公司提供竞争优势；此外，如果公司的目标是低自律的消费者，他们可以考虑将促销活动（如折扣、溢价和抽奖）纳入营销计划。通过提供更好的信息和提供更大的激励，公司可以促进绿色消费者行为的普及，增加绿色产品的销售，提高公司的环境形象和声誉，促进可持续管理。①

（二）大力开发绿色产品

绿色产品的开发是绿色营销的支撑点。面对大量的商机，企业应充分把握市场需求，及时开发绿色产品。生产绿色产品要使用无公害、易分解的新能源、新资源；要采用新技术、新设备，节能降耗；要力求资源的回收再生，提高资源利用率；还要考虑产品的安全使用与使用后的废弃物无环境污染。同时，企业经营者应具有敏锐的嗅觉，及时收集绿色信息，充分了解国内外的绿色需求，开发出符合国际潮流的绿色产品。同时，企业应积极申请产品的环保标志，树立企业及产品的绿色形象，扩大知名度，创造绿色品牌。

（三）制定适宜的绿色价格

传统的市场定价的不足是不考虑生态价值问题，即没有考虑自然环境资源的价值，没有考虑人与资源的交换关系中消费者应当进行的"环境消费付费"。而绿色价格则要树立"环境有偿使用"和"污染者付费"的观念，把用于保护环境的支出计入成本，让绿色成本成为绿色价格构成中的一部分。但与此同时，企业必须在产品性能和价格设定上求取平衡，因为绿色消费者的消费心理相对成熟和理性，所以他们将比较看重性能价格比。只有如此，才能使绿色产品名副其实，才能给予消费者利益的同时对其观念产生潜移默化的影响，从而进一步和更广泛地实践绿色消费。

（四）选择绿色销售渠道

绿色销售渠道的畅通是成功实施绿色营销、刺激绿色消费的关键。企业应精心挑选有信誉、有良好公众形象，对绿色产品有共识的代理商、批发商和零售商分销绿色产品；同时，企业也可以采取直接分销形式，加强销售渠道成员的绿色观念教育，设立绿色产品专柜或绿色产品专卖店，尽可能缩短销售渠道，减少长渠道带来污染大的可能性等，逐步建立绿色产品的流通网络，为消费者的绿色消费提供方便，以及放心的承诺与保障。

（五）开展绿色沟通

充分的对外沟通可以让企业深入了解消费者的绿色心理，进行更有效的绿色营销；对内的绿色沟通，则有利于提高企业员工的环保素质，促进企业的绿色沟通效率和效果，提高企业整体的绿色形象。企业应针对不同"绿色"程度的消费者采用不同的绿色沟通方式，将精确的产品绿色信息传递给消费者。

1. 实施绿色公关策略。企业进行绿色公关活动基本可分为两大类，即对外公

---

① LIN H Y, HSU M H. Using social cognitive theory to investigate green consumer behavior[J]. Business Strategy and the Environment, 2015, 24(2): 326－343.

关和对内公关。

第一,对外公关。利用传媒为企业的绿色表现进行宣传,积极参与有关部门组织的重大绿色活动,进行绿色赞助捐赠,提供环保普及教育材料,向外界做本企业的绿色报告,提供有关企业绿色工作的经验与成绩以及信息反馈等。

第二,对内公关。包括完善、执行和监督企业内部有关绿色管理制度、绿色审计、内部绿色教育、企业绿色文化,表彰和奖励对企业绿色工作有突出贡献的员工等。

对企业而言,通常可采用以下五项绿色公关策略。

(1)发展型策略。进行绿色公关可以为企业树立绿色环保形象,有助于企业的长远发展。

(2)攻击型策略。即企业通过绿色公关或攻击竞争对手的不良环保表现,或突出自己相对更绿色的表现,以形成竞争优势。

(3)预防型策略。即企业通过绿色公关起到预防不利事件发生的作用。企业可提前进行公关活动,消除不利事件的影响。例如,企业预计到自己的某项行为可能受到环保势力的批评,可预先采取防御性措施和手段,使公众相信这种行为并不如人们认为的那样"非绿色"。

(4)防御型策略。即利用公关手段消解媒体对企业绿色表现报道的负面作用,抵御竞争对手的进攻,以及化解企业暂时无法实现自己的绿色承诺带来的困境,及时挽回企业的声誉。

(5)投机型策略。即运用公关活动获取暂时的促销效果和现期利益。

2. 绿色广告的心理策略。许多厂商利用消费者对环境的关心,通过在广告中进行环保宣传吸引绿色消费者。绿色广告对消费者的购买行为有很大影响。

绿色消费者虽然在某些方面存在很大差异,如年龄、职业等,但他们有许多共同的特性,因此有必要分析"绿色导向型"消费者的特性,采取相应的绿色广告策略。

通常,绿色消费者对新产品更感兴趣,是有关信息的寻求者,并且愿意和他人谈论新产品。此外,很多绿色消费者认为自己是意见领袖,可能会传递受他人尊重的"口头信息"。绿色消费者同时还是个谨慎的购物者,不易有冲动购物行为,对价格给予关注。另外,有些绿色消费者并非品牌忠诚者,他们喜欢寻找信息、寻找新产品。所以,绿色广告一方面要持续努力留住他们,另一方面需要改进对绿色利益的宣传力度,为消费者提供切实的绿色利益,以提升其忠诚度。但反过来说,绿色消费者求新的态度对首次做绿色广告的企业来说是有利的,不过要注意在绿色广告中要做到真诚无欺。就总体而言,绿色消费者都很注意细节,这是绿色广告者需要格外注意的问题。

此外,绿色消费者更喜欢印刷品而非电视广告,原因有三点:一是绿色消费者认为作为娱乐方式,看印刷品比看电视更接近"绿色消费";二是寻求需求信息的本性使他们偏爱印刷品,因为印刷品能提供更具体、更全面的信息;三是人们认为在所有广告媒体中,电视的误导最严重。

总之,使用绿色广告与绿色消费者进行沟通时,应注意以下方面的问题。

(1)要有与绿色广告宣传相一致的名副其实的绿色产品作为支持,否则,绿色广告将给人以不可信的感觉,甚至引起消费者的反感。

(2)诉求的着眼点应具体于消费者利益而非空泛的东西。应突出环保需依靠每个消费者的努力,要说明购买绿色产品是一种有利环保的高尚行为,从而打动消费者。

(3)要有自己的特色和风格,同时配以独特个性的绿色产品或绿色企业形象。千篇一律的泛泛说教难以获得良好的说服效果。

(4)选择相应的媒体,最好是本身有"绿色"特性的媒体。

(5)绿色沟通是多方面的,绿色广告仅是其中的一部分。绿色广告应从全局出发,与绿色沟通的其他方面配合,共同追求绿色沟通的效果。

(6)广告宣传要适量。因为大量的广告本身就不符合"绿色"原则,易造成资源浪费以及光、声等感官污染,所以广告做得过度反而会适得其反。

(六)树立绿色营销观念,确立绿色形象

树立企业绿色形象,可以帮助企业更直接、更广泛地将绿色信誉传递到促销无法达到的细分市场,从而为企业带来竞争优势。美国于 1994 年的调查表明,企业的绿色形象包括对员工的态度、企业环保意识和与社区的关系等,已经成为继价格、质量和服务之后消费者购买商品考虑最多的一项重要因素。企业在建立绿色形象的过程中应遵循以下五项原则。

1. 争取在本行业中率先实施绿色营销计划。消费者的信任是企业建立绿色形象的关键要素,而消费者总是比较容易相信某行业中居于领先地位的生产者。例如,3M 公司早在 1976 年就推出了污染防治计划,这一计划已为公司建立了价值 8 亿美元的无形资产。

2. 避免过分夸大企业的绿化程序。适当地暴露自己的些许不足之处有利于企业在消费者中建立信任感,同时可以表现企业正在尽力弥补与绿色营销观念不符的缺憾。

3. 借助第三方力量树立绿色形象。在环境保护方面有良好声誉和一定发言权的各种政府组织、非营利性机构或新闻媒体都可以成为企业借助的对象。

4. 从社区绿化活动做起。若暂时有经费不足的问题,企业应首先把树立绿色形象的目标放在企业所在社区内部,比如,加强对职工的绿色文化教育、建立同学校和地区绿色组织的联系。

5. 充分利用各种宣传企业绿色形象的机会。宣传企业绿色形象的方式多种多样,既可以通过一定的大众媒体开展,如演讲、报刊、环境保护资料、信息服务中心等,也可通过赞助和慈善活动等,开展与环保有关的绿色公关活动宣传和提升企业的绿色形象。同时,企业也应当结合自身的特点积极创造机会,向社会公众传达企业的绿色形象信息。例如,本田公司总裁清水木号召公司员工每生产一辆本田车,就在公路旁种一棵树绿化交通环境,以此向消费者展示本田公司的环保意识。这项措施大大提高了本田公司的社会形象,从而促进了其产品的推广和销售。

本章小结

可持续发展是指既满足当代人的需要,又不损害后代人满足其需要的能力的发展。绿色消费是指以"绿色、自然、和谐、健康"为宗旨,有益于人类健康和社会环境的新型消费方式。绿色消费意味着人们在消费时选择绿色产品,在消费中注重对垃圾的处置,转变消费观念,实现可持续消费。绿色贸易壁垒是指进口国以保护生态环境、自然资源、人类和动植物的健康为由而限制进口的措施。国际环境公约、WTO 有关协议中的环境条款、国际环境管理体系系列标准和绿色标志制度等限制,构成了绿色贸易壁垒的渊源。

绿色需要是指人类为了健康和可持续发展而产生的需要。绿色需求是市场需求的生态化。绿色消费行为呈现简约主义、引致效应和理性化的特点。绿色消费心理过程包括认知、情感和意志三个过程,购买过程包括引起绿色需要、形成绿色购买动机、收集绿色信息与评价绿色方案、购买决定与买后感受等阶段。吃绿色食品、穿生态服装、选绿色家居建材、买绿色家电和环保汽车、重视绿色包装、喜欢生态旅游、使用绿色能源等都是绿色消费的表现。绿色消费者分为积极型、实利型、萌芽型、抱怨型和厌倦型五类。绿色消费影响因素包括消费者个人因素、绿色教育因素以及社会文化因素、产品因素。

绿色产品是指在生产过程中和产品自身没有或较少对环境污染的产品,以及比传统的竞争产品更符合保护生态环境的产品及服务。绿色产品开发包括设计、生产、产品本身的品质和废弃物处置四个环节。我国绿色消费市场呈现出需求潜力大、产品环保标准高、绿色商品价格较高、消费可诱导性强等特点。当前我国发展绿色消费存在的问题有:①对绿色消费的认知度较低;②绿色消费动力不足;③传统的消费习惯的阻碍;④供需失调;⑤态度与行为不一致。

政府在培育绿色市场方面的职责主要有:①加强公众环保意识;②增强消费者对绿色产品的信心;③刺激消费者进行绿色消费。企业则应制定营销策略,制定适宜的绿色价格,选择绿色销售渠道,开展绿色沟通,树立绿色营销观念并确立绿色形象。

案例选编

案例　　航空公司的自愿碳抵消(VCO)项目

1990年以来,在整个工业碳排放下降12%的同时,全球运输业碳排放却增长了36%。其中,航空业碳排放增长势头最迅猛。以航空煤油为燃料的飞机,在飞行过程中,会排放出氮氧化物等传统污染物,以及二氧化碳、水蒸气等温室气体。官方统计显示,从1990年到2006年间,欧盟15个成员国的国际航线碳排放几乎翻了一番,增加了102%。

针对民航业的碳排放,各国政府趋向于采取强硬政策。欧盟此前规定,从2012年1月1日开始,所有在欧盟境内机场起飞或降落的航班,排放的二氧化碳都将纳入欧盟排放交易体系。这意味着,航空公司将得不到低价或者免费的碳排放指标,反而需要为“碳罚单”缴付上千万甚至过亿欧元的费用。在严峻形势面前,航空公司必须有所行动,很多航空公司推出自愿碳抵消(VCO)项目。

VCO是一项相对较新的消费者绿色项目,项目范围很广,可以从保护森林区域延伸到在公共建筑中安装太阳能电池板,这一信誉良好的项目因其有效性而得到普遍认证。目前,许多航空公司正在邀请其消费者参与VCO的二氧化碳减排项目。航空公司的自愿碳抵消(VCO)项目主要内容为允许航空公司乘客为特定旅行支付相当于个人二氧化碳排放量的货币,其中收到的钱被捐赠给第三方,这些措施抵消了相同数量的二氧化碳排放。截至2013年底,超过35家航空公司提供碳抵消计划(IATA 2013)。

然而,尽管航空公司追求消费者参与绿色消费,但消费者参与率一直很低。英国航空公司是提供VCO的第一批航空公司之一,2010年的消费者参与率仅为0.3%(英国航空2011)。此外,碳抵消的概念在公众中尚未得到广泛认可。根据2011年美国能源部对美国消费者的调查显示,当特别是与其他关键概念相比时,如可再生能源(71%)或碳足迹(73%),公众对碳抵消的认识非常低(36%)。

基于此,企业在设计广告时,应做出如下努力。

1. 广告内容应强调人们应采取怎样的行为以利于环境,并使他们的行为容易被身边的人注意到。例如,在VCO的背景下,一个社交网络集成应用程序可以发布有关通过VCO项目的实施,减少了多少吨二氧化碳排放的信息,并鼓励其他人参与。

2. 广告的设计不应只关注绿色形象的吸引力，而应为不同的群体提供相应绿色信息，增强绿色消费者对问题、问题的解决，以及如何参与问题解决的认识，从而提高消费者参与绿色消费能力的信心。

资料来源：KIMA Y, YUNA S, LEEA J, et al. How consumer knowledge shapes green consumption: an empirical study on voluntary carbon offsetting[J]. International Journal of Advertising, 2016, 35(1):23 - 41.

案例讨论：

1. 航空公司实施自愿碳抵消(VCO)项目的最大障碍是什么？

2. 在为不同群体提供不同绿色信息时，应该以什么标准划分群体？对不同群体应提供哪些绿色信息？

思考题

1. 什么是绿色消费？为什么绿色消费会成为全球消费新热点？
2. 什么是绿色需要？其产生的原因是什么？
3. 简述绿色消费者的心理特点及绿色消费的心理过程。
4. 绿色消费者可分为哪几类？各有什么特征？
5. 影响绿色消费者消费行为模式的因素是什么？
6. 结合消费生活实例，谈谈绿色消费行为的具体表现。
7. 什么是绿色产品？当前我国绿色消费市场的特点以及存在的问题是什么？
8. 为促进绿色消费的发展，政府和企业对消费者应如何做？

第十三章

消费者的品牌心理与行为

★ 本章要点和学习要求 ★

本章在概述品牌的内涵、功能、价值和品牌经营的重要意义的基础上，对品牌的心理效应、消费者的品牌心理层次以及消费者的品牌购买行为进行系统分析，并且从数学模型的角度介绍消费者的品牌决策过程。在此基础上，进一步研究企业应如何保持和维系消费者的品牌忠诚。通过本章的学习，学生应当对消费者品牌心理与品牌购买行为，以及如何维持消费者品牌忠诚度有总体性的了解，充分认识到消费者品牌心理与行为对企业决策的重要性。

第一节　品牌概述

一、品牌的含义

现今，品牌已成为企业、商品的个性化的沉淀和凝结，是在激烈竞争的同质化市场中引起消费者注意或购买的重要识别特征，它的作用已变为："请接受，这是为您准备的。"

关于品牌的定义，至今尚无统一和确切的阐述，比较具代表性的有四个：奥格威（David Ogilvy，1955）认为，品牌是一种错综复杂的象征，它是品牌属性、名称、包装、价格、历史、声誉和广告风格的无形总和，同时也因消费者对其使用的印象以及自身经验而有所界定。科特勒（1994）认为，品牌就是一个名字、称谓、符号或设计，或是上述的总和，其目的是使自己的产品或服务有别于竞争者。《营销术语词典》（1998）将其解释为，是指用以识别一个（或一群）卖主的商品或劳务的名称、术语、记号、象征或设计及其组合，并用以区分一个（或一群）卖主和竞争者。美国营销协会将品牌定义为“一种名称、名词、标记、符号或设计，或者这些要素的组合，其目的是借以识别某个销售者或某些销售者提供的产品或服务，并使之与竞争对手的产品和服务区分开来”。

从品牌定义的演化中，我们发现了品牌的一个始终一致的指向——消费者。换句话说，品牌的实质是消费者的品牌，它在消费者中得以萌芽、培育和成长。若品牌是树，则消费者是品牌赖以生存的土壤，企业只是种树人。品牌的魅力体现在它完美地把消费者的追求与厂商的投入综合于一体。在这里，消费者找到情感的归宿，企业家发现经营创新的原点。

二、品牌的功能

（一）识别

品牌自身含义清楚、目标明确、专指性强。只要一提起某品牌，在消费者心目中就能唤起记忆和联想，以及感觉、情绪，同时意识到该品牌指的是什么。有些品牌的名称、标识物和标识语，是区别于其他品牌的重要特征，消费者早已铭刻在心。如深蓝色的、均分为 8 等份条纹的“IBM”，给人以博大精深和可信赖的情绪联想，传遍了全球。

（二）浓缩信息

品牌的名称、标识物和标识语含义丰富、深刻、幽默和具体，要求以消费者所掌握的关于品牌的整体信息的形式出现。因为人的记忆力以网络方式储存短小的块状信息，而品牌能够提供进入网状记忆的刺激，激活相关的网状记忆块，以触发、沟通和消费者的联系。

（三）增强信心和保证安全

一个熟悉的品牌，特别是著名品牌，是在长期市场竞争中逐步培育形成的。它通常享有较高的声誉，为消费者带来信心和保证，能使消费者获得所期待的物质、功能和心理利益的满足。

（四）提供附加价值

附加价值是指除了品牌产品的基本功能之外的、为消费者所欣赏的价值或利益。建立品牌一定要给消费者提供比一般产品更多的价值和利益，使消费者得到超值享受。尽管不同的品牌提供的附加价值不同，消费者获得的利益也不尽相同，但在价值享受、功能利益和心理利益等关键利益方面，至少应有一种或多种利益优先于其他品牌。

三、品牌的价值

（一）品牌对消费者的价值

1. 品牌可以降低交易费用。随着经济的不断发展，商店的货架上充斥了诸多前所未有的商品。对于每一大类产品来说，都会有诸多厂家生产出成百上千种相同或类似的型号。显然,消费者没有能力也不会愿意试遍所有的商品,他只能选择其中的几种购买并使用。然而,当一个消费者面对的是上百种商品的逾千计的特性时,浩瀚的信息处理和分析无疑不是一个普通人所能承担的。所以,选择知名的品牌、熟悉的品牌就是一种省时省力又不冒太多风险的决定。品牌不仅仅在消费者第一次选购时起到引导的作用,而且对于消费者重复购买起到标识作用。离开品牌,消费者将如何寻找曾经让他满意过的那种商品呢?消费者实在没有精力把每次购买都当作第一次。因此,商标作为一种快捷、有效的方式,极大地便利了消费者的购买决策,减少了他们花费的时间和搜集处理信息的成本。

2. 品牌是一份契约。消费者在购买中越来越感到不放心和不踏实,商品和信息的膨胀无疑是问题的根源。消费者在选购每种产品时都存在机会成本,因为这意味着要放弃另外一些商品的利益,而信息的超载以致带来的相互抵触比信息的匮乏更让消费者无所适从。如果说有的商品凭消费者手摸眼看就可以掌握商品的特性,那么更多的商品则需要消费者在使用后才能有深刻的认识,而有些特性和感觉即使在长时间使用后也无法把握,这些都使得消费者日益感到风险的压力。

为了向消费者提供保证,降低消费者所知觉的风险,企业便与消费者签订了一份契约,这份契约就是品牌。它是以企业的实力为基础、以企业形象为依托、以企业的信誉为担保的一种约定和承诺。不同的契约会有不同的条款,这些条款通常包括产品所适合的消费者的性别、年龄、职业和社会阶层;产品所具有的基本功能和附加价值;产品所表现的形象与个性;企业对产品所承担的责任等。企业把所有的信息内容赋予一个品牌之上,并通过不同的品牌定位与不同类型的消费者签订不同的契约。

3. 品牌是信息的文件夹。品牌名称就像是脑海里的一个特殊的文件夹,消费者可以把过去对某一产品的体验,同事、朋友对这一产品的评价,该产品企业进行的促销活动,媒介对该产品的宣传介绍等各方面的信息储存在这一文件夹中。脑海中若没有这样一个特殊的文件夹,这些事实和感觉便没有依托,零星杂乱分布在记忆的各个角落,有的甚至深入弗洛伊德所谓的潜意识层,不能为意识所知觉,需要时往往无法调用。因此,如果没有使消费者达到品牌认知的层次,企业对产品所做的宣传就会是一种无谓的努力,因为消费者不能对信息进行整合。

4. 品牌是功能的标志。消费者对品牌的最先认识就是通过产品本身独特的功能特性获得的。对于刚上市还未树立起成熟的形象和风格的产品品牌,只有依靠产品本身的吸引才能赢得消费者对它的认知和信任。而一旦消费者接受了这个品牌,他便会倾向于把这种独特的产品功能与该品牌相联系。如海飞丝洗发水具有去屑止痒的功能,"101"生发剂拥有让头发再生的功效。根据最初具备某功能的品牌来认知,会使消费者轻视或拒绝任何跟进的模仿者。从这个角度来看,"独特商品特色"的广告诉求并未过时。

今天,如果企业尝试让消费者回答它们的产品有何独特之处的问题,结果可能会令大多数企业失望。技术进步带来的产品同质性固然是一个原因,但这其中更多的可以归纳为企业营销活动的低效。千篇一律的广告宣传、模糊的产品定位,如何能指望消费者从众多相似的面孔中找出其中的某一位呢？因此,我们注意到,品牌的功能在精而不在多,并且更在于维持。如果品牌所体现的功能受到损害,那么会导致消费者对整个品牌的否认。正所谓“皮之不存,毛将焉附”,功能都已丧失,标识还有何作用？

5. 品牌是形象的标志。这是品牌的最高境界,也是品牌对消费者所能发挥的功效的极致。产品是无声的,而品牌则是它的代言人。品牌不仅是一个名字,它的全部丰富内涵远远超出识别的作用。它是一种表达的手段,是消费者内心深处的感受,它凝聚了个性、情感、信念、文化和形象。当选用一种名牌商品作为赠送的礼物时,礼物的价值包含了赠礼者对受礼者的心意,而这份心意和感情只有依靠这些特殊的品牌才得以表现出来。品牌的不朽便在于它很完美地满足了人类物质与精神的需要。一个人戴上劳力士手表的满足感和成就感可以说完全是由品牌本身给予的。我们越来越意识到,消费者是用心来感受品牌的,而不仅仅是用脑来识别商品。生活就像一个舞台,人们根据自我形象与个性来选择契合的品牌。

(二)品牌对企业的价值

1. 品牌资产是评价企业长期经营业绩和营销投资绩效的指示器。1988 年,雀巢公司以25 亿英镑并购了英国 Rowntree 糖果公司,尽管当时 Rowntree 的资产净值只有 3 亿英镑,市场价值也不超过 10 亿英镑,但雀巢与金融界对该公司品牌价值的看法是不同的。1997 年,可口可乐的品牌价值被评估为 479.78 亿美元,居世界之最,万宝路紧随其后,为 476.35 亿美元。2018 年咨询公司 Interbrand 发布了一个名为“全球最佳品牌”的榜单,这张榜单的品牌评分基于 10 个方面的表现,包括:清晰度、责任感、治理、反应、相关性、参与度、差异性、持续性、真实度和覆盖率。由于在参与度、差异化和持续性方面的超强表现,苹果品牌价值达到2 144.8亿美元,连续第 6 年在“全球最佳品牌”中排名第一。谷歌保持了第二名的位置,其品牌价值超过了1 555亿美元。亚马逊的品牌价值超过了1 007.6亿美元,排在第三名。不管这些数据有多少主观性和客观性,但一个不争的事实是:品牌资产是企业积累的一项重要财富,是企业数十年苦心经营的丰厚报酬。虽然传统的财务报表中并未列入这一项目,但现在许多企业的品牌资产价值已超过企业全部有形资产价值的总和。

企业的品牌不仅起到区别竞争者产品的作用,良好的品牌实际上还是一种长效的客户关系。它是一种信念、一种声誉,是企业长期经营成果的积累和沉淀。优良的品牌离不开卓越的产品质量、独特的广告宣传、完善的售后服务和全面的公共关系,这是企业经营的核心,也是企业投资的方向。因此,品牌形象、品牌忠诚度和品牌知名度等,就成为衡量企业长期经营成果的重要指标。然而,品牌资产的无形特性,及其在投入产出上计量的困难,使许多企业忽视了对品牌的长期建设,为了短期利益甚至以牺牲品牌资产为代价。可口可乐公司一名高层人士一语道破品牌玄机:“即使可口可乐公司所有有形资产一夜之间化为灰烬,凭借可口可乐品牌,几年后又会建立一个新的‘帝国’。”毫无疑问,凝聚在可口可乐上的是公司几代人上百年的努力，是消费者对它的信任和偏爱，这就是最大的资产。

2. 品牌是企业内部管理决策的基本单元。从对各种产品进行资源分配、制定营销战略、生产到销售，如果企业都以品牌为决策的基本单元，则会极大地便利信息处理的工作。把品牌作为一个财务单元，对旗下品牌的赢利率、市场占有率和未来获利潜力进行价值分析和评估，有助于企业决定是将资源平均分配给各品牌，还是在短期内仅支持主要的一两个品牌。作为市场战略单元，品牌有助于市场细分，进行有针对性的市场定位。品牌是联系消费者与企业的桥梁，是两者交换信息的通道。企业围绕品牌展开各种营销活动，而消费者依托品牌的载体接收各种相关的信息。因此，即使某些细分市场产品实质差别不太显著，但赋予不同产品独立的品牌也有助于形成人为的产品差别，突出和夸大产品特色。

此外，品牌作为一种业务单元，也有助于厂家处理订单和发现一些问题。假如货物装运发生差错，销售者则可通过追踪订单及时纠正差错，或者当消费者抱怨时，也容易找出问题是出在哪种产品上。

3. 品牌是企业的聚宝盆。从最近美国的一项调查得知，市场主导品牌的平均利润率为第二品牌的4倍，而在英国则高达6倍。遇到市场不景气或价格战时，主导品牌通常能表现出较大的活力。这主要基于以下几方面的原因：规模经济带来单位成本的降低，溢价收入和对促销依赖的减少带来更高的资金充裕。溢价收入无疑是企业获得超额利润的源泉。如果消费者认识到某品牌的附加价值，这一品牌就能够通过其商品形式维持一种溢价，而附加价值本身就是品牌存在的理由和目的。新颖的包装、独特的口味、完善的服务、鲜明的个性和形象，这些都会增强消费者的满意程度，继而让他们支付一笔额外的费用，而要做好这些事情企业并不需要支出同样的成本。因此，溢价不仅能增加利润，还能够提供对品牌进行再投资的财力和物力。而且，溢价本身也是品牌质量的体现。在合理的价格范围内，溢价与品牌形象相互支持。

4. 品牌是企业抵御竞争者的坚强信念。品牌是一种偏见。消费者可能会认为只要是索尼的产品就一定是精品，甚至完全没有使用经验的人也会给予很高的评价。这也就是说，消费者可以在脱离具体产品属性的情况下，单独对索尼品牌代表的整体品质做出评价。竞争者可以抄袭企业产品的实体特征，但品牌的个性和形象却是无论如何都模仿不出来的。

从认知心理学来看，消费者对某种功能利益的联想，通常是和特定的产品商标相联系的。如果竞争者品牌试图通过声称在这一领域具备同等或更高的优势实施进攻，这就涉及了可信度的问题，消费者对竞争企业的诉求不无怀疑。因此，对新进入者来说，若想在陈列空间以及消费者知晓、认同方面获得平等性，势必需要更多的投入，这一代价是昂贵的。

此外，品牌化使生产者得以对产品独有的特点进行法律保护，并使专利、技术等无形壁垒和品牌知名度、形象，共同构成阻击竞争对手的“防御阵地”。一方面，只有拥有知名品牌的公司才敢采用需要巨额投资的技术，因为品牌在市场上的影响力会减少企业的投资风险；另一方面，同一技术对于不同影响力的品牌会发挥不同程度的价值，换言之，会有不同的投资回报率。当然，品牌另一个极为重要的作用在于它通过形成品牌忠诚，降低了品牌在市场竞争中的易损性，即使对于率先采用新技术的竞争企业也能形成一种缓冲，为企业的技术改进赢得宝贵的时间。

5. 品牌是企业对中间商的控制杠杆。制造厂商必须通过中间商把产品转移到消费者手中才能实现产品的价值，然而许多时候生产者与中间商的利益取向并不一致。生产者希望中间商完成销售配售，备有适量的存货，及时返回货款，有效地为消费者服务，妥善处理损坏和匿失的商品，并提供有关的信息。而中间商是独立的公司，它关心的是本公司利润的最大化。为实现利润最大化，中间商往往在多年经营中寻求确定自己的经营方式，执行他们认为对实现自身目标必不可少的职能。他们首先是充当消费者的采购代理，其次才是供应商的销售代理，因此他们最感兴趣的是消费者想买的商品及其组合。对此，许多生产企业通过发展"拉式策略"，建立品牌的形象个性，培养消费者的品牌忠诚并增强中间商对自身的依赖。一个强劲的品牌在货架装饰和保证中间商销售的稳健上的意义是重大的。对于优良的品牌，商店会优先为它们安排货架空间，因为商店知道，如果缺乏这些品牌，消费者便再也不会上门。

"工欲善其事，必先利其器"。为了使品牌成为克敌制胜的利器，成为攻城略地的法宝，我们有必要重新领略品牌的神奇，掌握塑造品牌的诀窍。然而现实中，中国的品牌塑造重知名度，而轻美誉度；重名气，而轻内涵，缺乏鲜明的个性和整体的形象；对品牌建设缺乏长远、整体的规划，对品牌管理缺乏合理的步骤和明确的机构。我们看到，索尼、可口可乐、麦当劳充斥在市场的每个角落，中国的品牌已经没有后路可退了。从更高的层次来看，中国企业将要完成的一个共同任务，就是努力塑造中国企业的知名品牌，提高中国企业的国际竞争力。

实例 13－1 2014 年品牌三观大转变

1. **品牌越来越会讲故事**。2014 年涌现出太多"一夜成名"的品牌，从年初的黄太吉到年末的河狸家。研究它们成功的理由，既有商业模式上的精准切入，也有实操市场中的高效运营，但比较与同类竞争对手的区别，更在于它们是会讲故事的品牌。

比如黄太吉，它的成功实际上不仅是借助互联网思维落地传统餐饮，而且还是打着互联网思维的牌讲述一个如何高格调做路边摊的创业故事。外界评论说，黄太吉创始人赫畅做餐饮 18 个月，达到旧餐饮人做 18 年的成绩。这是赫畅的幸运，也是移动互联带来的革命。但是，黄太吉的成功，不仅是依靠移动互联网所带来的信息扩散，更重要的是，它的创始人是一个非常会讲故事的品牌创始人。他会让那些还没有吃过他家煎饼果子的大众们，在听完这个故事后心里痒痒的，总想来尝一尝。黄太吉的品牌定位，不是以功能利益为主的实用风格，也不是以情感利益为主的煽情套路，它是一个真实有趣、出乎意料的故事，让你深陷其中。

品牌定位,不再是一句堆积了功能的理想描述,抑或是提炼出情感利益的煽情表达,而是用一种有趣动人的讲故事的方式娓娓道来。这一点在阿里巴巴美国上市时表现得尤为出色。有评论认为,阿里巴巴在美国市场的大受欢迎,很大程度上是阿里巴巴讲故事的能力。正如思睿高一直倡导的观念一样,"你是什么固然重要,但你在别人眼里是什么,往往决定了别人对你的兴趣和价值。"相比之下,阿里巴巴比腾讯和百度更擅长找出美国人真正感兴趣的"故事元素"并且进行巧妙包装,最终成为华尔街的宠儿。

总之,要用讲故事的思维进行品牌定位,尤其是对新兴市场(90后市场)占主流消费人群的行业,讲一个出乎意料又能有趣动人的故事,并用体验将其串联,圆满地呈现在受众面前,这将极具杀伤力。

2. **品牌传播越来越接地气**。以前在人们的认知中,广告虽然远不及新闻评论来的严肃认真和咬文嚼字,但也是要对仗整齐、言之有物,很多广告都以文案精美、内涵深刻而被广泛传播。一些印象深刻的广告语,如飞利浦的"精于心,简于形",M&M豆的"不溶在手,只溶在口",戴比尔斯钻石"钻石恒久远,一颗永流传"等简直是教科书。但翻开当下的广告海报,扑面而来的是让你目瞪口呆的口语表达。

譬如,苏宁在"双十一"推出的"打脸双十一"系列海报就让我着实一惊,五个版面的海报里口号一个比一个劲爆:"下单不比价,你丫首富啊""熬夜扑个空,你丫神经啊""五折买假货,你丫很low啊",这样的字眼比比皆是,海报下端的文案"这个TM的'双十一',你该多一个选择"也大胆地说起了脏话,引发了朋友圈的一通狂转。很难想象几年前我们可以在广告中说出如此直白甚至略带粗俗的语言。

并且,有些品牌在名称上也采取了这种风格,尤其是在互联网行业比比皆是,小狗、大象、阿狸、三只松鼠、三个爸爸等,仿佛漫不经心一拍脑子就想出来的名字,相比那些一看就是精心策划、内涵丰富的品牌名称却赢得了消费市场的意外欢迎。究其背后的原因,不外乎将最常见的词汇口语化,直戳消费者的记忆点。

品牌传播在内容上的极大接地气,有赖于互联网及移动互联网环境中产生的大量自媒体表述和新兴词汇海量爆发,每天都有让人一愣的词汇被造出来,并且广泛传播使用起来,而品牌商也纷纷放下身段,越来越多地使用起口语化表达。

可以说,屌丝经济的影响和移动互联网的兴起,让品牌的口语化传播进一步成为主流。醒目、有趣、态度第一将更快地拉近品牌与受众的心理距离。

3. **品牌体验"粉丝"化**。今年小米黎万强的一本《参与感》——被万千营销策划人捧为葵花宝典,其根本思想就是圈定特殊用户群,并利用多种手段把其培养成品牌的忠实粉丝。其实多年前一些知名大牌就开始采取这种战术。例如,奢侈品牌们非常重视VIP客户的用户体验,经常为其提供专属的限购或答谢、音乐会、游艇会等格调高雅的活动,为用户制造被品牌重视的荣耀感,领先科技品牌苹果也是利用乔布斯的个人魅力和不断创新的酷炫产品笼络了一大批铁杆果粉。

长久以来,在人们的印象里,似乎只有国际上那些走名贵奢华路线的品牌才会特别下功夫维护品牌与受众的关系,真正将买家视为上帝。而今天,越来越多的本土平价品牌也开始复制起粉丝路线,并且做得有声有色,将一群重实用、爱比较、心疼钱的普通大众也能很好地聚集在一起,成为品牌的忠实拥护者。

品牌体验粉丝化渐成趋势,越来越多的品牌开始认识到跑马圈地不仅要在资本市场,更要在消费市场。让客户买你的东西并不难,让客户心甘情愿买了你的东西还为你宣传吆喝才是真的厉害。如何做到这一点,物美价廉未必可以,定位独特未必可行,更重要的是,制造专属的体验感,制造意外惊喜。给予粉丝特权,建立粉丝根据地(如专属线上论坛、线下沙龙俱乐部等),不过是满足粉丝们的各种体验需求,让品牌提供一个可以被他们真正掌控或表演的平台。

譬如小米在首次发布会上请来为小米手机出谋划策的100位消费者,让他们登上发布会舞台,像明星一样站在聚光灯下,发表获奖感言,接受小米颁发的“荣誉设计师”勋章,再通过其他媒体不断二次传播,以几个人带动一批人,再由一批人带动一群人,最终成就了庞大的小米粉丝群。

因此,重视粉丝而不是全体,制造专属于粉丝的体验感,通过赋予特权、制造惊喜、建立根据地等方式将粉丝有效地聚拢在一起,不仅有线上,更有线下,从而让品牌真正成为明星。

资料来源:王鲁生. 品牌三观大转变[EB/OL]. http://www.ceconline.com/sales_marketing/ma/8800073006/01/?pa_art_4,2014-12-22.

第二节 消费者的品牌心理

在商品流通过程中,商品的品牌往往是消费者识别商品的标志,也是使商品流通渠道顺畅的保证。因此,企业要充分了解消费者对商品的品牌心理,这对企业制定营销策略、促进商品销售、提高消费者满意度和忠诚都有着十分重要的现实意义。

一、品牌的心理效应

成功品牌的一个重要特征,就是始终如一地将品牌的功能与消费者心理上的欲求连接起来,通过特定的联系方式,将品牌信息传递给消费者,从而产生一系列心理影响和效应。

(一)品牌的差异效应

品牌是一种识别系统,它是特定产品和服务的识别标志,品牌的最终目标就是建立此品牌与彼品牌的差异性,这种差异性便于消费者区别不同的品牌。事实上,在人们的购买过程中,品牌充当着“无声的导购员”的角色,对产品信息起着有效的提示作用。消费者正是凭借着对品牌特征产生的感觉和体验,帮助其选择或识别产品。特殊、幽默、极具个性的品牌名称和标识语,既可以吸引更多的消费者,又可以促进理解和记忆，达到品牌差异化认知的最佳效果。

（二）品牌的光环效应

品牌不仅仅是产品的代名词，它还涵盖了企业声誉、产品质量和企业形象等多方面的内容。这些都为消费者创造了消费信心，形成消费者的品牌偏好和品牌忠诚，在心理上形成品牌高品质的美好光环效应。品牌就是承诺，它能传递优良的品质感，获得消费者的信任。品牌为消费者提供信心，消除他们对产品认知的不确定性，降低消费者的购买风险。

（三）品牌的情感效应

消费者从认同品牌、信赖品牌升华到喜爱品牌，是品牌的一种美好的情感效应。品牌也非常注重一种情感精神的诠释，比如，可口可乐洋溢着友爱和快乐，百事可乐代表一种体育精神，表现了奋发、激昂的生命力。所以，我们在消费可口可乐或百事可乐的同时，也消费着快乐、友爱和活力。这种基于文化上的情感精神就是一种情结，是将品牌独有的气质和人们一直寻找的某种体验演变成为消费者与品牌之间的情结，而这种情结影响甚至直接决定了消费者的消费行为。人们需要品牌来唤起美好的联想、记忆及情感，因而人们喜爱品牌、追求品牌，对品牌情有独钟。

（四）品牌的魅力效应

品牌给人以神奇的魅力，使人趋之若鹜。在市场经济条件下，任何消费都是消费者社会心理实现的标志，是个体社会地位、文化品位和生活水准高低的心理特征的外化。一个人的服饰、谈吐、闲暇时间的安排、饮食的偏好以及对家居、汽车的选择等都是他自己的品位个性与风格的认知指标，根据对这些事物的分析，人们就可对它们的主人予以解读或进行类型的划分。品牌赋予了品牌消费者优越的身份认同感，在品牌价值的心理消费中获得了自信和自豪。

总之，人们在选择品牌时，主要是基于两方面的欲求：一方面是品牌功能的满足；另一方面是由品牌唤起的联想、情绪和情感满足。当相同品牌竞争时，最能唤起记忆、联想和情感的品牌就最先被消费者选中。

二、消费者品牌心理层次

我们把在消费者心目中留下的品牌印记深刻程度由浅至深依次分为知名、认知、联想、美誉和忠诚五个层次。

（一）品牌的知名度

品牌的知名度是指某品牌被公众知晓了解的程度，它表明品牌为多少或多大比例的消费者所知晓。品牌知名度的目的就是众人皆知，更准确地说是目标消费群全部知道，提到品牌名称就可以回答“知道”“见过”“听说过”等。提高品牌知名度就是要进行大量的传播，更准确地说是要进行围绕目标消费群的有效传播。但是，在这种情况下，消费者心目中虽然留下有该品牌的印象，可对品牌并没有更多的认识。例如，提到“白沙”“大红鹰”，很多人都听说过，但却不知道它们的产品有何特色。

（二）品牌的认知度

品牌的认知度是指消费者对品牌的了解、记忆和识别程度，具体表现为对某一品牌的标识、广告、功能、特点、可信赖度、服务、品质和外观等诸多方面的整体印象。此时，消费者对该品牌有一定的认识，并形成对该品牌的认知。比如“海尔”，大多数消费者知道它是国内知名的家电企业、可爱的海尔兄弟商标、海尔空调、海尔冰箱、海尔“真诚到永远”、海尔开拓国际市场等信息，这些都是消费者对海尔这个品牌的认知。对品牌知道得越多，品牌的认知度就越高。认知度是占据消费者“头脑空间”的指标，是品牌发展中的关键性指标。

（三）品牌的联想度

品牌的联想度是指提到某一品牌时产生的许多与该品牌相关的想象和思考，如产品特点、使用场合和品牌个性等。这些联想进行了有意义的组合之后就构成品牌印象，而其中最主要的印象可以组成核心印象。正面的品牌联想使品牌易形成差异化，为消费者购买提供理由，并创造正面的态度及情感。而且，品牌的正向联想还可以为品牌的延伸提供重要依据。例如，“双星”鞋名扬天下，并为广大消费者所接受。提到“双星”就想到“潇洒走世界”。双星集团巧妙地利用品牌的核心印象，把产品延伸到“双星轮胎”，使用双星轮胎，也同样可以潇洒走世界。再如，“农夫山泉”进行品牌延伸时，就考虑到品牌的核心印象，推出“农夫果园”果汁。

（四）品牌的美誉度

品牌的美誉度是指消费者心目中品牌美好形象的程度，主要源于消费者自身的感觉。消费者是评议品牌的最高权威。品牌的美誉度不是通过广告吹嘘所能建立的，也不是用大力度的广告说服所能得到的，它是经过从认知度、知名度这一层层阶梯逐步累积而成的。所以，当品牌拥有很高的美誉度时，可以说它在消费者心目中已经拥有较好的口碑。例如，提到华为手机，就让人联想到手机品质的卓越和专业。凭借较强的技术创新能力、良好的硬件质量和先进的工艺水平，华为赢得了众多消费者的喜爱，在国内外中高端手机消费市场上，它是大多数消费者购买手机的第一选择。因此，维护并提高品牌的美誉度，是提升品牌价值、赢得消费者忠诚的重要基础。

（五）品牌的忠诚度

品牌的忠诚度是指消费者因对品牌的偏好而形成的重复购买倾向。它是品牌资产中的最重要部分，也是以上各层次的最终体现。消费者的品牌忠诚一旦形成，就很难受到其他竞争品牌产品的影响。因此，建立品牌忠诚是消费者品牌心理的最高境界，也是企业实施品牌营销的理想目标。为此，必须提高品牌在大众消费者心目中受欢迎的程度，积极建立符合消费者利益、欲望、情趣和爱好的品牌，牢牢抓住消费者的心，才能培养品牌的忠诚度。

但是，忠诚度的培养非一朝一夕就可以完成，需要持之以恒地进行产品更新、形象传播，始终以实惠的价格进行销售，最大限度地满足消费者购买的便利性，不断改善售后服务，不停地进行消费者参与的互动式体验活动，借助政府、社会、机构和团体等媒介力量讲述企业历程、弘扬企业精神、塑造品牌性格。忠诚度是所有公司经营追求的一个目标，是所有商品销售的最高境界。

实例 13－2　品牌“小”时代正在来临

近几年，品牌定制化悄然成风，明星们出席活动，不再拼品牌，拼的是定制。走进商场，一些品牌专柜上“个性定制”的字样在告诉人们：“除了售卖，我们还可以私人订制。”一些以往走大众化路线的奢侈品也放弃了求大，走起了小众路线，专门以个性化商品满足部分消费者需求。小众化，正在成为人们新的消费观念。人们正越来越觉得，品质并不是满身 logo，而是符合自己的个性。

国外很多 logo 品牌极富个性，虽然影响力不大，但是却很受消费者欢迎。品牌小众化，既是人们消费理念的回归，也是新形势下市场发展的必然。小众品牌高效配置了市场资源，也以社群化重新定义了市场。

1. **小众化，未来品牌发展趋势**。网络，尤其是移动互联网的发展，在让人们购物渠道变得多样化的同时，也让传统营销方式变得分散化，不少传统销售市场被分流，营销渠道被弱化。但正是这种弱化，促进了市场的细分。营销分散化让一些品牌失去了市场，也让一些品牌找到了市场。这些品牌往往以鲜明特点取胜，凭借自己独特的个性专攻某一市场或某一消费群体，迅速获得了发展。

在互联网的冲击下，实体店的经营变得越来越艰难，店铺租金、人员成本越来越高，在经营成本中的占比逐渐加大。品牌风格的趋同、差异化减小，在让实体店品牌市场竞争力减弱的同时也造成了消费者的流失。在这样的情况下，实体店要想获得发展，追求品牌个性化，就成为实体店品牌发展的唯一方式。

反观国外，在巴黎或者米兰那样的成熟消费市场中，小型专业实体店虽然也受到超市的冲击，但却生存得很好。何故？这些实体店都有各自的生存之道，他们或以店内温馨的装饰，或以商品精心的摆放，或以富有人情味的购物体验吸引了顾客的光临，让顾客愿意为价格比超市高出 20% 的商品买单。

另外，实体店的创新机会在于如何贩售一种生活方式。在东京，生活方式的店面内甚至可以出售书籍，餐厅、咖啡厅、书店、服装店和家居店之间的界限变得越来越模糊。

过去人们以为在淘宝上开网店，凭借着淘宝网站客户的巨大流量会迅速做大，但现在人们发现，在网上开网店销售商品的难度与经营实体店的难度差不了多少，淘宝的流量红利期已经过去。淘宝网站 2003 年成立，在还没有多少商家入驻的时候，淘宝网给了商家不少流量福利，而且也扶持了不少“淘品牌”。但随着更多商家的入驻，淘宝网上的流量变得分散，“淘品牌”的流量被分流，商家很难做大，利润也越来越薄。

纵观国外电商品牌的发展，将品牌瞄准某一部分人群，用富有特点的品牌吸引客户,只走个性化路线,不走价格路线。这样不仅能保证稳定的客户,而且还能保证较高的商品溢价。国内电商目前的发展状况是,就这么走下去产品也没什么特点,打价格战利润会越来越薄,要想取得发展,就只能走小众化路线。

由此可见,追求大众化,已经很难满足市场的需求,而且也成为一些品牌保持发展的障碍。在新的市场发展环境中,品牌想赚取多数人的钱已经变得困难,只能瞄准一部分人,迎合其喜好,满足其需要,方能保证品牌的发展。

2. **小众品牌让消费者社群化**。罗伯特·西奥尼迪在其著作《影响力》中提到的六大影响力元素中重要的一点是社会认同,意为某句话、某件事或某一产品只要获得了人们的认同,那么它将会产生巨大的影响力。而认同来源于相同的兴趣爱好,小众品牌就是迎合了一部分人的兴趣爱好,进而赢得了这部分人的认同,获得了品牌影响力,拥有了市场。

在互联网社会中,人们的社交方式正越来越互联网化。一个网络社交工具,如微博、微信、易信和QQ等,只要人们会使用它们,就能运用社交工具,通过网络认识更多有相同爱好的人。社交工具是一个大磁场,吸引了无数人的使用,这些人因相同的对社交工具的爱好而聚集在了一起,成为一个大社群。而在这个大社群里,每个人又是一个小磁场,围绕个人又会有相同兴趣的人聚集,形成小社群。

小众品牌将有共同的兴趣爱好、共同价值观、共同生活情怀的不同维度的人聚集在一起,聚集的这些人围绕小众品牌形成了一个社群。有句话说得好,每个人心目中都有一个部落情结,而小众品牌就是激发了人们心目中的部落情结,寄予小众品牌一份独特的情感诉求,将小众品牌当成了自己一个爱好的归属。

小众品牌追求的是一种社群经济,是品牌在市场高效配置的一种方式。如果说小众品牌出现以前,市场份额由于被一些大众品牌占据,呈集中化发展,那么小众品牌出现后,市场就是被诸多小众品牌占据,呈碎片化发展,小众品牌以社群化重新定义了市场。

3. **小众品牌时代营销趋向精众化**。小众品牌善于分析消费者行为,其清晰的市场定位注定了小众品牌能拥有明确的消费人群,这些人群由于对小众品牌有相同的喜爱,因此也让小众品牌的营销变得精众化,小众品牌知道哪些客户是自己的,因而营销效率也更高。小众品牌不用打很多广告,只需要专注于品牌的精耕,就能获得消费者的青睐和忠诚。

过去,人们在电视上做广告,基本上能满足产品宣传的需要,但随着传播方式的多元化发展,在电视上做广告已经不能满足产品宣传的需要,只在电视上做广告,就好比大炮轰蚊子,收效甚微。现在的广告投放,更讲究用户的精准化,全媒体整合营销走的就是一条小众路线,追求的就是一种精众化。

移动互联网时代的到来,为小众品牌的精众化营销提供了更广阔的平台。过去,实体店小众品牌可能只是"锁定"门口经过的一部分顾客,而这些顾客如果觉得小众品牌的风格太独特,不是自己所喜欢,那么,实体店小众品牌的生存经营将出现问题。

这个特点到了互联网上就不是这样了,互联网面对的是全国各地的消费者,即使大部分人不喜欢,每个地方只要有一小部分人认可某一小众品牌,该小众品牌就能很好地生存,也能很好地发展下去。小众品牌的精众化营销特点,在互联网上可以让其迅速收获认可它的消费者。有句话是“五色令人目盲,五音令人耳聋”,有时候选择多了人们反而会没了选择,不如“弱水三千,只取一瓢”。

如今市场已由卖方市场转变为买方市场,消费者对商品的需求已不再只是满足于是否是名牌,而是关注品牌是否有个性,是否适合自己的品位。消费者的眼光在变得“苛刻”的同时也对品牌提出了更高的要求。未来,品牌没风格,会让你的客户越来越少,而要有风格,只会让你拥有一部分客户。

未来品牌的发展就是建立在对这两者的取舍上,品牌“小”时代正在来临。

资料来源:李光斗. 小众品牌时代来临?[EB/OL]. http://www.yingxiao360.com/htm/2015129/14017.html,2015-01-29.

第三节　消费者的品牌购买行为

一、消费者品牌购买行为分析

(一)“期望值模式”下的购买行为

根据现代经济学的“经济人”假设,消费者在消费活动中以追求自身效用最大化为行为依据。按照这一假设,有人提出消费者的品牌选择可以用“期望值模式”来解释。在这一模式中,消费者不断寻求信息,直到该信息的边际价值等于获取该信息的边际成本。根据这些信息,消费者从两个方面对品牌进行评价:一方面是购买该品牌的支出;另一方面是品牌购买后所带来的价值。当遇到竞争品牌且支出水平在可接受的范围内时,消费者会根据这些期望价值的特点打分,在经过心算比较以后,选择得分最高的那种品牌进行购买。

但是,长期以来“期望值模式”一直备受争论和怀疑,这主要是因为两方面的原因。其一,“经济人”假定与现实世界并不相符。该假定认为人们是完全理性的,但实证研究告诉我们,大多数情况下人们的行为并非完全理性,最多只能算部分理性。因为人们面临的是一个复杂的世界,他既被自己的经济收入所制约,也被寻找、储存和处理品牌信息的能力所限制。许多研究也已经表明,消费者并没有获得完全处理信息的能力,当向他们介绍经济学家的“完全”信息观点时,他们竟不能理解自己为什么被想象得如此复杂。受他们的知识、时间和习惯所限,他们所需要的是可信的、简明扼要的信息。其二,“期望值模式”关于人们对品牌进行评价的理论也很难成立，因为人们的心算能力有限，而对于许多品牌，特别是经常购买的品牌，在购买时并没有经过许多理性的考虑。

（二）非完全理性下的购买行为

在这里，我们提出一种更广为接受的消费者行为模式。这种模式显示消费者在决策过程中为做出品牌购买而寻找并评价少量信息的过程。当消费者寻找有关品牌信息时，对购买过程中的步骤和信息寻找的程度，是受一系列因素影响的。然而，有两个因素对解释消费者如何做出决定特别有用，这就是他们的参与度和对竞争品牌之间的差异化感知。考虑到消费者对购买参与度和对品牌之间的差异化感知，我们可以运用图 13－1 中展示的模型对决策过程分门别类。

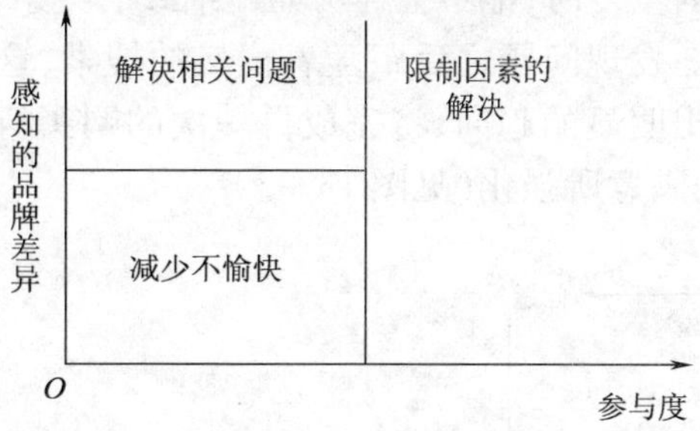

图 13－1　消费者购买决策过程分类模型

分类模型的作用在于它简单说明了消费者在进行不同类型品牌购买时可能经过的步骤。值得一提的是，对任何一种产品，消费者的购买模式都不是一成不变的。下面几个事实将帮助我们更好地理解如何判断消费者购买行为的模式。

第一，不同的消费者购买同一产品的模式可能不同。例如，购买一台电脑，对程序员来说属于解决相关问题过程中的常规重复购买，而对一般初学者来说则属于减少不愉快。

第二，同一消费者在不同时间购买同一产品的行为模式可能不同。例如，一个人在与朋友聚餐时和极度饥渴时的饮食购买过程肯定有很大差别。

第三，同一消费者为不同的目的购买同一产品的模式可能不同。例如，一位平时很随便的男士为自己购买服装可能属限制因素的解决，而为恋人购买则属于解决相关问题或减少不愉快。

下面对不同模式的购买进行具体分析。

1. 解决相关问题。这种类型的品牌购买行为的产生基于两个前提条件：其一，消费者的购买参与度较高；其二，在竞争品牌之间发现重大差异。

通常，品牌购买的决策过程一般属于三种类型：①高价位品牌；②高风险品牌；③反映消费者自身形象的品牌。其特点是为选择合适的品牌，消费者积极从自己认为重要的方面寻求信息。经历一次解决相关问题的购买决策时，消费者通常要经过六个步骤，如图 13－2 所示。

消费者发现问题的过程很简单，可能有意也可能无意。发现问题后，消费者要么立即采取行动,要么积极搜寻信息为以后决策做准备。当消费者认为对自己重要的信息已经搜集得比较充分的时候,他会对品牌进行评价并决定应该购买哪个品牌。这时,如果其他条件具备,消费者的品牌购买行为发生;如果其他条件不具备,他就会积极创造条件直至购买。购买后,消费者会对品牌进行评价,如果品牌确实如预期那样,品牌忠诚就由此产生。如果品牌购买没有达到预期目的,他会寻求信息为自己的购买寻找理由和安慰。如果他找到了令人安心的信息证明品牌的选择是正确的,他就会更满意。如果没有这些积极的因素给予支持,他会对这种品牌不再存有任何幻想,经过一段时间后将更不满意。他可能同别人讲起他的经历,不仅发誓永不再买该品牌,而且使别人相信该品牌不能购买。当消费者对购买满意并在相对短的时间内重复时,他不会经历如此细致的搜索和评价过程,消费者的购买过程将大大简化。发现问题之后跟随着记忆的搜索,这种记忆的搜索伴随着先前的满意将会显示出明显的趋向,将完成再一次的购买行动。品牌的忠诚由此而产生,并又被持续的满意所强化(见图 13 -3)。

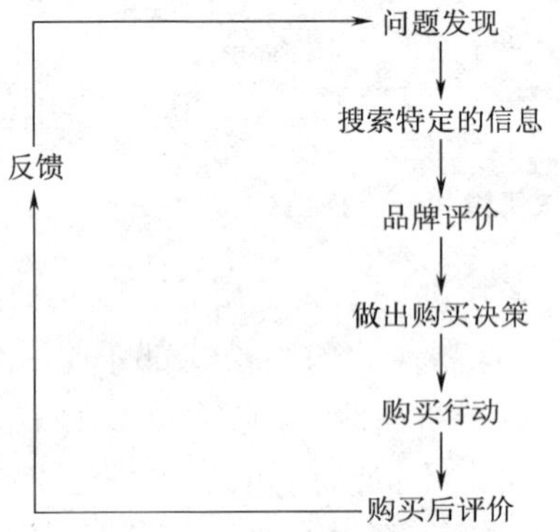

图 13 -2　解决相关问题的决策步骤

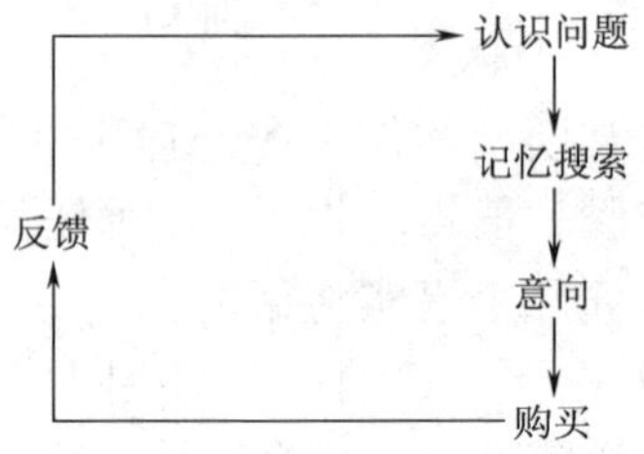

图 13 -3　重复购买决策步骤

2. 减少不愉快。这种类型的品牌购买行为的产生基于两个前提条件:其一,消费者对品牌购买的参与度很高;其二,消费者在竞争品牌之间感知的差异很少。

这种类型的消费者参与度很高,但由于他们对品牌差异缺乏明确的认识或感知,购买时通常感到困惑和不安。在这种情况下,任何偶然因素都有可能对消费者的购买决策产生重大影响,如朋友的建议、售货员的介绍或偶然看到的广告等。这种类型的购买,购买时消费者没有坚定的信念;购买后,消费者可能感到自己的期望得到了满足,并由此产生品牌忠诚。但实际发生的往往是另一种情况——消费者因得到的满足与期望值相比有一定差距而产生不舒适感,我们称之为"购买后不愉快"。此时,消费者将寻求各种信息对自己的决策加以支持,以减弱这种心理不平衡状态。这种寻求信息的过程是选择性的,即消费者只寻求那些肯定自己购买决策的信息,而忽略那些否定购买决策的信息。在通常情况下,这种信息搜寻过程会产生自欺欺人的品牌忠诚。此种类型的购买具体过程如图 13－4 所示。

3. 限制因素的解决。如果消费者的购买行为满足两个前提条件(一是消费者不把某些产品的购买当作重要问题;二是消费者对品牌差异的感知无关紧要),他们的购买行为就被描述为“限制因素的解决”。消费者经历的购买步骤如图 13－5 所示。

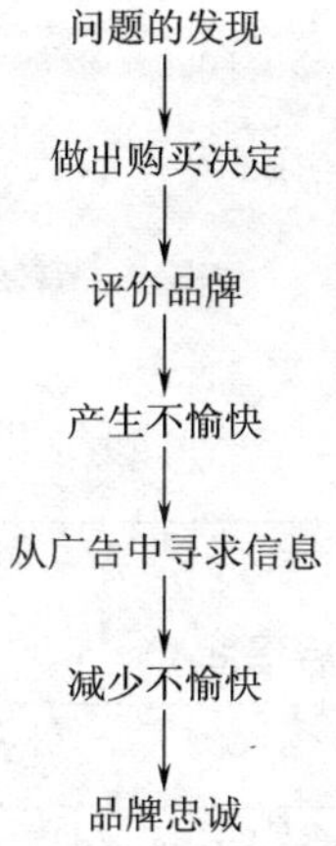

图 13－4　减少不愉快的品牌购买

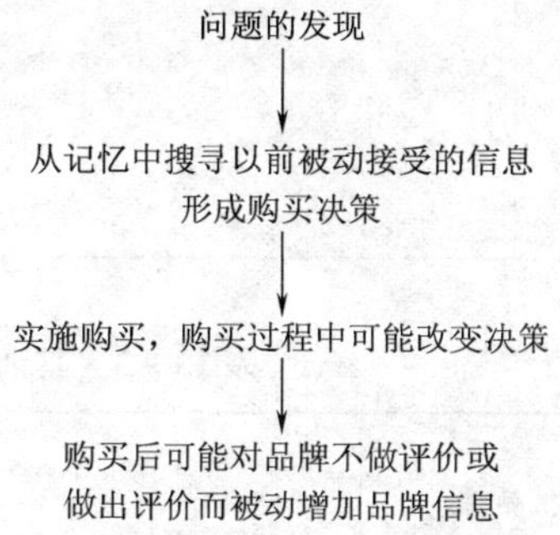

图 13－5　解决限制因素的品牌购买

二、消费者品牌决策模型

(一)品牌决策的加权综合判断模型

加权综合判断模型可以作为消费者进行品牌决策的方法之一,其具体形式为:设待评判的产品有几种属性 $1,2,\cdots,n$,因其在评判中的地位不同,故分别赋予权数 w_1,$w_2,\cdots,w_n$。设有 m 种品牌的产品 $1,2,\cdots,m$ 需要进行评判,而第 i 种品牌的第 j 种属性的评判值为 $x_{ij}(i=1,2,\cdots,m;j=1,2,\cdots,n)$,则各品牌的综合结果为 P_i:

$$P_i = \sum_{j=1}^{n} w_j x_{ij} \quad (i = 1,2,\cdots,m)$$

P_i 中最大者一般可以作为可取的品牌。决策的加权综合判断表如表 13－1 所示。

为了说明上述概念,这里以消费者购买照相机为例。假设消费者已将其选择组合缩小到 A,B,C,D 四种品牌,而他最感兴趣的产品属性是照片质量、使用简便性、体积大小及价格。表 13－2 列出某消费者认为四种照相机品牌在产品属性上应有的分数。该消费者认为:A 品牌的照片质量为满分 10 分,使用简便性为 8 分,体积大小为 6 分,价格因稍贵为 4 分;B,C,D 品牌也同此理(见表 13－2)。营销者希望能够就此预测该消费者将选购哪种品牌。

表 13-1 加权综合判断表

品牌	产品属性及其权重						各品牌综合结果
	1	2	…	j	…	n	
	w_1	w_2	…	w_j	…	w_n	
1	x_{11}	x_{12}	…	x_{1j}	…	x_{1n}	P_1
2	x_{21}	x_{22}	…	x_{2j}	…	x_{2n}	P_2
⋮	⋮	⋮	…	⋮	…	⋮	⋮
i	x_{i1}	x_{i2}	…	x_{ij}	…	x_{in}	P_i
⋮	⋮	⋮	…	⋮	…	⋮	⋮
m	x_{m1}	x_{m2}	…	x_{mj}	…	x_{mn}	p_m

表 13-2 某消费者对照相机的品牌信念

照相机品牌	产品属性(x_{ij})			
	照片质量	使用简便性	体积大小	价格
A	10	8	6	4
B	8	9	8	3
C	6	8	10	5
D	4	3	7	8

注:10 分代表该属性的最高得分,但价格以相反方式评分,10 分表示价格最低,使消费者更为喜欢。

显然,如果有一种品牌在四种属性上都优于其他品牌,它必定是该消费者选购的对象。

问题是四种品牌在产品属性上各有千秋,如果该消费者最重视照片质量,他会选择 A 品牌;如果最重视使用简便性,他会选择 B 品牌;如果最重视体积大小,他会选择 C 品牌;如果他只想买便宜货,那就会选择 D 品牌。对于只根据一种产品属性做决策的购买者,其选择最容易预测。

然而,绝大多数的购买者会考虑多项产品属性,但重要性有大小之分。假如知道某消费者对四种产品属性的重要性的权数,那么预测的结果将更为可信。假设该消费者对照片质量、使用简便性、体积大小及价格的重要性权数分别为 0.4、0.3、0.2、0.1,他对每种品牌照相机的认知价值可由各属性的分数乘以其权数加总得出。具体如下。

$$P_i = \sum_{j=1}^{4} w_j x_{ij} \quad (i = 1,2,3,4)$$

A 品牌 $P_1 = 0.4 \times 10 + 0.3 \times 8 + 0.2 \times 6 + 0.1 \times 4 = 8.0$。

B 品牌 $P_2=0.4\times8+0.3\times9+0.2\times8+0.1\times3=7.8$。

C 品牌 $P_3=0.4\times6+0.3\times8+0.2\times10+0.1\times5=7.3$。

D 品牌 $P_4=0.4\times4+0.3\times3+0.2\times7+0.1\times8=4.7$。

显然该消费者会选购 A 品牌。

以上这个模型称为消费者选择的加权综合判断模型。它是解释消费者如何评估可行方案的模型之一。此外,消费者也可以采用其他方式进行评估。

（二）理想品牌评价模型

理想品牌评价模型是假定消费者心目中有一种一切属性都合乎其理想的产品,消费者在对某一产品的各种品牌进行评价时,就会把实际产品和心目中的理想产品进行对比,选择符合或最接近其理想产品的品牌。现以选购手表为例。对某消费者来说,可供选择的手表品牌及各项属性的评价如表 13－3 所示。

表 13－3　某消费者对四种品牌手表主要属性的评价

品牌	功能	准确性	耐久性	款式	售价
甲	9	9	9	9	7
乙	9	9	8	8	8
丙	8	7	8	7	9
丁	8	7	7	8	9

注:10 分代表最高评价,但价格以相反方式评分,10 分表示价格最低。

一般来说,消费者可以依照自己判定的产品属性的重要性的次序逐项予以评定。例如,某消费者认为手表属性的重要程度依次为售价、准确性、耐久性、功能和款式。首先,他对售价的要求是不小于 7 分,按此要求,上述可供选择的四种品牌均能入选。其次,若考虑准确性不能小于 8 分,则只有甲、乙两种品牌入选。再次,如果考虑耐久性应大于 8 分,则只有品牌甲符合该消费者的理想要求了。其公式可表示如下。

设有 m 种品牌,记为 $1,2,\cdots,m$;每种品牌有 n 种属性,记为 $1,2,\cdots,n$;用 x_{ij} 表示第 i 种品牌的第 j 种属性值($i=1,2,\cdots,m;j=1,2,\cdots,n$)。假定消费者心目中有一种一切属性都合乎其理想的产品,它的 n 种属性值分别为 $a_1,a_2,\cdots,a_n$,对 $i=1,2,\cdots,m$,计算 $\sum_{j=1}^{m}|x_{kj}-a_j|$ 的值。

设 $\min\limits_{1\leq i\leq m}\left\{\sum\limits_{j=1}^{n}|x_{ij}-a_j|\right\}=\sum\limits_{j=1}^{m}|x_{kj}-a_j|$,则第 k 种品牌即为符合或最接近于理想产品的品牌。

第四节　建立和保持消费者的品牌忠诚

一、消费者品牌忠诚的内涵与品牌忠诚度分析

（一）品牌忠诚的内涵及衡量

品牌忠诚是指由于产品或服务的质量、价格等诸多营销因素的影响，使消费者对特定的品牌产生感情依赖，并表现出对某个品牌的产品或服务有偏向性的行为反应。这种偏向性的行为反应包括两方面的含义：首先，消费者对特定品牌的商品或服务有强烈的偏好，进行长期和重复性的购买；其次，消费者对特定品牌有强烈的偏爱，不断地向其他消费者传播该品牌的美誉信息，极力向他们推荐该品牌的产品或服务。消费者对某一品牌的偏向性行为反应的强烈程度，即为品牌忠诚度，它反映了消费者由一个品牌转移到另一个品牌的可能性大小。一般可用下列五个变量衡量消费者的品牌忠诚度。

1. 转移效用与转移成本。品牌忠诚，就是消费者对品牌的“钟情”，因此，必须排斥“移情”。消费者把感情与偏好从一个品牌转移到另一个品牌会遇到很大的阻力（包括心理阻抗、支付的费用），这种阻力可称之为“转移成本”。当然，转移到另一品牌后也会带来一定程度的满足，这就是“转移效用”。因而，衡量品牌忠诚度时可用这两个指标来反映。若转移成本高，转移效用低，则品牌忠诚度高；否则，品牌忠诚度低。

2. 产品或服务的重复购买次数。重复购买次数越多，消费者对品牌的忠诚度就越高；否则，品牌忠诚度就越低。不过，由于产品的用途、性能和结构等因素也会影响消费者的重复购买次数。因此，在确定这一指标的合理界限时，要根据不同产品的性质区别对待。

3. 向他人传播美誉信息的次数及传播的规模。对于一些耐用品，如空调、冰箱和摩托车等，品牌忠诚主要不是表现在重复购买上，而是表现在消费者向他人对该品牌美誉信息的传播上。一般来说，消费者向他人传播美誉信息次数越多，传播的规模越大，对品牌的忠诚度就越高；反之，品牌忠诚度就越低。

4. 购买挑选的时间。一般来说，消费者购买商品时挑选的时间越短，则对某一品牌的忠诚度就越高；反之，挑选的时间越长，则品牌忠诚度就越低。例如，有人长期喝青岛啤酒，并形成了偏好，那么他的购买过程就十分简捷。当然，在采用这个标准时必须剔除产品属性、用途等方面的差异带来的影响。

5. 对价格的敏感程度。事实表明，对于喜爱和信赖的产品，消费者对其价格变动的承受能力强，即敏感度低；而对于不喜爱和不信赖的产品，消费者对其价格变动的承受能力弱，即敏感度高。所以，据此可以衡量顾客对某一品牌的忠诚度。

（二）品牌忠诚度分析

对于某一特定的品牌来说，由于消费者认知水平的差异、品牌信息获得的不充分及受其他品牌的竞争冲击，使得在既定的市场环境中，消费者对同一品牌表现出的忠诚度高低不一，从而形成不同的品牌忠诚层次。根据消费者对品牌偏好的程度可以把品牌忠诚度分为五个层次。若用 ABCDEF…表示若干个品牌，那么依照品牌忠诚度由低到高可分为五个层级。

第一层级：品牌忠诚度非常低，消费者购买模式为 ABCDEF…在该层级中，消费者几乎没有任何品牌偏好，对同一种产品或服务，他们几乎偏好任何品牌，品牌名称在其购买决策上几乎不发挥任何作用。因此，他们对某一特定品牌的产品或服务不是特别感兴趣或尚未购买过该品牌的产品或服务，他们的购买选择集域可以说是无穷大。这类消费者可称之为“潜在消费者”。显然，潜在消费者数量庞大，分布面广。由于种种原因，他们当前未专注于某一品牌，但是如果企业对他们进行营销努力，改变他们的购买习惯，他们极可能成为企业的现实消费者，从而提高对品牌的忠诚度。

第二层级：品牌忠诚度比较低，消费者购买模式为 ABCDEF。这个层级的消费者已有了品牌意识，但是他们的选择集域较大，因此，会经常转换品牌，尚没有对哪个品牌形成稳定的偏好。消费者之所以有品牌意识，是因为他们的买点与企业的卖点存在部分对位，形成了局部的购买欲望，产生了对选择集域中特定品牌产品或服务的零星购买行为，但其购买行为极易受其他品牌的影响，故对这类消费者可称之为“过客”。对于过客而言，某一品牌的产品或服务已进入了他们的购买选择集域，但是由于其他一些因素，如价格过高、认知未到位或情感沟通存在障碍等原因，使之未对某一品牌产生稳定、持续的偏好。

第三层级：品牌忠诚度一般，消费者购买模式为 AABBCC。位于该层级的消费者，在短期内会对某个品牌产生偏好，但是他们对产品或服务的选择还会转移，新产品的出现或他人的影响，可以使他们从一种品牌转移到另一种品牌。但是这类消费者在购买前后一般不主动寻找信息，其购买行为主要根据经验而发生，因此可称之为“习惯型消费者”。习惯型消费者已经注意到了品牌，并经过品牌学习后形成了对某一品牌的一些看法（即品牌信念），但尚未形成品牌态度，因而习惯型消费者还会转移所购买的产品或服务的品牌。

第四层级：品牌忠诚度比较高，消费者购买模式为 ABABAB。处于这一层级的消费者，品牌的选择集域已大大缩小，他们只偏爱少数几个品牌，购买目标的转移仅在有限的几个品牌之间。这类消费者在购买某些产品或服务时，常常优先考虑某几个特定的品牌，同时在交易行为发生前后也不需要专门寻找信息，产生了较强烈的品牌偏好，而且还会经常购买某一企业特定品牌的产品或服务，故可称之为“常客”。常客是企业稳定的消费者队伍，会反复购买某特定品牌的产品或服务。

第五层级：品牌忠诚度非常高，消费者购买模式为 AAAAAA。这个模式有两层含义:在时间上,表示消费者对某种品牌的产品或服务进行重复性的购买;在空间上,表示消费者对某种品牌的产品或服务进行排他性的购买,即只买 A,而 BCDEF…都不在其购买的选择集域内。位于本层级的消费者会因发现某一品牌或成为某一品牌的用户而感到自豪,这种品牌无论从使用功能上还是作为他们身份的象征性上,对他们都非常重要。他们对特定品牌已产生了强烈的持久的偏好,不但自己会重复地购买该品牌的产品或服务,而且还会向他人推荐该品牌的产品或服务,进行品牌美誉的传播。因此,这类消费者可称之为"种子消费者",即一种能为企业带来消费者的消费者。种子消费者的数量,决定了企业的兴旺程度和企业的前景。所以,提高消费者的品牌忠诚度,努力培养种子消费者是企业在品牌经营、品牌营销中的一项重要的战略任务。

从以上分析可知,由于消费者对某一品牌忠诚度的不同,因而各个层级中的消费者在企业的消费者结构中的地位和数量是不一样的。第一层级中的消费者是潜在消费者,数量庞大。他们对企业品牌没有偏好,品牌忠诚度最小,但是通过营销刺激,可以激发部分潜在消费者的购买欲望,使之成为过客。过客是一支不稳定的队伍,对企业品牌没有稳定的偏好,品牌忠诚度较低,但是如果企业营销得法,部分消费者可以转变为习惯型消费者。习惯型消费者已形成了对某一品牌的看法,即品牌信念,但是没有对品牌形成持久的观点,即品牌态度。他们仅仅是偶然的重复消费,品牌忠诚度一般。但如果企业与他们进一步加强信息交流、情感沟通,部分消费者可"跃迁"为常客。常客是企业的基本稳定队伍,是一种市场开拓投入最小的消费者群体,他们对某一品牌已产生了"品牌情结",其品牌忠诚度较高,而种子消费者正是由部分常客"进化"来的,他们对某一品牌高度忠诚。

二、培养消费者品牌忠诚的途径

(一)为消费者创造利益

从经济学角度而言,消费者群体从整体和长期来看是一个成熟的理性群体,他们在进行购买决策时,总是趋向于在充分了解、掌握信息的基础上,使自己的经济利益最大化或效用最大化。因此,要使消费者对某个企业品牌产生忠诚,该品牌的产品或服务为消费者所带来的效用或利益必须使其感到非常满意,甚至超出消费者的预期,即为消费者创造利益。那么,如何为消费者创造利益呢?现代市场营销学认为,产品应至少包括以下三个层次。第一个层次是核心产品,也就是消费者要购买的核心利益,如电脑的核心产品是信息处理的迅速化、标准化和便捷性;核心产品或核心利益要借助于一定的载体或媒体传递给消费者,因而,第二个层次是有形产品,电脑就是"信息处理迅速化、标准化、便捷性"的载体;第三个层次是附加产品,也就是企业围绕有形产品而提供的各种服务,它旨在满足消费者的附加利益,如消费者咨询、融资、送货、维修以及其他服务项目。

所以,消费者从产品中得到的利益包括核心利益和附加利益。另外,从满足消费者的生理需要和心理需要的角度来看,消费者利益又可分为功能性利益和情感性利益。产品的某些属性可以转化为功能性利益，如高档的衣服可以满足消费者御寒的生理需要；产品的另一些属性可以转化为情感性需要，如高档的衣服以其精致的做工和昂贵的价格满足了消费者显示地位和身份的心理需要。

消费者利益具有丰富的内涵，除了包括核心利益、附加利益，还包括功能性利益，以及情感性利益。消费者利益的多样性决定了培养消费者忠诚是一项复杂的系统工程。营销学家菲利浦·科特勒从消费者利益的多样性出发，提出了消费者让渡价值理论。消费者让渡价值是指整体消费者价值与整体消费者成本之间的差额。整体消费者价值是指消费者从给定的产品中所期望得到的所有利益，这些利益的载体或媒体是产品、服务和企业形象等；消费者的整体成本是为购买一件产品或一项服务所要付出的代价，包括货币、时间、体力和精力四种成本。科特勒认为，要想使消费者满意，必须从两方面改进产品供给：一方面改进企业的产品、服务和企业形象，以增进消费者的整体利益；另一方面降低消费者的货币、时间、体力、精力消耗，以减少消费者的整体成本。因此，根据消费者价值让渡理论，企业可以从产品、服务和企业形象等方面创造消费者利益，从而培养消费者的品牌忠诚，维护和提高企业品牌的忠诚度。

（二）让消费者产生品牌爱恋

最近关于消费者与品牌关系的研究指出，仅仅让消费者感到满意是不足以让消费者对品牌产生忠诚的，对品牌忠诚更为有力的预测因素是品牌爱恋。品牌爱恋指消费者对品牌、品牌化产品或服务所产生的爱恋。消费者日常生活中会接触很多品牌，但他们仅与很少的品牌发生情感联结。而一旦消费者对某一企业的品牌产生了爱恋式情感，就会更关注企业的积极方面，会激发对品牌相关活动的积极参与性。有研究表明，品牌爱恋对消费者的购买决策、品牌忠诚、积极口碑传播、负面信息抵制及溢价支付意愿都会产生正向影响。可以说，品牌爱恋是品牌建立良好顾客关系的一个重要因素。那些能够使顾客爱上的品牌，在获取持续优势方面更成功，并能打败他们的竞争对手。根据数据显示，那些喜爱品牌的消费者，在他们喜爱的品牌上所花费的金钱，超过那些一般（没有喜欢品牌的）消费者的5倍，那些喜爱品牌的品牌迷们的钱包份额为13.4%，而那些非粉丝的钱包份额仅为2.8%。

卡罗尔（Carroll）和阿胡维亚（Ahuvia）（2006）认为，品牌爱恋是一个满意的消费者对特定商标名称所产生的热烈情感依恋的程度。品牌爱恋和满意是不同的概念，这种情感只被一些而非全部满意的消费者所体验到。品牌爱恋与满意在以下方面有所不同：①满意通常概念化为一种认知判断，品牌爱恋更聚焦于较强的情感；②满意常被视为特定交易的结果，但是爱恋常常是消费者与品牌长期关系的结果；③满意常常与期望不一致范式相关联，而品牌爱恋既不要求有期望也不一定要求有失望（消费者期望产品绩效表现差异的程度），如在缺乏认知情况下，消费者对品牌也能产生情感反应；④最后，品牌爱恋包含爱的宣言的意愿（如，我爱这个品牌），并且包含将品牌整合到消费者身份中，而这两者对于满意都是不必要的。

巴特尔(Batra,2012)等使用扎根理论方法,提出品牌爱恋的原型包括以下7个维度。

(1)积极态度效价(positive attitude valence),即消费者积极评价所喜爱的对象。

(2)积极情感联系,消费者会体验到以下三种情感:①个体与所喜爱对象之间的契合感(a sense of rightness),②当想到或使用所喜爱对象时所产生的积极情感,③对所喜爱对象产生情感依恋。

(3)自我—品牌—个性,所喜爱的对象被整合到消费者当前的自我身份中、所期望的自我身份中、生命意义和其他内在奖赏中。

(4)激情驱动的行为,包括消费者对过去所做事情的卷入度和参与度的增加,对想要使用品牌的强烈渴望,以及投入资源(比如时间和金钱)的意愿。

(5)长期关系,即消费者希望在未来较长时期内,所喜爱对象成为其生命中的一个组成部分。

(6)预期分离的痛苦,即如果和所喜爱品牌对象分离,消费者会产生情感痛苦和不快。

(7)态度强度,即消费者对于所喜爱对象具有较高程度的肯定和信心。

在巴特尔等人看来,品牌爱恋不仅仅是一种情感,还是一种持续时间更长且更为复杂的爱恋关系,涉及众多情感、认知和行为体验,即使是程度较低的品牌爱恋,在提升品牌忠诚、积极口碑及抵制负面信息方面也是非常有用的。

实例 13-3　让消费者爱上品牌

人们常说恋爱中的女人智商为零,为什么恋爱中我们只因为对异性的感觉不错,而甘愿付出很大的代价去追求一段感情呢?是什么让我们为昂贵的“感觉”买单?也许一切皆只是因为恋爱带给人的感觉太过于美好。不少聪明的商家,正是利用了人们这种为感觉不惜一切代价的心理,去打造让消费有“感觉”的品牌和产品。因为商家知道,只有让消费者有了谈恋爱的感觉,消费者才会自愿地降低自己的智商(恋爱中的人智商都非常低)。当智商低的时候,才不会那么计较产品耐用不耐用、成本划不划算,以及我为什么要选择它等诸如此类的问题。

有人问恋爱中的人:“什么叫感觉?感觉可以慢慢培养吗?”恋爱中的人说,感觉就是来电,对异性有种心跳加速、脸发烫的表现。首先让我们分析一下,什么是恋爱的感觉?它应该包括以下三个因素:①美丽的感觉,在有爱情的时候,我们会觉得对方最好看,即使有别的异性比你所爱的对象好看,正所谓情人眼里出西施;②亲爱的感觉,对方让你有一种很亲切的感觉,她让你觉得很舒服,你可以信任她、依靠她。她像是一个亲密的家人,因为有这种感觉,所以你只看她的优点,不看她的缺点;③羡慕及尊敬的感觉,一个健康的爱情关系,应当有以对方为荣的感觉,我们会去欣赏对方内在和外在的条件和优点。不论对方是成功或失败,都会使我们欣赏对方的才华。想一想,真正好的营销,不就是给客户这三种感觉吗?

如果说想要让客户爱上你的品牌,就得先让顾客与你的品牌谈恋爱。实际上,当前,“以理服人”的方法已逐渐过时,“以情动人”逐渐成为主流,只有在体验中让消费者产生对产品的“爱”,企业和消费者才能进行一场持久的恋爱,这不仅会带来持久的购买,也会形成对该品牌的忠诚度。所以,今天消费者的口号不再是“我需要我就买”,而是“我喜欢我就买”!做有感觉的营销,爱将无处不在!

企业销售的不一定是最好的产品,营销人员也不一定有最好的销售技巧,但如果能让顾客爱上与品牌相处的感觉,便可以做好营销。消费者在购买某个品牌产品的时候,不仅仅要求产品具有实用功能,更要求产品具有能够满足自身情感需求的属性。消费者对某品牌产生了感情,就会在潜意识里对该品牌的产品产生好感。这种好感一旦形成,就会让消费者产生重复购买、价格敏感度低、信赖、忠诚等一系列的连锁行为和情感反应。就这个意义上,营销就是企业与消费者谈恋爱的过程,营销工作的重点之一就是赋予品牌生命力,把品牌变成消费者的恋人,让消费者与品牌建立情感联系,爱上品牌!

资料来源:体验营销:让品牌与客户谈恋爱[EB/OL]. http://www.cmmo.cn/article-85604-1.html,2012-02-29.

三、建立消费者品牌忠诚的基本环节

(一)维护和提高产品的质量

产品质量是消费者获得核心利益的基本保证,因此,优质的产品是建立消费者品牌忠诚的前提条件。无论国内或国外,所有成功的企业都非常重视质量。在2011年世界名牌排行榜上位于第十的麦当劳公司一向以重视质量著称。多年来,麦当劳的口号一直是“质量、服务、清洁、实惠”,所有的快餐店都要对这四方面进行定期考核,对达不到标准的经理,公司予以解雇或吊销其经营权。

提高和维护产品的质量必须实施全面的质量管理,主要包括以下三个方面。

第一,从广度来说,质量不仅存在于产品之中,而且要反映在企业的每一项活动中,产品质量管理不仅是管理人员的职责,而且是全体员工的分内工作,甚至是企业的供应商和经销商及其他业务伙伴的承诺。

第二,从深度来说,质量虽然应该达到国家标准或国际标准,但是不能满足于此,应该采取“市场竞争质量标准”,即要高于竞争对手的质量标准。

第三,从时间维度来说,质量水平不是静止的,而应该随着市场的需求不断改进。

(二)制定合理的产品价格

一看质量、二看价格是消费者的普遍心理,因此,合理制定产品价格是保持并提高品牌忠诚的重要手段。首先,要坚持以获得正常利润为定价目标,坚决摒弃追求“暴利”的短期行为。定价在合理的范围之内才能为消费者所接受,如果漫天要价,即使是名牌产品也会无人问津。其次,定价要尽可能地符合消费者的价格预期。价格预期是消费者根据以往经验在心中对某个产品的估价,如果定价超过消费者的价格预期,消费者就会认为价格过高,名不副实,即损害了品牌在消费者心中的形象。最后,还要保持价格的相对稳定。实践证明,消费者非常反感经常性的价格波动,因为在他们眼里,只有质量不稳才会造成价格的上下波动。因此,维持价格的稳定有助于保持消费者对品牌的忠诚。

(三)建立完善的服务体系,提供优质服务

既然消费者真正购买的不是产品实体本身,而是产品提供的利益,那么,消费者当然希望在购买产品的时候能获得尽可能多的利益。围绕着有形产品提供的各类服务正是为了满足这种要求。现在的消费者越来越重视购买产品时所能够获得的附加项目,许多成功的公司都十分重视为消费者提供优质的服务。比如,美国IBM公司服务至上的信念几乎达到了狂热的程度。一位客户曾这样回忆IBM公司的优质服务:有一次,我们的计算机出了毛病,几小时后,IBM公司给我们派来了8位专家,其中有4位从欧洲飞过来,一位来自加拿大,另一位来自拉丁美洲。因此,企业要获得消费者对品牌的高度忠诚,就必须在向消费者提供优质产品的同时相应地提供优质服务。提供优质服务的关键在于管理者转变经营思想,变产品导向为消费者利益导向。只有企业认识到自己在为消费者提供利益,它才会重视在提供优质产品的基础上提供优质的服务。

(四)塑造良好的品牌形象和企业形象

良好的、与时俱进的品牌形象会使消费者易于接受,同时也非常适应现代社会追求个性的特色。品牌形象的关键是品牌表现出什么样的性格。以香烟为例,万宝路表现出独立、粗犷的牛仔个性,班森与荷洁思表现出细腻、悠远的伤感个性,弗吉尼亚则表现为柔美、娟秀的个性等。品牌形象的确立主要靠广告宣传和产品的包装设计。因此,企业在广告宣传和包装设计时,要突出产品的独特个性。企业形象是公众对企业的认识和看法,良好的企业形象能够为消费者带来利益。

1. 良好的企业形象可以节约消费者的时间成本。现代社会中,由于工作、生活和学习的节奏越来越快,人们普遍感到时间紧张,而由时间的紧张造成的采购压力也在改变着人们的购买行为。很多人不愿再像过去那样在购物上花费很多时间,但是又想买到称心的产品。无疑,购买具有良好企业形象的产品既省时又放心,是明智的选择。

2. 良好的企业形象能够降低消费者的精神成本。由于消费者知识水平的有限性以及信息的不对称性,普通消费者很难了解各种产品的性能、品质等,这种现象增加了消费者购物的精神成本。而具有良好企业形象的产品通常在性能、品质上有保证,因此,消费者当然要选择良好企业形象的产品,以减少在挑选商品时的心力和精神成本。

总之,企业只有在提供优质的产品和服务,以及提升品牌和企业形象的基础上,才能真正为消费者创造价值,获得消费者信赖,从而提高消费者对品牌的忠诚度。

（五）培育消费者的品牌爱恋

如何把品牌变成令人爱恋的品牌，并随着时间的推移保持这种恋爱关系，是建立品牌忠诚的重要任务。对此，品牌经理可以考虑以下几个方面。①促进激情驱动的行为，比如采用设计和包装技术，创造出一种强烈的饥饿感、内心深处想要拥有的欲望。再比如以令人愉快的方式使用各种方法来鼓励装饰和个性化，将资源（包括时间和金钱）投入经常与之互动的需求中，例如 Scion 汽车，它鼓励车主不仅可以选择颜色和音响系统，还可以选择扶手、室内照明、方向盘、车轮和车轮盖、运动消音器，等等，从产品/服务设计的角度来看，它建议在硬件之上，创建出更多模块化的混合和匹配类型的产品平台，和/或更多的软件或服务层，这就导致了个性化的积极参与。②提升品牌表达消费者真实和期望身份的能力，将品牌与消费者的自我认同和赋予生命“意义”联系在一起。③从品牌起源和历史、创始人的愿景、公司文化和社区建设中赋予的真实感入手，使消费者形成一种与之相关的感觉，从而与品牌建立积极的情感联系。④提升品牌的价值性和可信赖性，让消费者将品牌作为专业知识和建议的来源，因此如果品牌消失的话，会让消费者产生一种分离痛苦的感觉。⑤将品牌拟人化，培育独特的品牌个性。拟人化在促进消费者对品牌的品牌爱恋程度方面，甚至超过了感知质量。而品牌个性则可以使得消费者对品牌有着更为积极的评价，进而提升品牌形象、促进品牌爱恋和积极口碑的传播。

本章小结

品牌是一种名称、名词、标记、符号、设计，或者是这些要素的组合，其目的是借以识别某个销售者及其提供的产品或服务，并使之与竞争对手的产品和服务区分开来。品牌具有识别、浓缩信息、增强信心和保证安全、提供附加价值等功能。品牌对于消费者而言，除了能够降低交易费用之外，还是一份契约、信息文件夹、功能和形象的标志。品牌对企业而言，是内部管理决策的基本单元，是聚宝盆，是抵御竞争者的坚强信念，是控制中间商的杠杆，并且品牌资产还是评价长期经营业绩和营销投资绩效的指示器。

品牌的心理效应包括差异效应、光环效应、情感效应和魅力效应。品牌心理层次根据品牌在消费者心目中留下的印记深刻程度，由浅至深依次分为知名度、认知度、联想度、美誉度和忠诚度五个层次。消费者品牌行为解释模式有期望值模式和非完全理性下的消费者行为模式。在非完全理性下的行为模式中，根据消费者的参与度和对竞争品牌之间的差异化感知，将消费者购买决策分为解决相关问题、减少不愉快与限制因素的解决三类。消费者品牌决策模型包括加权综合判断模型和理想品牌模型。

品牌忠诚是指由于产品或服务的质量、价格等诸多营销因素的影响，使消费者对特定的品牌产生感情依赖，并表现出对某个品牌的产品或服务有偏向性的行为反应。衡量品牌忠诚度的指标包括转移效用与转移成本、产品或服务的重复购买次数、向他人传播美誉信息的次数及传播的规模、购买挑选的时间以及对价格的敏感程度。品牌忠诚层次不同，消费者购买模式也不同。培养消费者品牌忠诚的根本途径在于为消费者创造利益，使之对品牌产生爱恋情感。消费者品牌忠诚的建立包括五个基本环节，即维护和提高产品的质量，制定合理的产品价格，建立完善的服务体系并提供优质服务，塑造良好的品牌形象和企业形象，培育消费者对品牌的爱恋情感。

案例选编

案例　腾讯视频如何培养年轻群体的品牌忠诚度

当尝试转型的品牌遇上一言不合就 Diss 的网生代，品牌忠诚度是什么样子呢？事实上，品牌忠诚度看起来是“品牌好、用户爱”的品牌效应，实为“圈子相同”的用户选择。年轻用户们从不会忠于某一品牌，而是遵从内心的选择。品牌想培养用户的品牌忠诚度，就应该加入年轻人的圈子和他们“玩”在一起。在被认可的预设场景里沟通互动，才会进入选择列表并有机会占领用户的心。

一、腾讯校园许愿季活动引爆 200 所高校

每年的高校开学季，各种品牌都会纷纷走进校园去讨好年轻用户，有趣又好玩的花样，全方位撩动着学子们的神经。在 2017 年开学营销战役中，腾讯视频校园许愿季活动惊艳而出。腾讯视频示范了开学的 *N* 种打开方式，年轻化的潮流基地、年轻化的创意场景、年轻化的趣味互动……一群年轻人用年轻人喜爱的方式，搞定了另一群年轻人。这不仅让新生爱上开学的美好时光，更让腾讯视频的年轻化战略深入人心。

1. 年轻化场景，2017 最燃主题宿舍、巨型礼盒刷爆社交圈。腾讯视频校园许愿季独家送上主题宿舍、巨型礼盒，新朋老友通通都拿下，成就了一场 9 月最有趣的校园活动。

电视剧里，偶像的宿舍美出天际；现实里，大学宿舍满眼水泥墙、架子床简陋不已。当大一新生释放宿舍改造的愿望后，腾讯视频走进北京邮电大学设计改造 4 间主题宿舍，优秀 IP《那年花开月正圆》《明日之子》《脱口秀大会》《蓝色星球 2》被挂上墙，让人直叹“终于告别假宿舍”！入住的新生满满都是惊喜与感动。这场活动并非只有创意的巧妙、设计的靓丽，还有行动的走心。在熟悉的剧文化里，来自全国各地的新生找到共同的话题与归属感，迅速消除入学的恐惧感、陌生感和沟通隔阂，快速建立社交。重要的是，腾讯视频的这份美好，还将陪伴他们度过整整4年的大学时光。

许愿季的第二部分是腾讯视频在武汉大学空降了巨型礼盒实现大家的入学愿望。礼盒里的明星礼物及学长祝福，撩拨得新生控制不住自己。华硕电脑等开学礼品都是小 Case，在玩中遇见志同道合的伙伴才是终极奥义。

2. 年轻化的互动，喜闻乐见的“一起玩”。年轻人个个都是戏精，偏爱释放自我的“一起玩”。腾讯视频的校园许愿季活动，就是这样一个对话的舞台。

首先，全国200家腾讯视频校园社团——嗨剧社，线上征集“18岁的梦想”，从而洞察出年轻人的真实需求。许愿的新生们脑洞大开，入学愿望五花八门，腾讯视频从中选出“最迫切的愿望”——改善宿舍环境。最大愿望带来2017年度最燃新生宿舍，成功撩动无数学生。108所高校联合近400个本校官方组织同步自发申请主题宿舍，覆盖人群达7 781.2万。

然后，年轻化符号带来校园狂欢。主题宿舍的3D立体化设计、色彩鲜明的贴纸、流行的剧文化，无一不是年轻人最爱；巨型礼盒用明星ID视频撩拨网友参与；演唱会嗨翻江城；校园嗨剧社联合全国110所高校向学生派发开学礼物……校园许愿季浓缩了新生最强烈的潮流需求，也让腾讯视频成为年轻人的“精神伙伴”。

3. 年轻人的阵地，校园嗨剧社用年轻人搞定年轻人。腾讯视频校园许愿季活动，不断解锁嗨姿势、趣态度、燃文化，离不开校园嗨剧社的神助攻。成立于2016年3月的校园嗨剧社，是腾讯视频在各高校的校园社团。这里聚集了一群又嗨又燃的大学生，在腾讯视频和校园的跨界营销中搞了许多大事儿。

两年时间内，校园嗨剧社主导明星发布会、见面会、演唱会43场和明星进校园活动37次，以及“玩剧店”“尬脑大赛”“暑期 young 计划”“点亮地球一起燃”“好时光列车”等重磅活动。本季度的校园许愿季活动，便是一群年轻人用最年轻的手段，搞定了另一群年轻人。以剧会友，又不止于剧。腾讯视频的校园许愿季 free-style，将信奉“娱乐至上”的年轻人撩得心悦诚服，Diss 掉无聊枯燥的开学季。社交媒体上，微博话题#腾讯视频许愿季#阅读量高达5 759万，讨论度达51.7万，并被新浪微博收录热词，微指数高达71 447，直至形成现象级活动效果，成为品牌忠诚度的典型案例。

二、如何赢得年轻消费者

品牌年轻化的战役已经打响。通过校园许愿季活动，腾讯视频校园嗨剧社彻底站上了年轻营销的制高点，用深刻的年轻化思维，培养出年轻群体的品牌忠诚度。那么，主打年轻用户的品牌，又该如何将品牌基因植入校园人群呢？

1. 获取用户认知。用户认知是释放品牌忠诚度的前提。如今，视频网站的用户争夺战愈演愈烈，要在过剩的内容中打动年轻用户，离不开视频内容、用户圈层和品牌态度。

(1)优质视频内容:随内容而动的用户,对视频播放平台没有100%的忠诚,但却对IP内容毫无抵抗力。腾讯视频,一边用校园许愿季活动传递优质IP,一边将校园嗨剧社打造为高校第一IP。具有强大市场号召力的IP群,让腾讯视频更接地气、更易被认同。

(2)精准用户圈层:用户所在即市场所向。以年轻人的精神诉求为指向,腾讯视频及时更改内容风向标,迎合多元的兴趣圈层,辐射大众,也为自己圈粉无数。

(3)主导品牌态度:社交是年轻人的天性。利用校园嗨剧社天然的校园优势,腾讯视频做强社交链变身校园领袖,年轻人自然喜欢。

2. 获得用户认可。要和年轻人愉快玩耍,不能只有内容。要好看,还要很好玩。同互联网一起成长起来的网生代用户,对广告挑剔、对说教无感。要培养年轻用户的忠诚度,必须放低姿态,走到他们中间去。校园嗨剧社,从大学生中走来,又为大学生服务。这个因年轻而生的高校社团,代表着腾讯视频年轻化的诚意。因为社员本身都是大学生,所以它能更好地用第一视角,来感知年轻用户的真实需求,并产生诸如"老公展""吃货节"等创意活动,从而和年轻用户更好地对话。

3. 吸引大学生参与。拿捏准了年轻用户心理,紧接着便是如何畅快地一起玩。在腾讯视频校园许愿季活动中,用户和品牌得到高效互动。品牌有洞察、活动有场景、用户有故事、传播有互动,品牌年轻化营销,大约是以下四部曲。

其一,洞察了解用户需求。校园许愿季活动启动前,校园嗨剧社广泛征集大学新生的"入学梦想",了解到新生们希望食堂饭好吃、宿舍好看、学姐好美,这些来自一线的声音主导了后期的活动,让用户更愿意参与。

其二,场景带来话题。品牌们要找的年轻人全都在校园里。校园许愿季活动走进校园、走进宿舍,开辟了一个新的战场,也让用户觉得新颖。

其三,事件带来强互动。2017年最燃的主题宿舍、武汉大学的巨型礼盒,每一个创意事件都极具话题。腾讯视频用自己的方式来了一段个性的freestyle。

其四,故事带来共鸣。笑料百出的校园许愿季,抓住了年轻人的社交诉求,从而让其喜欢和追随。

时代在变,品牌也在变。当年轻人成为主体时,品牌们要想抓住年轻人的心,就要顺从他们的玩法。年轻的消费者偏爱格调一致的品牌,把握住用户需求是基本功。他追星,你就和最火流量明星合作;他玩嘻哈,你就娱乐一下……如此一来,在年轻人眼中已经"老了"的品牌,才会焕发出新的品牌力。

借高校平台搭建校园嗨剧社,腾讯视频时不时会开始精彩的表演。当喜欢年轻、炫酷、有趣事物的年轻消费者和品牌有了牢固的情感纽带时,品牌忠诚度自然妥妥的。如今,年轻人影响着品牌,品牌变得年轻化,年轻化场景打造出新的品牌会客厅,一切都变得顺理成章。

资料来源:卜克刀. 一个品牌如何培养年轻群体的品牌忠诚度?[J]. 销售与市场:管理版, 2017,7(12):66-68.

案例讨论：

1. 腾讯视频是如何抓住年轻消费者的心的？为什么？

2. 除了案例中所涉及的做法，你还能列举出来其他能够提升品牌忠诚度的营销策略吗？

思考题

1. 什么是品牌？品牌的作用是什么？

2. 消费者品牌心理效应有哪些？消费者品牌心理层次是如何划分的？

3. 简述消费者的品牌决策模型。

4. 试分析非完全理性下的消费者行为模式。

5. 消费者品牌忠诚是什么？其衡量标准是什么？

6. 试分析品牌忠诚层次与消费者购买模式的关系。

7. 应如何建立和维持消费者的品牌忠诚度？

8. 除了本章介绍的途径之外，你认为还可以从哪些途径提高消费者品牌忠诚度？

第十四章

营销因素与消费者心理和行为

★ 本章要点和学习要求 ★

本章从产品、价格、广告、购物环境和销售服务等角度分析企业应如何根据消费者心理和行为特点制定相应的策略。通过本章的学习,学生应当明确新产品推广的心理策略,了解应如何根据消费者的心理特点,采取适当的商品命名、商标和包装装潢心理策略;了解消费者的价格心理,理解不同定价方法的心理依据,并且能够运用消费者对价格的认知心理,预测不同价格条件下的消费者行为,从而制定合理的调价策略;能够理解广告的心理功能和增强广告效果的心理策略;掌握影响消费者心理的购物环境因素,了解主要购物环境因素的设计要点和原则;了解不同销售服务方式对消费者心理行为的影响,懂得如何针对不同的消费者以及消费者心理活动的不同阶段运用不同的服务方法和技巧。

第一节 消费者的产品认知心理和行为

当今时代,科学技术的迅猛发展和市场竞争的加剧,使得产品生命周期不断缩短,新产品层出不穷。而新产品能否站稳市场,不仅取决于产品的性能、质量、款式、价格和包装等内在因素,更主要的是取决于消费者的需求、态度、偏好、个性特征及购买等因素。

一、新产品推广的心理策略

不断推出新产品是企业充满活力的标志。但是,并非所有新产品都能在市场上取得成功,其中的关键在于能否使消费者从心理上认可、接受新产品。

（一）新产品购买者类型

当某种新产品出现在市场上时，有的消费者马上就购买，有的在别人购买后购买，有的在商品处于普及状态时购买，有的在商品趋于成熟或饱和时才购买，有的则根本不买。之所以出现这种状况，原因在于消费者的心理需要、个人性格、文化背景、受教育程度、社会地位和所处环境存在较大差异，不同的消费者对新产品接受的快慢程度不同，因此造成了消费者对新产品的感知反应速度和实施购买速度不同。消费者购买新产品的行为表现大致可分为最早购买者、早期购买者、较早购买者、晚期购买者和守旧者五个类型。

1. 最早购买者。最早购买者也称创新采用者，是新产品刚上市，最先实施购买的消费者，占全部潜在购买者的2.5%左右。这部分消费者求新、求奇、求美的心理需求强烈，富于创新和冒险精神；收入水平、社会地位和受教育程度较高，对风险有较强的承受能力；大多为年轻人，交际广泛且信息灵通。最早购买者人数很少，但可以起到示范、表率、带动其他消费者的作用，因而是新产品推广的首要力量。企业营销人员在向市场推出新产品时，应把促销手段和传播对象集中于最早购买者身上。如果他们采用效果较好，就会大肆宣传，影响到后面的使用者。

2. 早期购买者。早期购买者也称早期采用者，是指新产品上市初期，继消费带头人购买之后，马上投入购买的消费者，约占全部潜在购买者的13.5%。这部分消费者大多是某个群体中具有很高威信的人，受到周围朋友的拥护和爱戴，并且对新生事物感兴趣，对新产品有比较强烈的消费欲望，是新产品购买的积极分子。正因如此，他们常常搜集有关新产品的各种信息资料，成为某些领域里的舆论领袖。早期购买者与最早购买者一样，人数也较少，但是这类购买者绝大部分是在产品的介绍期和成长期采用新产品，并对后面的采用者影响较大。所以，他们对于带动其他消费者购买新产品有重要作用。

3. 较早购买者。较早购买者也称早期大众，是经过“最早购买者”和“早期购买者”对新产品的特点、性能、用途等证实之后，实施购买行为的消费者。这类购买者采用新产品的时间较平均采用时间要早，构成34%的市场份额。他们的购买行为基本上发生在产品成长阶段。这部分消费者在消费中具有明显的同步仿效心理，他们乐于接受新生事物，但是一般比较慎重，一旦证实新产品的特点后，会马上实施购买行为，成为形成某一消费热潮的重要力量。这些购买者的特征是：深思熟虑，态度谨慎，决策时间较长，受过一定教育，有较好的工作环境和固定收入，对舆论领袖的消费行为有较强的模仿心理。他们虽然也希望在一般人之前接受新产品，但却是在经过早期购买者认可后才购买，从而成为赶时髦者。该类采用者数量较大，是促成新产品在市场上趋向成熟的主要力量。

4. 晚期购买者。晚期购买者也称晚期大众，是指当大部分消费者接受并使用新产品后才开始购买新产品的消费者。这类购买者的购买时间较平均购买时间稍晚，约构成34%的市场份额。这部分消费者的思想谨慎，对新生事物反应迟钝，总是被动地顺应消费趋势。他们的信息多来自周围的同事或朋友，很少借助宣传媒体,其受教育程度和收入状况相对较差。所以,他们从不主动采用或接受新产品,当看到购买新产品的人越来越多,并已证实新产品的特点及由此带来的消费趋势后,他们才开始购买。

5. 守旧者。守旧者也称落后采用者,是指最后购买和最终拒绝购买新产品的消费者。这类购买者是采用创新的落伍者,构成16%的市场份额。有些消费者受保守心理、传统观念、文化水平及所处环境的束缚,拘泥于传统的消费行为模式,其社会地位和收入水平最低。当新产品处于饱和状态或趋于衰退状态时才实施购买。严格地讲,他们此时购买的已不是新产品。随着经济的发展和人们文化水平的提高,这部分消费者的人数将越来越少。

(二)新产品推广的心理策略

新产品问世后,企业面临的重要问题是如何推广新产品,使消费者尽快认识、承认并接受新产品。美国学者罗杰斯(E. M. Rogers)把新产品采用过程看作创新决策过程,其中包括认识阶段、说服阶段、决策阶段、实施阶段和证实阶段五个阶段。通过了解在创新决策各个阶段的消费者的心理活动特点,可以设计相对应的新产品推广策略。

1. 认识阶段。在认识阶段,消费者受个人因素、社会因素和沟通行为因素的影响,逐步认识创新产品,并学会使用这种产品,掌握其新的功能。研究表明,较早意识到创新的消费者与较晚意识到创新的消费者相比,前者较后者有着较高的文化水平和社会地位,他们广泛地参与社交活动,能及时、迅速地收集到有关新产品的信息资料。

针对认识阶段消费者的特点,企业在新产品推广中可集中宣传新产品的用途,使具有创新意识的潜在消费者充分认识到新产品的益处,并推动他们进入采用过程的下一阶段。

2. 说服阶段。有时,消费者尽管认识到了创新产品并知道如何使用,但一直没有产生喜爱和占有该种产品的愿望,因此企业必须说服消费者,让消费者认同并采用新产品。如果说,在认识阶段消费者的心理活动尚停留在感性认识上,进入说服阶段其心理活动就更具理性特点了。为此,营销部门应努力让消费者充分认识到新产品的特性,包括相对优越性、适用性、复杂性、可试性和明确性,使之真正被说服。

(1)相对优越性,即创新产品被认为比原有产品好。创新产品的相对优越性越多,就越容易说服消费者采用。需要指出的是,相对优越性是指消费者个人对创新产品的认知程度而不是产品的实际状况。因此,在某些情况下,确实属于创新的产品若不被消费者认知便失去了相对优越性。

(2)适用性,即创新产品与消费者需求及观念的吻合程度。当创新产品与消费者的需求结构、价值观、信仰及经验适应较为接近时,就容易被迅速采用。

(3)复杂性,即认识创新产品的困难程度。创新产品越是难以理解和使用,其采用率就越低。

(4)可试性,即创新产品在一定条件下可以试用。尽可能提供对新产品的试用,可以减少消费者的购买风险感知,提高采用率。

(5)明确性,是指创新产品在使用时,是否容易被人们观察和描述,是否容易被说明和示范。创新产品的消费行为越容易被感知,其明确性就越强,采用率也就越高。

3. 决策阶段。通过对产品特性的分析和认识,消费者开始决策,即决定采用还是拒绝采用该种新产品。消费者拒绝采用有两种可能:一是以后改变态度接受这种创新产品;二是继续拒绝采用这种产品。消费者采用创新产品也有两种可能:一是在使用之后觉得效果不错,继续使用下去;二是使用之后发现令人失望,便中断使用,改用其他品牌或不使用这种产品。

在此阶段,销售人员应向消费者强调新产品在满足消费者需要方面的重要价值。此外,还可采取产品试用、价格优惠、服务承诺和额外奖励等多种促销手段,促使消费者做出最终购买决定。

4. 实施阶段。当消费者开始使用创新产品时就进入了实施阶段。在实施阶段,消费者考虑的主要问题是"怎样使用该产品"和"如何解决操作难题"。此时,营销人员要积极主动地向消费者进行介绍和示范,并提出自己的建议。

5. 证实阶段。消费者购买决策的一个显著特征是,在做出某项重要决策之后总是要寻找额外的信息来证明自己决策的正确性。这一特征可以用"认知不和谐"理论加以解释。认知不和谐是指两种或两种以上的认知不一致,或者其中某种认知与个人行为相抵触所产生的紧张不安的心理状态。这些认知包括人们对周围事物所持的观念、情感和价值取向等。只要认知相互不一致,或者某种认知与个人的行为不相吻合,不和谐就产生了。

在新产品购买决策过程中同样存在着认知不和谐。由于消费者面临多种备选方案,而每一种方案又都有其优点和缺点,只要选择其中的一个方案,认知不和谐就会发生。证实阶段包括决策后不和谐、后悔、不和谐减弱三种情况。通常,在决策后的最初一段时间内,消费者发现所选方案存在很多缺陷,反而认为未选方案有不少优点,因而感到后悔,并假设如果再有机会,一定会选择其他方案。不过,后悔阶段持续时间不长便被不和谐减弱阶段所代替。此时,消费者认为已选方案仍然较为适宜。

不和谐导致消费者在决策之后,总是要评价其选择行为的正确与否。消费者往往会告诉朋友们自己采用创新产品的明智之处;倘若消费者无法说明采用决策是正确的,那么就可能中断采用。因此,在这一阶段企业应给予消费者充分信息,包括其他顾客的使用效果及评价,帮助消费者正确评价新产品,减轻认知不和谐。

二、商品命名的心理策略

商品命名,是指选定恰当的语言文字,概括地反映商品的特点、用途、形状和性能等。一个简洁明了、引人注目、富于诱惑力的名称,不仅能使消费者了解商品,还会给消费者带来美的享受，刺激消费者的购买欲望。因此，根据消费者的心理特点进行商品命名是极其必要的。

(一) 商品命名的心理要求

商品命名的根本目的是使商品的名称与消费者的心理相吻合，对消费者产生积极的影响。所以在命名时应注意符合以下心理要求。

1. 名实相符。名实相符是指商品的名称要与商品的实体特征相适应，使消费者能够通过名称迅速了解商品的基本效用和主要特征。比如，“商务通”掌上电脑让人们联想到辅助办公的好帮手。名实相符是商品命名的基本心理要求，也是其他要求的基础。

2. 引人注意，便于记忆。商品的名称主要用来吸引消费者，加深消费者对商品的印象，所以商品的名称应易读易记、言简意赅，以便减轻记忆难度，缩短消费者的记忆过程。为便于消费者记忆，商品名称的字数不宜过长，一般以 3 个字为宜。一个好的名称还应符合当地人的语言习惯，以便于消费者理解。不过，一些违背人们常识的命名方法也起到了引人注目的效果，比如我国的“黑妹”牙膏。

3. 激发联想。激发联想是商品命名的一项潜在功能，是通过文字和发音使消费者产生恰当、良好的联想，从而激发购买欲望。比如，“小护士”化妆品使人们联想到了护士细心的问候、温柔的照顾，从而感觉这种化妆品也会给皮肤带来同样的呵护。

4. 避免禁忌。不同国家、民族的社会文化传统不同，消费者的习惯、偏好、禁忌也有所不同。此外，由于各国语言文字的不同，也会造成对产品理解的差异。因此，在跨国销售商品时，要充分考虑销往国消费者的偏好和禁忌。比如，索尼公司为了取一个世界通用的名称，绞尽脑汁，选择了 Sonny 一词，其意思是“可爱的小家伙”。这个词符合公司所期待的乐观、开朗的意思。但是他们发现这个词如果用罗马字拼写，其发音正好与日文中的“损”字相同。而“损”字又是生意人的大忌。于是，他们将“Sonny”中的一个“n”去掉，而成为“Sony”。“Sony”简洁、醒目，用罗马字母拼写，无论在哪个国家都保持相同的发音，由此成为商品命名中公认的佳作。

(二) 商品命名的心理策略

1. 根据商品的本质特征命名。可以根据商品的主要功效进行命名，比如，“玉兰油防晒霜”和“凡士林护手霜”可直接从名称上了解商品的用途和功效；也可以根据商品的主要成分进行命名，比如“螺旋藻麦片”可以看出麦片中加入了螺旋藻；也有一些商品以其独特制作工艺或制造过程对商品进行命名，比如，“二锅头”的名字指明酒在制作过程中要经过两次换水蒸酒，且只取第二锅酒液的中段，酒质纯正、醇厚，因此命名为“二锅头”。总之，这种开门见山的命名方法使消费者能望文生义、一目了然，迅速了解商品的构成和功效，加快对商品的认知过程。

2. 以商品的外形命名。这种命名方法多用于食品、工艺品类的商品命名。它的特点是形象化，能突出商品造型新奇、优美的特点，引起消费者的注意和兴趣。

比如,食品命名如“佛手酥”“猫耳朵”等。不过,采用这种方法,应注意名称和形象相统一,否则会弄巧成拙。

3. 以商品的产地命名。以产地命名主要是由于产品具有悠久的历史,尤以产地的商品最具特色、享誉盛名,冠以产地名称可以突出该商品的地方风情、特点,使其独具魅力。例如,“金华火腿”“云南白药”“汾酒”“北京醇”“青岛啤酒”等。这种命名方法可以增加商品的名贵感和知名度,同时使消费者感到商品体现了地域的文化性,产生亲切感和偏好。

4. 以人名命名。这是以发明者、制造者和历史人物等的名字为商品命名的方法。这种方法将特定的商品和特定的人联系起来,使消费者睹物思人,引起丰富的联想、追忆和敬慕之情,从而使商品在消费者心目中留下深刻的印象。以人名命名还可以体现商品悠久的历史和文化,表明商品系出名门、正宗独特,以此诱发消费者的购买欲望。

5. 以外来词命名。这种方法在进口商品的命名时常见。用外来语命名主要是满足消费者的求新、求奇、求异的心理要求,而且还可以克服翻译上的困难,可谓一举两得。但是无论是直译还是意译,同样要求读起来朗朗上口,并且寓意良好。“Coca Cola”在确定中文译名的时候,曾向社会上广泛征集,最终选定了“可口可乐”,让人们联想到可口的饮料所带来的舒畅的感觉,以及由此产生的心情的愉悦快乐。

6. 以吉祥事物命名或以美好形象替代原有名称。吉祥事物命名迎合了人们万事图吉利、顺意的心理,比如“鸳鸯”被、“熊猫”电视等。中药中一些植物和动物的本名常常会使消费者产生畏惧心理,为避免这种不良的心理作用,中医常常以其他能使人产生良好联想的名称代替原有名称,例如,“地龙”原指蚯蚓,“夜明砂”是指蝙蝠的粪便。

三、商标设计与消费者行为

商标是商品的标志。它是商品生产者或经营者为使本企业的商品与其他商品相区别而采取的一种标记,一般由文字、字母、图形、数码、线条、颜色及其组合构成。

(一)商标的心理效应

1. 识别效应。商标是商品的一种特定标志。消费者在购买商品的过程中,可以通过商标对不同种类、质量、性质、规格、花色和式样的商品进行识别,并根据自己的爱好、需要进行比较、选购;同时,消费者可以通过商标了解、记忆商品的生产经营单位,以便得到相关的售后服务。在现实消费活动中,商标已成为消费者识别商品、制定购买决策的重要依据。

2. 保护效应。商标既属于经济范畴也属于法律范畴。法律意义上的商标,特指注册商标,即通过政府部门依据《商标法》核准而获得注册的商标。商标一旦在国家商标局注册后就受到了法律的保护,禁止他人假冒或伪造。商标受法律保护的特点,使它在规范企业生产和经营活动的同时,也维护了商品生产者、经营者的形象和信誉。对于消费者而言,商标给予消费者某种程度的信赖感、安全感,也保护了他们的合法权益和经济利益。

3. 提示效应。商标对消费者购买心理的影响还体现在它的提示效应上。当消费者存在某种需求时,商标的提示效应可以使消费者对商品产生偏好,从而影响消费者的购买决策,最终促成购买行为。商标对消费者心理的提示过程如图14－1所示。

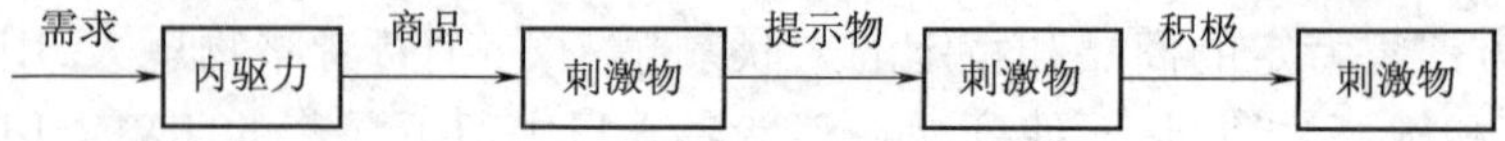

图 14－1　商标的提示功能

商标的提示效应在某种意义上很像广告。商标是联结产品与市场、产品与消费者的桥梁和纽带,它既附着于商品又游离于商品,是商品展示自我、介绍自我和宣传自我的重要载体,可算是一种"无声的推销员"。

4. 强化效应。商标对消费者心理的强化作用可以体现在两个极端的方面:一个形象鲜明、富于想象力和声誉卓越的商标能够强烈地吸引消费者,促使其产生购买冲动,并坚定购买行为,由此也就达到了促销的作用;而一个与消费者心理不符的、甚至相悖的商标,会强化消费者对商品的摈弃心理。

(二)商标设计的心理策略

商标设计是商标发挥心理功能的基础。商标的设计具有很大的灵活性,但精良的商标设计必须考虑到商品的特色和消费者的心理,力求将丰富的信息浓缩于方寸之间,最大限度地发挥出商标应有的感召力。

1. 商标设计要个性鲜明,富于特色。商标的设计要与众不同,最忌落入俗套,应以精巧的构思突出个性,以显著性和奇特性昭示消费者。人们通常对特别的东西记忆深刻,为了使消费者从纷繁复杂的同类商品中迅速找到自己偏爱的品牌,商标的设计应力求有别于其他同类商品。

2. 造型优美,文字简洁。在设计商标时,应力求生动优美、线条明快流畅、色彩搭配和谐、富于感染力,以满足消费者的求美心理,使之对商标及商品产生好感。并且,人们对简单而符合审美情趣的图形文字往往记忆深刻,所以,商标语言应做到简洁鲜明、易记上口;商标图案也要明了简单,使人过目不忘。例如,美国著名品牌"耐克"的商标图案是一个小钩子,造型简洁有力,又富于动感。

3. 具有时代气息,反映社会的潮流趋向。商标作为商品的名称与人们的生活息息相关,商标的名称如果能结合特定的历史时期、反映时代的气息、甚至赋予一定的社会政治意义,则可以激起消费者的购买热情。比如,2000 年是世纪之交,在这一重大的历史时期,"联想"适时推出了天禧系列电脑,取得了很好的效果。

4. 与商品本身的性质和特点相协调。商标是对商品所要传达信息的提炼和精确表达，因此要准确地体现所代表商品的性质，突出商品的特色。例如，可口可乐公司的“雪碧”体现了这种饮料“晶晶亮、透心凉”的冰凉、清爽的特点，在炎热的夏季引起了广大消费者的畅快的感觉。

5. 遵守法律规定，顺应不同国家、民族、宗教和地域消费者的心理习惯。各个国家的商标法都有明文规定不允许注册为商标的事物，比如国徽、国旗和国际组织的徽章、旗帜及缩写等。另外，在设计商标时也应充分考虑到不同的国家、民族、宗教和地域的偏好与禁忌。比如，法国人忌用绿色的地毯，因为他们在举行丧礼时有铺撒绿树叶的风俗。

第二节　消费者的价格认知心理和行为

在市场经济条件下，消费者的心理与行为受到诸多市场因素的影响。其中，价格是最具刺激性、最富敏感性的因素之一。深入研究价格对消费者的心理影响，把握其价格心理特性，是企业制定价格策略的基础和前提。

一、价格的心理机制

消费者在选购商品时，通常把价格与商品的各种要素，如质量、性能、品牌、包装等综合起来加以评价比较，在此基础上决定自己是否购买。然而，就对消费者的影响而言，价格又有着与其他商品要素不同的心理作用机制。具体表现在以下两个方面。

（一）衡量商品品质和内在价值

按照市场经济运行的一般规律，同一种商品的价格与消费需求之间存在着此消彼长的反向相关关系，即价格上涨，消费需求减少；价格下降，消费需求增加。但在现实生活中，经常会出现相反的情形，比如，商品降价后，消费者的购买非但没有增加，反而会有所减少；再比如，有些内在质量相似的商品，价格相差较多时，消费者却宁愿购买价格高的商品。这种在市场上时有发生的“买涨不买跌”现象，究其原因，就在于降价使消费者对商品品质产生了疑虑，或等待进一步降价的心理预期增强，从而抑制了即期购买行为。这就是消费者的价格心理机制的作用。通常，由于商品信息的非对称性，以及消费者的购买行为的非专业性，消费者在选购商品时，总是自觉或者不自觉地把价格同商品品质及内在价值联系起来，把价格作为衡量商品品质优劣和价值大小的最重要的尺度。

（二）自我意识比拟

商品的价格不仅表现为商品的价值，而且在某些消费者的自我意识中还具有反映自身社会地位以及经济地位高低的社会象征意义。这就是说，消费者在购买商品的过程中，可能通过自身的联想与想象等心理活动，把商品价格的高低同个人的偏好、情趣和个性心理特征等联系起来,有意或无意地进行价格比拟,让价格的高低来体现自己的社会经济地位和个性心理特征,满足个人的某种社会心理需要。

二、消费者的价格心理表现

价格心理是指消费者在购买过程中对价格刺激的各种心理反应及其表现,它是由消费者自身的个性心理和对价格的知觉判断共同构成的。消费者的价格判断既受其心理因素的制约,也受到其他客观因素,如销售场地、环境和商品等的影响。可见,价格判断同时具有主观性和客观性双重性质。

(一)习惯心理

由于消费者长期、多次购买某些商品,以及对价格的反复感知,形成了消费者对某些商品价格的习惯心理。这种习惯心理一旦形成,就会直接影响消费者的购买行为。消费者往往从习惯价格中联想和对比消费品价格的高低、涨跌以及消费品质量的优劣差异。在消费者心目中,对多数商品的价格会形成一个心理上限和心理下限。如果商品的价格高于其心理上限,消费者则会认为太贵;如果商品价格低于其心理下限,消费者则会产生怀疑。

(二)敏感心理

由于商品的价格直接关系着消费者的实际生活水平,所以消费者对价格变动具有极强的敏感性。对那些与消费者日常生活密切相关的商品价格,特别是需求弹性系数较小的商品,消费者的敏感性较高,如蔬菜、肉类、牙膏和香皂等重复购买的日常生活用品,这类商品的价格略有提高,消费者马上会做出强烈反应。

(三)倾向心理

倾向心理是指消费者在购买过程中,对商品的价格选择所表现出的心理指向。商品的价格有高、中、低档的区别。一般来说,价格高的商品品质好、价值高,价格低的商品品质差、价值低。由于消费者所处社会地位、经济收入、文化水平和个性心理特征的差异,不同类型的消费者在购买商品时会表现出不同的价格倾向。

(四)感受性

价格感受性是指消费者对商品价格及其变动的感知强弱程度。消费者对商品价格的昂贵与便宜的认识,不完全基于某种商品价格是否超过或低于他们认定的价格尺度,他们还根据与同类商品的价格进行比较,以及购物现场不同类别商品的价格比较来认识。这种受到背景刺激因素的影响,导致价格引起的心理感受上的差异,就形成了消费者对价格高低的不同感受。这种感受性会直接影响消费者的价格判断。在实际销售工作中,如果把同一类商品中的高价商品与低价商品放在一起出售,有时能产生比较好的经营效果。因为求廉者通过对比可以感到自己所买的商品确实便宜,而求新、求名者则认为买高价货有利于显示自己的身份和地位。

三、价格制定的心理依据

制定合理的商品价格,是商品成功走向市场、取悦消费者的重要前提。在商品定价时,企业通常要考虑三个基本因素,即生产成本、市场需求和同业竞争。但仅仅以这三种因素为依据是不够的。一种商品价格的推出,只有经过消费者的认可并接受,才可称为成功的定价。因此,企业制定商品价格必须以消费者为对象,探求、研究消费者的价格心理,发现制定价格的心理依据,以便制定出令企业满意、让消费者接受的最佳价格。制定价格的心理依据有如下几个。

(一)求新、猎奇的"撇脂定价法"

撇脂定价法好比在鲜牛奶中撇取奶油,先取其精华,后取其一般。具体而言,就是在新产品进入市场的初期,利用消费者的求新、猎奇心理,高价投放商品,其目的在于像海绵吸水一般立即从市场上"撇取油脂"——赚取丰厚的市场营销利润,以期迅速收回成本。然后,当竞争者纷纷出现时,"奶油"早已被撇走,再逐渐降低商品的价格。

(二)求实、求廉的渗透定价法

渗透定价法与撇脂定价法相反,即在新产品进入市场初期,迎合消费者求实、求廉的心理,低价投放新产品,给消费者以物美价廉、经济实惠的感觉,从而刺激消费者的购买欲望。待产品打开销路、占领市场后,再逐步提高价格。其目的在于渗透新市场,立即提高市场销售量与市场占有率,快速而有效地占据市场空间。这种定价策略以高市场占有率为最主要目标,营销利润反而退为次要目标。

(三)利用心理错觉的尾数定价法

尾数定价法是指保留价格尾数,采用零头标价,如 9.98 元,而非 10 元。首先,尾数定价法可以使消费者感到价格保留在较低一级的档次,从而产生便宜的心理错觉。如 200 元一双的鞋与 198 元一双的鞋相比,虽然只高出 2 元钱,对价格敏感的消费者来说,感觉则是两个不同价格级别;其次,尾数定价法会给人以精确感和信任感,从而使消费者相信价格是合理的、有根据的;最后,尾数定价法给消费者一种数字寓意吉祥的感觉。例如,"8"在粤语中念"发",含发财致富之意,以"8"为尾数的价格,会让人产生美好的联想。

(四)求高、求方便的整数定价法

与尾数定价法相反,整数定价方法采用合零凑整的方法,制定整数价格。整数价格又称方便价格,适用于某些价格特别高或特别低的商品。对于某些款式新颖、风格独特、价格较高的新产品,例如,价值 998 元的高档时装、皮衣等定为 1 000 元,就可能以"千元货"的面目赋予产品以高贵的形象,使顾客对此类商品形成高价印象,以吸引高收入阶层购买者。而对于某些价值低的小商品,如定价 0.20 元而非 0.19 元,将使消费者在交易与结算时非常方便。

(五)利用货币错觉的增值折价法

增值折价法是指在制定商品的优惠折价价格时,采取"花低价买高价商品"的宣传手段,而不是“高价的商品卖低价”。这种定价方法针对的是消费者“降价没好货”的购买心理。比如,“100 元买 110 元商品”的推销术,就是一种高超的折价术。

（六）求名的声望定价法

声望定价法是利用消费者的求名心理制定高价的策略。“借声望定高价,以高价扬声望”是该定价方法的基本要领。即对在消费者心目中久负盛誉的厂商生产经营的商品,制定稍高于竞争对手的价格。高价一方面与名牌商品的优良性能、上乘品质相协调;另一方面与厂商的形象相匹配。因此,这种定价方法能有效地消除一些中高收入阶层消费者的购买心理障碍,使其对商品或零售商形成信任感和安全感。一定意义上,高价格是“名牌效应”的重要组成部分,一些消费者经常借高价以显示自己的社会地位,表明自己的经济实力。

（七）习惯价格定价法

习惯价格定价法是按照消费者的习惯心理制定价格。消费者在长期的购买实践中,对某些经常购买的商品(如日用品),在心目中已经形成习惯性的价格标准,不符合其标准的价格则易引起消费者的疑虑和不满,导致购买的转移。此时,维持习惯价格不变是明智有益的选择。在必须调整价格时,应同时采用改变包装容量等措施,避开消费者习惯价格心理对新价格产生的抵触作用。积极引导消费者逐渐形成新的习惯价格。

（八）感知价值定价法

感知价值定价法以消费者对商品价值的感受及理解程度作为定价依据,它多用于服务产品。由于服务产品具有无形性、不可分离性、差异性、不可储存性和缺乏所有权五个特征,消费者在购买服务产品时,不能像购买一般商品那样直接衡量比较质量,从而也就无法直接判断服务产品的价格。因此,只能依靠消费者的自身感受及理解来衡量服务产品的价格。

（九）分级定价法

分级定价法是把不同品牌、规格及型号的同一类产品划分为若干个等级,对每个等级的商品制定一种价格,而不是一物一价。这种方法简化了购买过程,便于消费者挑选,易于为消费者所理解,从而大大简化了价格管理,也能适应不同层次消费者的需求;其不足之处在于等级间的价格差不好把握。若差价过小,消费者会怀疑分级的可信度;差价过大,一部分期望中间价格的消费者会感到不满意。

（十）折让价格定价法

折让价格定价法是指在特定条件下,为了鼓励消费者及早付清货款,大量购买或淡季购买,企业酌情调整商品的基本价格,以低于原定价格的优惠价格销售。这一方法利用了消费者求实、求廉、求新的心理。具体折让形式有三种:一是数量折让价格,即根据一次或累计购买的商品数量或金额给予折扣;二是季节折让价格,即在淡季购买季节性商品而给予的价格优惠；三是新产品推广折让价格，即鼓励消费者积极购买新产品而制定的优惠价格。

（十一）处理价格定价法

在商品流通过程中，由于经营不善、决策失误、国家法规限制或者技术方向发生转变等原因，企业会出现商品滞销压库和商品品质下降的现象。对于这种情况，必须采取处理价格策略。为了制定合理的处理价格，需要考虑消费者对廉价处理商品的心理反应，以期达到降价的目的。处理商品时，降价幅度要适宜，幅度太小，不足以吸引消费者；幅度太大容易让人产生疑虑。价格要保持相对稳定，切忌连续波动。若连续降价，消费者会产生等待进一步降价的心理预期而推迟购买。

四、价格调整的心理策略与技巧

在企业的经营实践中，商品价格的变动与调整是经常发生的。调价的原因除了生产经营者自身条件变化以外，还包括受市场供求状况、商品价值变动、竞争对手的价格政策、市场货币价格与货币流通量变动、国际市场价格波动和消费趋向变化等多方面因素的影响。企业在调整商品价格时，既要考虑这些因素的影响，又要考虑消费者对商品调价的心理要求。

（一）消费者对商品价格调整的反应

价格调整可分为两种情况：一种是降低价格；另一种是提高价格。商品价格的调整引起消费者的心理反应非常复杂，既可能激发消费者的购买欲望，促使商品需求增加，也可能抑制其购买欲望，导致商品需求减少。因此，企业在调整价格时，一定要仔细分析各种因素的影响，准确把握消费者的价格心理。

1. 消费者对商品价格调低的心理和行为反应。调低商品价格，通常有利于消费者，理应激发消费者的购买欲望，促使其大量购买。但在现实生活中，消费者有可能做出与之相反的各种心理和行为反应，往往会“持币待购”“越降越不买”。之所以如此，主要有以下五个原因。

（1）消费者由“便宜→便宜货→质量不好”“便宜没好货，好货不便宜”等一系列联想而引起心理不安。

（2）消费者自认为不同于一般低收入阶层，不必购买低档货，因为“便宜→便宜货→有失身份”，有损自尊心和满足感。

（3）消费者猜测企业可能有新产品即将问世，所以降价抛售老产品；老产品不久就会被淘汰，买了这种商品会很快落伍；可能企业不再生产该种商品的零部件，零部件的维修更换无法保证。

（4）降价商品可能是过期商品、残次品、库存品或低档品，功能少，质量不好，不适应未来的发展趋势。

（5）商品已降价，可能还会继续降，暂且耐心等待，期待新一轮的降价来临，从而可以买到更便宜的商品。

2. 消费者对商品价格调高的心理和行为反应。调高商品价格，通常对消费者来说是不利的，理论上来说会抑制消费者的购买欲望，挫伤其购买积极性，减少实际的购买需求。但在现实生活中，消费者同样会做出与之相反的各种心理和行为反应，具体有如下五个原因。

(1)商品涨价，可能是因其具有某些特殊的使用价值，或具有更优越的性能，好东西应该赶快购买。

(2)商品已经涨价，可能还会继续上涨，应尽快抢购，以防将来购买会更吃亏。

(3)商品涨价，说明它是热门货，有流行的趋势，应尽早购买。

(4)商品持续涨价，说明有升值潜力，不如购买一些囤积起来，待价而沽。

(5)商品涨价，可能是出现了断货，为避免急用而预先购买。

上述心理主要是消费者从众心理的反应，其中不乏存在投机心理。例如，在保健品市场上，各种保健品之所以可以在市场上以昂贵的价格“各领风骚两三年”，最主要的原因就是消费者盲目相信它真的具有一些意想不到的保健功能，而且看到价格在上涨，很多人在抢购，自己也就冲动地跟随别人购买。

(二)价格调整的心理策略及技巧

1. 商品降价的心理策略及技巧。造成商品降价的原因有诸多方面，如某些商品升级换代造成的过期、残次；商品保管不善造成的品质降低；市场行情不明造成的盲目进货，为了周转资金，只好忍痛甩卖；新技术的应用使成本下降。凡此种种，都有可能导致商品降价出售。这里，商品降价能否促进销售，关键在于商品是否具备降价条件，以及企业是否能够及时准确地把握降价的时机和幅度。

(1)商品降价应具备的条件。商品降价应具备五个条件：①消费者对价格敏感，价格敏感者不太关注商品的品牌，主要是根据商品的价格决定自己的购买行为；②消费者注重商品的实际性能与质量，而很少将所购商品与自身的社会形象联系起来；③消费者对商品的质量和性能非常熟悉，如某些日用品和食品，降价后仍对商品保持足够的信任度；④生产厂家能够向消费者充分说明价格降低的理由，并使他们理解和接受；⑤生产厂家和商标品牌美誉度高。对于各种原因导致的降价，消费者只有在以较低的价格买到“好东西”时，才会感到满意。

(2)降价时机。降价时机选择得好，会大大刺激消费者的购买欲望；选择不当，则会无人问津而达不到目的。关于降价时机，要视具体商品和企业的具体情况而定。根据经验，时尚和新潮商品，进入流行阶段后期就应降价；季节性商品，应在换季时降价；一般商品，进入成熟期的后期就应降价；市场领导品牌率先降价，作为竞争对手采取跟进策略；重大节日降价酬宾，如“五一”“十一”等假日；商家庆典活动降价，如新店开张、开业周年庆典等；其他特殊原因降价，如商店拆迁、商店改变经营方向或柜台租赁期满等。

应注意的是，商品降价一定要“师出有名”，不能过于频繁，否则可能造成消费者对降价不切实际的心理预期或者对商品的正常价格产生不信任感。

(3)降价幅度。降价幅度要适宜，应以吸引消费者购买为度。幅度过小，对消费者的购买欲望激发不足；幅度过大，企业可能会亏本销售，或使消费者对商品品质产生怀疑。经验表明,降价幅度在10%以下时,几乎没有促销效果;降价幅度至少要在10%到30%或以上,才会产生明显的促销效果。但降价幅度超过50%,必须说明大幅度降价的充分理由,否则消费者的疑虑会显著增加,消费者会怀疑这是假冒伪劣商品,反而不敢购买。

(4)降价原则。降价必须坚持"一步到位"的原则,千万不要出现价格不断下降的情况,以防消费者产生"买涨不买跌"的心态。多次降价会导致消费者不由自主地产生"等你再跌价"的期待。

(5)降价技巧。企业在降价的操作方式与技巧上需要注意的是,少数几种商品大幅度降价,比起很多种商品小幅度降价促销效果好,因为这样更具有轰动效应。商家向消费者传递降价信息一般的做法是把降价标签直接挂在商品上,这样能最大限度地吸引消费者立刻购买。因为顾客不但一眼能看到降价前后两种价格,或降价金额、幅度,同时还能看到降价商品,眼见为实,从而立即做出购买决策。有的商家会把前后两种价格的标签同时挂在商品上,以证明降价的真实性。

2. 商品提价的心理策略及技巧。一般而言,商品价格的提高会对消费者的利益造成损害,因此,消费者通常会对商品提价持消极的心理反应,从而影响商品在市场上的销售。但在营销实践中,企业经常迫于各种原因而不得不提价,如市场商品供不应求、管理费用和劳动力成本上升、开发新市场、资源稀缺和经营环节增多等。所以,提价策略的掌握对企业来说,既具有现实意义,又有较大的困难和阻力。

(1)商品提价应具备的条件。商品提价应具备四个条件:①消费者的品牌忠诚度很高,是品牌偏好者,品牌偏好者通常忠诚于某一特定品牌,不因价格上涨而轻易改变购买习惯;②消费者相信商品具有特殊的使用价值,或具有更优越的性能,是其他商品不可替代的;③消费者有求新、猎奇、追求名望、好胜攀比的心理,愿意为自己喜欢的商品付出更高的价格;④消费者能理解价格上涨的原因,能承受价格上涨带来的家庭生活消费支出的增加。

(2)准确把握提价时机。为了保证提价策略的顺利实现,提价可选择在五种情况下进行:①商品在市场上处于优势地位;②商品进入成长期;③季节性商品达到销售旺季;④一般商品在销售淡季;⑤竞争对手产品提价。

总之,商品提价要掌握好时机,看准"火候"。提价后,可能有大批消费者将转向其他品牌,分销商也会因此放弃商品的经营,这就给竞争对手抢占市场提供了可乘之机。如果企业提价失败了再想恢复原价,后果将更加严重,仅仅是企业品牌信誉的损失就足以使企业元气大伤。

(3)提价幅度。提价的幅度不应过大。幅度过大,会损失一大批消费者。但是提价幅度并没有统一的标准,一般视消费者的价格心理而定。国外一般以5%为提价幅度的界限,认为这样符合消费者的心理承受能力。而我国某些商品以30%,50%甚至更高的提价幅度出现,也能引起消费者的购买行动,但是企业应尽可能避免大幅度提价情况的出现。

(4)提价原则。企业提价要信守谨慎行事的"走钢丝"原则。要尽量控制提价的幅度和速度,即提价的幅度宜小不宜大,提价的速度宜慢不宜快;要循序渐进,不能急于求成;要走小步,走一步看一步,而不能走大步,追求一步到位。

(5)提价技巧。在提价技巧与方式的选择上,企业有直接提价和间接提价两种。直接提价就是一定幅度地提高原有商品的标价;间接提价就是商品的市面标价不变,而通过产品本身的变动,实际提高价格。企业通常的做法是暗地里更换产品型号种类变相提价,这种方法多用于家用电器,如减少一些不必要的产品功能等;另外一种是减少商品数量而价格不变,这种方法多用于食品,如减少食品净含量。企业应尽可能多采用间接提价,把提价的不利因素降到最低,使提价不影响销量和利润,而且能被消费者普遍接受。

为使消费者接受上涨的价格,企业应针对不同的提价原因,采取相应的心理策略。这些心理策略包括通过各种渠道向顾客说明提价的原因,做好宣传解释工作;帮助顾客寻找节约途径;组织替代品的销售;提供热情周到的"增值服务",尽量减少消费者的损失等,以求得消费者的谅解和支持,提高消费者信心,刺激消费需求。总之,商品提价要充分考虑消费者的心理要求,提价幅度应与消费者对商品的心理价位基本相符。只有这样,商品提价才会被消费者接受。

实例 14-1　万宝路在德国市场的价格调整策略

香烟每盒 20 支装,这是烟民们的常识,但是在 20 世纪 80 年代中后期,德国装的美国"万宝路"香烟却是每盒只有 19 支。原来,经历了数次通货膨胀后,每盒售价 4.2 马克的万宝路已无利可图,而随其他香烟一样上调价格,将会丧失这一主流品牌的市场竞争力。万宝路德国经销商最后想出了"减支不涨价"的点子。经过计算,每包只要少装一支香烟便有利可图。新装万宝路上市后,多数人对少一支烟并不在乎,而对它的"不涨价"一往情深,使万宝路在德国市场上既畅销又有赢利,打败了许多竞争对手。加价与减支,看似只是一个硬币的两面,但对消费者的心理影响却有很大的不同。因为,常购买同一种商品的人,往往对价格比对数量更敏感。

第三节　广告与消费者行为

广告有商业广告和非商业广告之分,本书所论述的是商业广告。商业广告是一种面向目标市场消费群体和社会公众的支付费用的传播行为,是广告主有计划地通过媒体传递商品和劳务信息,以促进销售的公开宣传形式。

一则广告是否能够获得预期的效果,主要取决于消费者对广告信息的接受和内化程度。特别是在媒体手段高度现代化、广告信息量急剧膨胀的现代市场中,消费者对广告信息的心理选择不断加强,并且由于信息包围或过量而导致了部分消费者对广告的抵触、抗拒或逃避等现象。因此,消费者的心理选择指向和心理认同与否,更成为决定广告效果优劣成败的关键因素。

一、广告的心理功能

广告的心理功能是指广告的基本作用和效能,也就是广告对消费者所产生的作用和影响。国际商界流传着这样一句名言:"推销商品而不做广告,犹如在黑暗中送秋波。"这足以体现广告在促销组合中的重要作用。从消费者心理与行为的角度看,广告还具有以下心理功能。

(一)认知功能

广告向消费者公开传递有关商品的商标、品牌、性能、质量、用途、使用和维护方法、价格、购买的时间、地点,以及服务的内容等信息,使消费者对其有所认识,并在头脑中形成记忆。

(二)诱导功能

广告的诱导功能有两层含义:一是成功的广告能够唤起消费者美好的联想,给消费者以某种美的享受,从而改变其对商品的原有偏见或消极态度,激发购买愿望;二是制作精良的新产品广告,能够迅速引起消费者的注意,进而激发其对新产品的兴趣和向往,从而形成新的消费需要,促进购买。

(三)教育功能

质量上乘的广告以其科学、文明、健康、真实的内容与表现形式,可使消费者增加相关商品知识,掌握正确的选购和使用知识,引导消费者树立合理的消费观念。同时,设计巧妙的广告还通过各种各样的艺术表现形式,使消费者在获得信息的同时丰富精神文化生活,得到美的享受。

(四)便利功能

广告通过各种广告媒体,及时、反复地传播商品或服务的信息,便于消费者搜集有关资料,对各种商品进行较为充分和有效的比较,为购买决策提供充分依据,从而替消费者节约购买时间,降低购买风险。

二、增强广告效果的心理策略

广告传递的信息,首先作用于消费者的听觉、视觉等感觉器官,并在消费者的大脑中引起不同程度的反应,从而形成一系列的复杂的心理活动过程,促进需求的产生和购买行动的实现。广告引发消费者心理反应的过程一般有四个环节:引起注意、启发联想、增进感情、增强记忆。针对这四个环节,企业在广告设计、制作、传播等方面要制定相应的心理策略。

(一)引起注意

引起注意是增强广告效果的首要因素。广告界有一句流行语:"能够引起人们注意你的广告,推销商品就已经成功了一半。”根据注意的引发因素和形式特点的不同,广告可以采取多种心理策略,以引起消费者注意。

1. 加大刺激的强度。刺激物达到一定的强度,就能引起人的注意,即刺激量要大于人的感觉阈限值。而且,在一定的范围内,刺激物的强度越大,人对这种刺激物的注意就越集中。比如,大尺寸、大标题、明亮的色彩或光线,醒目的图案、响亮或特殊的声响,甚至特异的手法等,都会有效地刺激消费者的视觉和听觉,使其心理处于一种积极的、兴奋的状态之中。在广告设计中,应该特别注重对色彩或光线、字体或图案以及音效的综合运用,以达到强化信息影响程度、引起人们高度注意的效果。

2. 加大刺激元素间的对比。刺激物中各元素显著的对比也容易引起人们的注意。在一定限度内,广告中刺激物各组成部分的对比度越大,人们对刺激物所形成的条件反射也就越明显。因此,在广告设计中,可以有意识地处理各种刺激物的对比关系和差别。例如,画面布局上采用动静对比与黑白对比,图案的大小对比与色调对比,色彩和光线的明暗对比与强弱对比,音响和语调的节奏对比与高低对比,文字语句的长短对比与轻重对比等。除了广告本身各元素的对比外,还有与周围环境的对比,使色彩相映、浓淡相间、大小对照、高低错落、轻重有别,目的是形成产品的独特形象,增强广告的易听、易视、易读、易记的效果。

3. 利用刺激物的运动变化。运动着的事物、变化中的刺激远比静止的、不变的事物更容易引起人们的注意。夏夜星空繁星点点,即使有些星星十分耀眼,我们也不会太在意,但我们一般都不会放过流星,尽管它并不很亮。再比如,加利福尼亚葡萄干顾问委员会为了抑制葡萄干销售的持续滑坡,在广告公司的协助下,竟让皱巴巴、灰溜溜的葡萄干眨眼间欢快幽默地随着音乐的节拍舞蹈,动画的效果使这些小不点儿拥有了生命、个性与情感,成功地引起了人们的注意。通常,影视动画广告、霓虹灯广告中忽明忽暗的光线和忽隐忽现往返移动的图案,都可以产生广告运动的效果。

4. 力求刺激的新奇。相同或相似的刺激过多,消费者总会慢慢变得迟钝起来,相反,罕见的、奇异的、一反常态的事物却能给人以比较强的刺激力度。广告刺激的新奇性通常还表现在其形式和内容的更新上。比如,有这样一个广告场景:在城市上空,轻轻飘来一朵彩云,恰好停留在了热闹的中心广场上空,几乎全城的人都能看到。彩云不断地变幻着颜色,突然,彩云上映出几个醒目的大字:“精工表世界销售总值数第一”,一会儿又化为“德国特效新药雅文止咳片”,这种令人惊异、别开生面的烟幕广告宣传效果奇佳,给人印象深刻。

(二)启发联想

在广告宣传中,充分利用事物之间的联系,启发消费者的联想,无疑能起到提示消费者回忆、提高记忆效果、刺激消费需求的心理作用。比如,广告中的色彩联想运用,白色给人以诚实、清洁、神圣的感觉;黑色会使人感到严肃、庄重,也容易使人联想到黑暗、不幸、悲哀;绿色使人联想到春天、生机勃勃;红色表示温暖、热烈,也会使人联想到斗争、危险；黄色给人以快活、亮丽的感觉；蓝色可以同天空和大海相联系，也可使人联想到遥远和冷淡。

通过语言的寓意也可以触发人们的联想。比如，某皮鞋广告，画面出现两个妙龄女郎正在赤足涉水过小溪，每人手中提着一双皮鞋，字幕与画外音："宁失礼不湿鞋"，暗喻了皮鞋的珍贵，给人以回味的余地；某眼镜广告写道：眼睛是心灵的窗户，为保护您的心灵，请给您的"窗户"安上玻璃吧。此外，广告中运用的情调、线条、音乐和形象的画面等都能引起人们丰富的联想。

（三）增进感情

消费者的情感反应本质上取决于他们能否从广告信息中获得满足需要的信息，有用的信息会使消费者产生好感和认同。广告策划中的情感诉求有助于消费者产生积极的情感体验，并促进对产品的认同，进而转化为购买意向。一则好的广告，其目标是促进消费者形成的积极情感，如信任感、安全感、亲切感、美感等。比如，南方黑芝麻糊一组深情、淳朴的回忆片段，一段"小时候，一听见芝麻糊的叫卖声，我就再也坐不住了"的旁白，撩起了很多消费者忍不住要尝尝这芝麻糊的强烈欲望；再比如，孔府家酒的一则电视广告中，刘欢的一句"千万里，千万里，我追寻着你……"的歌唱，令很多海外游子及家人潸然泪下。当游子真的从千万里回家后，团圆酒选什么？自然少不了孔府家酒。情感体验是消费者需要中高层次的精神需要，在广告设计中应该有意识地加强各组成内容的感染力，运用诱人关心的题材并进行富于艺术的加工，激发消费者对广告的积极情感。

（四）增强记忆

对广告信息的记忆，是消费者认知、判断、评价商品以及做出购买决策的重要条件。因此，在广告的设计与传播中，有意识地增强消费者的记忆是非常必要的。经常采用的增强消费者记忆的策略如下。

1. 减少材料数量。记忆的效果与广告材料的数量有一定的依存关系。在同样的时间内，材料越少，记忆水平越高。国外广告心理学家的研究表明，少于 6 个字的广告标题，读者的记忆率为 34%，而多于 6 个字的标题，读者的记忆率只有 13%。因此，在转瞬即逝的一则广告之中，企图融进诸多信息内容而又想取得好的广告记忆效果的做法是不明智和不可能的。广告的文案应力求扼要、精练，比如，纳爱斯的广告语为"只买对的，不买贵的""洗得干净、吃得放心"就非常简洁明了。值得注意的是，广告的标题尤其要短小精悍，许多著名的、被人们长久传记的广告都是如此，比如，李宁的"一切皆有可能"，格力空调的"好空调，格力造"，海尔的"真诚到永远"，等等，无不是简洁明了、字字千金。

2. 适当重复、强化记忆。重复是加深记忆的重要手段。人们对事物的记忆往往不是一次就能完成的，而需要经历多次重复的过程。广告对有关信息中关键的部分进行重复，可以在同一传播媒介上反复播放同一广告，还可以在不同媒介上重复同一广告，以达到强化消费者记忆的目的。比如，欧莱雅的每一款产品的电视广告片的末尾都是以"你值得拥有"作为结束，这样的重复可以给观众留下较深的印象。但是,过多的重复也可能引起消费者的抱怨和反感。

3. 运用多种艺术形式加强形象记忆。一般而言,极具形象性的广告更容易被人理解和识记。比如,西铁城手表的广告设计为在人的手上涂颜色,再用手模仿某种动物,然后将手表戴上去,同时有广告语点出产品品质与动物特征的相似性:“像鸭子一样防水”“像天鹅一样优雅”“像长颈鹿一样修长”“像斑马一样粗犷”,通过动物的鲜明特征与手表的精美特质相匹配,广告形象动人、极富渗透力。因此,在广告设计中要善于化抽象的事物为具体的形象,尽量发挥形象记忆的优势。

此外,广告中适当地运用各种艺术表现形式也能够帮助人们加深记忆。例如,将广告词写成诗歌、顺口溜、对联等形式,可以使之合辙押韵、朗朗上口;使用成语、双关语、谐音等,巧妙地说明商品的特性,可以做到语意双关、引人入胜;运用相声、漫画、卡通等形式,使用幽默、夸张等表现手法,会令人忍俊不禁。这些形式可使消费者对广告内容经久难忘。

第四节　购物环境与消费者行为

消费者的购物行为通常是在一定的购物环境中进行的,购物环境的优劣对消费者购买过程中的心理感受是多方面影响的,进而会影响其购买行为。

一、零售企业类型与消费者心理需求

现代消费者的需要复杂多变,对商店类型的要求和选择也呈现出不同的趋向。

(一)大型百货商场

大型百货商场经营门类广泛,品种齐全,商场设施先进,服务周到,拥有良好信誉,具有较强的综合功能,可以满足消费者的求全心理、选择心理、安全心理及享受心理等多方面的心理需要,同时可以适应各种职业、收入、社会阶层的消费者的心理特性,因而对大多数消费者具有较强吸引力,是消费者集中选购多种商品、了解市场信息和享受购物乐趣的主要场所。

(二)专卖店

专卖店因其专业化程度强,能更好地满足消费者对某种特定商品的深层需要,因而在选购单一商品如汽车、电器、钟表及体育用品等时,经常成为消费者首先选择的商店类型。近年来,专卖店的发展很快,尤其是品牌专卖店,与超市一起成为我国近年零售业态发展中的重要方面。品牌专卖店之所以被消费者认同主要是基于以下三种消费心理:首先,专卖店中同一品牌的商品门类齐全、购买方便,并且有完善的售后服务;其次,专卖店中的商品正宗,杜绝了假冒伪劣,使消费者购买时有安全感;最后,品牌专卖店,特别是一些高档品牌专卖店,其出售的商品及店内的环境本身就显示了一种消费层次,可以满足消费者自我定位和社会形象认同的需要。

（三）超级市场

超级市场是指采取自选销售方式，以销售食品、副食品和生活用品为主，满足顾客每日生活需求的零售业态。消费者选择到超级市场购物有以下三个原因。①购物便利。超级市场经营的商品种类齐全，以食品和日用消费品为主，是消费者最常购买的商品，方便了消费者的日常购物。②环境舒适。超级市场为消费者提供了更为自由、宽松的购物环境，减轻了柜台式销售的购物压力，使购物成为一种享受。③为消费者提供自我满足感。超级市场采取消费者自选商品的方式，使其更多地参与购买过程，为消费者提供了较多体现自身能力的机会，满足消费者在购买过程中的参与感，以及发挥主动性、创造性的心理需要。同时，超级市场采取的开架销售，减少了顾客与售货人员产生人际摩擦的可能性，改善了商家与消费者的关系。

（四）连锁商店

连锁商店是零售企业扩张的一种重要形式，因具有统一经营方式、统一品种、统一价格、统一服务、统一标志、分布广泛并接近消费者等特点，在诸多商店类型中独具特色，受到消费者青睐。在连锁商店购物，可以使消费者消除风险防御心理，减少比较选择的时间，缩短购买过程，充分满足了现代消费者求快、求便的心理需要。

（五）货仓式销售

货仓式销售是指将零售、批发和仓储各个环节合而为一的经营方式。货仓销售的特点是批量销售、价格低廉，一反传统的销售方式，采用小批量的形式，如成盒、成打地出售商品，因而可以最大限度地节约仓储、包装、运输等流通费用，进而大幅度降低商品的零售价格。所以，尽管这类商场环境设计简单，服务设施较少，但因价格低廉的突出优势，迎合了中低收入阶层求廉、求实的心理需要，因此对多数消费者有强大的吸引力。

二、店内设置、装饰与消费者心理和行为

商品内部环境是商店内部建筑、设施、柜台摆放、商品陈列、装饰风格、色彩、照明、音响和空气等状况的综合体现。就消费者心理而言，内部环境在整体购物环境中起着主导的决定性作用。

（一）柜台设置方式的心理艺术

1. 开放式柜台与消费者心理特点。这种柜台设置形式使消费者可以根据自己的需要和意愿，任意从货架上拿取、选择和比较商品，从而最大限度地缩短与商品的距离，增强亲身体验和感受；可以获得较大的行为自由度，产生自主感和成就感；可以减轻心理压力和其他因素的干扰，在自由接触商品中形成轻松愉悦的情绪感受；还可以使消费者感受到商店对自己的尊重和信任。这些都会进一步激发消费者的购买欲望，促成购买行为。

2. 封闭式柜台与消费者心理特点。封闭式柜台是依靠售货员向消费者递拿、

出售商品的设置形式。这种形式增加了消费者与商品联系的中间环节，扩大了距离感，降低了个人的行为自主性，同时增加了消费者与售货员产生人际摩擦的可能性，对消费者心理的负面影响较多。但在诸如珠宝首饰、钟表、化妆品、电器以及副食品等不宜或无法直接挑选的商品销售中，仍不失为较妥当的柜台形式。

在柜台的摆放地点或区位设计中，应以经营商品的性质，以及消费者的需求和购买特点作为主要依据。

(二)商品陈列的心理艺术

商品陈列是指柜台及货架上商品摆放的位置、搭配及整体表现形式。从总体上说，对于人们日常生活必需、价格较低、供求弹性小、交易次数多、无售后服务的便利商品，如香烟、糖果、电池、饮料等柜台，应摆放在出入口附近，以满足消费者求方便、求快捷的心理；对于一些价格较高、供求弹性较大、交易次数少、挑选性强、使用期较长的选购商品，如时装、家具等，应相对集中摆放在宽敞明亮的位置，以便让消费者观看、接近、触摸商品，从而满足消费者的选择心理；对于一些高档、稀有、名贵、价格昂贵的特殊商品，如彩电、照相机、工艺品、珠宝首饰、古董等柜台，可以摆放在距出入口和便利品柜台较远的、环境幽雅的地方，以满足消费者求名、自尊、私密等特殊需求。

具体而言，企业应根据消费者的心理特性讲求商品摆布艺术，使商品陈列做到醒目、便利、美观、实用。一般而言，商品的陈列可采用以下六种方法。

1. 醒目陈列法。商品摆放应力求醒目突出，以便迅速引起消费者的注意。具体有以下三方面的要求。

(1)陈列高度。商品摆放的位置高低会直接影响消费者的视觉感觉范围及程度。心理学研究表明，人的眼睛的视场与距离成正比，而视觉清晰度与距离成反比。通常，消费者在店内无意注意的展望高度是0.7～1.7米，同视线轴大约30°角上的商品最容易为人们清晰感知。在1米的距离内，视场的平均宽度为1.64米；在2米的距离内，视场达3.3米；在5米的距离内，视场达8.2米；到8米的距离内，视场就扩大到16.4米。商品摆放高度要根据商品的大小和消费者的视线、视角来综合考虑。一般来说，商品摆放高度应以1～1.7米为宜，与消费者的距离约为2～5米，视场宽度应保持在3.3～8.2米。

(2)商品的量感。所谓量感，是指陈列商品的数量要充足，给消费者以丰满、丰富的印象。量感可以使消费者产生有充分挑选余地的心理感受，进而激发购买欲望。一项市场调查显示，有明确购买目标的顾客只占总顾客的25%，而75%的消费者属于随机购买和冲动型购买。因此，如何增强商品存在感，使店内商品最大限度地让顾客目之可及、伸手可得，进而吸引顾客更长时间停留，最终实现冲动购买，便成为一个关键性问题。

(3)突出商品特点。商品的功能和特点是消费者关注并产生兴趣的集中点。将商品独有的优良性能、质量、款式、造型和包装等在陈列中突出出来，可以有效地刺激消费者的购买欲望。例如，把气味芬芳的商品摆放在最能引起消费者嗅觉感受的位置；把款式新颖的商品摆放在最能吸引消费者视线的位置。

2. 重点陈列法。现代商店经营商品种类繁多，少则几千种，多达几十万种。要使全部商品都引人注目是非常困难的。为此，可以选择消费者大量需要的商品作为陈列重点，同时附带陈列一些次要的、周转缓慢的商品，使消费者在先对重点商品产生注意后，附带关注到大批次要商品。业内有一种商品布局中的磁石理论，所谓磁石，顾名思义，即卖场中最能吸引顾客眼光、最能引起购买冲动的地方或物品。要发挥这些磁石的作用，必须依靠一些布局技巧。在商品布局中运用磁石理论，具体而言就是在卖场中最优越的位置陈设最合适的商品促进销售，并且以此引导顾客顺畅地逛遍整个卖场，达到增加顾客随机消费和冲动性购买的目的。

3. 连带陈列法。许多商品在使用上具有连带性，如牙膏和牙刷。为引起消费者潜在的购买意识，方便其购买相关商品，可采用连带陈列方式，把具有连带关系的商品相邻摆放。比如，将妇女用品与儿童用品、儿童玩具邻近设置，向消费者发出暗示，引起消费者的无意注意，诱导其产生购买冲动，会获得较好的效果。

4. 裸露陈列法。好的商品摆放，应为消费者观察、触摸以及选购商品提供最大便利。为此，多数商品应采取裸露陈列，应允许消费者自由接触、选择、试穿、试用或品尝商品，以便减少消费者的心理疑虑，降低购买风险，坚定购买信心。

5. 季节陈列法。季节性强的商品，应随着季节的变化不断调整陈列方式和色调，尽量减少店内环境与自然环境变化的反差。这样不仅可以促进应季商品的销售，而且可以使消费者产生与自然环境和谐一致、愉悦舒畅的心理感受。

6. 艺术陈列法。这是通过商品组合的艺术造型进行摆设的方法。各种商品都有其独特的审美性，在陈列中，应在保持商品独立美感的前提下，通过艺术造型使各种商品巧妙布局，相映生辉，达到整体美的艺术效果。

在实践中，上述方法经常可以灵活组合、综合运用，同时要适应环境和需求变化，不断调整、大胆创新，使静态的商品摆设充满生机和活力。

（三）内部装饰形式的心理影响

内部装饰是指商店内部的建筑形式、设施、色彩、照明、音响和空气等。这些要素与商品摆设一样，是内部环境不可分割的组成部分，对消费者的心理有重要影响。

1. 商店店门。对店门形式与大小的选择，不仅应利于消费者进入，还要从内部装饰的角度考虑对消费者心理的影响。一般而言，封闭型的店门可将店内与外部环境完全隔离开来，形成安静、高雅的购物气氛。这种类型适合高层次的购物消费环境，如美容中心；开放型的店门将店门前面全部开放，消费者可以从外部直接观看店内全貌，并方便出入，专卖店一般都采用这种方式；半开放型的店门将上面两种形式结合起来，配设橱窗，并根据季节和客流量变化调节大门的开放度，百货市场、精品店等常用这种类型。

2. 色彩。色彩是指商店内部四壁、天花板和地面的颜色。在商店内部环境设计中，色彩可以用于创造特定的气氛，它既可以帮助顾客认识商店形象，也能使顾客产生良好的记忆和深刻的心理感受。不同的环境色彩能引起顾客不同的联想和不同的心理感受,激发人们潜在的消费欲望,同时还可以使顾客产生即时的视觉震撼。一般而言,商店内部装饰的色彩以淡雅为宜,如象牙白、乳黄、浅粉、浅绿色等,会给人以宁静、清闲、轻松怡人的感受,同时也易突出所陈列的商品,达到浓淡相宜、色彩协调的整体效果;反之,配色不适或色调过于浓重,会喧宾夺主,使人产生杂乱、沉重的感觉。

3. 照明。照明直接作用于消费者的视觉。营业厅明亮、柔和的照明,可以充分展示店容,宣传商品,吸引消费者的注意力;可以渲染气氛,调节情绪,为消费者创造良好的心境;还可以突出商品的个性特点,增强刺激强度,激发消费者的购买欲望。一般而言,对消费者挑选性强的商品,如妇女用品、结婚用品和各式服装等,照明度要强一些;对消费者挑选不细的商品,如日用杂品、化学用品等,照明光度可以弱些。珠宝首饰、工艺美术品、钟表眼镜等贵重、精密商品,可用定向光束直射,以显示出商品的灵秀、华贵、精细,使消费者产生稀有、珍贵的心理感受。

4. 音响。心理学研究表明,人的听觉器官一旦接受某种适宜音响,传入大脑中枢神经,便会极大地调动听者的情绪。在此基础上,人们会萌发某种欲望,并受到欲望驱使而采取行动。音响也是商店气氛的重要组成部分,但是,并不是任何音响都能唤起消费者的购买欲望。店内的各种声响一旦超过一定限度,不仅使顾客心情烦乱、注意力分散,还会使顾客反感。一些轻松柔和、优美动听的乐曲能抑制噪声并创造欢愉、轻松、悠闲的浪漫气氛,使店内顾客心情舒适、放慢脚步,甚至流连忘返。一项调查结果表明,有77%的调查对象在其购物活动中偏爱有背景音乐的伴随。

商店背景音乐的选择一定要结合商店的特点和顾客特征,以形成一定的店内风格;同时还应注意音量高低的控制,既不能影响顾客用普通声音说话,又不能被店内外的噪声淹没。音乐的播放也要适时有度,以免使顾客产生不适感,甚至厌烦而达不到预期的效果。

三、互联网环境与消费者的心理和行为

在不到半个世纪的时间里,互联网从兴起到壮大,席卷全球,渗透至人们生活和工作的各个层面,相应的,消费者的心理和行为也呈现出新的变化。

(一)互联网环境中消费者的特征

当前,互联网环境中网络购物成为消费者购物行为的一个新常态。根据CNNIC发布的《2015年中国网络购物市场研究报告》,截至2015年12月,我国网络购物用户规模达4.13亿,人均年度社交化网购金额为2 134元,人均年度社交化网购次数为7.2次。海外网购方面,人均消费金额为5 630元,人均消费次数为8.6次。网络消费者的特征表现在以下五个方面。

1. 年轻且学历高,崇尚自主和个性。根据中国互联网络信息中心(CNNIC)发布的《2015年中国网络购物市场研究报告》,中国网络购物者主要以年轻、高学历

用户为主,大约有78.9%的网购者年龄在20~39岁,61.6%的网购者具有大专及以上学历。他们更加独立和自主,喜欢特立独行,在需求上也呈现出个性化的特点,而且变化多端。这类网络消费者富有激情,在注重满足需求的同时,追求独特个性的展示和时尚潮流,很容易受广告宣传和流行趋势的影响;在购买过程中,他们拒绝在信息不对称的环境中购物,倾向于自主获取所需要的信息;他们非常追求独特的消费体验,崇尚以自我为中心的消费观念,不仅考虑产品的使用价值,更注重产品和品牌的附加价值对个人的心理满足和自我价值体现,偏好产品的时尚特性和象征意义;在具体购买过程中,他们非常重视商品的外形是否时尚,技术是否先进,购买该商品是否很有个性。

2. 趋于理性化,看重品质。网络消费者是新一代的年轻消费群体,由于广泛涉猎各种信息,判断能力相对较强,不会轻易接受企业单向传播的信息。另外,网上商店数量多、商品琳琅满目,也赋予了消费者较大的选择权。在这种背景下,消费者变得日趋成熟和聪明,在网络上购物时绝不随意听从一家之言,而是不停地搜索准确的信息,综合权衡利弊,直到寻找到合适的商家和性价比最高的产品。只有好的商家和物美价廉的产品才会赢得网络消费者的一致赞同和认可。CNNIC发布的《2015年中国网络购物市场研究报告》指出,用户网购时不只是追求价格便宜。70.8%的网购用户会将品质与价格折中考虑,24.6%的网购用户甚至会因为高品质而忽略价格,只有4.7%的网购用户会因为商品的价格而略微牺牲品质。

3. 注重参与,有强烈的求知欲望。网络消费者文化水平相对较高,爱好广泛,广泛涉猎网站上各种各样丰富的信息资源。他们希望可以通过互动式的交易过程把个性化的需求告知厂商,甚至亲自参与到生产设计中去,从而获得专为自己定制的更具个性化的产品;他们具有独立的思想和冒险的精神,乐于接受新事物,追求独特的消费体验。因此,网络商家应及时传播企业新产品的信息,开发出更多的新产品,在满足网络消费者求知和猎奇心理的同时,也满足他们多样化的个性需求。

4. 追求方便、省时省力的交易方式。生活和工作的快节奏让网络消费者更愿意依赖网络购物的便捷和高效,而高学历的知识结构也能够让他们游刃有余地操作电脑、智能手机等上网产品。根据CNNIC发布的《2013年中国网络购物市场研究报告》,网络购物者重复购买的最主要原因就是网站售卖产品的品种丰富,方便一次性购买,选择这一因素用户的比例占到79.3%。由此可见,网络消费者非常看重方便、省时省力和便捷的网络购物方式。利用网络购物,消费者足不出户便可以完成多种商品的"一站式"购物,大大节省了时间、物力和人力;并且,网络购物也突破了传统市场在时间、空间和流通上存在的各种障碍,消费者能够实现轻松选购和远距离购物。

5. 注重口碑和体验分享。在网络环境中,消费者成为彼此的"信息向导",他们不仅十分看重其他用户的评价,也会主动地分享自己的消费体验。根据CNNIC发布的《2015年中国网络购物市场研究报告》,网络口碑、价格、商家信誉成为网购决策关键因素。随着物流行业的社会化运营,其中京东物流快递服务等水平的不断提升,较高的快递服务品质已经成为网络购物中的标准配置。网站用户体验的提升和促销活动已经成为常态化的基本保障。网络口碑、价格、网站/商家信誉成为网购用户决策时最为关注的因素,关注度分别为77.5%,72.2%和68.7%。另外,在商家的物质或情感刺激策略下,网络消费者也非常重视体验分享,他们愿意向其他用户介绍自己购物的经验和教训,展示购买的新款产品和时尚产品,畅谈新款产品和时尚产品的消费体验和新奇感受。同时,他们也渴望通过分享体验,得到其他成员的响应和认同,获得个人心理上的最大满足。

(二)互联网环境中影响消费者购物的主要因素

1. 网络的安全性。网络的安全问题是影响网络消费的主要问题。现实中,一些网络消费者在购物过程中遭遇了假冒伪劣商品,甚至由于给卖家差评也遭到对方的威胁等,阻碍了其消费热情。另外,用户个人隐私信息安全、信用卡信息安全、数据传输的安全等问题也会对网络购物产生重大影响。比如,由于网络购物下单时需要填写买家真实姓名、住址和电话等详细信息,部分不法公司为了获利不惜公开售卖用户个人信息,还有一些电商网站过度监测消费者购物行为引起消费者的反感,等等,这些问题的发生都打击了消费者网络购物的信心和热情。

2. 网站的易用性和可信度。网站导航的合理性和易用性、网页下载的速度、用户界面的友好性和网站内容的可信赖性等,都对消费者的网上购买行为和购物体验产生较大的影响。近年来,随着互联网技术的发展和企业对网络营销的重视,这些问题已经有了很大的改善,但是诸如"只有注册登录才能进入网站""美工设计过度导致网页下载速度太慢""大量弹出的广告和游动文本""站内搜索无效或效率太低",以及"网站内容时效性"等相关问题依然不容忽视。一项调查了1 200名网购者的研究发现,41%的人放弃支付是发现有隐藏的附加费用而感觉受到欺骗,29%的人是因为网站需要注册才能支付,11%的人是因为不清楚送货方式,10%的人则是因为付款步骤太多而放弃。

3. 商品的价格、类型和品质。商品的价格无疑是网络消费者购物的重要影响因素。除此之外,消费者网络购物行为还取决于产品的类型。一般而言,在网上购买书籍等低价商品被认为是风险较小的,而购买诸如汽车、空调、冰箱等大件商品和高价商品则被认为是风险较大的;另外,随着人们收入水平的提高和消费经验的积累,消费者在购物时也不再迷信低价,开始从单一注重价格逐渐转向注重产品质量、服务质量等各个方面,网购行为日渐趋于规范和成熟。

4. 购物网站的口碑和声誉。随着互联网的发展,各种类型的购物网站层出不穷,这虽然赋予了消费者更大的选择权,但也大大增加了消费者的搜索成本,还给某些欺诈性的购物网站提供了鱼目混珠的机会。而购物网站良好的口碑和声誉,意味着该网站是可信赖的,其所售卖的产品品质是有保证的。在口碑和信誉良好的网站购物,不仅能够降低消费者搜集和处理信息的成本,简化消费决策,也能减轻其感知的风险和压力。在一定程度上,购物网站的口碑和信誉同消费者的感知利益呈现正相关关系,同感知风险呈现负相关关系。也就是说,购物网站的口碑和声誉越好,消费者购物所获得的满足感就越高,感知的风险也就越低。

5. 消费者购物观念的约束。有许多消费者在网络上购物由于看不到实物，或是有过上当受骗的经历，因此缺乏安全感，对网上商品也存在着一种不信任感。他们会认为实物与图片不符，质量不可靠，买到的可能是假货、高仿等，因此宁可去商场购买。这种购物观念的束缚容易打击消费者网购的热情。

6. 网络购物法律和法规的完善。网络购物虽然已经有10多年的发展历史，但是由于网络购物涉及监管问题的复杂性，我国的法律和法规在网络购物方面尚不规范、不完善，存在很多真空地带，比如，第三方商家入驻的资质审核以及进口商品的身份认证等。当前，虽然消费者拥有向相关主管部门、网站、商品服务商等投诉的渠道，但在实际中却往往会因责任不明确而遭遇维权难的问题。这些问题如果不能得到妥善解决，将会对网络消费者行为产生不利影响。

另外，群体因素、第三方评价、网站的艺术观感，以及消费者的个人因素（如职业、受教育程度、经济收入、生活方式和个性等），均会对消费者网络购物的决策和行为产生重要影响。企业在实施网络营销的过程中，应充分考虑这些因素的影响程度，以便制定科学、合理的营销策略，为顾客提供良好的购物体验。

第五节　销售服务与消费者行为

一、消费者购买心理过程与销售服务艺术

消费者购买心理过程是销售人员提供销售服务时需要理解顾客的另一重要方面，其中包括顾客从进入商店后如何被商品吸引，产生购买兴趣，到决定购买某种商品并交款取货的完整过程。针对消费者心理过程的各个阶段的不同特征，销售人员应相应采取待机接触、提示介绍、诱导说服、促进成交等不同的销售服务方法和技巧，具体如图14－2所示。

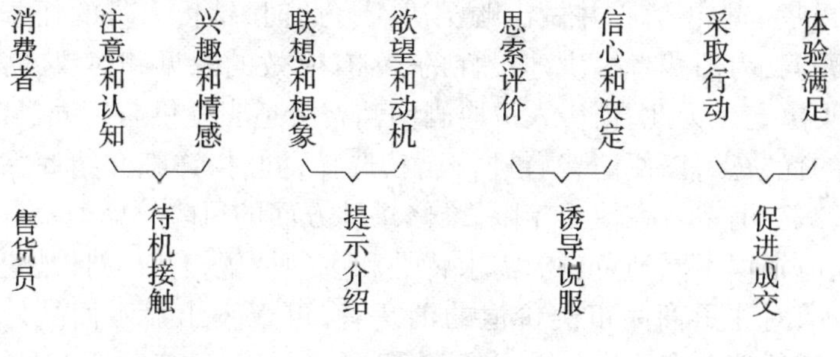

图14－2　购买心理过程与销售服务艺术

（一）待机接触

从消费者注意、认知商品，到对商品发生兴趣、产生好感阶段，销售人员接待服

务的正确方法是观察判断消费者的意图，寻找恰当的接触时机。因为消费者对商品形成感知和产生情绪体验，需要经过一个自主的、内在的时间过程。倘若接触过早，会使消费者因未完成这一过程而受到情绪干扰，产生为难或戒备心理；反之，接触过迟，又可能因消费者感觉受到轻视、冷淡，降低甚至丧失兴趣和热情。

此外，进入商店的消费者，购买意图存在着多种差异，有的抱有明确的购买目标，并已预先拟定购买决策，进店的目的是直接实现购买行为；有的并无确定的购买目标，进店的目的在于观察比较，若对某件商品产生兴趣好感，则有可能诱发购买欲望；还有的消费者没有购买意图，他们进店的目的在于随意浏览参观，或仅仅是为了寻求某种感觉、体验。因此，对不同购买意图的消费者，接触时机的早晚以及是否发生接触也应有明显区分。这就需要选择最佳接触时机。根据经验，一般认为以下六种情景可以作为接触时机的最佳选择：①当消费者长时间凝视某商品时；②当消费者从注意的商品上抬起头来时；③当消费者突然止步盯看某一商品时；④当消费者用手触摸某一商品时；⑤当消费者在货架上寻找商品时；⑥当消费者与销售人员的目光相碰时。

（二）提示介绍

在消费者进行联想、想象，以至产生购买欲望和动机阶段，销售人员应提供有关商品提示介绍的服务，即把商品的性能、质量、价格和使用效果等全面、清晰地介绍给消费者，并力求诉诸多种感官的刺激，强化消费者的心理感受，促进其产生丰富的联想和想象，进而诱发购买欲望。针对这一阶段消费者要求掌握大量商品信息，力求全面满足需要的心理特点，提示介绍的内容应包括以下三个方面：①如实介绍商品的性能、质量和使用效果等情况，满足消费者的求实心理；②尽可能提供试穿、试用和品尝的机会，以便增加消费者对商品的亲身体验和全面感知；③从商标、命名、包装和造型等方面，展示商品的独特性和魅力，丰富消费者的联想和想象，增强其获得精神享受的欲望。

（三）诱导说服

消费者产生购买欲望后，还会对已掌握的商品信息进行分析思索和评价比较，通过评价选择坚定购买信心并做出购买决策。此时，销售人员的任务是充当消费者的参谋和顾问，为消费者提供建设性的、富有成效的意见和建议，帮助和促成消费者做出购买决定。为此，销售人员应当向消费者适当提供若干同类商品，如实指明各种商品的优缺点，以便消费者进行比较选择；同时，详细介绍商品的使用保养和维修知识，减少消费者在使用年限、维修条件方面的风险顾虑。

此外，还应根据不同消费者的需求特性和主导欲望，有针对性地进行重点说服和诱导。例如，对注重商品审美价值的消费者，可以突出显示商品外观的美观别致；对求廉务实的消费者，可以着重说明商品价格低廉，结实耐用；对追求社会象征意义的消费者，可以特别强调商品的名望、高档和拥有者的特殊身份；对崇尚时尚潮流的消费者，则可以强调商品款式的入时、流行和新潮。

这里需要指出的是，劝说诱导应当从消费者角度出发，围绕消费者利益进行。

唯有如此,才能使消费者切实感到劝说者是在为自己的利益着想,从而增加心理开放程度,增强对销售人员的信赖感,主动接受说服。

(四)促进成交

消费者做出购买决策后,便进入实施购买行动和进行购后体验的最后阶段。此时,消费者虽然已有明确的购买意向,但仍需要销售人员巧妙把握成交时机,促进交易达成。通常,这种时机出现在六种情况下:①当消费者多次反复咨询同一商品的时候;②当消费者开始询问售后服务问题的时候;③当消费者提完问题而沉默不语的时候;④当消费者开始讨价还价的时候;⑤当消费者最后向他人征求意见的时候;⑥当消费者直接表明购买意愿的时候。

若及时巧妙地抓住这些时机,辅以恰当的语言和递拿动作,即可迅速成交。当交易达成、货款结算后,销售人员应妥善包扎商品,并尽量采用适应消费者携带习惯、使用习惯和特定心理需要的包装方法;同时,向消费者表达感谢购买、欢迎惠顾的语言和情感,使消费者体验到买到满意商品和享受良好服务的双重满足感。

二、销售服务方式对消费心理和行为的影响

销售服务方式不同,对消费者在购买过程中的心理影响也有所不同。

(一)人员售货服务

传统的有人售货服务方式由售货员充当消费者的顾问和参谋,主动为消费者介绍商品特性和使用方法,帮助消费者选购商品,消除犹豫、疑虑心理,促成购买行动。其中,销售人员热情亲切的态度、细致周到的服务,会给消费者以亲切感和温暖感,提高其购买热情。有人售货方式还能促进销售人员与消费者的人际交往,在一定程度上满足消费者的社交需要。因此,这种方式长期以来一直被柜台式或敞开式售货的零售商店普遍采用。

但是,由于有人售货方式依赖于销售人员与消费者的直接接触,也使二者之间发生矛盾和冲突的机会随之增加。倘若销售人员商品意识贫乏、服务技术欠佳,或态度冷淡粗暴,则会使消费者感到失望、气愤,以致完全丧失购买欲望。因此,采用传统的有人售货方式,应注意处理好销售人员与消费者之间的关系。

(二)无人售货方式

无人售货方式是一类新型的销售服务方式,主要包括自动售货机和自助式售货等。自第二次世界大战以来,自动售货机在美国、日本等发达国家迅速普及,主要用于出售购买频率较高的食品和日常用品,如香烟、饮料、糖果、书刊、胶卷等。

与传统的有人售货相比,这种方式具有明显的优越性。首先,自动售货机设置灵活,分布广泛,使用方便,在满足现代消费者追求便利、快捷的需要方面有极大的优越性;其次,它可以充分发挥消费者在购买过程中的自主性和主动性,提高购物热情;最后,消费者直接大量接触商品,简化了寻找和挑选商品的过程,在很大程度上摆脱了对销售人员的依赖,从而大大降低了发生矛盾冲突的可能性。

但是,自助式售货也有其负效应,如缺乏人际交往中的人情味;消费者难以及

时得到咨询、参谋和热情周到的服务;有关监测设施和规定容易给消费者带来不信任感或不尊重感,以致丧失购物热情。

(三)零干扰服务方式

零干扰服务是一种新兴的商业服务观念,意指销售人员在提供销售服务的同时不对顾客构成干扰和妨碍,为消费者提供适时适度的服务。现代消费者更加注重精神的愉悦、个性的实现、感情的满足等高层次需要,而零干扰服务正是从消费者角度出发,以他们的需求、兴趣、心理等作为服务的基本出发点。在零干扰服务过程中,消费者的心理状态是放松的、自由的,能最大限度地得到自尊心理的满足。实现零干扰服务,要求销售人员"看人行事",以识别顾客为第一要事。要针对消费者各个购买阶段的心理活动特征,采取相应的销售服务方法和技巧,提供适时、适度的服务,不妨碍消费者的行为自由度。

不过,零干扰服务也有其局限性,即由于没有固定的模式,在实施过程中难以把握和具体操作。尤其是商业企业面对的顾客成千上万,每个顾客对服务要求的"时"与"度"各不同,因而要求企业拥有高素质的销售服务人员,能够准确把握为不同顾客服务的"时"与"度"。而目前我国的商业企业销售人员素质普遍偏低,这就增加了零干扰服务的操作难度。

总之,零干扰服务对商业企业提出了更全面、更高层次的要求:不仅要求商业企业提供一流的购物环境,而且要求具有高素质的服务人员。现在商业企业的竞争焦点主要在服务竞争方面,谁能提供高质量、高境界的服务,谁就能掌握驾驭市场的主动权,从而能在日益激烈的市场竞争中不断发展壮大。

实例 14-2　顾客想对售货员说——求您先别理我

星期天,周女士高高兴兴地去逛某商场,走过一层的小食品柜台时,她的馋虫被柜台里的各色美食勾了起来。谁知她的脚跟还未站定,售货员便热情地问:"美女,买点儿什么?"不等周女士反应,一个用牙签扎着的杏脯,直冲着她的脸伸过来,都快塞到她的嘴里了,伴随着的是售货员热情的介绍:"这种杏脯特好吃,尝尝。"周女士连连后退,肚里的馋虫也没了,飞也似的逃离了柜台。

到了二楼女装部,周女士的眼睛刚刚扫了一眼旁边的裙子,一位售货员大姐立刻出现在她的面前:"美女,买一条吧,这是今年的新款式,卖得最快了。"周女士是个穿衣服讲究个性的人,一听这话,立即打消了购买的念头。她还想看看其他的衣服,这位大姐如影随形,跟了过来。"这件衬衫你穿最合适了,显得特别有气质。""这条裙子现在买挺合适,可以打八五折。"周女士每走一步、每翻看一下衣架上的衣物,都会招来大姐一大堆话。最可怕的是周女士到内衣柜台购买内衣,准备试穿一下时,那位女售货员居然跟进试衣间,准备帮她的忙,吓得周女士扔下内衣就跑了。

据了解,顾客在商场购物过程中,享受到这样热情服务的情形很普遍。许多商场把能不能主动热情地向顾客询问购物需求,能不能主动热情地向顾客介绍商品列为服务人员热情服务的一项重要内容。但事实上,许多顾客对此并不领情,甚至有些顾客认为这样的服务侵犯了消费者自主选择商品和服务的合法权益。周女士就因此养成了一个购物习惯,不管自己多喜欢的商品,不管多合适的衣服,只要售货员一问、一推荐,立即掉头就走,决不多看一眼。周女士告诉记者,她逛商店最大的愿望就是:售货员,求求你们,千万别理我。

资料来源:霍雷. 热情过火让顾客想说:求您先别理我[EB/OL]. http://news.enorth.com.cn/system/2001/07/03/000075433.shtml,2017-08-07.

三、销售活动中人际交往的心理分析

(一)销售活动的人际交往心理状态

在销售过程中,销售人员与消费者作为商品的买方和卖方,相互之间必然会发生交往联系。根据人们在交往中的心理状态的情绪和积极性、主动性的状况,可分为以下四种心理和行为状态。①情绪好与积极性高相结合的状态。在这种状态下,人们通常心情愉快,主动热情,倾向于与人交往。对于消费者来说,这意味着具有很高的服务热情。②情绪好与积极性低相结合的状态。在这种状态下,消费者表现为从容不迫,小心谨慎,有条不紊;销售人员则表现为热情适度,缺乏主动性。③情绪差与积极性低相结合的状态。在这种状态下,个体表现为消沉、孤僻、冷漠、漫不经心。作为消费者呈现出对购买缺乏兴趣,表情冷淡而言语少;作为销售人员则目光呆滞,行动迟缓,反应冷漠。④情绪差与积极性高相结合的状态。在这种状态下,个体表现为易激动,好挑衅,过于苛求。作为消费者多表现为过分挑剔,不尊重销售人员;作为销售人员多表现为职业道德水准较低,缺乏公正感。

为了便于理解,以上四种状态可以用一个直角坐标系来表示,如图 14-3 所示。其中,x 轴代表情绪;y 轴代表积极性;O 代表情绪和积极性的平均状态。显然,任何一种心理状态都可以由图上的情绪与积极性的交点来表示,这个交点称为

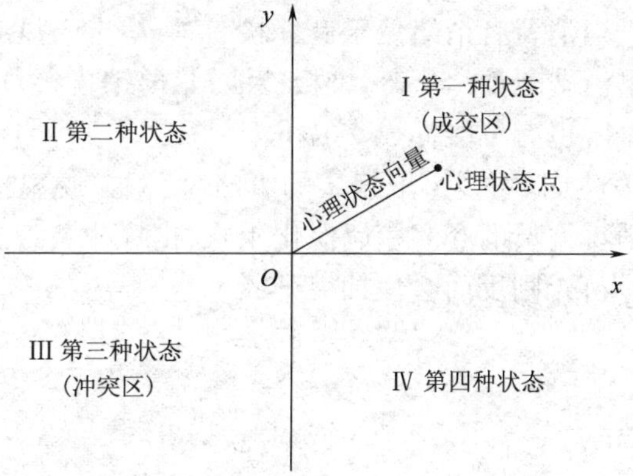

图 14-3 销售人员与消费者的心理状态对相互关系的影响

"心理状态点"。从坐标原点 O 向"心理状态点"引出一条直线，则可以得到一个向量，称为"心理状态向量"。这个向量越大，心理状态越明显、越显著。

那么，销售人员与消费者的心理状态对他们之间的相互关系有什么影响呢？我们可以通过研究双方的心理状态向量来回答这个问题。首先取决于双方心理状态向量所在象限。如果双方的心理状态向量都在同一个象限，它们的合并向量也在同一象限，且大于两个分向量；如果双方的心理状态向量不在同一象限，合并向量的方向与大小首先取决于双方心理状态的方向。其次取决于双方心理状态向量的大小之比。一般而言，合并向量处于第Ⅰ象限，成交的可能性比较大，据此可以划出一个"成交区"；如果合并向量处于第Ⅲ象限，发生冲突的可能性就比较大，据此可以划出一个"冲突区"。总之，积极性的向量处于 x 轴上方，则成交的希望较大；合并向量位于 x 轴下方，则说明销售人员未曾与消费者进行有效的接触，成交的前景十分暗淡。当然，这种"成交区"和"冲突区"的划分不是绝对的。由于多种因素的影响，有时在发生冲突的情况下买卖也能成交；而有时即使双方的心理状态向量处于"成交区"内，也有可能发生冲突。

（二）销售过程中的人际交往技巧

由以上分析可见，销售人员与消费者之间的买卖交往，并不是一个固定的静态过程，而是一个相互影响、相互作用的动态过程。双方在交往中所持的态度因人、因时、因物的不同而经常发生变化。为促成商品顺利成交，销售人员应当善于了解和掌握这种变化，针对不同消费者的心理状态采取适宜的交往策略。

1. 销售人员应坚持以热情的态度和良好的情绪接待消费者。无论何时，亲切、友善、和气以及礼貌等言行举止，都有助于引起消费者的好感，缩小双方的距离，避免冲突的发生。

2. 对情绪不稳定、易激动、好争斗的消费者，销售人员应保持沉着冷静，充分克服自己的情绪，尽力避免触动对方情绪爆发。

3. 积极性具有可调性和易控性的特点。销售人员应当以善于调节积极性作为交往的基本策略。当消费者情绪处于良好状态时，销售人员应高度发挥积极性，尽快促成交易。如果消费者情绪低落，消极冷淡，只要销售人员发挥极大的积极性和韧性，努力创造条件，也有可能促成交易。

4. 当冲突已经发生时，可以采取换人的策略，使双方脱离接触，从而减弱或消除冲突。但是其他销售人员的介入应以淡化矛盾、化解冲突为主要任务，而不宜试图争辩是非、分清曲直，否则反而会使冲突升级。

本章小结

新产品购买者分为最早购买者、早期购买者、较早购买者、晚期购买者和守旧者等五类。新产品推广策略应考虑新产品采用过程中认识、说服、决策、实施和证实等不同阶段的特点。商品命名要求名实相符、引人注意并便于记忆、激发联想、避免禁忌。商品可根据其本质特征、外形、产地、人名、外来词、吉祥事物进行命名；商标具有识别、保护、提示、强化等心理效应。商标设计时要个性鲜明有特色，造型优美简洁，具有时代感，与商品本身的性质和特点相协调，遵守法律且符合消费者的心理习惯。

价格的心理机制具体表现在两个方面，即衡量商品品质与内在价值以及自我意识比拟。消费者的价格心理表现为习惯性、敏感性、倾向性和感受性。消费者心理定价策略有撇脂定价、渗透定价、尾数定价、整数定价、增值折价、声望定价、习惯定价、感知价值定价、分级定价、折让价格定价和处理价格定价。商品价格调整既要明确商品是否具备调价条件，也要把握调价的时机和幅度，遵循调价原则并掌握一些技巧。

广告具有认知、诱导、教育和便利的心理功能。广告引发消费者心理反应的过程有四个环节，即引起注意、启发联想、增进情感和增强记忆。广告引起消费者注意的策略包括：加大刺激的强度、加大刺激元素间的对比、利用刺激物的运动变化、利用新奇的刺激等。

零售商店有大型百货商场、专卖店、超级市场、连锁商店、货仓式销售五种类型。商店内部环境包括柜台设置、商品陈列、内部装饰等。网络购物者比较年轻且学历高，崇尚自主和个性；趋于理性化，更加精明；注重参与，有强烈的求知欲望；追求方便、省时省力的交易方式；注重口碑和体验分享。消费者网络购物的主要影响因素包括网络的安全性；网站的易用性和可信度；商品的价格、类型和品质；购物网站的口碑和声誉；购物观念；网络购物法律和法规等。

针对消费者心理过程特点，销售人员可采取待机接触、提示介绍、诱导说服、促进成交等服务技巧。人员售货、无人售货和零干扰服务三种不同的销售服务方式，对消费者的购买心理影响是不同的。销售活动的人际交往心理有四种状态，即情绪好与积极性高、情绪好与积极性低、情绪差与积极性低、情绪差与积极性高等。销售人员应针对消费者具体的心理状态采取适宜的交往策略。

案例选编

案例　**乐纯酸奶的奇迹**

8 小时狂销 30 000 盒，7－11 抢着进货，五星级酒店指定酸奶，可口可乐追着投资，等等。尽管“乐纯”酸奶比市场上最贵的酸奶还要高出一倍价格，但依然无法阻挡它迅速而持久地走红，骄人的成绩单背后，让人忍不住想要探究这个新贵“爆红”的秘密。

仅用1年，从一家35平方米的小店起步，于竞争激烈的酸奶类红海中杀出重围，刘丹尼打造出一个全新品牌“乐纯”，坐拥百万粉丝。

2年内，“乐纯”累计售出500万盒，曾创下8小时卖出30 000份的销售记录，月均复购率高达25%，不仅7－11抢着进货，同时也是半岛酒店、华尔道夫等一众五星级酒店的指定用酸奶。

3年时间，凭借这款小小的酸奶，刘丹尼先后斩获IDG资本、真格基金、华创资本等中国顶级投资机构的数轮融资，同时独得可口可乐数亿战略投资，并开创了可口可乐在亚洲地区投资创业公司的先例。

（一）在争议和探索中不断崛起

乐纯是刘丹尼的第二次创业。在22岁那年，刘丹尼以最高荣誉从沃顿商学院毕业，随即进入全球最大私募集团黑石工作。但仅仅半年后，刘丹尼就放弃了150万的年薪，回国创办社交平台“连客”。2013年，连客的发展陷入低谷，刘丹尼入职大众点评成为品牌营销负责人，由其执笔的一篇爆文《用PM的思维做市场：传单22.3%惊人转化率》至今仍深受无数市场人热捧。在经历过传统食品和消费企业的工作后，刘丹尼认为，要让中国食品行业更好，需要撬动两个杠杆：“全球化的资源共享”和“互联网化的企业组织架构”，这个观点则印证在了“乐纯”的发展之路上。

2014年，刘丹尼的朋友张喃喃在消耗掉四百多罐试验品后，做了一款可以媲美欧美水平的酸奶，刘丹尼决定帮她宣传。冥冥之中，好似一切早有安排，在留学期间，刘丹尼曾在创业课上留下人生的第一份商业计划书——费城优格，关于如何开一家酸奶店。这是刘丹尼出手的根本原因，并非只因两人留学背景相同的惺惺相惜。几天后，一篇名为《三里屯多了一家价格很奇葩的酸奶公司》的文章，在短时间内便吸引3 000多个粉丝自愿传播，不到24小时点击量超过10万以上。酸奶这种大众零食属性的食品，配上厨娘的动人故事，很快经由吃货们引爆社交媒体。

2015年年初，“乐纯”在北京三里屯开出第一家店，定位于为消费者提供零添加的优质酸奶。刘丹尼坚持“公开、透明”的营销理念，整个空间完全向用户开放，所有原材料和设备一目了然，生牛乳都在顾客的眼皮底下完成杀菌、清洗、冷凝、发酵等一系列制作，最后才将一杯完美的“乐纯”酸奶奉上。同流程一样公开的还有配方。除了基础配料表，还包括原料和具体克数，每一步的操作手法、温度、时间等都昭然示众。但却也成了张喃喃和刘丹尼分道扬镳的导火索。

张喃喃强烈反对这样的“冒险”，理由是他们在产品研发上花了大量时间和成本，本是可以做壁垒的，但刘丹尼执意而为。刘丹尼认为，作为一个毫无背景的小食品厂商，公开与透明是获得消费者信赖的最佳路径，乐纯要想成功，首先要解决的问题就是如何让消费者感知并信任。同时，他并不认为这个举动会给予他人模仿的机会，从而对“乐纯”造成威胁，相反，刘丹尼认为这会给消费者以更多的参与感，真正把用户变成产品的一部分：“如果我们把它放在众人的放大镜下，并让更多人参与到改良配方的过程中来，我们就有希望把口味做得更好。”在“连客”失败后，刘丹尼曾在复盘中写到，自己一度将“连客”的创意当作商业机密，后来才发现从创意到产品还有太远距离。

之后的事实证明，刘丹尼的这一做法成了“乐纯”壮大的关键。公开透明的生产过程，以及和用户之间的强大关系，让更多人自发地参与到乐纯的产品建设中，同时也有利于快速收集新需求来迭代产品。乐纯根据用户的需求和建议，先后做了低脂酸奶、谷物酸奶、榴梿酸奶，每一款都成了火爆一时的产品。

即便发起人退出了，执念和信心驱使刘丹尼将事情继续，尽管外界一度给他贴上了“鸠占鹊巢”的标签，尽管海归金融男转行酸奶老板的路上困难重重。有好几次，刘丹尼都与“死亡线”擦身而过，在渠道拓宽初期，因为产能不足，品控失常，刘丹尼就险些栽在供应链上。一开始，乐纯全部采用店内自制，每天产能为600盒，随着销量的爆发，产能达到极限，但远远跟不上上升的销量。万分焦急下，刘丹尼找到IDG资本，资金到账后，乐纯当下收购了北京的一个小工厂，在4个月内搭建生产线，通过线上渠道将产品销往全国。谁曾想，一个月后，产能再次预警，在刘丹尼的说服下，IDG资本和真格基金追加了一笔投资。同时，刘丹尼也接受了华创资本的高成长企业债，“如果不这么做，乐纯德国进口的离心机就进不来，产能将被卡住。”北京顺义区的工厂在筹备近9个月后，已于2016年5月正式投产，产能在原先日生产12 000盒基础上提升15倍。按刘丹尼的规划，乐纯酸奶将进一步扩张，在全国渠道铺开销售。

虽然刘丹尼是圈内著名的营销高手，但刘丹尼更深谙好产品的重要性，“品牌是80%的产品加上20%的运营，产品是根基。我想让用户知道，他们日常买到的乐纯酸奶，跟他们能在最高端的场合吃到的健康食物，是一模一样的，中国人也能做出世界一流的食物。”

乐纯坚持不使用人工合成的添加剂，至于关键的奶源，在经过多次尝试后，最终锁定了北京六环郊外农科院基地下属的奶牛牧场。除此之外，乐纯酸奶比普通酸奶多一层纯天然奶皮，这层奶皮异常润滑和香浓。加之醇厚绵密的滤乳清酸奶（希腊酸奶），也使酸奶的口感更加浓厚纯正，而且单位重量的营养也得以大大提升。完全无添加则意味着每盒酸奶都必须像瓜果一样新鲜，活性菌更需要低温储存且保质期较短，因此对冷链要求极高。乐纯不惜代价建成了全国覆盖面最广的第四方冷链，保证全程低温冷链配送，在品控上堪称完美。

这种不计成本的作风，给了刘丹尼对产品本身的充足信心，用户们对口味的好评更刺激他不断在产品上投入。出色的品质，使得乐纯酸奶开始获得国际酒店的认可，半岛酒店、华尔道夫、香格里拉、香港马会开始采购乐纯酸奶，替代以往的进口乳制品。在行政主厨圈内积攒的口碑，又将乐纯引入了进口超市、BHG等高端超市。同时，乐纯也顺利进入了以进货严苛著称的7－11便利店，北京的200多家

7－11便利店都接受了乐纯，并在货架位置和销售方面领先于其他酸奶。2017年4月，刘丹尼入选美国《福布斯》杂志“亚洲30位30岁以下杰出人物榜单”，被评价为“他创立的乐纯，凭借健康的原料和打动人心的产品，一经推出就在年轻城市消费者中蹿红和流行。”

（二）酸奶界“爱马仕”炼成秘诀

尽管均价16元的乐纯酸奶比市场上最贵的酸奶还要高出一倍价格，但依然无法阻挡它迅速而持久地走红。事实上，消费品牌与市场间的博弈从来就不能一蹴而就，如果打造一个久经考验的消费品如同引爆一篇高传播文章那么容易，那每个写出过好文章的作者早就每人拥有一家可口可乐公司了。能在巨头的眼皮子底下崛起，“乐纯”背后的核心方法论起到了决定性作用。

1. 经营IP，而不仅是品牌。“IP”在这里是指具有明显的品类认知的品牌形象。乐纯进入酸奶品类的过程中，一直在塑造“无添加”的品牌认知，这将成为乐纯酸奶的价值标签，也将成为消费者选择购买它的重要理由之一。乐纯代表的是最好的食品，这已经不仅仅是一个酸奶品牌，假以时日，它将会成为一系列无添加的安全食品的品牌。也就是说，乐纯将会成为一个代表多品类食品的品牌，这对于很多乳品企业来说，更是一个难以办到的工作。在互联网时代，企业只有通过塑造IP，才能够和目标消费者建立关系，从一个品类到另一个品类，消费者依然会相信这个品牌的价值。一个品牌就代表着一个价值观，代表着某些类别消费者的心理认同，而当前很多乳品企业的品牌最缺乏的就是价值观，它们想把消费者一网打尽，却用同一类产品，同一种市场运营的方法，而没有考虑到不同消费观念的消费者所需要的产品是不同的。乐纯酸奶的成功运营方法，不是所有的乳品企业都能学会，但至少可以借鉴。

2. 用三倍极致打造足够差异化。当把品质做到进口替代水准，不仅拥有了替代机会，也打开了国内更多的大众市场。刘丹尼认为，激烈的市场竞争下，一个互联网品牌只有做到产品拥有至少三倍的差异化，才能赢得消费者感知，最终建立自身的竞争力。

从创立之初，乐纯就选择了不同的战略路线，定位中高端。除了实现产品包装的视觉差异化，乐纯打出“天然健康”牌，全程无添加，选用最好的原材料，以超过普通酸奶三倍益生菌、三倍发酵菌、三倍生牛乳的品质，打造出超出市面三倍营养价值的具象产品。同时，与国内的搅拌型酸奶品牌为追求低价、控制成本、选择稀释酸奶或添加增稠剂的做法不同，乐纯开创性地提出滤乳清酸奶的新概念，采用德国GEA专利技术，脱去整整2/3重量的水分，让风味酸奶也有纯正酸奶一样的醇厚口感。从口感上与其他风味酸奶稀释的感觉彻底区分开来。凭借这一差异化概念，乐纯成功打开市场，将传统的健康＋口味的二维需求，变成满足健康＋口味＋品质的三维立体需求，乐纯不仅在酸奶品类里完成消费升级，更成功从产品差异升级成品牌差异。

差异化的另一面则是“新”，在快消品市场中，“新”和“快”是最有力的竞争武器。乐纯本着“人无我有,人有我优”的原则,每个月都推出一种新口味,不仅是产品上的推陈出新,乐纯还要求持续超越用户预期。目前,乐纯产品的 SKU 已有近 20 种,覆盖原味、抹茶、芒果、提拉米苏等单一口味及椰子玫瑰、朗姆红提、藜麦燕麦等复合口味。

消费品总是在不断涌现、不断淘汰,乐纯的高明之处在于,找到自己的护城河,然后挖得尽可能更深更宽,在价格、品质、新鲜度上都保持足够的差异化。

3. 搭建“用户驱动型”互联网运营架构。统一、康师傅在社交电商之前的很长一段时间是非常成功的,这是因为在当时的消费环境下,大家需要的是一个大品牌,大品牌代表了安全有保障。但是在现在中国的整体消费品环境,吃本身已经不是第一需求了,公开透明、独特的身份感、参与感等情感诉求是大品牌无法赋予消费者的。从创办之初,刘丹尼就提出“用户驱动”型的架构方案,真正以用户为核心,才有可能和巨头们分庭抗礼。区别于传统快消公司围绕渠道做文章,不直接和用户打交道的思路,乐纯内部一直奉行“用户驱动”的原则,先挖掘用户需求,再研发成品,了解用户,一切从用户视角出发,以此驱动成为越来越懂用户的品牌。这也正符合消费升级的大趋势。

乐纯早在产品筹备期就开放运营的每个环节让用户参与,包括研发、生产、设计、招募、供应链等都是由用户决定。而这些“乐纯贡献者”在参与、玩和第一批体验的过程中,对乐纯的启动起到了推波助澜的作用。刘丹尼说:“用户驱动的目的,是为了提升了快消品公司五个核心模块的运营效率,包括产品研发、品牌建设、推广传播、销售供应链和用户体验的持续优化。”以乐纯即将上线的坚果谷物零食为例:乐纯发现,从滤乳清酸奶产品进入市场以来,超过 60% 的乐纯用户希望在吃酸奶的时候能够搭配坚果谷物。于是,乐纯召集了在网络上的知名吃货达人加入乐纯的研发,并面向所有的乐纯用户发布了坚果谷物零食研发的召集文。这个内容帮助乐纯收到了五千份以上加入零食研发的申请,其中不乏美食博主、注册营养师、美食摄影师、营养学教授……所有对坚果谷物零食感兴趣的乐纯用户都能参与到乐纯五个核心模块的运营之中。

纵观乐纯之后的很多活动,也是“以用户为导向”来展开。为了更贴近用户,乐纯甚至将酸奶的包装变成一本任何人都可以投稿的杂志,多了人性化的情感和温度。通过让用户参与到“产品研发 + 输出与乐纯要做的事情”等相关内容,吸引到目标用户后,再由这批用户做驱动,来获取更多的新用户,同时持续优化用户体验,来提升用户的留存。

一系列紧密的操作背后,凝聚着刘丹尼“1 - 9 - 90”的独特运营观:利用最初 1% 的种子用户,进行产品最初的完善与迭代;利用 9% 的 KOL(关键意见领袖)种子用户,进行产品的互动与小范围的推广;利用 10% 以上的种子用户,建立品牌最稳定的社群,并迅速外扩,去影响与营销剩下的 90% 的人。

具体而言,乐纯将消费者进行 1%、9% 和 90% 的分群。创新是由 1% 的人带来的,这一部分人被称为“内容创造者”,他们源源不断地为品牌带来新的内容和价值贡献;在创新的基础上,9%的品牌消费者参与到互动和传播扩散当中,自发形成社群,成为品牌传播和渗透的重要节点;而占消费者基数最大的90%,即所谓的“潜水者”,则是品牌传播真正要延伸和触及的广大目标消费人群。他们在创新和公众领域的分享传播中可能不会做出巨大的贡献,但是只要他们在日常的口碑传播中将品牌介绍给身边的人,就能触发链式反应,将品牌传播给更多的目标消费人群。

与传统消费品品牌传播路径不同的是,乐纯的“用户驱动”式的品牌传播运营,将消费者置于主动的位置。在乐纯,1%的内容创造者将会直接参与到品牌建设的方方面面,从产品维度的口味、定价,到设计维度的包装、视觉系统,都会由1%的内容创造者贡献或决定。而乐纯的每一次传播启动期,1%的内容创造者和9%的社群传播者将成为传播路径中的重要传播者,推动乐纯品牌在各个目标消费者集中的渠道的传播。以乐纯健康零食的创造和研发为例。乐纯邀请了知名零食大V们,成为1%的内容创造者,同时也成为乐纯的信任背书。与此同时,乐纯内容运营与研发部门采购了全球各个品牌的健康零食,邀请愿意前往试吃的1%的内容创造者进行试吃,撰写了一篇名为《你行你上啊! 这群瘦子扫遍213种吃不胖的零食,只为研发》的知识性文章,发布于乐纯的微信公众号上。在这篇文章中,乐纯设计了对1%、9%和90%的人群唤醒机制。邀请1%的人参与乐纯新产品的建设和研发,设置传播奖励激励9%的人进行转发,通过测评零食的方式为喜欢吃零食的90%普通消费者提供了有价值的选购零食的建议。截至目前,该篇文章在知乎的赞数超过55 000,成为知乎史上前20的高赞回答。通过微信公众号及知乎的传播,乐纯收到了6 572份加入乐纯零食研发小组的申请。

乐纯在品牌传播策略中坚持以消费者为中心,但在“品牌接触消费者—消费者反哺品牌”的双向沟通机制的基础上,向前迈了一步,将消费者“被动—主动”的角色转化为“主动—主动”,将消费者中心进一步变为用户驱动。这也许就是乐纯在社交电商时代脱颖而出的原因。

4. 极具吸引力的推广方式。高端、限量、专属、定制、VIP等方式是成功品牌经常用的推广套路,而乐纯除了推出稀有概念外,会员具有优先购买的特权,在售卖上使用的包月(400左右)、包年(5 000元左右),并且从高规格的包装(除本身外,包装套精美印刷纸盒、配有冰袋的保温手提包)让自己的用户本能地和国内普通酸奶人群区分开来,比如我办公室的文员,在收到乐纯酸奶后就有一种我是骄傲的小公举立马跟其他人划清界限的快感,收到专享的新品后基本上是丧心病狂地在办公室展开夺命连环秀。

乐纯在产品推广上也确实颇费功夫,比如之前有一个“立即购买、送给心爱的Ta”的活动,下单购买乐纯,将会获得一个神秘的入口,用户将受邀加入同城相遇群,在某一天的傍晚,邀请大家打开位置共享,发现就在身边一起舔盖儿的TA。在你支付完成的那一刻,你就会遇到TA。同时,乐纯推广的很多方式,虽然在互联网产品中已经很常见,但是酸奶毕竟还是常规食品,因此乐纯的方式还是极为成功和熟练的:比如新用户可用5元购买60元的优惠券(新用户首单优惠20元、25元包月奶票、15元大礼包体验),老用户还可以通过老拉新的方式获取免费酸奶(邀请8个新用户注册并支付5元,就可以免费获得价值120元的乐纯酸奶并送货上门)。正是利用人性中对于快速获得感的需求,这种人际传播的推广方式可以低成本、快速度在用户的朋友圈里传播,基本上一做活动,乐纯的用户就是朋友圈刷刷刷、线上买买买。

微信朋友圈之类的社交平台已经成为满足人类炫耀需求的炫耀工具。乐纯的高颜值和其网红属性决定其在朋友圈的高出镜概率,由此引发攀比嫉妒心,于是"不就是盒高价酸奶嘛,你吃得起我也能秀的起,而且我还秀出我的特权限量款"。如果有一天你发现有一个美女在朋友圈里秀起了0卡路里又超好吃的酸奶,她一定还秀出对其他食材的同样挑剔,比如橄榄油从来都只用Olivla高多酚,盐只买喜马拉雅玫瑰盐,辣椒粉只选匈牙利的玫瑰红辣椒粉……这些小众品类都可以用此类营销方式。

充分利用微信、微博、热文等形式,乐纯对产品进行持续操作,制造话题、建立神秘感,使产品结合看点与槽点,比如产品一开始教育顾客关于滤清酸奶时,就明确说明自己的立场"国内没有真正意义上达到欧美品质的酸奶,因为每一杯这样的酸奶是要用三倍重量的鲜牛奶发酵然后脱去乳清后制成的,而到了国内超市,连不加添加剂的酸奶都是稀有品,更不用提这样的滤乳清酸奶——国内没有一家乳企在做(后面我们才知道真正的原因)。"——而乐纯第一个做到了。于是,吃过的和没吃过的在知乎、微博等平台展开了激烈的讨论,甚至知乎有一个专栏专门讨论乐纯的品质和口感问题,经常就是严重不满者和重度消费人群一言不合就掐架。而这或许"正中乐纯下怀",充分利用人群的反向情绪最后做正向疏导,达到品牌推广的目的。

资料来源:一刀队长. 中国酸奶界的"爱马仕",8小时狂销30 000盒[EB/OL]. http://event.sj998.com/pinpaidongtai/503337.shtml,2018-08-30.

从乐纯酸奶说起:互联网时代下的食品变革[EB/OL]. http://news.163.com/16/1110/15/C5H7QRJE000187VG.html,2016-11-10.

侯军伟. 乐纯酸奶的成功,你也学不会[J]. 销售与市场:管理版, 2017,8(8):85-86.

孔天柔. 乐纯:1%创造,9%传播,90%买单[J]. 销售与市场:渠道版, 2017,7(3):60-61.

案例讨论:

1. 乐纯酸奶是如何进行产品推广并成功切入市场的?
2. 乐纯酸奶有什么特点? 说说这种特点如何契合消费者的需求?
3. 谈谈你对乐纯酸奶的"用户驱动型"互联网运营模式的思考。
4. 你如何评价乐纯酸奶的推广策略?

5. 请继续搜集关于乐纯酸奶的资料，谈谈你对乐纯酸奶的价格制定、品牌打造、渠道选择、内容营销等策略方面的认识和评价。

思考题

1. 什么是新产品？在尝试新产品时，哪些心理因素影响消费者的购买动机？新产品在推广过程中受到哪些消费者心理因素的影响？

2. 商品命名的心理要求是什么？商品命名的方法有哪几种？

3. 商标的设计和运用需要遵循哪些原则？

4. 包装装潢的心理功能是什么？

5. 简述消费者价格心理机制和消费者的价格心理表现。

6. 分析不同定价方法的消费心理依据。

7. 调价的心理策略有哪些？企业如何应对消费者的反应？

8. 增强广告效果的心理策略有哪四种？在具体应用时分别要注意什么？

9. 不同的零售业态对于消费者购物时的心理影响有什么不同？针对消费者购物心理，试述企业在购物环境方面可能的创新。

10. 互联网环境中消费者呈现出怎样的特征？影响消费者网络购物的主要因素是什么？

11. 说明不同销售服务方式对消费者心理行为的具体影响。

12. 销售人员应该采取何种服务方法与技巧，以适应消费者的购买心理活动过程？

参考文献

一、中文期刊类

[1] 代祺,胡培,周庭锐. 参照群体压力下的不从众与反从众消费行为的实证研究[J]. 消费经济,2007,23(6):80 - 85.

[2] 邓夏丹,王全胜. 网络消费者购买决策类型的定量判定:利用点击流数据信息判断电子零售模式下消费者类型[J]. 管理现代化,2005,6(3):11 - 13.

[3] 丁夏齐. 品牌忠诚概念、测量和相关因素[J]. 心理科学进展,2004,12(4):594 - 600.

[4] 费孝通. 三论中国家庭结构的变动[J]. 北京大学学报:哲学社会科学版,1986,23(3):3 - 7.

[5] 风笑天,王晓焘. 从独生子女家庭走向后独生子女家庭[J]. 中国青年社会科学,2016,35(2):47 - 53.

[6] 杭洁. 现代极简主义思潮对中国古代节俭思想的继承与发展[J]. 中央民族大学学报:哲学社会科学版,2016,8(6):37 - 42.

[7] 何佳讯. 中国文化背景下品牌情感的结构及对中外品牌资产的影响效用[J]. 管理世界,2008,6(6):95 - 108.

[8] 蒋廉雄,卢泰宏,邹璐. 消费者礼品购买决策:关系取向抑或动机驱动[J]. 中山大学学报:社会科学版,2007,47(5):117 - 123.

[9] 井绍平. 绿色营销及其对消费者心理与行为影响分析[J]. 管理世界,2004,6(5):145 - 146.

[10] 李富. 大数据时代消费者行为变迁及对商业模式变革的影响[J]. 中国流通经济,2014,2(10):87 - 91.

[11] 刘凤军,雷丙寅,王艳霞. 体验经济时代的消费需求与营销战略[J]. 中国工业经济,2002,6(8):81 - 86.

[12] 刘凤军. 品牌市场边界与竞争制高点[J]. 经济管理,2001,8(6):49 - 53.

[13] 刘洪程. 消费者忠诚度与客户关系管理的整合[J]. 当代经济,2004,3(8):26 - 29.

[14] 刘建平. 论品牌的心理效应[J]. 社会心理科学,2006,3(4):45 - 49.

[15] 卢泰宏,张红明,杨晓燕. 中国人的面子问题[J]. 销售与市场:管理版,2004,2(3):22 - 24.

[16] 卢泰宏,张红明. 中国人的"根"消费[J]. 销售与市场:管理版,2004,6(7):36 - 40.

[17] 罗纪宁. 消费者行为研究进展评述方法论和理论范式[J]. 山东大学学报,2004,5(4):98 - 104.

[18] 聂锐,宁波. 从环境知觉型消费者行为看绿色营销[J]. 市场周刊·理论研究,

2006,2(1):3-4.
[19] 潘煜,高丽,张星,等.中国文化背景下的消费者价值观研究:量表开发与比较[J].管理世界,2014,3(4):90-106.
[20] 孙川,陈荣.文化价值观、消费者感知价值和购买决策风格:基于中国城市化差异的比较研究[J].南开管理评论,2013,16(1):102-109.
[21] 唐兵.建国以来中国消费者行为变迁规律研究[J].探索,2010,3(2):85-89.
[22] 王建民."网购"与消费社会的支配逻辑[J].新视野,2016,3(6):50-56.
[23] 王连森.基于符号学的"整体品牌"概念[J].北京工商大学学报:社会科学版,2004,9(5):72-76.
[24] 王宁.从节俭主义到消费主义转型的文化逻辑[J].兰州大学学报:社会科学版,2010,38(3):14-22.
[25] 吴波.绿色消费研究评述[J].经济管理,2015,36(11):178-189.
[26] 吴锦华.消费者网上购物的心理特征与营销策略[J].兰州学刊,2007,8(2):91-93.
[27] 习明明,朱丽萌.消费者行为与从众效应:来自"双十一"网购的证据[J].当代财经,2016,3(7):3-13.
[28] 杨晓燕.中国消费者行为研究综述[J].经济经纬,2003,2(1):56-58.
[29] 杨学成,郭国庆,汪晓凡.服务补救可控特征对顾客口碑传播意向[J].管理评论,2009,1(7):56-64.
[30] 袁登华.品牌忠诚和品牌转换的心理动因探讨[J].心理科学,2009,3(1):130-133.
[31] 张敦福.乡土中国的消费文化:费孝通早期著作考察[J].广西民族大学学报:哲学社会科学版,2010,3(4):55-61.
[32] 张为栋.略论品牌的情感定位与消费者忠诚度的维系[J].商业研究,2004,3(4):112-115.
[33] 赵晓萌.粉丝营销:从吸引到忠诚[J].销售与市场,2015,6(10):89-91.
[34] 周志民,李蜜.西方品牌社群研究述评[J].外国经济与管理,2008,347(1):46-51.

二、中文著作类

[1] 约瑟夫.体验经济[M].北京:机械工业出版社,2002.
[2] 贝恩德.体验营销:如何增强公司及其品牌的亲和力[M].北京:清华大学出版社,2004.
[3] 普拉哈拉德,文卡特.消费者王朝与顾客共创价值[M].北京:机械工业出版社,2000.
[4] 约翰,迈克尔.消费者行为学简明教程[M].北京:清华大学出版社,2004.
[5] 埃弗雷特.创新的扩散[M].4版.北京:中央编译出版社,2002.
[6] 戴德宝.新产品开发加速方法研究[M].北京:经济管理出版社,2008.

[7] 德尔. 消费者行为学[M]. 北京:机械工业出版社,2007.
[8] 多米尼克,拉祖. 消费者行为学:概念、应用和案例[M]. 北京:中国财政经济出版社,2007.
[9] 菲利普. 营销管理[M]. 3 版. 北京:中国人民大学出版社,2010.
[10] 冯丽云,孟繁荣,姬秀菊. 消费者行为学[M]. 北京:经济管理出版社,2004.
[11] 符国群. 消费者行为学[M]. 北京:高等教育出版社,2007.
[12] 管政,魏冠明. 中国企业 CRM 实施[M]. 北京:人民邮电出版社,2003.
[13] 侯玉波. 社会心理学[M]. 北京:北京大学出版社,2007.
[14] 黄光国. 中国人的权利游戏[M]. 北京:中国人民大学出版社,2004.
[15] 纪宝成,吕一林. 市场营销学教程[M]. 北京:中国人民大学出版社,2008.
[16] 江林. 消费者行为学[M]. 北京:科学出版社,2007.
[17] 江林. 消费者行为学[M]. 上海:上海交通大学出版社,2010.
[18] 江林. 消费者心理与行为[M]. 北京:中国人民大学出版社,2011.
[19] 杰格迪什,本瓦利. 消费者行为学管理视角[M]. 北京:机械工业出版社,2004.
[20] 荆其诚. 当代国际心理科学进展[M]. 上海:华东师范大学出版社,2006.
[21] 库恩. 心理学导论思想与行为的认识之路[M]. 9 版. 北京:中国轻工业出版社,2004.
[22] 李东进. 消费者行为学[M]. 北京:机械工业出版社,2007.
[23] 李劲,李锦魁. 情感营销[M]. 北京:经济管理出版社,2005.
[24] 利昂,莱斯利. 消费者行为学[M]. 北京:中国人民大学出版社,2011.
[25] 林建煌. 消费者行为学[M]. 北京:北京大学出版社,2004.
[26] 刘鲁蓉,孙顺根. 消费者心理学[M]. 北京:科学出版社,2007.
[27] 卢泰宏. 消费者行为学:中国消费者透视[M]. 北京:高等教育出版社,2006.
[28] 罗杰. 营销管理:提升顾客价值和利润增长的战略[M]. 北京:北京大学出版社,2008.
[29] 马斯洛. 动机与人格[M]. 北京:华夏出版社,1987.
[30] 迈克尔,卢泰宏. 消费者行为学[M]. 北京:电子工业出版社,2006.
[31] 迈克尔. 消费者行为:购买、拥有与存在[M]. 北京:经济科学出版社,2010.
[32] 彭聃龄. 普通心理学[M]. 修订版. 北京:北京师范大学出版社,2001.
[33] 沙莲香. 社会心理学概论[M]. 北京:中国人民大学出版社,2005.
[34] 斯科特. 体验经济时代企业经营的感情原则[M]. 北京:中信出版社,2004.
[35] 舒尔茨,菲利普. 全球整合营销传播[M]. 北京:中国财政经济出版社,2004.
[36] 唐纳德. 广告、促销与整合营销传播[M]. 3 版. 北京:清华大学出版社,2007.
[37] 王成荣. 品牌价值论科学评价与有效管理品牌的方法[M]. 北京:中国人民大学出版社,2008.
[38] 王德胜. 消费者行为学[M]. 北京:电子工业出版社,2011.
[39] 王曼,白玉苓,王智勇. 消费者行为学[M]. 北京:机械工业出版社,2007.
[40] 王沛. 广告心理效果与评价[M]. 北京:科学出版社,2008.

[41] 王长征. 消费者行为学[M]. 武汉:武汉大学出版社,2003.
[42] 韦恩,德波拉. 消费者行为学[M]. 北京:中国市场出版社,2008.
[43] 辛普. 整合营销传播广告、促销与拓展[M]. 6 版. 北京:北京大学出版社,2005.
[44] 徐洁怡,马威. 消费者行为学[M]. 北京:中国农业大学出版社,2005.
[45] 杨善华. 家庭社会学[M]. 北京:高等教育出版社,2006.
[46] 杨树青. 消费者行为学[M]. 广州:中山大学出版社,2009.
[47] 叶敏,张波,平宇伟. 消费者行为学[M]. 北京:北京邮电大学出版社,2007.
[48] 张晓冬,杨育. 以人为中心的产品开发过程重组:提升产品竞争力的新视角[M]. 北京:科学出版社,2008.
[49] 张艳芳. 体验式营销[M]. 成都:西南财经大学出版社,2007.
[50] 郑杭生. 社会学概论[M]. 北京:中国人民大学出版社,2005.

三、英文期刊类

[1] BATRA R, AHUVIA A, BAGOZZI R P. Brand love[J]. Journal of Marketing, 2012, 76,3(2):1 - 16.
[2] BOWEN J T, CHEN S L. The relationship between customer loyalty and customer satisfaction[J]. International Journal of Contemporary Hospitality Management, 2001, 13(5):213 - 217.
[3] BRAKUS J J, SCHMITT B H, ZARANTONELLO L. Brand experience: what is it? how is it measured? does it affect loyalty? [J]. Journal of Marketing, 2009,73(3):52 - 68.
[4] CARROLL B A, AHUVIA A C. Some antecedents and outcomes of brand love[J]. Market Lett, 2006, 17(8): 79 - 89.
[5] CHAUDHURI A, HOLBROOK M B. The chain of effects from brand trust and brand affect to brand performance the role of brand loyalty[J]. Journal of Marketing, 2001,65 (2):81 - 93.
[6] CHEN H P, RAO A R. When two plus two is not equal to four errors in processing multiple percentage changes[J]. The Journal of Consumer Research, 2007,34 (3): 327 - 340.
[7] FORNELL C, JOHNSON M D, ANDERSON E W. American customer satisfaction index: nature, purpose, and findings[J]. Journal of Marketing, 1996,60(4): 8.
[8] FORNELL C. A national customer satisfaction barometer: the Swedish experience[J]. Journal of Marketing, 1992,56(1):6 - 21.
[9] FRICK J, KAISER F G, WILSON M. Environmental knowledge and conservation behavior: exploring prevalence and structure in a representative sample[J]. Personality and Individual Differences, 2004,37(8):1597 - 1613.
[10] GRONHOLDT L, MARTENSE A, KRISTENSEN K. The relationship between customer satisfaction and loyalty cross - industry differences[J]. Total Quality Management, 2000,11(4):510.

[11] GUTMA J. A means – end chain model based on consumer categorization processes [J]. Journal of Marketing, 1982, 8(46): 60 – 72.

[12] HE A Z, CAI T, DENG T X, et al. Factors affecting non – green consumer behaviour: an exploratory study among Chinese consumers[J]. International Journal of Consumer Studies, 2016, 40(3):345 – 356.

[13] JOHNSTONE M L, HOOPER S. Social influence and green consumption behaviour: a need for greater government involvement[J]. Journal of Marketing Management, 2016,32(9):827 – 855.

[14] KEES V M, EMO M, INGRID V R. Service satisfaction: an empirical analysis of consumer satisfaction in financial services[J]. Service Industries Journal, 2000,20(3):81 – 94.

[15] KELLER K L, LEHMANN D R. Brands and branding: research findings and future priorities[J]. Marketing Science, 2006,25(6):740 – 762.

[16] KELLER K L. Brand synthesis: the multidimensionality of brand knowledge[J]. Journal of Consumer Research, 2003, 29(4):595 – 600.

[17] KIMA Y, YUNA S, LEEA J,et al. How consumer knowledge shapes green consumption: an empiricalstudy on voluntary carbon offsetting[J]. International Journal of Advertising, 2016, 35(1):23 – 41.

[18] LIN H Y, HSU M H. Using social cognitive theory to investigate green consumer behavior[J]. Business Strategy and the Environment,2015, 24(2):326 – 343.

[19] LIU W. Focusing on desirability the effect of decision interruption and suspension on preferences[J]. Journal of Consumer Research, 2008,35 (4): 640 – 652.

[20] NAIR S R, LITTLE V J. Context, culture and green consumption: a new framework [J]. Journal of International Consumer Marketing, 2016, 28(3):1 – 16.

[21] RAGHUNATHAN R,PHAM M T,CORFMAN K P. Informational properties of anxiety and sadness, and displaced coping[J]. Journal of Consumer Research, 2006,32 (4): 596 – 601.

[22] RUYTER K D, BLOEMER J. Customer loyalty in extended service settings[J]. International Journal of Service Industry Management,1999,10(3):320 – 336.

[23] SCHAN H J,MUñIZ A M,ARNOULD E J. How brand community practices create value [J]. Journal of Marketing,2009,73(5):30 – 51.

[24] WALLACE E, BUIL I, BUSINESS A. Consumer engagement with self – expressive brands: brand love and WOM outcomes[J]. Journal of Product & Brand Management, 2014, 23 (1): 33 – 42.

[25] WONG A. Integrating supplier satisfaction with customer satisfaction[J]. Total Quality Management,2000,11(4):826 – 829.

[26] ZHOU L. Green consumption: an environmental friendly and healthy approach for chinese consumers[J]. Applied Mechanics and Materials, 2014,694(3): 426 – 429.

四、英文著作类

[1] KELLER K L, PARAMESWARAN M G, JACOB I. Strategic brand management: building, measuring and managing brand equity[M]. Pearsom Education India, 2011.

[2] SCHMITT B H. Customer experience management: a revolutionary approach to connecting with your customers[M]. John Wiley & Sons, 2010.

高等院校经济与管理核心课
经典系列教材

■ 市场营销专业

现代市场营销学
营销管理
营销战略
国际市场营销学
消费者行为学
现代推销学
服务营销与管理
营销渠道决策与管理
现代市场调查与预测
现代物流概论
电子商务基础教程
品牌营销
销售管理